本书系国家社会科学基金项目“《海商法》修订中重大问题研究”
（项目编号：18BFX208）结题报告

《海商法》修订中重大问题研究

何丽新/等著

法律出版社
LAW PRESS·CHINA
北京

图书在版编目(CIP)数据

《海商法》修订中重大问题研究 / 何丽新等著. --
北京 : 法律出版社, 2023
ISBN 978 - 7 - 5197 - 8116 - 3

Ⅰ. ①海… Ⅱ. ①何… Ⅲ. ①海商法 - 研究 - 中国
Ⅳ. ①D923.993.4

中国国家版本馆 CIP 数据核字(2023)第 138613 号

《海商法》修订中重大问题研究
《HAISHANGFA》XIUDING ZHONG ZHONGDA WENTI YANJIU

何丽新 等著

责任编辑 张心萌 刘梦瑀
装帧设计 贾丹丹

出版发行 法律出版社
编辑统筹 学术·对外出版分社
责任校对 王 丰
责任印制 陶 松
经　　销 新华书店

开本 710 毫米×1000 毫米 1/16
印张 25.5　**字数** 464 千
版本 2023 年 9 月第 1 版
印次 2023 年 9 月第 1 次印刷
印刷 北京虎彩文化传播有限公司

地址:北京市丰台区莲花池西里 7 号(100073)
网址:www.lawpress.com.cn
投稿邮箱:info@lawpress.com.cn
举报盗版邮箱:jbwq@lawpress.com.cn
销售电话:010 - 83938349
客服电话:010 - 83938350
咨询电话:010 - 63939796

书号:ISBN 978 - 7 - 5197 - 8116 - 3　**定价**:99.00 元
凡购买本社图书,如有印装错误,我社负责退换。电话:010 - 83938349

作 者 简 介

何丽新

法学博士，厦门大学法学院教授，民商法专业博士生导师。出版《无单放货法律问题研究》《海事赔偿责任限制研究》等专著，主编《国际海事法学》《海商法》等教材，在《比较法研究》《政法论坛》《中国海商法研究》等杂志发表学术论文近百篇。主持完成《海上钻井平台油污损害赔偿责任机制研究》《<海商法>修订中的重大问题研究》等国家社科基金项目。兼任中国海商法协会常务理事、中国法学会保险法研究会常务理事，中国海事仲裁委员会仲裁员等。

用　语　表

一、国际公约、国际惯例、国际标准合同表

序号	中文	英文
1	《1967 年关于统一船舶优先权和抵押权若干规定的国际公约》	International Convention for the Unification of Certain Rules Relating to Maritime Lines Mortage, 1967
2	《1993 年船舶优先权和抵押权国际公约》	The International Convention on Maritime Lien and Ship Mortgage, 1993
3	《1978 年海员培训、发证和值班标准国际公约》	International Convention on Standards of Training, Certification and Watchkeeping for Seafarers, 1978
4	《2006 年海事劳工公约》	Maritime Labour Convention, 2006
5	《1924 年统一提单的若干法律规则的国际公约》(《海牙规则》)	International Convention for the Unification of Certain Rules of Law Relating to Bills of Lading, 1924 (Hague Rules)
6	《1967 年关于修订统一提单若干法律规定的国际公约的议定书》(《海牙－维斯比规则》)	Protocol to Amend the International Convention for the Unification of Certain Rules of Law Relating to Bills of Lading, 1967 (Visby Rules)
7	《1978 年联合国海上货物运输公约》(《汉堡规则》)	United Nations Convention on the Carriage of Goods by Sea, 1978 (Hamburg Rules)
8	《1980 年联合国国际货物多式联运公约》(《1980 年国际货物多式联运公约》)	United Nations Convention on International Mutimodal Transport of Goods, 1980
9	《1990 年国际海事委员会海运单统一规则》(《海运单统一规则》)	CMI Uniform Rules for Sea Waybills, 1990
10	《1991 年联合国贸易和发展会议/国际商会多式联运单证规则》(《多式联运单证规则》)	UNCTAD/ICC Rules for Multimodal Transport Documents, 1991

续表

序号	中文	英文
11	《1996年国际海上运输有毒有害物质损害责任和赔偿公约》	International Convention on Liability and Compensation for Damage in Connection with the Carriage of Hazardous and Noxious Substances by Sea, 1996
12	《2008年联合国全程或部分海上国际货物运输合同公约》(《鹿特丹规则》)	United Nations Convention on Contract for the International Carriage of GoodsWholly or Partly by Sea, 2008(Rotterdam Rules)
13	《关于内水运输危险有害物质损害赔偿责任的欧洲公约草案》	Draft European Convention on Liability for Damage in connection with the Carriage of Hazardous and Noxious Substances by Inland Waterways
14	《关于内河货物运输合同的布达佩斯公约》	Budapest Convention on the Contract for the Carriage of Goods by Inland Waterway
15	《1990年国际海事委员会电子提单规则》	Commitee Maritime International Rules for Electronic Bills of Landing, 1990
16	《国际海运危险货物规则》	International Maritime Dangerous Goods code
17	《1974年海上旅客及其行李运输雅典公约》(《1974年雅典公约》)	Athens Convention Relating to the Carriage of Passengers and Their Luggage by Sea (Protocol of Athen's Convention, 1974)
18	《1974年海上运输旅客及其行李雅典公约1976年议定书》(《1976年雅典公约》)	Protocol of Athen's Convention, 1976
19	《1974年海上运输旅客及其行李雅典公约1990年议定书》(《1990年雅典公约》)	Protocol of Athen's Convention, 1990
20	《1974年海上运输旅客及其行李雅典公约2002年议定书》(《2002年雅典公约》)	Protocol of Athen's Convention, 2002
21	《统一国际航空运输某些规则的公约》(《蒙特利尔公约》)	Montreal Convention
22	《港口国监控制度》	Port State Control
23	《1910年统一船舶碰撞某些法律规定的国际公约》	International Convention for the Unification of Certain Rules of Law in Regard to Collisions, 1910
24	《1972年国际海上避碰规则》	International Regulation for the preventing Collision at Sea, 1972
25	《1910年关于统一海难救助若干法律规则的公约》(《1910年海难救助公约》)	Convention for the Unification of Certain Rules of Law Relating to Assistance and Salvage at Sea, 1910
26	《1989年国际救助公约》	International Convention on Salvage, 1989
27	《1974年国际海上人命安全公约》	International Convention for Safety of Life at Sea, 1974(SOLAS)

续表

序号	中文	英文
28	《1974年国际海上人命安全公约的1981年修正案》(《1981年国际海上人命安全公约》)	International Convention for Safety of Life at Sea, 1974/1981 Amendment
29	《1974年国际海上人命安全公约的2014年修正案》(《2014年国际海上人命安全公约》)	International Convention for Safety of Life at Sea, 1974/2014 Amendment
30	《1974年国际海上人命安全公约的2017年修正案》(《2017年国际海上人命安全公约》)	International Convention for Safety of Life at Sea, 1974/2017 Amendment
31	《1950年约克－安特卫普规则》	York-Antwerp Rules,1950
32	《1974年约克－安特卫普规则》	York-Antwerp Rules,1974
33	《1990年约克－安特卫普规则》	York-Antwerp Rules,1990
34	《1994年约克－安特卫普规则》	York-Antwerp Rules,1994
35	《2004年约克－安特卫普规则》	York-Antwerp Rules,2004
36	《2016年约克－安特卫普规则》	York-Antwerp Rules,2016
37	《1924年关于海船船舶所有人责任限制某些统一规则的国际公约》(《1924年责任限制公约》)	International Convention for the Unification of Certain Rules Relating to the Limitation of the Liability of Owners of Seagoing Vessels,1924
38	《1957年关于海船船舶所有人责任限制的国际公约》(《1957年责任限制公约》)	International Convention Relating to the Limitation of the Liability of Owners of Sea-going Ships,1957
39	《1976年海事索赔责任限制公约》(《1976年责任限制公约》)	Convention on Limitation of Liability for Maritime Claims,1976
40	《1976年海事赔偿责任限制公约1996年议定书》(《1996年责任限制公约》)	Protocol of 1996 to Amend the Convention on Limitation of Liability for Maritime Claims,1976
41	《关于修订〈1976年海事索赔责任限制公约1996年议定书〉的2012年修正案》(《2012年责任限制公约》)	Protocol of 2012 to Amend the Convention on Limitation of Liability for Maritime Claims,1976
42	《关于内水航行船舶所有者赔偿责任限制的斯特拉斯堡公约》(《1988年斯特拉斯堡公约》)	Strasbourg Convention on Limitation of Liability for Inland Navigation Vessels,1988
43	《2012年斯特拉斯堡公约》	The Strasbourg Convention of 2012 on the Limitation of Liability in Inland Navigation,2012
44	《1969年国际油污损害民事责任公约》	International Convention on Civil Liability for Oil Pollution Damage,1969
45	《1969年国际油污损害民事责任公约1992年议定书》(《1992年国际油污损害民事责任公约》)	Protocol of 1992 to Amend the International Convention on Civil Liability for Oil Pollution Damage,1969
46	《1971年设立国际油污损害赔偿基金公约》	International Convention on the Establishment of an International Fund for Compensation for Oil Pollution Damage,1971

续表

序号	中文	英文
47	《1971年设立国际油污损害赔偿基金公约1992年议定书》(《1992年设立国际油污损害赔偿基金公约》)	Protocol of 1992 to Amend the International Convention on the Establishment of an International Fund for Compensation for Oil Pollution Damage,1971
48	《2001年国际燃油污染损害民事责任公约》	International Convention on Civil Liability for Bunker Oil Pollution Damage,2001
49	《2000年国际船舶安全营运和防止污染管理规则》	International Management Code for the Safe Operation of Ships and for Pollution Prevention,2000
50	《2007年内罗毕国际船舶残骸清除公约》	Nairobi International Convention on the Removal of Wrecks,2007
51	《联合国海洋法公约》	United Nations Convention on the Law of the Sea,1983
52	《国际法院规约》	Statute of the International Court of Justice,1945
53	《国际安全管理规则》	International Safety Management Code,1993
54	《联合国管理、商业和运输电子数据交换规则》	UN/EDIFACT,1985
55	《远距离传送贸易数据交换行为统一规则》	Uniform Rules of Conduct for the Interchange of Data by Teletransmission,1985
56	《贸易法委员会电子可转让记录示范法》(《电子可转让记录示范法》)	UNCITRAL Model Law on Electronic Transferable Records,2017
57	《金康合同》	Uniform General Charter(GENCON)
58	《纽约土产合同》	New York Produce Exchange(NYPE)
59	《波尔的姆合同》	Uniform Time Charter(BALTIME)
60	《贝尔康合同》	Standard Bareboat Charter(BARECON)
61	《统一杂货租船合同》	Uniform General Charter
62	《巴尔的摩谷物泊位租船合同》	Baltime Berth Grain Charter Party,Form C
63	《油轮航次租船合同》	Tanker Voyage Charter Party

二、中国法表

序号	全称	文中略称
1	《中华人民共和国民法典》	《民法典》
2	《中华人民共和国民法通则》(已失效)	《民法通则》
3	《中华人民共和国民法总则》(已失效)	《民法总则》

续表

序号	全称	文中略称
4	《中华人民共和国物权法》(已失效)	《物权法》
5	《中华人民共和国担保法》(已失效)	《担保法》
6	《中华人民共和国合同法》(已失效)	《合同法》
7	《中华人民共和国经济合同法》(已失效)	《经济合同法》
8	《中华人民共和国侵权责任法》(已失效)	《侵权责任法》
9	《中华人民共和国婚姻法》(已失效)	《婚姻法》
10	《中华人民共和国继承法》(已失效)	《继承法》
11	《中华人民共和国涉外民事关系法律适用法》	《涉外民事关系法律适用法》
12	《中华人民共和国民事诉讼法》	《民事诉讼法》
13	《中华人民共和国劳动法》	《劳动法》
14	《中华人民共和国劳动合同法》	《劳动合同法》
15	《中华人民共和国社会保险法》	《社会保险法》
16	《中华人民共和国公司法》	《公司法》
17	《中华人民共和国保险法》	《保险法》
18	《中华人民共和国票据法》	《票据法》
19	《中华人民共和国电子商务法》	《电子商务法》
20	《中华人民共和国立法法》	《立法法》
21	《中华人民共和国行政处罚法》	《行政处罚法》
22	《中华人民共和国铁路法》	《铁路法》
23	《中华人民共和国民用航空法》	《民用航空法》
24	《中华人民共和国旅游法》	《旅游法》
25	《中华人民共和国拍卖法》	《拍卖法》
26	《中华人民共和国仲裁法》	《仲裁法》
27	《中华人民共和国对外贸易法》	《对外贸易法》
28	《中华人民共和国海商法》	《海商法》
29	《中华人民共和国海商法(草案)》	《海商法(草案)》
30	2020 年《中华人民共和国海商法(修改送审稿)》	《修改送审稿》
31	2018 年《中华人民共和国海商法(征求意见稿)》	《征求意见稿》
32	《中华人民共和国海上交通安全法》	《海上交通安全法》
33	《中华人民共和国港口法》	《港口法》

续表

序号	全称	文中略称
34	《中华人民共和国海洋环境保护法》	《海洋环境保护法》
35	《中华人民共和国海事诉讼特别程序法》	《海事诉讼特别程序法》
36	《中华人民共和国户口登记条例》	《户口登记条例》
37	《中华人民共和国船员条例》	《船员条例》
38	《中华人民共和国船舶登记条例》	《船舶登记条例》
39	《中华人民共和国防止船舶污染海域管理条例》(已失效)	《防止船舶污染海域管理条例》
40	《中华人民共和国内河交通安全管理条例》	《内河交通安全管理条例》
41	《中华人民共和国水路运输管理条例》(已失效)	《水条》
42	《中华人民共和国港口间海上旅客运输赔偿责任限额规定》	《港口间海上旅客运输赔偿责任限额规定》
43	《水路货物运输规则》(已失效)	《水规》
44	《国内水路货物运输规则》(已失效)	《货规》
45	《汽车货物运输规则》(已失效)	《汽规》
46	《中华人民共和国船舶最低安全配员规则》	《船舶最低安全配员规则》
47	《中华人民共和国海上国际集装箱运输管理规定实施细则》(已失效)	《海上国际集装箱运输管理规定实施细则》
48	《中华人民共和国国境卫生检疫法实施细则》	《国境卫生检疫法实施细则》
49	《中华人民共和国海船船员健康证书管理办法》(已失效)	《海船船员健康证书管理办法》
50	《最高人民法院关于适用〈中华人民共和国民法典〉时间效力的若干规定》	《民法典时间效力司法解释》
51	《最高人民法院关于适用〈中华人民共和国民法典〉物权编的解释(一)》	《民法典物权司法解释一》
52	《最高人民法院关于适用〈中华人民共和国民法典〉有关担保制度的解释》	《民法典担保司法解释》
53	《最高人民法院关于适用〈中华人民共和国民法典〉婚姻家庭编的解释(一)》	《民法典婚姻家庭司法解释一》
54	《最高人民法院关于适用〈中华人民共和国民法典〉继承编的解释(一)》	《民法典继承司法解释一》
55	《最高人民法院关于贯彻执行〈中华人民共和国民法通则〉若干问题的意见(试行)》(已失效)	《民法通则司法解释》
56	《最高人民法院关于适用〈中华人民共和国民法总则〉诉讼时效制度若干问题的解释》(已失效)	《民法总则诉讼时效司法解释》
57	《最高人民法院关于适用〈中华人民共和国物权法〉若干问题的解释(一)》(已失效)	《物权法司法解释一》

续表

序号	全称	文中略称
58	《最高人民法院关于适用〈中华人民共和国担保法〉若干问题的解释》(已失效)	《担保法司法解释》
59	《最高人民法院关于适用〈中华人民共和国合同法〉若干问题的解释(一)》(已失效)	《合同法司法解释一》
60	《最高人民法院关于适用〈中华人民共和国合同法〉若干问题的解释(二)》(已失效)	《合同法司法解释二》
61	《最高人民法院关于审理买卖合同纠纷案件适用法律问题的解释》	《买卖合同司法解释》
62	《最高人民法院关于审理人身损害赔偿案件适用法律若干问题的解释》	《人身损害赔偿司法解释》
63	《最高人民法院关于确定民事侵权精神损害赔偿责任若干问题的解释》	《精神损害赔偿司法解释》
64	《最高人民法院关于审理民间借贷案件适用法律若干问题的规定》	《民间借贷司法解释》
65	《最高人民法院关于审理建设工程施工合同纠纷案件适用法律问题的解释》(已失效)	《建设工程施工合同司法解释》
66	《最高人民法院关于审理涉及夫妻债务纠纷案件适用法律有关问题的解释》(已失效)	《夫妻债务司法解释》
67	《最高人民法院关于适用《中华人民共和国涉外民事关系法律适用法》若干问题的解释(一)》	《涉外民事关系法律适用法司法解释一》
68	《最高人民法院关于适用〈中华人民共和国公司法〉若干问题的规定(一)》	《公司法解释一》
69	《最高人民法院关于适用〈中华人民共和国公司法〉若干问题的规定(二)》	《公司法解释二》
70	《最高人民法院关于适用〈中华人民共和国公司法〉若干问题的规定(三)》	《公司法解释三》
71	《最高人民法院关于适用〈中华人民共和国保险法〉若干问题的解释(一)》	《保险法司法解释一》
72	《最高人民法院关于适用〈中华人民共和国保险法〉若干问题的解释(二)》	《保险法司法解释二》
73	《最高人民法院关于适用〈中华人民共和国保险法〉若干问题的解释(三)》	《保险法司法解释三》
74	《最高人民法院关于适用〈中华人民共和国保险法〉若干问题的解释(四)》	《保险法司法解释四》

续表

序号	全称	文中略称
75	《最高人民法院关于适用〈中华人民共和国海事诉讼特别程序法〉若干问题的解释》	《海诉法司法解释》
76	《最高人民法院关于国内水路货物运输纠纷案件法律问题的指导意见》	《水路货物运输指导意见》
77	《最高人民法院关于海事法院受理案件范围的规定》	《海事法院受理案件范围司法解释》
78	《最高人民法院关于审理海上货运代理纠纷案件若干问题的规定》	《海上货运代理司法解释》
79	《最高人民法院关于审理无正本提单交付货物案件适用法律若干问题的规定》	《无正本提单交付货物司法解释》
80	《最高人民法院关于审理海事赔偿责任限制相关纠纷案件的若干规定》	《海事赔偿责任限制司法解释》
81	《最高人民法院关于审理船舶碰撞纠纷案件若干问题的规定》	《船舶碰撞司法解释》
82	《最高人民法院关于审理船舶碰撞和触碰案件财产损害赔偿的规定》	《船舶碰撞和触碰司法解释》
83	《最高人民法院关于扣押与拍卖船舶适用法律若干问题的规定》	《扣押与拍卖船舶司法解释》
84	《最高人民法院关于海事诉讼管辖问题的规定》	《海事诉讼管辖司法解释》
85	《最高人民法院关于审理海上保险纠纷案件若干问题的规定》	《海上保险司法解释》
86	《最高人民法院关于审理船舶油污损害赔偿纠纷案件若干问题的规定》	《船舶油污损害赔偿司法解释》

目　录

导论:《海商法》修订的动因

众所周知,海上商业活动是最早的商业活动之一,作为调整海上商业活动的古老法律,海商法亦可以称作“商法之源”。人类从事海上活动的起源甚早,早在远古时代,人类就发明了船舶。[①] 史前时代后期,船舶已成为安全且能远距离运送货物和旅客的主要运输工具。[②] 海商法与以海为主的水上运输和贸易相关的法律关系相伴而生,亦成为法律体系中历史最为悠久的法律。

虽然历史学者尚未考察出海商法诞生的确切时点,但是经由现有资料可以推论,早在海商法的成文化或体系化之前,海商海事规则就以航海贸易和海上运输中的商人习惯或民间海事习惯法的形式存在。海商法萌芽于公元前20世纪的《苏美尔法典》等法律文献中,至《汉谟拉比法典》时,已包含了10个海商法的相关条文。地中海地区的《罗得海法》被公认为海商法的母法,[③]经学者考察,该法在地中海地区具有极大权威性,是公元前9世纪由地中海西部的罗得岛在其鼎盛时期颁布的海上商事习惯规则的汇编。[④]《罗得海法》具有内容上的全面性,涉及海事贷款、船舶碰撞、共同海损、海难救助等,[⑤]特别是其中的共同海损规则,[⑥]即现代海商法共

---

① 历史上,船舶的发展经历了舟筏时代、帆船时代、蒸汽船时代和汽轮机船时代、柴油机船时代。参见[意]伦佐·罗西编著:《船舶的历史》,陈喆译,广东人民出版社2006年版,第6~88页。

② 参见[美]G.吉尔摩、[美]C.L.布莱克:《海商法》,杨召南等译,中国大百科全书出版社2000年版,第2页。

③ 《学说汇纂》等文献中零星记载着作为《罗得海法》起源的“罗得法”,“罗得法”的具体内容已不可考,但通说认为《罗得海法》是海商法的起源。对于“罗得法”与《罗得海法》的关系,本书将在下文具体论述。

④ 参见王小波:《〈罗得海商法〉研究》,中国政法大学出版社2011年版,第19~31页。

⑤ 参见王小波:《〈罗得海商法〉译注》,载《古代文明》2010年第3期。

⑥ 例如,《学说汇纂》第14卷第2题“关于共同海损的罗得法”:“在发生风暴时,可以弃货减轻船的负载以逃出危险区域。灾难过去后,失去货物的货主可以根据运送合同起诉船舶经营人。而船舶经营人可以起诉那些货物被救的货主分摊损失。”参见徐国栋:《古罗马的海事风险及其法律规制》,载《华东政法大学学报》2016年第5期。

同海损制度之渊源。[①] 基于上述原因,外国法制史学界的通说认为《罗得海法》是海商法的起源。[②] 进而,有学者提出,《罗得海法》出现的意义在于有关海上运输的法律制度开始从其他法律中脱离出来形成一个独立、自主的领域,标志着海商法自体性之萌芽。[③]

自《罗得海法》以来,海商法在航海贸易的推动下,从古代发展至近代,经历了重大的变革,在法律形式上已经从古代的海事商人对习惯法的汇编转向了国家立法,并逐渐在各国的法律体系中确立为一部独立的部门法或领域法。海商法自体性与各国海商立法维护海商事主权之间的此消彼长。1681 年法国路易十四领导下制定的《海事敕令》开创了海商立法系统成文化的先河,[④]在资产阶级取得政权后,《法国商法典》颁布,其第 2 编为独立的"海商编"。海商法自体性进入近现代,主要体现为国际性(包括相对于主权国家而言的非官方性,如国际组织或其他国际性非政府组织制定的国际条约、国际标准合同等),各国海商立法则主要体现为本土性。因而,自体性与本土性的矛盾已演变为国际性与本土性之间的矛盾。对此,也应认识到,此乃中国海商法立法史的大背景。

海商法传入中国并见诸中国的法律体系中,最早始于清朝光绪年间。[⑤] 1904 年的《大清商律草案》"海船法"编共有 263 个条目,虽因清王朝覆灭而未得以颁布生效,但此仍成为我国近代海商立法的先驱。中国真正意义上的第一部海商法是南京国民政府于 1929 年 12 月 30 日颁布的《中华民国海商法》。但是,1929 年的《中华民国海商法》,融合性地参照了大陆法系(主要是德国和日本)及普通法系(主要是英国和美国)的海商法规范,而忽视了海商法的本土历史和环境,所以从颁布起始就遭到了国内水运界的抵制,几乎没有起到实质性的法律效果。[⑥]

中华人民共和国于 1952 年组建海商法起草委员会,遵照"独立自主,平等互利,参照国际习惯做法"的原则起草文本,至 1963 年,海商法起草委员会九易其稿,已向国务院递交了海商法的送审稿。[⑦] 遗憾的是,该稿因"文化大革命"被搁置。

---

① 参见任先行、周林彬编著:《比较商法导论》,北京大学出版社 2000 年版,第 144 页。

② 参见王小波:《〈罗得海商法〉研究》,中国政法大学出版社 2011 年版,第 221 页。

③ 参见曹兴国:《海商法自体性研究》,法律出版社 2020 年版,第 33 页。

④ 《海事敕令》是横跨海事公法与海事私法的法典,分为 5 个部分,共有 700 余条,成为当时荷兰、西班牙、普鲁士、瑞典等国海事立法的范本。参见箱井崇史「1681 年フランス海事王令試訳」早稲田法学 4 号(2006 年)411 頁。

⑤ 参见关正义:《民法视野中的海商法制度》,法律出版社 2015 年版,第 2 页。

⑥ 参见朱慧:《百年中国海商法立法之演变》,载《广州航海高等专科学校学报》2010 年第 4 期。

⑦ 参见吴焕宁主编:《海商法论丛:2007》,中国商务出版社 2007 年版,第 20 页。

1982 年恢复海商法起草委员会的工作,仍以 1963 年稿(海商法草案第 9 稿)为基础,大力组织调研活动,并总结国内外海运实践经验,于 1992 年 6 月 7 日完成了海商法的最后审定稿。经过我国三代海商法专家的努力,先后 25 次易稿,[①]于 1992 年 11 月 7 日经第七届全国人民代表大会常务委员会第二十八次会议通过《海商法》,该法于 1993 年 7 月 1 日生效。

《海商法》的制定具有很强的国际性,其思路按照"有国际公约的,依照国际公约;没有国际公约的,依照事实上起了国际公约作用的民间规则;没有这种规则的,参考具有广泛影响的标准合同"[②]。因此,《海商法》移植大量的国际公约、国际惯例和国际标准合同,借鉴英国等航运发达国家的先进立法,在 278 条的法律条文中,来自各国法律或国际公约的规定占 90% 以上,业内专家将"国际统一性"作为《海商法》制定时所遵循的基本原则,认为是以当时通行的国际海事条约为基础,吸收体现国际海事惯例的民间规则,借鉴有广泛影响的有关合同格式,适当考虑国际海事立法的发展趋势。[③] 此可谓《海商法》的大量法律制度都有相应的国际公约为依托,既形成《海商法》的一大特色,又构成《海商法》先进性的基础。但是,这种大规模移植国际公约的做法在国内外也受到了一定质疑,有学者认为"捷径往往也是险途"[④],也有学者认为此举导致"混乱和不确定现象的产生"[⑤]。

《海商法》作为中国调整海上运输关系和船舶关系的综合性法律,具有国际统一性之外的另一个面向,即本土性和包容性。在涉及立法条款最多的海上货物运输规则部分,立法者并没有完全吸纳《海牙 - 维斯比规则》或《汉堡规则》,而从我国海上运输、经济贸易等实际情况出发,融合《海牙 - 维斯比规则》和《汉堡规则》并择其相关规定,创设中国特色的承运人责任制度,将代表船东利益的承运人不完全过失责任制和代表货主利益的承运人迟延交货责任制融合其中,某种程度上实现了船货利益立法价值的兼顾。这种统合各色制度、有条不紊地置于同一部法律中的做法,体现出《海商法》较强的包容性。同时,《海商法》调整的船舶关系参与主体多元,权利义务复杂,既有涉及平等主体之间的横向民事关系如船舶物权关系和海上运输合同关系,又有非平等主体之间的纵向行政关系,如船舶管理关系和船

---

① 参见朱曾杰:《朱曾杰文集》,法律出版社 2008 年版,第 27 页。

② 交通部政策法规司编:《〈海商法〉学习必读》,人民交通出版社 1993 年版,第 29 页。

③ 参见司玉琢主编:《中华人民共和国海商法问答》,人民交通出版社 1993 年版,第 2 ~ 3 页。

④ 郭瑜:《海商法的精神:中国的实践和理论》,北京大学出版社 2005 年版,第 9 ~ 12 页。

⑤ Patrick. J. S. Griggs:《从国际层面看海商法的统一》,张湘兰译,载金正佳主编:《中国海事审判年刊(2000)》,人民交通出版社 2000 年版。

员管理关系。因此,《海商法》不仅将在航海贸易中涉及商法领域的各项法规、制度、惯例和英美判例精神汇集成法,还综合考虑中国国情,在制定了独特的承运人责任制度的同时,将船长地位、船舶安全等公法性质的部分规范条款置于其中,形成规范效力的强制性与任意性的统一,融实体法与冲突法于一体等规范形式高度融合的海商法典,是一部规范综合体。①

20 世纪 90 年代初期,中国法律体系尚未得到长足发展,民商事领域仅有《民法通则》《经济合同法》等立法。在中国立法普遍呈现"简单而原则"的状态下,《海商法》因前所未有的长达 278 个条款而"鹤立鸡群",被称为"法典化"的海商法。②《海商法》将大陆法系和英美法系的法律概念,将代表船东利益和货主利益的法律制度,通过抽象和提炼而杂糅纵横在一部法律之中,形成概念一致、规范一致、制度一致的内在逻辑自洽的"海商法典"。多数学者认为,《海商法》的诞生是我国一个较为成功的立法成就,其使得我国的海商海事司法实践和国际航海贸易活动有法可依,是我国海商法学科发展极其重要的里程碑,且至今仍对海上运输和国际贸易的规范和发展发挥着非常重要的作用。③ 可以说,《海商法》不仅保障和服务海上运输和海洋经济的发展,还对规范海运市场、促进内外贸易、发展我国外向型经济发挥着不可低估的作用。

但是,随着历史巨轮不断前进,海商法修改的必要性在不断凸显。海商法来源于航运实践,并反哺于司法实践,具有很强的实践品格。《海商法》运行已近 30 年,《海商法》的制度漏洞和问题得以暴露,《海商法》的理论基础、调整范围、立法表达等诸多内容已经不能完全满足国际贸易和海上运输发展的需要。特别是进入 21 世纪以来,中国社会和经济发生翻天覆地的深刻变化,立足于航运实践基础上的制度和规则也应相应地革新或变化,立法之初遵循的国际公约、国际惯例以及国际标准合同业已发生变化,而《海商法》近 30 年未修订,国内民商法却有着长足的发展,尤其是《民法典》的颁布和实施,民商法律制度进入"民法典时代"。《民法典》采取民商统合的制定路径:外在体系上,民法典可以统合海商海事法律关系;内在体系上,海商法独有的价值取向确保了海商法可以作为特别法、单行法继续存在。《海

① 参见蒋正雄主编:《中国海商法研究》,上海社会科学院出版社 2004 年版,前言。

② 法典化是按照一定价值理念和体例结构编纂一部体系化的法典的过程。在这一意义上,海商法具有自身独特的价值理念与体例结构,因而在当时被认为是一种法典化。参见王利明:《民法典体系研究》(第 2 版),中国人民大学出版社 2012 年版,第 20 页。

③ 参见陈伦伦、严韵之:《中国海商法四十年:历史发展及其展望》,载《浙江海洋大学学报(人文科学版)》2019 年第 3 期。

商法》有必要与时俱进地保持与民商法的统一协调性,而这唯有通过修订加以回应。

(一)呼应海商法的现代价值,凸显海商海事制度的公平性

梅因(Henry Sumner Maine)曾论断:"所有进步社会的运动,到此处为止,是一个从'身份到契约'的运动。"[①]"身份到契约"理论基本上得到了诸家的认同,而该理论主要描述的便是从古代法到近代法的演进过程。当近代契约自由理论沦为强权者压榨弱小者的工具,立法者发现契约自由带来的形式正义并不能很好地达到社会实质正义的要求,主导现代法制的正义观便由形式正义转向了实质正义。现今许多学者认为现代法注重对社会公益的保护,并且普遍对契约自由予以一定的限制,于是从近代法到现代法便是从身份到契约的过程。[②]

在海事海商领域,契约自由理论所产生的免责条款严重地伤害了货主的利益,并阻碍了近代海商法的发展。在"身份到契约"的这一命题下,身份体现为现代船舶朝大型化、巨型化发展,海运货物集装化、成组化和单元化,海商海事主体企业化、多元化和国际集团化,这成了海商立法的实践基础。本书认为,现代海商法作为后身份时代立法的定位,不仅应关注海运主体之间的公平,还应追求更高层次和更普遍范围的公平,这种对实质公平价值的追求、利益的分配成为联系海上相关主体的纽带。进一步说,这就形成了更为注重产业利益、整体平衡的船货利益平衡原则。[③]

黑克(Heck)指出,法的最高任务就是利益平衡。[④] 海商法并非价值中立的技术性规范,更不是"放之四海而皆准"的没有价值判断的规则。从海商法诞生之日起,保护海运业的发展就成为海商法的基本价值理念。我国《海商法》虽然通过抽象化的立法技术将代表海运和贸易各方不同利益的海商海事制度置于同一法律中,但是在制度设计上仍然具有一定程度上的海运业的行业保护色彩。我国既不参加代表船东利益的《海牙-维斯比规则》,也不参加代表货主利益的《汉堡规则》,而是智慧地黏合《海牙-维斯比规则》和《汉堡规则》的特色制度,赋予承运人不完全过失责任制,我国《海商法》第51条明确规定承运人对因船长、船员或承运人的其他受雇人在航海中的过失所致的货物损失可以免责,在第50条却引入迟延交付责任,由于承运人的过失,致使货物因迟延交付而灭失或者损坏的,承运人应当负赔偿责任。此两项制度同样是在海上巨大风险环境下产生的:一方面,吸收

---

① [英]梅因:《古代法》,沈景一译,商务印书馆1984年版,第97页。

② 参见傅静坤:《二十世纪契约法》,法律出版社1997年版,第60~62页。

③ 参见李天生:《船货利益平衡原则研究》,法律出版社2012年版,第66页。

④ See W. Friedmann, *Legal Theory*, 5th edition, Columbia University Press, 1976, p. 334.

"航海过失免责",承运人管理船舶和驾驶船舶的过失得以免责;另一方面,回应货主的诉求,要求承运人承担迟延交货的责任,如此相互矛盾的制度在同一部法律中和谐相处,其根源在于追求船货利益的平衡。但是,《海商法》更多制度一览无余地"宣誓"海运主体利益至上的价值取向,诸如共同海损制度赋予船方在发生船货共同危险时可以抛弃货物;海难救助制度赋予救助方获得救助报酬或特别补偿的权利;海事赔偿责任限制直接将海运主体的海事赔偿责任限制在一定范围内等。可见,产生于航运实践的海商海事制度以促进海上交易为其基本目标,追求海运主体的个人本位和追求效率效益的"海商"营利性,不同程度地体现对船方利益的偏袒与对货方利益的损害。

随着航运的发展和社会的进步,各国海商法不断向社会本位发展,对于海运制度的价值取向实现了归正:在制度的设置上摆脱商人习惯法自身规则的约束,增加了对弱势群体的保护,在优势地位的船方和弱势地位的货方之间建立相对平衡的利益保护机制,承运人责任基础从《海牙-维斯比规则》的不完全过失责任制向《汉堡规则》《鹿特丹规则》的完全过失责任制变革,相关的海商海事制度向公平合理的方向发展,以达到实质维护海运各方主体的公平正义和促进国家航贸经济发展的目标。

法律的发展在于其内源性的推动力,公平正义是法律永恒的价值追求。海运主体承担着陆地上所无法比拟的海上风险,承运人不完全过失责任制、海事赔偿责任限制、共同海损等海商法独特制度正是对这种海上风险在船货双方进行合理分摊的结果。从这个意义上讲,海商法可视为一套成本分摊体系,目的是找到一个对所有参与航运业者都最有利的解决方案。① 海商法就此形成与其他法律不同且较为独立的价值体系。在很长时间里,海商法强调航海安全,重视船方利益、鼓励航运作业,对于"发展航运"目的的追求远胜对于"公平正义"原则的维护。② 而法律在于实践公平正义,海商法亦不例外。海商法采用协调自身制度的手段进行规范之间的平衡,如海事赔偿责任限制与船舶优先权之间的关系,海事赔偿责任限制制度将海运责任主体的赔偿额予以限制,损害了特定债权人的赔偿利益,但船舶优先权通过赋予特定债权人优先受偿的权利,使其受清偿的机会因顺位的优先而提高,达到缓和海事赔偿责任限制所带来的不利影响的目的。③ 船舶优先权带有社会正义和保护弱者权益的价值,通过法定程序、法定顺位等达到对法定债权的优先保

---

① 参见郭瑜:《海商法的精神:中国的实践和理论》,北京大学出版社2005年版,第190页。

② 参见张新平:《海商法》,台北,五南图书出版股份有限公司2016年版,第6~7页。

③ 参见何丽新、陈永灿:《海商法特性论》,载《中国海商法年刊》2008年第00期。

护。可见,海商法在朝着公平分担海上风险的方向发展。[①] 现代海商法不仅关注船货双方实体权利义务的公平,还关注船货双方背后风险承担的多寡;不但照顾经济上弱势的一方,而且关注相关主体之间成本和风险的投入,从而合理地分配海运经营中面对的海上风险,体现了对实质公平的追求,凸显了制度的公平性。

海商海事制度的公平性应充分顾及海运不同主体之间的利益均衡。例如,在海事赔偿责任限制制度中,《海商法》忽视对不同船舶间利益的均衡调整,这造成了内河船在责任限制制度上的不公平。《海商法》第 210 条、第 211 条授权交通主管部门对 3 种船舶的赔偿责任限额作出规定:(1)总吨位不满 300 吨的船舶;(2)从事中华人民共和国港口之间运输的船舶;(3)从事沿海运输的船舶。从文义解释论而言,这 3 种船舶均享有海事赔偿责任限制的权利,责任限额由交通运输主管部门规定。但是,在中国港口之间运输的船舶本来包括沿海运输船舶和内河运输船舶的情况下,交通运输主管部门作出的相关规定[②]仅适用于沿海运输的船舶而不包括内河运输的船舶,这使我国现行立法尚不承认海事赔偿责任限制制度适用于内河船。[③] 而当海船与内河船在交叉水域发生船舶碰撞时,海船可以依据《海商法》的规定享有海事赔偿责任限制的权利,而内河运输的船舶按照严格责任承担实际损失赔偿而无权享有海事赔偿责任限制,这导致了江河运输的船舶和海洋运输的船舶所承担的海事赔偿责任实质上的不公平。这种不公平不仅是内河船舶是否纳入《海商法》调整范围所能覆盖的问题,更多的是涉及海商海事制度的公平性的立法目标和立法理念问题。可以说,《海商法》将沿海货物运输合同、内河货物运输合同与国际海上货物运输合同区别规定为 3 种不同制度,人为地造成了海商法内部规范的冲突。[④]

海商法追求实质公平的理念,某种程度上催生和促进海商法国际统一化进程。由于大海是各国相互交往的天然途径,所以海商法的许多制度是在衡平不同法系之间、国家之间的冲突中产生和完善的,是国家利益妥协的产物。这决定了《海商法》的制定或修改不仅要考虑本国的利益平衡,还要考虑国际经济交往中的利益平

---

① 参见傅廷中:《海商法》(第 2 版),法律出版社 2017 年版,第 16 页。

② 《关于不满 300 总吨船舶及沿海运输、沿海作业船舶海事赔偿限额的规定》和《港口间海上旅客运输赔偿责任限额规定》。

③ 我国《海商法》海事赔偿责任限制制度不适用于内河船舶,除了上述规定的原因,最根本的原因还在于《海商法》第 3 条明确规定本法所称船舶指"海船"。因此,出现两处不公平:其一,就船舶性质而言,"海船"可以享受责任限制而"内河船"无法享受责任限制;其二,从航行水域而言,航行在"国际水域"的"海船"享受全部的责任限制,而航行在"沿海和内河"的船舶只能享受部分的责任限制,通常为一半的责任限额。

④ 参见胡正良:《中国〈海商法〉需要现代化》,载《中国远洋航务》2015 年第 3 期。

衡。[①] 例如国际海上货物运输规则更多的是体现代表船方利益的国家与代表货方利益的国家相互妥协的利益平衡,《汉堡规则》对承运人火灾免责的规定正是货主利益国家对船东利益国家的妥协结果。因此,各国国内法在对国际公约的制度借鉴和条款吸纳上也存在对国家利益的考量。《鹿特丹规则》作为调整运输规则最广和创新规则最多的国际货物运输合同公约,虽然现有25个国家签署,但同生效条件尚有一定的距离,中国是否参加该公约,尚在观望中,这体现了我国的航运企业和贸易企业的利益博弈。但无论中国缔约与否,该公约追求船货利益的实质公平而在制度取舍上的立法努力都是值得关注和研究的,在《海商法》的修订中须予以一定的借鉴。《鹿特丹规则》在将承运人适航义务延伸到整个航程、增加承运人单位责任限额、明确船货双方举证责任的配置、解决承运人识别等问题的同时,创设单证托运人制度,保护船上交货(FOB)条件下的卖方的权益,确立货物控制权制度,以期实现国际货物买卖法与海上运输法的有效对接。[②] 可以说,重新平衡船货双方利益关系是《鹿特丹规则》的立法目标之一。《海商法》施行以来,我国经济社会迅速发展,特别是航运生产力迅猛爆发,目前我国业已成为世界航运、贸易、港口、船员、海上保险和造船大国,其中港口货物吞吐量位居世界第一,成为世界第一货物进出口大国,注册船员数量位居世界第一,也是世界第一造船大国。在《海商法》修订中,如何通过借鉴《鹿特丹规则》来完善海商海事制度,使之符合国家整体经济利益,重新平衡船货各方利益,在承运人与旅客、海事责任主体与索赔人、保险人与被保险人等不同主体之间进行利益衡平,更好地体现海商法的实质公平,此必然成为《海商法》修订的重要价值目标。有学者指出,在船货利益平衡背景下,对于中国而言,外贸业的重要性远远大于国际航运业,外贸利益、货主利益远远重要于国际航运利益、船方利益。[③] 但需特别注意的是,中国目前是制造业、供应链和出口的大国,一方面,货主利益更加重大,另一方面,“黑天鹅”因素对船货利益平衡的影响,《海商法》修订时如何综合予以考虑,也是一个挑战。

因此,《海商法》的修订不是仅仅涉及船货产业整体利益及其国家利益,亦不是船货各方利益的简单平衡问题,海商法作为主要调整航海贸易的法律问题的商法,必然牵涉商法的价值取向——效益效率问题,海商海事制度难免体现效益优先和效率至上,以实现商人利益最大化。船舶物权变动采用“交付生效+登记对抗”的立法模式,就是兼顾交易安全和交易效率的最佳体现。因此,在《海商法》的修订

---

① 参见何丽新、陈永灿:《海商法特性论》,载《中国海商法年刊》2008年第00期。

② 参见傅廷中:《海商法》(第2版),法律出版社2017年版,第173~174页。

③ 参见李天生:《船货利益平衡原则研究》,法律出版社2012年版,第293页。

中,处理好实质正义与效益效率的关系问题同样体现立法价值的取舍。

同时,海商法调整船舶关系和海上运输关系,但制度的利益平衡并非针对人对物的关系,海商法不是“物”法,现代法律强调以人为本、顺应人心、保障人权,在尊重自然的基础上强调以人为中心。《民法典》作为中国特色社会主义法律体系中一部“固根本、稳预期、利长远”的基础性法律,其闪烁的时代光辉就是“以人民为中心”,体现了人民的意志和切身利益。《海商法》的修订如何贯彻以人为本?在人本主义立法下体现“人”与“物”制度之间的协调?而针对上述问题,现有的海商海事制度对船员权益的保护有待完善,①有关海上旅客运输的相关基础理论研究不足,对船员、海上旅客等人身权、健康权没有全面规定。《海商法》修订中,应强调以人为本的立法理念,在海运领域全方位地构建以人为先的和谐关系,保障船员合法权益,促进海上旅客的安全运送;在海事赔偿责任限制中分别人身伤亡和非人身伤亡的赔偿限额计算,明确人身伤亡的受偿顺序;明确规定船长在不严重危及本船和船上人员安全的情况下,有义务尽力救助海上人命;船舶碰撞时,互有过失的船舶对造成的第三人的人身伤亡负连带赔偿责任;在救助作业中救助人命的救助方对获救人员不得单独请求酬金,但有权从船舶、财产的救助款项或减少环境污染损害的特别补偿中获得合理的份额。质言之,《海商法》修订应以具体规定的完善来彰显海商法的人文关怀。

(二)多元发展海上运输,推进海洋强国战略下的海事治理体系现代化

《海商法》实施以来,我国航运业发生了翻天覆地的变化,船舶实现了大型化、专业化、现代化,航海技术实现了信息化、自动化、智能化,《海商法》的立法基础可谓时过境迁。《海商法》原有的先进性慢慢地发生改变,当时契合我国航运业发展状况的《海商法》已经显示出一定的滞后性,难以满足高度专业化、电子化、智能化的现代航运的要求,甚而对相关航运领域的经济发展产生一定的负面影响。在推进国家治理体系和治理能力现代化的进程中,对海事治理提出更高层次和更高规范的社会需求,海商法作为海事治理体系的重要组成部分,必须进行相应地调整或修订,才能为航运贸易产业的现代化发展保驾护航。

党的十八大提出海洋强国战略,着力提升我国在开发海洋、利用海洋、保护海洋、管控海洋等方面的综合国力。党的十九大报告提出“加快建设海洋强国”。2020年10月29日在《中共中央关于制定国民经济和社会发展第十四个五年规划和二〇三五年远景目标的建议》中再次强调“坚持陆海统筹,发展海洋经济,建设海

---

① 参见曹艳春、王玉宝:《海洋强国背景下船员劳动权益的保护——兼论〈海商法〉“船员章”之修改》,载《求是学刊》2020年第6期。

洋强国”。党的二十大报告进一步指出:“发展海洋经济,保护海洋生态环境,加快建设海洋强国。”在建设海洋强国和海运强国的背景下,有必要制定与之相符的海商法,海商海事立法步入新的历史时期,《海商法》的修订也要随之进行,以应对新形势的变化:

第一,船舶类型多元化。当前,海上运输已不再是简单区分“货船”和“客船”,而是大量出现集装箱船、干散货船、油轮、液化石油气(LPG)和液化天然气(LNG)船、液体化工品船、杂货船、特种船等,且不同类型船舶各有特点。① 而在传统船舶类型下,承运人责任期间区分集装箱货物和非集装箱货物,《海商法》第46条就“承运人对集装箱装运的货物的责任期间和承运人对非集装箱装运的货物的责任期间”作出不同的规定。海商法的制度和规则一般是基于船舶类型和运输方式而设立的,随着船舶类型多元化,承运人的责任期间是否仍然保持二元化,还是变为相应的多元化?是仍然区分为承运人就集装箱货物与非集装箱货物的责任期间,还是统一两者的责任期间?是否承认承运人就货物在装船前和卸船后所承担的责任而达成的协议的效力?不少学者认为,《海商法》修订应根据《鹿特丹规则》的规定,将“承运人责任期间”统一规定为,从接收货物时起到交付货物时止,货物处于承运人掌管之下的全部期间,这与运输实践中承托双方对承运人责任期间的通常约定相吻合。但应允许并肯定承运人与托运人就装运的货物(特别是非集装箱货物)装船前和卸船后的责任达成协议。就此,《修改送审稿》第56条在承运人管货义务中增加“接收货物”和“交付货物”两个环节,参照《鹿特丹规则》第13条第2款,允许承运人与托运人约定装载、搬移、积载和卸载等由托运人、实际托运人或者收货人负责履行。

同时,随着航运科技高度发展,无人船已从虚构走向现实,国际海事组织(IMO)将其命名为海上自主水面船舶(MASS)。2018年,罗尔斯－罗伊斯公司与芬兰国有渡轮运营商Finferries在芬兰图尔库市以南群岛成功展示全球首艘无人驾驶渡轮,Falco号汽车渡轮采用罗尔斯－罗伊斯智能船舶技术,成功在芬兰帕尔加斯和瑙沃之间完成了无人驾驶航行,并在遥控操作下顺利返航。② 这标志着世界航运开启了“无人船时代”。目前,我国在无人驾驶的无人船技术方面处于世界领先地位。2021年,我国首艘自主航行集装箱船“智飞”号在青岛海域试航并将投入

---

① 参见胡正良等:《〈海商法〉修改基本理论与主要制度研究》,法律出版社2021年版,第2页。

② 参见《罗尔斯－罗伊斯与FINFERRIES展示全球首艘无人驾驶渡轮》,载中华航运网,http://info.chineseshipping.com.cn/cninfo/News/201812/t20181211_1313276.shtml。

商业运营,该船具备无人驾驶、远程操控、自主航行3大功能。[①] 在这一背景下,需要讨论《海商法》主要制度是否适用以及如何适用于无人船?《海商法》第3条在"船舶"定义中并没有对配备船员作出强制性要求,从理论上讲,无人船符合《海商法》对船舶的定义和属性,那么,无人船的船籍国管辖问题、无人船的控制主体的责任问题、无人船远程操控人与船舶管理人之间的关系、无人船的侵权行为的认定、无人船的船舶避碰规则、无人船的免责事由的界定(特别是船长、船员的管理和驾驶船舶的过失免责事由的适用性)、人工智能的登记制度、无人船生产者和销售者是否享有海事赔偿责任限制的权利等,[②]都是无人船带来的新问题,这些问题是否在《海商法》修订中予以必要的回应以及如何回应?

第二,电子商务的发展催生了运输单证电子化,对海商海事立法提出新需求。由于电子科技和电子商务发展迅速以及贸易高效性的需求,航运产业数字化、网络化、智能化,电子单证和电子证据、电子信息、电子交易在航运实践中被不同程度地适用,电子单证、电子合同、电子邮件、网络信息等电子证据的认定问题层出不穷,国际上了制定《联合国管理、商业和运输电子数据交换规则》《远距离传送贸易数据交换行为统一规则》《电子可转让记录示范法》《1990年国际海事委员会电子提单规则》等相关规则,以示回应。《鹿特丹规则》就电子运输记录作出明确的规定;澳大利亚1998年在《澳大利亚海运单据法》第5条明确了电子提单的法律地位;韩国在2007年修改《韩国商法典》第862条的规定,通过法务部长官指定的登记机关登记的方式发行的电子提单与传统提单的法律地位等同;德国于2013年修订《德国商法典》海商法编,在第516条、第526条增加电子提单、电子海运单的规定。可见,运输单据电子化是必然的发展趋势。正如拉耶亚(Emmanuel T. Laryea)所指出的,在电子提单完全取代纸质提单前,交易双方必须有一整套软件、硬件和其他附属设备的支持,以设立和维护一个全球性的电子数据系统。[③] 中远海运集团自2020年起开始研发和应用区块链电子提单,2022年3月,区块链海运电子提单国际标准立项通过,标准项目标号为ISO NP5909,该标准旨在规范区块链电子提单系统的架构、功能要求、业务流程、接口及数据格式,为海运电子提单通过区块链系统进行流转核验的过程提供规范指引和标准依据。这对于《海商法》有关提单的立法而言,又是一场挑战。

---

① 参见孙静、华敬方:《无人驾驶、远程操控!我国首艘自主航行集装箱商船"智飞"号在青岛造船厂试航》,载半岛网2021年9月14日,http://news.bandao.cn/a/546139.html。

② 参见何易璇:《无人船岸基操控人员法律地位初探》,载《中国海事》2019年第12期。

③ See Emmanuel T. Laryea, *The Technology Challenges Facing Development Countries in the Move to Paperless International Trade*, Bond Law Review, Vol. 11:2, p. 280 (1999).

近年来,提单电子化需求日趋迫切,但《海商法》对电子运输记录缺乏相应的规定,电子提单是否可复制传统纸制提单的功能?《海商法》就传统提单的规定是否当然地适用于电子提单?英格兰与威尔士法律委员会(Law Commission)在《电子商务:商事交易中的形式要求》中对电子提单的定位为:"可实现传统提单的三项基础功能,但是在流通中需要第三方的介入。"[①]我国《电子商务法》于 2019 年 1 月 1 日起施行,从广义上来说,电子商务法的调整对象包括平等主体之间以数据电文为交易手段引起的各种商事交易关系,其在一定程度上初探了电子提单制度,给后续电子提单制度的建立提供了一定的环境与法律基础。那么,电子提单下的货物控制权,电子提单的传递与货物支配权的转移之间的关系,电子提单的安全性,通过技术手段特别是利用"区块链"技术来保证电子提单的唯一性等,这些运输单证电子化引发的新问题在《海商法》中缺失相关的规则,《海商法》的修订是否有必要作出回应。

第三,航运经营复杂化,新兴航运法律关系需要在我国法律体系内被适当调整。在海洋强国战略下,我国海洋经济发展出现新交易、新模式、新业态,传统船舶产业如船舶修造、买卖、融资、租赁等法律问题仍然存在,而航运物流服务、航运金融、航运经纪、海上保险等相关领域的制造业、物流业、金融业、服务业等聚合程度提升;海洋油气开发、海洋风能利用、深海采矿、深海养殖等海洋资源开发利用问题日趋增多;海洋服务业如邮轮、游艇、帆船等海洋娱乐观光休闲和海洋运动产业日渐普遍;全球供应链的货物运输越来越数字化,企业数据的收集和使用的法律问题接踵而生;船舶融资租赁、无船承运、船舶经营、船舶管理等新的航运经济组织形式迅速发展,航运市场经营主体日趋多元化。以邮轮为例,我国邮轮旅游快速发展,在未来的 10 年里,中国有望成为世界上最大的邮轮市场。[②] 邮轮旅游具有旅游和运输的双重属性,集海上观光、客运、餐饮、娱乐等高端服务于一体,但邮轮公司、旅行社、游客三方的主体权责模糊,邮轮承运人地位不明等问题已成为我国邮轮业发展的绊脚石。邮轮运输脱胎于传统海上客运合同,这决定了邮轮立法必须以海商立法为基础。在修订《海商法》时是单列"邮轮运输"一章,[③]还是仍然用第五章"海上旅客运输合同"对涉及邮轮运输的问题予以适用?如何在《海商法》中建构较为完备的海上旅客运输合同法律制度?旅行社和邮轮船东的主体地位如何认定?这些问题通过《海商法》的修订予以完善相关规定,可谓推动邮轮旅游"本土化"的重

---

① Law Commission of England and Wales, *Electronic Commerce: Formal Requirements in Commercial Transactions*, 2001, also see Law Commission, https://www.lawcom.gov.uk.

② 参见孙思琪:《邮轮旅游法律要论》,法律出版社 2018 年版,序言。

③ 参见郭萍:《对邮轮合同法律性质的探究及思考》,载《中国海商法研究》2016 年第 1 期。

要时机,正逢其时。

此外,21世纪是海洋世纪,中国海上石油的勘探开发正处于蓬勃发展阶段,而海上钻井平台是人类向深海进军的先导。海上钻井平台虽起源于“海上移动式装置”,但具有区别于船舶的特殊法律属性,其并不是作为船舶而设计、建造、检验与使用,亦不是传统海事法律体系的客体,目前针对船舶油污事故的法律体系不能兼容海上钻井平台,现存海事法律制度对钻井平台的适用显得捉襟见肘。在海洋资源开发高风险的背景下,如何明确海上钻井平台的法律地位,合理划分钻井平台的油污责任归属,界定钻井平台的油污损害赔偿范围?海上钻井平台油污损害赔偿机制的建构应符合产业发展、利益协调、环境保护的要求,这既是蓝色海洋战略的必然要求和海法体系建设的应有之举,也是为科学发展海洋经济的保驾护航奠定基础。在立法资源有限的情况下,在《海商法》修订中,是否在“船舶”的界定中明确海上钻井平台的法律属性?有关船舶的相关法律制度能否适用于海上移动式钻井平台?这些问题有必要予以相应的明确规定。

第四,货物多式联运的需求激增,成为国际商品供应链发展的核心,这对公正的权利、义务、责任划定提出更高要求。货物多式联运方式因“一次托运、一次签单、一次投保”就完成全程运输而呈现强大的生命力。① 多式联运对推动物流业降本增效和交通运输绿色低碳发展,完善现代综合运输交通运输体系有重要的意义。但是,我国多式联运的法律呈现局限性,难以支撑综合交通运输体系的法治建设。世界上从《1980年国际货物多式联运公约》、《多式联运单证规则》到《鹿特丹规则》,就国际货物多式联运单证、多式联运经营人的责任期间、责任形式等问题作出规定,尤其是《鹿特丹规则》,其创设贸易合同和运输合同的对接机制,连接国际货物贸易合同和国际海上货物运输合同。而我国《海商法》第四章第八节就多式联运合同的特别规定相对单薄,“网状责任制”虽是当前调整国际货物多式联运的主流制度,但充其量是过渡性制度,有关多式联运经营人的法律定性、与区段承运人的责任关系、多式联运单证等相关规定更应予以完善。2016年交通运输部《关于完善综合交通运输法规体系的实施意见》将制定《多式联运法》列入跨运输方式法规系统。但是,一方面,《多式联运法》目前尚在调研和深入论证中,另一方面,《民法典》在有关运输合同的章节就运输的共性问题予以规定,而这些规定未能揭示海上运输与其他运输方式的差异性,未能全面反映多式联运的发展趋势,因此只有赋予《海商法》重任,在多式联运立法的价值导向、内容取舍上构建统筹协调、科学合理的多式联运法律制度,以促进包括海运在内的多式联运业的发展。

---

① 参见傅廷中:《海商法》(第2版),法律出版社2017年版,第200页。

总之,海商法与海上权益的保护和海上风险的规制密切相关。船舶类型多元化、运输单证电子化和航运经营复杂化,不仅对我国航运秩序产生重大影响,还对海商海事制度的创新和完善产生航运实践性需求。

（三）遵循国际统一性,合理接轨国际海事立法、国际惯例、国际标准合同

船舶是流动的,海洋是相通的,当所有国家的船舶、船员、船上的乘客、商人以及货物都受到同样的海洋、同样的风暴、同样的气候、同样的自然因素、同样的危险以及同样的海洋通道的支配时,许多海事纠纷不可避免地要具有类似的背景和环境,应遵循同样的规则。[①] 海商法的国际统一性成为天然的属性,从立法层面分析,一方面,这是海商法调整对象所决定的。以国际海上货物运输为例,其往往涉及两个或两个以上的国家,涉及的当事人往往并非一国当事人,这就要求海商法制定者的眼光必然是外向的,不仅要考虑本国经济主体的利益,也要注意同他国法律之间的协调,以免本国的贸易因为立法原因受到不利影响。[②] 另一方面,随着国际航运贸易的进一步发展,不仅国家之间加强了在国内立法方面的相互学习和融通,从而使其国内法具有一定程度的国际统一性,而且,一些海运发达国家的国内海事立法或司法,因其先进性或该国在海运经济中的优势地位而被其他国家的国内法效仿。[③]《海商法》在立法时通过法律移植大量的国际公约、国际惯例和国际标准合同的同时(见表1),也借鉴航运发达国家的立法,有关海上保险的立法条款多数就是借鉴《1906年英国海上保险法》而形成。因此,国际公约、国际惯例和国际标准合同的发展变化乃至英国等航运发达国家的立法或司法动态,对《海商法》的修订已经或者将要产生重要影响。[④]

20世纪90年代开始,国际海事立法日趋活跃,相继出现新的国际海事公约或国际海事惯例,并在国际上得到不同程度的实施,国际标准合同亦在推陈出新中。

---

① See William Tetley & Q. C. *Uniformity of International Private Maritime Law—The Pros, Cons, and Aiternatives to International Conventions—How to Adopt an International Convention*, Tulane Maritime Law Journal 24, No. 2, p. 810 (2000).

② 参见何丽新、陈永灿:《海商法特性论》,载《中国海商法年刊》2008年第00期。

③ 参见陈亚芹:《论海事国际惯例在中国法的地位——以中国的立法和司法实践为视角》,复旦大学2008年博士学位论文,第24页。

④ 2015年2月12日,英国议会通过了《2015年保险法》(The Insurance Act 2015),新保险法将适用于2016年8月12日之后订立的(再)保险合同。英国立法者认为,《1906年海上保险法》以保护保险业发展为目的,设置一系列机制以防止被保险人滥用权利并保护保险人,但其对被保险人过于严苛,已不能适应现代保险业的发展。参见陈靖文:《英国2015年保险法的变革及影响》,载《中国保险报》2016年6月23日,第2版。

为避免《海商法》丧失原有的超前性和先进性,成为陈旧甚至过时的法律规定,①与国际最新海事立法接轨不仅是海商法的国际统一性使然,更意味着《海商法》的相关规定应与世界主流立法内容和趋势,包括国际海事公约、国际海事惯例和国际标准合同保持一定的协调,否则会造成我国不必要的航运或贸易成本负担。

表1　国际海事公约、国际海事惯例、国际标准合同在《海商法》实施前后的对比

领域	《海商法》施行以前的部分	《海商法》施行以后新增的部分
船舶物权	《1967年关于统一船舶优先权和抵押权若干规定的国际公约》	《1993年船舶优先权和抵押权国际公约》
船员	无	《2006年海事劳工公约》
海上货物运输	《海牙规则》、《海牙－维斯比规则》及其1979年议定书、《汉堡规则》《1980年国际货物多式联运公约》(未生效)	《鹿特丹规则》(未生效)
海上旅客运输	《1974年雅典公约》《1976年雅典公约》《1990年雅典公约》	《2002年雅典公约》
航次租船合同	金康合同1976	金康合同1994
定期租船合同	纽约土产合同1946、纽约土产合同1981、波尔的姆合同1974	纽约土产合同1993、纽约土产合同2015、波尔的姆合同2001
光船租赁合同	贝尔康合同1974、贝尔康合同1989	贝尔康合同2001、贝尔康合同2017
共同海损	《1974年约克－安特卫普规则》《1990年约克－安特卫普规则》	《1994年约克－安特卫普规则》《2004年约克－安特卫普规则》《2016年约克－安特卫普规则》
海事赔偿责任限制	《1976年责任限制公约》	《1996年责任限制公约》《2012年责任限制公约》
海上污染	《1969年国际油污损害民事责任公约》《1971年设立国际油污损害赔偿基金公约》	《1992年国际油污损害民事责任公约》《1992年设立国际油污损害赔偿基金公约》《1996年国际海上运输有毒有害物质损害责任和赔偿公约》《2001年国际燃油污染损害民事责任公约》《2000年国际船舶安全营运和防止污染管理规则》《2007年内罗毕国际船舶残骸清除公约》

① 参见司玉琢、胡正良主编:《〈中华人民共和国海商法〉修改建议稿条文、参考立法例、说明》,大连海事大学出版社2003年版,第2页。

《海商法》依据国际公约、国际惯例和国际标准合同而立,因此,“尊重国际通行做法”也成为《海商法》修订的基础。但是,任何一个国家的海商法都不可能完全移植国际公约,不同国家的海商法背后的不同社会经济发展类型决定了各国制定的海商法是国家的而不是国际的,这是现阶段国际公约和国内立法的不同性质和功能决定的。[①]《海商法》对国际公约的借鉴,更多是吸纳国际海事公约的最新立法精神。例如国际劳工组织《2006 年海事劳工公约》,船员的立法从以船员适任为重点转向以船员权益保护为重点,我国于 2015 年 8 月批准加入该公约,该公约自 2016 年 11 月 12 日起对我国正式生效。《海商法》修订下的船员章节也应强调船员的适任到船员权益的保障的转变,强化包括船员就业、社会保障在内的相关规定,否则无法满足《2006 年海事劳工公约》的基本要求。因此,《海商法》修订对国际海事公约应秉持的态度是:对于我国批准参加的国际公约,《海商法》存在不一致的规定的,应在《海商法》修订中予以体现;对于我国没有批准参加的国际公约,在《海商法》立法时已予以借鉴相关制度或规定的,应在充分论证后修改《海商法》的相关内容。

海上货物运输关系是《海商法》调整对象的重中之重,我国虽然没有参加《海牙－维斯比规则》和《汉堡规则》,但是《海商法》承运人责任制度融合这些国际公约的精髓,并且立法者在海上货物运输合同中对“航次租船合同”作出特别规定。可是,这种调整海上货物运输的机制长期以来饱受争议,航次租船合同是纳入海上货物运输合同还是租船合同更是成为立法例的理论问题,其争议焦点则是契约自由下的意思自治的空间和承运人责任强制性规定的适用范围,现代运输方式下契约自由是否仍然受到船舶适航、管货、不合理绕航等强制约束?特别是《鹿特丹规则》作为 21 世纪影响力较大的国际运输公约,我国对此不可能熟视无睹,否则《海商法》容易与其他相关运输机制不能协调,或者有违货物运输合同的当代发展趋势。随着时代的发展,无论是《海牙－维斯比规则》还是《汉堡规则》,都不能完全满足现代贸易实践的发展需要,也无法满足电子商务的需求。[②] 更何况,我国在《鹿特丹规则》的制定中也发挥了积极重要的作用。当然,我国是否批准加入该公约,须以整体经济利益为根本衡量标准,“如果秉承公共政策原则来认真审视公约条文,可以发现该公约是满足不同利益方并进行利益平衡的结果,公约鼓励并顺应

---

① 参见郭瑜:《海商法的精神:中国的实践和理论》,北京大学出版社 2005 年版,第 51 页。

② 参见[瑞士]亚历山大·凡·基格勒、[瑞典]约翰·斯蔡林、[意大利]斯蒂佛诺·祖纳若礼主编:《2008 年鹿特丹规则:有关联合国全程或部分上海货物国际运输合同公约的评论》,郭萍、李莹莹等译,法律出版社 2016 年版,序言。

货物买卖合同实践发展需要,帮助当事方采用更加明智的方式以促使风险的适当分配,并且公约为通过海上运输方式完成的货物买卖合同的财务安排途径提供便利"[①]。因此,不论我国是否加入《鹿特丹规则》,该公约中的很多合理、成熟和先进的规定,如海运履约方、国际货物多式联运、电子运输记录、货物控制权等内容,在修订《海商法》时都有必要予以借鉴,以实现海上货物运输制度的现代化。

当然,亦有观点认为,《海牙规则》和《维斯比规则》构建的海上货物运输机制,目前仍然是国际海上货物运输最主要的法律依据,我国作为贸易大国,多数的贸易伙伴仍是《海牙－维斯比规则》的缔约国,修订《海商法》时没有必要另起炉灶。[②]本书认为,虽然我国不存在因承担上述国际公约缔约国义务而修订《海商法》的相关规定,但在《海商法》立法时,既然借鉴了我国没有加入的《海牙－维斯比规则》《汉堡规则》有关海上货物运输的主要制度,那么,在修订《海商法》时,同样可以借鉴尚不明确我国是否加入的《鹿特丹规则》有关海上货物运输的合理性规定。"与时俱进"是修法的基本出发点,尽管1924年制定的《海牙规则》和1968年修订的《维斯比规则》在21世纪的今天仍在海商海事领域发挥作用,但其先进性在很大程度上终将被《鹿特丹规则》取代,《海商法》的修订有必要"泛取综采",建立现代化的海上货物运输机制。

在借鉴国际海事惯例的规则层面,尊重当事人选择适用国际惯例是意思自治原则的重要体现,但这种适用以当事人选择适用为前提,并不具有当然的强制的约束力。《海商法》立法时参照"国际通行的做法",此不仅体现在国际公约中,也体现在国际惯例中。这种借鉴国际习惯性做法,在《海商法》第十章的共同海损制度中体现最多。我国共同海损制度吸收了体现国际海事惯例的民间规则《1974年约克－安特卫普规则》,但《1974年约克－安特卫普规则》已被《1994年约克－安特卫普规则》取代,目前国际上多是适用体现《1994年约克－安特卫普规则》的内容,且《2016年约克－安特卫普规则》更进一步完善了共同海损的规定,明确拖船与被拖物在海上拖航过程中处于同一海上航程中,将救助报酬、避难港费用、损坏修理费用项目以及为防止或者减少环境损害而采取措施的费用列入共同海损的具体情形,增加不可分离协议(non-separation agreement)的规定。这些内容的变化发展必然影响《海商法》共同海损制度的修订。

在国际标准合同层面,《海商法》有关航次租船合同的规定参照了1974年金康

---

① [瑞士]亚历山大·凡·基格勒、[瑞典]约翰·斯蔡林、[意大利]斯蒂佛诺·祖纳若礼主编:《2008年鹿特丹规则:有关联合国全程或部分上海货物国际运输合同公约的评论》,郭萍、李莹莹等译,法律出版社2016年版,序言。

② 参见郭瑜:《海商法的未来——中国的方向和方法》,北京大学出版社2022年版,第6页。

合同的内容。在《海商法》颁布后，1994 年金康合同的内容已成为目前国际上广泛使用的格式条款。《海商法》有关定期租船的合同是 1981 年纽约土产交易所期租合同和 1974 年波尔的姆定期租船合同，其中有些内容与在《海商法》颁布后出台的 2015 年定期租船合同格式《纽约土产合同》和目前国际上广泛使用的 2001 年波尔的姆定期租船合同的内容不接轨。以 2015 年纽约土产交易所合同和 2001 年波尔的姆定期租船合同为例，这些格式条款完善了承租人使用与赔偿条款（employment and indemnity clause）、停租事项、承租人保证安全港口义务和最后航次等规定；增加燃油质量、交船和还船检验时租用双方的义务；对承租人支付租金的宽限期和出租人对货物灭失、损坏或者迟延交付责任等内容亦予以完善。这些内容的增加或删减影响了租船合同当事人的权责分配，《海商法》在定期租船合同的章节作出任意性规定时应予以吸纳，以供当事人选择适用。《海商法》光船租赁合同参照了波罗的海国际航运公会 1974 年光船租赁合同格式《贝尔康合同》，而目前国际上广泛使用的是 2001 年波尔的姆定期租船合同的内容。因此，对于"以旧换新"的国际标准合同，修订《海商法》时，应保持适度超前性，予以跟进。

国际海事立法的最新发展呈现上述的国际公约、国际惯例和国际标准合同的变化。特别予以注重的是，部分国际海事公约出现私法公法化的特点，《2000 年国际船舶安全营运和防止污染管理规则》《港口国监控制度》《1969 年国际油污损害民事责任公约》等均不同程度地存在公法性质的条款进而影响相关民事主体的权利义务的现象，修订《海商法》时，有关船舶适航、船员适任等相关规定，也应予以必要的关注。

（四）走出海商法自体性的误区，注重与民商法体系的科学衔接

"海商自体法"（lex maritima）或"一般海商法"（general maritime law）是一种理论，是指在海商法中人们普遍认为存在一套从古代延续下来，以习惯为基础的规则，它通行于全球，在海运世界里尽人皆知。[①] 这种自体法曾经被认为是独立于一国法律之外并为一国法院所直接适用的法律渊源，但是现代国家越来越注重主权意识，几乎没有国家愿意接受凌驾于国家主权的海商法。"海商自体法"在现代社会下更多是指海商法具有自主生成、独立发展和自成体系的性质，并因此拥有自己相对独立的发展规律、制度特性及规范体系，是海商法自成一体的特性的简称。[②] 海商法自体性的核心在于强调海商法区别于其他法律领域而自成一体的特性，具体表现在外部的独立性和内部的综合性。海商法的自体性的实质是海商法所固有

---

① 参见郭瑜：《海商法的精神：中国的实践和理论》，北京大学出版社 2005 年版，第 40 页。

② 参见曹兴国：《海商法自体性研究》，法律出版社 2020 年版，第 17 页。

的特殊法律制度以及这些制度在法学体系中的地位和归属,被认为在法律体系中自成一体。有学者指出:“那些为海商法所特有的法律制度,共同集中和代表着海商法的特点,是海商法得以成为一个相对独立的法律部门和相对独立存在于法学体系之中的基础。”①因此,海商法的自体性导致了其独立性,也为海商法与民商法之间的关系奠定基调,由此认为海商法与民法各自发端、独立成长、相互影响、逐步融合,在法律属性、表现形式、立法体系、规范内容以及纠纷解决机制等方面都迥然相异。②

此种海商法的自体性在《海商法》中得以不同程度地体现。即便是在《海商法》颁布后,理论界就海商法自体性的论证也没有削弱。诚然,海上风险是海商法的起点和终点,为分担海上风险,海商法创设了船舶优先权、共同海损、海事赔偿责任限制等一般民商法所没有的法律制度,同时,由于海商法先于一般商法的发展,所以海商法本身发展过程中具有了一定的自主性,民商法某些规定甚至原则或规则,在适用于海商法时多少存在不适应的现象。因此,海商法理论界总是将海商法的特点发挥和挖掘得淋漓尽致,将海商法中的各种独特制度的有机结合构成海商法体系,在法之体系中彰显其独立性。这种观点过度挖掘海商法的自体性,忽视与民商法理念、制度的共通性,认为海商法不是根植于民商法,而是自身进化的结果,海商海事诸多法律制度为海商法所特有,共同集中和代表海商法的特点,不符合民商法的一般原理,是民商法的异类。但是,本书基于海商法的历史沿革、海商海事法律制度的特性等综合研究,认为这种极力强调海商法的特殊性和独立性的做法,某种程度上重塑了海商法自身法学理论发展史,但缺乏厚重的理论基础支撑,导致海商法游离于我国民商法体系之外,无法为《海商法》的修订树立统一的理念与范式,易陷入“治标不治本”的境地。

任何部门法都具有法律所具有的普遍性,海商法的自主性只不过是在其历史演变进程中相对的、偶然的现象。《民法典》与《海商法》在外在体系上是统一的,比方说,二者使用的基础法律概念相同,海商法的基础概念是民事主体、权利、责任在海商领域的具体化,海商法不可能脱离民商法的基础概念和外在体系。在民商法体系中,民商法的基础理论和基本原则乃至民商法的精神是互通的,海商法的许多制度,究其根源,仍然是民商法原理在海上运输关系和船舶关系中的应用,虽然说这些并不是必然的一一对应关系,有的甚至在民商基本法中找不到相应的概念

---

① 张永坚:《海商法特点研究撮要——兼谈海商法之体系》,载北京大学法学院海商法研究中心主办:《海商法研究》2003 年第 3 辑,法律出版社 2003 年版。

② 参见王世涛、汤喆峰:《论海商法之于民法的独立性》,载《中国海商法研究》2012 年第 3 期。

或制度，但海商法本质上仍具有民商法的平等性、普遍性、权利互惠性的特性，也追求商事领域的交易的简捷、安全以及公平，奉行私法的真谛——权利法的观念。[①]强化海商法的自体性，将海商法封锁在孤立的空间，脱离整个法学理论体系的支撑，海商法有可能成为无本之木、无源之水。[②] 但同时，在内在体系上，需要挖掘海商法的独有价值，形成海商法的基本原则。总之，本书认为，在外在体系上，海商法需要与民商法同步，海商法的修订应该以民商法为基础；但在内在体系上，海商法的基本原则和特殊性还需要进一步提炼和坚持。

事实上，早在 1992 年，学界就为上述讨论奠定了基调，认为从调整对象的范围看，海商法有广义和狭义之分，广义海商法既调整平等主体之间的横向民事关系，又调整非平等主体之间纵向行政关系，还有少量的刑事责任条款；狭义海商法则仅仅或主要是调整平等主体之间的横向民事关系，不调整或主要不调整纵向行政关系。[③] 起争论的往往是广义的海商法，而对于狭义海商法的属性，学者们的认识较为统一，在民商合一的国家，海商法被视为民法的特别法；[④]在民商分立的国家，海商法被视为商法或商法的特别法。我国从《民法通则》、《民法总则》到《民法典》采用的均是民商合一的体例，《海商法》作为民商法领域中调整某一领域特定社会关系的特别法，应当与一般法相互协调。[⑤] 但是，《海商法》章节或法律条文中均缺失该法与民法等其他法律法规之间关系的规定，这导致海商法的诸多制度难以融入我国现有的民商法律体系，出现与其他法律法规无法协调乃至矛盾冲突的问题。例如，《海商法》第 9 条规定，船舶所有权的取得、转让和消灭，应当向船舶登记机关登记；未经登记的，不得对抗第三人。这种“登记对抗主义”的模式被认为是海商法追求效益效率的立法价值的体现，但“应当向船舶登记机关登记”的船舶管理性规定直接介入了物权变动规则，而依据《民法典》第 225 条“船舶、航空器和机动车等物权的设立、变更、转让和消灭，未经登记，不得对抗善意第三人”的规定，没有必要

---

① 参见何丽新：《论新民商立法视野下〈中华人民共和国海商法〉的修订》，载《中国海商法年刊》2011 年第 2 期。

② 参见张永坚：《法之家庭的游子——我国海商法的回归与发展》，载北京大学法学院海商法研究中心主办：《海商法研究》(第 2 辑)，法律出版社 2001 年版。

③ 参见司玉琢、朱曾杰：《〈中华人民共和国海商法〉的特点评述》，载《中国海商法年刊》1992 年第 00 期。

④ 有学者认为，海商法修订时不必恪守民法制度体系，本书表示赞同，民商法视角下的海商法属于特别法，需要在“同”的基础上求“异”。参见曹兴国、初北平：《作为特别法的〈海商法〉的修改——制度体系、修法时机及规范设计》，载《政法论丛》2018 年第 1 期。

⑤ 参见司玉琢、胡正良主编：《〈中华人民共和国海商法〉修改建议稿条文、参考立法例、说明》，大连海事大学出版社 2003 年版，第 2 页。

将“向船舶登记机关登记”作为船舶物权变动效力的单独要求。[①] 此两者规定的矛盾,一方面,导致船舶物权制度与《民法典》确立的一般物权制度无法较好地衔接,另一方面,《海商法》第9条“第三人”和《民法典》第225条“善意第三人”的不同规定,进一步导致在航运实务和司法实践中无法切实平衡船舶交易安全与船舶内部共有权益之间的关系,特别是共有船舶的债务问题。在我国沿海地区,共有船舶的合伙经营现象十分普遍,船舶所有人的识别涉及船舶登记所有人、船舶实际所有人、船舶登记经营人、光船承租人、船舶实际经营人等诸多主体,在《海商法》现有规定的船舶物权登记对抗主义立法模式下,不仅出现包括船舶挂靠在内的船舶所有权虚假登记、船舶登记所有人与实际所有人不一致等乱象,还大量出现共有船舶的外部债务与内部债务、共同债务与个人债务之间的关系,由此而产生的共有关系混乱、责任主体模糊、虚假诉讼、恶意串通、逃避债务等情形,既严重影响交易安全,无法保护善意债权人的合法权益,又无法维护船舶共有人的合法权益。如何协调好船舶物权与一般物权之间的关系,是《海商法》修订不得不面对的与民商法体系衔接的法律问题。

《海商法》诞生于20世纪90年代早期,当时我国民商法体系尚未健全,船舶物权制度尚无法以《物权法》、《担保法》乃至《民法典》为依据,《海商法》第11条规定:“船舶抵押权,是指抵押权人对于抵押人提供的作为债务担保的船舶,在抵押人不履行债务时,可以依法拍卖,从卖得的价款中优先受偿的权利。”该规定中的“船舶抵押权的实现路径”仅是“依法拍卖”;“船舶抵押人”仅是“债务人”,而不存在“第三人提供船舶抵押的情形”;“提供船舶”无法突出船舶的法律属性是动产还是不动产,船舶抵押是转移占有还是不转移占有?这些问题并非因船舶抵押权的特殊性而形成,更多是因为海商法缺失民商法体系的支撑,在一般法体系中找不到相应依据。诸如此类的问题,在《海商法》重要制度中比比皆是,例如,出租人的留置权,特别是定期租船合同项下出租人对承租人的货物、财产和转租船舶收入有留置权(第141条);海难救助项下的救助方对获救船舶或其他财产有留置权(第188条)等,均没有《担保法》下留置权的依据,以致这些在《海商法》的相关条文中出现的“留置权”究竟是法律意义上的留置权还是文义语境下的“留置”,存在争议。因此,海商法的自体性无法彻底解决海商海事法律制度的渊源和基础,使海商法回归民商法体系,通过一般法和特别法之间路径才能合理解决。可以说,协调一般法和特别法之间的规定,是《海商法》修订的一项重要任务。[②] 鉴于

① 参见曹兴国:《海商法自体性研究》,法律出版社2020年版,第194页。

② 参见司玉琢、胡正良:《我国〈海商法〉修改的必要性》,载《中国海商法年刊》2002年第00期。

此,本书有关海商法与民商法体系的分立和衔接的论证,均建立在"民商合一"的立法体例基础上。

自 1993 年 7 月 1 日《海商法》生效以来,我国民商事领域的立法陆续出台:对应《海商法》海上保险章节的《保险法》(1995 年 10 月 1 日);对应《海商法》的海上货物运输合同、海上拖航合同、船舶租用合同、海难救助合同、海上保险合同的《合同法》(1999 年 3 月 15 日);对应《海商法》船舶物权章节的《物权法》(2007 年 3 月 16 日);对应《海商法》涉外关系的法律适用章节的《涉外民事关系法律适用法》(2010 年 10 月 28 日);对应《海商法》一般性规定的《民法总则》(2017 年 3 月 15 日);对应《海商法》部分程序性规定的《海事诉讼特别程序法》(2000 年 7 月 1 日)和《民事诉讼法》(2007 年 10 月 28 日第一次修正、2012 年 8 月 31 日第二次修正、2017 年 6 月 27 日第三次修正、2021 年 12 月 24 日第四次修正);以及在民商法体系中基础性、综合性的法律——《民法典》(2021 年 1 月 1 日生效)。这些一般法的规定虽然晚于《海商法》颁布或生效,但这些一般法的规定更具有先进性,且在原理和制度上更加完备或完善。因此,《海商法》的规定若与一般性民商事法律发生矛盾甚至冲突,会直接影响海事立法的价值取向。[①] 国内民商事立法的发展和演变、协调好一般法与特别法之间的规定,成为《海商法》修订的重要理由。[②]

《海商法》的绝大部分规定属于民事权利义务的规定,《海商法》总体上属于民法的特别法,《海商法》制定之初就被认为是一部民事特别法,《海商法》修订之时,更无法脱离民事特别法的定位,《海商法》应与《民法典》等一般性民事法律的规定保持协调。海商法的自体性不是绝对的,海商法与民商事法学日渐交融,日渐完善的民商法规范对海商法有重要的补充和借鉴意义。我们支持"以一般法的先进性反衬《海商法》的滞后性实属不妥"[③]的观点,制定在先的特别法与制定在后的一般法之间的协调并不是简单地替代或更新的过程,而是在立法理念和制度规范层面对海商法与民商法体系进行科学衔接的过程。作为民事立法经典之作的《民法典》的出台和生效,必然给海商法带来冲击。《民法典》是一部符合我国社会经济发展的民事权利的保障书,《海商法》的修订应当与《民法典》保持双向的交流,在可能产生交集的立法部分做好沟通和链接,使得我国海商海事法律体系更

---

① 参见梁慧星:《修改〈中华人民共和国海商法〉的诉求与时机》,载《中国海商法年刊》2010 年第 2 期。

② 参见司玉琢、胡正良主编:《〈中华人民共和国海商法〉修改建议稿条文、参考立法例、说明》,大连海事大学出版社 2003 年版,第 3 页。

③ 傅廷中:《论我国〈海商法〉修改的基本原则与思路》,载《现代法学》2006 年第 5 期。

加完善。[①]

有学者提出,《民法典》的体系化追求对海商法独立性产生挑战,《民法典》中基本不存在对《海商法》条款的提炼和吸收或有意对《海商法》特定条款进行修订的情况,海商立法因民法而自缚手脚,海商法不仅不需要与民法的基本制度一致,也不需要与民法的一般原则一致。[②] 本书认为,《海商法》与《民法典》的特别法与一般法之间的关系,不是简单的法律适用原则,更不是按照《民法典》来裁剪《海商法》的法律制定原则,《民法典》对《海商法》修改的影响分为价值理念和具体规范两个层面。[③]《民法典》价值理念促进《海商法》的价值取向和立法理念发生改变,例如《民法典》第 9 条规定了绿色原则,并在侵权责任编重点构建了环境污染和生态破坏责任制度,这为《海商法》修订中增加船舶污染损害赔偿制度提供了较为直接和充分的民事一般法的依据。绝对强调海商法自成一体的属性定位,难以使海商法立足于《民法典》所建构新的民商法体系,应遵循法治统一原则,在以宪法为基础和核心的前提下,强调各个法律部门、各种法律渊源和各个法律文件形成互相协调而不抵触、彼此配合而不重复的一种状态的整个法律体系。[④]《海商法》的修订,在保持与民商法体系的统一性和相关性的前提下,尊重海商法独特的制度,在民商法体系下合理科学地保持海商海事问题的特殊立法。

(五)填补《海商法》的内容漏洞或制度缺陷,满足海事裁判需要

《海商法》的修订不仅是跟踪国际海事海商的新规定、新趋势而与时俱进的问题,更重要的是回应本土化的需求。对于《海商法》在近 30 年的海事海商司法实践的运行中暴露出的问题,应通过《海商法》的修订补正缺陷和填补漏洞。自 1992 年颁布《海商法》以来,我国经济发展水平、贸易形态、航运产业结构、海运力量、国际和国内法律环境等已经发生巨大和深刻的变化,受制于当时的客观情况,《海商法》制定时所确立的某些法律制度已滞后于航运实务和司法实践的发展。当时某些规则的设立条件尚不成熟的,现因情势变化而变得成熟;当时已设立的某些规则,其可操作性已随着航运发展而弱化,这些均在不同程度上体现出《海商法》某些规定已不能有效为航运和贸易的发展保驾护航。与此同时,海商法是实践性很强的法律,中国是世界上唯一有专门的海事法院系统的国家,存在世界上最大的海事审判

① 参见曹兴国、初北平:《作为特别法的〈海商法〉的修改——制度体系、修法时机及规范设计》,载《政法论丛》2018 年第 1 期。

② 参见郭瑜:《海商法的未来——中国的方向和方法》,北京大学出版社 2022 年版,第 136 ~ 148 页。

③ 参见孙思琪、胡正良:《〈民法典〉对于〈海商法〉修改影响论要》,载《国际法研究》2021 年第 1 期。

④ 参见沈宗灵主编:《法理学》(第 4 版),北京大学出版社 2014 年版,第 243 页。

队伍,是世界上审理海商海事案件数量最多的国家。[①]《海事法院受理案件范围司法解释》自 2016 年 3 月 1 日生效,我国海事法院受理的案件由原来的 18 项扩大到 4 大类的 78 项,每年受理案件数量逐渐增长,目前我国法院审理的海事海商案件数量约占全球的 50%。海事司法实践是对《海商法》中存在问题"二次发现"的过程,其中暴露出的问题是《海商法》带有普遍性的问题,这不仅证明该法的修订具有必要性,而且是《海商法》修订时必不可少的重要资源。[②] 应总结海事审判经验,为《海商法》修订提供范式和样本;梳理海事审判的问题,通过《海商法》的修订予以弥补和完善。

《海商法》颁布后,为适应我国海事审判的需要,最高人民法院陆续出台了大量的司法解释,如 1995 年《船舶碰撞和触碰司法解释》;2006 年《海上保险司法解释》;2008 年《船舶碰撞司法解释》;2009 年《无正本提单交付货物司法解释》;2010 年《海事赔偿责任限制司法解释》;2011 年《船舶油污损害赔偿司法解释》;2012 年《海上货运代理司法解释》等。这些司法解释根据《海商法》的立法精神和相关规定而成立,是在总结我国海事审判经验的基础上贯彻执行《海商法》司法实践问题的司法意见,一定程度上弥补了我国海商海事法律制度的不足。《海商法》生效后,最高人民法院公布的指导性海事案例同样具有参考和借鉴意义,[③]同时发布了海事法院扣押和拍卖船舶十大典型案例以及每年公布的海事审判十大典型案例,这对统一海事裁判规则亦发挥着重要作用。这些司法解释、司法意见和指导性案例澄清了《海商法》条文的内涵,补充了必要的法律适用条件,有效地解决了海事审判中亟待明确的问题,是"鲜活"海商法的组成部分,在《海商法》修订中,将这些成熟且行之有效的海事司法解释立法化,是完善海商海事制度的重要路径之一。

理论界曾就《海商法》在司法适用中出现的不足进行归纳和分类,主要表现为:第一,《海商法》制定之时,某些条件尚不成熟的立法内容,由于情势的变化而变得成熟且必要,如沿海货物运输、内河货物运输、海运单和电子提单等法律制度等;第二,由于受当时《海商法》起草、论证的局限,所以某些制度或问题的考虑不周延,成为立法漏洞,如船舶油污损害赔偿责任制度等;第三,由于当时国内缺乏广泛的司法实践基础,国际上也没有相应的国际条约可以借鉴,所以对个别的复杂问题只作了简单的规定,如船舶留置权的范围过于狭窄,船舶留置权的实现路径和法律效力

---

① 参见最高人民法院:《中国海事审判(2015 - 2017)》,载最高人民法院网 2018 年 11 月 1 日,http://www.chinadaily.com.cn/specials/WhitepaperonMaritimeAdjudicationinChina.pdf。

② 参见胡正良等:《〈海商法〉修改基本理论与主要制度研究》,法律出版社 2021 年版,第 57 页。

③ 例如最高人民法院的指导案例第 16、31、108、110、112 就是海商海事案件,涉及船舶碰撞、海上货物运输合同、海难救助、海事赔偿责任限制等领域。

等重要内容没有规定,货物多式联运的规定过于简单,托运人的定义条款下出现两类托运人且权责规定不清晰等;第四,《海商法》使用的一些立法语言或者表述有待进一步明确统一。[①] 上述的《海商法》缺陷和漏洞,制度之间的不协调乃至冲突,已影响到《海商法》的合理性和明确性,导致《海商法》出现立法的一定滞后性,《海商法》的修订也应围绕这些漏洞和缺陷进行,主要体现在以下三方面。

1. 船舶污染损害赔偿制度

自《海商法》实施以来,我国相继参加《1992 年国际油污损害民事责任公约》、《1992 年设立国际油污损害赔偿基金公约》(仅适用于我国香港特区),国际上又相继出台《1996 年国际海上运输有毒有害物质损害责任和赔偿公约》《2001 年国际燃油污染损害民事责任公约》等海洋污染损害民事责任公约。可见,国际社会日趋重视完善海洋环境污染损害赔偿机制。我国在海洋强国的战略下,美丽海洋的建设亦是重中之重,要求实现"人海和谐",重视海洋生态文明在建设生态文明中的作用。[②] 但是,我国尚没有专门调整船舶污染损害赔偿问题的民事立法,我国虽参加《1992 年国际油污损害民事责任公约》,但在批准书上附以"涉外因素",即只有在法律关系要素具有涉外成分时才适用该公约,这导致了国际公约和其他相关国内立法并存且在适用中发生冲突,一定程度上造成在海洋污染方面法律适用混乱的局面。[③] 由此,涉外案件适用《1992 年国际油污损害民事责任公约》,对于不属于该公约调整范围的船舶污染案件或国内案件,则适用《海洋环境保护法》和《防止船舶污染海域管理条例》,而《海洋环境保护法》和依据该法制定的《防止船舶污染海域管理条例》之间存在内部的相关规定相互矛盾之处,即使 2011 年最高人民法院出台《船舶油污损害赔偿司法解释》,亦无法完全解决船舶污染损害赔偿问题,且我国制定油污法等专门性立法的时机尚不成熟,[④]随着我国经济的快速发展,特别是海上石油等运输量的增长,我国海域逐渐成为船舶污染事故的多发区和重灾区。上述情形的多重叠加使得《海商法》增加设立船舶污染损害赔偿制度成为极其迫切的需要。《海商法》的修订,应重视填补立法空白,海洋环境污染损害的赔偿责任,特别是船舶污染损害赔偿问题,有必要在《海商法》中予以规定,以解决下述两个问题:一是将我国批准参加的船舶油污损害民事责任公约转化成国内法;二是根据我

---

① 参见司玉琢、胡正良主编:《〈中华人民共和国海商法〉修改建议稿条文、参考立法例、说明》,大连海事大学出版社 2003 年版,第 3 ~ 5 页。

② 参见马红、张庆伟:《习近平海洋生态文明观的理论与实践研究》,载《学理论》2021 年第 8 期。

③ 参见韩立新:《船舶污染损害赔偿法律制度研究》,法律出版社 2007 年版,摘要。

④ 参见司玉琢、胡正良主编:《〈中华人民共和国海商法〉修改建议稿条文、参考立法例、说明》,大连海事大学出版社 2003 年版,第 4 页。

国具体情况，针对无涉外因素的船舶油污损害赔偿问题制定相应规定。① 有学者因此提出，海商法的修订应践行法律的公平正义，重点将海上交通安全和防治船舶污染海域作为重要的价值目标之一。②

2. 港口经营人的法律地位

我国海上货物运输业已进入高速发展阶段，与海上货物运输相关的货物装卸、港区内驳运和港口仓储等港口经营业也在日益发展。但是，我国法律法规对港口经营人的相关规定存在漏洞，导致其法律定位不明且权利义务不清。我国先后废止了《港口货物作业规则》《水规》等法律效力较低的部门规章之后，③港口作业合同几乎陷入了无法可依的尴尬局面。现有的《港口法》是一部行政法性质的法律，在处理港口经营人作为商业主体参与国际贸易和货物运输情形下的诸多纠纷时，显得捉襟见肘。世界上许多国家在海上货物运输法或者海商法典中针对包括港口经营人在内的"海运履行辅助人"和"履约承运人"等作出明确规定，我国《海商法》却没有对港口经营人作出相关规定，港口经营人的定性问题成为理论界长期争议的问题，归纳主要观点有：第一，认为港口经营人是承运人的受雇人和代理人。④ 第二，认为港口经营人是美国法下的"履约承运人"。有学者提出借鉴《1999 年美国海上货物运输法》的经验，把港口经营人定性为履约承运人。⑤ 第三，认为港口经营人是独立合同人。⑥ 第四，认为港口经营人是实际承运人。⑦ 第五，认为港口经营人是大陆法系下民法的"履行辅助人"，并适用法律为承运人规定的权利，在承运人对其行为干涉可能性的情况下，也不排除将港口经营人界定为独立缔约人的可能性。⑧ 第六，认为港口经营人是《鹿特丹规则》中"履约方"项下的"海运履约方"。⑨

由于理论上对港口经营人的法律地位存在争议，所以在司法实践中，托运人或

---

① 参见傅廷中：《海商立法中若干层级与环节的协调》，载《地方立法研究》2018 年第 5 期。

② 参见胡正良主编：《海事法》（第 3 版），北京大学出版社 2016 年版，第 27 ~ 30 页。

③ 这是源于 2015 年 3 月 15 日《立法法》的修改，2015 年《立法法》第 80 条第 2 款对部门规章设定了更加严格的要求，"没有法律或者国务院的行政法规、决定、命令的依据，部门规章不得设定减损公民、法人和其他组织权利或者增加其义务的规范"。修正的现为 2023 年《立法法》第 91 条第 2 款内容。

④ 参见朱家麟：《论港口经营人的法律地位》，载《水运管理》2000 年第 8 期。

⑤ 参见余妙宏：《论港口经营人的法律地位》，载《浙江万里学院学报》2005 年第 1 期。

⑥ 参见郭萍、李淑娟：《〈鹿特丹规则〉对中国港口经营人法律地位确定之影响》，载《大连海事大学学报（社会科学版）》2012 年第 4 期。

⑦ 参见司玉琢：《中国海商法下港口经营人的法律地位》，载《昆明理工大学学报（社会科学版）》2007 年第 5 期。

⑧ 参见傅廷中：《论港口经营人在国际贸易运输中的法律地位》，载《清华法学》2008 年第 5 期。

⑨ 参见黄应军：《"联合国运输法公约"对港口经营人的重大影响》，载《中国港口》2008 年第 8 期。

收货人因在港口作业中货物受损而起诉港口经营人,港口经营人是否有权援引《海商法》第58条的规定,不同的海事法院存在不同的裁决结果。早期的法院判决认为,如果港口经营人接受承运人的委托从事装卸作业,港口经营人应当被认定为"承运人的受雇人、代理人"。但有的法院认为港口经营人不属于承运人的受雇人、代理人,不能依据《海商法》第58条的规定主张免责和责任限制;[①]有的法院将港口经营人识别为实际承运人,认为港口经营人在接受承运人委托从事货物相关作业时,其从事的装卸等作业属于"货物运输"的一部分,符合"实际承运人"的规定,准许其援用承运人的责任限制抗辩。[②] 但也有法院认为港口经营人的纠纷并不能适用《海商法》,而应适用《侵权责任法》等一般民事法律,因此不能援引《海商法》赋予承运人或实际承运人的任何抗辩理由和权利。最高人民法院在相关判例中则认为,港口经营人受船方或货方委托进行港口作业是事实行为,港口经营人不是承运人的代理人,亦无法成为受雇人,且不承担海上风险,不支持港口经营人享受海运承运人的责任限制,较为公平合理。[③]

港口是我国面向世界的窗口,港口作业之复杂多样、港口经营之困难重重、港口风险之难以预料,这些因素都要求我国法律法规给予更为完善的规定。对于港口作业合同的性质,港口经营人是承运人还是实际承运人或是独立合同人,货方与港口经营人或者承运人与港口经营人签订港口作业合同是否形成不同的权利义务关系,将港口经营人独立成章或成节纳入《海商法》是否打破原有的立法体例等问题,均应作出认真研究后在修订《海商法》时予以回应。

3. 船员权益保护问题

我国海法体系中没有专门的船员法,有关船员的权利义务规定在《船员条例》中,《海商法》第三章"船员"仅仅对船员和船长作出一般性规定,缺乏船员劳动合同、船员的社会保障和其他权益保障等有关船员权利义务的内容,这在一定程度上影响船员权益的维护。保护船员合法权益,不仅是国际社会关注的重要法律问题,也是《海商法》应正视的问题。我国于2015年参加《2006年海事劳工公约》,如何履行缔约国的国际义务,规范船员劳务市场,完善船员权利义务的相关规定,结合航运实践的发展变化,针对船员缺少培训而导致技能素质不能很好地满足航运业

---

① 参见东方公司诉星星公司、北仑公司货物损失赔偿案,宁波海事法院(2000)甬海商初字第218号民事判决书。

② 参见烟台冰轮股份有限公司诉烟台环球码头有限公司货物损失赔偿上诉案,山东省高级人民法院(2010)鲁民四终字第87号民事判决书。

③ 参见王淑梅:《在全国还是审判实务座谈会上的总结讲话(节选)》,载叶柳东主编:《中国海事审判(2016)》,大连海事大学出版社2019年版。

发展的情形强化船员适任证书的管理，保障航运安全，这些也成为《海商法》修订中应予以考量的问题。

（六）全球视野下立法，提升中国海商海事立法的话语权

改革开放以来，对外贸易产业的迅猛发展推动我国的海上货物运输业高速发展。在联合国《2018年海运报告》中，亚洲成为全球航运的“中坚力量”，中国则是“中坚力量的核心”。在世界10大集装箱港口中，我国的港口占据了7大席位，中国的港口规模和发展速度展现出一种压倒性的“绝对优势”。① 2019年我国货物贸易进出口总值31.54万亿元，同比增长3.4%，在货物进出口贸易中，90%以上的货物都是利用海运方式运输。② 2018年全球集装箱海运量为2.01亿TEU（标准箱），同比增长4.46%；中国集装箱全年产量约425万TEU，同比增长约12%，创历史最高水平，在全球市场占有率约96.1%。③ 全球海运业逐渐疲软的当今，中国港口接替了西方各国传统优势港口的“龙头宝座”，正在为全球海运业的回暖作出积极贡献。2020年，一场突如其来的新冠疫情，给航运业、贸易业造成巨大影响，但在中国经济的强劲带动下，航运业否极泰来。根据上海国际航运研究中心的统计，2020年至2021年间，我国航运企业景气指数及信心指数维持在景气线上，市场整体情况预计持续向好。④ 我国在航运领域的地位逐渐超过西方发达国家，成为世界范围内体量最大的航运大国。

海商法的国际统一性以及海运所服务的国际贸易的全球性所决定，海商法的制度规范不仅反映和体现在海事实践的既存秩序上，在一定程度上也体现在国家海事交往中各国话语权和利益分配规则中。《海商法》作为航海贸易领域重要的法律，是提升国内立法的国际影响力的重要抓手，海商法成为中国目前少有的具有向国际输出法律影响力的法律部门法。国务院2014年8月15日印发《关于促进海运业健康发展的若干意见》，明确提出推进海运强国建设。在“海运强国”“贸易强国”背景下，《海商法》的修订不仅是提高国内海事立法与司法的先进性的要求，也能为本国航运企业积极参与国际海事活动提供具有生命力的法治保障。但是，我国《海商法》目前的国际竞争力不足，尚未像《1906年英国海上保险法》一样对国际

---

① 参见《抽丝剥茧 |〈联合国2018海运报告〉透露出的五大航运趋势》，载海事服务网，https://www.cnss.com.cn/html/hygc/20181101/318973.html。

② 参见《2019年我国货物贸易进出口总值同比增长3.4%》，载人民网，http://finance.people.com.cn/n1/2020/0114/c1004-31547735.html。

③ 参见《重磅！〈中国集装箱与多式联运发展报告（2018）〉发布》，载中国港口网2019年5月24日，http://www.chinaports.com/portlspnews/333。

④ 参见陈悠超、周德全：《中国航运景气状况分析与预测》，载《水运管理》2021年第10期。

立法或其他国家相关立法产生重大影响,在国际社会上也尚未达到通过当事人选择准据法而予以广泛适用,从世界 10 家主要集装箱船公司的提单背面条款分析,只有我国的中远海运集运公司选择以中国法为准据法,且仅是中国法院和中国海事仲裁机构倾向于使用中国法裁决海商海事案件,伦敦国际仲裁院等世界知名仲裁院受理案件的准据法多数仍是英国法。[①] 如何提升海商法的国际竞争力,增加其在国际上的接受程度,是《海商法》修订中必须重视的重要问题。

习近平总书记于 2013 年 9 月和 10 月在出访中亚和东南亚国家期间先后提出共建"丝绸之路经济带"和"21 世纪海上丝绸之路"的重大倡议,国家发展和改革委员会、外交部和商务部于 2015 年 3 月 28 日联合发布的《推动共建丝绸之路经济带和 21 世纪海上丝绸之路的愿景与行动》,明确了"一带一路"倡议构想。"一带一路"倡议的实施,必将大力促进和推动海上贸易与航运的发展,并对我国海商立法提出全新的战略性要求。"一带一路"倡议秉承"平等互利、包容互鉴、合作共赢、共同发展"的理念。根据法律与国家公共政策关系的原理,要求《海商法》通过修订,不仅反映现阶段国家基本航运政策,而且应符合"一带一路"倡议,同时要求《海商法》修改后能够起到沿路国家甚至沿带国家海商立法示范法的作用,并在此基础上主导制定沿路国家甚至沿带国家的海商立法指南,以促进和保障"一带一路"倡议的实施,从而有助于中国立法"软实力"的输出,提升我国在国际海商立法领域的影响力和话语权。[②] 截至 2021 年 1 月 29 日,中国已经与 171 个国家和国际组织签署 205 份共建"一带一路"合作文件。[③] 在"一带一路"合作建设(合作内容包括政策沟通、设施联通、贸易畅通、资金融通和民心相通)中,国际航运、国际贸易发挥着重要作用,沿线国家海运制度和规则的相通和链接亦十分重要。《海商法》的修订和完善,不仅关乎中国完善中国海商海事法治体系,而且为"一带一路"沿线国家提供公平合理的海运规则,为国际海运制度的现代化发展提供有益的探索。因此,在《海商法》的修订中,既要重视国际海事公约、国际惯例、国际标准合同的发展,借鉴最新的国际海事立法内容予以国内法规定,与现有海商法的国际秩序相衔接,又要展示我国作为海运大国的形象,积极参加国际公约的谈判、国际惯例的编撰和国际标准合同范本的起草,主动和积极发挥在海事领域国际组织中的作用,在国际海商法秩序中提升中国的话语权,积极输出本国的海商法规则,让中国海商法走向世界,提升国际影响力,成为国际海商法队伍的主力军。

---

① 参见郭瑜:《海商法的未来——中国的方向和方法》,北京大学出版社 2022 年版,第 90 ~ 95 页。

② 参见孙思琪:《邮轮旅游法律要论》,法律出版社 2018 年版,第 381 页。

③ 参见《我国已签署共建"一带一路"合作文件 205 份》,载中国一带一路网 2021 年 1 月 30 日,https://www.yidaiyilu.gov.cn/xwzx/gnxw/163241.htm。

在"一带一路"倡议下,多式联运的发展空间进一步得到拓展。与传统的运输方式相比,多式联运突破了传统海运"港到港"的局限,实现了为货主提供"门到门"的一体化物流模式,国际货物多式联运采用三个"一次"(一次托运、一次签单、一次投保),具有"下海、登陆、上天"和周转速度快等强大的优势。[①] 世界范围内,多式联运的责任分担可以分为网状责任制和统一责任制,此外还有"修正的网状责任制"与"修正的统一责任制",我国《海商法》将多式联运纳入第四章第八节,采用修正的网状责任制,[②]多式联运经营人对全程运输负责,在各区段中应承担的责任按适用于该区段的法律予以确定。对于损失区段不明的,适用《海商法》关于海上货物运输承运人的赔偿责任和责任限额予以赔偿。但我国对于多式联运的规定过于简单化,并没有将多式联运视为一种特殊的运输方式而制订一套完整且详尽的法律制度予以规范,未能适应"一带一路"多式联运的快速发展。《海商法》将承运人接受和交付货物的地点限制在港内,而多式联运中除海运之外,国际公路货物运输、国际铁路货物运输和国际航空货物运输都存在相关的国际公约,网状责任制导致货方的损失赔偿取决于损失或损害所发生的多式联运中的运输阶段,而《海商法》第104条第2款允许多式运输经营人与参加多式运输的各区段承运人就各区段运输另以合同约定相互之间的责任,这种不确定因素阻碍多式联运的进一步发展。我国相关立法应保障多式运输法律制度具有一定程度的统一性和可预见性。这种统一性下的运行,使多式运输法律关系始终受确定的法律支配,而不管货物损失或损害所发生的实际区段,以确保交易的安全便捷及纠纷的迅速处理;可预见性使当事人能合理预见支配其责任程度,以便其能计算其行为的社会风险,并采取相应的转移风险的措施。[③]

总之,《海商法》的修订,不仅是推进海商法的制度建设,对既存国际法律秩序的接纳与衔接,更多的是基于"当今世界正处于百年未有之大变局"。中国综合国力发展之快,世界影响之大同样百年未有,因此同样需要提升中国海商法的国际竞争力和增强国际影响力,充分发挥中国海事海商立法的国际话语权,使之在国际海事秩序中发挥越来越重要的作用。

---

① 参见傅廷中:《海商法》(第2版),法律出版社2017年版,第200页。

② 参见周灵、刘水林:《"一带一路"背景下我国国际多式联运责任制度的完善》,载《上海财经大学学报》2019年第5期。

③ 参见贺万忠:《国际货物多式运输法律问题研究》,法律出版社2002年版,第530页。

第一章　理论研究动态与《海商法》修订之借鉴

古今中外,理论研究对立法的推动作用难以被忽视,其甚至决定了立法活动的成败。历史上,学说曾是法的渊源之一。对于拥有“依君主授权解答问题之权利”的法学家来说,他的意见只要不是忤逆的,对于裁判者就同样具有约束力,在罗马,这种情况一直持续到帝国时代。[①] 公元426年罗马帝国的《引证法》,更以法典形式正式确认了法学家的解答和著作是罗马法的渊源。[②] 在这一时期,“有学问者的解答是被允许建构法的人的意见和观点……法学家被认为是法律的建构者……他们的意见和观点就是法”[③]。而成文法的产生同样离不开理论研究的推动,譬如,作为《查士丁尼民法大全》出现前最重要的法律典籍,《狄奥多西法典》是在众多法学家的共同努力下编撰完成的。[④] 近代《德国民法典》编纂时,历史法学派的研究成果也对德国民法立法产生了巨大影响和推动。而着眼于当代中国,包括《海商法》在内的法律的编纂,亦离不开学者们的参与。一言以蔽之,理论研究与立法活动的关系不是分立的,而是一个良性的互动,它们都是对实践经验的抽象与升华,最后又回归于实践,指导实践。对海商法理论研究成果进行系统的梳理和研究,并形成可供借鉴的理论成果,不仅对《海商法》的修订和完善大有裨益,而且有利于海商法理论研究水平的提高。

《海商法》的修订,在2018年9月第十三届全国人民代表大会常务委员会立法计划中被列为二类立法项目,这意味着《海商法》的修订工作,待条件成熟时提请审议。目前,《海商法》具体条文的修订多是以课题研究的形式先行。2000年年底,原交通部启动第一次《海商法》修改研究工作,由大连海事大学和上海海事大学共

---

① 参见[意]彼德罗·彭梵得:《罗马法教科书》,黄风译,中国政法大学出版社2005年版,第14页。

② 参见郝铁川:《论法学家在立法中的作用》,载《中国法学》1995年第4期。

③ 徐国栋:《优士丁尼〈法学阶梯〉评注》,北京大学出版社2011年版,第48页。

④ 参见王小波:《早期东罗马帝国立法活动探析》,载《法学杂志》2008年第5期。

同完成《海商法》修订的课题，相关的课题成果于 2003 年发表。2013 年，交通运输部第二次启动《海商法》修改研究工作，主要由上海海事大学联合大连海事大学的部分学者进行课题研究，该课题研究方案提出了“可改可不改的就不改，可大改可小改的则小改”的原则，以保持海商法的现有体系为出发点，纳入国际海事公约的最新发展，并通过弥补《海商法》立法时系统性和严密性方面的欠缺之处，改正现行海商法中亟待修改的不足。[①] 2017 年 6 月，交通运输部启动第三次修改研究工作，由大连海事大学牵头，全国相关法院、高校、实务界 100 多位专家学者参加课题研究。2019 年，交通运输部将《海商法》的修改纳入交通运输部的年度立法计划。2019 年 12 月 18 日，《海商法》修订送审意见稿审议并通过。2020 年 1 月，交通运输部形成《修改送审稿》，经报送原国务院法制办公室批转至司法部。2020 年 5 月，司法部就《修改送审稿》向全国高校、法院、律师事务所、航运企业、外贸企业等单位征求意见。2021 年 8 月至 2022 年 12 月，大连海事大学《海商法》修改工作课题组在《修改送审稿》的基础上多次召开课题研究会议，进一步完善《修改送审稿》。可见，《海商法》的修订仍在理论界的课题研究层面，重大理论问题尚在深入研究和科学论证中。但值得注意的是，交通运输部 2020 年 11 月发布的《关于完善综合交通法规体系的意见》明确将在 2035 年前推动经修订的《海商法》颁布实施。

第一节 《海商法》大修、中修、小修、不修的理论之争

《海商法》修订，首先要解决的是修改方针的问题，即《海商法》是“修正”还是“修订”？在立法学层面，法律的修正和修订在文字语义、修改程序、公布内容、生效时间等方面均存在不同。修正是对法律的部分条款进行修改，是局部的或个别的修改；修订是对法律进行全面的修改，是整体的修改。基于“修正”或“修订”的区别，本书采用“修订”的表达方式，以全面检视《海商法》的修改工作。

《海商法》已实施近 30 年，《海商法》修订的必要性，在理论界和实务界没有产生过多的争议，但是，针对《海商法》是大修、中修还是小修，存在较大的分歧。

---

① 参见张永坚：《反思修改中国〈海商法〉之努力》，载《中国海商法研究》2013 年第 3 期。

一、大修:完善以《海商法》为基础的海法体系

关于海商法在法律体系的定位,理论界长期存在争议。早在我国海商海事法律体系尚未形成之前,就有学者提出海法是与陆法对应的概念,海商法则是海法的一个部门法,所谓"海商法者,为海法之一部"[①]。放眼世界,威格摩尔(John H. Wigmore)在《世界法系概览》中,将世界各国法律制度分成16个法系,其中海事法即被列为一个自成一体的独立体系。[②]

《海商法》颁布不久,司玉琢等教授亦提出海法概念,认为海法概念始于罗得海法,是调整与海洋有关的各种特定社会关系的法律规范的总称,包括海商法、海上行政法、海事私法和海上国际法。[③] 海法的划分,是基于与海洋有关社会关系存在区别于陆上社会关系的特别法,[④]民事、刑事、行政、国际等法律关系的划分以及民法、刑法、行政法、国际法等法律部门的分类使得"诸法合一"的海洋立法难以符合法学理论的标准。[⑤] 因此,应建构海法体系,而海商法规范相互间具有密切的关联性特征,这使得海商法成为统一的整体。[⑥]

在"海法"研究思路发展中,司玉琢教授进一步提出"大海法"思路,强调海商法的独立性,提出应建立海法典,将具有海上特别性的与运输或者作业有关的民事、行政和刑事法律编纂在一起,[⑦]并认为海法独立的根本原因在于适应海上特别风险和活动规律,海法理论、规则包含独特内容,难以用陆上法律逻辑体系予以调洽,例如,海事刑法条款并未体现在我国现行的《刑法》中,陆地的交通肇事罪中"重大损失"的标准界定为30万,而海上风险和损失普遍巨大,若以《刑法》的数额定罪,极易造成海上侵权行为的"泛罪化"。[⑧] 因此,有学者认为,海商法修订时不必恪守民法制度体系,而应扩充海上运输相关制度,没有必要删除调整非平等主体间的制度规范,并基于立法资源的有限性,认为应将船舶法、船员法等

---

① 王孝通编著:《海商法》,商务印书馆1935年版,第1页。

② 参见[美]约翰·H.威格摩尔:《世界法系概览(下)》,何勤华等译,上海人民出版社2004年版,第747~794页。

③ 参见司玉琢、胡正良、曹冲:《试论海法独立学科体系》,载《航海教育研究》1997年第1期。

④ 参见李天生:《论海商法的概念、调整对象与属性》,载《大连海事大学学报(社会科学版)》2012年第6期。

⑤ 参见初北平、曹兴国:《海法概念的国际认同》,载《中国海商法研究》2015年第3期。

⑥ 参见司玉琢:《保障海洋发展战略改革完善中国特色的海事司法管辖制度》,载《中国海商法研究》2015年第2期。

⑦ 参见司玉琢、李天生:《中国海法典编纂论纲》,载《国际法研究》2015年第4期。

⑧ 参见司玉琢、李天生:《论海法》,载《中国海商法研究》2017年第4期。

纳入《海商法》。[①] 将船员工资、医疗保障、遣返费用等船员劳动、人身安全保障所需要的内容较为完整地规定在《海商法》中，以解决我国没有船员法的法律适用困境，同时与《2006年海事劳工公约》以及2021年刚修改的《海上交通安全法》相关规定相衔接。

在海法体系的理念下，支持该观点的学者从不同角度论证海法体系的重要性。有的学者从哲学角度，认为我国海洋法律，无论是立法实践还是法学理论都处于分散、凌乱的状态，急需一套逻辑严谨、体系科学、内部协调的部门法学理论支撑。[②] 有的学者从国家战略层面思考海法的统合，认为必须存在独立于陆法之外的海法，海洋强国战略下的法律形式应为统合的海法。[③] 海法在中国的建立，有利于统合碎片化的海洋法律规范，海法体系的构建，有利于体系化完善海洋法律的目标。[④] 有的学者从法制史角度指出，历史上的海法实行商人自治，自成体系。[⑤] 从立法例来分析，《罗得海法》共73条，民事条款41条（其中纯海事海商制度的条款29条），海事行政法条款24条，海上刑法条款8条。中世纪三大海法《奥列隆海法》《康索拉多海法》《维斯比海法》都是集中调整航海贸易中发生的民事、行政、刑事关系的立法模式。[⑥] 到了现代立法中，"大海法"的立法思路客观存在，《法国运输法典》第5编"海商"的内容涉及船舶、海上航行、海港、海上运输、海员、国际船舶登记以及海外岛屿，涵盖与海上运输相关的民事、行政，甚至是刑事制度。《俄罗斯联邦海商法典》第五章"国家港务监督"、第六章"海上引航员"、第二十三章"船舶扣押"、第二十四章"海事声明"、第二十五章"赔偿要求和民事诉讼、民事诉讼时效"、第二十六章"适用的法律"等章节的规定，将与海上运输这一商事活动有关的各项制度进行了涵盖，其内容同样兼具实体法与程序法、公法与私法，体现了海商（航运贸易）法律调整的综合性。[⑦] 而在我国，从清末到当下，几乎每一次综合性海商法立法时都曾考虑"海法"与"海商法"的关系问题。[⑧]

《海商法》的修订，也是完善海商法理论体系的过程。建设海法体系的理念，要

---

① 参见曹兴国、初北平：《作为特别法的〈海商法〉的修改——制度体系、修法时机及规范设计》，载《政法论丛》2018年第1期。

② 参见李光春：《论海法的法哲学基础》，载《大连海事大学学报（社会科学版）》2018年第3期。

③ 参见王世涛：《论海法的统合》，载《时代法学》2011年第2期。

④ 参见初北平、曹兴国：《海法概念的国际认同》，载《中国海商法研究》2015年第3期。

⑤ 参见何勤华、李求轶：《海事法系的形成与生长》，载《中国律师和法学家》2005年第5期。

⑥ 参见司玉琢：《海商法教育30年：回顾与展望》，载《航海教育研究》2015年第2期。

⑦ 参见曹兴国、初北平：《作为特别法的〈海商法〉的修改——制度体系、修法时机及规范设计》，载《政法论丛》2018年第1期。

⑧ 参见郭瑜：《海商法的未来——中国的方向和方法》，北京大学出版社2022年版，第37页。

求中国在海洋法治上发展创新，以适应国家海洋战略、发展海洋经济和维护海洋权益的需要，而海法的立法创新是海洋法治的基础，应淡化传统部门法观念，以促进海法体系的构建。[①] 申言之，应在各海商法律制度之间凝练法律制度的共性与联系，反映海商法的本旨和规律。海商法特有的法律制度，共同集中和代表海商法的特点，是海商法得以成为一个相对独立的法律部门和相对独立存在于法学体系之中的基础。在此基础上，海法体系按照我国部门法的划分方式不应是法律部门，而是具有内部整体性、高于法律部门的法律体系，与陆法体系相对。[②] 海法体系的理念落实到立法上则体现为：当下海商法的修改不能局限于修修补补的局部调整，应该进行较为长期的稳妥的安排，将发展海洋经济和建设海洋强国战略纳入考虑的范围，编纂一部综合的、整体的、系统化的海法典。[③] 因此，按照这种“大修”的思路，《海商法》的修订不再局限于微调，而应花相对长的一段时间将具有海上特殊性的与运输或者船舶作业有关的民事、行政和刑事法律编纂在一起，将海商法拓展到海法，使之成为调整围绕海洋所发生的国家间关系、行政关系、刑事关系和民事关系的法律规范的总称，将具有关联性、一体性的涉海法律法典化。[④]

从 2018 年《征求意见稿》的分析来看，立法者虽未完全吸收以海法体系修改海商法的理念，但无疑呈现其对本次《海商法》修改持“大修”态度。《征求意见稿》就《海商法》的条文数在原 278 条的基础上增加至 347 条，仅保留了 127 条原条文未作任何的修改；就《海商法》的章节架构在原 15 章的基础上增加了全新的两章。2020 年司法部发布的《修改送审稿》对《征求意见稿》又进行了调整，条文数降到 336 条，章目数增加一章“船舶油污损害责任”，将“国内水路货物运输合同”纳入第四章“海上货物运输合同”的第七节。但是，综合《海商法》的修改动态，2018 年交通运输部在说明《海商法》的修改出发点时，阐明了“海商法的修改势在必行，整部法律的修改应该从整体布局、章节划分等结构性的调整以及该法与其他法律如何衔接等方面入手，从大处着眼，争取全面彻底”。并且提出，本次《海商法》的修改目标是“制定一部与航运、贸易的新发展、新形态相适应，具有前瞻性和引领性的海商法”。可见，无论是《征求意见稿》还是《修改送审稿》，目前已进行的《海商法》修订工作是走在“大修”的路径上。

---

① 参见司玉琢、李天生：《论海法》，载《法学研究》2017 年第 6 期。

② 参见汤喆峰、司玉琢：《论中国海法体系及其建构》，载《中国海商法研究》2013 年第 3 期。

③ 参见司玉琢：《海商法专论》，中国人民大学出版社 2007 年版，第 7 页。

④ 参见司玉琢、李天生：《中国海法典编纂论纲》，载《国际法研究》2015 年第 4 期。

二、中修：保持《海商法》的先进性

《海商法》颁布之初在国内外得到了大量的赞誉和好评。有的国外学者认为，“中国海商法的制订，完成了其他先进海运国家零星多年才完成的任务。通过采纳许多国际公约，中国使许多所谓的海运先进国家感到惭愧”①。在《海商法》生效10周年之际，尽管在理论界已有学者提出《海商法》修订的问题，②但多数学者仍然认为，《海商法》符合我国现实的海事审判需要和航运经济发展的要求，其在制定之时所具有的国际性、先进性和前瞻性仍在保持。③ 因此，《海商法》的修改，原则上是可以不改的尽量不改，且修改《海商法》应特别关注与国际立法趋势的关系和与国内《民法典》编纂的关系。④ 在《海商法》生效20周年之际，理论界对《海商法》的修订呼声日益高涨，提出未来的修法离不开理论指导，关于海商法的体系、本质特征、调整对象、研究范围、基础制度、整体结构、与民商法的关系等基本理论问题；关于《海商法》实施以来司法实践的总结，提炼和对已有的研究成果进行全面、系统梳理和总结；关于学习、消化、借鉴和吸收海商法领域的最新国际立法发展等，应做好充分的理论储备。⑤

可以说，在《海商法》生效20周年之前，理论界关于《海商法》的修改主要是在不改变《海商法》的结构与框架下以“中修”为主流，认为从有关的国际海事公约和国际海事惯例的发展变化来看，《海商法》尚未完全失去其先进性与国际性；就国内立法而言，尽管《海商法》法律制度与《民法典》颁布之前的《担保法》《保险法》《合同法》《物权法》《民法总则》等民商事法律存在诸多不同的规定，但在法的体系中，《海商法》是特别法，且具体到海事纠纷，应优先适用《海商法》，不能用后颁布的法律来否认海商法的先进性和特殊性；《海商法》不具备大修的理论和实践基础，《海商法》“大修”的理论问题如航运立法体系问题、海事司法解释的取舍问题、海商法的调整对象和适用范围问题、海上人身伤亡制度是否独立规定等问题具有原则性，

---

① Ben Beaumont & Philip Yang, *Chinese Martime Law and Arbitration*, Simmonds & Hill Publishing Ltd., 1994, p. 61.

② 参见司玉琢：《我国海事立法的里程碑——纪念我国〈海商法〉实施十周年》，载《中国远洋航务公告》2003年第7期；於世成：《〈海商法〉生效十年的联想》，载《中国远洋航务公告》2003年第7期。

③ 参见朱曾杰：《〈海商法〉实施十年后的评估——纪念中国〈海商法〉实施十周年》，载《中国远洋航务公告》2003年第7期。

④ 参见吴焕宁：《我国〈海商法〉修订引发的思考》，载《国际经济法学刊》2007年第3期。

⑤ 参见《为发展蓝色经济保驾护航——写在中国海商法实施二十周年之际》，载《中国远洋航务》2013年第7期。

在理论界和实务界尚未达成共识之前,《海商法》的修订应谨慎进行。同时,在《海商法》的修订中,力求本土化兼顾与国际接轨原则,要使《海商法》服务于我国航运经济,总结《海商法》施行以来的司法经验和学术研究成果,反映航运经济对海商法的客观需要,同时坚持及时与审慎的原则,对不适合社会现实需要的条款予以修正,以维护法律的权威性和稳定性,减少《海商法》在法律移植中的障碍,注重发挥海商法的实际效用,并正确处理好《海商法》与其他法律的关系,促进《海商法》与其他民商事法律之间的协调一致,坚持协调的原则,维护法律制度的统一性。《海商法》的主要框架不做太大的变动,一些可改可不改的任意性规范没有修改的必要,对于成熟的、达成共识的部分先行修改,以回应实践要求,弥补法律的自身缺陷。①

三、小修:《海商法》个别条款的修正

孟德斯鸠说:"没有充足的理由,就不要更改法律。"②法律的修改不仅仅是简单的修缮技术问题,更体现立法者自身的法治素养与法治精神。在修订法律的过程中,轻易地将法典推倒重来或打乱法案的结构与条文,可能会造成法律解释学上相关知识积累的中断,使得原来的司法判例资源很难得到有效利用,增加法律适用的成本,应摈弃"拆迁式修法"。③ 为不损害法律的权威性,各国对海商法的修改均持有比较审慎的态度,如北欧国家在 1994 年才通过北欧国家共用的海商法,对 1890 年北欧海商法典进行修订;英国以《1971 年英国海上货物运输法》取代《1924 年英国海上货物运输法》,并以《1992 年英国海上货物运输法》取代《1855 年英国提单法》;美国 1999 年才对《1936 年美国海上货物运输法》进行修订;《德国商法典》(海商法部分)的主要内容自 1861 年后一直没有太大的改动,到 2013 年才正式修订。④ 因此,《海商法》"小修"的思路务实可行,容易达成共识,立法效率高,"可改可不改的就不改,可大改可小改的就小改,保有原来的结构和框架,对《海商法》仅作必要的局部修改"⑤。

---

① 参见傅廷中:《论我国〈海商法〉修改的基本原则与思路》,载《现代法学》2006 年第 5 期。

② [法]孟德斯鸠:《论法的精神(下册)》,张雁深译,商务印书馆 2004 年版,第 341 页。

③ 参见郑志华:《论我国涉海法律修订的技术路径:以海商法为例》,载《2019 年"海法研究方阵"第五届高端论坛论文集》。

④ 参见王彦:《德国海商法的改革及评价》,载《中国海商法研究》2015 年第 2 期。

⑤ 北京大学法学院海商法研究中心:《交通部关于修改〈中华人民共和国海商法〉的研究软课题评审结束》,载北京大学法学院海商法研究中心主办:《海商法研究》(第 1 辑),法律出版社 2003 年版。

持"小修"观点的学者认为,《海商法》是我国改革开放以来第一部与国际公约和国际惯例全面接轨的涉外性质法律,在制定之初,已参考了在当时已经生效或尚未生效的国际公约及其议定书和国际惯例,融入部分行政法和国际私法的内容,集客运法与货运法、海事法和海上保险法为一体,最大限度地包罗了海上运输涉及的各个方面所需要的法律,并将国内沿海货物运输和油污民事责任列于海商法之外,且将海事法适用于国际和国内海上运输事故,时效规定单列成章,这些构成了《海商法》的特色体系。因此,《海商法》修改的总体思路是保持海商法现有的体系,[①]采用补充、完善和稳定的原则,对于没有实质性需要的条款,包括语句、结构、措辞等立法表达,可以不改的就不改,尽量保持《海商法》的稳定性。同时,《海商法》内容完整、重点突出、结构严谨,规则合理,在法律适用中没有出现太大的问题,尹东年教授就此指出:《海商法》只需适当修订,不要大的变动,更没有必要推倒重来,应保持《海商法》的延续性和稳定性,基本保持原有的篇章布局,保持原有《海商法》的中国特色,以保障航运业稳定发展。[②] 对于《海商法》修订中的重大争议问题,尹东年教授认为,沿海运输的立法没有必要纳入《海商法》第四章,因为沿海货物运输和国际货物运输是不同的法律体系,两者的责任制度和运输单证性质不同,沿海货物运输可以适用《民法典》等一般民事法;没有必要引入中国既不承认又不参加的《鹿特丹规则》下的"履约方"概念,港口经营人的法律地位并不是"履约方"制度所能解决的,反而会引发更多的法律问题;中国船员占全球的1/3,且中国已加入《2006年海事劳工公约》,可以增加船员立法内容;为解决中国海域油污损害赔偿问题,《海商法》应完善或加强污染赔偿责任制度。[③]

总之,《海商法》的"小修"坚持问题导向,重点解决在海事司法中发现的难以解决的问题,不追求理论化而冲淡对现实法律问题的影响;避繁就简,聚焦重点问题,强调海商法下的意思自治与强制性规范的适用之间的协调,重视船货利益的平衡,强化提单的信用机制,对涉及核心利益的重点条款予以个别性的修正。

四、不修:维护《海商法》的稳定性

在《海商法》修订进程中,有学者认为《征求意见稿》和《修改送审稿》均不能达到《海商法》修订的目的和回应修订的初衷,提出应反思《海商法》修订的主要依

① 参见蒋正雄主编:《中国海商法研究》,上海社会科学院出版社2004年版,第421~418页。
② 参见尹东年:《保持〈海商法〉延续性和稳定性》,载《中国远洋海运》2019年第12期。
③ 参见尹东年:《保持〈海商法〉延续性和稳定性》,载《中国远洋海运》2019年第12期。

据，认为：(1)基于国际海事立法的发展，《海商法》制定时参照的国际公约，目前并没有一个失效或被废止，只有少数经过修正，主要是租船合同的格式合同和共同海损的国际惯例，且这些并非后者取代前者的关系，既然国际海事立法没有发生根本性变化，且即使存在国际立法的某些变化，也不足以得出必须修改《海商法》的结论。[①] 所以，以国际海事立法的发展变化为支撑《海商法》修订的原因，并不充分。(2)基于国内立法的发展，《海商法》颁布后新出现的国内立法，属于公法性质的法律变化，不产生影响海商法的基本内容；属于国务院部门规章的，效力层级上低于法律，不产生抵触的问题，因此，以一般法的先进性反衬《海商法》的滞后性实属不妥，[②]一般法的修改不应该是特别法修改的直接原因。海商法不能过度依赖民法，不能因此削足适履，以国际性为中心的海商法在全球化时代具有独特价值，中国对超越法系的海商法的探索，可以成为中国引领全球海商法发展的基石和发展标杆，没有必要寄希望于民法的支撑，更不能因《民法典》的编纂而修改《海商法》。[③] (3)基于《海商法》的不足，《海商法》立法语言不够准确或精练，这是法律技术问题，即使再明确的法律条文也会产生不同的解释含义，不可能人人满意。货物运输的统一化和油污立法问题，需要进一步论证，不能径直认为是立法者的疏漏。[④] (4)基于海运实践的发展，《海商法》制定之初，中国是海运大国也是贸易大国。现今进入《海商法》修订阶段，中国仍然是海运大国和贸易大国，船货利益格局没有发生实质性的改变，且《海商法》对货方的保护本意也只能到这个程度，[⑤]海运力量强弱对海商法的影响并不是那么大或那么直接。[⑥]《海商法》已做到基本合格地调整了我国海商海事关系，《海商法》立法的指导思想、船货利益的平衡、内容结构等均没有过时或产生不合理，海商法本身是稳定性很强的法律部门，完全可以通过司法解释、案例指导和学术成果使得海商法逐渐“本土化”和不断完善，在《海商法》修订的理论共识未达成之前，应维护海商法的稳定性。[⑦]

本书认为，如导论所述，《海商法》的修订初衷是保持我国海商法先进性，在《海商法》颁布后航运经济快速发展的30年，在我国法律体系初步形成的背景下，

---

① 参见郭瑜：《海商法的未来——中国的方向和方法》，北京大学出版社2022年版，第6页。

② 参见傅廷中：《论我国〈海商法〉修改的基本原则与思路》，载《现代法学》2006年第5期。

③ 参见郭瑜：《海商法的未来——中国的方向和方法》，北京大学出版社2022年版，前言。

④ 参见郭瑜：《海商法的未来——中国的方向和方法》，北京大学出版社2022年版，第10页。

⑤ 参见郭瑜：《海商法的未来——中国的方向和方法》，北京大学出版社2022年版，第9页。

⑥ 参见郭瑜：《海商法的未来——中国的方向和方法》，北京大学出版社2022年版，第11页。

⑦ 参见郭瑜：《海商法的未来——中国的方向和方法》，北京大学出版社2022年版，第1~32页。

《海商法》修订的社会基础和法律基础均已奠定条件。“小修”和“不修”是理想形态,是基于《海商法》在内容、架构上已臻完善的考量。海商法稳定性的维持,需要以海商法的非“虚置化”①为前提。但事实上,自2018年《海商法》修改被列入二类立法计划以来,《海商法》的修订工作已经开展了多年,而上溯至前两次《海商法》修订的讨论,《海商法》修订的必要性日渐明晰,越来越得到理论界和实务界的支持。在《海商法》颁布以来的近30年间,我国的航运贸易得到了跨越性发展,相关的海事司法活动日趋活跃,需要通过修改和完善《海商法》以修复不能满足现实的滞后性。《海商法》在立法当时以国际性为主轴,而现今国际性与本土性的协调更应该被考量;海商法与以《民法典》为代表的民商法的协调也并非削足适履、生搬硬套,而是互相成就、相得益彰。质言之,在许多实证调研与理论分析的基础上,很难说“不修”具有实践的合理性与理论的妥当性。《海商法》修订论题项下,真正应当被讨论的不是“修还是不修”,而是“怎么修”。

如果将“大修”“中修”“小修”等量齐观,可以发现“大修”与“小修”分别置于法的综合性与稳定性两端(见图1)。“小修”的思路更多地重视法的稳定性价值,然而在立法资源有限的现实语境下,理论界与实务界更多倾向于采用解释论而非立法论的方式解决问题。于是,“小修”可能变为“不修”,“中修”可能变为“小修”。日本海商法的问题便在于此,《日本商法典》“海商编”立法以来时隔约120年的“不修”导致实务界在“海商编”外产生了基于行业自律、标准合同、国际公约的运行规则,而“海商编”被认为是古代残余,发生了较为严重的虚置化。② 因此,综合考量海商法的生成、海商法的沿革、海商法的调整对象、海商法律关系、海商法的地位、海商法的效力、海商法的作用、海商法的价值目标、海商法的基本原则、海商法的法源、海商法律制度体系、海商法的解释等海商法基础理论问题③的发展演变,为衔接国际海事公约、国际惯例、国际标准合同的最新发展,融入以《民法典》为基础的新民商法体系,填补海事审判出现的重大法律漏洞,克服法律适用的模糊化,唯“大修”能保持《海商法》的先进性,为促进航运业和贸易业的稳健发展保驾护航,提升中国在国际海事立法领域的话语权。

---

① 关于《海商法》司法适用的“虚置化”问题,详见下文。

② 参见陈昊泽、谭茜元:《〈日本商法典〉的解构化》,载陈洁主编:《商法界论集》第7卷,法律出版社2021年版。

③ 参见胡正良、孙思琪:《海商法基础理论的内涵、研究现状与研究意义》,载《中国海商法研究》2017年第1期。

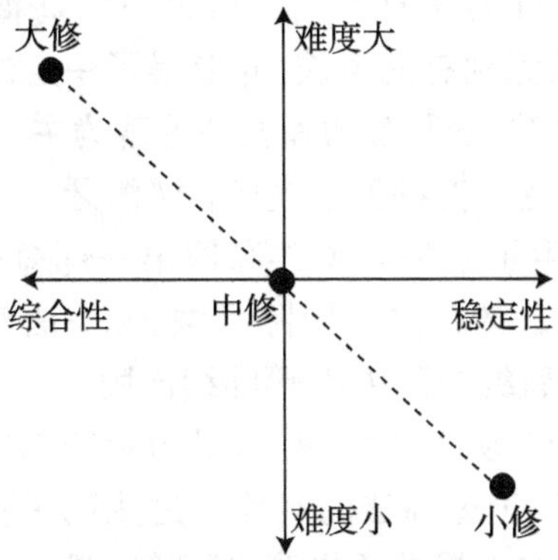

图 1 《海商法》修订背景下修改模式的价值维度

第二节 海商法理论研究动态之分析

《海商法》颁布后，海商法学界的理论研究迎来了快速发展的时期，其研究成果为《海商法》修订提供了理论积淀，对完善海商法律制度和指导海事司法实践起到了积极的推动作用。但是，综观研究现状，海商法的理论研究一定程度上偏离于中国法律体系，面临着被边缘化的危机，过分注重海商法的自体性，陷入了以问题为中心的误区，致使海商法的重大基础理论问题没能达成共识和得以解决。同时，海商法学界的基本研究范式长期依赖于对英美法系国家海事法律的移植和司法判例的借鉴，这造成了本土研究资源的缺失和法律演绎思维的混乱。基于《海商法》修订的重大时机，海商法的理论研究应在保持与民商法体系统一性和相关性的前提下，关注海商法独特的制度规范，走出海商法自体性的封闭空间，注重与国家发展战略和海事司法的协同发展，提升海商法理论研究水平，为《海商法》的修订奠定理论基础。

我国海商法的立法实践可追溯到 1952 年"海商法起草委员会"对《海商法》的研究与起草工作。[①] 经过 10 年的努力，该委员会向国务院提交了海商法"送审稿"，但因"文化大革命"被搁置，直到 1982 年才重新启动立法工作，先后经历了 25

① 参见吴焕宁：《我国海商法的昨天、今天和明天》，载吴焕宁主编：《海商法论丛（2007）》，中国商务出版社 2007 年版。

次易稿才最终于 1992 年 11 月 7 日正式颁布。[1] 在《海商法》起草的过程中,我国海商法理论研究实现了从无到有的突破,并取得了一定的成果。这一阶段的研究以翻译国外的海商海事立法、国际公约和相关论著为主,如《1906 年英国海上保险法》[2]《苏联海商法》[3]《约克 - 安特卫普规则》[4]《海牙 - 维斯比规则》[5]《简明海商法》[6]等,并在 1965 年诞生了中华人民共和国第一部海商法著作——《海商法讲座》。[7] 此后,一系列海商法教材,如《国际私法、海商法专题讲座》[8]《海商法资料汇编》[9]《海商法概论》[10]《新编海商法》[11]等陆续出版。

海商法的理论研究论文从 20 世纪 80 年代开始,在各类学术刊物上崭露头角,如《海洋贸易与海商法》[12]《论海商法的对象和适用范围》[13]《海商法的研究对象和特性》[14]《论海商法的起源与发展的历史背景》[15]等,就海商法的基础理论问题展开了探讨。在相关学术刊物上涉及海商法研究的文章数量逐年增长,尤其是在《海商法》颁布后。据不完全统计,[16]"中国知网"上收录的 1992 年以前发表的文章中,涉及海商法的仅为 92 篇。而在 1992 年至 2021 年的 29 年间,这一数据为 2444 篇,可谓出现了指数性的增长。

在《海商法》颁布后的 29 年间(1992 年 11 月 7 日至 2021 年 12 月 31 日),本书选取"中国法学核心科研评价来源期刊"(china legal science citation index,CLSCI)[17]和海商

---

① 参见朱曾杰:《朱曾杰文集》,法律出版社 2008 年版,第 27 页。

② 参见《英国〈1906 年海上保险法〉》,徐卓英译,对外贸易教育出版社 1988 年版。

③ 参见苏联海河运输部法律处编:《苏联海商法典》,中华人民共和国交通部法律室译,法律出版社 1957 年版。

④ 参见魏文达:《共同海损理算规则解释:约克安特华普规则》,法律出版社 1983 年版。

⑤ 参见《海牙 - 维斯比规则》,载《国际商务研究》1980 年第 2 期。

⑥ 参见[英]格兰姆编著:《简明海商法》,李林译,上海翻译出版公司 1986 年版。

⑦ 参见魏文翰:《海商法讲座》,法律出版社 1965 年版。

⑧ 参见上海司法部第二期全国法律专业师资进修班编:《国际私法、海商法专题讲座》,1982 年版。

⑨ 参见吉林大学法律系国际法教研室编:《海商法资料汇编》,1980 年版。

⑩ 参见张既义等编著:《海商法概论》,人民交通出版社 1983 年版。

⑪ 参见张湘兰编著:《新编海商法》,武汉大学出版社 1989 年版。

⑫ 参见陈雍:《海洋贸易与海商法》,载《法学》1982 年第 4 期。

⑬ 参见张既义、於世成:《论海商法的对象和适用范围》,载《上海海运学院学报》1981 年第 3 期。

⑭ 参见陈宪民:《海商法的研究对象和特性》,载《法学》1983 年第 8 期。

⑮ 参见侯军:《论海商法的起源与发展的历史背景》,载《上海海运学院学报》1986 年第 4 期。

⑯ 检索方法:利用"中国知网"的高级检索功能,在期刊数据库中将检索条件设置为主题 = "海商法"或者篇名 = "海商法"或者关键词 = "海商法",并将时间分别设置为 1949 年至 1991 年和 1992 年至 2021 年。

⑰ CLSCI 包括《中国社会科学》《中国法学》《中外法学》《法学研究》《政法论坛》《清华法学》《法学》《法学家》《环球法律评论》《现代法学》《法律科学(西北政法大学学报)》《法学评论》《法制与社会发展》《法商研究》《比较法研究》《政治与法律》等 16 种法学核心期刊。

法学界专门性期刊《中国海商法研究》[①]有关海商法的文章共1366篇作为样本,其中CLSCI所涉16本期刊中含139篇海商法论文,《中国海商法研究》中有1227篇海商法文章。虽然此样本中没有包含29年来涉及海商法的所有期刊论文,但上述文章皆出自我国法学核心期刊和海商法学界专业期刊,能充分代表海商法学的研究水平。这些研究论文共涉及提单(运输单证)、海上货物运输、船舶物权、船舶租用合同、海上旅客运输合同、海上保险法律、船舶油污、海难救助、共同海损、海事赔偿责任限制、海商海事案件的涉外关系法律适用等领域,几乎涵盖《海商法》的各个章节。本书立足于该文献,通过汇总研究上述学术文章,梳理海商法理论研究所涉及的热点和重点问题,归纳理论研究的动态和形成的共识及其对立法和司法的价值,分析存在的研究困境,针对实务界存在较大问题但是理论研究中没有涉及或没有达成共识的问题进行归纳,提出完善建议。

一、学术论文的分布情况

以《海商法》章节分布为基础,并加入"海商法律体系的完善"、"船舶污染损害与环境保护"、"一带一路与海商法"以及"自由贸易区与海商法"等近年来理论研究逐渐开始关注的热点领域,本书将理论研究的内容分为24个专题,将样本中的所有文章进行归类,可以得出表2中的数据。[②]

表2 海商法学术论文的分布领域与数量比例

单位:篇

所属领域	文章数量			
	CLSCI	《中国海商法研究》	总计	所占比例
海商法律体系的完善	7	59	66	4.83%
船舶物权	11	105	116	8.49%
船员	1	34	35	2.56%
海上货物运输	43	326	369	27.01%
海上旅客运输	6	23	29	2.12%
船舶租用	3	64	67	4.90%

① 曾用名为《中国海商法年刊》,该刊于2009年由年刊改为季刊。

② 无论根据关键词、篇名或者主题进行检索,都无法对某一文章是否属于海商法论文以及其所处的具体领域进行精准认定。因此,为了统计结果的精确性,本书对样本中的所有文章进行逐一通读,根据其主旨内容判断其所涉及的具体领域,并依次进行归类。

续表

所属领域	文章数量			
	CLSCI	《中国海商法研究》	总计	所占比例
海上拖航	0	5	5	0.37%
船舶碰撞	3	35	38	2.78%
海难救助	2	28	30	2.20%
共同海损	2	16	18	1.32%
海事赔偿责任限制	7	39	46	3.37%
海上保险	8	124	132	9.66%
时效	1	5	6	0.44%
涉外关系的法律适用	7	26	33	2.42%
船舶污染损害与环境保护	11	65	76	5.56%
海事诉讼与仲裁	12	171	183	13.40%
海法史	1	6	7	0.51%
"一带一路"与海商法	0	8	8	0.59%
海上刑法	0	5	5	0.37%
海上行政法	1	12	13	0.95%
自由贸易区与海商法	0	5	5	0.37%
海盗与海上恐怖主义威胁	10	9	19	1.39%
海商事案例研究	0	18	18	1.32%
其他	3	39	42	3.07%
合计	139	1227	1366	100.00%

由表2可知,《海商法》颁布29年来,学术论文研究的重点主要集中在"海上货物运输"(占比27.01%)、"船舶物权"(占比8.49%)、"船舶污染损害与环境保护"(5.56%)、"海上保险"(占比9.66%)、"海事诉讼与仲裁"(占比13.40%)以及"海商法律体系的完善"(占比4.83%)等方面。而对于"船舶租用合同""海事赔偿责任限制""涉外关系的法律适用"等领域,虽有所涉猎,但所占比例较小。对于"船员""海上拖航合同""船舶碰撞""海难救助""共同海损""海上旅客运输合同""时效制度"等内容,鲜有涉猎,有的领域甚至出现了29年来在CLSCI所涉期刊上

没有一篇文章的情况。但从研究成果的横向分布情况分析，学术论文的研究领域逐步拓宽，已逐步延伸至“海法史”“海上刑法”“海上行政法”“海盗与海上恐怖主义”等非传统海商法领域。

二、学术论文的研究特点

（一）研究数量已具规模

我国的海商法理论研究虽然从1952年起步，但是由于受到当时特定的经济和社会条件的限制，在20世纪90年代以前，一直处于比较低的研究水平，社会关注度不足，有关海商法的专著和文章数量更是屈指可数。本书选取的17本法学期刊中，从创刊起到1992年止，仅有11篇涉及海商法的文章。然而，《海商法》颁布以来的29年间（1992年至2021年），涉及海商法的文章数量呈现大幅度的增长，CLSCI和《中国海商法研究》共有1366篇，与1992年以前相比，增长了123倍，研究领域也逐渐拓宽，涵盖海上运输和国际贸易的诸多方面。由此可见，《海商法》颁布后，我国海商法理论研究取得了长足的发展，目前已经形成了一定的规模和体系。

（二）研究资源分布不均

《海商法》颁布29年来，海商法理论研究所涉及的范围逐步拓展，但在各个研究领域中并未呈现平均分布的态势，而是存在明显的研究侧重点。对本书所选取的样本中涉及传统“海事”和“海商”①的文章共计934篇进行统计后，得出图2。

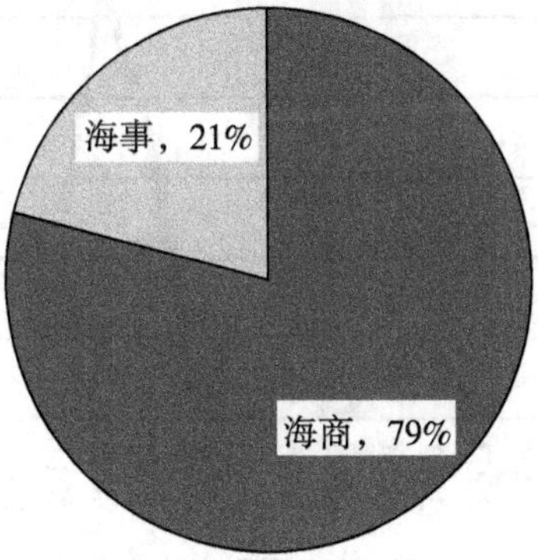

图2　海商法学术论文涉及“海商”和“海事”领域占比

---

① 此处为狭义的海事和狭义的海商。狭义的海事领域，即造成航海财产损失或人身伤亡的事故，包括船舶碰撞、海难救助、共同海损、海事赔偿责任限制以及船舶污染损害与海洋环境保护等；狭义的海商，即与海相关的商业活动，包括海上货物、旅客运输、船舶租赁、海上保险等。胡正良主编：《海事法》（第3版），北京大学出版社2016年版，第3页。

图2显示,“海事”领域所涉及的文章数量仅占样本的21%,而对海上货物运输、船舶物权、船舶租用以及海上保险等“海商”领域的研究,占比达79%。由此可见,29年来,学术论文的研究方向主要集中在与维护贸易秩序和促进海上商业活动有关的“海商”范畴。其中海上货物运输领域的法律问题是研究的重中之重,其文章数量为353篇,占所有“海商”领域的文章比例达48%。这亦从侧面反映出“海事”领域还存在很大的研究空间。

(三)研究方法多元展开

29年来,在海商法理论研究中,学术论文的研究方法不再局限于单一的文本分析,而是呈现“法教义学”“社科法学”研究方法与其他传统法学研究方法多元运用、共同发展的态势。一方面,研究方法经历了从思辨、比较到实证的转变。“思辨”能够对法律现象进行准确的分析,“比较”则针对不同法律制度的优劣,提出完善我国法律制度的方案,但上述研究方法所形成的研究成果经常面临与司法实践脱节的情况。海商法是实践性很强的学科,从20世纪90年代开始就有文章对海商法相关法律问题进行实证研究。为了分析29年来实证研究的情况,本书通过“中国知网”的《中国海商法研究》期刊数据库进行检索,发现实证研究的论文数量呈现整体增长的趋势(见图3)。①

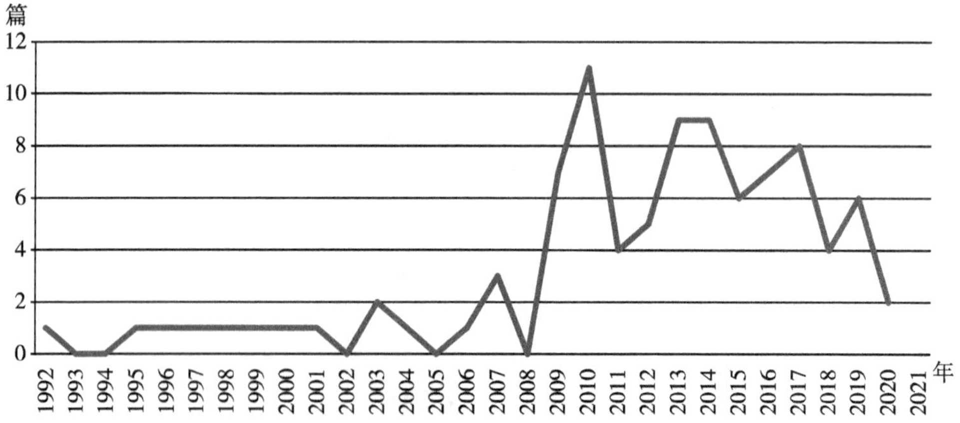

图3 海商法的实证研究论文数量分布

① 检索与统计说明:在“中国知网”中选择高级检索,将来源期刊限定为《中国海商法研究》,检索条件限定为篇名包含“实证”或关键词包含“实证”或全文包含“实证”“统计”“问卷”“回归”“定量”等实证研究中常出现的用词,并将时间限定为1992~2021年,得出数据后逐一剔除不涉及海商法实证研究的文章。

另一方面，研究方法从立法论“一家独大”到解释论的逐渐兴起。我国法学研究长期热衷于对现行法律制度存在的问题进行批判并提出对法律制度建构或修订的建议，此称为立法论。[①] 早在 1998 年，就有学者撰文指出我国《海商法》在实施中出现的若干问题。[②] 随后，不少学者提出完善我国《海商法》的建议，如司玉琢、[③]胡正良、[④]张永坚、[⑤]李海[⑥]等。但进入 21 世纪后，有学者开始从法律解释的角度对《海商法》中的具体条文进行剖析，认为对某些法律条文出现的缺陷或者不明确之处，可以通过法律解释予以解决，而不必然通过修法途径，例如，对《海商法》第 30 条[⑦]、第 50 条[⑧]、第 141 条[⑨]以及第 197 条[⑩]等条文，学者们运用了法律解释方法进行研究，并提出解决上述条文所涉争议的具体方法，更有学者在此基础上对海商法的解释方法进行系统的研究。[⑪]

三、学术论文的研究重点

学术争鸣乃学术研究之常态，在海商法领域，要保持绝对统一的观点是不可能的。29 年来，对于大部分海商法理论研究中的争议问题，学者们由于个人立场、研究方法、研究角度和研究侧重点的不同，并没有达成普遍性的共识。然而，综观 29 年来的 1366 篇海商法学术论文，本书发现，在以下问题的讨论中，存在具有压倒性优势的观点，即学者们达成了一定程度上的共识，这些问题成为学术研究的重点内容。

（一）《海商法》修改的必要性

成文法具有稳定性，但随着时代的变迁和社会的发展，成文法的稳定性又可能

---

① 参见傅郁林：《法学研究方法由立法论向解释论的转型》，载《中外法学》2013 年第 1 期。

② 参见陈宪民：《试论我国海商法实施过程中出现的若干法律问题》，载《法学》1998 年第 10 期。

③ 司玉琢、胡正良主编：《〈中华人民共和国海商法〉修改建议稿条文、参考立法例、说明》，大连海事大学出版社 2003 年版。

④ 参见胡正良：《论〈海商法〉修改的必要性》，载《当代法学》2003 年第 12 期。

⑤ 参见张永坚：《反思修改中国〈海商法〉之努力》，载《中国海商法研究》2013 年第 3 期。

⑥ 参见李海：《关于修订〈海商法〉需要厘清的几个基本理论问题——从〈海商法〉的第一章“总则”说起》，载《中国海商法研究》2011 年第 1 期。

⑦ 参见王恒斯、单红军：《从“物上负担”到“担保物权”的范式转换——以船员工资优先权之产生为视角的解释论》，载《中国海商法研究》2014 年第 2 期。

⑧ 参见王文军、高蕾、李邈：《迟延交付问题的方法论检讨——〈海商法〉第 50 条的解释论》，载《中国海商法年刊》2004 年第 00 期。

⑨ 参见王恒斯：《困境与出路：中国法中的“转租收入”留置权——以〈中华人民共和国海商法〉第 141 条为视角的解释论》，载《中国海商法年刊》2011 年第 4 期。

⑩ 参见张梅生：《试论共同海损的成立与共同海损不理算的关系——兼谈我国〈海商法〉第 197 条规定》，载《法学》2001 年第 10 期。

⑪ 参见吴煦：《法律先见与海商法解释》，载《中国海商法年刊》2006 年第 00 期。

成为社会进步的障碍。“法律体系不仅是静态的法律整体,而且必须是以动态存在和运行的法律整体。”①《海商法》也面临着如何处理好法律的稳定性和时代性的问题。随着理论研究的深入,尽管对于《海商法》具体的修法方案产生了分歧,但对于《海商法》修改的必要性,学者们的看法仍是相当一致的,即认为《海商法》修法具有必要性。

本书所选取的样本中,涉及《海商法》运行中出现的问题及其完善建议的文章有 122 篇,占样本总数的 8.93% ,其年份分布情况如图 4 所示。

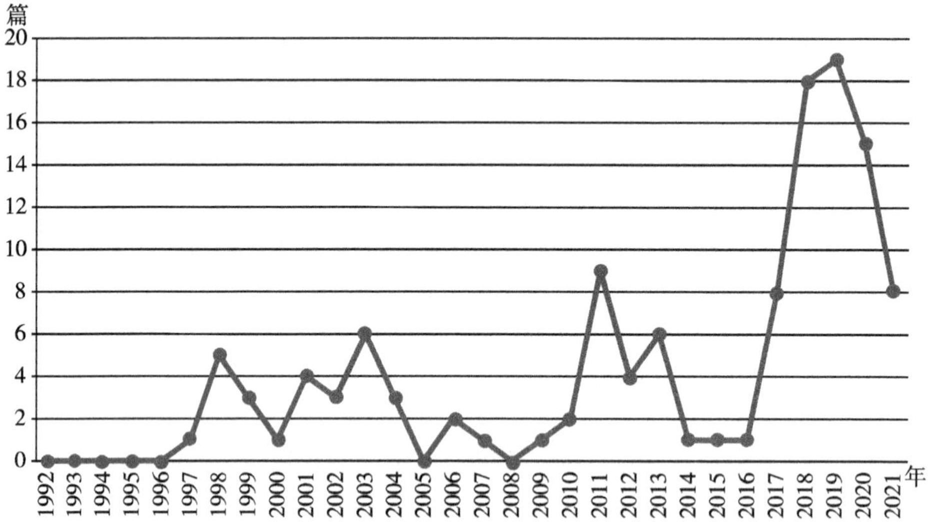

图 4 《海商法》修订的学术论文数量分布

由图 4 可知,《海商法》颁布之初,鲜有关于《海商法》完善和修订的文章。但是从 20 世纪末开始,此类文章的数量呈现波动上升的趋势。这反映出《海商法》的内在缺陷或不足随着时间的推移逐渐显现,引发了学者们对完善《海商法》的讨论。同时体现了《海商法》的修订已然成为越来越多学者的共识。

上述研究文章重点针对《海商法》修改的必要性进行论证。② 综观《海商法》修改必要性的理由,可以归纳为三类。第一,《海商法》自身存在缺陷,有待进一步完

① 钱大军、马新福:《法律体系的重释——兼对我国既有法律体系理论的初步反思》,载《吉林大学社会科学学报》2007 年第 2 期。

② 参见司玉琢、胡正良:《我国〈海商法〉修改的必要性》,载《中国海商法年刊》2002 年第 00 期;梁慧星:《修改〈中华人民共和国海商法〉的诉求与时机》,载《中国海商法年刊》2010 年第 2 期;魏东:《完善海商海事立法,推进海运强国、海洋强国战略》,载《中国海商法研究》2013 年第 2 期。

善。《海商法》的制定受到当时特定历史条件的限制,其理论基础、调整范围、制度规范等诸多内容已经不能完全满足国际贸易和海上运输发展的需要。第二,《海商法》颁布后,其所参照的国际公约和国际惯例进行了更新和完善,为了使《海商法》与国际接轨,学者们认为应该吸收和借鉴新的国际公约和国外立法中的有益成分,使我国的海商立法跟上时代的潮流。第三,海商法作为民法的特别法,应该与一般民商事法律相互协调。随着我国一系列民商事立法的颁布和生效,海商法已暴露出了与一般民商事法律不协调的问题,亟须通过修法予以完善。

(二)《海商法》与其他民商事法律的协调

《海商法》颁布之时,我国尚处于法治建设的初期,法律体系尚未形成,《海商法》不得不对一些本应属于一般法调整的基本内容进行规定或作出模糊化处理。因此,《海商法》除了包含调整海上合同关系和海上侵权关系及分摊海上风险的大量民商事规范外,还涉及管辖、冲突规则、船舶国籍等程序法性质和公法性质的规范,海商法成为法律规范的综合体。但不可否认的是,海商法历来具有私法属性,调整对象大多属于民商法调整之范畴,与民商法存在血脉相通的内在联系,不可能脱离民商法而自立自足。当然,必须承认,海商法中某些特有的制度,是基于海上风险和海上运输的特殊性而设立的,如共同海损、海事赔偿责任限制和海难救助等,并非完全基于民法理论,也很少受到民法的影响。因此,在《海商法》的修订中,这些特有的制度应该予以保留。而海商法中的其他制度,如海上货物运输合同、海上保险和涉外关系的法律适用等,虽然存在其特殊性,但无法摆脱民事法的普遍性约束,其本质上属于民事法的特别规定,因而对于《海商法》颁布后制定的《担保法》《保险法》《合同法》《物权法》《侵权责任法》《涉外民事关系法律适用法》《民法总则》乃至《民法典》等民商事一般性法律中与《海商法》的规定不一致、不协调乃至影响海事立法价值取向的规定,应通过修改《海商法》,理顺海商法与上述民商事一般法的关系。① 以民商法理论为先导,尊重海商法特殊性而非独立性,已然成为大多数学者的共识。② 即使主张建立海法体系的学者也承认,"海法体系不可能也不会完全背离对民法和其他部门法原则的借鉴"③。

《民法典》的编纂对《海商法》产生更大的影响。《民法典》采用总分结构的立法模式,《民法总则》自 2017 年 10 月 1 日起开始实施,《民法典》自 2021 年 1 月 1

① 参见梁慧星:《修改〈中华人民共和国海商法〉的诉求与时机》,载《中国海商法年刊》2010 年第 2 期。

② 参见朱曾杰:《〈海商法〉的回顾与展望》,载《中国海商法研究》2013 年第 3 期;何丽新:《论新民商立法视野下〈中华人民共和国海商法〉的修订》,载《中国海商法年刊》2011 年第 2 期;刘子平:《论以民法补充海商法的单位》,载《中国海商法研究》2013 年第 4 期。

③ 司玉琢、李天生:《论海法》,载《法学研究》2017 年第 6 期。

日起开始实施，本书检索自2017年10月至2021年6月在CLSCI囊括的16种刊物以及《中国海商法研究》，以《民法典》与《海商法》为主题发表的文章共有6篇，分别涉及下列主题：第一，《民法总则》对海商法诉讼时效制度的影响与协调；第二，论《民法总则》对《海商法》修改之影响；第三，民法视野下海上运输中货方合同履行责任之法理内涵；第四，中国海事诉讼时效制度的国际接轨与本土化的冲突及其解决；第五，我国物权法特殊动产物权变动生效要件的解释与完善；第六，船舶二重买卖中善意取得的逻辑构成与信赖基础。上述文章多是强调《海商法》应保持与《民法典》相关制度的协调，如2017年《民法总则》公布后，在《海商法》对诉讼时效作修订建议时，认为《民法总则》的本土化要求动摇了海事诉讼特别时效规则的基础，[①]应当保持特别规范的有限性，将特别法诉讼时效规定限制在必要和有限的范围，减少立法源头冲突，尽量避免法律适用和解释上的困难，尽可能与《民法总则》保持一致，保证立法之间的协调与衔接。[②] 在论述《民法总则》《民法典》对《海商法》修改价值取向的影响时，认为《海商法》的修改应将秩序作为基本价值之一，《民法典》的绿色原则将推动《海商法》就海洋环境保护价值的演进，《民法总则》第10条规定习惯作为补充性法源，修改后的《海商法》应当规定航运习惯的适用不限于具有涉外因素的情形，且通过适用航运习惯以弥补当前和今后一个时期的中国国内水路货物运输合同法律制度的缺失。[③]

（三）对域外海商法立法成果的批判性借鉴

《海商法》是中华人民共和国立法史中移植域外法律比重最大的法律之一，移植比例超过90%。[④] 可以说，《海商法》是我国法律移植的代表作。例如，《海商法》第二章“船舶”中有关船舶优先权、船舶抵押权的规定，参考了《1967年关于统一船舶优先权和船舶抵押权若干规定的国际公约》和《1993年船舶优先权和抵押权国际公约》（草案）；[⑤]第四章“海上货物运输合同”是以《海牙－维斯比规则》承运人责任机制为蓝本，并适当借鉴了《汉堡规则》中的规定，且部分结合中国的海事司法实践而形成的；第九章“海难救助”则主要借鉴了《1989年国际救助公约》；第

---

① 参见向明华：《中国海事诉讼时效制度的国际接轨与本土化的冲突及其解决》，载《政治与法律》2019年第9期。

② 参见吴胜顺：《〈民法总则〉对海商法诉讼时效制度的影响与协调》，载《中国海商法研究》2018年第1期。

③ 参见胡正良、孙思琪：《论〈民法总则〉对〈海商法〉修改之影响》，载《中国海商法研究》2018年第1期。

④ 参见吴旭华：《我国的法律移植问题浅析》，载《电大教学》2000年第6期。

⑤ 我国《海商法》制定时参照了《1993年船舶优先权和抵押权国际公约》（草案）。此后，该公约于1993年5月6日在联合国与国际海事组织联合召开的国际船舶优先权和抵押权公约全权代表会议上通过。

十一章“海事赔偿责任限制”则移植了《1976 年责任限制公约》的规定。应该承认，《海商法》制定过程中的法律移植一定程度上保证了《海商法》的立法质量和立法进度，使《海商法》与国际立法迅速接轨。

不可否认，法律移植虽然是“捷径”，但是同样会导致我国海商法律体系缺乏完整性、系统性和难以充分维护本国利益等弊端，甚至可能造成与我国其他法律、司法解释的冲突。[①] 因此，在《海商法》颁布后，学者们对新出台的国际公约的研究基本采取了批判性借鉴的态度，其中对我国航运和贸易发展有利的，主张予以借鉴，而对其中不符合我国基本国情与国家利益的，予以摒弃。以《鹿特丹规则》为例，该公约于 2008 年 12 月 11 日在联合国大会上通过后，短短数年，对于该公约的研究“占领”了大量期刊的版面，在本书选取的样本中，此类文章就高达 50 篇，占所有文章的比例达 4.0%。其中虽不乏对《鹿特丹规则》持积极的态度并呼吁我国应加入该公约的。[②] 但大部分学者对于我国是否加入该公约持谨慎的态度，认为应该将该公约中先进的且与我国国情相符的合理成分充分吸收到《海商法》中，而对于其中不符合我国国家利益的，如批量合同、无单放货的相关规定，不能照搬。[③] 又如，在评估是否加入《1992 年国际油污损害民事责任公约》时，有学者从正反两方面考量，认为加入该公约虽然对我国海洋环境、海洋资源的保护以及油污受害者的利益保护有重大意义，但同时会使得我国船东承担更大的责任，遭受更大的风险。[④] 再如《2007 年内罗毕国际船舶残骸清除公约》，该公约已于 2017 年 2 月 11 日正式对我国生效，有学者对该公约的相关制度的优势与不足之处进行分析，并结合我国实际情况，提出我国在建立国内船舶残骸清除制度时，应该进一步分析利弊后有所取舍地借鉴该公约的内容，而不应该盲从该公约的规定。[⑤]

对先进航运国家的最新立法，我国学者也基本主张应该理性地借鉴而不可盲目吸纳。以《2015 年英国保险法》为例，该法是对有深远影响的《1906 年英国海上保险法》等原有海上保险规则的重塑，《2015 年英国保险法》颁布后引起了世界保

---

① 参见郭瑜：《海商法的精神：中国的实践和理论》，北京大学出版社 2005 年版，第 12～20 页。

② 参见王肖卿：《务实考虑加入〈鹿特丹规则〉》，载《中国海商法年刊》2011 年第 4 期；张丽英、景晴：《〈鹿特丹规则〉下批量合同相关法律问题探析》，载《中国海商法年刊》2010 年第 3 期。

③ 参见司玉琢：《〈鹿特丹规则〉的评价与展望》，载《中国海商法年刊》2009 年第 Z1 期；姚莹：《对〈鹿特丹规则〉“平衡之道”的再认识——兼论中国的现实选择》，载《中国海商法年刊》2011 年第 2 期；张永坚：《如何评价〈鹿特丹规则〉》，载《中国海商法年刊》2010 年第 1 期。

④ 参见王瑞军、王成锋：《我国加入“92 年油污损害民事责任公约”的利弊分析》，载《中国海商法年刊》1999 年第 00 期。

⑤ 参见罗晓斌：《对〈内罗毕国际船舶残骸清除公约〉的再思考》，载《中国海商法年刊》2011 年第 1 期。

险法界的广泛关注，但大部分学者在肯定其具有先进性的同时，对于《海商法》中关于海上保险的规定是否应参照该法持谨慎的态度。[①] 有学者指出《2015 年英国保险法》在最大诚信原则及其相关制度、欺诈性索赔、保证制度和通过合同条款排除新法适用等 4 方面作出修订，其中关于“最大诚信原则及告知义务”和“通过合同条款排除新法适用”的规定具有先进性且符合我国国情，可以进行借鉴，但是对于其他制度，应该理性对待其参考作用。[②]

概言之，对于国际公约和国外立法，既不能全面否定，也不要一概吸收，而应该在《海商法》修订过程中批判地借鉴。一方面，域外立法，特别是国际公约，是各方角力的结果，是妥协的产物。对其中于我国发展有利的，应该予以吸收，对危及我国国家利益或与我国国情不符的，应该坚决摒弃；另一方面，中国特色社会主义法律体系已经形成，《海商法》制定时我国法律体系不健全的客观因素已经不复存在，因此在借鉴域外立法经验的同时，应该坚持我国的立法自信，立足于我国现有的法律体系，创建符合中国国情的海商法律体系。

（四）《海商法》修改中船员利益保护的强化

近年来，随着陆上工作与水上工作待遇差距日趋缩小，船员纷纷“上岸”，船员流失严重，尤其是高级船员，这导致国内外航运市场中船员一直处于供不应求的状态，甚至影响了船舶的正常运行。根据国际船舶协会（International Chamber of Shipping）的报告，世界船员市场中，高级船员的短缺达到 16, 500 人，如果不采取措施，这种趋势在未来 10 年还会加剧。[③] 我国是航运大国，而船员是航运业发展的重要支撑力量，高级船员更是决定航运业能否快速健康发展的重要因素。因此，在船员劳动力紧张的背景下，对船员合法权益进行有效的保护，以提高劳动者从事航海工作的积极性，具有紧迫性。目前我国关于船员的立法多为管理性的规定，而关于船员劳动合同、社会保障和其他权益保障的条款屈指可数，这不仅不利于我国船员市场的健康发展，还影响我国航运业的健康运行。

在 29 年来的相关学术研究中，船员权益的保护成为主旋律，理论研究主要集

---

① 参见郑睿：《论英国海上保险合同告知义务之演进与立法启示》，载《中国海商法研究》2015 年第 4 期；牛元：《英国保险保证新立法及对中国海上保险保证制度完善建议》，载《中国海商法研究》2017 年第 4 期；初北平：《海上保险的最大诚信：制度内涵与立法表达》，载《法学研究》2018 年第 3 期。

② 参见张金蕾、潘秀华：《中国海上保险法律制度修改的再审视——以〈2015 年英国保险法〉为背景》，载《中国海商法研究》2015 年第 4 期。

③ See International Chamber of Shipping, Global Supply of Seafarers, International Chamber of Shipping (May. 17,2018). http://www.ics-shipping.org/key-issues/all-key-issues-(full-list)/global-supply-of-seafarers.

中在船员人身伤亡的赔偿[①]、船员劳务合同[②]、船员的社会保障[③]、船员的劳动环境[④]等与船员利益切身相关的制度层面，并提出了完善我国船员立法和加强船员权益保护的对策，对于其他制度，如船长的职权以及监督机制等内容，则鲜有涉猎。在本书所选取的样本中，有关研究船员制度的文章有35篇，其中涉及船员权益保护的就有19篇，占比超过了50%。这反映出我国理论界对加强船员权益保护的重视。在《海商法》修订中，学者们也多数支持改变《海商法》第三章“船员”多为原则性规定的现状，提出在《海商法》中增加船员劳动权利保障条款，提前“船员”章的立法顺位，增加船员合同的类型及劳动权益保护的基本条款内容。[⑤]

（五）承运人强制保险制度的引入

近年来，国内外相继发生多起重大海难事故，造成了巨大的财产损失和人身伤亡。譬如韩国“岁月”号(SEWOL)客轮触礁沉没、我国“东方之星”沉没事故以及近期的“桑吉”轮沉没溢油事故。巨额的索赔常常使得承运人无法独立承担，受害方也因此得不到足额赔偿。这些重大事故凸显了保障海上运输安全、维护海上运输各方利益的紧迫性和重要性。在此背景下，单纯增加承运人责任或者提高赔偿责任限额，已经不能达到保护受害方合法权益的效果。对此，国际公约如《1996年国际海上运输有毒有害物质损害责任和赔偿公约》《2001年国际燃油污染损害民事责任公约》《2002年雅典公约》《2007年内罗毕国际船舶残骸清除公约》等都引入了强制保险制度，要求承运人必须购买保险或者提供财务担保。

诚然，强制保险制度的引入会在一定程度上提高承运人的营运成本，甚至有可能打破船货双方利益的现有平衡，但是，大部分学者认为在油污、沉船、旅客人身伤亡等重大事故中，基于维护社会稳定和保护受害方权益的角度考量，在海上运输特别是在水路危险品运输及旅客运输领域，建立承运人强制保险制度具有必要性。[⑥]

---

① 参见余妙宏、徐润：《船员人损责任纠纷适用法律之司法考察》，载《中国海商法研究》2020年第4期；孙光、闫婧茹：《“应然”视角下船员劳务（劳动）合同项下人身伤亡赔偿纠纷案件之司法应对》，载《中国海商法研究》2017年第3期；杨钉：《船东对受雇船员人身损害的责任承担》，载《中国海商法研究》2013年第1期。

② 参见宋晓珂：《船员劳务合同纠纷典型法律问题思考》，载《中国海商法研究》2014年第4期；徐俊：《从船员劳务合同角度思考〈海商法〉有关船员规定的修改》，载《中国海商法研究》2013年第3期。

③ 参见张丽：《中国船员社会保障法之研究》，载《中国海商法年刊》2002年第00期。

④ 参见邵帅、郭萍：《维护海员权益法律保障机制研究——从部分国家和地区履行〈2006年海事劳工公约〉的角度》，载《中国海商法研究》2012年第1期。

⑤ 参见曹艳春、王玉宝：《海洋强国背景下船员劳动权益的保护——兼论〈海商法〉“船员章”之修改》，载《求是学刊》2020年第6期。

⑥ 参见初北平：《海上强制责任保险研究》，载《中国海商法年刊》2004年第00期；张丽娜：《论海上强制保险的制度价值》，载《大连海事大学学报（社会科学版）》2009年第6期；周海涛：《我国海上强制责任保险制度相关问题探析》，载《保险研究》2008年第10期。

但对于如何建立海上强制保险制度,学者们鲜有进行系统的研究。海上强制保险的主体、适用范围、保险费率以及保险金额的确定、保险人的资质、保险人可否享受责任限制以及保险人的责任限额、直接诉讼制度的建立等方面的问题还需进一步强化研究,此类问题应成为日后理论研究的重点。

(六)邮轮旅游合同纳入《海商法》调整范围的讨论

我国邮轮产业在近年来呈现出良好的发展态势,发展规模迅速扩张。但与快速发展的邮轮产业相比,涉及邮轮旅游合同的相关政策和法律法规尚未健全。邮轮旅游合同有别于传统意义上的海上旅客运输合同或者旅游合同,是一种混合性质的合同。因此,无论是《海商法》《旅游法》,还是《民法典》合同编,都无法完全有效地解决此类纠纷,这导致邮轮运输司法实践中出现无法可依的局面,亦成为我国发展邮轮旅游产业的一大障碍。现行国际邮轮法规和国际惯例是否适合中国国情?中国邮轮的立法方向是什么?作为民商法和旅游法交叉领域的海商法如何填补邮轮运输相关的法律制度?这些问题成为理论研究的热点问题。

学者们认为完善邮轮旅游法律制度刻不容缓,并提出了各种对策和建议。虽然有少数学者认为邮轮旅游应该以《旅游法》的调整为主,辅以其他单行法对邮轮旅游进行规制。① 但是,基于邮轮作为船舶的属性以及涉海法律制度的特殊性,大部分学者认为邮轮旅游应该受《海商法》的调整。② 更有学者认为,应该在《海商法》修法中把邮轮旅游合同纳入《海商法》第五章"海上旅客运输合同"的调整范围,并在该章增加有关邮轮旅游合同的特别规定,待时机成熟时,可以在《海商法》中增加"邮轮合同"的具体规定,以确定邮轮合同作为混合合同的法律属性,明确规定承运人(邮轮公司)与旅客之间的权利义务关系,并对旅行社作为承运人的代理人或者《鹿特丹规则》项下所谓的"履约方"进行规制,从而彻底理顺邮轮公司、旅行社和旅客之间的关系,为邮轮业的健康发展提供法律保障。③

(七)对海洋环境保护的重视

海洋环境的保护问题一直是海商法理论研究的热点问题。加强海洋生态环境的保护是学者们达成的共识。本书所选取的样本中,此类文章的数量为 76 篇,占比达 5.57%,其中船舶油污损害赔偿问题是研究的重点,学者们主要对船舶污染损害的赔偿范围、赔偿责任主体、索赔权主体、责任限制、司法管辖权、法律适用等问

---

① 参见马炎秋、余娅楠:《美国邮轮旅客保护立法动态研究》,载《中国海商法研究》2014 年第 1 期。

② 参见孙思琪、戎逸:《邮轮旅游法律关系的立法范式与理论辨正》,载《中国海商法研究》2017 年第 3 期;方懿:《邮轮旅游民事法律关系初探》,载《中国海商法研究》2013 年第 2 期。

③ 参见郭萍:《对邮轮合同法律性质的探究及思考》,载《中国海商法研究》2016 年第 1 期。

题进行研究。[①] 虽然对具体制度如何构建并未达成广泛共识，但是对此问题的研究成果，可以从侧面反映出理论界日趋重视船舶污染损害赔偿问题。

此外，我国海洋环境保护的立法亟待完善也逐渐成为学者们的共识。有学者指出，中国海洋环境法治建设虽已取得一定成果，“但仍然存在人为割裂海洋生态系统整体性、欠缺海洋整体管理立法等问题，应当基于综合生态系统管理的思路，从立法理念、法律体系建设、海洋环境管理体制等方面予以完善”[②]。也有学者通过分析我国钻井平台溢油造成的海洋生态资源损害赔偿制度的责任主体、索赔主体、赔偿范围、解决途径和强制责任保险等方面存在的不足，提出应当通过相关法律法规以完善海洋污染损害赔偿制度。[③] 还有学者提出，中国应当借鉴国际海事组织和部分欧美国家的立法和实践经验，完善相关立法，对船舶大气排放的协同控制进行法律规制。[④]

在海洋环境的保护上，《联合国海洋法公约》、《1992 年国际油污损害民事责任公约》和《1989 年国际救助公约》等国际公约发挥着重要的作用。但也有学者提出，上述公约提供的保护海洋环境的制度并非完美，甚至不充分，[⑤]为了寻求综合性的解决方案，仍然需要结合我国实际情况作进一步研究。在具体制度的构建上，有学者指出，我国海洋生态保护机制的缺陷，导致传统环境侵权法很难解决海洋生态损害问题，因此，国家应作为受害主体，向污染海洋环境一方提起诉讼，同时建立健全环境公益诉讼制度。[⑥] 为了防止国际海运危险物品污染生态环境，也有学者提出应该建立包括“事先知情—实时报告和连续跟踪—应急预警”在内的联合海上监视机制。[⑦]

---

① 参见韩立新：《船舶污染造成的海洋环境损害赔偿范围研究》，载《中国海商法年刊》2005 年第 00 期；赵劲松、赵鹿军：《船舶油污损害赔偿中的诉讼主体问题》，载《中国海商法年刊》2004 年第 00 期；邓海峰：《海洋油污损害之国家索赔主体资格与索赔范围研究》，载《法学评论》2013 年第 1 期；郭萍、陈雷：《论建立和完善我国有关船舶油污损害赔偿责任限制程序的必要性》，载《中国海商法年刊》2003 年第 00 期；陈学斌：《中国对专属经济区船舶污染的司法管辖权》，载《中国海商法年刊》2005 年第 00 期；王娟：《论油污损害赔偿的法律适用》，载《中国海商法年刊》2008 年第 00 期。

② 高晓露、梅宏：《中国海洋环境立法的完善——以综合生态系统管理为视角》，载《中国海商法研究》2013 年第 4 期。

③ 参见胡正良、刘畅、张运鑫：《海洋生态资源损害赔偿制度的不足与完善——从蓬莱 19 - 3 油田溢油事故谈起》，载《中国海商法研究》2012 年第 4 期。

④ 参见袁雪、童凯：《中国船舶大气排放协同控制的法律规制探析》，载《中国海商法研究》2017 年第 2 期。

⑤ 参见[斯里兰卡]弗朗西斯·兰萨卡拉、李垒、于诗卉：《防止海岸环境污染：以海洋法公约、民事责任公约体系和救助公约为视角》，载《中国海商法研究》2016 年第 1 期。

⑥ 参见刘家沂、凌欣：《论海洋生态损害之国家索赔的实现路径》，载《中国海商法年刊》2011 年第 4 期。

⑦ 参见杨荣波：《防污染视角下国际海运危险物的联合海上监视机制探讨》，载《中国海商法研究》2015 年第 3 期。

第三节 《海商法》修订中重大研究问题之梳理

一、海商法理论研究面临的困境

(一)过分重视海商法的自体性而陷入以问题为中心的误区

海商法界长期在海商法自体性的封闭空间内,忽视了海商法与民商法存在血脉相通的内在联系。事实上,海商法作为国家法,而非习惯法或国际法,其与民商法不可能是平行的关系,更不可能完全脱离民商法体系。尤其是在民商合一的立法体系下,存在"民法商事化""商法民事化"趋势,民商之间有很强的融合关系。[①]民商法的基础理论和基本原则乃至民商法的精神是互通的,海商法的自体性并没有达到自足性。或许民商法与海商法的关系更近于日本学者对民法与商法关系类似"冰川的融化"的这一精妙比喻:在上部,商法不断创新出新的规则;在下部,商法规范流入民法之中。[②] 法学理论体系,特别是民商法理论体系为海商法的适用提供了一个大的框架,且在必要时弥补其不足。"脱离了整个法学理论体系的支撑,海商法有可能成为无源之水,无本之木,从而蜕化为一堆毫无生气的操作规则的堆积。"[③]不能理清海商法与民商法的关系,会严重影响海商法的理论研究的深度和广度。

由于过分重视海商法的自体性和独立性,所以对于海商法的部分基础理论问题,学者们耗费了大量的学术资源进行讨论,但最终并没有让争议得到平息,反而使分歧加剧。例如,关于提单的法律性质,从 20 世纪 90 年代开始,就有学者进行论证与反思。[④] 李海教授提出"把提单说成是物权凭证,不仅于法无据,而且于理不通"[⑤],使提单"物权凭证论"面临全面质疑,引发了理论界对提单性质长达 10 年

① 参见尹彦久:《论民法商事化与商法民事化》,载《法制与社会发展》1996 年第 1 期。

② 需要注意的是,日本海商法的主要部分规定在《日本商法典》中,将海商法作为民商法的一部分。因此,这一比喻的射程当然可以及于海商法与民法的关系。参见[日]我妻荣:《新订民法总则》,于敏译,中国法制出版社 2008 年版,第 5 页。

③ 张永坚:《法之家庭的游子——我国海商法的回归与发展》,载北京大学法学院海商法研究中心主办:《海商法研究》(第 2 辑),法律出版社 2001 年版。

④ 参见宋春林:《提单的法律性质》,载《中国海商法年刊》1991 年第 00 期。

⑤ 李海:《关于"提单是物权凭证"的反思——兼论提单的法律性质》,载《中国海商法年刊》1996 年第 00 期。

的大讨论，先后出现了“所有权凭证说”[①]“占有权凭证说”[②]“可转让的债权凭证说”[③]“有价证券说”[④]“分阶段不同性质说”[⑤]等观点，形成流派之多，讨论之激烈，可谓空前。司法实践中亦是如此，在处理预借提单、倒签提单、无单放货等提单纠纷时，由于对提单性质认定的分歧，法院对提单纠纷案件中的法律责任无法进行准确的定性，导致司法裁判“同案不同判”。为了解决这一问题，最高人民法院出台《无正本提单交付货物司法解释》，但该司法解释既承认提单的物权性，也承认提单的债权性，同样无法平息纷争。[⑥] 在上述选取的样本中，关于提单法律性质的文章就有 27 篇，占比近 2%，在海商法研究资源如此紧张的背景下，可谓少见。遗憾的是，关于提单的法律性质，至今仍然没有达成统一的观点。

提单的法律性质问题仅是海商法理论研究中的一个缩影。海商法重大争议问题的讨论，面临着越讨论分歧越大的窘境。禁锢在过分强调海商法的自体性中，是形成这一局面的主要因素。长期强化海商法的自体性，忽略了海商法具有的民商法的普遍性，导致针对某些问题的研究缺失厚重的民商法理论支撑，从而陷入以问题为中心的误区，对一些问题的研究仅停留在就事论事的基础上，孤立地进行研究而没有联系相关的基础原理和理论，某些在民商法理论下很容易解决的问题，在海商法界却成了反复争论不休的难点。[⑦] 海商法的理论研究，忽视融合和跟踪法学基础理论体系及其发展的最新成果，这不但不利于海商法自身理论的完善和提升，而且使海商法理论研究在法学研究中处于被孤立乃至边缘化的境地。

（二）以英美法为导向而忽视提升中国海商法研究水平

上述选取的样本中，涉及比较法研究的文章有 84 篇，其中对英美法系国家相关海商海事法律或判例进行研究的有 72 篇，占比高达 86%。虽然对域外立法进行针对性借鉴而不全盘照搬已然成为共识，但是不可否认，在对域外法进行比较借鉴时，理论界对英美法系的研究成果有独特的偏好。

---

① 胡正良、曹冲：《对提单的物权凭证功能的再思考》，载《中国海商法年刊》1996 年第 00 期。

② 郭瑜：《论提单的物权性》，载《中国法学》1997 年第 4 期。

③ 李海：《关于“提单是物权凭证”的反思——兼论提单的法律性质》，载《中国海商法年刊》1996 年第 00 期。

④ 李守芹：《论提单的法律性质》，载《中国海商法年刊》1995 年第 00 期；陈芳、郑景元：《论提单的法律性质》，载《法学评论》2011 年第 4 期；李学兰：《论提单权利证券化》，载《法学论坛》2002 年第 6 期。

⑤ 司玉琢、汪杰、祝默泉等：《关于无单放货的理论与实践——兼论提单的物权性问题》，载《中国海商法年刊》2000 年第 00 期。

⑥ 《无正本提单交付货物司法解释》第 3 条第 1 款规定：“承运人因无正本提单交付货物造成正本提单持有人损失的，正本提单持有人可以要求承运人承担违约责任，或者承担侵权责任。”

⑦ 参见高伟：《正本清源还原海上货运代理的传统职能——以〈中华人民共和国合同法〉第 403 条为基础构建中国的海上货运代理制度》，载《中国海商法研究》2012 年第 2 期。

毋庸置疑,英美法为海商法的产生和发展奠定了一定的基础。海商法最初从欧洲商人的习惯法发展而来,[①]并在英国取得了较好的发展,因而现代海商法不可避免地具有浓厚的英美法性质,各国立法也都不同程度地受到英美法的影响,譬如,1906 年《英国海上保险法》几乎成为各国海上保险立法的范本,其最大诚信(utmost good faith)作为标志性内容之一,百年来一直为大多数普通法国家的保险法所遵从,甚至为许多大陆法系国家所借鉴。[②] 我国《海商法》第十二章"海上保险合同"的内容也是参照《1906 年英国海上保险法》制定的。同时,由于我国的海商法理论研究起步较晚,当时的研究水平较低,长期以来,海商法学者普遍热衷于对英美法海商海事判例的研究,言必称英美,"一些文章将'英美学者曾指出''英国法院判决'视为最高法则,作为最有力的论据"[③]。这完全是法律的拿来主义。

有学者曾指出,"由于中国近现代移植的基本上是西方先进国家法律中的精华,代表了人类法律文明的最高成就,因此,中国近现代法的移植和法的本土化基本上是成功的"[④]。不论我们从英美法系国家学来的海商法理论是否为"精华",必须承认的是,对西方法律的学习应包含"移植"与"本土化"两个过程,缺一不可。诚然,英美法学的精华对完善我国海商法律体系具有重要的借鉴作用,但是本土化是英美法先进理论在中国发挥作用的必经之路。如果长期局限在对英美法的研究而忽略其本土化的过程,将严重影响我国海商法本土研究的深入发展。我国法律传统毕竟传承于大陆法系,虽然随着经济全球化的推进,两大法系正进一步走向交融,但法律传统的区别仍是根深蒂固的。大陆法系强调以理论为先导,而英美法系的研究重点在规则、制度与判例上。我国海商法的理论研究长期以英美法系为模本而无法实现域外先进理论的中国化,这种理论转化机制的缺失,势必导致海商法游离在法的体系之外,妨碍我国海商法理论研究的创新,进而影响我国《海商法》的完善。一个典型的例子是,我国在制定海商法时未考虑到英美法上的"lien"的概念,而是基于"maritime lien"的法文概念"privilege maritime"翻译为"船舶优先权",这导致船舶优先权概念所表征的法国法上的法定担保制度,与我国依据德国法传统而建构起来的法定担保物权制度及其理论体系格格不入,使得争议延续至

---

① 按照现代法学史的分类,中世纪的商人法分为海商法(maritime law)和商业法(commercial law),对应的法庭则为海商法庭(maritime courts)和商业法庭(commercial courts)。参见[比]亨利·皮朗:《中世纪欧洲经济社会史》,乐文译,上海人民出版社 1987 年版,第 10 页。

② 参见初北平:《海上保险的最大诚信:制度内涵与立法表达》,载《法学研究》2018 年第 3 期。

③ 郭瑜:《关于海商法论文写作的几点看法》,载郭瑜执行主编:《海商法研究》(第 1 辑),法律出版社 2001 年版。

④ 何勤华:《法学观念本土化考从新中国 60 余年立宪史之视角》,载《中外法学》2013 年第 2 期。

今。[①] 基于此，当今海商法理论研究不应该局限于对英美法的研究，而应在批判性借鉴国外先进立法的同时，建立科学的理论转化机制，实现域外先进理论的中国化，还应树立立法自信，立足于中国实际，致力于建立和完善我国海商法律体系。

（三）海商法理论研究成果出现了被边缘化的危机

据统计，《海商法》颁布后29年间，CLSCI所涵盖的16本法学核心期刊中，涉及法学研究的论文共50,211篇，其中有关海商法的论文139篇，所占比例仅为0.27%。如此小的占比，与《海商法》在我国民商事法律体系中的地位及其在我国"一带一路"倡议、"海洋强国"、"交通强国"战略中所发挥的作用是极不相称的。法学核心期刊是我国法学学术争鸣之园地，很大程度上代表着法学学术研究水平。海商法理论研究成果在法学核心期刊中的地位，与法学领域的繁荣景象极不匹配。一方面，这说明海商法理论界呈现出脱离法学体系而孤立地进行研究的局面；另一方面，这说明海商法研究成果对于整个法学体系的影响极其有限，从中可窥视出海商法在我国法律体系中面临着被边缘化的危机。

本书认为，海商法理论研究成果被边缘化，除了我国核心期刊版面资源的有限性和发文需求的无限性这一外在矛盾，还存在多方面的内因：

第一，海商法所归属的法律体系不明确。如上文所述，理论界对于海商法的定位一直无法达成统一。这导致了海商法游离在各个部门法体系之外，在我国法律体系中处于被边缘化的窘境。

第二，理论研究成果不能完全满足海商法司法实践的需要。海商法是实务操作性很强的学科，很多理论和制度是在航运实践中总结归纳出来的，同时反馈或指导着实践。但是，海商法界不少学者认为海商法是按照自己的规律发展的，无须借助民商法原理加以解释，忽视了法解释学的应用，忽视了理论指导实践的重要性。同时，海商立法的漏洞不能满足处理海商海事纠纷的需要，现行《海商法》存在若干法律制度上的空白或漏洞，譬如对"货物控制权"、"邮轮旅游合同"以及"船舶污染损害赔偿"等内容并无明确的规定，导致法官在具体的相关纠纷案件中不得不适用一般的民商事法律，《海商法》在司法适用中被虚置化。遗憾的是，海商法的理论研究并未能弥补这一缺陷。

第三，海商法理论研究忽视了海商法的本土化。上述选取的样本中，涉及对域外立法进行研究的文章共197篇，占样本比例达14.43%。可见理论界对海商法国际化相当重视。然而，海商法毕竟是国内法，对域外立法的直接借鉴乃至法律移植，不同程度上造成与我国司法实践的冲突，进而导致海商法无法融入我国的法律

① 参见孙新强：《我国法律移植中的败笔——优先权》，载《中国法学》2011年第1期。

体系。只有立足于我国的具体国情,实现海商法的本土化,海商法理论研究才能够真正服务于我国的国家发展战略和航运实践。

第四,海商法理论研究过分强调海商法的特殊性而忽略了其在我国法律体系中的共性,这也是海商法被边缘化的原因之一。海商法固然有其特殊性,但是无法摆脱法律所具有的共性。过分强调海商法的特殊性,使海商法与我国法律体系中的其他部门法格格不入。从客观上分析,与其说海商法被法学界边缘化,不如说海商法脱离或抛弃了法学界。

二、《海商法》修订中重大研究问题的提出

经过上述梳理可以发现,海商法的理论研究形成了一定的规模,研究领域逐渐扩展,研究方法也逐渐科学化。但同样面临着诸多问题,一定程度上阻碍了海商法理论的深化和制度的发展。在《海商法》修订的背景下,一些关乎《海商法》修订的重大理论问题并未得以解决。

(一)海商法的法律规范综合体与法律体系定位

《海商法》颁布以来,一系列海商海事法律法规和司法解释不断出台,保障了海上运输和经贸活动的有序进行,我国海商法律体系已经初步建成。但是,要建设一个系统的、完善的、综合的、具有中国特色的海商法律体系,依然任重而道远。在上述所选取样本共 1366 篇文章中,涉及该主题的文章仅有 5 篇,占比为 0.37%。可见,关乎海商法律体系建构的重大问题尚未得到学者们的高度重视。

以商人习惯法为历史渊源的海商法,传承《罗得海法》而形成了自成一体的规范体系,具有陆地上的法律所没有的特殊制度,如海难救助、共同海损和海事赔偿责任限制等。《海商法》及其相关法律法规、司法解释是海商法律体系的重要组成部分。从《海商法》自身的法律表现形式分析,除了包含海商法独具特色的制度外,还涉及调整海上合同和海上侵权的大量民商事规范,甚至还包括管辖等程序法性质、冲突规则等国际法性质和船舶国籍等公法性质的规范。因而,《海商法》是各类法律规范的综合体。①

从历史上考量,《罗得海法》已涵盖海上运输法、海上劳动法、海上贸易法甚至海上刑法等公法性质的内容。但是,海商法与罗马法并非同源,②海商法具有的私法属性不能被否认。海商法的调整对象大多属于民商法调整之范畴,海商法与民商法的基础理论和基本原则乃至民商法的精神是互通的。特别是自《鹿特丹规则》

---

① 参见赵德铭主编:《国际海事法学》,北京大学出版社 1999 年版,第 1 ~2 页。

② 参见徐国栋:《古罗马的海事风险及其法律规制》,载《华东政法大学学报》2016 年第 5 期。

颁布以来,海商法上正义的概念已开始趋向民法上的正义。[①] 需要反思的是,在海商法律体系中加入公法性质的内容,是否会造成法律体系内部的混乱?海商法律体系是否仅包含与航运贸易有关的涉及商业的内容,抑或涵盖民商法规范、行政法规范甚至包含有关刑事责任的规定?司玉琢教授提出,鉴于《海商法》是一个包含私法、公法、国内法和国际法的元素的综合性体系,随着我国海洋强国战略和"一带一路"倡议的推进,有必要突破狭义的海商法仅强调平等主体间海上运输关系和船舶关系的局限,适当扩大《海商法》的调整范围。[②] 可见,海商法律体系的内涵与外延作为海商法理论研究的基础问题,理论界对此仍争论不休。

海商法学科定位是海商法律体系构建的前提,进一步说,应明确海商法是立足于海商法的自体性还是民商法的普遍性。遗憾的是,目前理论界并没有形成统一的看法,而分为民法特别法说、海商法独立性说等学说,其争议焦点在于是否承认海商法的自体性而具有独立性。[③] 民法特别法说认为海商法并不具有独立性,其只是民法的特别法,海商法律体系的构建应回归民商法。[④] 在这一学说下,近年来出现了从民法视角下论述海商法的论文[⑤]与专著[⑥]。但是,有不少学者坚持海商法独立性说,认为海商法应该成为独立的学科,[⑦]建立独立的"海法体系"。[⑧] 本书认为,海商法的定性长期处于争议的状态,这必然对海商法理论研究的发展产生不利的影响。理论界基于不同的学科定位,立足于不同的理论体系,运用不同的研究方法,着眼于不同的研究侧重点,从不同的角度对海商法理论问题进行研究,往往导致海商法理论研究成果的碎片化,无法形成统一的理论体系,甚至出现了各类理论研究成果互相冲突的局面,由此导致海商法理论研究陷入了各自为政的困境,削弱了其互相协同以促进海商法律体系建设和带动海事司法实践的功能。

申言之,不同的体系定位对海商法的发展将产生截然不同的影响:(1)海商法立足于其自体性,走独立发展的道路,有利于海商法特有制度的发展,但也会导致其与我国现有的法律体系"格格不入";(2)把海商法作为"海法体系"的一部分,有

---

① 参见徐峰:《论船货双方权利与义务之平衡——从海商法的正义到民法的正义》,载《北方论丛》2020年第1期。

② 参见司玉琢主编:《海商法》(第4版),法律出版社2018年版,第1~3页。

③ 参见司玉琢主编:《海商法》(第3版),法律出版社2012年版,第6页。

④ 参见何丽新:《论新民商立法视野下〈中华人民共和国海商法〉的修订》,载《中国海商法年刊》2011年第2期。

⑤ 参见徐峰:《民法视野下海上货物运输中诉权制度研究——违约之诉的扩张与侵权之诉的限制》,载《国际经济法学刊》2019年第3期;徐峰:《民法视野下海上运输中货方合同履行责任之法理内涵》,载《中国海商法研究》2019年第4期。

⑥ 参见关正义:《民法视野中的海商法制度》,法律出版社2015年版。

⑦ 参见王世涛、汤喆峰:《论海商法之于民法的独立性》,载《中国海商法研究》2012年第3期。

⑧ 参见司玉琢:《面向海洋世纪,确立海法研究体系》,载《中国海商法年刊》2010年第2期。

利于海商法与其他涉海法律的共同发展,形成科学的涉海法律体系,但是在海法体系尚未建成之前,海商法的发展同样离不开传统法学理论特别是民商法理论的指导;(3)海商法立足于民商法体系,在我国海商法律体系还未完全建立、各项法律制度尚未健全的今天,以民商法理论补充海商法的不足,有利于海商法的发展。当然,海商法具有浓厚的英美法色彩,而我国的民商法理论根源于大陆法系,因此在与普通法系的碰撞中难免会产生矛盾,这需要我国海商法理论界致力于提高理论转化能力,实现域外先进理论的中国化。

(二)海商法本土化与国际化的协调

海商法在变迁的历史进程中体现出强劲的国际统一化趋势。《海商法》亦是法律制度国际化的范例,其大量引进海商法领域被普遍接受的国际公约、国际惯例以及其他被认为能代表"国际通行做法"或"国际标准合同"的规则,《海商法》中不少立法条款是相应国际公约的全文照译。但也要认识到,国际公约的制定往往被发达国家主导,是充满矛盾、斗争和妥协的话语权争夺过程,①其规则未必完全符合我国的实际情况。这导致《海商法》在海事司法实践中多少表现出"水土不服",一些内在缺陷与漏洞也逐渐显露。过于强化海商法的国际性特征,忽略了本土化,淡化对本国法律内部系统性的考虑,将影响整部法律的统一性,冲击本国法律发展的自主性。尤其在我国海上贸易与运输实力不断增强的背景下,可能导致对本国利益保护不利的困境。

当然,承认海商法所应具有的维护国家利益与海事司法主权的属性,并不是对国际化的否定。海商法律体系的完善,应该在继续关注国际统一性的同时,增加对本土环境的适应能力。中国在航运和贸易的治理方面存在其他国家不可比拟的复杂性和特殊性,应站在国家利益的高度审视海商法的修法路径与制度建构,使《海商法》及其相关法律法规能够适应中国航运经济发展和海事司法实践的需求。基于此,在完善海商法律体系的过程中,有必要重新审视哪些制度应该紧跟国际立法趋势,哪些应该保持中国特色,探索处理好海商法本土化与国际化的协调路径。②

---

① 参见蔡从燕:《中国与国际投资规则制定中的法律话语权》,载《上海政法学院学报(法治论丛)》2022 年第 1 期。

② 从日本海商法的最新修订中可以发现其尊重了本土性与国际化,并实现了二者的协调。一方面,日本海商法的修改尊重本土实践,缩减了船长权责,调整了船舶优先权顺位,新设了海运单制度与定期租船规则。另一方面,日本海商法的修改顺应国际立法潮流,修改了适航义务、航海过失免责、海难救助特别补偿费、海事赔偿责任限制与海上保险的告知义务等制度。在针对本土性与国际化需要协调的部分,日本采用部分准用的立法方式将国内水路运输纳入海商法的适用范围,在海商编设置了统一的提单制度,在船舶碰撞规则整体国际化背景下,根据国内实践调整了第三人损害赔偿规则与时效制度。总体来看,日本海商法的修改尊重了海商法的本土性与国际性,在一定程度上实现了海上运输立法的统一,形成了体系完整、结构分明、效果清晰、适用便利的法律。参见陈昊泽、何丽新:《日本海商法修改中的本土性、国际化及其协调》,载《大连海事大学学报(社会科学版)》2021 年第 6 期。

遗憾的是，在上述所选取的样本中，并没有涉及此方面的文章，可见关于海商法国际化与本土化的协调问题并未得到理论界的重视。[①] 本书认为，修改《海商法》时，既要尊重海商海事领域的国际通行规则，又要从本国航运经济发展的实际出发，积极参与国际航运立法，在国际海事公约的制定中表达中国想法和发出中国声音，有效维护本国航运利益。更为重要的是，应该在国际化进程中修订出符合中国实际需求的《海商法》，努力探寻海商法国际化与本土化的最佳平衡点，更为理性地甄别选择和借鉴吸收国际公约，实现海商法的国际接轨与本土化的有机结合。

(三)船货利益的博弈与贸易大国、海运大国的关系

船方和货方的利益一直是海商法中的一对基本矛盾。从航运和贸易史分析，船方和货方的利益呈现此消彼长的关系，二者在博弈间不断寻求新的利益平衡点，进而促进了航运和贸易业的发展。国际海事公约和各国海商法无不体现船方和货方间的博弈和立法者对双方利益平衡的考量。通说认为，《海牙－维斯比规则》偏向船方利益，《汉堡规则》偏向货方利益，而《鹿特丹规则》在船货利益方面较为公平，但使得船货双方均产生疑虑。[②] 在 1992 年制定《海商法》时，考虑到我国船队规模较小，航运业还比较落后，为了促进我国航运业的发展，《海商法》第四章有关承运人责任机制的规定较有利于船方。但从《海商法》海上运输的整体规则而言，其融合了《海牙－维斯比规则》与《汉堡规则》，虽以船货利益平衡为目标，但总体更倾向于船方。经过了近 30 年的发展，我国货物进出口总量稳居世界第二位，[③]并从 20 世纪 90 年代初船队力量薄弱的航运弱国发展到如今的全球第三大船东国。[④] 易言之，我国目前既是航运大国，又是贸易大国，对于船货双方利益的平衡，不能仅停留在《海商法》颁布的阶段。同时，新时代下的利益平衡已不再是简单的船货博弈，而是升级到需要平衡船方、货方、保险人、银行等各方之间的利益。《鹿特丹规则》打破承运人、托运人的传统权利义务分配，在“海运＋多式联运”和贸易之间建立利益平衡点。《海商法》的修订，对于中国从贸易大国走向贸易强国、从海运大国走向海运强国乃至交通强国，带动造船、港口、陆运等相关产业的繁荣起到保驾护航的作用，海商法中的各项制度如海上货物运输合同、船舶租用合同、海事赔偿责

---

① 当然，需要说明的是，学者们已经达成“对域外立法成果进行针对性借鉴”的共识，但并未涉及海商法的本土化与国际化的协调问题。

② 参见王肖卿：《从船货利益平衡视角看国际货物运输公约》，载《中国海商法研究》2020 年第 3 期。

③ See World Trade Organization, *Trade Profiles* 2017, World Trade Organization (Jan. 27, 2019), https://www.wto.org/english/res_e/booksp_e/trade_profiles17_e.pdf.

④ See Greg Trauthwein, *Top 10 Maritime Nations: Ranked by Value*, Marinelink (Feb. 21, 2017), https://www.marinelink.com/news/maritime-nations-ranked422320.

任限制等,无不影响船货双方的利益。因此,应该对船货利益平衡进行重新审视。遗憾的是,除有相关著作进行研究外,[①]在上述所选取的样本中仅有一篇文章探讨了这一主题。[②]《海商法》的修订,应认真研究《鹿特丹规则》中的创新制度,借鉴和吸收《鹿特丹规则》中合理和成熟的规定如承运人责任期间、海运履约方等,探究有争议的批量合同、无单放货等规定对航运业和贸易业的影响,提升《海商法》修改的先进性与科学性,充分实现海商法的公平正义性。

(四)海商法的统一化与水上运输的"三轨制"

基于对内河、沿海与远洋运输的不同认识,我国水上运输实行以不同归责原则为基础的国内与国外运输"三轨"立法机制,使得内河、沿海航运主体与国际海上运输主体在合同自由、主体地位、归责原则、迟延交货、承运人免责、货物留置权、共同海损、责任限制等诸多方面存在不同规定,即《海商法》调整国际运输关系,对于沿海与内河运输,则另行立法或作出规定。此不可避免地存在对国际运输和国内运输保护和规制不平等的问题,造成法律适用上的混乱,也不利于多式联运的开展和贸易活动便捷程度的提高。加之《国内水路货物运输规则》已于 2016 年 5 月 30 日被废止,导致人民法院在审理涉及水路货物运输的案件时缺乏明确的法律依据,沿海、内河货物运输的法律适用问题日益凸显。以《民法典》合同编为主的民商事法律的一般性规定是否足以调整国内水路货物运输,这是现行立法所要考虑的基础性问题;是否将《海商法》的调整范围扩大到沿海甚至是内河运输,也是《海商法》修订中必须予以明确的。而由于国内水路运输和国际海上运输存在较大的差异,所以将沿海、内河运输纳入《海商法》调整范围后,是否适用不同的规定,更是需要予以充分论证。海商法的统一化不仅涉及货物运输,还关系到海商法的其他领域,甚至关乎海商法调整对象问题,可谓"牵一发而动全身",应以充分的理论研究为基础,谨慎地作出决策。傅廷中教授早在 2003 年就撰文指出我国海上货物运输领域实行"双轨制"所带来的问题,论证了统一我国海上货物运输法的重大意义,并提出了统一我国海上货物运输法的构想。[③] 遗憾的是,这一问题似乎没有引起学界的足够重视。在上述所选取的样本中,仅有 2 篇文章专门研究此问题。在缺少理论研究积累的情况下,海商法的统一化迟迟无法推进,这导致水上货物运输"三轨制"所带来的法律制度不匹配、国内和国际海上运输承运人保护力度不平等以及相关法律的空间效力不完整等问题难以得到解决。在《海商法》的修订中,应研究地理因

---

① 参见李天生:《船货利益平衡原则研究》,法律出版社 2012 年版。

② 参见王肖卿:《从船货利益平衡视角看国际货物运输公约》,载《中国海商法研究》2020 年第 3 期。

③ 参见傅廷中:《论我国海上货物运输法的统一》,载《中国法学》2003 年第 6 期。

素、市场因素、习惯因素、法律制度因素，从立法大局出发，充分考虑我国“河运大国”的现实情况和三大水系的发展，意在保障公平的市场竞争环境，规范内河航运行为，兼顾各方利益诉求，真正扩大“与海相通的可航水域”，为海商法预留适用空间，探究内河运输和海上运输的本质区别，探讨一般性民商事法律对内河船舶的适用的充分性；研究以船舶的类型和运输的区段划分海商法的适用范围标准的合理性基础，借鉴外国规制内河航运的立法路径，研讨沿海运输并入《海商法》调整的可行性，并考量是在运输合同部分适用还是所有的海商法律制度均适用，建议实行区分规范国际、沿海和内河的“双轨”制，促进我国航运经济稳定而快速发展。

(五)海商法的立法语言困境与《海商法》的修订

海商法是我国现行法律中移植比重最大的法律之一，是法律移植的代表作。但是，由于部分条款直接采用国际公约、国际惯例、国际标准合同的英文翻译语言，或者直接移植英美国家海商海事立法，加之中英文之间的语言差异，英美法系与中国之间的法律文化的不同，或对相关的国际规则条款含义理解上的分歧，使得我国《海商法》法律条款出现文字表述不准确，甚至存在错误，在实施中产生歧义或解释不一的问题，不能很好地满足立法语言技术的要求，造成移植杂糅、理解分歧、与内生法律资源的冲突，从而导致司法适用障碍，甚至造成海商法体系的混乱。法律翻译语言的准确性受到不同社会文化的影响，更重要的是不同法律体系的制约。例如，现行《海商法》共 278 条，用“或者”表述 345 次，这给司法实践造成了诸多困惑，要使每一个“或者”的连接功能发挥得正确、充分，从法律思想、法理逻辑到语言形式进行全面研究很有必要。《海商法》的修订，应在全面梳理海商法移植内容的基础上，厘清移植产生的法律解释困境和法律冲突，从法理学、立法学、语言学等多角度探寻移植后产生问题的原因，逐条寻找《海商法》的法律移植供体，并研究供体的发展历史和现状，再通过对《海商法》法律移植条文的逐条对比和分析，在法律移植与海商法的解释困境、法律冲突问题之间搭建研究桥梁，归纳移植产生的问题，找出应对移植困境的解决方案，规范海商法的法律条款用语内涵，以加强《海商法》修订后的法律适用的准确性。

三、《海商法》修订视野下的理论研究动向

(一)立足于民商法体系

如上文所述，学界对海商法的学科定位长期无法达成一致，导致理论研究出现了各自为战的局面，缺失厚重的理论基础支撑。法律的调整对象作为特定的社会关系，是划分法律部门的基本依据和出发点，不同的法律部门存在不同的调整对象。我国《海商法》的调整对象多为平等主体间的法律关系，海商法与民商法是特

别法与一般法的关系。然而，理论界注重发挥和挖掘海商法的自体性，对民商法理念、制度的共通性重视不足，只看到其特殊性而没有认识到其普遍性，使海商法游离在民商法体系之外，成了法律体系中的"异类"。本书认为，此次《海商法》的修订，正是重新梳理海商法与民商法关系的良机。正视海商法的理论研究中忽视海商法所具有的民商法共性而被边缘化的现状，《海商法》的修订应定位在民商法体系下，以民商法立法理念为指导，借鉴最新民商事立法成果完善或填补海商法制度的缺陷，形成概念协调、逻辑自洽、制度和谐的有机法律体系。[①]

当然，应该承认，在保持与民商法体系的统一性和相关性的前提下，应尊重海商法的特殊性，明晰海事主体的权利义务，合理建构海事责任基础，完善海上风险分摊机制，维护海运秩序，保护海洋生态环境。当然，海商法并不是若干特殊规则的结合，其特殊性不足以支撑海商法的自体性，对于与民商事立法的一般性规定发生重复、差异乃至冲突的，在修订《海商法》时应审慎地作出判断，以保持《海商法》与民商事立法的制度嵌合。海商法的理论研究亦应立足于民商法体系的理论支撑，克服自体性导致的"就问题论问题"的误区，在维护海商法的规范制度特殊性的同时，融入民商法体系，在民商法博大精深理论的指导下不断完善，并与其他法律部门协同发展。

（二）回应国家发展战略需求

《海商法》立法之初，其立法目的被确定为"促进海上运输和经济贸易的发展"，顺应了当时我国的战略重心向经济建设转移的需求。近 30 年来，我国航运和经贸发生了翻天覆地的变化，已经发展成为世界第二大经济体，已拥有世界第二大规模的海运船队。我国港口已与世界 100 多个国家和地区的主要港口建立了航线联系，班轮联通指数多年稳居世界第一。[②] 当今，我国海商立法的目的已不再局限于把海上运输和经济贸易"做大"，而在于把它们"做强"。海商法的"上岸"趋势[③]使得海商立法不仅对海上运输有很大影响，其影响更会及于铁路运输法、航空运输法乃至一般运输法。在此背景下，促进包括海上运输在内的多种运输方式发展的"交通强国"战略和加强与各国经贸往来的"一带一路"倡议正全面推进，海商法理论研究应致力于服务上述国家战略的发展，回应国家发展战略的需求。为此，应重

① 参见何丽新：《论新民商立法视野下〈中华人民共和国海商法〉的修订》，载《中国海商法年刊》2011 年第 2 期。

② 参见赵冲久：《开启新征程共创新未来携手谱写交通强国航运新篇章》，载《中国水运》2021 年第 8 期。

③ 海商法"上岸"指海商法中运输法律的"上岸"，与岸上运输法律相互交融，进而得到一定程度的统一。参见陈琳：《论国际运输法统一下的海商法"上岸"——以〈UNCITRAL 运输法草案〉为起点》，载《海南大学学报（人文社会科学版）》2008 年第 5 期。

点关注以下问题：

第一，加强对多式联运法律制度的研究。“一带一路”倡议下海陆空运输通道的建设为多式联运的发展提供了有利的契机，也对多式联运立法提出了更高的要求，要争取使《海商法》成为“一带一路”沿线国家航运法律的示范法。① 但是，我国现有多式联运立法存在过于分散、制度不健全、适用范围有限等问题，关于多式联运的国际公约因各国利益分歧而无法生效，加之多式联运常涉及航运贸易、损害赔偿、运输主体和环境保护等复杂的法律问题，因而多式联运的法律规定无法满足现实需求。因此，应加强对多式联运立法和制度的研究，为“一带一路”倡议下多式联运的发展配置充足的法律供给。

第二，为航运业的发展提供法治保障。航运业是服务内外经济循环、促进经济全球化的重要桥梁和纽带。促进航运业的发展是“交通强国”战略的重要环节，这对与航运发展相关的法治建设提出了更高的要求。海商法无疑将成为航运业发展的重要法律保障，因此应该致力于建设一套与航运贸易发展相适应的海商法律体系，为我国的海上贸易走廊和海上丝路的建设提供法律服务。

第三，加强对船货各方利益平衡的研究。世界的贸易业和航运业进入 21 世纪，现代成熟的经济体中几乎不存在纯粹的航运国家或货主国家，谋求贸易与航运的共同发展，兼顾船货各方的利益，体现了船货利益的新平衡。“一带一路”建设是促进贸易发展之路，促进航运业的发展又是“交通强国”战略的主要内容之一。为了国家战略的协调发展，应致力于船货各方利益平衡的研究，在确保我国经济贸易稳健发展的前提下，提高我国航运业的国际竞争力，推进海洋强国建设。

（三）贴近本土海事司法实践

理论联系实践是海商法理论研究中无法回避的问题，也是提高海商法研究水平的必由之路。现代海商法源于中世纪商人习惯法，具有很强的实务性，从某种意义上看，“今天的海商法律在很大程度上就是人们在长期的航海和贸易实践中形成的习惯”②。基于海商法的这一特性，海商法理论研究应立足于实践，回应实践中出现的问题。

海商法在英美法系国家拥有悠久的发展历史，其判例不仅在本国具有拘束力，在其他国家也产生较大的影响力，对于我国处理海商事纠纷具有借鉴意义。对此，有学者以劳氏报告的作用为例，提出劳氏报告可以弥补中国海商法在本体上的缺

---

① 参见孙思琪、胡正良：《论“一带一路”建设的航运法律保障》，载《上海对外经贸大学学报》2021 年第 6 期。

② 傅廷中：《海商法》（第 2 版），法律出版社 2017 年版，第 4 页。

憾,为中国海商法的运行提供保障。[①] 在《海商法》制定前和制定后相当长的一段时间内,理论界研究的对象也大多局限于英美法系的司法实践。但是,海商法的理论研究若片面强调英美法判例的权威而忽略我国的本土海事司法实践,将会导致理论研究与我国司法实践的脱节。自 1984 年以来,我国已先后设立 11 家海事法院,海事审判已存在 30 多年的积淀,专业海事法官队伍的建设成为我国海事司法实践发展的力量源泉。[②] 目前,我国拥有世界上最多的海事审判机构,随着国际航运中心向亚太地区特别是向中国转移,我国已经成为全球受理海事案件最多的国家。[③] 应该说,虽然我国海事司法起步较晚,但经过了多年的发展,已经积累了较为丰富的海事审判经验。在此背景下,研究和梳理本土司法实践经验,形成可供借鉴的经验,对进一步促进我国海事审判的发展和海商法律体系的完善,具有重要的支撑作用。当然,对于域外先进海事司法实践经验,也应该探索如何将其本土化,唯有如此,这些先进经验才能在我国发挥其积极作用。

综上所述,我国海商法的理论研究形成了一系列可供借鉴的研究成果,这在一定程度上为我国海商法律体系的完善提供了深厚的理论积淀。然而,这看似光鲜的成就难掩海商法理论研究的困境。海商法的定位不明确,片面强调其自体性而导致海商法本土化的缺失,过分注重英美法导向而忽略了大陆法系的传统。这导致其理论研究成果在缺乏理论转化机制的情况下无法与我国法律体系融合,甚至不被其他部门法接纳。海商法理论研究在被边缘化后转而继续沉迷对"自体性"的挖掘,陷入了"自说自话"的误区。长此以往,海商法学界在我国法学界的发言权将会被压缩,理论研究成果也将处于被虚置的状态,甚至有可能被法学界抛弃,这应该引起海商法理论界的足够重视。在《海商法》修订背景下,海商法的理论研究应立足于民商法体系,以民商法理论为指导,而不盲目地以其"自体性"自居,促使海商法真正融入我国的法律体系而避免其沦为异类。在研究方向上,海商法的理论研究应致力于服务国家发展战略和海商法律体系的完善,为国家战略的顺利推进提供法治保障,为海商法律体系的完善提供理论积淀;在研究方法上,应着眼于海事司法实践,以立法论为先导,以解释论为核心,深挖法律解释学在海商法学研究中的运行,致力于理论转化能力的提升。在对域外先进立法和判例进行学习和借鉴的同时,应重视其本土化,使研究成果能够真正推动《海商法》的修订和指导海事司法实践的运行。

---

① 参见马得懿:《海商法的渊源意识——解读〈劳氏法律报告〉》,载《比较法研究》2007 年第 5 期。

② 参见尹东年:《完善海事法治建设海洋强国海事审判三十年回顾》,载《中国审判》2014 年第 9 期。

③ 参见万鄂湘:《世界上海事审判机构最多、受理海事案件最多 中国海事审判三十年》,载《中国审判》2014 年第 9 期。

第二章 《海商法》的修订向民商法体系的回归

第一节 海商法在法律体系中的定位论争

海商法在法律体系中的定位是研究《海商法》修订的重要问题。法律部门是按照法律规制自身的不同性质、调整社会关系的不同领域和不同方法所划分的同类法律规范的综合。[①] 某一法律在我国能否作为一个独立的法律部门存在，根本的依据是看它有没有自己特定的调整对象。[②] 划分法律部门的标准主要是法律所调整的不同社会关系，即调整对象和法律调整的方法。[③] 当然，法律部门区分的标准不仅由法律调整对象的差异性决定，法律的价值取向也是区分法律部门的主要依据。[④] 但是，海商法在法律体系的定位问题一直是海商法的基本理论问题，且长期在理论界未能达成共识。有学者综合性认为，在不同的历史时期，在法理上和各国立法上，不同的法学流派对海商法法律性质的划分是不同的，不能一概而论。[⑤]

一、基础属性：海商法是民商法体系下的特别法

在民商合一的立法例下，海商法是民法的特别法。我国是"民商合一"的国家，海商法是民商法体系下的部门法。采取民商分立的大陆法系国家多把海商法编入商法典，将其作为商法典的一个组成部分，如旧《法国商法典》、《德国商法典》与《日本商法典》。

---

① 参见张文显主编：《法理学》，高等教育出版社2003年版，第98页。

② 参见陈淑华：《论我国商法的调整对象》，载《南京师大学报（社会科学版）》1997年第2期。

③ 参见沈宗灵主编：《法理学》，高等教育出版社1994年版，第327页。

④ 参见赵万一：《论民商法价值取向的异同及其对我国民商立法的影响》，载《法学论坛》2003年第6期。

⑤ 参见任建新主编：《海商法教程》，人民法院出版社1988年版，第11页。

在《海商法》颁布之前，学者就明确提出海商法是民法的特别法，属私法范畴。[①] 但也承认海商法是一门专业性较强的法律，其中有两类规定不属于私法，一是船舶主权问题，二是船舶航行权问题。[②] 在海商法的早期教材中，多数学者认为海商法属于民商法体系。例如魏文达教授认为，海商法是调整航海贸易中所发生的各种关系的法律规范的总和。[③] 1992 年在第七届全国人民代表大会常务委员会第二十六次会议上，杨景宇同志在“关于《中华人民共和国海商法(草案)》的说明”中指出，海商法调整的法律关系的性质决定了它属于民事法律范畴；同时它有别于一般民事法律，因而被视为特别民事法律。[④] 郭日齐同志亦提出，《海商法》的属性与世界各国海商法典相比，性质、规格大体相当。海商法调整海上运输关系和船舶关系，这些关系都是平等民事主体之间的横向的财产关系、经济关系，当事人的合法权益主要是通过依法订立与履行合同和依法承担违约责任、侵权责任得到维护的。海商法调整的法律关系的特性决定它属于民事法律范畴。但由于海上运输风险大，海船和所运货物的价值高，所以它有别于一般民事法律，被视为特别民事法律。[⑤] 因此，从《海商法》各章节的具体内容看，海商法所调整的各种关系(包括船舶物权、船舶租赁合同、船舶运输合同、海上拖带合同、船舶碰撞侵权责任、海难救助合同、海上保险合同等关系)都可被纳入民法所调整的财产关系和人身关系的范畴，并分别具体表现为民法规定的物权关系与债权关系。[⑥] 可以说，在我国，主流观点认为海商法是民法的特别法。

在世界各国或地区的海商法立法中，大多存在如下规定：“本法未规定的，依民法或其他有关法律的规定。”这说明若从国家立法位阶而非历史生成渊源的角度来看，民法是基本法，海商法是民法的派生，二者是母法与子法的关系。[⑦] 在民商分立的日本，有学者认为，现今日本海商法不能被认为是纯粹的商法，而要被归在民商法项下。[⑧] 单独立法的《俄罗斯联邦海商法典》第 1 条也明确规定：海商法是调整

---

① 参见魏文达编著：《海商法》，法律出版社 1984 年版，绪论。

② 参见陈宪民：《海商法的研究对象和特性》，载《法学》1983 年第 8 期。

③ 参见魏文达编著：《海商法》，法律出版社 1984 年版，绪论。

④ 参见李海：《关于修订〈海商法〉需要厘清的几个基本理论问题——从〈海商法〉的第一章“总则”说起》，载《中国海商法年刊》2011 年第 1 期。

⑤ 参见交通部政策法规司、交通部交通法律事务中心编：《〈海商法〉学习必读》，人民交通出版社 1993 年版，第 43 页。

⑥ 参见李海：《关于修订〈海商法〉需要厘清的几个基本理论问题——从〈海商法〉的第一章“总则”说起》，载《中国海商法年刊》2011 年第 1 期。

⑦ 参见杨斐：《从〈海商法〉的特点看我国法制国际化的趋势》，载《现代法学》1998 年第 1 期。

⑧ 参见中村真澄、箱井崇史『海商法(2 訂版)』(成文堂，2013 年)27 頁。

商业航海产生的各种关系的依据，商业航海产生的并以商业航海参加者的平等、意思自治和财产自主为根据的各种财产关系，依据《俄罗斯联邦民法典》由本法典调整，本法典没有调整的或者没有全部调整的各种财产关系，适用俄罗斯联邦民事法律规定。①

理论界关于海商法归属民商法体系的论证主要基于以下的依据：一是海商法的调整对象基本上属于民法调整对象的范围，二者在调整对象上构成协调。二是民法基本原则在海商法中一以贯之。三是海事法律关系基本上属于民事法律关系的一种。② 海商法的特殊性并不影响海商法是民商法的特别法，而这一点成为《海商法》修订的基本前提：第一，在"民商合一"体例的国家，海商法被视为民法的特别法，海商法不能不顾《民法典》而肆意膨胀。当然，海商法具有补充型特别民法的性质，因此并不要求海商法在责任限制、共同海损、责任原则等方面与《民法典》完全统一。③ 第二，从实然的角度分析，要区分狭义的海商法和广义的海商法。我国《海商法》虽然有少许公法成分，但总体上是一部民事法律。《海商法》的修订仍应保持该法的民事特别法性质。④ 第三，海商法长期游离在民商法体系之外，将成为无源之水。⑤ 海商法与民商法是特别法与一般法的关系，而不是平行关系，必须遵循民商法的基本原则。

但是，在我国的"民商合一"体系下，因为海商法真正体现了商法理念，所以海商海事法律制度的建设、海商法条款的设计和实施均针对商事活动的特点，适应海商海事活动的特殊性。⑥ 有学者从航商一体即海商法的起源出发，认为中国几千年实行"重农抑商"的政策，忽视海上贸易的传承，缺乏"海商"概念产生的土壤，随着清末西方列强的海上侵略活动，才舶来成为商法的用语。⑦ 尽管海商法有少许公法成分，但总体上是一部民事法律，因为从商法的强制性规范角度来看，海商法

---

① 参见《俄罗斯联邦海商法典》，石均正译，中国政法大学出版社2018年版，第1页。

② 参见孙思琪：《海商法独立法律部门说之商榷——兼论民法特别法说之依据》，载《海大法律评论》2015年第00期。

③ 参见马得懿：《作为补充型特别民法之海商法的丰富性与体系性》，载《社会科学战线》2016年第8期。

④ 参见孙思琪：《民法典编纂视野下〈海商法〉修改基础理论撮要》，载《海大法律评论》2017年第00期。

⑤ 参见何丽新：《论新民商立法视野下〈中华人民共和国海商法〉的修订》，载《中国海商法年刊》2011年第2期。

⑥ 参见贾林青：《商法理念的建立及其方法论的探讨——以保险法、海商法的定位和运用为例》，载《社会科学辑刊》2011年第2期。

⑦ 参见关正义、李婉：《海商法和海事法的联系与区别——兼论海商法学的建立与发展》，载《法学杂志》2012年第6期。

中的船舶登记等规定属于商行为法中的强制性规范。[①] 同时，从立法体例分析，《法国商法典》拆解了《海事敕令》，将海法中的私法的大部分编入第二编“海商”，而海法中的公法成分被拆分进各部门法。事实上，凡制定商法的国家，都把海商法归入商法典，并将其理解为特殊的商法。形成这种现象的重要因素是《法国商法典》包括了海商法的内容，而后许多国家参照该立法，把有关航海行为的法律关系等于商行为的法律关系，认为凡经营航海者均是商人。[②] 因此，海商法作为商法的特别法，是传统民商分立格局下的产物，在大陆法系国家，如德国、日本、韩国在其商法典中规定“海商编”，且商法著作中通常将海商法与公司法、证券法、保险法并列。[③] 由此，海商法与商主体法、商行为法呈特别法与一般法、分编与总则的关系。

就上述观点而言，无论是“民商合一”还是“民商分立”，无论是将海商法作为民法的特别法还是商法的特别法，均是立足于民商法体系下，并没有因此将海商法“孤立”。但是，目前存在另一种声音，民法具有明显的地域性，是“内向型”法律，海商法具有国际统一性，是“外向型”法律，强调海商法是民法的特别法，必然对海商法的发展有所干扰和“削弱”，应正视海商法是商法的特别法，而不是民法的特别法。[④] 因为“世界性商法是可以想象的，而民法一般不能超过特定的领土范围”。“民法对各国固有之特色多加保留，商法则反是，商事活动具有世界性和国际性的性质。”[⑤]

本书认为，我国是“民商合一”的立法体例的国家，民法和商法具有相同的价值追求，虽然民法和商法对民商事权利在本质、价值理念、规范种类、适用范围、保护力度等方面存在一定差异，但是，法律术语和基本原则如平等、公平、自愿、诚信、公序良俗、绿色等方面原则在民法领域和商法领域均适用，“民商合一”强调的是关注民商事规范的差异性的同时，肯定“同大于异”，当两者发生冲突时，应优先适用商法。海商法是典型的商法，应优先适用其特别法的规定，不可能超越海商法规范而直接去寻找民法的适用，否则民法和商法就整齐划一了，“民商合一”也没有存在的意义了。如何处理好海商法与一般民商事规范之间的关系，取决于各国政治、经

---

① 参见蒋建湘：《商法强制性规范的类型、性质与边界》，载《法学杂志》2012 年第 7 期。

② 参见张既义、於世成：《论海商法的对象和适用范围》，载《上海海运学院学报》1981 年第 3 期。

③ 参见曹兴国、初北平：《作为特别法的〈海商法〉的修改——制度体系、修法时机及规范设计》，载《政法论丛》2018 年第 1 期。

④ 参见郭瑜：《海商法的未来——中国的方向和方法》，北京大学出版社 2022 年版，第 90 页。

⑤ 龙卫球、王文杰主编：《两岸民商法前沿：民商法的国际性与地域性》，中国法制出版社 2017 年版，第 245 页。

济、社会条件的具体情况，不能因强调民法对海商法的统领作用而摒弃商法理念，也不能将民法的概念或制度与海商法的概念和制度一一对号入座，机械地套用民法，更不能因为海商法需要与国际接轨，就否认海商法在民商法体系中的地位。在坚持民法基本原则的基础上，充分兼顾海商法的商法特点，这是处理海商法在民商法体系定位的正确做法。①

总之，《海商法》的修订必须回应和理顺海商法与民商法之间的关系，这既包括在“民商合一”的理念下，民法特别法观念对《海商法》制度体系带来的冲击和制约，也包括民法典时代下，《民法典》对《海商法》修法时机以及规范设计带来的刚性需求。有学者强调海商法制度与民法理论的衔接性，提出《海商法》的修订必须应对和缩限其体系，在民法体系范畴内修订《海商法》，删除现行《海商法》中存在的程序性规范、涉外关系的法律适用规范以及其他不平等主体之间财产关系和人身关系的规范。② 当然，更多学者认为《海商法》的修订应注重海商法规范和民法规范的协调性，正视海商法的特性，妥善回应海商法的客观需求，不能过分强调民法对海商法的统领作用而导致商法虚无主义。③ 海商法的内容呈现复合化发展趋势，海商法的制度并不能完全局限在民法体系范畴内。民法与商法之间最重要的界分就是商法不同程度地反映私法的公法化倾向。④ 因此，私法也隐含了社会规制、国家调控的功能。在坚持民法基本原则的前提下，还应充分考虑海商法特点，用商法理念研究海商法问题。⑤ 海商法与民法的规范体例不同，海商法作为民商法的特别法并不妨碍海事公法的发展，应尊重海商法所具有的相对独立性和复杂性，充分认识海商法的国际统一性，海商法需要与国际接轨，与国际接轨不会构成对国内制度的威胁，与国内民商制度协同也不会妨碍国际交流，不能禁锢于海商法的国际性与民法的地域性的对立，近年来的海商法的国际统一也有向国内延伸的多种尝试。⑥ 应将海商法置于整个法律体系中通盘考虑，海商法属于民商法的特别法，需要海商法在各个层级、各个环节之间做好协调。⑦

---

① 参见傅廷中：《海商法》（第2版），法律出版社2017年版，第5页。

② 参见李海：《关于修订〈海商法〉需要厘清的几个基本理论问题——从〈海商法〉的第一章“总则”说起》，载《中国海商法年刊》2011年第1期。

③ 参见傅廷中：《海商法》（第2版），法律出版社2017年版，第5页。

④ 参见石少侠：《我国应实行实质商法主义的民商分立——兼论我国的商事立法模式》，载《法制与社会发展》2003年第5期。

⑤ 参见傅廷中：《海商法论》（第2版），法律出版社2007年版，第6页。

⑥ 参见郭瑜：《海商法的未来——中国的方向和方法》，北京大学出版社2022年版，第133页。

⑦ 参见傅廷中：《海商立法中若干层级与环节的协调》，载《地方立法研究》2018年第5期。

二、体系补充:海商法作为国际经济法的分支

有观点认为海商法是国际经济法的一个分支,国际经济法以国际经济关系为其调整对象。① 被海商法调整的海上运输,与一般的商事活动相分离,构成推定的生产经营方式,不能为民法所调整,属于经济法的调整范围。② 同时,海上运输等海事活动超越一国的港口或领水,加上船舶流动性强,海上商业活动具有很强的国际性,所以海商法属于国际经济法范畴。

从世界通史的角度分析,《罗得海法》收集一些航海和贸易习惯,是海商法的起源。同时中世纪三大海事法《奥列隆海法》《康索拉多海法》《维斯比海法》为各国海事立法所效仿,使各国具有相同的海事惯例渊源,这决定着各国海事法的基本制度在本质上有一定的相似性。尽管近代以来,各国开始独立的海事立法过程,但鉴于海事法的特殊性和国际统一的要求,海事立法国际统一化进程发展迅速。1897年成立的国际海事委员会(Committee Maritime International,CMI)和1948年成立的政府间海事协商组织(Intergovernmental Maritime Consultative Organization,IMCO,1982年改名为“国际海事组织”,International Maritime Organization)已主持通过了大量国际海事公约,相关组织编纂了不少的国际海事惯例。这些公约和惯例为各国海事立法所借鉴和参考,使各国海事立法在不同程度上反映了国际海事公约和惯例的一些重要进展,从而渐趋一致,这对于减少各国海事法律冲突、加强海事立法国际统一化具有重要的意义。从20世纪90年代起,国际海事海商立法再度活跃,在国际海事组织、联合国贸易发展委员会(UNCTAD)和联合国贸易法律委员会(UNCITRAL)等国际组织的努力下,一些新的国际海事公约相继出现,如《2001年国际燃油污染损害民事责任公约》《2002年雅典公约》《鹿特丹规则》等,再次有力推动海商法的国际统一进程。

我国《海商法》从我国国情出发,以目前通行的国际海事公约为基础,科学地移植国际海事立法的最新成就,吸收了重要的国际惯例,借鉴了具有广泛影响的国际标准合同,具有较强的国际统一性。国内多数高校将海商法纳入国际法学科。其中,国际经济法是调整国际经济关系的各种法律规范的总称,③而国际经济交往所发生的国际经济关系多以国际贸易、国际投资进行,国际贸易的90%以海上运输方式完成,海商法重点调整海上货物运输关系,是国际经济活动的一种,因此海商

① 参见郭寿康、赵秀文主编:《国际经济法》(第5版),中国人民大学出版社2015年版,第16页。

② 参见贾林青:《海商法》(第2版),中国人民大学出版社2008年版,第11页。

③ 参见陈安主编:《国际经济法学》(第8版),北京大学出版社2020年版,第1~3页。

法属于国际经济法的分支。从调整对象分析,《海商法》适用的水域是海洋和与海洋相通的可航水域,适用的船舶是海船和海上移动式装置,调整的海上运输关系不包括沿海运输和内水运输,仅适用于国际海上运输。因此,海商法虽是国内法,但具有天然的国际法性质。从法律表现形式分析,《海商法》一方面表现在实体规范的国际统一性,《海商法》大量移植了国际公约、国际惯例和国际标准合同。另一方面,存在具有国际私法属性的冲突规范,如船舶所有权的取得、转让和消灭适用船旗国法律;[①]共同海损理算适用理算地法律;[②]海事赔偿责任限制适用受理案件的法院地法。[③] 这种冲突规则的存在,主要是为了解决司法管辖上的冲突,属于国际私法范畴,也体现了海商法国际统一性的一面。因此,《海商法》是一部国际化程度很高的法律。

在海商法的国际统一性的影响下,《海商法》在起草制定之时,就已经借鉴了在国际社会上影响广泛的《海牙-维斯比规则》《1974 年雅典公约》《1976 年责任限制公约》等,可谓"以当时通行的国际海事条约为基础"订立《海商法》。[④] 在我国《海商法》实施的近 30 年中,国际社会的海事立法活动依然十分活跃,这对我国《海商法》的修订无疑会起到良好的指引和借鉴作用,对于《鹿特丹规则》《2002 年雅典公约》等相关先进制度,仍然应予以合理的借鉴,同时有必要吸收国际航运惯例的民间规则和国际上具有广泛影响的合同格式。

以国际经济法视角考察海商法,能使海商法走出"法系陷阱"。两大法系对海商法的现代性内容都有所贡献,英美法系和大陆法系的交融,能够进一步推进海商法的制度革新。[⑤]《海商法》的修订,应重视这种立法趋势。通说认为,我国是大陆法系国家,具有成文法的传统。但从海商法的历史演变分析,早期的海商法形成于航海习惯,后来逐渐由不成文的判例汇编演变成国家制定的海商法典,英美法系包括劳氏报告对我国海商法的影响,不仅仅停留在判例对我国立法的借鉴上,更多地表现为判例所蕴含的法律价值。就此而言,海商法是两大法系交融的"混血儿",海商法所调整的某些社会关系的法律解释需要借助两大法系的相关法学理论进行综合性的解释,单独采用哪一理论都不能完好地解释海商法的某一问题,避免因"法系陷阱"而被束缚。[⑥]

---

① 参见《海商法》第 270 条。

② 参见《海商法》第 274 条。

③ 参见《海商法》第 275 条。

④ 参见胡正良等:《〈海商法〉修改基本理论与主要制度研究》,法律出版社 2021 年版,第 12 页。

⑤ 参见[加拿大]威廉·台特雷:《国际海商法》,张永坚等译,法律出版社 2005 年版,第 6 页。

⑥ 参见马得懿:《海商法及其哲理化初论》,中国商务出版社 2008 年版,第 62 页。

国际经济交往和商品交换活动的发展，是国际经济法得以产生和发展的根本原因。[①] 经济全球化使海商法服务出现全球化的需求，各国海商法在其国内法后重新走向国际统一化的道路。此时的海商法国际统一化与古代海商法的国际统一化存在重大差异，是在先有各国国别立法，再寻找各国共同点的路径下进行的。[②] 因此，不容忽视的是，海商法调整平等主体的财产关系和人身关系，并不调整国际法所调整的国家之间的关系，海商法中的大量的海事国际公约和航运国际惯例并不影响海商法的性质，"一统天下"的"一般海商法"是不存在的，海商法究其根本是国内法律部门，是国内法的组成部分，海商法的国际统一性并不影响其在民商法体系中的定位。

《海商法》在民商法体系中的定位同样不影响国际公约和国际惯例的适用。《海商法》第 268 条肯定了国际条约和国际惯例的优先适用，对于我国已参加的国际海事条约，在解决涉外海事法律关系时，采取优先适用的原则，即国际海事条约具有优先于国内法和国际海事惯例的效力。该规定也明确了国际惯例的法源地位，明确规定"可以适用国际惯例"，司法审判中也存在直接依据国际惯例作出裁判的判例，如"艾克航运有限公司诉福州昌雄远洋渔业有限公司等海上货物运输合同案"[③]。但是，《海商法》的相关司法解释与学理通说未对《海商法》第 268 条项下"国际惯例""中华人民共和国没有法律规定的""可以适用"的内涵作出明确解读，[④]也没有形成具体的国际惯例查证制度，这使我国法院在认定某一国际海事惯例是否可以优先适用时的标准并不确定。本书认为，《海商法》第 268 条第 2 款中的"可以"两字表明，即使当事人选择适用国际海事惯例，法院或仲裁机构仍享有最终决定是否适用该惯例的权力。国际海事惯例在国内法上法律效力的产生，依赖于国内法对其自治性的认可，其本身作为国际法的一部分，不能直接被国内司法机关援引作为裁判依据，只有转化为国内法或者得到国内法的认可，才能取得相应的法律效力。当然，国际惯例属于当事人意思自治范畴，当事人也可以在合同中通过明示约定，排除国际惯例的适用。

---

① 参见姜雪来、王梦蝶:《国际经济法的产生与发展阶段探析》，载《重庆科技学院学报(社会科学版)》2011 年第 19 期。

② 参见郭瑜:《海商法的未来——中国的方向和方法》，北京大学出版社 2022 年版，第 202 页。

③ 艾克航运有限公司诉福州昌雄远洋渔业有限公司等海上货物运输合同案，厦门海事法院(2003)厦海法商初字第 111 号民事判决书。

④ 参见徐春龙:《论海事国际惯例在中国海商法语境下的适用》，载《中国海商法研究》2013 年第 3 期。

三、宏伟蓝图:海商法自成体系的部门法

在海商法是独立法律部门的学说下,海商法自成体系,成为融合行政管理法律规范、国际法性质规范和民事法律规范于一体的独立的法律部门。[①] 学界对此主要有3个论述视角:海商法作为独立法律部门的合理性、海商法归属民商法体系的不合理性、海商法作为学科的独立性。

第一,有学者论述了海商法作为独立法律部门的必要性,认为如果继续把海商法视为民法的特别法或者商法的特别法,恐怕与现代海商法的发展不符。[②] 还有学者详述了海商法独立法律部门说的内涵,[③]认为海商法具有独特的调整对象,以海上运输关系为例,这一调整对象既包含海上运输当事人之间平等的权利义务关系,也涉及国家政府机构组织和管理海上运输企业的纵向关系,不能单一地为民法或者经济法所调整,而应适用专门的法律规范体系。另有学者从海上事务的调整范围角度分析,提出应将海商法划分为一个单独的法律部门,而不局限于现有的法律体系地位或法律属性,且这种"独立法律部门说"能够解决海事实践中的疑难问题,如船舶与码头的碰撞、船舶在海上倾倒疏浚物造成环境污染等非海商法调整范围内的海上事务。[④]

第二,有学者从海商法与民法的关系出发,认为"海商法是民法的特别法"是法学界认识上的重大误区,因为海商法与民法各自发端、独立成长、相互影响、逐步融合,在法律属性方面,海商法强调效益,而民法强调伦理;在表现形式方面,海商法重视习惯法,而民法是成文法,同时在立法体系、规范内容以及纠纷解决机制等方面都迥然相异。[⑤] 海商法的独立,是尊重海商法的历史,古代没有民法,不影响海商法的自立,应承认海商法的体系完整,海商法与民法,一个主外,一个主内,内外有别是海商法需要与民法保持独立的根本原因。[⑥]

第三,有学者从海商法学科角度提出海商法是一个相对独立的法律部门。虽然海商法有民法和商法规则、有国际经济法和国际私法规则,但法律部门之间既有

---

① 参见於世成等编著:《海商法》,法律出版社1997年版,第6页。

② 参见於世成等编著:《海商法》,法律出版社1997年版,第6页。

③ 参见贾林青:《海商法》(第2版),中国人民大学出版社2008年版,第12页。

④ 参见李天生:《论海商法的概念、调整对象与属性》,载《大连海事大学学报(社会科学版)》2012年第6期。

⑤ 参见王世涛、汤喆峰:《论海商法之于民法的独立性》,载《中国海商法研究》2012年第3期。

⑥ 参见郭瑜:《海商法的未来——中国的方向和方法》,北京大学出版社2022年版,第177~179页。

联系又有区别，不能因此而否定海商法的独立性，在立法上应把海商法作为一个相对独立的法律部门，在学理上将其作为一个独立的法学学科进行研究。[①] 海商法有独立而完整的体系，兼含若干公法性法律规则，内容广泛而复杂，包含许多独特的法律制度，其专业性、技术性极强，因而是一个独立的法律部门。[②]

事实上，海商法有广义和狭义之分。若在没有厘清海商法概念所指的情况下便加以论述，很可能演变为"隔空放炮"。广义的海商法包括实体法规范、程序法规范和冲突规范，既包括《海商法》和与此相关的法律法规以及条例如《国际海运条例》等，也包括《海事诉讼特别程序法》等程序性规范，还包括本国缔结或参加的国际海事公约和认可适用的国际航运惯例等。而狭义海商法仅指《海商法》。广义海商法既调整平等主体之间的横向民事关系，又调整非平等主体之间的纵向行政关系，还有国家的海商法甚至存在少量的刑事责任条款。而狭义海商法仅仅或主要调整平等主体之间的横向民事关系，不调整或主要不调整纵向的行政关系。[③] 所以，广义的海商法是以狭义海商法为核心，包括与其相关的海事立法在内的全部法律、法规、行政规章和司法解释等，是海事实务及其相关行政、司法、仲裁等的行为规范，在此意义上，现行《海商法》是狭义的海商法，而广义的海商法与海法、海事法同义。[④] 由此可以明晰：发生论争的海商法属性问题，多数是集中在广义的海商法。关于狭义海商法的属性，已形成了通说，认为在"民商合一"的国家，海商法被视为民法的特别法；在"民商分立"的国家，海商法被视为商法或商法的特别法。

对于广义的海商法，有学者提出，海商法与民法，两者都是独立、完整的法律体系。民法分为身份法与财产法，而海商法就其船员、船舶、海运、港口等整体关系而言，已具有身份法与财产法的内容。[⑤] 在海商法的独立法律部门的观点下，关于《海商法》的修订，有学者提出："从海商法调整的对象、范围及其所发挥的作用看，强调海商法的自体性，将其作为一个独立的整体考虑，十分重要。……明确海商法自成体系，是修改《海商法》的基础和前提……不应以其他法律部门的规定为标准

① 参见任建新主编：《海商法教程》，人民法院出版社 1988 年版，第 11～12 页。

② 参见吴焕宁主编：《海商法教程》，中国政法大学出版社 1996 年版，第 3～12 页。

③ 参见司玉琢、朱曾杰：《〈中华人民共和国海商法〉的特点评述》，载《中国海商法年刊》1992 年第 00 期。

④ 参见刘安宁、关正义：《试论海商法的特性及其法理定位》，载《社会科学辑刊》2009 年第 6 期。

⑤ 参见柯泽东：《海商法：新世纪几何观海商法学》，台北，元照出版公司 2006 年版，第 11 页。

来对《海商法》进行剪裁。"[①]不必恪守民法制度体系,不能因民法而自缚手脚,没有必要在规范重叠、规范冲突、规范裂隙等问题上过于强调与民法乃至《民法典》的协调统一。不能因为民商事一般法有规定,《海商法》就以一般法的规定为基础,无须再作重复性的规定;没有必要恪守《民法典》的运输合同章节框架来对接《海商法》第四章"海上货物运输合同";《保险法》与《海商法》"海上保险合同"不是严格意义上的民法具体制度在海商法具体制度的一般法;没有必要追求与民法体系的法律术语的完全统一,如《海商法》的"过失"没有必要改为"过错","船舶租用合同"没有必要改为"船舶租赁合同"。《海商法》修订中不宜删去调整非平等主体间的法律规范,基于立法资源有限视角,应将船舶法、船员法等纳入其中,甚至可以增加船员犯罪等"涉海刑法"方面的规定。[②]

在上述观点不断发展和进化中,有学者提出海商法是"海法"的重要组成部分。海法是调整与海洋有关的各种特定社会关系的法律规范的总称,包括海商法、海上行政法、海事私法和海上国际法。海法的划分基于与海洋有关社会关系有区别于陆上社会关系的特别性。[③] 民事、刑事、行政、国际等法律关系的划分以及民法、刑法、行政法、国际法等法律部门的分类使得"诸法合一"的海洋立法难以符合法学理论的标准。[④] 因此,海商法规范相互间具有密切的关联性特征,使得海商法成为统一的整体。[⑤] 拓展海商法的范围,是将海商法扩张为"海法",广义上的海商法与海法并不存在本质上的区别,因而独立法律部门说的诉求就在于使《海商法》的范围尽量靠近广义的海商法。

在海法理论下,司玉琢教授提出"大海法"的思路,强调海商法的独立性,要求编纂海事法典,将具有海上特别性的与运输或者作业有关的民事、行政和刑事法律编纂在一起,[⑥]其理由主要有以下几点:其一,海陆逻辑的分歧性。海法独立化的根本原因在于为适应海上特别风险和活动规律的海法理论、规则包含了太多独特内

① 张永坚:《反思修改中国〈海商法〉之努力》,载《中国海商法研究》2013 年第 3 期。

② 参见曹兴国、初北平:《作为特别法的〈海商法〉的修改——制度体系、修法时机及规范设计》,载《政法论丛》2018 年第 1 期。

③ 参见李天生:《论海商法的概念、调整对象与属性》,载《大连海事大学学报(社会科学版)》2012 年第 6 期。

④ 参见初北平、曹兴国:《海法概念的国际认同》,载《中国海商法研究》2015 年第 3 期。

⑤ 参见司玉琢:《保障海洋发展战略改革完善中国特色的海事司法管辖制度》,载《中国海商法研究》2015 年第 2 期。

⑥ 参见司玉琢、李天生:《中国海法典编纂论纲》,载《国际法研究》2015 年第 4 期。

容,难以用陆上法律逻辑体系予以调洽。[①] 其二,海法的体系性。我国海洋法律,无论是立法实践还是法学理论,都处于分散、凌乱的状态,急需一套逻辑严谨、体系科学、内部协调的部门法学理论支撑。[②] 其三,综合模式的历史性。从历史上的海法分析,海法长期实行商人自治,自成体系。[③] 无论是《罗得海法》还是中世纪三大海法《奥列隆海法》《康索拉多海法》《维斯比海法》都是集中调整航海贸易中发生的民事、行政、刑事关系的立法模式。[④] 到了现代立法中,"大海法"的立法例同样存在,《法国运输法典》第5编"海商"涵盖了与海上运输相关的民事、行政,甚至是刑事制度。因此,"大海法"说的目的在于,构建中国海法体系是在尊重海洋法律自体性特征的客观规律的基础上,将相关海洋法律规范归置到海法体系下,以统一、明确的立法目的协调各海洋法律规范,并以一定的法律逻辑进行规制,涵盖所有与海相关的实务。[⑤] "海法"的主张不仅仅是一种学理主张,更是中国在海洋世纪推进功能立法的战略需求,将对海商法的立法和司法产生较大的影响。[⑥]

但是,按照我国部门法的划分标准,"海法"并不是某一具体的法律部门。"海法"本身具有内部的整体性,属于与陆法体系相对应的且高于法律部门的法律体系。在海法的认识和研究层面,从法律部门到法律体系,标志着海法独立说日趋走向成熟。[⑦] 就海法的地位来看,海商法特有的法律制度共同集中和代表着海法的特点,是海商法得以成为一个相对独立的法律部门和相对独立存在于法学体系之中的基础。[⑧] 在海法体系的指引下,《海商法》的修订应将海商法作为独立整体,[⑨]以广义思路综合化修订《海商法》是当务之急,[⑩]不单局限于单一部门法,《海商法》应保持包含海上合同关系、海上侵权关系,而且包含国际公约和国际私法规范、行政法规范和程序性规范在内的综合性规范体系。本书认为,通过制定全面调整涉海法律关系的海法典,以实现海商法的真正意义上的"法典化",这是近年来我国海商法学界提出的一种全面修订《海商法》的模式,也是将海商法上升为"海法"的理想化的路

① 参见司玉琢、李天生:《论海法》,载《中国海商法研究》2017年第4期。

② 参见李光春:《论海法的法哲学基础》,载《大连海事大学学报(社会科学版)》2018年第3期。

③ 参见何勤华、李求轶:《海事法系的形成与生长》,载《中国律师和法学家》2005年第5期。

④ 参见司玉琢:《海商法教育30年:回顾与展望》,载《航海教育研究》2015年第2期。

⑤ 参见曹兴国:《海商法自体性研究》,法律出版社2020年版,序言。

⑥ 参见司玉琢:《保障海洋发展战略 改革完善中国特色的海事司法管辖制度》,载《中国海商法研究》2015年第2期。

⑦ 参见汤喆峰、司玉琢:《论中国海法体系及其建构》,载《中国海商法研究》2013年第3期。

⑧ 参见张永坚:《海商法特点研究撮要——兼谈海商法之体系》,载北京大学法学院海商法研究中心主办:《海商法研究》(第1辑),法律出版社2003年版。

⑨ 参见张永坚:《反思修改中国〈海商法〉之努力》,载《中国海商法研究》2013年第3期。

⑩ 参见曹兴国、初北平:《我国涉海法律的体系化完善路径》,载《太平洋学报》2016年第9期。

径。这种“海法”式的修订,是基于海商法所具有的自身体系的独立性和复杂性,不应当再局限于修修补补,而是在《海商法》现有的法律架构基础上进行广义的综合化修改,保留规定相关行政法性质内容的空间,重新补充海上刑法的内容,不拘泥于公法或私法的制度属性,通过综合化修订达到海商法体系化完善的目的。这种将修订完善后的“海商法”作为“大海法”体系的基础,超越传统的陆法体系,超越传统的法律部门与法学学科的划分标准,超越“海商法”传统命名与调整对象,是理想化的宏伟蓝图(见图5)。陆地活动与海上活动是否有必要设计出完全不同的法律体系,“海商法”是否能够支撑其“宏伟大任”而推进成一门独立的法律部门,是否能够脱离民商法理论的指导而“另立门户”,这些必要性和理论基础需要下文作出深入论证。

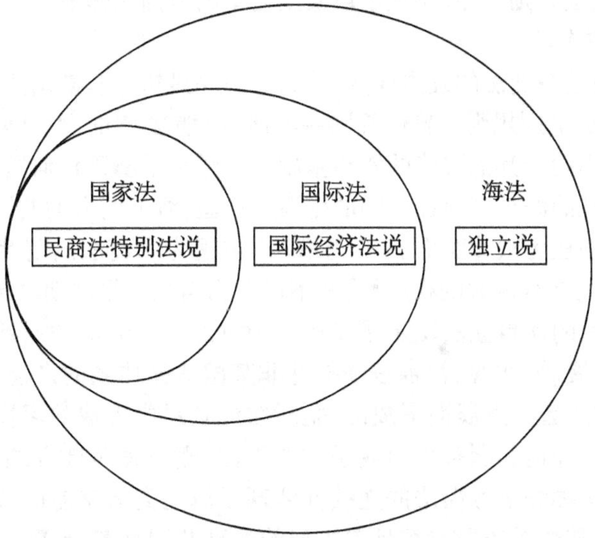

图5 海商法定位“三说”的关系

第二节 海商法自体性之反思

一、海商法自体性诸说撮要

关于海商法自体性的缘由和成因,理论界存在诸多观点。郭瑜教授认为:“海商法的自体性原是指在海商法中人们普遍认为存在一套从古代延续下来,以习惯为基础的规则。它通行于全球,被认为是独立于一国法律之外并应为一国法院直接适用的法律渊源。”[①]当时间来到现代社会,已没有任何国家愿意接受高于国家主权的海商法。此时,“海商自体性”并不局限在法律适用上,而是强调、突出和放大海商法的特殊性,认为海商法具有自主生成、独立发展和自成体系的特性。[②] 有的学者认为海商法的自体性是基于海法具有自体性,自体性是指海法所具有的适应海洋活动规律的自主生成、整体关联、相对自足、长期独立的特征,是人类从事海洋活动过程中针对海洋自然环境、社会环境自发形成有效规则的产物。自体性体现在海法的起源独立、效力通行、体系独立(具有集民事、行政、刑事于一体的法律属性),[③]尤其是法律制度和法律规范的特别性,[④]例如以英国法为代表的保持海商法自体性特征的模式,英国将《英国商船航运法》作为海商法体系的龙头,将先前的海事判例置于民法原则之先,构成了事实上完备的海商法体系。[⑤]

(一)历史演变说

有的学者通过海商法的发展演变,认为海商法最初并非某国法律体系的产物,而是沿着“商人法个别规则—普遍规则—习惯(习惯法)”的发展路径逐渐成形,因此,海商法具有不同于其他法律的实践基础。海洋是不属于任何国王、部落或首领的地区,所有水域的海员都存在共同的生活和经验,海上商人的共同习惯就是海事法则,海法以习惯法为法律渊源,《罗得海法》被视为海商法的萌芽,由于《罗得海法》在地中海地区具有极大的权威性,其不仅在相当长一段时期内调整该地区的海上贸易,还为以后的海事立法奠定了基础。中世纪三大海法的发展不依赖种族和朝代的更替而发展。[⑥] 可见,海商法最初并非某国法律体系的产物,而是因某一区域的航海贸易的兴起与发展而形成的,是对航海贸易中形成的习惯的总结。这种自成的体系,不受陆地和国家权力或领土的管辖,遵循海洋自治,按照海洋习惯法进行独立审判,这种海事习惯法的连续性体现了海上商人交易的共同规律。无论英美法系还是大陆法系的国家都具有类似的海事共同规范,形塑了海法的统一性和通用性。进一步说,该观点认为海商法并不是民商法的特别法,其中很多法律制度不符合甚至违背了民商法的一般原理,是民商法的异类。海商法的这种特性并不是从民法中变异而来的,相反地,是海商法自身进化的结果。[⑦] 海商法中大量存

---

① 郭瑜:《海商法的精神:中国的实践和理论》,北京大学出版社 2005 年版,第 40 页。

② 参见曹兴国:《海商法自体性研究》,法律出版社 2020 年版,第 17 页。

③ 参见司玉琢、李天生:《论海法》,载《中国海商法研究》2017 年第 4 期。

④ 参见司玉琢主编:《海商法》(第 2 版),法律出版社 2007 年版,第 4 ~ 5 页。

⑤ 参见傅廷中:《国际视野内海事公法和私法的分隔与聚合》,载《清华法学》2021 年第 6 期。

⑥ 参见[美]约翰·H. 威格摩尔:《世界法系概览》,何勤华等译,上海人民出版社 2004 年版,第 750 页。

⑦ 甚至有学者指出,海商法是民法的母法。参见吴焕宁主编:《海商法学》,法律出版社 1988 年版,第 18 页。

在海事商人基于海商实践而创造的特殊惯例,其自发性远远大于对其他领域法律的借鉴程度,海商法是一个独立的法律领域。

(二)客观基础说

有的学者从海商法自体性的客观基础和国际统一性的角度,认为海商法具有外部独立性与内部综合性。[①] 从客观基础维度分析,海商法的特性来自大海,地球表面的70%是蔚蓝色的海洋,惊涛巨浪、冰山暗礁等固有海上风险构成了世界人民跨海沟通的底色。大船巨舶驶于海上,船舶造价高昂,运载货物价值巨大,这使得船舶在海上成为相对独立的单位。海商法致力于避免海上风险带来的损失,鼓励海上交易。追溯海商法的历史可以发现,从海商法产生的那一天起,海商法就和海上风险紧密相连,海商法中绝大多数特殊制度,是围绕海上运输所具有的特殊风险,并对其进行防范和分配而建立起来的。加强船舶风险的控制、合理地分配船舶可能遭遇的风险是海商法的应有之义。同时由于船舶造价高昂,船舶所载货物的价值通常比较巨大,船舶的经营风险成为船货双方共同关心的话题,对船舶风险的控制也要求高于一般的陆上动产:第一,早期的船舶冒险抵押正是为了防范船舶和货物遭遇灭失而进行的投资担保行为。第二,船舶作为高度复杂的运输工具,在操纵和管理上也有许多不可预测的因素存在,因此海上事故发生的概率也相对较高,且海上货物运输一般远离陆地,一旦发生事故,很难像陆上运输那样得到及时、有效的救助,这也是早期的海难救助实行"无效果,无报酬"原则的原因所在。第三,船舶的控制权和所有权是分离的,尤其是在早期的航海实践中,由于通信设备的局限性,船舶一旦启航,船长就是船舶经营权控制的主体,真正的船东就无法再对船员发号施令了。即使是在科技高度发展营造的便捷海上通信环境下,船长和船员的行为仍然是船舶所有人无法完全控制的。如果让承运人对船长和船员的全部过失承担赔偿责任,有违海运的客观现实。[②] 因此,海商法的自体性下衍生出海商法制度的独特性,包括承运人不完全过失责任制度、船舶优先权制度、共同海损分摊制度、海难救助制度等。

从国际统一性维度分析,海洋的相通决定了海商法制定者的眼光必然是外向的,他们不仅要考虑本国经济主体的利益,也要注意同他国法律之间的协调。独立的海上商人群体已不存在,由于技术的进步,风险降低,海上商人群体已不具备封

---

① 参见曹兴国:《海商法自体性研究》,法律出版社2020年版,第21~23页。

② 基于此,本书认为有必要赋予承运人在船长、船员航海过失下免责权。在船舶租赁等场合中,船舶的所有权和经营权分离,真正控制船舶的并不是船舶所有人,让船舶所有人为他人的过错行为承担责任也不尽合理的,海事赔偿责任限制由最初的"船舶所有人"责任限制发展到可以适用于船舶经营人、船舶管理人、责任保险人等责任主体。

闭性。随着民族国家兴起,不存在以职业为划分的独立政治实体。[1] 因此,海商立法必然地带有更多的国际统一性色彩,不同于民族性或地域性更强的其他法律,海商立法需要一种超越地域限制的自体性。只有被不同地区、不同民族的商人共同认可的规则,才可能被广泛适用并发展成为海商法惯例,而在国际公约的领域中,没有任何一个国际海事公约不是经过国家间的协调便得以成立的。

(三)立法逻辑说

不少学者认为,海商法所调整的都是特殊的法律关系,存在一套独立的法学理论、立法原则,已形成自己的法律体系,作为一个独立法律部门的条件已经成熟。[2] 海上运输环境的特殊性、海上运输的国际性和海商实践的历史传统,孕育了海商法自体性的实践基础。[3] 这种海商法的自体性也不同程度地影响了《海商法》立法的底层逻辑。在《海商法》颁布时,由于该法是当时所公布或生效的法律、法规中条款最多的一部,加之该法确立了诸多具有中国特色的海商法律制度,所以理论界不少人称之为"海商法典"。1999 年我国又颁布了《海事诉讼特别程序法》,在程序上保障《海商法》的贯彻实施。因此,就法律表现形式分析,我国形成了一套自成一体的海商法的法律规范的综合体。从调整对象分析,尽管形式意义上的海商法和实质意义上的海商法的调整对象范围略有不同,但就形式意义上的海商法而言,《海商法》所调整的法律关系远不是海上商业活动所能包容的。海商法调整的法律关系呈现多种类型,有船舶物权关系、运输合同关系、海上侵权关系、分担海上风险的特殊法律关系、船舶管理监督关系等。可见,海商法既调整平等主体之间的横向民事关系,又调整非平等主体之间的纵向行政关系。海商法不仅表现为调整不同法律部门的法律关系,而且海商海事法律关系所涉及的主体更为复杂,除自然人、法人构成海商法所调整的特定社会关系的主体的主要部分外,国家、国际航运组织等也构成海事法律关系的主体,且海商海事法律关系多发生在三方或三方的主体之间,如在运输关系中,就存在承运人及其代理人、实际承运人、托运人、提单持有人或收货人、国际货运代理人、保险人等,不同的主体之间交织形成多方的权利义务关系,这些权利义务关系比一般民事法律关系复杂许多。基于此,海商法所具有的整体性、关联性以及跨领域的综合性,海商法在客观上就是一个由多种性质的法律规范和制度有机组成的特殊领域,海商法自体性作为海商法本质特性的客观存在是毋庸置疑的。[4]

---

① 即使是独立的海事法院,也是保持传统或者专业性上的划分而已。

② 参见司玉琢主编:《海商法》,法律出版社 2003 年版,第 6 页。

③ 参见曹兴国:《海商法自体性研究》,法律出版社 2020 年版,第 84 ~ 98 页。

④ 参见曹兴国:《海商法自体性研究》,法律出版社 2020 年版,第 84、116 页。

(四)对于上述三种学说的评述

海商法的自体性的各种学说是基于海商法的历史沿革、海商法的特性、海商法律制度等角度,极力强调海商法的特殊性和独立性,这在某种程度上重塑海商法自身法学理论发展史。海商法在近现代的发展,对海商法自体性产生重大冲击。从客观基础的维度分析,随着现代航运科技的快速发展,海上航行风险与航海技术变动,使得对海商法特殊制度的需求被弱化,海商法自体性的内涵正在狭义化,现代海商法的特殊性在急剧下降。① 从国际统一性维度分析,海商法虽然从习惯法发展壮大而来,具备一定程度上自给自供的性质,因此被认为具有在民商法之外形成独立法领域的自体性。但随着海商法的适用对象即海上活动的变化和受陆上法律发展的影响,特别是陆上民商法的增强,海商法的自体性在削弱。即使海商法为分摊海上风险,存在与民商法体系不同的特殊性的法律制度,但这种特殊性是相对的,不具备完全独立于民商法的绝对的特殊性,海商法的特殊性被理解为是使用船舶从事的海上活动所具有的特殊性质和海上风险的难以控制性而产生的,这仅仅是被作为海上企业的特殊需求。海上企业与陆上企业的相对关系并不导致海商法具有绝对的自体性,只是相对意义上的特殊性以及基于该特殊性所产生的自体性。

二、海商法自体性弊端之反思

民法及其立法技术之进步使海商法和民商法之间共用一套概念体系成为可能,也导致海商法在规范层面上纳入统一的私法体系。根据康德(Kant)的说法,法体系就是一个根据统一观点用法律概念构造之整体。② 概念法学也认为,法律概念是体系构建之基点,为将所有法律规定纳入体系,必须舍弃个别规定之特征进行抽象化,形成一系列法律概念。③ 其中最高概念(抽象程度高)位于顶端,覆盖范围最广,较低概念(抽象程度低)位于其下,覆盖范围逐渐缩小,该"上窄下宽"之形状类似于金字塔。在该体系中,各个概念间可以经由所含特征之增减,而上下自如。④ 依此推论,民商法作为基本法,覆盖范围较广。尤其是总则编的设置,所谓"公因式提取"将民法限定于一系列抽象的上位概念,使得民法变为一个只规定基础关系的

---

① 参见中村真澄、箱井崇史『海商法(2 訂版)』(成文堂,2013 年)26 ~27 頁。

② 参见黄茂荣:《法学方法与现代民法》,中国政法大学出版社 2001 年版,第 427 页。

③ 概念法学奠定了法学科学性的逻辑基础,但同时常面临着逻辑自洽性、法律实益性的挑战。因此,本书并不意指海商法与民商法的概念体系需要高度重合,而仅仅是阐明海商法的概念体系需要在民商法的基础上生根发芽。参见谢潇:《走出法学的概念天国:法律行为概念的否弃与替代性框架结构探微》,载《中南大学学报(社会科学版)》2015 年第 2 期。

④ 参见黄茂荣:《法学方法与现代民法》,中国政法大学出版社 2001 年版,第 423 页。

普通法,而其余的内容都放在民法之外的特别法之中。[①] 因此,民法已经为海商法等特别法搭建了概念体系的基本框架,海商法的规定只不过是民法规定增加海上生活特征后的具体化表现。[②]

正如学者所认为,在海商法的适用范围下,船舶只不过是民法所说的物或财产的一种具体表现形式,船舶关系也不外乎是以船舶为媒介而发生的物权关系和债权关系;"海上运输关系"可被解释为是与船舶有关的关系,也是平等主体之间的财产关系或人身关系。[③] 即使增加无船承运人、承运人的受雇人等主体,而主体之确定仍然在民法的"射程范围"之内。[④] 故而,海商法与民法实际存在血脉相通之内在联系。尽管从规范的表现形态而言,海商法是法律规范的综合体,规范与制度的特殊性是海商法独立性或自体性的基础和体现,但客观来讲,海商法的特殊地位面临着一般法的冲击。在民商法规范占据海商法主体地位的背景下,海商法中虽存在调控海事主体的权利义务关系的公法性条款,但这并不影响海商法在民商法体系中的地位,这是由于其存在目的是解决海上活动中存在的与贸易、运输有关的问题,过于强调海商法的自体性,既造成了海商法脱离传统法学理论,也导致《海商法》修改无法吸收法学理论的养分,陷入了"闭门造车""自说自画"的陷阱。

（一）重视英美法,忽视本土化

海上运输的涉外性,使得调整海上运输关系的海商法具有很强的国际统一性。在立法技术上,《海商法》选择大量移植国际海事公约、国际海事惯例和国际标准合同的捷径,只要与我国公共秩序、善良风俗和强制性法规没有抵触,我国严格按照国际标准制定海商海事规则。[⑤] 这种海商法的国际统一化进程非但没有削弱其自体性,反而在某种程度上凸显了海商法作为独立法律体系的内涵。但捷径往往也是险途,法律承载着国家利益,存在国界,法律移植如果没有因地制宜地加以本土化改造,必然导致法律适用的尴尬境地,这在我国海事司法实践中已经得以体现,

---

① 参见苏永钦:《中国民法典编纂的理由、最佳模式与基本功能》,载《北京航空航天大学学报》2018 年第 1 期。

② 也有学者对海商法的自体性提出了反思,认为:第一,海商法历史渊源的自体性无关其现时性质;第二,不能因为海商法与民法法律框架上的区别,就认为二者规范体例不相同;第三,纠纷解决方式的不同,可以作为划分法律部门的依据;第四,民法的伦理性并不抑制海商法的效益性;第五,民法的地域性不消解海商法的普适性。参见孙思琪:《海商法独立法律部门说之商榷——兼论民法特别法说之依据》,载《海大法律评论》2015 年第 00 期。

③ 参见李海:《关于修订〈海商法〉需要厘清的几个基本理论问题——从〈海商法〉的第一章"总则"说起》,载《中国海商法年刊》2011 年第 1 期。

④ 参见徐国栋:《民法哲学》(第 2 版),中国法制出版社 2015 年版,第 82 页。

⑤ 参见郭日齐:《我国〈海商法〉立法特点简介》,载交通部政策法规司、交通部交通法律事务中心编:《〈海商法〉学习必读》,人民交通出版社 1993 年版。

且专门编制的海事法院正在逐渐消失,目前世界上除了中国之外,其他国家都已取消独立建制的海事法院。海事审判独立性的没落不可避免地动摇着海事法的独立地位。①

同时,我国海商法的一些理论研究过于强调传承英美法而忽视本土化,甚至达到了“言必称英美”的程度。一些文章将“英美学者曾指出”“英国法院判决”等视为最高准则,作为最有力的论据,②这完全是法律的“拿来主义”。诚然,海商法具有广泛的实践基础,海商法大部分规则是英美法系国家海事法律实践的成果。英美法系的普通法规范不少也来源于海商法的判例、原则和精神,海上保险更是陆地保险特别是财产保险的起源。③ 无可置疑,英美法为海商法的产生和发展奠定了坚实的基础,但长期停留和禁锢于英美法,已导致海商法学的方法论陷入英美法系的思维模式中,海商法的法律解释学过于依赖英美法的判例解答和法理分析,缺乏本土资源的适用,缺乏丰富深厚的理论支撑,这将严重影响中国本土海商法的深入研究,海商法成为支离破碎的实务经验的简单堆砌。

崇拜英美判例法造成了严重后果,海商法的非主流化倾向持续加速。众所周知,我国民事立法主要是受大陆法系中的德国法系的影响,④虽然有一些重要制度借鉴了英美法和国际公约,但是这并不影响我国民事立法的根本性质。海商法虽为民法的特别法,但仍然是生长在大陆法的土壤之中的。我国法律传统深受大陆法系的影响,虽然随着经济全球化,两大法系正进一步走向交融,但法律传统的区别仍是根深蒂固。大陆法系强调理论为先导,而英美法系的重点在规则、制度和判例上。我国海商法的研究长期以英美法系为模本,这势必导致海商法游离在法律体系之外。例如我国《海商法》第 209 条将海事赔偿责任限制的丧失条件规定为“责任人的故意或者明知可能造成损失而轻率地作为或不作为”(committed with the intent to cause such loss, or recklessly and with knowledge that such loss would probably result),这遵循了英美法系的过错分类。英美法系中,过错一般按照行为人是否注意或预见的状态与程度,分为实际心理状态的过错与非实际心理状态的过错。前者包括故意(intent)、放任(wanton)和懈怠(reckless),指行为人明知会或

① 参见曹兴国:《海商法自体性研究》,法律出版社 2020 年版,第 130 页。

② 参见《关于海商法论文写作的几点看法》,载郭瑜执行主编:《海商法研究》(第 1 辑),法律出版社 2001 年版。

③ 保险法的发展经历了从海上保险惯例到海上保险成文法再到陆上保险法的过程。参见樊启荣主编:《保险法论》,中国法制出版社 2001 年版,第 50 ~ 52 页。

④ 参见章程:《民法学的地平线——继受民法学与公私法的接轨》,北京大学出版社 2021 年版,第 1 页。

已经预见会损害他人利益而故意或轻率地作为或不作为;而后者指对损害结果的发生既不希望也没预见但应当预见并避免其损害的发生。这并不符合大陆法传统的立法语言,相关的表述没有出现在我国民法的过错类型中。在我国民法体系下,过错分为故意和过失两种基本形态。而在司法实践中,将此情况界定为"直接故意和间接故意"还是"故意和重大过失",一直存有争议,此问题必然造成法律适用上的瑕疵纰漏。因此,世界各国海商法都是维护和促进本国海运业和国际贸易业发展的重要工具,若淡化对本国法律内部系统性的考虑,就很难充分保护本国不同群体之间的利益。海商法的本土化是一个漫长而艰难的过程,需要委诸司法、法学理论与立法三者之间的良性互动,借道于司法解释的本土化与学说建构的本土化来渐次完成。①

(二)局限实务性,缺乏理论性

海商法产生于航海实践,具有广泛的实践基础,很多制度和理论是在航运实践中总结归纳出来的,同时反馈或指导海事实践。基于此,海商法学界不少学者强调海商法是按照自己的规律发展的,与民商法理论相悖,无须借助民商法原理加以解释。② 但是,海商法是否完全形成了自己独立的理论体系,是应被质疑的。众所周知,就海商法的产生而言,其存在先天不足。海商法发端于中世纪商人习惯法,缺乏厚重的理论基础支撑。同时,我国《海商法》早于大部分民商基本法而诞生,受时代法制发展状况的约束,海商法制度设计的严谨性及法律术语使用的规范性难免存在缺陷。诚如韦伯(Max Weber)所言,"在西方历史上,法学一直是作为一种'理论性'的法律实践活动而存在的"③。在继受法学语境下,理论更是法律实践的先导,而海商法研究缺乏法学理论特别是民商法理论的支撑,这就会导致海商法的研究受限于片面孤立地"以问题为中心",某些在民商法理论上容易解决的问题在海商法界却成为争论不休的难点问题。例如,提单被公认为海上货物运输法律制度的基石,无单放货是航运实务的痼疾,相关的无单放货纠纷是违约之诉还是侵权之诉,更是海事司法审判中的难点问题,因此关于提单的权利归属成为海商法悬而未决的问题,人们借助英美法对提单的认识"document of title",产生提单是所有权凭证、物权凭证、提货凭证、占有权凭证、债权凭证等多种观点,④此体现在司法实务中,有关提单的纠纷出现"同案不同判"现象。可见,忽视法学基础理论体系以及发

① 参见魏磊杰:《中国民法典的本土化何以可能:一条现实主义的路径》,载《法律科学(西北政法大学学报)》2019 年第 4 期。

② 参见郭瑜:《海商法的精神:中国的实践和理论》,北京大学出版社 2005 年版,第 77 页。

③ 李猛编:《韦伯:法律与价值》,上海人民出版社 2001 年版,第 14 页。

④ 参见何丽新:《无单放货法律问题研究》,法律出版社 2006 年版,第 51 ~ 65 页。

展成果不但不利于海商法自身理论的完善和提升，而且使我国现行的海商法研究与整个法的体系之间存在明显的隔膜，在某种程度上使得海商法的发展面临边缘化的困境。

（三）强调特殊性，轻视普遍性

海上风险及其分担是海商法的起点和终点，为此，海商法创设了船舶优先权、共同海损等一般民商法所没有的法律制度。同时，由于海商法先于一般商法的发展，其本身具有一定自体性，所以将民商法某些规定和原则适用于海商法多少存在“水土不服”的现象。基于上述两点，海商法界往往致力于发挥和挖掘海商法的特点，而这一思潮进一步主张将海商法中的各种独特制度有机结合构成海商法体系，以在法律体系中彰显其独立性。但如前文所述，海商法的自体性只不过是相对的、偶然的现象。民商法的基础理论和基本原则乃至民商法的精神是互通的，海商法的许多制度，究其根源，仍然是民商法原理在海上运输关系和船舶关系的应用。虽然两者并不是必然的一一对应关系，但是海商法本质上仍具有民商法的平等性、普遍性、权利互惠性的特性。同时，海商法追求商事领域的交易的简捷、安全以及公平，[1]奉行私法的真谛——权利法的观念。过于强调海商法的特殊性，忽视与民商法保持制度内容和价值取向的协调性，只考虑局部、个体因素，制度相互之间矛盾和冲突，无法形成有机联系而缺乏统一性和逻辑性，长此以往，这种弊端的堆积会使海商法出现碎片化的危险。[2]

（四）关注行业性，疏忽平等性

海商法最初的形式是商人习惯法，是商人为维护自身利益而将海上贸易中形成的海事习惯汇集编纂而成。因此，海商法沿袭对航运发展的倾向性保护，通过航海过失免责、海事赔偿责任限制等制度，以承运人利益的特殊保护为显著特点。而平等是民法的基本原则，在世界范围内，平等观经历了由消极的、形式的向积极的、主动的平等观的发展，[3]因而，调整平等关系的民商法内在地反对将特权或不合理权益揉入法律体系。我国是航运大国和贸易大国，货主利益和航运利益的平衡是海商法必须关注的问题，为了更好地维护航运秩序，协调船货双方的利益和权利义务关系，我国虽然没有参加代表船东利益的《海牙－维斯比规则》和代表货主利益

---

① 大陆法系各国的商法典立法时，往往将海商法列为一编，以《日本商法典》为例，第三编“海商”以第一编“总则”、第二编“商行为”为基础，其中“商行为”编的运输营业章调整所有运输方式，与“海商”编构成一般法与特别法的关系。参见陈昊泽、何丽新：《〈日本商法典〉运输总则最新修订之评析》，载《中国海商法研究》2018 年第 3 期。

② 参见古祖雪：《现代国际法的多样化、碎片化与有序化》，载《法学研究》2007 年第 1 期。

③ 参见徐国栋：《平等原则：宪法原则还是民法原则》，载《法学》2009 年第 3 期。

的《汉堡规则》，但是在承运人责任制度上以《海牙－维斯比规则》的规定为基础，吸收了《汉堡规则》中适合我国国情并在航运实践中行之有效的规定，应该说，我国《海商法》在立法层面上作出很大的努力，较好地体现了船货利益平衡原则的国际性规律。[①] 但在《海商法》实践中，贸易业范围宽泛，难以组成有力的力量与航运利益进行抗衡，因此，海商法律实践中一定程度上出现了部门利益化和行业利益化的现象，航运业内人士多是基于海商法的特殊性和独立性来认识海商法所产生的行业保护特性。《海商法》第51条规定的"航海过失免责"条款被认为是行业保护的典范条款，随着航海技术的提升，人类抗御海上风险的能力和船东控制船舶能力的增强，该条款的公平性和合理性遭遇质疑，且基于船货利益的平衡，认为我国外贸业的发展速度永远超过航运业，对外贸易的结构性调整早已改变了我国船货双方利益平衡的旧格局，[②]在《海商法》的修订中，航海过失免责的存废成为重要的议题之一。现代化的海商法已走出行业保护法的局限性，秉持实质公平的理念，公正、平允、合理地确定各方的权利义务关系。

三、海商法中独特性与自体性的分离

海商法虽然在法律体系上不具有独立于民商法体系的地位和能力，但是海上活动的流动性和跨地域性，仍然构成海洋社会的特殊性，海商法因而具有的独特性，重点体现在制度的特殊性上，这些特有的法律制度共同体现了海商法的独特性。但是，这些独特的法律制度并不影响海商法在民商法体系中的定位。

（一）承运人不完全过失责任制

《海牙规则》规定了承运人的17项免责权利，有的属于承运人过失免责，有的属于托运人过错而承运人免责，有的属于不可抗力免责。尽管我国没有参加《海牙－维斯比规则》，但整合和借鉴了承运人免责的规定，《海商法》第51条规定了12项承运人免责权利。其中，最重要的是航海过失免责制度，其赋予了承运人对于船长、船员、引航员或者承运人的其他受雇人，因驾驶船舶或者管理船舶的过失所造成的货物灭失或损害而免予承担赔偿责任的权利。《海商法》第52条和第53条还规定了"因活动物的固有风险造成活动物灭失或损害"以及"按照合同约定装载在甲板的货物的灭失或毁损"两种免责事由。上述规则允许承运人在某些过错的情形下依法享有免责权利，因而被称为不完全过失责任制。

---

① 参见李天生：《船货利益平衡原则研究》，法律出版社2012年版，第316页。

② 参见张一祯、蒋正雄：《关于废除〈海商法〉中过失免责制度之思考》，载《华东政法大学学报》2019年第5期。

这种不完全过失责任制在形式上与民法过错归责原则相背离,但实质而言,其并未脱离民商法体系下的归责原则。以民法一般原理观之,《海商法》下海上货物运输合同的责任基础是违约责任,而根据《海商法》第51条第1款第12项"非由于承运人或者承运人的受雇人、代理人的过失造成的其他原因"的规定,承运人的责任基础在于过错责任。质言之,不完全过失责任制以承运人存在过错而承担违约责任为前提,但这种过错责任是相对的过错责任。故而,《海商法》的独特性在于对承运人的责任进行一定程度的切割,将承运人的过失与其雇佣船员的过失区别对待,承运人对其本人的过错应承担赔偿责任,承运人对其雇佣的船员的过错,在符合法律规定的免责情形下,不承担赔偿责任。① 虽然民法体系下的合同法普遍采用了无过错责任原则,但这并不意味着违约方在任何情况下均需要承担全部违约责任。② 与此同时,在合同法项下,当事人主张免责或减轻违约责任,并非只能通过合同约定予以免责,还存在法定的免责事由,譬如,根据《民法典》第590条、第832条的规定,违约方在不可抗力、货物本身的自然属性、货物的合理损耗、债权人的过错等事由发生时,也可以主张减轻或免除违约责任。其中,不可抗力是普遍适用的免责条件,其他的免责条件则仅在部分场合下适用。除此之外,当事人还可以主张诉讼时效的抗辩、第三人原因的抗辩、无重大过失的抗辩、同时履行抗辩、先履行抗辩、不安抗辩、知情抗辩、怠于通知的抗辩以及贫困抗辩等,以免除或减轻违约赔偿责任。③ 海商法作为民法的特别法,如果海商法中没有相反的规定,上述在违约责任中的免责事由同样可以适用于海上货物运输合同领域,在符合特定条件的情况下,同样可以主张相关的免责事由。因此,在《海商法》上述规定中,部分免责事由与一般民事立法中规定的免责事由具有重合性。《海商法》中规定的天灾、意外事故、战争、武装冲突等显然属于一般民事立法中的"不可抗力"免责的范畴,而部分免责事由是海上活动中特有的,譬如船员过失、火灾、包装不当、运输活动物或甲板货导致的损失等。

综言之,《海商法》所规定的上述免责事由虽然存在特殊性,但是仍然具有一般民事免责事由的共性。这主要体现在两个方面:一方面,以过错责任为原则,以不完全过错责任为例外。原则上,承运人对于货物的毁损、灭失或者延迟交付承担的仍然是过错责任,即只有在承运人及其受雇人员没有过错的情况下,才能主张特定事由下的免责。另一方面,以"谁主张,谁举证"为原则,以举证责任倒置为例外。

---

① 参见傅廷中:《海商法》(第2版),法律出版社2017年版,第118~119页。

② 参见崔建远:《合同法学》,法律出版社2015年版,第244页。

③ 参见冀诚:《合同法:规则与原理》,北京大学出版社2013年版,第228~231页。

原则上,承运人对于免责事由的存在必须负举证责任,这与一般民事案件中"谁主张,谁举证"的原则是一致的。但是,对于火灾的免责,《海商法》规定承运人不需要承担举证责任,而是由索赔方举证证明承运人对于火灾的发生存在过错,这是举证责任倒置的例外规定。当然,由于索赔方证明火灾起因十分困难,所以这种举证责任的分担也被认为是不合理的。[①] 由此观之,皆为一般民商法项下海上风险所导致的权益不公,《海商法》作出上述规定,其本质上就是通过免责的事由来平衡当事人之间的权益。

(二)承运人单位责任限制和海事赔偿责任限制

承运人单位赔偿责任限制(package limitation of liability),是对承运人不能免责的原因造成的货物灭失和损害将其赔偿责任限制在一定的范围内,这种责任的范围通常按照货物的件数或者货物的单位计算。[②] 我国《海商法》第 56 条项下针对承运人对货物的灭失或损坏的赔偿限额作出了规定。从民法的损害赔偿原则分析,违约方或侵权方应赔偿受害方受到的实际损失,从而使其恢复到违约或侵权发生前的法律状态。承运人单位责任限制也是一种损害赔偿责任的承担方式,实质上是承运人赔偿责任的部分免除。

除单位责任限制之外,海商法项下还有海事赔偿责任限制,这是特定主体对特定的海事赔偿请求依法限制赔偿责任的制度,是继承运人单位责任限制之后对海运当事方责任的再一次限制,因此也称为"二次限制"或综合责任限制。当同一事故中索赔的总额足够高时,海事赔偿责任限制予以适用,对承运人单位责任限制起到再次限制的作用,体现了海事赔偿责任限制的优先适用性,[③]但其本质亦是对赔偿责任的部分免除。正是基于这一特点,海事赔偿责任限制制度可以降低海上运输和各种海上作业所涉及的责任负担过重的可能性,以维持海上市场的正常发展。[④]

但仍有学者认为,海事赔偿责任限制制度与民法中赔偿实际损失的原则存在本质的不同。[⑤] 因为民法的赔偿原则以充分赔偿为一般原则,以行为人对其违约行为或侵权行为所造成损害的财产损失为依据而承担赔偿责任,赔偿到未受违约或未受侵权之前或恢复到合同如期履行的状态,而海事赔偿责任限制制度是对责任

---

① 参见司玉琢:《海商法专论》(第 4 版),中国人民大学出版社 2018 年版,第 87 页。

② 参见司玉琢主编:《海商法》(第 4 版),法律出版社 2018 年版,第 94 ~ 95 页。

③ 参见司玉琢:《海事赔偿责任限制优先适用原则研究——兼论海事赔偿责任限制权利之属性》,载《环球法律评论》2011 年第 3 期。

④ 参见贾林青:《海商法》(第 3 版),中国人民大学出版社 2017 年版,第 283 页。

⑤ 参见傅廷中:《海商法》(第 2 版),法律出版社 2017 年版,第 323 页。

人给予适度的保护，将责任人的赔偿责任限制在一定范围和程度之内。本书认为，诚然，按实际损失赔偿是一般民事损害赔偿责任的最常见的形式，但民法上同样存在赔偿责任的限制规则，海事赔偿责任限制遵循民法的一般损害赔偿原则，考虑当事人在违约或侵权时的过错状态、过错程度、行为的表现形态、行为与损害的因果关系等，与民法的合理预见规则、过错相抵规则等法理基础相似，将赔偿责任限制在一定范围之内，是一般民事法律中的恢复原状的损害赔偿原则在海商法中的特殊体现。① 同时，海事赔偿责任限制制度毕竟是一项赔偿制度，尽管理论界对其性质存在争议，但其适用以责任人主张援引海事赔偿责任限制为前提，法院并无自动适用的职权与义务，②海事赔偿责任限制是责任主体用以对抗受害人，从而依法将赔偿责任限制在法定范围内的一种"实体法上的抗辩权"。③ 某种程度上，海事赔偿责任限制是对抗受害人请求权的反对权，将赔偿责任依法设定"安全阀"，其出发点是充分考虑海上运输事业的特殊性，考虑海运各方的权利义务责任，将利益均衡作为价值判断来协调参与海运的"共同体"之间的物质利益关系，是民法公平原则的特殊体现，是实质公平的表现形式。

从历史的视角来看，责任限制的理念自古有之，并非海上运输领域所独有，而是民法体系的组成部分。海事赔偿责任限制起源于罗马法中的特有产制度和损害赔偿制度，体现的是法律的公平而非纯粹的社会公共政策。④ 在罗马法中，这种限制赔偿责任的例外规定已经深深植根于法律规范中，成为损害赔偿体系的组成部分。譬如，"特有产之诉"(I. 4,7,4.)和"损害投偿之诉"(I. 4,8pr.)中，主人因奴隶未经其同意从事交易而遭受追诉，将及由于奴隶的非行而遭遇索赔，承担的是有限责任。⑤ 上述法言所体现的限制赔偿责任的理念也被普遍认为是现代有限责任制度如公司有限责任制度的源头。

可见，在民法损害赔偿制度中，限制赔偿责任的做法亦普遍存在。"赔偿全部损害"是一种理想化的结果，因为唯有赔偿实际损失，损害赔偿的目的才能实现，受害方的损失才得以"填平"，从而使被害人回复损害行为未曾发生之情况。近年来，

---

① 参见司玉琢、吴兆麟：《船舶碰撞法》(第2版)，大连海事大学出版社1995年版，第239页。

② 参见《海事赔偿责任限制司法解释》第14条。

③ 参见何丽新、谢美山：《海事赔偿责任限制研究》，厦门大学出版社2008年版，第57页。

④ 参见邬先江：《海事赔偿责任限制制度研究》，大连海事大学2010年博士学位论文，第21页。

⑤ 参见徐国栋：《优士丁尼法学阶梯评注》，北京大学出版社2019年版，第561、567页。I. 4,7,4."此外，采用了特有产之诉和主人得利之诉，尽管未得主人之同意缔结了交易，但如果他已从中获得某种利润，他应就这一利润之全额承担责任。如果他没有从中获得某种利润，他应就允许的特有产之全额承担责任。"I. 4,8pr."由于奴隶的非行，例如他们实施了盗窃、抢劫财产、损害或侵辱，发生损害投偿诉权，在这种诉讼中，允许受判处的主人要么承受讼额估价，要么交出加害人。"

“完全赔偿原则”在具体司法适用中的僵硬性备受质疑,从比较法上看,这一原则亦逐渐受到批判。[①] 有学者指出,“完全赔偿原则”存在功能取向过于单一、价值选择有失均衡以及法律效果有失妥当等问题,需要从根本上反思其存在的合理性。[②] 这种赔偿实际损失的制度并不易实行,一损害可能引发无数损害,其赔偿数额亦有可能是天文数字,如果严格执行赔偿全部损害之原则,有可能人心惶惶而不敢有所为,不利于产业之发展。因此,即使是采用赔偿全部损害制度之国家,如德国、法国,其所谓全部损害,实并非损害之全部,而只是其一部分而已。[③] 而在英国法中,当事人对于损害的“预见”亦以判例的形式被确定了下来,即赔偿义务人的赔偿范围仅限于订立合同时可以预见之损害。[④] 因而,有学者提出,完全赔偿原则不应排斥对损害赔偿范围的限制,其实质应为“为损害赔偿范围的确定提供基本的出发点”[⑤]。由此可见,在民法损害赔偿体系中,赔偿全部损失并未成为所谓的“原则”。不仅如此,民法中的损害赔偿机制无不体现责任限制的理念,譬如关于混合过错、损益相抵、过失相抵的规定都是对责任的减损,而加害人请求限度(酌减制度)的规定更是赋予裁判者自由裁量权,将责任人的责任直接限制在“不影响其生计或履行其法定扶养义务所必须的资金”之范围内,这些本质上都是对责任的限制。

综上所述,责任限制的理念深植于民法损害赔偿体系中,是民法损害赔偿体系的重要组成部分。这种责任限制的例外性规定,并非对民法公平观的背离,相反,是其发挥作用的结果,即在船货双方面临的风险和所获得的利益不对等的前提下,利用责任限制理论平衡船货双方利益,以维持船货双方间利益平衡之效。因此,海事赔偿责任限制正是民法赔偿责任制度在海事领域的特殊体现,探索责任限制制度在民法体系中的定位,对丰富民法损害赔偿体系的内涵、增强民法损害赔偿制度的弹性存在重要的意义。

(三)船舶优先权

船舶优先权是特定的海事请求权人依照法律的规定,向船舶所有人、光船承租人、船舶经营人提出海事请求,对产生的海事请求享有的一种优先受偿的权利。船舶优先权的受偿,一方面具有民法担保物权的优先性,在受偿的顺序上又优先于民法上普通的担保物权,排在船舶留置权、船舶抵押权之前的首位。另一方面,具有

---

① 参见欧洲侵权法小组编著:《欧洲侵权法原则:文本与评注》,于敏、谢鸿飞译,法律出版社2009年版,第3~4页。

② 参见郑晓剑:《侵权损害完全赔偿原则之检讨》,载《法学》2017年第12期。

③ 参见曾世雄:《损害赔偿法原理》,中国政法大学出版社2001年版,第25页。

④ See Hadley v. Baxendale [1954] 9 Exch. 341.

⑤ 徐建刚:《论损害赔偿中完全赔偿原则的实质及其必要性》,载《华东政法大学学报》2019年第4期。

秘密性的特点，即船舶优先权无须登记，无须占有，任何第三人无从可知，因此船舶优先权有依附于船舶之上的“幽灵”一说，这不符合民法物权变动之公示公信原则；且船舶优先权具有依附性，不因船舶所有权的转让而消灭，这更加剧了船舶优先权“幽灵”的色彩。① 这样，船舶的新买主就可能因为这一“幽灵”的存在为与他毫不相干的债务买单。英美法系往往用船舶拟人化(personification of vessel)理论来解释船舶优先权，这一理论认为，船舶有自己的人格，可以将其作为“法律个体”看待。当船舶对他人造成损害时，可以直接扣押并起诉船舶。“这并不是起诉船舶所有人，而是起诉船舶本身，船舶不仅是诉讼主体，而且是责任主体本身。”②如果接受船舶拟人化理论，就会在自然人和法人之外产生第三种法律主体，这与一般民法理论相背离。

民法的主体是自然人、法人、非法人组织，而船舶是物，物是民事法律关系的客体。作为客体的物如何能成为法律关系的主体呢？英国学者使用“对物权”或“物上权”(right against or a right in property)予以解释。③ 但船舶拟人化解释了某些制度，更复杂了某些制度。④ 回到我国语境，《海商法》下的船舶优先权是对推定债权人的债权予以优先保护的法律制度，这项制度的确立以及优先债权的选择，都是基于公共政策的考虑，⑤其立法目的是使得特定的债权人在受偿中处于优先的地位，从而实现法律的实质公平和正义。因此，关于船舶优先权的性质是优先性的债权还是担保物权，理论界仍然存在争议，但主流的观点将船舶优先权视为担保物权，以船舶担保某些特殊债权的实现。《海商法》虽然没有明确规定船舶优先权的性质，但多数学者认为在立法的结构上，将船舶优先权与船舶所有权和船舶抵押权一并规定在“船舶”一章，显然属于船舶物权的内容。⑥ 因此，船舶优先权仍然可以民法物权制度予以解释，是船舶担保物权的组成部分。

(四)共同海损

共同海损制度是指在同一海上航程中，当船舶、货物和其他财产遭遇共同危险时，为了共同安全，有意地合理地采取措施所造成的特殊牺牲、支付的特殊费用，由受益各方按比例分摊的法律制度。这一制度是基于海上的特殊风险而建立的，是为了合理地分配海上风险而形成的，其最初是一种航海习惯，继而发展成法律制

---

① 参见何丽新、陈永灿：《海商法特性论》，载《中国海商法年刊》2008 年第 00 期。

② 徐新铭：《船舶优先权》，大连海事大学出版社 1995 年版，第 55 页。

③ See William Tetley, *Maritime Liens and Claims*, Business Law Communication Ltd. ,1985, p. 39.

④ 参见王锡莲、黄芊芊：《论船舶拟人化》，载《中南财经政法大学研究生学报》2006 年第 6 期。

⑤ 参见张辉：《船舶优先权法律制度研究》，武汉大学出版社 2005 年版，第 50 页。

⑥ 参见李海：《船舶物权之研究》，法律出版社 2002 年版，第 144 ~ 145 页。

度。这种海上风险分摊制度在民法理论中难以找到匹配的制度予以合理的解释。从构成要件分析,共同海损不是无因管理,因为无因管理要求当事人之间没有法定的或约定的义务,而船长或船员对船舶或货物不能说没有法定或约定的义务;共同海损也不是不当得利,因为民法上的不当得利受益人以无法律上的原因为前提,而共同海损的行为是为了避免船货共同危险或保障共同安全,彼此之间存在法律上的原因。

但是,共同海损失制度并没有背离民法的基本原则。在海上特殊风险下,参与海运的各方无论是航运方还是贸易方,均应共同承担因此而产生的海难事故的损失,若所有的损失由单方承担,显然不符合民法公平原则。在罗马法时期,就已初步区分了单独海损与共同海损,紧急情况下为了解除共同危险采取措施造成的所谓"有意牺牲"应由受益方分摊,一般意外事故造成的损失仍由损失方各自负担。[①]"为了共同安全,就应当共同分摊"理念是共同海损制度的目标,[②]也是民法公平原则的实质体现,其根本目的在于,拯救同航程中的船舶和财产于危难,使其摆脱共同危险。例如,作为共同海损的重要措施的抛货,即为使船、货免遭沉没的危险,有意将某些货物抛弃入海,以牺牲部分货物来换取船、货的共同安全。待共同危险解除后,再由受益的货主和船东共同分担被抛弃货物的损失。对于这些不可归责于一方原因,却是为了共同利益而产生的损失,共同海损制度的处理原则就是,由同航程中各受益方以分摊的方式共同承担。因此,共同海损制度通过风险在受益方之间的合理分摊,体现了民法的实质公平,进而保护了航运业和贸易业的发展。

(五)海难救助

为鼓励对海上遇险财产进行救助,各国海商法均设立海难救助制度。海难救助的基本形式是自愿救助,是在救助人对遇险财产不存在任何救助义务的情况下,应遇险船舶的请求而进行的救助。[③] 海难救助制度同样很难在民法中找到对应的制度。首先,海难救助不构成不当得利,不当得利是没有法律上依据而得利,而海难救助是为了使海上财产脱离危险,不存在没有合法依据而取得报酬。其次,海难救助是否属于无因管理存在争议。有学者认为,无因管理要求独自为他人进行适

---

① 参见王恩韶、许履刚:《共同海损》,大连海事大学出版社 1996 年版,第 22 页。

② 目前国际上对于共同海损分担的范围存在两派认知:一派是以英国、日本为代表的"共同安全说",强调共同海损行为以及支付的费用是"为了解除共同危险,保存船舶和货物",而一旦共同危险被解除,其后产生的费用不再作为共同海损;另一派是以美国、法国为典型的"共同利益说",该派聚焦"整个航程的共同利益",即在共同危险解除、获得共同安全后,为共同利益(船舶能够继续安全完成其航程)而支付的费用都作为共同海损。根据《海商法》第 193 条的规定,我国显然采取"共同安全说"。参见陈刚、张溪娟:《紧急避险视野下的共同海损制度研究》,载《大连海事大学学报(社会科学版)》2020 年第 6 期。

③ See William Rann Kennedy, *Kennedy's Law of Salvage*, Stevens & Sons, 1985, p. 181.

当管理，而海难救助要求被救助人与救助人合作，且无因管理只能请求必要费用，而海难救助既有救助费用，还有救助报酬，不属于无因管理。① 本书认为：从形态来看，即便是被认为无因管理典型情景的"拯救落水者"，其针对清醒溺水者的救助也需要溺水者的配合，因而不能以是否合作为区分来判断是否构成无因管理；从性质来看，无因管理包括真正的无因管理和不真正的无因管理。② 海难救助多被认为是不存在合同或职务或法律的义务而实施的救助，是为他人利益而救助，属于真正的无因管理；从效果来看，无因管理一般不能要求被管理人支付报酬，然而海难救助一旦成功，救助方就有权获得救助报酬。但是，无因管理是债的发生原因之一，救助人可以享有无因管理人的基本权利，包括请求返还因管理事务而发生的费用或因此造成的损失，至于是否有权请求支付报酬，各国法律可以作出另行的规定。③ 我国《海商法》在规定"无效果无报酬"救助合同之外，允许对救助报酬作出另行约定，允许存在以当事人的约定为基础的雇佣救助合同，因此，就"无效果无报酬"的海难救助，不能因救助报酬的存在而否认海难救助的"无因管理"性质。

著名的"加百利轮案"即反映了司法实践中海难救助与一般民法制度的关系。在该案中，最高人民法院认为，《海商法》第九章关于海难救助的规定借鉴吸收了《1989 年国际救助公约》的主要内容。《海商法》第 179 条规定了"无效果无报酬"的救助报酬支付原则，第 180 条及第 183 条在该原则基础上进一步规定了救助报酬的评定标准与承担方式。但与此同时，《海商法》允许当事人对救助报酬另行约定。该案救助报酬的计算，是以事先约定的固定费率和费用为依据，与获救财产的价值并无关联。因此，所涉救助合同不属于《1989 年国际救助公约》和《海商法》所规定的"无效果无报酬"救助合同，而系雇佣救助合同，不应适用《海商法》第 183 条的规定。《海商法》明确船长有为船舶所有人和船上财产所有人签订救助合同的代理权，对于救助报酬的承担问题，如果撇开《海商法》第 183 条的规定，相关法律依据应当是我国《民法通则》第 63 条或者《民法总则》第 162 条关于代理和《合同法》第 402 条、第 403 条关于间接代理的规定。在《1989 年国际救助公约》和我国《海商法》对雇佣救助合同缺乏具体规定的情况下，最高人民法院认为，应适用我国《合同法》的有关规定，判令全部救助报酬和费用由船方承担。④ 这实际上反映了

① 参见禹华英：《海难救助的性质与法律适用》，载《西南政法大学学报》2010 年第 4 期。

② 以管理意思的有无来区分两者，参见崔建远：《无因管理规则的丰富及其解释》，载《当代法学》2020 年第 3 期。

③ 参见王泽鉴：《债法原理》（第 2 版），北京大学出版社 2013 年版，第 309 页。

④ 参见交通运输部南海救助局与阿昌格罗斯投资公司、香港安达欧森有限公司上海代表处海难救助合同纠纷申请再审案，最高人民法院（2016）最高法民再第 61 号民事判决书。

雇佣救助也是海难救助的一种方式,可以被拟制为一种特殊格式合同而被合同法调整。海难救助制度的独特性并非完全脱离民商法体系。

(六)海事裁判程序

海商法来源于商人习惯法,具有商人习惯法的本性。"商人职业的新颖性,要求以农业为基础的文明制定的法律应该变得比较灵活,商人们需要一种比较简便、比较迅速和比较公平的法律。于是,在集市和市场上,商人之间制定了一种商业习惯法。"①在此背景下,出现了海事审判渊源之一的商人法庭,但商人法庭的自治性是高度有限的。当这一命题来到今日海商法,其主题就变为"海事审判是否具有自体性"。

应该承认,海事纠纷解决模式具有一定程度的独立性。海事法院发端于11世纪,与海商法的产生几乎同步,是在商事交易过程中产生的,这样使得海商法独具特色的法律制度具有实践的场所在司法层面得以落实。在英国,从16世纪起就一直设有独立的海事法庭,如今,海事法庭已经成为高等法院的一部分,但仍保留了相对的独立性。在美国,海事案件一直由联邦地区法院一个独立的"处"单独审理,并使用特别的专门术语和程序。1966年美国司法改革后,海事诉讼的独立性被削弱,但根据宪法和成文法的有关规定,海事审判权目前仍保留其独立的司法管辖范围。② 在我国,海事海商案件的审理由专门的海事法院进行,并且适用专门的程序法,由独立的海事法院适用专门的程序审理海商海事案件,这种程序上的独立性绝非完全由人为设置,而是由海商法性质的内在需要决定的。

海商法赋予当事人解决纠纷时更高的意思自治。《海商法》允许当事人在提单背面条款约定适用的法律,也允许当事人协议选择管辖的法院,甚至是没有实际联系的法院。而《民事诉讼法》规定,合同当事人可以在书面合同中选择被告住所地、合同履行地、合同签订地、原告住所地、标的物所在地的人民法院管辖。因此民事上的合同协议管辖只能约定上述5个与合同有实际联系的地点。《海事诉讼特别程序法》第8条还规定,海事纠纷的当事人都是外国人、无国籍人、外国企业或者组织的,当事人可以选择我国法院管辖,即使与纠纷实际联系的地点不在我国境内,我国法院对该纠纷仍然具有管辖权。因此,海商法的协议管辖赋予了特定当事人更高的意思自治而产生的选择权。

但是,应辩证地看待海事诉讼特别程序法的上述特殊性。我国《海事诉讼特别

---

① [美]G. 吉尔摩、[美]C. L. 布莱克:《海商法》,杨召南等译,中国大百科全书出版社2000年版,第21页。

② 参见[美]G. 吉尔摩、[美]C. L. 布莱克:《海商法》,杨召南等译,中国大百科全书出版社2000年版,第21页。

程序法》第 2 条和《海诉法司法解释》第 97 条明确规定了海事诉讼法的立法定位，海事诉讼法属于民事诉讼法的范畴，是民事诉讼法的特别法，是对《民事诉讼法》的必要补充。《海事诉讼特别程序法》与《民事诉讼法》是特别法与普通法的关系。对于海事诉讼，存在特殊的程序规则的，优先适用海事诉讼特别程序法的规定，海事诉讼特别程序法没有规定的，适用民事诉讼法和其他有关法律的规定。从近现代的海事诉讼发展趋势看，海事诉讼特别程序法呈现出与民事诉讼法相互融通的趋势。[①] 同时，《海事诉讼特别程序法》是履行我国缔结或加入的国际海事公约义务的需要，所以，《海事诉讼特别程序法》既保持了中国法律制度和体系的统一，又与国际海事处理程序相衔接。[②]

第三节 定位在民商法体系中的海商法

一、法律渊源：海商法与民商法关系论

考究海商法的历史渊源，上溯至约公元前 20 世纪的《苏美尔法典》就存在有关船只航行规则以及航行事故的处理法则，该法第 3 条规定："不依照指定的航线行驶而使船只失事者，除赔偿船价本身外，应对船主人按……计算租船之费。"[③]该规则就是一项民事损害赔偿规则。约公元前 1792 至公元前 1750 年，古代两河流域的《汉谟拉比法典》对海商法的发展亦发挥重大贡献，该法典与海商法有关的条款约有 10 条，主要涉及船舶建造的报酬与责任规则、船舶碰撞的损害赔偿规则、货物运输规则及水上航运规则、船舶租赁与租金规则等，这些规则都涉及民商事规则。目前被公认为世界上第一部成文的海商法规范是公元前 9 世纪的《罗得海法》，[④]其形成于罗马—拜占庭帝国时期，当时法律文化的基本特色就是私法文化的传统与发达，《罗得海法》是在商品经济高度发达的基础上形成的，其将地中海沿岸地区的商业习惯吸收、融合，并经过整理编纂，以满足商业发展的需要。

---

① 参见金正佳主编：《海事诉讼法论》，大连海事大学出版社 2001 年版，第 6 页。

② 参见邢海宝：《海事诉讼特别程序研究》，法律出版社 2002 年版，第 8 页。

③ 林志纯主编：《世界通史资料选辑・上古部分》，商务印书馆 1962 年版，第 42 页。

④ 对于《罗得海法》的具体产生时间，学界尚无定论，除本书认为的公元前 9 世纪外，威廉・台特雷教授认为其产生于公元前 8 世纪，参见［加拿大］威廉・台特雷：《国际海商法》，张永坚等译，法律出版社 2005 年版，第 7 页。伯尔曼（Harold J. Berman）教授则认为其历史应追溯到公元前 3 世纪，参见［美］哈罗德・J. 伯尔曼：《法律与革命：西方法律传统的形成》，高鸿钧等译，中国大百科全书出版社 1993 年版，第 447 页。

有研究表明,《罗得海法》可分为序言、人法篇(船上工作人员、乘客与货主)、物法篇(有体物、无体物)、债法篇(债的一般理论、契约之债、准契约之债、私犯之债),此外还有海盗、船员抢劫、船上斗殴等在现代被认为是公法的规则。[①] 近现代海商法的大量规则与理念皆从《罗得海法》发展而来。海商法的产生与形成是当时海上商业关系的再现,是海上商业关系在法律获得承认与固定的结果。[②] 可见,海商法与一般民商法虽各有其历史背景和独特制度,不可完全等同视之,但纵观海商法的历史渊源,海商法的私法属性不断被肯定和坚持,在海商法的理论体系中深深地留下民商法规范的痕迹。因此,"与航运业息息相关的海事法历史悠久,在不间断的发展中形成了独特的国际惯例而自成一体,但仍保持许多联系的陆上运输分支法律"[③]。著名的海商法学者威廉·台特雷(William Tetley)如是说:"不可否认的是,民法在海商法早期阶段所起的核心作用。作为唯一可获得的全面的书面海商法渊源,民法为法官们提供了权威的法规参考。"[④]因此,不可否认海商法存在其独立的历史渊源,共同海损、船东责任限制与免责、海难救助、船舶优先权等特殊的海商法制度在民法上找不到明确的对应制度,需要发掘海商法的渊源体系和立法源泉,从海商法的渊源、流变和趋势研究海商法与民商法之关系。

(一)古代海商法历史渊源的相对独立性和私法属性

1. 海商法生成的相对独立性

对于海商法的具体形成时间,目前学界并未有统一的定论,但是可以肯定的是,有关调整海上活动的法律规范必然是伴随着航运实践而产生的,这也是航运和贸易业发展到一定水平时的必然产物。即使尚未形成形式意义上的海商法或完整的海商法体系,也势必存在实质意义上的海商法制度规范。[⑤] 征诸海商法史籍,《苏美尔法典》和《汉谟拉比法典》已有若干海事海商规范的记载。[⑥] 而最具影响力的可算是罗得人在海上实践中创设、整理的通行于当时整个地中海地区的"罗得法"(Lex Rhodia)。"罗得法"的原件早已散佚,目前只能从一些罗马法学家的著作

---

① 参见王小波:《〈罗得海商法〉译注》,载《古代文明》2010 年第 3 期。

② 参见王小波:《〈罗得海商法〉研究》,中国政法大学出版社 2011 年版,第 69、175 页。

③ [美]G. 吉尔摩、[美]C. L. 布莱克:《海商法》,杨召南等译,中国大百科全书出版社 2000 年版,第 1 页。

④ [加拿大]威廉·台特雷:《国际海商法》,张永坚等译,法律出版社 2005 年版,第 14 ~ 15 页。

⑤ 参见[美]约翰·H. 威格摩尔:《世界法系概览(下)》,何勤华等译,上海人民出版社 2004 年版,第 747 页。

⑥ 参见由嵘等编:《外国法制史参考资料汇编》,北京大学出版社 2004 年版,第 3 页。

中看到零碎记述,[①]虽有学者认为,仅此证据尚不能表明“罗得法”的确切存在且为罗马法所采纳,[②]由此得出海商法与民法在起源上各自独立,分属不同的法律体系;但更为主流的观点主张“罗得法”确实在历史上曾经客观存在。利宾尔(Libingier)的说法较有代表性,他认为罗马虽然与海相近,但其语言本身缺乏航海术语,并且《十二表法》中没有任何与海商法相关的条款,只有零星有关领海的规则,故《学说汇纂》中对“罗得法”的记载足以作为证明“罗得法”存在的初步证据。[③] 但若将“民法”的语源系于罗马法上的 ius civile(中文翻译为“市民法”),[④]而“市民法”术语的产生始于《十二表法》的颁布,[⑤]那么,“罗得法”形成的时间应早于“市民法”。因此多数观点支持“罗马接受了罗得法,并将其纳入自己的海上法律体系”[⑥]。

2. 古典时期海商法与市民法的融合

不少学者以罗得法为标志,认为“罗得法”出现的意义在于有关海上运输的法律制度开始从其他法律中脱离出来形成一个独立、自主的领域,标志着海商法自体性之萌芽。[⑦] 但是,考察这一观点的合理性,需要从罗得法与市民法的适用范围、效力来源、法律体系的定位分析两者是否呈现截然不同的效力范围和发展路径。

古典时期的“市民法”包括两层含义,较早的含义是指一个共同体内部的法律规范总体,另一个较晚近的含义是指适用于共同体中私人之间关系的私法规范的组成部分。[⑧] 这里的“共同体”就是罗马城邦,因此可以说,早期市民法专门适用于

---

① 例如《学说汇纂》(Digest)第 14 卷第 2 题关于共同海损的罗得法,此规定:在发生风暴时,可以弃货减轻船的负载以逃出危险区域。灾难过去后,失去货物的货主可以根据运送合同起诉船舶经营人。而船舶经营人可以起诉要求那些货物被救的货主分摊损失。船舶经营人可留置被救的货物以达到这一目的。参见 D. 14,2,2pr. 保罗:《告示评注》第 34 卷。转引自徐国栋:《古罗马的海事风险及其法律规制》,载《华东政法大学学报》2016 年第 5 期。

② See Robert D. Benedict, *Historical Position of the RhodianLaw*, Yale Law Journal, Vol. 18:4, p. 223 (1909).

③ See Charle Sumner Libingier, *The Maritime Law of Rome*, Juridical Review, Vol. 47:1, p. 5 - 8 (1935).

④ 参见胡长清:《中国民法总论》,中国政法大学出版社 1997 年版,第 8 页。

⑤ 参见徐国栋:《罗马法与现代意识形态》,北京大学出版社 2008 年版,第 51 页。

⑥ [加拿大]威廉·台特雷:《国际海商法》,张永坚等译,法律出版社 2005 年版,第 8 页;W. Paul Gormley, *The Development of the Rhodian-Roman Maritime Law to* 1681, *with Special Emphasis on the Problem of Collision*, Inter-American Law Review, Vol. 3:2, p. 321 (1961); Wolfgang Graf Vitzthum, *From the Rhodian Sea Law to UNCLOS III*, Ocean Yearbook, Vol. 17, p. 56 (2003); John Wilkinson, *First Declaration of the Freedom of the Seas: The Rhodian Sea Law*, Ocean Yearbook, Vol. 2, p. 89 (1980).

⑦ 参见曹兴国:《海商法自体性研究》,法律出版社 2020 年版,第 34 ~ 35 页。

⑧ 参见[意]阿尔多·贝特鲁奇:《从市民法(Ius Civile)到民法(Diritto Civile)——关于一个概念的内涵及其历史发展的考察》,薛军译,载吴汉东主编:《私法研究》(第 2 卷),中国政法大学出版社 2002 年版。

罗马市民,系罗马民族适用的法律总称。[①] 而“罗得法”适用于以罗得人为代表的海上商人,并且由于航海活动的流通性和跨地域性,所以具有一定的国际法属性。[②]因此,市民法并不包含海上商人从事海商活动的相关规范,因此也无法容纳“罗得法”的内容。

但是,“罗得法”与市民法相互独立的态势只有在起始时点和初始阶段才如此,后来并没有继续维持。一方面,罗马人提出“无航运则灭亡”(navigation or death)的口号,[③]随着军事、经济实力的持续强盛,罗马通过布匿战争取代迦太基人、罗得人成为海上霸主,地中海也最终成为罗马的内水,“罗得法”与市民法以法典汇编、判例、学说等方式走向了融合。罗马将“罗得法”视为某种自然法(ius naturale),将其纳入万民法(ius gentium),适用于成年罗马市民(sui juris Romans)、自由民(freedmen)、奴隶(slaves)和外国人(aliens)等所有人。[④] 另一方面,市民法的内涵和外延本身是变动的。早期的罗马法被划分为自然法、万民法和市民法三个部分。[⑤] 万民法原为弥补市民法之局限而发展出来的另一法律体系,学者指出,在罗马成为世界国家的过程中,具有狭隘城邦性质的市民法之外出现了具有普遍主义要素的万民法,形成市民法与万民法并存的二元制秩序。[⑥] 随后,因罗马帝国疆域继续扩张,为统治之需要,市民法与万民法又不断相互渗透、融合。这一过程的完成在立法上的标志是公元212年安东尼努斯敕令(constitutio antoniniana)的颁布。[⑦] 自此,全部帝国臣民均得适用市民法,万民法与市民法的界限也逐渐消散。[⑧]换言之,前文述及作为“万民法”的“罗得法”之内容也自然被纳入市民法体系,航海贸易活动即归由市民法调整。

---

① 参见龙卫球:《民法总论》,中国法制出版社2001年版,第15页。

② See W. Paul Gormley, *The Development of the Rhodian-Roman Maritime Law to* 1681, *with Special Emphasis on the Problem of Collision*, Inter-American Law Review, Vol. 3:2, p. 324(1961).

③ 参见张新平:《海商法》,中国政法大学出版社2002年版,第21页。

④ See W. Paul Gormley, *The Development of the Rhodian-Roman Maritime Law to* 1681, *with Special Emphasis on the Problem of Collision*, Inter-American Law Review, Vol. 3:2, p. 323 – 330(1961).

⑤ 其中,市民法专属适用于罗马市民;自然法适用于包括人类在内的一切动物;而万民法不仅适用于罗马市民,也适用于与罗马市民发生法律关系的异邦人(peregrini)。参见黄风:《罗马私法导论》,中国政法大学出版社2003年版,第9~11页。

⑥ 参见何力:《从罗马万民法到WTO规则——对法律的普遍主义要素的历史考察》,载《复旦学报》2004年第4期。

⑦ 该敕令由卡拉卡拉皇帝(Caracalla,其正名为安东尼努斯,Antoninus,公元186年至217年)颁布,主要内容为授予帝国全部自由民以罗马公民权。参见江平、米健:《罗马法基础》(第3版),中国政法大学出版社2004年版,第76页。

⑧ Gustav Boehmer, Grundlagen der Bürgerlichen Rechtsordnung I, 1950, S. 5. 转引自朱庆育:《民法总论》,北京大学出版社2013年版,第3页。

日耳曼民族入侵致使西罗马帝国灭亡后，欧洲进入了漫长的中古时期（又称中世纪），此时无论是陆上商业还是海上商业，总体上均呈现出衰败甚至停滞的态势。但不可否认的是，商业仍在一定范围内得以维持，尤其是拜占庭帝国的存在，使得地中海东西沿岸之间的航运不曾间断。[①] 目前尚存于世的《罗得海法》就形成于拜占庭帝国时期。但西欧步入日耳曼民族的统治时期，东欧则仍在拜占庭帝国的管辖之下，故民法与海商法的关系在东西欧的境遇并不相同。

在东欧，拜占庭帝国整体承袭了原罗马法体系，并且在帝国前几任皇帝在位期间，罗马法进入全面整理和系统编纂时期。尤其是优士丁尼（或查士丁尼）时期，为巩固君主专制和帝国统治秩序，优士丁尼皇帝和他的法学家们编纂了由《查士丁尼法典》、《学说汇纂》、《法学阶梯》和《新律》组成的《查士丁尼民法大全》。[②]《查士丁尼民法大全》作为罗马法的集大成者，是拜占庭帝国前期市民法的实证法形态，《罗得海法》则是同时期最主要也是最重要的海上法律，因此，这一时期民法与海商法的关系其实就相当于《查士丁尼民法大全》与《罗得海法》的关系。

第一，就起源而论，《查士丁尼民法大全》对上古时期"罗得法"的记载是《罗得海法》的源头。《查士丁尼民法大全》与《罗得海法》各自产生的次序脉络是较为清晰的。上古时期"罗得法"以万民法的方式纳入罗马法体系之后，与罗马的其他法律文件一样，得到法学家们大量的研究、整理和完善，由此形成了诸多关于"罗得法"的法理阐释和论述。这些观点大部分为优士丁尼皇帝编纂的《学说汇纂》等文献所收集，如共同海损和海上弃货等，故可言之，《学说汇纂》等文献对"罗得法"的记述为《罗得海法》的形成提供了基础。[③]

第二，就效力来源而论，《查士丁尼民法大全》和《罗得海法》的效力均源于拜占庭皇帝。虽然《罗得海法》在性质上属于非官方的习惯法汇编，[④]为其取名《罗得海法》也是为了表明其与上古时期"罗得法"之历史联系，以增加其权威性。[⑤] 但依

---

① 参见何勤华、魏琼主编：《西方商法史》，北京大学出版社2007年版，第233页。

② 参见徐国栋：《民法哲学》（第2版），中国法制出版社2015年版，第7页。

③ 据学者王小波总结，如物品的保管方面，《罗得海法》（原文称《罗得海商法》，本文为保持用语上的一致性而作出修改，两者实为同一所指）第14条关于保管人的规定，依据的是《学说汇纂》第四卷第九章第1节的第2条；《罗得海法》第32条关于保管物品范围的规定，依据的则是《学说汇纂》第四卷第九章第1节的第6条。关于定金问题，《罗得海法》第31、33、38条涉及租船定金，依据的是《优士丁尼法典》（原文称《查士丁尼法典》，本文为保持用语上的一致性而作出修改，两者实为同一所指）的第四卷第二十一章第17节的第2条和《学说汇纂》第十八卷第一章第35节的前言。再如，关于金钱借贷，《罗得海法》第17、37条涉及海运借款契约，依据的是《优士丁尼法典》的第四卷第三十三章第2节、第四卷第三十二章第26节的第2条和《学说汇纂》第二十二卷第二章的第1、6、7节等的内容。参见王小波：《〈罗得海商法〉研究》，中国政法大学出版社2011年版，第122页。

④ 参见王小波：《〈罗得海商法〉译注》，载《古代文明》2010年第3期。

⑤ See Thoma J. Schoenbaum, *Admiralty and Maritime Law* (1), Eagan: West Group Publishing, 2005, p.6.

学者考据,《罗得海法》的序言已明确罗马皇帝对《罗得海法》之认可,强调《罗得海法》的法律效力来自皇帝授权。[①]

第三,就文本形式和内容而论,《罗得海法》是《查士丁尼民法大全》及与之密切联系的拜占庭其他重要法律的具体化和补充。《罗得海法》通常作为拜占庭帝国中期主要法典《法律选编》(或称《埃克洛加》)[②]的附录出现。由于《法律选编》并不包含海事、海商方面的规定,故《罗得海法》实际上是对《法律选编》的重要补充。[③] 而《法律选编》又可被视为《查士丁尼民法大全》的简化版,从此角度上讲,《罗得海法》可谓是《查士丁尼民法大全》在海事海商领域立法的延续和具体化。例如,《罗得海法》第 14 条规定,未将金币交给船长保管而声称金币丢失,该声明无效。[④] 而《学说汇纂》就存在保管人的保管责任。[⑤] 可见,《罗得海法》从反面补充了《学说汇纂》的规定,明确船长的保管责任系基于寄存之事实,如果乘客未寄存,就不存在要求船长承担保管责任之可能。并且,《罗得海法》总体上接受了《法学阶梯》的体例结构,分为人法、物法和债法 3 个部分,[⑥]更增强了其与《查士丁尼民法大全》的对应性。

---

① 参见王小波:《〈罗得海商法〉研究》,中国政法大学出版社 2011 年版,第 79 页。

② 《法律选编》是公元 8 世纪利奥三世统治初期,由拜占庭帝国皇帝利奥三世和他的儿子君士坦丁五世主持编修,并于公元 726 年颁布的法典,其用非常简单而且大众化的希腊文写成,是在新形势下对优士丁尼法典和古罗马历代律令及民间习惯法的简缩、编译和补充。《法律选编》的正文分主题列出了当时有效的最重要的法律规则,其中大部分主题用来探讨民法,涉及婚礼、订婚、嫁妆、遗嘱和无遗嘱死亡的财产问题,还涉及监护、奴隶的释放、作证、各种与买卖及租赁有关的责任义务等。《法律选编》在很多方面与优士丁尼的法律不同,其引入了更多的基督教观念。参见王小波:《中期拜占庭重要法典及其历史影响》,载《前沿》2008 年第 8 期。

③ 参见王小波:《〈罗得海商法〉研究》,中国政法大学出版社 2011 年版,第 132 页。

④ 该条原文为:"如果乘客携带金币登船,他须把金币寄存在船长那里。如果他没有寄存却声称'我丢了金币或者银币',该声明无效,因为他没有把它交给船长保管。"参见王小波:《〈罗得海商法〉译注》,载《古代文明》2010 年第 3 期。

⑤ 例如保管人要"承担完整无损地返还交付看管的物品的责任"(D. 4,9,1,8);"如果未完整无损地返还交付看管的物品,那么,我们将赋予这些旅客以诉权对抗船员"(D. 4,9,3,1);"无论任何物品,一旦交付看管,即使尚未装载上船,是在岸上遗失的,风险仍由船长承担"(D. 4,9,3pr.)。参见王小波:《〈罗得海商法〉研究》,中国政法大学出版社 2011 年版,第 84 页。

⑥ 《罗得海法》人法篇的内容主要包括船上工作人员的薪酬与职责、乘客与货主的权利义务、海盗问题三大方面。物法篇的内容主要包括有体物和无体物。有体物涉及船舶(含船舶运费、船舶份额、船舶属具、船舶适航、船舶定金、船舶租赁、船舶损坏、船舶失踪和船舶灭失等)和货物(含谷物、葡萄酒、油料、丝绸、珍珠、麻布、金币和银币、奴隶等)两方面;无体物涉及船舶所有权、货物所有权、海运借款与担保物权等内容。债法篇的内容包括债的一般理论、契约之债、准契约之债和私犯之债 4 种。债的一般理论涉及定金、事变与延迟;契约之债涉及海运借款、货物的寄存与保管、船舶租赁、货物运输与承揽租赁、海事合伙 5 个方面;准契约之债在《罗德海法》中仅涉及共同海损一种情况;私犯之债则含盗窃、抢劫、侮辱、过错行为产生之债。参见王小波:《〈罗得海商法〉研究》,中国政法大学出版社 2011 年版,第 82 ~ 119 页。

第四,就适用范围而论,《查士丁尼民法大全》和《罗得海法》均适用于拜占庭帝国所统治的海上领域。中古时期初期,拜占庭帝国凭借优越的地理位置,掌控了从事亚欧非各国国际贸易之垄断权。[①] 因此,作为拜占庭帝国的法律,《罗得海法》无疑得到这一带海域商贸活动的普遍承认和遵守。而贝特鲁奇教授指出,这一时期的市民法取消了市民与外邦人在人法上之区分,本来作为罗马内部法律规范的市民法获得了"普世"特征,变成对世界上所有人都适用的"共同法"。[②] 换言之,市民法的适用范围不再局限于罗马城邦和罗马市民,而是适用于世界上所有人,当然也就包括了从事航海贸易活动的海上商人。

综上可见,《罗得海法》除在起源上属于非官方的习惯法汇编,而非由帝国组织编纂之外,并不具有独立于《查士丁尼民法大全》的地位。相反,其实际上是依附于《查士丁尼民法大全》而存在的,凭借拜占庭帝国的权威而取得效力,总体上属于《查士丁尼民法大全》的体系之部分。

3. 中古时期海商法的独立性与依附性

从西方法律史分析,中古时期始于公元 4 世纪东罗马帝国的兴起和西罗马帝国的衰落和灭亡,结束于 1453 年君士坦丁堡的陷落。[③] 在西欧,由于蛮族文化远逊于罗马,整个中古时期前期的法律状态为"罗马法衰落,日耳曼法代之而兴"[④]。尽管罗马法在西欧的影响力有所减弱,但实际上罗马法并未就此消亡,在蛮族统治的大部分国家和地区,罗马法仍在传播、发展,处于一种隐而不彰、持续发展的状态。[⑤] 在教俗斗争的过程中,世俗王权和教会均试图最大限度地推广自己的立法和司法管辖权,而罗马法成为教会法与世俗法学习和借鉴的理想模范,这从罗马教廷

---

① 参见徐家玲:《拜占庭在中世纪地中海商业复兴中的地位》,载《求是学刊》1997 年第 5 期。

② 参见[意]阿尔多·贝特鲁奇:《从市民法(Ius Civile)到民法(Diritto Civile)——关于一个概念的内涵及其历史发展的考察》,薛军译,载于吴汉东主编:《私法研究》2002 年第 2 卷,中国政法大学出版社 2002 年版。

③ See David Maxwell Walker, *The Oxford Companion to Law*, Clarendon Press, 1980, p. 819 – 831.

④ 李宜琛:《日耳曼法概说》,中国政法大学出版社 2003 年版,第 2 页。

⑤ 参见李栋:《中世纪前期罗马法在西欧的延续与复兴》,载《法律科学(西北政法大学学报)》2011 年第 5 期。蛮族国家主要是以习惯的方式承认并执行罗马法,并对之加以汇编。其中最主要的是出现在 5 世纪末、6 世纪初的 3 部法律,分别是东哥特国王狄奥多里克颁布的《狄奥多里克告谕》(Edictum Theodorici),适用于东哥特统治下的意大利地区;勃艮第国王耿多巴德编纂的《勃艮第罗马法》(Lex Romana Burgundionum),适用于法国的中东部地区;以及西哥特国王阿拉利克二世(Alaric Ⅱ)召集当时的罗马法学家编辑的《西哥特罗马法》(Lex Romana Visigothorum),又称《阿拉利克法律要略》(Breviarium Alaricianum),适用于西班牙北部和法国南部地区。参见李中原:《罗马法在中世纪的成长》,载《环球法律评论》2006 年第 1 期。

参照《查士丁尼民法大全》的体例汇编《教会法大全》就可以看出。[①] 后来再加上经院哲学的影响，罗马法简直成了理性的化身，[②]连同《圣经》、教父著述以及教会的法律一起被视为神圣的典籍。[③] 是故，11 世纪以后，欧洲在世俗和宗教层面上分别发展出了两套普遍适用的法律体系——罗马式的世俗共同法与教会共同法，并且分别以波伦那(Bologna)注释法学派[④]整理和评注的《查士丁尼民法大全》和《教会法大全》为标榜。虽然以《查士丁尼民法大全》为代表的罗马法仅为"样板之法"而非"适用之法"，[⑤]但无论从精确性、完备性或系统性的角度看，《查士丁尼民法大全》皆为当时欧洲所有教俗法律体系所无法望其项背。因此，尽管其在当时欧洲教俗两界均不具有实定法效力，但它作为一种理论和学术的形态而存在，并具备了如同自然法般之"应然"性质，以理性对其他实定法进行普遍指导。[⑥] 梅因如是说："我找不出任何理由，为什么罗马法律会优于印度法律，假使不是有'自然法'理论给了它一种与众不同的优秀典型。"[⑦]在这样的背景下，贝特鲁奇教授指出，此时的市民法被用来指代"普世"的世俗法总称。[⑧] 它不仅是与教会法相分立的世俗法的整体，[⑨]而且是一种与任何的地方法(ius proprium)，如封建法、庄园法、城市法等，相对应的一种"普世"适用的"普通法"或"共同法"。

根据上文对中古时期海商法特点的总结，此时的海商法无疑就是商人法的一部分，其与封建法、庄园法和城市法等并存，是中古时期复杂多元法统结构之下众

---

① 《教会法大全》是 13 世纪形成的对教会正式颁布的权威《教令集》和教令汇编的总称，其中包括《格拉济亚教令集》(Decretum Gratiani)，《格里高利九世特集》(Libro Extra Gregorii Ⅸ)，鲍尼法八世的《第六书》(Libro VI Bonifatii Ⅷ)，还有教宗若望二十二世本人的《散辑》(Ioanee XXII)，以及多位教宗从未经官方收集的法律《一般散辑》。参见李静：《欧洲教会法与罗马法之内在关系》，载《上海师范大学学报(哲学社会科学版)》2010 年第 3 期。

② 参见[美]艾伦·沃森：《民法法系的演变及形成》，李静冰、姚新华译，中国政法大学出版社 1992 年版，第 10 ~ 11 页。

③ 参见[美]哈罗德·J. 伯尔曼：《法律与革命——西方法律传统的形成》，高鸿钧等译，中国大百科全书出版社 1993 年版，第 169 页。

④ 注释法学派诞生于 11 世纪末，该学派的兴起滥觞于意大利波伦那大学。注释法学派的活动主要是对《查士丁尼民法大全》进行说明、解释和阐述，其方法是对原典进行文献学的批判和文法学、逻辑学的说明，以从学术上重现古代罗马法律经典的原貌。参见何勤华：《西方法学史》(第 2 版)，中国政法大学出版社 2000 年版，第 61 ~ 67 页。

⑤ 参见苏彦新：《中世纪古典教会法论析》，载《环球法律评论》2011 年第 4 期。

⑥ 参见李中原：《罗马法在中世纪的成长》，载《环球法律评论》2006 年第 1 期。

⑦ [英]亨利·梅因：《古代法》，沈景一译，商务印书馆 1959 年版，第 45 页。

⑧ 参见[意]阿尔多·贝特鲁奇：《从市民法(Ius Civile)到民法(Diritto Civile)——关于一个概念的内涵及其历史发展的考察》，薛军译，载吴汉东主编：《私法研究》(第 2 卷)，中国政法大学出版社 2002 年版。

⑨ 参见徐国栋：《民法哲学》(第 2 版)，中国法制出版社 2015 年版，第 8 ~ 9 页。

多法律体系的其中一个。一方面,由于中古时期早期人们以农业生产为主,世代受限于土地之上,[①]并且基督教思想对商业和商人均存在压制倾向,[②]这就注定教会法与其他各类型世俗法不可能存在太多的商事规定,尤其是海上商事规定。而海商法是由海上商人在长期的航海贸易实践过程中自发产生,这些内容是教会法和其他各类型世俗法所无法容纳的。另一方面,商人阶层在中古时期属于享有法律特权、独立自治的职业阶层,因其阶层不同,司法裁判与管辖权也不相同。[③] 同时,海上商人所依托的港口城市与中古时期的其他城市一样,享有较强的自治性,是一个特殊的法律区域,有自己的法权、自己的法庭和自己的立法制度。[④]因此,海商法实际上与同时期的欧洲各王国之王室法、封建法、庄园法系属于不同的法域,相互之间是独立的法律渊源。并且,海商法一定程度上超越了当时陆地上某个王国、城市或者地域的法律,具有国际通用性,[⑤]不受陆法和国家权力或者领土的管辖。[⑥] 从此层意义上讲,认为中古时期海商法具有一定的独立性,存在其合理之处。

但中古时期海商法的这种独立性是极其有限的。这一时期的市民法以其理性的象征而享有"普世"的"自然法"性质,与教会法一同作为普适于欧洲的"共同法"。甚至有学者指出,在地方习惯法存在空白或者冲突之时,罗马法或教会法的条文会被法官用于裁断诉讼。[⑦] 相应地,其他各个地方的封建法、城市法等被称为"自生法"。[⑧] 同理,海商法也属于这种"自生法",这呼应了上文提及其相对于中古时期其他法律体系的独立性。有学者认为,在中古时期的法律实践中,法院在解决案件时首先适用自生法,在自生法无法解决案件时则转向共同法,换言之,共同法系作为一种补充性法律而存在,并对自生法产生影响。[⑨] 还有学者在研究城市法时指出,14 世纪的法学家们理想化地把所有的法律渊源视为一个包含若干层级的整体,不承认某一种法律渊源可以游离在这个整体之外,城市法被认为是对作为"原

---

① 参见赵林:《简论中世纪西欧封建社会的教俗之争》,载《求是学刊》2017 年第 4 期。

② 参见李江敏:《论中世纪的商人及商法》,载《山西大学学报(哲学社会科学版)》2003 年第 3 期。

③ 参见苏彦新:《欧洲中世纪共同法的形成》,载《比较法研究》2011 年第 3 期。

④ 参见[德]汉斯 - 维尔纳 · 格茨:《欧洲中世纪生活》,王亚平译,东方出版社 2002 年版,第 227 ~ 228 页。

⑤ 参见王世涛:《论海法的统合》,载《时代法学》2011 年第 2 期。

⑥ 参见何勤华、李求轶:《海事法系的形成与生长》,载《中国律师和法学家》2005 年第 5 期。

⑦ 参见彭小瑜:《教会法研究——历史与理论》,商务印书馆 2003 年版,第 51 页。

⑧ "自生"即意味着属于自己的,并且具有与他者不相容的异质性。参见许小亮:《从欧洲普通法到共同法——中世纪法律史的另一种叙事》,载《法学》2014 年第 5 期。

⑨ 参见许小亮:《从欧洲普通法到共同法——中世纪法律史的另一种叙事》,载《法学》2014 年第 5 期。

则"的共同法加以变通之后形成的"特例",共同法还是解释和完善城市法的基础。[①] 可见,海商法并非绝对独立于市民法,其与市民法仍然具有千丝万缕之联系。

虽然商事习惯、商人阶层,以及独立的商人法庭在中古时期海商法的形成与汇编过程中发挥了重要作用,但海商法实际上仍未超脱中古时期固有的政治和法律框架,其与其他法律体系的独立性和自主性不宜被过分夸大。

其一,对于中古时期商人阶层的界定本来就不甚清晰,所有在市场上进行商品交易的人均可笼统地被称为商人。[②] 具体到海商领域,与现代航运贸易相比,中古时期的海上商业活动只是小规模的,并且航运技术低下,航海活动实际上被认为是一种冒险,尚难以成为一个行业。[③] 缘于此,海上商人阶层究竟有多大的力量可以脱离陆上王国、城市的管治是相当值得怀疑的,毕竟城市的自治仍需要获得国王之"特许",而且城市的管理者不是商人,而是城市的市长、镇长和行政官员,没有这些力量的协助,商人习惯法也不可能成功管理商业。[④]

其二,中古时期商人法之渊源其实是由城市法、商人行会的法规、商人法院和海事法院的判决、地区性和跨地区性的习惯法、国王或领主的法律以及教会法律(如禁止利息)共同组成,并不只有商人习惯法一种。[⑤] 各种法律与商人法之间也是相互影响的。[⑥]

其三,传统法庭与商人法庭之间并非泾渭分明,它们更多只是在审判对象和案件性质方面不同,商人法庭可以审理普通案件,传统法庭也可以审理商事案件,通常情况下由商人们自己选择接受哪个法院的管辖。[⑦] 并且,有充分史料证据表明,

---

① 参见高仰光:《论中世纪城市法的学理化进程》,载《清华法学》2017 年第 4 期。

② 参见赵立行:《论中世纪的"灰脚法庭"》,载《复旦学报(社会科学版)》2008 年第 1 期。

③ 参见张丽英:《海商法学》,高等教育出版社 2006 年版,第 2 页。美国学者汤普逊(Thompson)研究发现,从 10 世纪到 15 世纪,所有满载乘客或货物的船舶都不敢驶入公海。热那亚人、比萨人、阿马斐人以及法国蒙特皮列与马赛的海员和加达鲁尼亚人,一般是沿意大利半岛西岸向南航行;在墨西拿停息之后,船队照例采取环绕希腊半岛的航路,沿干地亚北岸海面驶向罗得岛和塞浦路斯,在那里,它们也时常停泊;于是,它们从塞浦路斯到叙利亚海岸,再沿岸南行,直到太尔和亚克为止。那些来自北海地区的旅行者,在穿过直布罗陀海峡之后,因害怕海盗,就不敢采取向东直航的路线,但沿着西班牙、法国和意大利海岸作迂回的航行。在 13 世纪,那些富有冒险性的船主采取了从干地亚往叙利亚海岸的直接航线。直到 14 世纪,罗盘针应用于航海之后,水手们才能横渡地中海而不愁迷失方向。参见[美]汤普逊:《中世纪经济社会史(下册)》,耿淡如译,商务印书馆 1997 年版,第 174 ~ 175 页。

④ See Emily Kadens, *Order within Law, Variety within Custom: The Character of the Medieval Merchant Law*, Chicago Journal of Internalional Law, Vol. 5:1, p. 42(2004).

⑤ 参见施鸿鹏:《民法与商法二元格局的演变与形成》,载《法学研究》2017 年第 2 期。

⑥ 例如有学者研究发现,教会经济立法的伦理化使得原本神学色彩不明显的经济领域确实纳入了教会的法律管辖范围。参见赵立行:《欧洲中世纪教会经济立法及其伦理》,载《中国社会科学》2018 年第 2 期。

⑦ 参见施鸿鹏:《民法与商法二元格局的演变与形成》,载《法学研究》2017 年第 2 期。

无论是在欧洲大陆还是在英国,对商人法庭的判决提出上诉的现象都大量存在,换言之,商人法庭的自治性十分有限。①

其四,一般认为,中古时期海商法来源于习惯法的汇编,得到了海上商人的共同承认和遵守,但实际上这种说法也是靠不住的。行业习惯之形成必须建立在社会分工高度专业化、特定化和标准化的基础之上。然而,在航海大发现之前,远距离的航线还没有形成,跨国的海上贸易只是局限于一定的区域之内,航海能力所不能及的不同区域的航海习惯必然呈现出多样性。因此,有学者指出,中古时期商人的交易习惯往往具有很强的本地性,②各地的商人习惯法其实并不一致。③ 这使得商人法的国际通用性大打折扣,一些海商法学者不得不承认,这种海事习惯法的统一性是初级的。④

4. 海商法历史渊源研究对《海商法》修订的启示

目前在《海商法》修订中,有不少学者提出海商法自体性理论,其实质上是要证立海商法在体系上的独立性,从而颠覆"海商法是民法特别法"的观点,并且该理论以一种历史纵向之维度,通过古代海商法所显现出来的诸如习惯起源、体系独立和纠纷解决机制自治等特质以及这些特质的传承来证成。⑤ 本书花费大量篇幅对古代民法与海商法的关系问题进行考察,目的就是要沿袭海商法自体性理论的思路,反思该理论自身之不足。

古代海商法所显现之独立性更多来自历史原因,并非单靠逻辑所能解释。古代欧洲的产业结构系以自给自足的农业生产为主体,海陆商业总体上处于衰微状态,商品交易比较贫乏。⑥ 由于生产力、科技发展水平和人类认识能力之低下,所以航海自古就被认为是冒险活动,海上商业仅是小规模地存在,到了中古时期,远距

---

① 参见郭德香:《幻象与真实——中世纪商人法形貌考辨》,载《河南大学学报(社会科学版)》2017 年第 6 期。

② See Charles JR. Donahue, *Medieval and Early Modern Lex Mercatoria: An Attempt at the Probatio Diabolica*, Chicago Journal of Internalional Law, Vol. 5:1, p. 36(2004).

③ See Emily Kadens, *Order within Law, Variety within Custom: The Character of the Medieval Merchant Law*, Chicago Journal of Internalional Law, Vol. 5:1, p. 64(2004).

④ 参见孙希尧:《国际海事商人法断思——一个民间法的角度》,载《甘肃政法学院学报》2011 年第 6 期。

⑤ 参见司玉琢、李天生:《论海法》,载《法学研究》2017 年第 6 期;王世涛、汤喆峰:《论海商法之于民法的独立性》,载《中国海商法研究》2012 年第 3 期。

⑥ 虽然古罗马也存在一些商业活动,但其经济主体始终是农业,商业始终处于从属地位;而且古罗马的商业是同战争密切相关的,战争的结束意味着商业的衰落。参见赵立行:《古罗马的商业特征与中世纪自给自足状态的形成》,载《复旦学报(社会科学版)》2001 年第 5 期。

离贸易几近消失。缘于此,作为社情民生之反映,中古时期民法亦重点围绕土地展开。[①] 例如封建法调整的是“封建占有关系”和“封君—封臣关系”;庄园法调整的则是“领主—农民关系”以及农业生产、一般庄园生活。[②] 教会法虽然包含某些经济内容,但主要系对教产安全之保护、教职人员经济行为之约束,以及禁止世俗势力对教会财产的侵害。[③] 即使是作为“共同法”的罗马法也并没有太多商法内容,[④] 商人法的规定系新时期商业实践之反映,与罗马法之规定存在较大差异。[⑤] 可想而知,古代民法之内容根本无法容纳当时大部分海上乃至陆上商业活动及其所产生之法律关系。不仅如此,民法在中古时期的发展近乎停滞,其超高稳定性也使之难以适应商业复兴后活跃的商事实践,这才给予商人阶层足够的空间制定自己的法律。[⑥] 因此,我们不难理解,为何罗马涉足海洋事务之前,地中海商业一直是“罗得法”的世界;又为何《罗得海法》很快就被纳入作为亚欧非国际贸易霸主的拜占庭帝国的法律体系之中。关键就在于该地域是否存在海事海商实践以及人们相应的实践能力。假如主流法律制度已无法满足海上商业实践之需要,海上商人群体就有足够的动力在主流之外创制或编纂自己的海商习惯法,创建专业的海事法庭以解决海上商人之间的争讼,并且自发促成一定区域内海商法的汇编,统一海上规范从而降低交易风险。[⑦] 中古时期封建社会的多元政治与法律格局也为上述之实现提供了条件。由此看来,中古时期海商法无论是规范表现形式还是调整对象都具有一定程度之独立性——单独的法律文本且调整对象也区别于封建法、庄园法等陆地法律。

---

① 参见何勤华、魏琼主编:《西方民法史》,北京大学出版社 2006 年版,第 149 页。

② 参见马剑银:《中世纪欧洲封建法的前世今生》,载《比较法研究》2015 年第 3 期。

③ 参见赵立行:《欧洲中世纪教会经济立法及其伦理》,载《中国社会科学》2018 年第 2 期。

④ 徐国栋教授认为,从商法是调整企业营利活动的法律制度的角度来讲,古罗马之前就有商法,否则就意味着在古罗马之前人类无企业活动或营利活动,这种观点显然是站不住脚的。参见徐国栋:《罗马商法及其与“民法”的合一——以优士丁尼〈法学阶梯〉为考察对象》,载《法制与社会发展》2017 年第 5 期。但正如前文所论,古罗马的商业实践是极其简单的,这决定了其商法也相当简陋,德国学者戈德施密特(Goldschmidt)也认为,古罗马没有针对商业的特别法,是因为罗马法对于古代的商事交易而言已经足够。参见 Levin Goldschmidt, Universalgeschichte des Handelsrechts, 1891, S. 78ff。转引自施鸿鹏:《民法与商法二元格局的演变与形成》,载《法学研究》2017 年第 2 期。

⑤ 参见夏小雄:《商法“独立性”特征之再辨析——基于历史视角的考察》,载《北方法学》2016 年第 5 期。

⑥ 直到近代《法国民法典》的编纂,民法里面已经完全没有商法的内容。艾伦·沃森认为,《民法典》里没有商法的简单原因是商法没有被当成“民法”来看待,商法已经形成它独特的法律传统,它没有明显的与罗马法有关联的祖先。参见[美]艾伦·沃森:《民法法系的演变及形成》,李静冰、姚新华译,中国政法大学出版社 1993 年版,第 166 页。

⑦ See James W. Shephard, *The Roles d' Oleron: A Lex Mercatoria of the Sea*, Comparative Studies in Continental and Anglo-American Legal History, Vol. 24, p. 247(2005).

海商法自体性理论似乎通过历史维度的考察以印证其主张，但同样囿于历史之局限性，致使其理论本身存在相当致命的缺陷。从前述关于海商法与民法关系的梳理总结大致可以看到，海商法在历史上虽然曾经独立于罗马市民法、中古时期的教会法、封建法、庄园法等存在，但这种独立地位是相当有限的。实际上，海商法的存在形态从未在某个历史时段固化，相反地，它随着历史演进而不断变迁，不同的实证法形态对于人们在该法律部门上所持有的观念及其相应法体系之构建均有深远影响。因而，在某个历史阶段，海商法所表现的独立性并不代表其具有历史必然性，相反，这种独立性系以其深刻的历史背景为支撑，超出一定的历史环境即未必有效。随着历史进程之推进，海商法或许将进一步确立这种独立性，又或许这种独立性将逐步减弱乃至消亡。故此，海商法是否具有相对于民商法的独立性，需要站在当今历史阶段，结合当前历史环境加以判断。

（二）近现代海商法独立性的消亡及其民商法特别地位的确立

对海商法进行历史研究有助于清本溯源，端正其发展起点，确定其历史传统，梳理其演进脉络。但研究历史终归只是借镜，海商法始终要服务于当代海上商人和航海贸易实践，故仍需要立足于当下，把握海商法发展之趋势，其究竟是越来越独立于民法体系之外，还是越来越与民法体系相融合？本书认为，中古时期以后，海商法的演变趋向是，其不仅逐渐向国家实定法体系回归，也逐渐与民法在体系上合为一体，上述二者均导向海商法独立性之消亡，并且此状态一直延续至今。

1. 主权国家主导的海商立法

古代海商法独立性的其中一个表现是国家公权力对海商法之形成与流变影响甚微，海商法系由商人阶层创造并执行，立基于商人的商业实践及其所形成的商事习惯之上。尽管此种独立性在古代复杂多元的政治和法律形态下显示出相当的有限性和相对性，但毕竟也代表着海上商人阶层和海商法相对于其他政治实体和法律系统之独立地位。及至中古时期后期，社会之政治经济体制改弦易张。一方面，支离破碎的封建政治和法律格局已经严重阻碍商品经济和资本主义之成长。新兴的经济力量、自由城市和商人阶层均呼吁一种统一的、中心化的、边界确定的政治权威来调整并规制他们的社会和经济生活。于是，以权力集中为特征的君主专制制度推翻封建立宪政体和自由城市制，沉重打击了教会对世俗社会的统治，成为欧洲最为普遍的政治体制。与此同时，将“民族”概念作为同质化和一体化纽带的民族国家（national states）也成为主要的政治形态。[①] 政治学领域的主权理论为君主

① 参见钱乘旦：《欧洲国家形态的阶段性发展：从封建到现代》，载《北京大学学报（哲学社会科学版）》2007 年第 2 期。

专制制度和现代民族国家之兴起提供了正当化证明。[①] 另一方面,11 世纪之后,传统的土地农业经济式微,商品经济和资本主义蓬勃发展,军事科技优势、生产技术和交通巩固了商业化国家的统治,[②]国家掌控经济的能力显著提升。[③] 意大利学者卡尔卡诺(Galgano)指出,君权集中使得代表商人阶层独立性的行业组织转变为类似于罗马帝国"行业协会"(collegia)的国家辅助型机构,从属于国家政治和法律体系而继续存在;商人阶级已经不能再主导商业发展,取而代之的是受到重商主义学说影响的专制君主国。[④]

这一转变导致两个结果,一是商人阶层不再是一个特权阶级,他们被整合到现代国家的框架之中。这意味着商业实践不再是专属于商人阶层的"阶级经验",而是整个国家及其人民共同之行为,各国均需要制定自己的商法以适应自己国家的商业进展。二是主权理论在表明每一个国家都是独立存在的同时,加强了一国实定法体系的独立地位。现代国家开始有意识地集中整理中古时期以来一直被各种独立政治实体所分享的立法权和司法权。并且,一国实定法体系地位的提高必然为各国法律的差异性提供合理证明,这也就破坏了普遍自然法对于实在法权威之保障,使得实在法之权威性转向寻求主权概念的支援。换言之,习惯固然仍可作为法律的重要素材,但其有效性必须依赖于立法机关制定或认可这一与国家主权紧密相连的法律事实。是故,立法层面的体系化法典成为一国实定法体系之表征,掀起了近代欧洲各国的法典编纂运动,对后世影响深远的《法国民法典》和《德国民法典》就是这一时期的作品。[⑤] 法典编纂者的观念固然是受到理性主义之熏陶,但更值得关注的是民族主义思潮在其中所发挥的作用。[⑥] 法典编纂成为创造民族法律文化的过程,借此"国家"得以整合为一体。

这一趋势显然也影响了海商法之演进,使之走进国家立法的时代。各国纷纷

---

① 博丹(Bodin)作为最早阐述主权理论的学者,他将主权描述为共同体(commonwealth)所有的绝对的且永久的权力,并且这种权力在力度、作用和存续时间上都不是有限的。参见[法]让·博丹:《主权论》,[美]朱利安·H. 富兰克林编,李卫海、钱俊文译,北京大学出版社 2008 年版,第 25 ~ 29 页。

② 参见[美]亨德里克·斯普拉伊特:《现代国家的起源、发展和可能发生的衰落》,王向东译,载《国外理论动态》2012 年第 7 期。

③ 参见瞿郑龙:《现代社会之前的法律与政治关系及其内在困境》,载《天府新论》2016 年第 5 期。

④ 参见[意]F. 卡尔卡诺:《商法史》,贾婉婷译,商务印书馆 2017 年版,第 60 ~ 61 页。

⑤ 参见王云霞:《近代欧洲的法典编纂运动》,载《华东政法学院学报》2006 年第 2 期。

⑥ 参见[美]约翰·亨利·梅利曼:《大陆法系》,顾培东、禄正平译,法律出版社 2004 年版,第 27 ~ 28 页。

从保护本国航海、商业利益的角度出发,制定属于自己国家的海商法典。① 其中,法国国王路易十四在1681年颁布的《海事敕令》无疑最具影响力。《海事敕令》的主要作用就在于排除《奥列隆惯例集》和《康索拉度海法》对法国海事活动的适用,加强王室对海事贸易的控制。② 海商法因此被整合到了一国实定法体系当中,人们自然更加关注海商法与其他国内法律之关系。

但航海活动天然具有流动性和跨区域性,因而海商法也必然存在一个从地方法向世界性法律(from local law towards a cosmopolitan law)的运动过程。③ 尤其是当今科技与日俱进,经济全球化也是大势所趋,人类参与国际贸易和海洋利用的广度和深度都在不断扩张。假使各国只顾及自身利益,采取地方保护主义,法律制度之间缺乏有诚意之妥协和衔接,必将致使船东和货主之交易成本有增无已,最终只会是各国作茧自缚,航运和贸易行业陷入整体衰败。故现代海商法又重新朝着谋求国际统一化的方向发展。对于国际统一化的实现路径,前述海商法自体性理论显然是受到自治商法理论的"浪漫主义"思潮影响,④主张一种与国家主权相对脱离、"超国家"的海商自体法。诚然,海事国际统一实体法运动很大程度上是在国际海事组织、国际海事委员会和联合国贸易发展委员会等机构的推动下进行的,甚至有学者认为受"现代商人法"理论之陶染,⑤海事规则还通过示范法、格式合同和商业惯例等途径实现统一。⑥ 但以国家利益保护为宗旨的国内海商立法早已否定了

---

① 这一过程从1561年丹麦王国腓特烈二世制定海事法典开始,随后在丹麦、瑞典和法国等国的海事立法中达到了顶峰。其他国家也接二连三地步其后尘,如荷兰1721年鹿特丹《海事条例》;普鲁士1727年《海事条例》;西班牙1737年《毕尔保条例》;威尼斯1786年《海事商法典》;英国也在17世纪至19世纪废除了地方海事法院,将其管辖权移转至海事法院和国家其他法院。参见[美]约翰·H. 威格摩尔:《世界法系概览(下)》,何勤华等译,上海人民出版社2004年版,第783~785页。

② 参见董安生等编著:《中国商法总论》,吉林人民出版社1994年版,第13页。

③ See Plucknett & Theodore F. T. ,*A Concise History of the Common Law*,Citic Publishing House,2003,p. 659.

④ 该理论认为商法起源于商人的实践和自发意识,由此形成的行为规则在商人法庭得以明晰化和具体化;这些自治性商事规则具有天然的普遍性和统一性,在经济全球化的今天虽有波折但仍占世界发展之主流,故仍须通过以国际商事惯例为核心的自治性规则来实现全球范围内的商法统一。参见宋阳、张源:《自治商法理论的批判研究》,载《湖北大学学报(哲学社会科学版)》2018年第4期。

⑤ "现代商人法"是指第二次世界大战结束以后,国际法学界的某些学者因不满于国际贸易合同受制于内容彼此相异的各主权国家国内法的状况而积极寻求的一种独立适用于日益发展变化的国际贸易事业,并且能够反映国际贸易活动特征的法律制度。有关该理论的提出背景、具体内容和发展趋势的总结,参见徐国建:《现代商人法论》,载《中国社会科学》1993年第3期;郑远民:《现代商人法理论的提出及其对我国的影响》,载《法学评论》2002年第3期。

⑥ 参见孙希尧:《海事私法统一的法律思考》,载《甘肃社会科学》2007年第5期。

超国家的海商自体法,也破坏了以海商自体法构筑的海商法国际统一。[①] 以《鹿特丹规则》为例,其原本旨在终结《海牙规则》《维斯比规则》《汉堡规则》"三足鼎立"的局面,促进海上运输法律之统一,[②]但该公约背后依然是缔约方之间激烈、复杂的利益冲突与博弈。[③] 目前批准该公约的国家就只有两个,以致有学者认为,不能仅凭某个国际公约的通过就断定国际海上运输立法之统一趋势。[④] 现代国家越来越注重主权意识,几乎没有国家愿意接受高于主权的海商法。[⑤] 无论是通过条约实现的国际海事立法统一,还是通过示范法、格式合同和商业习惯等实现的海事海商领域的"现代商人法",均不可能脱离主权国家的立法与司法而独立存在。[⑥] 因此,各国在参与国际海事立法,或者在司法审判中适用海事习惯法,仍然需要特别注重与自身国内实定法体系相协调。

2. 民法与海商法在体系上的合一

海商法回归国家实定法体系,亦使其与民法之体系关联更为密切。除去前文提及一国法体系的最高性和统一性必然要求法律之间相互协调以外,民法自身之发展、民法体系之演变以及法律技术和法学研究之精进是海商法与民法在体系上合一的主要原因。

上文所述,古代欧洲的经济状况是海商法独立性之客观基础。"商"以其独有之特征区别于传统社会。[⑦] 但近代之后,这种情况发生了根本变化。一方面,工业革命和资本主义发展促成工商业经济取代自给自足的农业生产成为产业结构之主导力量,市民阶层生活的商业化、资本化程度也随之日益提升。商人作为一种特权身份开始向市民阶层全体开放,甚至不断发展为"全民皆商"的态势。具体到海商领域,航海活动不再只是少数人的冒险,各国开始以国家之名义支持、鼓励和参与海上贸易,航运和货运成为庞大行业,加之后来电子商务和现代物流业发达,每个

---

① 参见王秋雯:《海商法的国际统一:从海商自体法到国际海商统一实体法》,载《社会科学辑刊》2012年第2期。

② 参见邹盈颖:《中国法视角下对〈鹿特丹规则〉评估的认识》,载《法学》2010年第11期。

③ 例如英国在制定《鹿特丹规则》的过程中态度一直较为消极,但在讨论"仲裁"一章时派出了代表与会,并且对该公约中的"仲裁"一章明确表示了反对,反映了其对于维护伦敦作为国际海事仲裁中心地位的关切;美国考虑到调整班轮运输服务合同民事立法的缺失,极力主张将"批量合同"的概念引入该公约;我国基于公平合理地扩大管辖和仲裁地、保护货方利益的目的,强烈反对美国主张的"长臂管辖和仲裁"做法。参见司玉琢、蒋跃川:《国际货物运输的世纪条约——再评〈鹿特丹规则〉》,载《法学杂志》2012年第6期。

④ 参见袁发强:《谨慎迈进——中国对待〈鹿特丹规则〉的应有态度》,载《当代法学》2013年第4期。

⑤ 参见何丽新、陈永灿:《海商法特性论》,载《中国海商法年刊》2008年第00期。

⑥ 参见李东、李天生:《一般海商法的回归与升华》,载《广西社会科学》2013年第3期。

⑦ 参见范健:《论我国商事立法的体系化——制定〈商法通则〉之理论思考》,载《清华法学》2008年第4期。

人皆可谓全球物流网络中的一员。另一方面,人类在造船、航海设备、航海术和海军装备等技术领域不断取得新的突破,这不仅直接催生了地理大发现,使世界历史步入全球阶段,①更重要的是它使得人们抵御海上风险的能力大大增强,航海活动不再被视为“冒险的事业”。② 前述变化所导致的结果是,民法与商法开始走向融合,海法与陆法的界限也渐次消失。

纵观近现代民法(市民法)内涵之变迁,其不仅受主权理论的影响,丧失了共同法的地位而获得更多国家和民族色彩,而且由于近现代政治学领域里社会理论的进一步发展,③民法最终被确立为作用于社会的一般私法。④ 社会与民法体现出对海上生活之包容。

在这一语境下,首先,民法上的“人”等于“市民”之整体,它最初被设计为抽象、平等的法律主体。⑤ 此理论构造反映了14世纪至16世纪以来欧洲大陆“三R运动”⑥所带来的人文主义胜利成果,人的价值、权利和自由得到了承认和解放。财产权保护绝对化、私法自治等近现代民法的基本原则和制度得以确立,⑦实际上已经暗合了商人阶层和资本主义精神的内在需求,⑧成为民事生活与商事生活共享之价值。缘此,商人阶层之独立性受到严重冲击,商人身份不再由商人垄断,而是向市民开放。伴随工业革命后社会的进一步“商化”,市民之形象更逐渐按照完全

---

① 参见[美]斯塔夫里阿诺斯:《全球通史——从史前史到21世纪》(第7版),董书慧等译,北京大学出版社2005年版,第453页。

② 参见司玉琢、吴兆麟:《船舶碰撞法》(第2版),大连海事大学出版社1995年版,第1页。

③ 参见梁慧星:《民法总论》(第4版),法律出版社2011年版,第30页。

④ 贝特鲁奇教授认为,近代法典编纂运动受到自然法学派的社会契约理论影响,将法典编纂分为两个不同的部分,前者是为了规范和保护个人的权利的市民法的法典编纂,后者是确定和限制国家权力的宪法的法典编纂。由此,市民法变为仅指私人主观权利的法律。参见[意大利]阿尔多·贝特鲁奇:《从市民法(Ius Civile)到民法(Diritto Civile)——关于一个概念的内涵及其历史发展的考察》,薛军译,载吴汉东主编:《私法研究》(第2卷),中国政法大学出版社2002年版。

⑤ [日]星野英一:《私法中的人——以民法财产法为中心》,王闯译,载《民法总则论文选萃》,中国法制出版社2004年版。但后来越来越多学者开始质疑这种抽象、平等民事主体构造的合理性,尤其是资本主义进入垄断阶段之后,平等的人在现实社会中分化为具体的弱者与强者,如大规模的工业化生产导致产生结构性不平等的雇员(产业工人)和雇主(企业主);还有消费者保护运动中对立的弱者“消费者”与强者“经营者”。参见朱岩:《社会基础变迁与民法双重体系建构》,载《中国社会科学》2010年第6期。故此,民法的关注点开始从“强有力的智者”转向“弱而愚的人”。参见[日]星野英一:《私法中的人——以民法财产法为中心》,王闯译,载《民法总则论文选萃》,中国法制出版社2004年版。

⑥ “三R运动”是指文艺复兴(renaissance)、宗教改革(religion reform)和罗马法复兴(recovery of roman law)。参见江平:《罗马法精神与当代中国立法》,载《中国法学》1995年第1期。

⑦ 参见梁慧星:《从近代民法到现代民法——二十世纪民法回顾》,载《中外法学》1997年第2期。

⑧ 参见朱晓喆:《从“资本主义精神”透视近代民法中的人》,载《法律科学(西北政法学院学报)》2007年第2期。

逐利、精于算计的商人形象来设计。[①] 理性人假设获得经济学家之证成，使哲学上的理性人在经济上融入社会，民法上的"人"就会成为具有市民与商人感受力之经济人。[②] 谢怀栻先生为此感慨道："在市场经济高度发达的资本主义社会里，谁是商人或谁不是商人，谁为营利行为或谁不为营利行为，是很难区分的。"[③]上述趋势对于海陆商业的影响是一致的，盖因陆上商业和海上商业皆已成为现代市民生活不可或缺之部分。

虽说商人逐利不分地域，但鉴于中古时期封建制度之特殊环境，欧洲广大内陆地区仍以土地农业经济为主体，商业多限于沿海港口城市，因而彼时海上商事活动比陆上商事活动更为兴盛，从中古时期海商法之繁荣便可见一斑。实际上，中古时期陆上商法之规定更多集中于合同与物权领域，仅能调整比较简单的商品交易关系。一些重要复杂的陆上商法制度，诸如股份公司、证券交易、汇票等，直到中古时期末近代初才产生。从此等意义上讲，中古时期的海上商法与陆上商法也存在一定程度之分离。[④] 质言之，经营海商或陆商均需承担相应风险，但两者风险之具体类型又并非相同。正如徐国栋教授所认为的，海洋更受自然力支配，且因人类科技水平落后，海运的风险要比陆运大得多。[⑤] 为此，海商法的各项制度均系围绕海上风险的规制与分担而创设。但随着造船、航海技术的革新，有限责任、保险等制度之形成，人类无论在技术方面或制度方面，抗击和承受风险的能力都在不断增强。海陆风险趋同化的倾向越来越明显，海上商业逐渐被统合于其上位概念，成为商业整体之组成部分。

市民生活的商化与海陆风险的趋同化，只是从社会客观基础之层面整合了民商法与海陆法。真正从规范和形式层面上消弭民商法与海陆法之分立的是法律技术与法学研究的巨大进步。自罗马法复兴以降，法律技术和法学研究日臻成熟，为法律发展提供了新的知识、学理、思想和技术支撑。此时，民法与商法、海法与陆法

---

① 参见[德]古斯塔夫·拉德布鲁赫：《法律智慧警句集》，舒国滢译，中国法制出版社2001年版，第144页。

② 参见徐涤宇、潘泊：《私法自治的变迁与民法中"人"的深化》，载《华东政法学院学报》2004年第6期。

③ 谢怀栻：《外国民商法精要》，法律出版社2002年版，第43页。

④ 有学者甚至将陆商法与海商法的分离前推至古罗马时期，认为商法从一开始就表现出两条不同的发展道路，一条是罗马法排斥商法的简单商品生产完善法之道路，指《十二铜表法》到优士丁尼《查士丁尼民法大全》，以陆商法为主；另一条是希腊及其他海港城市通过交易实践自主发展的道路，指古希腊的《票据法》《罗得海法》("罗得法")，以规范海上国际贸易的海商法为主。参见王瑞：《商法本质的变迁》，载《政法论坛》2002年第6期。根据上文之分析，这种海陆商法分离的状态在古罗马统治地中海之前可能是存在的，但在此之后，"罗得法"并入市民法体系，就应该不存在海陆商分离一说。

⑤ 参见徐国栋：《古罗马的海事风险及其法律规制》，载《华东政法大学学报》2016年第5期。

逐渐共用一套概念体系。尤其是人文主义法学之后，[①]法律在知识论和方法论上总体呈现出“理性化”“体系化”“科学化”之倾向。早期的市民法并不如现代法教义学那般，运用准确的概念术语和精致的体系结构加以表达，毋宁说，它是决疑术式的、个案取向的(case-oriented)，与一般化(概括)的、原理取向的相对。[②] 罗马法学家是围绕问题来思考和应用法律的，似乎无人认为有必要把罗马法构建成一个体系性的法律。[③] 这代表了两种不同的法律思维模式，前者是“决疑论”——以解决个别的法律问题为导向；后者是“系统论”——以法律制度的整体关系为导向。[④] 典型如《学说汇纂》就属于决疑论式的法律观点汇编，其除了按照一定的主题加以区分之外，其内容杂乱无章，表达也相当口语化，通常是采取“一问一答”的方式解决具体的法律问题。

在民商事生活仍然割裂的时代，运用这样一种法律技术表述的民事规范和商事规范无论如何都是难以在语言上通约的，故构建私法的融贯体系也就无从谈起。但当法学家开始对一定的社会现象、事实与价值进行描述与抽象而形成法律概念时，[⑤]使用同一套概念体系解释民商事生活现象和海陆商业实践就成为可能。概念之功效毋庸置疑，其大幅度减少了法律规范的数量，并展现出了不同法律事实与法律后果间的体系性关联，因而也是法律体系化之重要工具。[⑥] 例如，“法律行为”概念可一般性地定义为当事人旨在根据意思表示的内容获得相应法律效果的行为。[⑦] 在这一点上，民事法律行为和商事法律行为的内涵是一致的，均揭橥法律行为所蕴含的私法自治的精神内核。[⑧] 此时就没有必要在民法和商法同时规定一套完整的法律行为制度。又如，所有人对所有物享有所有权，这是私有财产制度下的通常观念，其就是指在法律限制的范围内，对物为全面支配的权利。[⑨] 虽然船舶与其他物

① 有关人文主义法学的发展脉络、理论范式、方法特征和实践意义等问题，参见舒国滢：《欧洲人文主义法学的方法论与知识谱系》，载《清华法学》2014 年第 1 期；朱晓喆：《从中世纪罗马法到近代民法的思想转型——以 16 世纪人文主义法学为中心》，载《中外法学》2007 年第 1 期；苏彦新：《民法法典化的人文主义法学根源——兼评〈那些法学家们：一种批评史〉》，载《政法论坛》2017 年第 1 期。

② 参见舒国滢：《罗马法学成长中的方法论因素》，载《比较法研究》2013 年第 1 期。

③ 参见郑永流：《欧陆法律方法的方向性进程》，载《清华法学》2018 年第 2 期。

④ 参见朱晓喆：《从中世纪罗马法到近代民法的思想转型——以 16 世纪人文主义法学为中心》，载《中外法学》2007 年第 1 期。

⑤ 张文显教授认为，法律概念是对各种法律事实进行概括，抽象出它们的共同特征而形成的权威性范畴，参见张文显：《法哲学范畴研究》(修订版)，中国政法大学出版社 2001 年版，第 57 页。

⑥ 参见雷磊：《法律概念是重要的吗》，载《法学研究》2017 年第 4 期。

⑦ 参见朱庆育：《民法总论》，北京大学出版社 2013 年版，第 78 页。

⑧ 参见许中缘：《论商事规范的独特性而非独立性》，载《法学》2016 年第 12 期。

⑨ 参见刘家安：《物权法论》，中国政法大学出版社 2009 年版，第 89 ~ 90 页。

在外观形态、功能、价值等方面都存在各种各样的差别,但作为所有权的客体,其表现出来的权利内容并无不同。因此,它们都可以统一于"物"的概念,适用相同的所有权制度。此时也没有必要在海法中另外规定一套完整的船舶所有权制度。正如苏永钦先生所认为的,高度精粹、技术性的语言,是民法跨越历史、纵横东西而保持体制中立之奥秘。[①] 总而言之,海商法的概念和规范表述越来越离不开民法体系,如有学者开始用债权、物权、债权物权化等概念解释船舶优先权之法律性质,[②]用合同、不当得利、无因管理、代理等理论论证共同海损制度。[③]

以上两条线索主导了往后的立法史演进。实际上,直到近代法典编纂运动之兴起,各国制定的商事成文法还更多只是对中古时期商人习惯法的确认,有着深刻的商人法或属人法烙印。[④] 例如,关于海商法的制定,法国于 1673 年和 1681 年分别颁布《商事敕令》和《海事敕令》,采取海陆商分立之立法模式;而关于商法典的编纂,法国、德国相继采取民商分立的法典编纂模式。这反映了近代早期,民商、海陆之间仍然保持了中古时期的分离格局。但随着民法及其技术之进步,原来专属于商法领域的法律规则(如促进合同成立、优待债权人、保护善意信赖等)被应用于整个私法领域,商法规则的适用空间扩展至非商人之间的法律关系。[⑤] 商法由原来的属人法,即适用于商人的法律,演变为行为法,即调整商行为(营利性行为)的法律,不论此等行为是商人或非商人实施。[⑥] 民事规范与商事规范在民商共通的部分具备了相同的表达能力,民商共通的部分也不断扩大。商事规范相对于民事规范的独立性被进一步削弱,从而湮灭了民法与商法的形式划分,而海法与陆法的境况亦是如此。前者如 1911 年《瑞士债法》的修订;[⑦]后者如 1807 年《法国商法典》将《海事敕令》中的公法规范剔除而将海事私法集成列为《法国商法典》第二编"海

---

① 参见苏永钦:《走入新世纪的私法自治》,中国政法大学出版社 2002 年版,第 4 ~5 页。

② 参见张辉:《船舶优先权法律制度研究》,武汉大学出版社 2005 年版,第 12 ~16 页。

③ 参见何丽新:《论〈海商法〉第 248 条"船舶失踪"与〈民法总则〉第 46 条"宣告死亡"》,载《政法论丛》2018 年第 6 期。

④ 参见赵中孚主编:《商法总论》(第 4 版),中国人民大学出版社 2009 年版,第 16 页。

⑤ 参见夏小雄:《商法"独立性"特征之再辨析——基于历史视角的考察》,载《北方法学》2016 年第 5 期。

⑥ 参见徐国栋主编:《民法总论》,厦门大学出版社 2018 年版,第 11 页。

⑦ 瑞士将商法的大部分内容,如公司与合作社、商事登记、商号与商业账簿及有价证券分别规定在《瑞士债法》的第三分编至第五分编中,而《瑞士债法》在整体上作为《瑞士民法典》的第五编,只是采取了单独编序的独立立法形式。参见殷安军:《瑞士法上民商合一立法模式的形成兼评"单一法典"理念》,载《中外法学》2014 年第 6 期。

商"(commerce maritime)。[①] 如此看来,坚持商法之于民法、海法之于陆法的独立性似乎再无甚必要,海商法应为民法的特别法。[②] 即使海商法在文本形式上仍在民法之外,但这不过是为了避免民法作为一般私法的内容过于庞杂,并不代表海商法在体系上具有独立于民法之性质。

二、法律理念:海商法与民商法的趋同性

(一)私法自治与强制性规范

以自治为核心的理念是私法赖以生成和发展的根基。民商法是以自治为核心的最基本私法规范的总和,其崇尚民商事主体依意思自治原则处分自身的民商事权利和义务,法律不得非法干预。私法自治理念在合同领域体现最为充分,契约自由理念是近代民法三大基石之一。在海商法领域,海商法赋予当事人更高的意思自治。例如,我国《海商法》第91条规定了因不可抗力和其他不可归责于承运人和托运人的原因,不能在合同的目的港卸货的,船长有权选择在目的港临近的安全港口或者地点卸货;又如,迟延交货,《海商法》下当事人只要在约定时间内交货,即不认为是迟延;再如,海商法允许当事人在提单背面条款约定适用的法律,也允许当事人协议选择管辖的法院,甚至是没有实际联系的法院,海商法的协议管辖赋予了特定当事人更高的意思自治和选择权。

私法自治是私法任意性特点的集中体现,但这种任意性不是绝对的,而是受到一定的限制。[③] 民法内的强制性规范,主要考虑的是民法基本制度的安定性、当事人之间利益关系的平衡,特别是为了对弱者利益的保护以及维护社会公共秩序和

---

① 参见何勤华、魏琼主编:《西方商法史》,北京大学出版社2007年版,第280页。还有一种立法趋势是海陆运输法之统一,如法国,海上运输法与陆上运输法被统一合并于2010年12月1日起施行的《运输法典》(Code de Transports)之中。参见[日]中村真澄、[日]箱井崇史:《日本海商法》,张秀娟、李刚、朴鑫译,法律出版社2015年版,第8页。又如日本,2018年《日本商法典》迎来了时隔约120年的大修改,重点是运输总则的设置,统合了海上、陆上和航空运输,参见陈昊泽、何丽新:《〈日本商法典〉运输总则最新修订之评析》,载《中国海商法研究》2018年第3期。

② 当然,对法体系独立性的否定,并不影响对学科独立性的支持,两者是相关却不相同的问题。有学者甚至认为,商法与商法学的独立存在完全可以不依附于形式上独立的商法典(更何况现阶段《海商法》在形式上独立于《民法典》等民事法律)。学科划分更多是法学知识体系的教学安排问题,根据不同的教学目的,可以有多种选择。参见张谷:《商法,这只寄居蟹——兼论商法的独立性及其特点》,载高鸿钧主编:《清华法治论衡》(第5辑),清华大学出版社2005年版。

③ 在法国等国家出现了意思自治原则衰败的情况,这源于社会经济领域强者和弱者的出现要求强化契约中对弱者的法律保护,这使得法官通过判例弱化意思自治原则,立法者也通过制定法限制意思自治原则。参见张民安:《法国民法中意思自治原则的新发展》,载《法治研究》2021年第4期。

公共道德而设置。[①] 海商法的演变,较好地诠释了"严格的契约本位"向"限制的契约本位"的过渡。古代海商法以海事商人的特权地位为基础,通过商人自治规则和裁判而形成海事习惯法。近代海商法走向国家立法道路,随着海事主体特殊身份地位的湮灭,契约自由原则加以确立。海上货物运输合同、提单背面管辖权及法律适用条款的效力、租船合同条款的并入等彰显契约自由在海上货物运输领域的活力。然而,随着社会本位对个人本位的修正,基于对交易安全的重视及对弱势群体的保护,私法自治受到的限制不断被强化。法律以强制性手段介入民事活动日益频繁,诚实信用原则和公序良俗原则的引入、反垄断法的出现、契约相对性理论的突破、起草者不利解释原则的运用均体现法律对私法自治的限制。而在海商法领域,由于海上运输的特殊性,提单等运输单证是承运人单方签发的,当契约自由理论沦为强权者压榨弱小者的工具,出现承运人滥用该原则而肆意增加免责条款侵害货主利益的现象时,法律的价值取向也由原先的形式平等转而追求实质平等,海商立法从价值目标、法律原则到具体的法律规则的设计都是围绕自治与管制的关系而展开。"海上货物运输法强制性体制是一个内涵非常丰富的,并且关涉强制性规范的体系。"[②]我国《海商法》有关海上货物运输合同的规定移植了《汉堡规则》中的强制性体制,第44条规定:"海上货物运输合同和作为合同凭证的提单或者其他运输单证中的条款,违反本章规定的,无效……"这种强制性规定既包括承运人的义务与责任如谨慎处理船舶适航、妥善和谨慎地管理货物、船舶不得不合理绕航、在约定的时间内和在卸货港交付货物等,又包括托运人的义务与责任如提供约定货物、妥善包装和准确申报货物、及时办理货物运输手续、支付运费和其他费用等。有学者提出,契约自由原则的作用受到一定程度的限制,这是当代海商法的发展趋势。[③]

在《海商法》的修订中,如何协调私法自治和强制性规范是一个基本理念问题,其项下的子问题包括但不限于以下内容:第一,是否取消航海过失免责,将适航义务扩展到运输全程?第二,航次租船合同是在海上货物运输合同中还是租船合同中,承运人责任的强制性规定是否适用于航次租船合同?第三,《鹿特丹规则》下的批量合同赋予当事人充分的缔约自由,在我国缺失服务合同的监管制度下,是否强制性地约束承运人过度的意思自治?第四,若将内水运输纳入海商法的调整范围,而《民法典》合同编并没有规定合同当事人强制性义务与责任的条款,实力雄厚的

---

① 参见耿林:《强制规范与合同效力——以合同法第52条第5项为中心》,中国民主法制出版社2009年版,第77~78页。

② 马得懿:《海上货物运输法强制性体制论》,中国社会科学出版社2010年版,第28~29页。

③ 参见傅廷中:《海商法》(第2版),法律出版社2017年版,第17页。

承运人和中小托运人如何通过《海商法》的立法条款达成缔约地位的平等？总之，《海商法》的修订，应坚持私法自治的民商法核心理念，辅之以法律强制手段，通过海运主体平等法律地位的实质矫正，达到对私法自治原则进行必要限制，以平衡海运主体的合法权益。

（二）实质公平与利益衡平

公平正义是法律永恒的价值追求，也是民法遵循的基本原则之一。民法不仅追求形式意义上的平等，更关注实质意义上的平等，赋予弱势群体特殊权利，以实现实质平等的要求，达到公平正义价值的追求。这是以平等、公平等原则最大限度确认人的权利，公平、平等的价值理念体现于民法制度的各个方面，贯穿民法规定的始终。海商法所追求的价值理念亦是实质公平。① 海商法不仅关注船货双方实体上的权利义务的公平，还关注双方背后风险承担的多寡，从而为船货双方合理地分配经营中面对的海上风险，这体现了对实质公平的追求。虽然海商法的特殊性不容忽视，但海商法也遵循民商法普遍性的立法理念，以实质公平合理地确定各方的权利和义务。

海商法被称为最典型的商法，而商法更多地体现追求效率和促进商业，因而保障营利是商法的基本价值理念。海商法作为传统的商事法律，"营利性"特征在海商法中体现得淋漓尽致，②海上风险的不可预测仍然无法阻挡商人从事海上贸易的脚步。但是，商法的营利性并不是不关注商事主体的公平，相反地，商法追求的是更高层次的公平，③如通过保障交易安全来确保交易效率的最大化。"维护交易效率确立的是程序的公平，是商事运行规则的公平，为追求效率，可以牺牲某些案件的公平为成本，但它却是更高层次、更普遍范围的公平与安全。"④因此，海商法追求的公平也是更高层次的公平。

在海运领域，海运制度的一切原理都与海洋的风险紧密相关。海运合同中，人们常常批判船货双方地位不平等，在合同中享有和承担的权利义务的不平等，如承

① 有学者指出，民法不仅强调形式上的公平，更强调实质上的公平，其主要表现是民法强调对法律规则的严格适用，但并不仅仅拘泥于对法律条文的机械理解，更加注重立法的主旨。参见赵万一：《民法公平原则的伦理分析》，载《重庆社会科学》2004 年第 2 期。

② 商法的核心理念和终极价值追求是营利，营利性原则作为商法的基本原则，随着商业社会发展的需要演绎出营利促进原则与营利风险防控原则两个分支。参见李建伟：《后〈民法典〉时代商法基本原则的再厘定》，载《学术论坛》2021 年第 3 期。

③ 有学者指出，商法鼓励促进商人自治，相应地肯定商人具有较强理性能力，不再过分强调实质公平正义的保护。参见李建伟、李亚超：《商法效益价值本位的体系建构》，载《首都师范大学学报（社会科学版）》2021 年第 4 期。

④ 王璟：《商法特性论》，知识产权出版社 2007 年版，第 47 页。

运人享有航海过失免责,享有单位责任限制。这是忽视了海上风险而形成的割裂看法,事实上,海上风险直接深刻威胁着承运人的利益。在运输合同签订和交付承运的货物后,货方就完成了合同项下的义务,而此时承运人承担着将货物安全送达目的港的责任,因此,海上风险在船货双方之间天然存在不平等。人们往往看到船货双方经济实力上的差距,却没有窥见二者在经营上面临的风险差距。不完全过失责任和海事赔偿责任限制正是对这种海上风险在船货双方进行合理分摊的结果。海商法追求的公平不仅仅是照顾经济上弱势的一方,而且关注实体之间成本和风险的投入。"从这个意义上讲,海商法可视为一套成本分摊体系,目的是找到一个对所有参与航运业者都最有利的解决方案。"①这种最佳成本分摊的公平理念与民法追求责任或义务承担的对等不同,从而导致海商法的许多制度似乎不符合民法的一般原理,但这正是更高层次的公平内涵的体现。

与此同时,海商法国际统一化进程相伴着公平理念的发展。因为海洋的不可分割性,海上运输与国际贸易也必然跨越多个国家,因此,对风险承担及成本核算体系的建立,也不是一国海商法所能实现的。承运人航海过失免责的发展正是实质公平要求海商法具有国际统一性的体现。英国的普通法最初要求承运人对货物的灭失或损坏承担严格责任,这对承运人而言是残酷的,导致承运人滥用合同自由在提单中随意增加免责条款,此反过来导致货主对托运的货物失去了保障。然而,当时英国的海运业在世界航运舞台中占据绝对的优势地位,虽然美国等国家通过国内立法如《哈特法》对其进行抑制,但仍然无法消除承运人的随意免责的约定。②因此,只有通过国际公约的方式才能有效地分摊承运人与货主的责任,正是在这种背景下,《海牙规则》于1924年制定,其核心就是对承运人的航海过失免责加以规制。

可见,海运的"营利性"、海运主体地位悬殊、船舶的流动性均不影响海商法的实质公平的价值追求和原则的成立。这种公平并不是"等价"的意思,不是数量或质量上的相等或相抵,③不是完全或绝对的公平,而是双方权利义务分配上的协调和调整,即利益上协调。有学者指出,公平原则是指以利益的均衡为价值判断标准来合理分配各民事主体之间的权利义务关系。④ 在海运中的船方和货方先天就是

---

① 郭瑜:《海商法的精神:中国的实践和理论》,北京大学出版社2005年版,第190页。

② 当时,有的提单上承运人的免责事项高达六七十项,以至于有人说,承运人只有收取运费的权利而无责任可言。参见司玉琢主编:《海商法》,法律出版社2003年版,第149页。

③ "平衡"在《现代汉语词典》中解释为"对立的各方面在数量或质量上相等或相抵",参见中国社会科学院语言研究所词典编辑室编:《现代汉语词典》(第6版),商务印书馆2012年版,第1000页。

④ 参见张新宝:《〈中华人民共和国民法总则〉释义》,中国人民大学出版社2017年版,第12页。

不平等的，海商法通过制度规范后天利益分配上的不平等，试图弥补船方先天存在的不平等。[①] 这种衡平是追求实质公平下的利益的最大化，可能是倾向船方，也可能是倾向货方，也可能是均衡船货双方，以使得海运各方的权利义务达成实质的公平。

首先，海商法衡平法系之间、国家之间的冲突。海商法从诞生之日起就是地区性法律，而不纯粹是一国的国内法。商人习惯法的性质使得海商法在许多制度上与各国国内民法有很大的不同。国际海上货物运输规则更多的是体现代表船方利益的国家与代表货方利益的国家相互妥协的利益平衡。例如《汉堡规则》对承运人火灾免责的规定，正是货主利益国家对船东利益国家的妥协。《汉堡规则》从字面上删除了《海牙规则》中承运人对船长、船员等在驾驶船舶或者管理船舶及火灾中的过失免责，但是对火灾免责的举证责任作了妥协，规定由索赔方（主要是货方）承担证明承运人对火灾发生具有过失的责任。货物在承运人责任期间由承运人控制，对于船舶在航行期间发生的火灾，索赔方在事后很难举证证明火灾发生的原因，因此，《汉堡规则》客观上仍然保留了承运人火灾免责的规定。又如《1969 年国际油污损害民事责任公约》赋予船舶所有人对船舶油污事故承担无过错的赔偿责任，但在《1971 年设立国际油污损害赔偿基金公约》中又确立了油污损害赔偿基金制度，用以赔偿油污受害人和补偿船舶所有人，以公平分担石油运输中的海上风险。

其次，海商法衡平海运各方主体的利益。例如共同海损分摊制度，由于海上特殊风险和条件，一旦发生海上事故，其损失往往是巨大的，因此早期的航海实践允许船长在发生船货共同危险时抛弃部分货物，而与此同时，为了弥补受损方的损失，由因采取抛弃货物等共同海损措施而获益的各方共同予以分摊。又如船舶优先权制度，它赋予了特定债权人无须占有又无须登记的“幽灵”式的优先受偿权，但又对这种隐形的船舶优先权的行使设定了限制，如 1 年的除斥期间等。《鹿特丹规则》也是在承运人和托运人之间进行利益的再平衡，一方面，加重承运人责任制度，取消航海过失免责、提高责任限额、明确货物迟延交付责任、规范承运人识别标准；另一方面，加重托运人责任制度，明确货物索赔的举证、无单放货的合法化、无人提取货物的交付责任免除、单证托运人等相关制度，重新衡平船货利益。

最后，海商法在制度间衡平。海商法在衡平主体间的利益时，也采用协调自身制度的手段进行规范之间的协调与平衡，如海事赔偿责任限制与船舶优先权之间

---

① 参见郭瑜：《海商法的精神：中国的实践和理论》，北京大学出版社 2005 年版，第 179、189 页。

的适用关系。[①] 海事赔偿责任限制将海运责任主体的赔偿额限制在限定幅度之内，这可能会损害特定债权人的利益，而船舶优先权通过赋予特定债权人优先受偿的权利，使其受清偿的机会因顺位的优先而提高，以达到缓和海事赔偿责任限制所带来的不利影响的目的。这两种制度在法律适用的过程中应该是相互协调而非排斥的关系，更不存在孰优孰劣的问题，应并行予以适用，《海商法》允许海事请求人就海事责任限制基金受偿时，继续保持其在船舶优先权制度下本来享有的优先受偿位次，以使船舶优先权与海事赔偿责任限制制度的价值冲突在制度和适用中得以有效化解。[②]

三、法律实例：以"船舶失踪"与"宣告死亡"的关系为切入点

从《海商法》第1条规定的调整对象分析，无论是船舶关系还是海上运输关系，多属于民商法调整之范畴。[③] 尤其在我国，海商法是后于传统民商法发展起来的，它要使用民商法的基本概念；要借助民商法的基本制度；要遵守民商法的基本原则。脱离了民商法的支撑，海商法就无以自立。[④]

现行《海商法》共278条，主要围绕船舶物权、海上合同、海上侵权、海上保险等进行规定。船舶物权是以船舶为标的的物权，包括船舶所有权、船舶优先权、船舶抵押权、船舶留置权等，船舶物权具有一般财产物权的共同属性，与民法物权有一定的固有性和历史上的渊源。[⑤] 海上合同包括海上货物运输合同、船舶租用合同、海上旅客运输合同、拖航合同、救助合同、海上保险合同、船舶建造合同、船舶买卖合同、货运代理合同、海洋勘探开发合同等，这些海上合同属于特别类型的合同；海上侵权包括船舶碰撞、船舶油污、船舶燃油损害、船载有毒有害物质损害等，这些海上侵权行为属于特殊的侵权行为。[⑥] 可见，海商法本身并没有提供统一规则来调整船舶物权、海上合同和海上侵权，这些只不过是民法制度在海运领域的体现。尽管

---

① 参见《海商法》第30条。

② 参见傅廷中：《船舶优先权与海事赔偿责任限制的价值冲突与协调》，载《法学研究》2013年第6期。

③ 海上运输关系是指与海上运输有关的双方或各方当事人之间的法律关系，包括承运人与托运人、收货人或旅客之间，航次租船合同的出租人与承租人之间，海上拖航中的承托方与被拖方之间等；船舶关系主要是指围绕船舶这一特定财产所产生的各种相关的法律关系，如定期租船、光船租赁的出租人和承租人之间，船舶的抵押权人和抵押人之间，救助方和被救助方之间，海上保险人和被保险人之间的法律关系等。参见司玉琢、张永坚、蒋跃川编著：《中国海商法注释》，北京大学出版社2019年版，第1页。

④ 参见郭瑜：《海商法的精神：中国的实践和理论》，北京大学出版社2005年版，第66页。

⑤ 参见司玉琢、李志文主编：《中国海商法基本理论专题研究》，北京大学出版社2009年版，第55页。

⑥ 参见韩立新主编：《海上侵权行为法研究》，北京师范大学出版社2011年版，第10页。

海商法的调整对象并不完全局限于民商事关系，还包括海事行政关系，①海商法的起源和发展中也形成了诸多民商法所不曾有的制度和规则，但从法理上说，《海商法》项下的不同法律规则并未分类组合而形成的一个系统的有机联系的整体。我国《海商法》对船舶地位、船舶安全、船舶管理等行政法律关系几乎没有规定，除涉及船员配置等个别条款外，主要调整海上运输和船舶中所发生的物权关系、合同关系、侵权关系，都是平等主体之间发生的人身关系和财产关系，因此，从法律概念、法律制度、法律原则、调整范围等方面分析，海商法律制度均应定位在民商法的体系范畴内。

海商法作为民商法的特别法，若没有民法概念、民法理论和民法制度的支撑，将缺乏统一的理念与范式。在解释《海商法》相关条款时，既不能脱离民法的基本原则，也不能忽视海商法的特殊价值理念。海商法虽有特殊性，但民法理论仍然是海商法的主要理论给养，民法的基本原理在海商法的法律解释中有重要的导向作用。下文将以海商法的"船舶失踪"与民法的"宣告死亡"为例，②对民法制度的发展关乎海商法制度的变革这一观点予以证成。

（一）《海商法》第 248 条下的"船舶失踪"

《海商法》对船舶失踪没有作出明确的界定，仅在第十二章"海上保险合同"第 248 条规定，"船舶在合理时间内未从被获知最后消息的地点抵达目的地，除合同另有约定外，满 2 个月后仍没有获知其消息的，为船舶失踪。船舶失踪视为实际全损"，即以船舶保险的赔付形式对船舶失踪作出规定。船舶保险标的的损失分为全部损失和部分损失，全部损失又有实际全损和推定全损之分。实际全损一般是指被保险船舶在形态上的彻底消灭或毁灭，这一概念在《海商法》第 245 条中有明确定义，即"保险标的发生保险事故后灭失，或者受到严重损坏完全失去原有形体、效用，或者不能再归被保险人所拥有的，为实际全损"。而对于船舶失踪的处理，由于其虽然在物理形态上并没有彻底毁灭，但在被保险船舶失去踪迹达到规定的期限内未能被获知其消息，被保险人不可避免地丧失保险标的，失去对船舶的占有、使用、收益和处分的可能性，在实务中保险人按照实际全损予以赔偿。③

1. 船舶失踪的法律定性

对于船舶失踪的法律定性，是将其作为实际全损还是推定全损，各国法律规定

① 海事行政关系是否应纳入《海商法》调整对象范畴，尚存争议。参见王世涛：《部门行政法的理论基础与体系建构——以海事行政法为视角》，载《中国海商法研究》2020 年第 4 期。

② 参见何丽新：《论〈海商法〉第 248 条"船舶失踪"与〈民法总则〉第 46 条"宣告死亡"》，载《政法论丛》2018 年第 6 期。（该文系本书的阶段性研究成果）

③ 参见傅廷中：《海商法》（第 2 版），法律出版社 2017 年版，第 410 页。

不统一。《1906 年英国海上保险法》第 58 条规定,船舶航海失踪,经过合理的时间没有音信,即视为实际全损。旧《日本商法典》第三编“海商”第 834 条则将船舶失踪作为推定全损。[①] 这里的“推定全损”是指保险标的物在航海过程中遭遇承保危险,由于实际全损不可避免,或者保险标的物的保全或修复、救助费用将超过被保全的价值,推定保险标的物全损。[②] 船舶失踪,客观而言,并非船舶在物理意义上失去形体、效用,但在法律上可以体现为船舶所有权的消灭。船舶失踪,船舶所有权人在相当长的期间内无法行使其所有权能,因此,船舶失踪超过法定期限而船舶所有人未申请注销登记,此种行为在法律上被视为放弃了船舶的所有权。[③] 在保险事故发生时,船舶失踪可以被认为被保险人已无可弥补地丧失了投保船舶。我国《海商法》第 248 条从有利于被保险人的角度出发,推定船舶在因海上灾难事故的发生“失踪”而受损的情况下,按实际全损处理,不要求被保险人基于船舶失踪认定为推定全损而委付保险标的物。[④] 因此,船舶的推定全损是以法律拟制的方法,将船舶实际上并未全损或是否全损不明确的情况,视为船舶遭受全部损失。当船舶发生推定全损时,被保险人选择向保险人发出将保险标的上的全部利益转移给保险人的意图,即委付,保险人接受委付后,按照实际全损的保险金额进行赔付。而船舶失踪,被保险人失踪原因不明,难以证明是保险事故所引起,或者即使能够证明,也需要等待很长时间才能向保险人证明全损,此本属于“推定全损”的情形,但基于被保险人权益的保护,《海商法》第 248 条规定,在船舶失踪下,被保险人无须向保险人委付被保险船舶,保险人直接以实际全损的保险金额予以赔付。我国早在 1986 年的中国人民保险公司“船舶保险条款”第 10 条“索赔和赔偿”中就规定,从被保险船舶在预计到达目的港之日起,超过两个月尚未得到其行踪消息,则可以视为发生实际全损,保险人按保险金额赔偿。2009 年修订的“远洋船舶保险条款”第 10 条继续保留此规定。因此,综合《海商法》和“船舶保险条款”的相关规定,船舶失踪是基于被保险人的利益,船舶所有人作为被保险人因船舶失去音讯而丧失对船舶的所有权的权能达到合理期限,保险人按照实际全损予以保险赔付的情形。

---

① 旧《日本商法典》海商编将船舶失踪作为委付制度项下的一环,新《日本商法典》海商编在修改过程中鉴于委付制度在日本立法上已然虚置化,便将之删去,而针对是否设置单独的推定全损制度,日本立法者认为没有必要性。参见石井優、久保治郎、髙野浩司「海上保険実務家から見た商法(運送法・海商法)改正」損害保険研究第 4 期(2019 年)178 頁。

② 参见[日]中村真澄、[日]箱井崇史:《日本海商法》,张秀娟、李刚、朴鑫译,法律出版社 2015 年版,第 56 页。

③ 参见傅廷中:《海商法》(第 2 版),法律出版社 2017 年版,第 25 页。

④ 参见汪鹏南:《海上保险合同法详论》(第 4 版),大连海事大学出版社 2017 年版,第 100 页。

2. 中国法下船舶失踪期间的冲突

但是,船舶失踪为什么以满2个月为其拟制实际全损的期限？从《海商法》第248条的相关规定分析,无法得出相应的理由。而从船舶失踪视为船舶实际全损、船舶全损产生船舶所有权消灭的路径进行探究,可窥一斑。《海商法》并没有就船舶所有权的消灭事由作出明确的规定,但《船舶登记条例》第40条规定,船舶灭失(含船舶拆解、船舶沉没)和船舶失踪,船舶所有人应当自船舶灭失(含船舶拆解、船舶沉没)或者船舶失踪之日起3个月内持船舶所有权登记证书、船舶国籍证书和有关船舶灭失(含船舶拆解、船舶沉没)、船舶失踪的证明文件,到船籍港船舶登记机关办理注销登记。就此,《船舶登记条例》下的船舶失踪以3个月为届满期限而消灭船舶所有权,而《海商法》第248条和相关的"船舶保险条款"以2个月为"视为实际全损"的期限,两者出现"时间期限"的矛盾和冲突。本书认为,船舶失踪多长时间才能视为实际全损并非有恒定的客观依据,而是立法价值取向的问题。就船舶所有人作为被保险人的利益而言,尽快赔付船舶失踪所造成的损失,使得船舶所有人恢复到未发生保险事故之前的状态,是被保险人进行船舶保险的目的所在。因此,在"以被保险人为中心"的船舶保险中,尽量缩短船舶失踪视为实际全损的时间界限,以2个月为合理时间。但是,正如拉伦茨教授所言:"同类事物同等对待是任何制定法都应固有的原则,而制定法漏洞在于欠缺依制定法的调整计划或整体脉络应当预期被设定的制定规制。"①从体系解释的视角来看,船舶失踪视为实际全损的法理基础在于船舶失踪导致船舶所有人客观丧失对船舶的所有权能,因此理论上应以《船舶登记条例》界定的船舶失踪3个月导致船舶所有权消灭为"视为实际全损"的前提。上述"2个月"和"3个月"的矛盾必然引发法律适用的冲突。即使从保险合同的意思自治出发,船舶所有人作为被保险人可以与保险人协商约定船舶保险条款时,也必须在《船舶登记条例》规定的"3个月"内。为此,本书建议,《海商法》第248条所规定的船舶失踪视为实际全损的时间应修改为"3个月"。

(二)《民法通则》第23条下的"宣告死亡"

宣告死亡是自然人下落不明达到法定期限,经利害关系人申请,法院依照法定程序宣告其死亡的制度。自然人长期下落不明会导致其相关的人身关系和财产关系处于不确定状态,宣告死亡对消除民事法律关系的不稳定状态、保护被宣告死亡者的近亲属等利害关系人的合法权益、维持正常的民事秩序具有重要的意义。但宣告死亡是一种法律上的拟制,并非实质性地解决公民在客观事实上是仍然生存

① [德]卡尔·拉伦茨:《法学方法论(全本·第六版)》,黄家镇译,商务印书馆2020年版,第470~471页。

还是已经死亡的问题。《民法通则》第23条以公民“下落不明满四年的”或“因意外事故下落不明,从事故发生之日起满二年的”为申请宣告死亡的时间。《民法通则司法解释》第26条则规定,下落不明是指公民离开最后居住地后没有音讯的状况。但各国对如何界定“下落不明”存在不同的规定。《法国民法典》第112条是“停止在其住所或临时住所出现”;《瑞士民法典》第35条是“无任何陈报”;《日本民法典》第38条是“生命不明”。我国《民法通则司法解释》则以“离开最后居住地后没有音讯”为识别“下落不明”的依据,强调的是“没有音讯”而难有返回的预期或希望,并非针对生命的迹象。同时,《民法通则》针对“意外事故”作出不同于一般性“下落不明”的规定,基于“意外事故”死亡的可能性比一般的情形要大得多,以“从事故发生之日起满二年”为申请宣告死亡的特殊期间。但何为意外事故的形式,《民法通则》和《民法通则司法解释》均没有作出明确的规定。

自然人死亡后,会产生婚姻终止和财产继承等一系列的法律后果。《民法通则》并未明确规定宣告死亡所产生的具体效力,《民法通则司法解释》仅规定了被宣告死亡者的婚姻关系及子女收养等问题,没有涉及其他的法律后果。从理论上讲,宣告死亡制度本身目的就在于解决“下落不明”的自然人所遗留的重要法律关系悬而未决的不稳定状态,使得相关利害关系人的利益和社会生活秩序得以保障。因此,自然人被宣告死亡,基于其被拟制已经死亡的事实,发生与自然死亡相同或几近相同的法律效果。虽然各国立法对被宣告死亡的自然人的法律人格是否消灭存在不同的规定。[①] 有观点认为,宣告死亡并非为了绝对地消灭或剥夺被宣告死亡人的主体资格,而在于结束以被宣告死亡人原住所地为中心的民事法律关系。[②] 因此,法院有关宣告死亡的判决具有绝对性,不仅对宣告死亡的当事人具有效力,而且对一切人皆发生效力,任何人均得援引之。[③] 自然人下落不明的,因可归责于某责任方的侵权或违约,下落不明者的近亲属因此遭受财产上或非财产上的不利或损害,下落不明者被宣告死亡的近亲属产生对相关责任方的伤亡赔偿请求权,这也是宣告死亡的法律后果之一。[④]

(三)《民法通则》时期船舶失踪下“物”的全损与“人”宣告死亡的时间冲突

发生重大海难事故时,不仅船舶失踪,通常也导致船员或旅客等船上人员因船舶失踪而同时失踪,但《海商法》第248条将船舶失踪视为实际全损的时间为2个

---

① 参见尹田:《论宣告失踪与宣告死亡》,载《法学研究》2001年第6期。

② 参见王泽鉴:《民法总则》,北京大学出版社2009年版,第111页。

③ 参见史尚宽:《民法总论》,中国政法大学出版社2000年版,第97页。

④ 参见汪志刚:《论失踪损害赔偿之诉的法律适用——以马航客机失踪事件切入》,载《法律科学(西北政法大学学报)》2014年第5期。

月,而《民法通则》第23条将因意外事故而失踪的人员宣告死亡的申请时间为2年,这就产生船舶失踪的“物”的全损与“人”的宣告死亡的时间冲突。在海难事故中,船舶所有人虽因船舶失踪而失去对“失踪船舶”的所有权能,但这并不必然免除其对船上人员伤亡的损害赔偿责任。船上人员失踪,经过利害关系人宣告死亡后,被宣告死亡的船上人员的近亲属有要求海难事故的责任方承担人身伤亡赔偿责任的权利,而海难事故的责任方又多是船方(船舶所有人或船舶承租人),船方因船舶失踪而获得实际全损的保险赔偿期间仅是短短的2个月,而船上人员因海难事故属于意外事故而被申请宣告死亡的,人民法院受理申请后应进行公告,人民法院的公告时间至少经过3个月,那么申请宣告死亡而最后获得判决的时间至少需要2年3个月。在2年1个月的时间差里,海难事故责任方可能已转移财产或逃之夭夭。这种法定期限的冲突导致失踪者的近亲属的受损权益无法得到及时救济,也会因为证据的磨灭而影响索赔成功的可能性。因此,在司法实践中,船舶失踪下的船上人员的死亡并非按照宣告死亡的特别程序进行。有的在船舶失踪后,对于与船舶失踪同样下落不明的船上人员,直接根据海事调查机关就船舶失踪的证明到当地派出所注销户口,以达到证明这些人员死亡的效力;有的以渔港等机构出具的事故调查报告,直接认定死亡的效力,如在“于某海诉中国人民财产保险股份有限公司东港支公司海上保险纠纷”一案中,法院认为:渔港监督处出具东港丹渔3045渔船失踪事件调查报告及该案3名死亡船员已无生还可能的证明,被告并没有提供相反的证据加以证明,法院对此份海事事故报告予以认定,确认3名船员死亡。①

但是,以公安机关出具的户籍注销证明为推定死亡的直接依据并不充分。《户口登记条例》规定公安机关在查明有关死亡的事实后才能进行死亡登记。船舶失踪是否必然意味着船上人员同时死亡,进而公安机关就此是否有权直接作出死亡户籍注销登记?根据2017年《民事诉讼法》第184条的规定:“公民下落不明满四年,或者因意外事故下落不明满二年,或者因意外事故下落不明,经有关机关证明该公民不可能生存,利害关系人申请宣告其死亡的,向下落不明人住所地基层人民法院提出。申请书应当写明下落不明的事实、时间和请求,并附有公安机关或者其他有关机关关于该公民下落不明的书面证明。”②由此说明,公安机关的证明是宣告死亡的证明文件,并非由公安机关不经过宣告死亡的程序而直接推定死亡,更无法通过公安机关直接注销户口而达到宣告死亡的法律效果。另外,海事、渔港管理

---

① 参见于某海诉中国人民财产保险股份有限公司东港支公司海上保险纠纷案,大连海事法院(2016)辽72民初622号民事判决书。

② 2021年《民事诉讼法》第191条将“意外事故”改为“意外事件”,该条其余内容未作改动。

机关调查海难事故的目的在于查找事发原因，作出认定事故调查的结论。《海上交通安全法》（2021年修正版）第七章“海上交通事故调查处理”第83条规定，调查海上交通事故，应当全面、客观、公正、及时，依法查明事故事实和原因，认定事故责任。因此，海事和渔港管理机关通过现场勘验、查询证人、提取证据等一系列过程获取信息，分析认定事实，查找事发原因，并根据对海上事故的调查，作出海上事故调查报告书，以此查明事故发生的原因，判明相关当事人的责任。从性质上看，海上事故的调查属于行政调查；从调查启动的时机分析，该调查属于事后调查，其调查结论相当于一种鉴定行为，可以作为司法诉讼中的证据予以使用，从而为追究相关责任人的法律责任提供依据。但无论如何，调查结论无法产生判定当事人实体性权利的效力，海事、渔港机关作出调查结论，其本身不是具体行政行为，更不可能直接依据调查结论而作出具有船上人员宣告死亡效力的判定。

因此，由于《海商法》与《民法通则》相关规定的矛盾，司法实践中无法合理地解决船舶失踪与船上人员宣告死亡的时间冲突。在涉及船舶失踪而导致船上人身伤亡赔偿纠纷的海事案件审理中，对于宣告死亡是否是前置程序，司法机关往往根据个案的具体情况分别对待，其认定并不统一。[①] 有学者提出，船舶失踪，说明船上人员的生存处于相当可疑的状态。宣告死亡是因不知其下落而作出死亡的推定，死亡宣告与“下落不明”相联系，若存在客观的证据证明船上人员确已死亡，就不存在生死不明，也没有必要再宣告死亡，可以直接认定死亡，从而直接裁判责任人承担船上人员死亡的损害赔偿责任。也就是说，有关宣告死亡的民事责任的承担不以宣告死亡为前置条件，人民法院可以根据利害关系人的申请和有关事实进行裁判，若宣告死亡者重新出现，民事责任承担者可以要求利害关系人返还不当得利。[②] 但是，宣告死亡是特别程序，是法定程序。宣告死亡应具备一定的条件，除了自然人下落不明达到法定期间且利害关系人提出宣告死亡的申请外，还必须由法院依照法定程序作出死亡宣告的判决。因此，只有满足实体条件和程序条件，才能达到宣告死亡的法律效力。任何自然人的民事权利能力和民事行为能力都是国家法律赋予的，除法律规定的情况和依法定程序外，不得予以剥夺和限制。若船舶失踪后，船上人员就由公安机关或海上事故调查机关直接作出死亡的认定，这无疑是对生死不明的失踪人的人身权益的剥夺，而法院在没有经过宣告死亡的前置程序下，直接认定海难事故的责任人必须承担“被认定死亡者”的人身伤亡赔偿责任，更是

---

① 参见许俊强：《宣告死亡不是本案必经程序——兼论我国宣告死亡法律制度的完善》，载《人民司法》1998年第5期。

② 参见吴斌：《论自然人宣告制度的条件及其民事责任的承担》，载《河北法学》2003年第1期。

裁判枉法。

(四)《民法总则》第46条对船舶失踪的适用

在《海商法》和《民法通则》就“物”的实际全损与“人”的宣告死亡发生推定或拟制的时间冲突之时，船舶失踪引发的船上人员伤亡赔偿请求权的救济处于无法可依的乱象之中，2017年《民法总则》对宣告死亡制度的修订则为海商法与民法的协调提供了有效的路径。《民法总则》第46条第2款规定：“因意外事件下落不明，经有关机关证明该自然人不可能生存的，申请宣告死亡不受二年时间的限制。”[①]那么，需要进一步明晰，船舶失踪后的船上人员宣告死亡如何适用该条款的规定。

1. 船舶失踪与意外事件

《民法总则》出台后，针对该法第46条的规定，司法界认为在地震、海难事故、登山雪崩、沙漠风暴等情形下，经有关机关(公安机关、安监部门、海事部门、消防救援部门、民政部门等)证明该自然人不可能生存的，利害关系人申请宣告死亡不受2年时间的限制。[②] 因此，海难事故等属于该条款的“意外事件”。民法上的“意外事件”可界定为某行为在客观上造成了损害结果，且损害结果是不可预见的原因引起的。船舶失踪是不可预见的海难事故导致船舶失去最后的音讯，船舶失踪构成民法上的意外事件。[③] 但值得说明的是，民法上的意外事件并非均属于海商法的“不可归责事由”，船舶失踪虽构成“不可预见”的意外事件，但并非完全的“不可避免或不可克服”，有关船方仍就船舶失踪存在对船上人员的伤亡赔偿责任。

进一步讨论的是，船舶失踪后对船上人员申请宣告死亡是否不受2年时间的限制？本书认为，宣告死亡的基点在于失踪人生死不明而有极大可能已经死亡，生死不明是宣告死亡的前提。在船舶失踪构成意外事件中，船员等船上人员在该事件中一并“失踪”，依照该意外事件发生的情形已经能够以“优势证据”确定船上人员已经死亡的，就没有必要经过较为漫长的2年时限加以申请宣告其死亡。因此，《民法总则》第46条的规定为空难、海难等意外事件中事故遇难者的宣告死亡的申

---

① 《民法典》第46条延续《民法总则》第46条的规定，为论述所需，本部分仍援引《民法总则》第46条的规定。

② 参见中国审判理论研究会民商事专业委员会编著：《〈民法总则〉条文理解与司法适用》，法律出版社2017年版，第89页。

③ “意外事件”虽然具有不可预见性，但较之“不可抗力”不同，它是能够避免和克服的，因此，对于法律明确规定了免责要件的过错推定责任来说，“意外事件”不能成为免责事由。参见王利明：《侵权行为法归责原则研究》，中国政法大学出版社2002年版，第466页。

请时间作出例外的规定，有利于尽快处理意外事件的善后问题，保护生存者的合法权益，尽速稳定遇难者人身关系和财产关系所构建的社会秩序。但值得说明的是，“不受二年的限制”是指宣告死亡的申请时间，其内含着船上人员宣告死亡的程序仍应依法进行，不能在船舶失踪后未经宣告死亡程序而直接认定船上人员死亡。

同时，依据《民法通则司法解释》第29条的规定，宣告失踪不是宣告死亡的必须程序，利害关系人可以就意外事件下落不明者不经申请宣告失踪而直接申请宣告死亡。《海商法》第248条直接规定船舶失踪视为船舶实际全损予以保险赔付，亦没有经过财产“失踪”的认定。因此，在船舶失踪构成民法的“意外事件”，在有关机关证明船上人员不可能生存的情况下，亦不需要通过宣告失踪而再宣告死亡，可直接申请进入宣告死亡的程序。

2. 利害关系人的界定

宣告死亡是经利害关系人的申请，由人民法院裁判宣告死亡的，因此，若无利害关系人申请，人民法院不得主动进行宣告死亡。利害关系人既可以单独申请，也可以同时申请。在利害关系人申请下，理论界对同样是利害关系人是否应有顺序之分存在争议。有的学者认为，前一顺序不申请的，后一顺序的不得申请；有的学者认为，应赋予平等的申请权，对顺位不应存在限制。① 《民法通则》虽然没有具体规定利害关系人的范围和顺位，但《民法通则司法解释》第25条规定了宣告死亡的利害关系人及其顺序：（1）配偶；（2）父母、子女；（3）兄弟姐妹、祖父母、外祖父母、孙子女、外孙子女；（4）其他有民事权利义务关系的人。由于《民法总则》颁布实施后，《民法通则》并没有废除，因此，在《民法总则》没有作出不同规定的情形下，这些人员被宣告死亡的利害关系人及其顺位可以按照《民法通则司法解释》第25条的规定加以确定。但针对同一顺序的利害关系人，理论上并无优先次序，依据《民法总则》第47条的规定，对同一自然人，部分利害关系人申请宣告死亡，部分利害关系人申请宣告失踪的，只要符合宣告死亡条件的，人民法院应当宣告死亡。《民法总则》如此规定的目的在于避免顺位在先之人不申请将导致失踪人长期不被宣告死亡、与之相关的法律关系久置不决的结果，这种结果显然对利害关系人的利益影响甚大，与法律规定宣告死亡的初衷相悖。② 一个典型的情况是，如果将配偶置于绝对优先的地位，很多时候都会对其他利害关系人的利益造成不当影响。③ 由于宣告死亡的法律效力强于宣告失踪，对同一自然人，不同利害关系人就申请宣告死

---

① 参见余能斌、马俊驹主编：《现代民法学》，武汉大学出版社1995年版，第94页。

② 参见张燕、仲伟珩：《论民法总则宣告死亡制度的规则冲突与解释适用》，载《中国应用法学》2018年第4期。

③ 参见韩祥波：《规范演进视角下的〈民法总则〉》，载《地方立法研究》2017年第4期。

亡或宣告失踪而意见相左的，如果符合宣告死亡的条件，人民法院应作出死亡宣告，以利于更好地解决当事人之间的纠纷。①

同时，由于《民法总则》没有明确界定何谓“利害关系人”，理论界存在不同的理解。通过文义解释，利害关系人是与被宣告死亡者存在民事权利义务关系的人，就此，《民法通则司法解释》所规定的配偶、父母、子女、兄弟姐妹、祖父母外祖父母、孙子女外孙子女等应理解为“存在民事权利义务关系的人”。至于“其他有民事权利义务关系的人”，有的学者认为包括失踪人的继承人、受遗赠人、法定代理人、因失踪人死亡而受领保险金之人、不动产共有人；失踪人的债权人及应为失踪人继承人的债权人，依继承而其债务人之财产可增加之时，亦为利害关系人。② 在船舶失踪中，与船舶同时失踪而被宣告死亡的人员通常是船员或船上旅客，那么与船员或船上旅客具有民事权利义务关系的人都属于利害关系人。

回到文义解释，在海难事故中，“船东”是否是利害关系人？本书认为，船员作为劳动力的所有者与劳动力使用者的船东签订劳动合同，彼此存在权利义务关系。船东因船舶不适航而导致船员人身伤亡的，应承担损害赔偿责任。③ 同时，船东无论作为与船上旅客建立海上运输合同的缔约承运人还是受转委托从事海上旅客运送的实际承运人，都负有将旅客安全运送到目的港的义务。④ 在船上旅客及其行李的运送期间，承运人或其受雇人、代理人在受雇或受委托范围内的过失引起的事故造成旅客人身伤亡的，承运人应承担赔偿责任。⑤ 因此，包括船员和船上旅客在内的船上人员都与船东存在合同关系，船东应属于利害关系人。

海事和渔港部门在船舶失踪的海难事故调查过程中能否作为宣告死亡的利害关系人？海事和渔港部门是海难事故的调查机关，其对船舶失踪的发生原因进行调查，其调查结论可以作为船舶失踪后的船上人员宣告死亡不受 2 年时间的限制的证明，但依据《民法总则》第 46 条的规定，即使“有关机关证明该自然人不可能生存的”，仍然需要“利害关系人”的申请才能启动宣告死亡。因此，海事和渔港部门不能直接取代“利害关系人”。有的学者认为宣告死亡的申请人限于“利害关系人”是立法漏洞，提出应允许失踪人住所地的居民委员会、村民委员会或人民检察院提出宣告死亡的申请。⑥ 本书部分赞成这一观点，宣告死亡制度以结束公民生死

① 参见李适时主编：《中华人民共和国民法总则释义》，法律出版社 2017 年版，第 132 页。

② 参见史尚宽：《民法总论》，中国政法大学出版社 2000 年版，第 96 页。

③ 参见《海商法》第 47 条。

④ 参见《海商法》第 107 条。

⑤ 参见《海商法》第 114 条。

⑥ 参见梁慧星：《民法总论》（第 5 版），法律出版社 2017 年版，第 115 ~ 116 页。

不明导致的财产关系或人身关系不稳定的异常状态,维护公民合法权益,维持社会秩序稳定为立法目的,[①]因此,有必要作一定程度的广义解释。同时,我国民法长期秉承私法自治,国家公权力并不主动介入宣告死亡制度,失踪者的利害关系人不启动宣告死亡程序的,宣告死亡无法推定,人民法院不能主动依据职权进行死亡宣告。那么,检察机关能否申请宣告死亡? 借鉴其他国家或地区的立法,如《法国民法典》第 132 条规定,监护法官得应利害关系人或检察院的请求,确认为推定失踪,或民事法院应一切利害方面或检察院的请求,宣告失踪。因此,在关乎国家利益和他人利益的情况下,即使有关利害关系人不申请宣告死亡,也应赋予人民检察院宣告失踪人死亡的申请权。但国家公权力对私权利的干预应存在必要的限制条件。因此,启动人民检察院作为"利害关系人"也应存在一定的限制,人民检察院不能主动依职权宣告失踪人死亡,只有在没有法定申请主体或者主体均不申请并且不申请会给国家、集体造成严重损害的情形下,方可由检察机关申请。[②]

3.2 年时限的突破

各国民法均规定失踪人达到合理期间才能宣告死亡。我国《民法通则》就此区分一般情形的"下落不明"的 4 年和特别情形的"意外事故"的 2 年,但仅概括地规定意外事故引起的宣告死亡期间为 2 年,不再进一步区分意外事故的具体类型。基于在海难、空难等特殊情形下人员死亡的可能性加大,我国 2017 年《民事诉讼法》第 184 条率先作出突破性的规定,在某些特殊情形下,在事故结束后由事故抢救、调查机关出具证明材料的,不必要受到 2 年时间的限制。同时,2017 年《民事诉讼法》第 185 条对特殊情形下的宣告死亡的公告期作出规定,因意外事故下落不明,经有关机关证明该公民不可能生存的,宣告死亡的公告期间为 3 个月。就此,《民事诉讼法》从程序法突破了《民法通则》就意外事故的 2 年时限的规定,但这又造成实体法与程序法的相关规定不一致的问题。

在实体法层面,《民法总则》突破了《民法通则》项下的 2 年时限。《民法通则》仅以"下落不明"的失踪时间为推定失踪人死亡的根据。但"下落不明"与"生死不明"存在一定的区别,只有"下落不明"达到极有可能死亡(生死不明)的程度,才能发生宣告死亡。因此,宣告死亡的条件应当比"下落不明"而宣告失踪的条件严格。但在意外事件下落不明的情况下,其生存的可能性相对较小,《民法总则》第 46 条对意外事件下的宣告死亡作出例外的规定,该规定并不是在一般情形的"下落不明"和特殊情形的"意外事件的下落不明"外增加第三种情形,而是直接规定因"意外事件

① 参见刘黎:《民法总则对宣告死亡制度的发展与完善》,载《人民司法(应用)》2018 年第 34 期。
② 参见尹田:《论宣告失踪与宣告死亡》,载《法学研究》2001 年第 6 期。

下落不明，经有关机关证明”进入申请宣告死亡的程序不受2年时限的限制，即在因意外事件而达到死亡不容置疑的程度下，可以不受下落不明2年时限的限制。

2年时限的突破是对生死不明的程度作出推定性的规定。但《民法总则》对2年时限的突破仅是针对申请宣告死亡的时间，并非直接认定死亡而无须适用宣告死亡程序。即使是意外事故，经有关机关的证明可以认定其死亡的，仍有必要通过申请启动宣告死亡程序，经过宣告死亡的程序才能发生死亡的法律后果。2年时限的突破有利于在船舶失踪的情况下，物的“视为实际全损”与人的“宣告死亡”的两者时限合理协调，“船舶失踪”本身可以依照《海商法》第248条所规定的“2个月”时间“视为实际全损”而予以保险赔付，船上人员的死亡亦可以不受2年的时间限制，在海事、渔港等有关事故调查机关证明后尽速进入宣告死亡程序，以保障船上人员的死亡赔偿救济落到实处。

4. 死亡时间的确定

宣告死亡者的死亡时间是法律事实的分界点，是引发死亡法律后果的重要时间节点。宣告失踪的，仅发生失踪人的财产代管和债权债务结算的后果，而宣告死亡的涉及财产继承和婚姻关系的终止等严重的法律后果。死亡日期的确立，为被宣告死亡者退出原所涉的民事法律关系创造条件，使得被宣告死亡者的人身关系和财产关系发生重大变化。但是，宣告死亡并不是当然地消灭被宣告死亡人的民事主体资格。① 该自然人被宣告死亡但客观上并未死亡的，不影响其在被宣告死亡期间实施的民事法律行为的效力，其在其他地方生活而发生的民事法律行为不受宣告死亡判决书的约束。

对于宣告死亡时间的认定，法律和司法解释存在诸种不同情况。《民法通则》没有明确规定宣告死亡程序中死亡时间的确立方式。《民法通则司法解释》第36条规定，将宣告死亡的判决作出之日视为被宣告死亡之人的死亡日期。而《最高人民法院关于贯彻执行〈中华人民共和国继承法〉若干问题的意见》第1条第2款规定，失踪人被宣告死亡的，以法院判决中确定的失踪人的死亡日期，为继承开始的时间。由此，法院应在宣告死亡的判决中确定失踪人的死亡日期，没有在判决中明确死亡时间的，被宣告死亡者的财产继承时间无从开始。《保险法司法解释三》第24条第2款则存在不同规定，被保险人被宣告死亡之日在保险责任期间之外，但有证据证明下落不明之日在保险责任期间之内，当事人要求保险人按照保险合同约定给付保险金的，人民法院应予支持。由于被保险人死亡是保险人承担保险责任的前提条件，而被保险人下落不明之日与宣告死亡之日之间存在一定的时间差，

---

① 参见王利明、杨立新、王轶、程啸：《民法学》（第5版），法律出版社2018年版，第71页。

《保险法司法解释三》的上述规定使得期限较短的意外伤害保险合同中保护保险受益人合法权益问题得到某种程度的解决。但该司法解释将被保险人死亡之日与下落不明之日等同，只要下落不明之日在保险期间的，保险受益人就可获得死亡的保险赔偿，此规定明显违反保险合同的约定，因为被保险人"下落不明"并不必然发生"死亡"，而只有被保险人死亡，才符合保险人承担保险赔偿责任或给付保险金的条件。[①] 可见，作为宣告死亡的"普通法"的《民法通则》没有就死亡时间的确立进行明确规定，导致不同部门法的司法解释作出不同的规定。

理论界就死亡日期的确立也存在不同的观点。有学者认为，在一般情形下，被宣告死亡的人，以判决书中确定的时间为其死亡的时间，而不考虑法定失踪期间，因为下落不明只是一种事实的存续状态，其本身不具有严格的法律宣示性，且还需要利害关系人的申请才产生宣告死亡的特别程序，而法院宣告死亡的判决具有法律宣示性，更具权威，更为准确。[②] 另有学者认为，被宣告死亡者的死亡时间确定以法定失踪期间届满之日为准更符合当事人的预期，亦有利于维护法律关系的稳定。[③] 死亡时间的确定主要存在几种立法例：(1)最后音讯消失或灾难发生之日，如瑞士。[④] (2)判决认定之日，如德国[⑤]。(3)法定期间届满或终止之日，如《魁北克民法典》。[⑥] 我国《民法总则》第48条(《民法典》第48条)就此规定，被宣告死亡的人，人民法院宣告死亡的判决作出之日视为其死亡的日期；因意外事件下落不明宣告死亡的，意外事件发生之日视为其死亡的日期。在船舶失踪的情况下，船上人员的死亡可能性加大，申请宣告死亡的日期已突破2年的限制，为使得社会秩序尽快稳定，并协调船舶失踪的"物"的全损所造成的后果，使被宣告死亡者的近亲属的损害赔偿请求权得以及时救济，应以该条款"意外事件发生之日"即"船舶失踪"

---

① 参见薛军：《论被宣告死亡者死亡日期的确定——以中国民法典编纂为背景的论述》，载《政治与法律》2016年第6期。

② 参见王利明等：《中国民法典学者建议稿及立法理由：条文立法理由参考立法例》，法律出版社2005年版，第199页。

③ 参见尹田：《民事主体理论与立法研究》，法律出版社2003年版，第83页。

④ 《瑞士民法典》第35～38条就宣告失踪和宣告死亡作出规定。参见[瑞士]贝蒂娜·许莉蔓-高朴、[瑞士]耶尔格·施密特：《瑞士民法：基本原则与人法》，纪海龙译，中国政法大学出版社2015年版，第265～266页。

⑤ 《德国失踪法》第9条第2款规定："死亡宣告通过初级法院决议作出，在决议中需要确定死亡时间，原则上该时间为'根据调查结果被认为最有可能死亡的时间'。"参见[德]汉斯·布洛克斯、[德]沃尔夫·迪特里希·瓦尔克：《德国民法总论》，张艳译，中国人民大学出版社2012年版，第423页。

⑥ 《魁北克民法典》第94条规定："被宣告死亡人的死亡日可以定为从下落不明起7年期限的届满日，也可定为一个更早的期日，但以根据相关情况做出的推定死亡允许人们确认被宣告人是在该日死亡的为限。"参见《魁北克民法典》，孙建江、郭站红、朱亚芬译，中国人民大学出版社2005年版，第13页。

之日为船上人员宣告死亡的死亡确立时间。

5.死亡赔偿请求权的产生

宣告死亡制度的目的并非简单地推定失踪人的死亡,其实质在于保护其利害关系人即生存者的利益。虽然宣告死亡并不必然发生与自然死亡同等的法律效力,其只是对下落不明的自然人死亡的一种推定,但被宣告死亡者原有的财产关系和人身关系发生终结,其"死亡"而产生的法律后果接连出现。因此,在船舶失踪中,船方产生船舶"实际全损"的保险赔偿请求权的同时,船上人员被宣告死亡的,其近亲属亦产生人身伤亡赔偿请求权。在侵权致船舶失踪的事件中,被宣告死亡者的父母、配偶和子女因失踪者的"宣告死亡"遭受财产上或非财产上的损失或不利的,享有对相关责任人的赔偿请求权。根据1992年《最高人民法院研究室关于遇害者不明的水上交通肇事案件应如何适用法律问题的电话答复》,在水上交通肇事案件中,有遇害者下落不明的,不能推定其已经死亡,而应根据被告人的行为造成被害人下落不明的案件事实,依照刑法定罪处刑,民事诉讼应另行提起,并经过宣告失踪人死亡程序后,根据法律和事实处理赔偿等民事纠纷。① 从该答复意见分析,宣告死亡是失踪者的近亲属请求死亡赔偿的前置程序。因此,船舶失踪而导致船上人员被宣告死亡后,被宣告死亡者的近亲属有权向责任方追究人身伤亡赔偿。但宣告死亡的法律意义只能锁定在民事法律关系的民事法律领域,而不能逾越这一界限援用到其他法律领域中。② 同时,宣告死亡是死亡推定,若被宣告死亡的人重新出现,经本人或利害关系人申请,死亡宣告被撤销。一旦自然人的死亡宣告被撤销,其财产关系恢复,船舶失踪责任方承担的死亡赔偿金可以不当得利予以返还,但并不消除船舶失踪的其他民事责任。③

综上,船舶失踪可以适用《民法总则》第46条(《民法典》第46条)对意外事件的规定,与"船舶失踪"同时失踪的船上人员的利害关系人申请宣告死亡的,经有关机关证明该自然人不可能生还的,突破2年的时限,可即时予以申请。这使得被宣

---

① 这一法律效果认定方式与实践可能发生的情况有所背离。在海事数据统计中,通常将失踪人数与死亡人数合并计算,因为海上落水失踪生还的可能性极小,只有在海事部门的海上交通事故调查报告书中才区分死亡和失踪两种不同结果。参见赵微、王慧:《水上交通事故"人员失踪"的刑法定性研究》,载《苏州大学学报(哲学社会科学版)》2013年第1期。

② 参见胡夏冰:《民法上的"宣告死亡"是刑法上的"致人死亡"吗?》,载《人民法院报》2006年6月19日,第4版。

③ 与宣告死亡相对应的宣告失踪是否可以产生损害赔偿请求权?有学者指出,当失踪可归责于他人的事由时,依照分配正义和民事权益保护原则,应肯定失踪者近亲属的精神损害、寻亲费用和扶养费损失等。参见汪志刚:《论失踪损害赔偿之诉的法律适用——以马航客机失踪事件切入》,载《法律科学(西北政法大学学报)》2014年第5期。

告死亡者的利害关系人能尽速提起人身伤亡赔偿请求,在船方因“船舶失踪”2 个月即视为实际全损而获得保险赔付后,及时地跟进死亡赔偿请求,以保障利害关系人的死亡赔偿请求得到适时而公平的救济。

(五)民商法体系下“商”与“民”、“人”与“物”的制度协调

《民法总则》的颁布实施不可避免地冲击海商法,内在地要求海商法实现制度革新,《民法通则》时期“船舶失踪”与“宣告死亡”的不协调就是明证。将船舶失踪制度禁锢在海商法的视野下,就不可避免地造成“物”与“人”的制度冲突:船舶失踪后的“物”已按照实际全损予以保险赔付,但船上的“人”问题无法得以合理妥善解决。对此,应协调民商法体系下“民”与“商”的关系,避免船方因民商法律制度的矛盾而逃避承担人身伤亡赔偿责任,使得以追求公平正义为首要法律价值的民法制度和辅以简便快捷为法律价值的商法制度在民商法体系下和谐并进。

就上述论证而言,海上活动较之陆地活动存在明显的特殊风险,但即使是这些为分摊海上风险而构建的特殊法律制度,亦没有完全与民法理论和原则相悖,仍需要借助民法原理加以解释。海商法作为调整海商海事领域特定社会关系的特别法,并没有脱离民商法的基本价值和体系的轨道,而是遵循一般民商法的价值取向和基本原理。海商法的特殊性并没有达到自足性,民商法为海商法的适用提供一个大的框架,且在必要时弥补其不足。海商法在理论上表现出与包括民商法在内的其他各相关法的有关理论、原则、制度相融和的趋势。① 海商法作为特别的民商法规范,不仅是民商法总体原则和价值的补充,更是对民商法制度体系的发展,与民商法体系具有高度通融性。海商法的特殊性不应导致其成为民商法的异类。海商法与民商法的基础理论和基本原则乃至民商法的精神是互通的,海商法应定位在民商法体系下,以民商法理论为先导,协调海商法与民商基本法相关制度的设置,在民商法体系内形成一个概念协调、逻辑自洽、制度和谐的有机法律整体。②

共性与个性的协调是现代社会的基本价值观,民商法经过几个世纪的发展形成了价值理念,并随社会不断发展得以更新完善。海商法作为民商法之特别法,应当遵循民商法之一般立法理念,这样才能实现法律体系的和谐统一。但在注意海商法与民商法的交融的同时,在保持与民商法体系的同一性和相关性的

---

① 参见张永坚:《法之家庭的游子——我国海商法的回归与发展》,载《海商法研究》(第 1 辑),法律出版社 2001 年版。

② 参见何丽新:《论新民商立法视野下〈中华人民共和国海商法〉的修订》,载《中国海商法年刊》2011 年第 2 期。

前提下，尊重海商法独特的制度，此并非将海商法孤立或独立，而是在民商法体系下坚持海商法的特殊性，这是海商法健康发展的方向，也是我国海商法应坚持的基本原则。“一般法应当规定适用于某一领域所有社会关系的带有普遍性的原则性规定，特别法应针对其所调整的特定社会关系的特殊性，做出适用于该种特定社会关系的具体性规定。作为法的效力层次的特殊规则，特别法效力优先于一般法。”①因此，特别法优先于一般法，并不是否定一般法的适用效力，更不是否认一般法的制度发展对特别法的冲击和影响。海商法在民商法体系下，其特殊性应得到充分尊重，在海商海事纠纷中应被优先适用，但并非局限在海商法自体性中，应借助博大精深的民商法理论，使海商法内在的品性在民商法体系的演进中得到彰显。

总之，在民商法体系下，不仅不能赋予海商法与一般民事法律的不协调以正当性，相反更内在地包含了对于海商法与一般民事法律应有协调的要求。② 离开民商法体系的支撑，海商法只能在纵向上发展，无法在横向上比较和广度上挖掘，而这最终必将影响海商法的发展和完善。只有坚持以丰富的民商法理论为先导，才能透过海商法的表象，揭示海商法的法律本质和发展规律。本书在此呼吁，应重视民商法的法学基础理论对于海商法问题的借鉴和指导作用，同时应正确认识海商法制度变革对民商法的影响和贡献。民商法和海商法共同进化表现为该过程中的相互依存和借鉴，相互从对方的制度中汲取营养，在尊重和保留海商法的相对独立性，尊重海商法固有的习惯法传统和独特的法律制度的同时，以民商法理论的发展和制度的进步牵引海商法的制度变革。

第四节 《海商法》修订与《民法典》之关系

前文已证，《海商法》调整船舶关系和海上运输关系，存在独立的调整对象和较为完整的规范体系，但在民商法体系下，仍属于民商法调整之范畴。基于民法乃万法之母，民法典作为私法领域基本法，具备统摄私法体系的功能，《民法典》的编纂和出台，可以实现对我国私法体系的重大完善，③《民法典》与《海商法》构成一般法

① 张文显主编、司法部法学教材编辑部编审：《法理学》，法律出版社 1997 年版，第 91 页。

② 参见胡正良、孙思琪：《论我国民法典编纂对〈海商法〉修改之影响》，载《烟台大学学报（哲学社会科学版）》2016 年第 3 期。

③ 参见石佳友、刘忠炫：《民法典：治理现代化的私法表达》，载《社会治理》2020 年第 7 期。

与特别法的关系。当然,这种"一般法与特别法"的关系并非强调两者是一一对应关系或者以《民法典》来统一海商法的规范制度,而是强调《海商法》应保持与《民法典》的协调,即从民法基础逻辑与海商法特别性的视角,思考何者应当独立,何者应当统合,正确处理好《民法典》与《海商法》的修订之间的关系。

有学者提出,上述"一般法与特别法"的定位具有阶段性和相对性,海商法不能因为《民法典》而削足适履,不能为了配合理论上的定位而影响海商法实际作用的发挥,应继续彰显海商法的国际性,不能过多寄望于民法的支撑。① 本书认为,《民法典》视野下的《海商法》修订,是将国际性的海商法、法律移植化的海商法不断本土化的过程,是解决《海商法》的法律制度中存在的不适合中国国情而产生排异现象的契机。海商海事法律制度虽然不少是移植国际海事公约和国际惯例的结果,这将国际协商和妥协的结果带入了《海商法》,但其本质上不偏离民商法属性、民商法规则和民商法体系。换言之,海商法的定性不因这些协商、妥协和平衡而改变。遵循民商法的体系和一般性的法律制度,依照民法的法理和理念,海商法就有统一的法理基础和理念,就有确定的发展方向与思考维度。② 当然,在民商法体系下修订《海商法》的标准在于对民法逻辑、民法制度和民法方法的接纳,既要让海商法理论与民法理论有机融合,又不能强行比照民法而削足适履地将海商法制度塞进民法中。③《海商法》的修订不能因为《民法典》而改变海商法的特色制度和规定。民商法体系中的海商法制度不是去改变海商法原有的内容和规定,也不是创设新的制度,而是从法律制度层面,使海商法中的法律制度与民商法相关法律制度衔接,使海商法中的法律制度在共同或相同的法理基础和法律原则下,形成相互联系或衔接的整体,使人们对海商法的理解和法官对海商法的适用能立足于海商法规定本身,又符合民法的一般原则和规律。④ 因此,并非所有的商事法律均纳入《民法典》中,包括《海商法》在内的大量商事单行法,仍然作为特别法在《民法典》之外存在。进一步说,《海商法》是《民法典》生效后第一部修订的重要商事法律,如何解决《民法典》与《海商法》的关系,将为未来处理其他商事法律的修订与《民法典》之间的关系提供参考。

《民法典》堪称我国民事立法史上一座伟大的丰碑,是中国特色社会主义法律体系的重要组成部分,是民事领域的基础性、综合性法律。民法与其他领域法律法

---

① 参见郭瑜:《海商法的未来——中国的方向和方法》,北京大学出版社 2022 年版,前言。

② 参见关正义:《民法视野中的海商法制度》,法律出版社 2015 年版,第 4 ~5 页。

③ 参见何丽新:《论新民商立法视野下〈中华人民共和国海商法〉的修订》,载《中国海商法年刊》2011 年第 2 期。

④ 参见关正义:《民法视野中的海商法制度》,法律出版社 2015 年版,第 6 页。

规一起支撑着国家制度和国家治理体系，是保证国家制度和国家治理体系正常运行的基础性法律规范，[①]对民事法域下的各个部门法均产生了巨大的影响，对我国海商法亦具有突出的民法体系引领作用和价值导向效应。《民法典》的立法目标在于“维护社会和经济秩序，适应中国特色社会主义发展要求”，[②]适应不断发展变化的中国国情，推进国家治理体系和治理能力现代化。《民法典》是民事主体从事各项民事活动的基本参照，它在微观层面维护民事主体的合法权益，在宏观层面则承载着维护社会秩序和经济秩序的职责。而《海商法》的修订立足于现有基础，通过对海商法制度的调整、补充和完善，以期形成与航运、贸易的新发展、新形态相适应，具有前瞻性和引领性的海商法，充分发扬海商法的先进性，以促进我国航运事业和对外贸易事业的发展。[③] 本书认为，《民法典》与《海商法》的立法或修法目标在宏观上是一致的，《海商法》能够有效维护和丰富民事（商事）主体的合法权益，填补《民法典》在海商海事规定上的空白，保障《民法典》在航运领域的实施。《民法典》不可能束缚海商法的发展和进步，相反，《民法典》的颁布和生效，必将进一步在理论和实践上丰富和指导《海商法》的修订，强化《海商法》的系统性和完整性。

一、《民法典》的编纂体例对《海商法》的修订之影响

《民法典》采用“民商合一”的立法体例，不仅调整民事活动和民事关系，而且规范商事活动和商事关系，把许多商事法律规则纳入《民法典》，兼顾了民法和商法共同的理念，兼容了民法性质和商法品格，反映了《民法典》对商事关系的充分关注和积极调整，为各类民商事活动提供了基本行为规则。这种立法例，既符合我国目前法治建设的基本情况，又有利于节约立法资源，避免和消除民法与商法之间的矛盾或冲突。因此，《民法典》已考虑民商事共同的法律规范，同时给包括《海商法》在内的商事法律规范留有必要的余地。《民法典》第 11 条明确规定，“其他法律对民事关系有特别规定的，依照其规定”，这是法律适用的基本规则，适用于民商事法律条文之间发生冲突的情形，也注意维护商事制度的特殊性，防止“商法不当民法化”或“民法不当商法化”，[④]为《海商法》保有特殊性的法律制度奠定基础。

---

① 参见《中华人民共和国民法典》，中国法制出版社 2020 年版，第 1 页。

② 参见《民法典》第 1 条。

③ 参见交通运输部：《〈中华人民共和国海商法（修改送审稿）〉的起草说明》。

④ 《民法典》采用了“和而不同”的思路调整民商关系，使得商事立法有了进一步建设内在体系的空间。有学者指出，在后民法典时代，需要继续坚持形式上民商合一的立法路径，同时要充分重视商法的独立性、特殊性，构建商法独特的内在体系。参见李建伟、张子昕：《民法典背景下商法内在体系的建构》，载《河南财经政法大学学报》2021 年第 6 期。

(一)海商法的"人文主义"

《民法典》共7编84章1260条,其立法体例为总则、物权编、合同编、人格权编、婚姻家庭编、继承编、侵权责任编。总则规定民事活动必须遵循的基本原则和一般性规定,明确《民法典》的立法目的和依据,确立平等原则、自愿原则、公平原则、诚实信用原则、公序良俗原则、绿色原则为基本原则。总则同时对民事主体、民事权利、民事法律行为、代理、民事责任、诉讼时效等作出规定。在物权编、合同编、人格权编、婚姻家庭编、继承编、侵权责任编的各编中均存在一般规定,就各编所涉及的原则性问题作出明确的规定。

民法调整的对象是民法基础理论问题,体现为"物文主义"与"人文主义"之争。① 自《民法总则》实施以来,我国民法的对象条款由"物前人后"转变为"人前物后",又在其民事权利章通过"人前物后"的方式列举各种民事权利贯彻了这一选择。②《民法典》亦坚持"先人身、后财产""先权利、后救济"等原则,其第2条明确规定"民法调整平等主体的自然人、法人和非法人组织之间的人身关系和财产关系",并将人格权和侵权责任法独立成编,改变民法长期以来"重物轻人"的传统,突出人的主体地位,完善侵权救济责任,凸显民法的人文关怀。

《海商法》的调整范围条款仅强调对"海上货物运输关系和船舶关系"的调整,因而该法于1992年颁布时仅对船长和船员的法律地位予以原则性的规定。事实上,船员是海运各个环节的中心,是海运业生存和发展不可或缺的重要元素。③ 在民法的人文主义的浸润下,需要进一步讨论在《海商法》修订中是否应彰显海运相关主体的"人"的优先地位而显示商法的人文主义?④ 在处理《海商法》与《民法典》的体例连接关系中,是否强化"船员"章节的位阶?

一方面,从《民法典》的体例安排分析,《民法典》强化调整平等主体的人身关系,将人身关系置于财产关系之前,但在立法体例上仍然将人格权编置于物权编、

---

① 物文主义基于以物为世界中心的观点而强调民法的首要功能是调整市场经济关系,把民法解释成经济法,忽略民法的社会组织功能,并且要把民法的一切与财产法无关的内容都排斥出去。参见徐国栋:《民法哲学》,中国法制出版社2021年版,第34页。

② 参见徐国栋:《中国民法典分则诸编的排序问题——民法典贯彻"人前物后"逻辑的最后一里路》,载《法学杂志》2019年第2期。

③ 参见周熛:《海商法律语境下"船员"概念的解构》,载《人民司法》2021年第1期。

④ 在当代,民法的人文主义强调从形式平等向实质平等的转化,要求保护"少数人的权利"。参见冷传莉、曾清河:《民法人文主义传统及其当代走向——一个哲学意义上的考察》,载《贵州大学学报(社会科学版)》2020年第3期。相较之下,商法的人文主义,一方面与民法同样尊重人的主体地位,另一方面相较民法的基础地位,商法是市场经济法律的核心,其目标更偏向于信赖保护、交易便捷。参见赵万一:《中国究竟需要一部什么样的民法典——兼谈民法典中如何处理与商法的关系》,载《现代法学》2015年第6期。

合同编之后。[①] 从比较法角度分析，英国商船法将"海员"放在"船舶"章节之后，《挪威海商法典》将"船长和船员的管理"放在"船舶"章之后，《荷兰民法典》的海商编也是将"海员"放在"船舶"章之后。因此，即使考虑与《民法典》的立法体例相衔接，我国《海商法》因重点调整围绕船舶而展开的海上货物运输关系、海上旅客运输关系等，在立法体例上没有必要作出过多的调整。《修改送审稿》仍保持《海商法》的立法体例，"海上旅客运输合同"作为第五章置于第四章"海上货物运输合同"之后。

另一方面，应该承认，海商法产生且发展于航运实践，具有诸多技术性规范的特点，同时追求航运商事交易的效率性、便捷性、营利性，因而在《海商法》条文中仅对涉及船长、船员等人身关系性质的问题作出原则性的规定，不尽合理。在2012年广州海事法院受理的穗粤船务有限公司船员劳务系列纠纷案件中，[②]每个船员对应一份判决书，但所有的判决均适用《海商法》第3条的规定，从中可见船员人身关系在《海商法》中的地位。船员职业具有特殊性，主要表现为技术性、艰苦性、风险性、国际性、公共利益性和流动性，《海商法》"船员"章节并没有规定船员的劳动和社会保障问题，对船员劳动合同关系也几乎没有涉略，在船员纠纷日趋增加的情况下，相关纠纷只能比照民事合同和一般性劳动合同予以解决，不能充分保护船员的利益。[③] 有学者呼吁《海商法》之"船员"章是最适合承载海员权益保障的立法载体，在《海商法》修订中，应按照《2006年海事劳工公约》的要求，参照我国《劳动合同法》《社会保险法》等规定，增加"船员权益保障"的规定，[④]以充分体现海商法的人文情怀。

但是，《修改送审稿》并未扩充《海商法》就船员任用和劳动权利义务的规定，没有规定船员遣返权利、船员劳动合同、船员劳务派遣合同的签订及相应的责任承担，海商法有关船员的任用和劳动方面的权利义务仍然适用有关法律、行政法规的规定。这种"援引他法"的立法模式无法有效保护所有船员的基本权益，尤其是在当前我国实行劳动关系与劳务关系分别适用劳动法和民法的法律框架下，"援引他法"导致在确定以中国法为准据法的情况下，那些为境外船东服务的中外船员均无法适用《海商法》维护自身的权益，这种不周延和封闭性与《海商法》调整涉外关系的开放性的立法定位之间存在内在的矛盾和冲突。不少学者建议，以此次《海商

---

① 有的学者指出，此种立法体例与调整对象条款存在冲突。参见徐国栋：《民法典各编应以人文主义方向编序》，载《群言》2020年第3期。

② 在"北大法宝"数据库上可以搜到系列的民事判决书28份。

③ 参见胡正良等：《〈海商法〉修改基本理论与主要制度研究》，法律出版社2021年版，第17～18页。

④ 参见胡正良等：《〈海商法〉修改基本理论与主要制度研究》，法律出版社2021年版，第61页。

法》修订为契机，以全面实施《2006 年海事劳工公约》为目标，拓展衔接《2006 年海事劳工公约》及其 2016 年和 2018 年修正案所要求的船员权益的广度和深度，并增强条款内容的针对性，充实“船员”章，增加船员劳动权利保障条款。[①]

对于其他人身关系问题，《海商法》就海上人身伤亡损害赔偿的规定主要体现在海上旅客运输合同和海事赔偿责任限制章节中的旅客人身损害赔偿责任限额方面。受到海事赔偿责任限制制度的影响，即使发生在船上由船舶营运、救助作业所致的人身伤亡引起的赔偿请求，有权援引责任限制的责任主体也是尽可能负最低的侵权责任、最窄的损害赔偿范围、最少的赔偿额。[②] 可以说，《海商法》对有关海上人身伤亡的规定是不成系统的，是片面的。[③] 目前，有关海上人身伤亡损害的规定只有 1992 年 5 月 16 日《最高人民法院关于审理涉外海上人身伤亡案件损害赔偿的具体规定（试行）》（已失效），该规定比较详细地对海上人身赔偿责任的承担、伤残赔偿范围、死亡赔偿范围等作出规定。但在《民法典》生效后，如何在《海商法》中体现人命价值优先原则，并据此来完善海上人身伤亡损害法律救济制度，保障海上主体的合法权益，构建完备的海上侵权责任机制，明确海上人身伤亡的精神损害赔偿，取消国内外有别的海上人身伤亡赔偿范围和赔偿限额，以及构建海上人身伤亡强制责任保险，《海商法》的修订有必要积极予以回应，以切实完善海上人身侵权救济机制，同时为船舶碰撞、海洋污染和海上人身伤亡的法律与理论相互融合而形成有机统一的海上侵权法体系奠定基础。[④] 但是，《修改送审稿》仅在旅客赔偿责任限额上作出必要的提升，其第 142 条参考航空领域的《蒙特利尔公约》的规定，将海上旅客运输人身伤亡单位赔偿责任限额由 46,666SDR（特别提款权）提高到 100,000SDR，对《海商法》涉及的人身权益的其他问题尚未进行修订。

（二）合同扩张下的航次租船合同

《民法典》以合同通则取代债总则，对合同的订立、合同的效力、合同的履行、合同的保全、合同的变更和转让、合同的权利义务终止、违约责任等合同基本制度作了全面、系统的规定。在合同编的通则部分，落实《民法典》总则编的有关规定，删除与《民法典》总则编重复、冲突的内容和有关合同效力的大量规定，明确非合同之债的法律适用规则，使得合同编通则发挥债法总则的作用。《民法典》这种立法例可谓是“合同”的扩张。

---

① 参见曹艳春、王玉宝：《海洋强国背景下船员劳动权益的保护——兼论〈海商法〉“船员章”之修改》，载《求是学刊》2020 年第 6 期。

② 参见邓瑞平：《船舶侵权行为法基础理论问题研究》，法律出版社 1999 年版，第 41 页。

③ 参见司玉琢、吴兆麟：《船舶碰撞法》（第 2 版），大连海事大学出版社 1995 年版，第 150 页。

④ 参见邓瑞平等：《海上侵权法比较研究》，厦门大学出版社 2013 年版，第 12 页。

现行《海商法》将航次租船合同放在第四章“海上货物运输合同”项下，而《海商法》修订中，关于航次租船合同是否有必要调整到“租船合同”中，如何厘清航次租船合同与海上货物运输合同、船舶租用合同的关系，成为《海商法》第四章修订的焦点问题之一。这一问题的实质在于，航次租船合同是实行完全的合同自由还是有限制的合同自由？对于航次租船合同的性质，理论界存在不同的观点。

1. 海上货物运输合同说

该说主张航次租船合同虽有“租船”之名，却有“货物运输”之实，航次租船合同以货物运输为目的和内容，有关货物名称、装卸港与目的港、装卸时间、运费、滞期、提单等约定都与海上货物运输合同相关。[①] 航次租船合同与海上货物运输合同内容近似，权利义务关系相仿，以运输货物为目的，承租人负担的主给付义务是给付运费而非给付租金，应将其定性为海上货物运输合同。同时，航次租船合同的承租人并不占有或控制船舶，不符合租赁的构成要件，而由出租人占有船舶并承担运输、管货等义务，故航次租船合同属于运输合同而非租赁合同。该论点在国内最早可追溯至民国时期的大理院裁判观点：“租船契约与搭载契约之区别应视该契约内容是否在使相对人占有船舶自行收益为断，如其契约系以船舶移归相对人占有使用自为用益者，即为租约，反是，如仅用船舶全部或一部供相对人运送人货而仍自为占有者，即为搭载契约。”[②]因此，航次租船合同下，出租人保留船舶的占有权和管理权，并承担驾驶船舶和管理货物的义务，而承租人享有的是船舶或舱位的使用权，仅在装卸货物等少数环节中承担责任，故航次租船合同属于海上货物运输合同。[③]

国际上也存在此论点，学者库克（Cooke）在其著作《船舶程租》（*Voyage Charters*）开篇阐述了航次租船运输的根本目的：航次租船下船东同意执行某一航次或多航次的运输，以赚取运费和可能获得的滞期费。[④] 学者曼德拉卡（Mandaraka-Sheppard）指出，在合同仅约定“承租人”（charter）时，该“承租人”可以被解释为包含光租、期租或程租下的承租人，但租船运输中的“占有和控制船舶的人”仅指光船租赁下的承租人，船舶所有人或承租人因其占有和控制船舶而必须承

---

① 参见关正义：《民法视野中的海商法制度》，法律出版社 2015 年版，第 83 页。

② 李建江：《中国近代海商法》，中国政法大学出版社 2015 年版，第 143 页。

③ 参见何丽新、饶玉琳编著：《海商法》，厦门大学出版社 2004 年版，第 154 页；贾林青：《海商法》（第 2 版），中国人民大学出版社 2010 年版，第 122～123 页。

④ See Julian Cooke et al. , *Voyage Charter*, Informa Law from Routledge, 2014, p. 3.

担相应责任。[①] 学者邦杜克(Bundock)认为,以货物运输为目的的单一航次的航次租船合同应当定性为海上货物运输合同。[②]

该观点在司法判决中有所体现,在"中海公司与太保厦门分公司海上货物运输合同纠纷案"中,法院认为:航次租船合同承租人并不拥有船舶,对船舶的营运没有控制权,也不承担船舶营运的风险,其系经营运输而非经营船舶,故《海商法》第204条规定的船舶承租人不包括航次租船合同承租人。[③] 该判决观点在最高人民法院再审中予以维持,只是认定二审法院判决的赔偿数额不当。[④]

基于此,航次租船合同的基本性质是海上货物运输合同,出租人、承租人的权利义务与《海商法》第四章规定的海上货物运输合同承运人、托运人的权利义务高度相仿,故航次租船合同的规定置于《海商法》第四章,而非第六章"船舶租用合同"。

2. 非提单证明的运输合同说

该说虽承认航次租船合同属于海上货物运输合同,但主张其与《海商法》第四章调整的、提单证明的海上货物运输合同应明确区分。航次租船合同与提单证明的运输合同分属不同类型的合同,两者不是一般规定与特别规定的关系。提单证明的运输合同从严予以立法是为了限制承运人滥用私权逃避责任,且在提单关系中,合同相对性原则被多次突破,如实际承运人制度,就是对合同相对性的一种突破;而航次租船合同实行合同自由原则并严守合同相对性,将实际承运人制度适用于航次租船合同,在理论上难以自圆其说。因此,两种合同缺乏共同的基础性条款,应将航次租船合同移出《海商法》第四章。我国将航次租船合同放在海上货物运输合同中的立法体例是国际上少有的。[⑤] 而且,《海商法》第四章将提单证明的运输合同作为一般规定,将航次租船合同作为特别规定,给司法实践造成了不必要的困扰。[⑥] 还有学者将提单或类似物权凭证证明的海上货物运输合同称为"提单合同",认为提单合同与航次租船合同存在区分:一方面,两者的定义和构成要件不

---

① See Aleka Mandaraka-Sheppard, *Modern Maritime Law, Volume 1: Jurisdiction and Risks*, Informa Law from Routledge, 2013, p. 120 – 122.

② See Michael Bundock, *Shipping Law Handbook*, Informa, 2011, p. 109.

③ 参见中国太平洋财产保险股份有限公司厦门分公司诉唐山中海宁兴物流有限公司海上货物运输合同纠纷上诉案,广东省高级人民法院(2015)粤高法民四终字第23号民事判决书。

④ 参见中国太平洋财产保险股份有限公司厦门分公司诉唐山中海宁兴物流有限公司海上货物运输合同纠纷再审案,最高人民法院(2017)最高法民再69号民事判决书。

⑤ 参见司玉琢:《海商法专论》(第4版),中国人民大学出版社2018年版,第101页。

⑥ 参见司玉琢:《航次租船合同的立法反思——以〈海商法〉修改为契机》,载《中国海商法研究》2019年第4期。

同,提单合同以提单签发为要件,航次租船合同不以签发提单为要件;另一方面,两者规定的适航义务、安全港口义务及货损责任均不相同。[①]

有的学者主张海上货物运送契约应区分为运送单据为证的运送契约和佣船契约,佣船契约又可分为论程佣船(航次租船)和论时佣船(定期租船)两种。[②] 运送契约与佣船契约存在6方面区分标准:第一,运送契约系公共运送,佣船契约系私人运送;第二,运送契约自由受限,佣船契约享有充分契约自由;第三,运送契约以国际货物运送公约实现国际化,佣船契约以国际佣船习惯实现国际化;第四,运送契约的运送船舶名称不特定,佣船契约则相反;第五,运送契约的免责事由远多于佣船契约;第六,运送契约下可主张单位赔偿责任限制,佣船契约下负担完全赔偿责任。[③] 有的学者也持有同类的区分标准的观点。[④]

从比较法分析,2013年《德国商法典》海商编详细区分了件杂货运输合同与航次租船合同,将航次租船合同定义为海上货物运输合同的特殊类型。[⑤] 2012年《土耳其商法典》亦在体例上突出航次租船合同的特殊性,《土耳其商法典》第五编第四章"海商贸易协定"(maritime trade agreements)将航次租船合同和海上货物运输合同共同放在第三节"租船运货合同"(contracts of affreightment)中进行调整,但又对两者作出区分,航次租船合同强调承运人通过分配船舶的某一部分或具体的某一段或整个船舶来接收货物,海上货物运输合同强调承运人以海运方式运输特定货物。[⑥]

3. 船舶租用合同说

该说主张航次租船合同不属于海上货物运输合同,而应与定期租船合同一样被定性为船舶租用合同。航次租船合同的本质在"租"而不在"运",和海上货物运输合同无法兼容:首先,只要是船舶租用关系,就存在较为完整的契约自由,不受国际海运公约管制,航次租船合同亦如是;其次,依租用合同签发之提单得适用国际海运公约,但提单所规范的是提单当事人而不是租用合同当事人,不应将"船舶所有人"与"租船承运人"身份等同;最后,航次租船合同在责任基础、责任内容、责任期间、舱位运用、适航性标准上均与班轮运输存在显著差异。[⑦] 因此,程租合同和期

---

① 参见林源民:《海上货物运输合同再议——兼评〈海商法〉的修改》,载《中国海商法研究》2020年第2期。

② 参见饶瑞正:《海商法论》,台北,三民书局股份有限公司2018年版,第94、234页。

③ 参见饶瑞正:《海商法论》,台北,三民书局股份有限公司2018年版,第94~98页。

④ 参见张丽英主编:《海商法》(第4版),中国政法大学出版社2015年版,第106~107页。

⑤ 参见王彦:《德国海商法的改革及评价》,载《中国海商法研究》2015年第2期。

⑥ See Didem Algantürk Light, *Effects of Charter Party Arbitration Clauses Under the New Turkish Commercial Code*, Journal of International Trade, Vol. 2:1, p. 21 – 26(2016).

⑦ 参见王肖卿:《船舶航次租用的本质是"租"不是"运"》,载《中国海商法研究》2019年第4期。

租合同均属于租船合同,而租船合同的本质并不是海上货物运输合同。

从法律移植的供体分析,海上货物运输合同中存在大量的强制性规范,其运输合同的当事人带有公共承运人的性质,我国《海商法》第四章的相关规定是法律移植了《海牙-维斯比规则》《汉堡规则》等国际公约,且这些国际公约均将租船合同排除在调整范围之外。而航次租船合同保持高度的契约自由,就合同的性质而言,其与定期租船合同、光船租赁合同等更为接近,其移植供体是国际标准合同,因此应纳入租船合同,且在立法体例的逻辑上更加协调一致。

国外持该观点的学者认为,租船合同以使用指定船舶为目的,遵循船舶供需关系,一般不受强制法规范的束缚,故其不同于海上货物运输合同。① 学者哈林顿(Harrington)将租船合同分为3种:第一类为部分舱位租船,船东完全控制船舶;第二类为整船租用下的定期租船或航次租船,船东提供船员并保留对船舶的整体控制;第三类为光船租赁,船舶所有人完全放弃了对船舶的控制。② 学者弗拉斯托(Vlasto)、克拉克(Clark)认为,根据《1999年美国海上货物运输法(草案)》,提单所证明的合同属于海上货物运输合同,程租合同下签发的提单亦不例外,但程租合同和期租合同属于租船合同,租船合同本身并不是海上货物运输合同。③

4. 本书的观点

有关航次租船合同性质的观点在理论界分歧较大的根本原因在于对航次租船合同自由限度的不同认识。现代航次租船运输发源于中世纪的船舶租赁制度,对于交易自由的追求是其一以贯之的理念。学者特罗布里奇(Trowbridge)认为"租船合同"(charter party)一词源自中世纪拉丁语的"carta partita",其意为"被分割的文件"。④《阿玛菲海法》是中世纪最早的一部海法,其中规定了船舶出租的内容,如《阿玛菲海法》第7条规定:"同样,全体船舶股东应立即任命或指定船长,被任命的船长可以接受他认为最适合的人的委托,然后他可以根据该城市的习惯将船舶租给他最喜欢的人,不管双方签订的协议是公开的还是私下的,其性质是合同或准合同。"⑤该条款赋予船长出租船舶的决定权并且对船舶租赁协议的形式不作规

---

① 参见[日]中村真澄、[日]箱井崇史:《日本海商法》,张秀娟、李刚、朴鑫译,法律出版社2015年版,第255页。

② See Matthew P. Harrington, *The Admiralty Origins of Law and Economics*, George Mason Law Review, Vol. 7:1, p. 107(1998).

③ See Tony Vlasto & Julian Clark, *The Effect of the Contracts (Rights of Third Parties) Act 1999 on Voyage and Time Charter Parties*, Tulane Maritime Law Journal, Vol. 25:2, p. 520-530(2001).

④ See Charles L. Trowbridge, *History, Development, and Characteristics of the Charter Concept*, Tulane Law Review, Vol. 49:4, p. 743(1975).

⑤ 黄永申:《中世纪海法:阿玛菲海法》,载《中国海商法研究》2017年第1期。

定,从而保证了船舶租赁的便捷性和高效性,可见船舶租赁以契约自由理论为依托,当事人享有很高的自治权限,不受强制性法律规范的限制。《奥列隆惯例集》第23条规定:"船长将船舶租给货商,双方自愿订立租约,并为其确定装船时间,该货商未在指定的时间装船,使船舶及船员滞留十五天或更长的时间,致使船长丧失了合适风力的机会不能开航,并由于货商的过错产生费用,货商有义务对船长进行赔偿……"①该条款明确规定租船合同应基于自愿原则订立,装货时间由当事人协商达成一致后拟定,同时赋予货商法定的及时装货义务,对契约自由予以适当限缩。该规定被《维斯比海法》继承,《维斯比海法》第34条规定:"如果船舶出租给货商用于运输,该货商同意在某个时间装船,他未能在约定的时间装船并且逾期15天以上的,船长丧失继续航行的机会,该货商应为其延误进行补偿,并向船长赔偿损失以及利息,其中四分之一属于船员,四分之三属于船长。"②有学者认为,《康索拉度海法》的私法部分"海洋习惯"主要规范船长、船员与乘客的权利义务关系,有关租船的各类文件等私法事项是《康索拉度海法》最核心和最有价值的部分。③可见,船舶租赁是中世纪海法的重要规范内容之一,具备了突出的契约自由特性。深受18世纪、19世纪的英美法国家盛行的自由主义理论以及个人理性崇拜思潮的影响,航次租船作为一项私人运输活动,契约自由正是立法者鼓励海运竞争和推动私人贸易壮大的思想体现。航次租船合同在发展历程中始终保持高度的契约自由,并未受到国际公约的限制,除非当事人在合同中约定并适用国际公约,实务中也不存在航次租船合同因没有约定而去寻求国际公约或者提单法的规定作补充的情况。④

当然,契约自由从来不是没有限制的自由,只不过在不同的时代与不同的国家,限制的表现形式不同罢了。⑤私法在强调契约自由的同时,予以适当的干预,以求效率与公平实现有机统一。⑥可以说,对契约自由进行合理限制以维护契约的公平正义,正是现代契约自由理论的重大成就,强制性是海上货物运输法显著的发展

---

① 王彦:《奥列隆惯例集》,载《中国海商法研究》2016年第3期。

② 王彦:《维斯比海法》,载《中国海商法研究》2017年第1期。

③ 参见荚振坤:《中世纪欧洲海商法研究(11世纪至15世纪)》,华东政法大学2013年博士学位论文,第61页。

④ 参见司玉琢:《航次租船合同的立法反思——以〈海商法〉修改为契机》,载《中国海商法研究》2019年第4期。

⑤ 参见韩世远:《合同法总论》(第4版),法律出版社2018年版,第31页。

⑥ 参见王丽萍:《对契约自由及其限制的理性思考》,载《山东大学学报(哲学社会科学版)》2006年第6期。

特色。[①] 但契约法的本质，自由是本位而限制是辅位。[②] 以此为基础，航次租船合同的当事人自治权得以适当的调整与限制，使合同内容彰显公平、公正的法律价值，矫正意思自治中强者欺压弱者的异化现象。

我国在立法维度上，《海商法》仅对航次租船合同规定了基本的任意性规范和极少的强制性规范，这也是理论界对航次租船合同是否属于海上货物运输合同争议不断的原因之一。《征求意见稿》《修改送审稿》调整了《海商法》第 94 条第 2 款，明确指出除第 47 条和第 49 条外的《海商法》第四章的强制性规定在航次租船合同未有约定或约定不明时也不得强制适用。[③] 该规定进一步扩大了航次租船合同的自由度，将海上货物运输合同与航次租船合同划清界限，保障当事人享有最大的契约自由。此规定可谓贯彻了这样一种理念：航次租船合同与一般海上货物运输合同的关键区别在于航次租船合同极大地体现了合同当事人意思自治原则，只要航次租船合同不是在受胁迫的情况下签订或合同条款不构成显失公平，都应尊重当事人的约定。[④] 在这一意义上，即便在同一章（"海上货物运输合同"章）内，海上货物运输合同与航次租船合同的规则差别也很大。并且，现有《海商法》第四章引入《海牙规则》的承运人强制性规范，但《海牙规则》仅适用于"提单或任何类似的运输单证所证明下的运输合同"，而《海商法》第 41 条明确规定："海上货物运输合同，是指承运人收取运费，负责将托运人托运的货物经海路由一港运至另一港的合同。"由此分析该规定带有海上货物运输合同的一般性规定，适用范围不仅仅局限于提单证明的运输合同，航次租船合同作为《海商法》第四章的特别规定，也纳入其中的调整范围，这是因为《海商法》第四章移植《海牙规则》的内容，包括承运人的强制性规定，却没有照搬该公约规定的适用范围，两者不衔接导致存在冲突。即使在航次租船合同下也签发提单，但此时的提单在当事人之间仅仅是收据而已，不存在物权凭证功能，调整当事人权利义务关系的只是航次租船合同，而不是提单及与提单相关的强行法规范。[⑤] 因此，有必要正视航次租船合同的性质，审视航次租船合同的合同自由与海上货物运输合同的强制性规定之间的关系。

如今，我国已正式迈入民法典时代，《民法典》合同制度是市场经济的基本法律制度，是调整运输法律关系的一般法，《海商法》作为调整海上运输法律关系的特别

---

① 参见杨洪：《论海上货物运输强制性法律规范的性质和功能》，载《中外法学》2007 年第 4 期。

② 参见雍春华：《海上货物运输中合同自由的适用与嬗变》，载《河北法学》2017 年第 8 期。

③ 参见《征求意见稿》第 4.57 条，《修改送审稿》第 122 条。

④ 参见陈平：《我国〈海商法〉中有关航次租船合同条款的解析》，载《世界海运》1999 年第 3 期。

⑤ 参见林源民：《海上货物运输合同再议——兼评〈海商法〉的修改》，载《中国海商法研究》2020 年第 2 期。

法,这一基本立法定位已得以确认。《民法典》坚持维护合同自由、平等交换、公平竞争,促进商品和要素自由流动,民法的合同自由理论正是航次租船合同的法理基石。《民法典》颁布后完善航次租船运输制度的契机已经出现。将强制性海上运输法规范套用于航次租船合同,既难以满足船货双方不断扩张的利益诉求,也不符合航次租船运输的实务发展趋势。默示条款制度系航次租船合同下填补合同漏洞的重要机制,对合同自由起到重要的补充和矫正功能,堪称补正合同之对症良药。由于航次租船合同奉行契约自由,对合同中没有约定或约定不明的部分,在长期的航运实践中形成了一套系统填补合同漏洞的默示条款,为各国法院特别是英美法国家的法院所承认。对于航次租船合同当事人难以预料到所有的情况,合同内容应当得到默示的自然法补充,这些补充主要基于公平价值、风俗习惯、成文法规定,此外还必须考虑当事人的共同目的。[①] 我国虽然并未形成默示条款的系统理论和适用体系,但我国并未否认默示条款对合同的补充。《民法典》规定的根据合同的有关条款或者交易习惯填补合同漏洞或约定不明确的内容,就是其中的体现。[②]

当前,我国航运业的快速发展、对外贸易的结构性调整、快速发展的航运技术都改变了航运经营模式和海事风险特性,也需要对船货双方权益予以适度平衡和公平规制。[③] 海运企业和外贸企业需要更高的经营自主权,租船运输业也需要更灵活的制度体系以应对疫情之下愈加复杂的政治风险与商业风险。航次租船合同的涉外性和灵活性较强,实务中常常涉及专业术语、技术规范等特殊海运知识以及千变万化的实务突发状况,需要贴近航运实践的任意性规范予以调整,以保证其契合新时代我国对外开放和贸易发展的需求。变局之下孕育修法契机,为适应海上运输之新形势与国际循环新格局,应当穷尽《民法典》所具有的"秩序—体系化"功能、行为的救济与否定功能、法律适用方面的批判与续造功能,在民商法体系下修正和完善航次租船合同法律制度,协调航次租船合同任意性体制与海上运输法强制性体制,充分运用合同自由理论把握航次租船合同的准确立法定位。要让航次租船制度成为海商法修订中完善和创新的特色制度,成为鼓励船舶出租人和承租人走向意思自治的路径,成为培育国际化龙头航运企业、外贸企业的法律摇篮,从而使海商法把握航运业的发展大势,扣紧国内国际双循环的时代脉搏,优化海上营商环境,公平、有效地为船货各方提供法律保障。

---

① See Marko Pavliha, *Voyage Charter: The Implied Duty of Carrier to Provide a SeaworthyShip*, PRAVNIK, Vol. 48:1, p. 30 – 32(1993).

② 参见杨圣坤:《合同法上的默示条款制度研究》,载《北方法学》2010 年第 2 期。

③ 参见《〈中华人民共和国海商法〉修订说明》,载《中国海事》2018 年第 12 期。

二、《民法典》的基本原则对《海商法》的修订之影响

民法基本原则是民法的主旨和基本准则，是制定、解释、适用和研究民法各部门法的出发点，它贯穿于整个制度和规范之中，集中体现部门法的本质和特征，是高度抽象的、最一般的民事行为规范和价值判断标准。集中体现民法的本质特征，是解释与研究民商法的起点。[①] 海商法具有较强的实践性和技术性，是否具有基本原则以及具有什么基本原则存在较大争议。[②] 而民法具有法理性，存在其基本原则，普遍地适用于全部的民事法律领域。[③] 这些基本原则同样贯穿了海商法，将《海商法》与《民法典》的相关条款进行对比，《海商法》中民事性质的条文共计210条，占所有实质性条文的约76%。《海商法》独具特色的海事赔偿责任限制制度亦体现了公平原则，海难救助和海洋环境保护等方面的相关制度亦体现了公序良俗原则和绿色原则。因此，在法律基本原则上，海商法与民法同样应考虑协调性。[④] 当然，这种协调并不是强制要求海商法与民法的具体制度完全一致，而是用《民法典》的基本原则来指导《海商法》的修订，在保留海商法特殊性的基础上，使《海商法》与《民法典》基本原则和立法精神协调一致。

《民法典》中除总则之外还包括物权编、合同编、人格权编、侵权责任编、婚姻家庭编、继承编等分编，它们都分别适用于各自领域内的民事关系，与《海商法》之间的关系更类似于不同法律部门之间的横向联系。即便是在物权、合同、侵权责任等领域，这些分编也仅是为《海商法》修改奠定制度环境的基础，应进一步考虑到特别法未规定时回归一般法的合理性，并不是以《民法典》各编的具体制度来约束《海商法》条款的修订和完善。质言之，以《民法典》的立法精神和基本原则为指导，消除民商法体系内部的矛盾和冲突，既要回应《民法典》所创设的某些同样可以适用于海商法领域的原则和制度，也要舍弃海商法的所有问题均应遵循民法理念加以解释和解决的误解；既体现海商法的特殊性，又在规范设计上有分寸地突破民法的桎梏，寻求特别法与一般法的合理协调。[⑤] 因此，有必要在梳理民法基本原则的基

---

① 参见《民法学》编写组编：《民法学》，高等教育出版社2019年版，第25～26页。

② 例如有学者提出了“用尽海商法”原则，参见郭瑜：《海商法的精神：中国的实践和理论》，北京大学出版社2005年版，第79页；也有学者将船货利益平衡上升为海商法的原则，参见李天生：《船货利益平衡原则研究》，法律出版社2012年版，第19页。

③ 参见刘宗荣：《从民法总则到商法》，载《地方立法研究》2017年第4期。

④ 参见孙思琪：《海商法独立法律部门说之商榷——兼论民法特别法说之依据》，载《海大法律评论》2015年第00期。

⑤ 参见曹兴国、初北平：《作为特别法的〈海商法〉的修改——制度体系、修法时机及规范设计》，载《政法论丛》2018年第1期。

础上,分析海商法的价值追求或基本原则是否具有趋同性。

第一,民事权益受法律保护原则。民事权益受保护原则代表着民商事立法的"初心"与"使命",体现民法的基本精神,统领各民商事特别法,这也是《海商法》修订的立足点。该原则的基本内容是:民事主体的人身、财产权益,不仅包括权利,而且包括利益,均受到民法的保护;民事权益不是绝对自由的,而应受到强制性规范和公序良俗的约束;民事主体不得滥用民事权利,也应服从于公共利益的需要;在民事权益受到侵害时,主要通过追究民事责任的方式对权利人予以救济。有学者因此指出,民事权益受法律保护原则是民事立法的基础,以此为指导,能够确定民商事法律所应保护的私权范畴。① 鉴于该原则的基础性,其能够为《海商法》提供修订的基本思路,即厘定海商法应保护的合法权益范畴。当然,为维护《海商法》项下的民商事权益,一些公法性质的条款也影响民商事权利义务关系,因此《海商法》兼顾行政法、国际私法等条款的立法思路应予以维持,只要该权益属于私权保护的范畴,并具有特别法保护的必要性,那么就应当在《海商法》中被纳入保护范畴。

第二,平等原则。平等原则不仅体现为民事权利能力的平等,而且体现为具体的法律关系中的法律地位平等,且在民事责任承担方式上,贯彻损失填补原则,以弥补受害人的损失为宗旨,一般不能对加害人的行为施加以类似于公法上的惩罚性措施。② "平等"彰显民法是私法的基石,而平等的有限性与不平等的现实性昭示着民法作为公私混合法的现实。③ 换言之,追求《海商法》调整对象主体间的平等是《海商法》修订的目标之一。在这一基础上,《海商法》的修订不应完全否定《海商法》中的海事公法条款,而应以完善这些条款为切入点,促进实质平等目标的实现。例如,在海上保险法中,保险人与被保险人的地位在通说项下被认为是平等的,④因而《海商法》设置了有别于一般保险法的"无限告知"义务。英国保险法作为《海商法》海上保险制度重要参考的立法例,在 2015 年实现了修改,在新法规定下,被保险人的最大诚信义务被合理陈述义务替代,救济手段从单一的合同自始无效转为比例救济下的多种结果。最大诚信原则在保险法发展初期有效平衡了保险

---

① 参见许中缘、王崇敏:《论民法典中民事权益受法律保护原则的立法设计》,载《河南财经政法大学学报》2012 年第 3 期。

② 参见《民法学》编写组编:《民法学》,高等教育出版社 2019 年版,第 27 页。

③ 参见徐国栋:《民法哲学》,中国法制出版社 2021 年版,第 164 页。

④ 一般保险法与海上保险法是保险立法的一种分类。一般保险法下的投保人、被保险人往往被认为是金融消费者,与保险人地位是不平等的;但在海上保险法下,被保险人和保险人都是商事主体,其地位相对平等。

人和被保险人之间的信息不对称问题,成为海上保险合同不可或缺的要素之一。以合理陈述义务替换最大诚信义务,要求被保险人如实披露投保事项的实质内容,并向保险人提示必要的信息,以便保险人询问相关的问题,这种询问告知的前提是被保险人应提供经过适当筛选的信息,这实质上提高了被保险人的信息披露要求。因而,在《海商法》修订中,需要进一步思考英国最新修改的保险法下告知义务的重要变迁对于《海商法》海上保险制度平等价值的实现是否有促进作用。

第三,意思自治原则。意思自治原则反映了民法最核心的价值理念,当事人在法律规定的范围内,自主决定自己的事务,最充分地实现自身利益。意思自治以法律规定与公序良俗为边界,[①]意指"法无禁止即可为"。前文述及,虽然意思自治原则在一般民事领域出现了一定的衰退趋势,但这并不影响商事领域意思自治原则的贯彻实施。《海商法》内在地包含狭义"海商法"与"海事法"两个部分,对于"海商法"而言,尊重意思自治是其主要目标,以意思自治调整海商主体之间的权利义务关系也成为海商法发挥规制作用的主要手段,租船合同作为高度贯彻意思自治的合同,关于出租人和承租人之间的权利义务的规定,仅在租船合同没有约定或者没有不同约定时适用;对于"海事法"而言,在规制的基础上也应以海商法的"商"性为转移,海难救助也应遵循自愿原则,将在自愿基础上建立的"无效果无报酬"作为海难救助的兜底地位。但是,意思自治不是毫无约束的自由放任,海上货物运输法的强制性体制自 1893 年美国的《哈特法》诞生以来,已走过百年的历史。从《鹿特丹规则》分析,承运人的强制性义务与责任、托运人的强制性义务与责任,均存在加重的趋势,可以说这种强制性体制的规制范围有所扩大。[②] 强制性体制的价值取向在于追求船货利益公平公正,在《海商法》修订中,特别是在承运人和托运人的谈判地位日趋平衡的情况下,如何看待《鹿特丹规则》强制性体制加剧的趋势,是有限恢复意思自治下的海上货物运输的合同自由还是保持强制性规范?是以立法规制海上货物运输合同的格式条款还是以司法规制、行业自律等多种方式干预承托双方的缔约?协调好海上货物运输合同的意思自治与强制性规范之间的关系,是《海商法》修订中回应《民法典》意思自治原则的重要体现。

第四,公平原则。公平原则是民事活动的目的性评价标准,更多地体现实质公平的要求。[③] 船货利益平衡与公平原则是一体两面的,公平原则对于海商法而言,

---

① 参见陈荣文:《〈民法典〉"私法自治"的理念衍义与制度构建》,载《福建论坛(人文社会科学版)》2020 年第 9 期。

② 参见胡长胜:《〈鹿特丹规则〉下的强制性体制研究:基于规范效力的一种分析》,厦门大学出版社 2013 年版,第 324 页。

③ 参见《民法学》编写组编:《民法学》,高等教育出版社 2019 年版,第 29 页。

并非形式意义上的公平而是实质意义上的公平，也不是通过对于一方的严格限制使得双方的力量对等，而是要维护船货双方投入与产出间的平衡，这就需要对双方权利义务进行必要的调整。公平原则还与社会客观目的相连接，法律不可能超出社会再造一个伦理体系，以公平为基础，船货利益平衡原则才得以存续。以“加百利轮案”为例，其裁判结果符合法律内部性的要求，但其结果在一定程度上违反社会直觉，“为什么一艘旁观的救捞船可以拿到全额的救助报酬”？针对这一问题的疑问和争议一定程度上反映了法律漏洞的存在，应在《海商法》修订中厘清雇佣救助与海难救助的边界，确立合理的救助报酬确定机制。又如，海事赔偿责任限制制度是对抗受害人请求权的抗辩，将海事责任主体的赔偿责任限制依法设定“安全阀”，其出发点是充分考虑海上运输的特殊性，以“海上命运共同体”视角考虑参与海运的主体各方之间的权利义务关系，以利益平衡为价值判断来协调“海上命运共同体”之间的物质利益关系，是民法公平原则在海运领域的特殊体现，是实质公平的表现形式。① 同样，在公平原则项下，海事赔偿责任限制制度修订的方向应当在于其责任限额是否提高，以及如何提高才能够凸显实质公平的要求。

第五，诚实信用原则。诚实信用原则被称为民法的“帝王条款”，是各国民法公认的基本原则，它不仅确立民事主体的行为规则，而且在此基础上创设了缔约过失、情事变更、禁止滥用权利等规则，具有衡平功能，可以填补法律和合同漏洞，降低交易费用和增进效率。② 民法诚信原则也被认为是民法最为重要的基本原则。有学者指出，当具体规则与诚信原则相抵触，并于个案中产生难以容忍的不公正结果时，诚信原则具有法律修正功能。③ 诚实信用原则的基本要求不仅针对一般的民事主体，还针对商事主体，其要求也是近似的，这属于民商一体的体现。④ 但是，海上保险法项下的最大诚信原则诞生于英国海上保险判例，其发源与民法诚信原则并不相同。随着大陆法系保险立法的深入，民法的诚信原则与保险法的最大诚信原则在基本内涵、制度构建等维度已没有很大差距。⑤ 在这一背景下，本书认为，应在《海商法》中明文确立诚信原则或将诚信原则作为海商立法的基本指针，并以此为基础完善海上保险制度，此典型的例子是保险条款说明义务制度。《海商法》海

---

① 参见何丽新、王沛锐：《民法公平原则下海事赔偿责任限制正当性之重塑》，载《中山大学学报（社会科学版）》2021 年第 2 期。

② 参见《民法学》编写组编：《民法学》，高等教育出版社 2019 年版，第 30 页。

③ 参见李夏旭：《诚信原则法律修正功能的适用及限度》，载《法学》2021 年第 2 期。

④ 公司法上公司股东与公司之间的信义义务是诚信原则的具体体现，虽然诚信原则与信义义务的关系在学界未有定论，但不可否认的是信义义务是诚信原则精神的延伸。参见袁梓旋：《论“诚信”路径下公司控制股东信义义务的扩张》，载《内蒙古社会科学》2020 年第 1 期。

⑤ 参见任自力：《保险法最大诚信原则之审思》，载《法学家》2010 年第 3 期。

上保险部分并没有设立单独的说明义务,而1995年以来的《保险法》创设的说明义务被认为是诚信原则的延伸,《保险法》下的说明义务是否可以适用于海上保险条款?如何以此完善海上保险的信息披露制度?同时,值得注意的是,目前保险人的说明义务总体上存在形式化的问题。[①] 因此,建议在《海商法》修订中以设置保险信息提供义务为契机,很好地平衡海上保险的保险人、被保险人之间的利益。这种对保险人说明义务的变革是诚信原则的贯彻实施,乃至进一步"上岸"影响陆上保险的革新。

第六,公序良俗原则。公共秩序和善良风俗是公序良俗原则的主要内容,公共秩序体现为现行法原则、制度构成的"规范秩序",而善良风俗是指某一特定社会所尊重之起码的伦理要求,[②]是社会全体成员所普遍认许、遵循的公共道德准则,[③]二者相辅相成,互为补充。有学者指出,公序良俗原则因具有一定程度的可列举性、相对宽泛的事实要件和较为克制的价值评价功能,应属于法律标准。[④] 以公序良俗对意思自治予以限制,有助于弥补强制法规定的不足,在《海商法》修订过程中更应以航运习惯与航运实践为基础,对《海商法》应当予以维持的公序良俗进行全面梳理。例如,海难救助作为一项特殊的海商法制度,一方面,符合保障海上交通安全的公共政策,另一方面,具有鲜明的人文精神和道德色彩,与公序良俗原则存在内在的契合。目前《海商法》仅规定了对遇险的船舶和其他财产进行海难救助取得效果的有权获得救助报酬,而未规定人命救助及其救助报酬问题,这不利于为人命救助设置应然的基准,人命救助人面临义务与权利不对等、救助人命的系统性规则缺位、人命救助缺乏强制性等问题。[⑤]

多数海商法学者认为,人的生命无法通过金钱衡量,在只有人命得到救助的情况下,因无获救的财产可供执行,救助报酬请求权缺乏存在的基础。[⑥]《海商法》第174条虽然规定了船长的救助义务,船长在不严重危及本船和船上人员安全的情况下,有义务尽力救助海上人命。但是本条关于人命救助的内容并未涉及救助之后救助人应当承担何种义务。目前法律对于海难人命救助者应予承担何种义务关注的重点放在了行政责任上。同时,《海商法》规定"无效果无报酬"以及"获得救

① 参见陈群峰:《保险人说明义务之形式化危机与重构》,载《现代法学》2013年第6期。

② 参见黄茂荣:《民法总则》,中国政法大学出版社2002年版,第336页。

③ 参见王利明等:《民法学》,法律出版社2020年版,第46页。

④ 参见陈林林、严崴:《公序良俗的法理分析:性质、类型与适用》,载《南京社会科学》2021年第2期。

⑤ 参见袁曾:《海难人命救助的法律义务与现实困境之间矛盾的破解》,载《政治与法律》2020年第1期。

⑥ 参见司玉琢主编:《中华人民共和国海商法问答》,人民交通出版社1993年版,第187页。

助报酬不可超过得到救助的财产总价值”的海难救助规则，其价值目标在于对财产的援救，人命救助者只有在财产救助取得了良好效果时，才能获得相应的人命救助酬劳，人命救助并无独立报酬请求权。对此，本书认为，生命的存在本身就是最大的价值，人命获得救助意味着挽救了重大的价值及利益，救助方在救助人命的过程中必然花费时间、金钱等成本，因此，人命救助报酬请求权存在法理基础，救助报酬的确定完全可以根据救助方付出的成本和遭受的损失予以确定，从而绕开生命的定价问题，应将人命纳入海难救助客体范围，明确规定人命救助人具有独立的人命救助报酬请求权。加拿大的《航运法》第 450 条明确规定了所有在加拿大海域对所有国籍船舶上的人员实施救助的行为，或在所有海域救助加拿大籍船舶所载人员的行为，均有权获得合理的报酬或者补偿。① 《1989 年国际救助公约》第 10 条规定了为海上遇险人员提供救助的义务，虽然根据该公约的规定，救助人无法请求人命救助报酬，但是在其第 16 条又规定，该公约的规定不影响国内法就此作出例外规定。因此，人命救助报酬请求权可以通过国内立法得以实现。《海商法》修订中如何设置人命救助规则，是应当予以充分考虑的。

公序良俗原则的适用范围日趋广泛，呈现出扩张趋势，“在法国民法制定时，该原则不过为对于契约自由原则之例外的限制，然在近时，则认为系支配私法全领域之大原则，不独契约之自由，而权利之行使，义务之履行、自力之救助之界限、法律行为之解释，亦俱在此原则支配之范围”②。在司法实践中，一项对 2007 年至 2016 年适用公序良俗原则认定、裁判的案件的样本研究也显示，对公序良俗的运用涉及民法各领域。③ 因此，有必要审视公序良俗原则在海商法领域的适用。

第七，绿色原则。《民法典》将环境资源保护上升为民法基本原则的地位，规定了绿色原则，以确保作为利益关联整体之中的民事主体赖以生存和发展前提的生态安全、环境良好和资源永续利用，通过节约自然资源（含能源）、保护生态和环境的要求对民事主体从事民事活动进行引导及必要限制，利于构建生态时代人与自然的新型关系，顺应绿色立法潮流。④ 因此，绿色原则的出现，与国家、社会对生态环境保护的要求直接相关，对于海洋生态的保护尤为重要。以绿色原则为基础，《征求意见稿》和《修改送审稿》设置了专章，规定船舶油污损害责任问题，并在海难救助中引入了环境救助事项。可见，《民法典》绿色原则和保护生态的精神渗透在《海商法》的修订完善中。

---

① 参见笪恺：《海商法上的人命救助》，载《法学杂志》1997 年第 5 期。

② 史尚宽：《民法总论》，中国政法大学出版社 2000 年版，第 334 页。

③ 参见蔡唱：《公序良俗在我国的司法适用研究》，载《中国法学》2016 年第 6 期。

④ 参见竺效：《论绿色原则的规范解释司法适用》，载《中国法学》2021 年第 4 期。

综上而言,《海商法》的修订并不需要严格界定在《民法典》的框架下,但在我国"民商合一"立法的语境下,海商法必然具有与民商法相契合的思考基础,《海商法》的修订也必然会受到《民法典》基本原则的影响。《民法典》的基本原则首先也是私法的基本原则,在私法体系内部客观起到了自省机制的作用。而当民法的规范类型已由纯粹的私法演进为公私混合法后,其基本原则所能为海商法提供的资源较以往而言更多。当然,民法与商法的价值取向略有不同,海商法不可能照搬《民法典》基本原则。在《海商法》的修订中,由"民法原则—海商法规则"到"民法原则—海商法原则—海商法规则"的立法思路,仍然值得进一步思考。

三、《民法典》条款对《海商法》具体条款修订之影响——以留置权条款为例

《民法典》所蕴含的体系性,使得《民法典》不仅是行为规范的集合,其整体的存在还造就了一套思维规范。[①]《民法典》追求的价值和逻辑的体系性,是民法体系下各部门法的法律修订和法律适用的思维起点。具体到《海商法》中的条款的修改和适用,《民法典》编纂的体系化理念也得以贯彻。

在1992年《海商法》制定之前,我国的民法理论和《民法通则》的立法规定中已经设置了留置权,这是一种具有"占有+处分并优先受偿"二次效力的担保性权利。而《海商法》中涉及留置权[②]的立法条款主要移植了国际公约、国际标准合同和外国法中的"Lien"条款,使用了"留置/留置权"以对译英语中的"Lien"。但"Lien"的概念比我国法律体系中的"留置权"概念更为广泛,常被翻译为留置权、优先权、质权等,[③]与我国的"担保"概念更为匹配,但其中的主要类型"Possessory Lien"与我国的留置权的法律效果较为接近。《海商法》法律移植域外法律"Lien"条款的过程中,通过民法"留置权"法律术语的使用,实现了将域外的"Lien"制度融贯地引进我国民法担保物权体系的效果。首先,凭借国人对民法留置权的熟悉,充分利用移植对象和民法留置权的法律效果近似,促进移植法律条款与本土法律条款的融合,让移植而来的条款更容易被国人接受和适用。其次,该法律术语的使用为《海商法》节省了立法笔墨,对"留置权"的属性和行使方式无须如同民法一般

---

① 参见陈金钊:《民法典意义的法理诠释》,载《中国法学》2021年第1期。

② 《海商法》全文出现了5条涉及"留置"和/或"留置权"的条款,赋予4类主体以留置权,分别是第25条的造/修船人的船舶留置权(船舶留置权),第87~88条的承运人的货物留置权(承运人留置权),第141条的出租人的货物、财产和转租收入留置权(出租人留置权),第161条的承拖人的被拖物留置权(承拖人留置权),统称为《海商法》留置权条款。

③ "Lien"词条被我国法律出版社的《英汉法律用语大词典》翻译为留置权、质权;《元照英美法法律词典》翻译为留置权、优先权。参见宋雷主编:《英汉法律用语大词典》,法律出版社2005年版,第663页;潘汉典等:《元照英美法词典》,法律出版社2003年版,第847页。

进行详细的定性和罗列。比如《海商法》中的出租人留置权、承拖人留置权对“留置权”的二次效力并未另行专门说明，只是简单表述为“留置权”，但这并不影响它们具有处分留置物并优先受偿的法律效力。最后，《海商法》法律移植的只是域外法律文件中的具体规则，割裂了该规则与解释该规则所依赖的域外法律体系和法学理论的关联，这对于法律的解释和适用可能会造成障碍，但立法者智慧地将《海商法》中移植而来的留置权纳入民法留置权范畴，在共同的法律术语的指引下，以本土民法留置权的法理和法律体系对《海商法》留置权条款加以理论支持，从而方便本土化的法律适用。

《海商法》留置权条款的规定实现了《海商法》留置权概念与民商法概念的融贯性。这种对民法体系的遵循不仅体现在法律术语上，在内容上也能够相互证立。以《民法通则》对留置权的一般规定[①]检视《海商法》留置权条款，发现《海商法》留置权条文承载的都是具有“占有 + 处分并优先受偿”二次效力的担保物权，已与民法的留置权实现了实质上的融贯。例如，《海商法》第 25 条第 1 款体现船舶留置权具有优先于船舶抵押权的受偿性，第 2 款体现该权利人能够“留置船舶”，共同反映出其二次效力结构；第 87 条和第 88 条对承运人留置权的规定，不仅根据第 87 条可以“留置其货物”具有一次效力，还可以根据第 88 条的规定，在 60 天后无人提取时，申请法院裁定拍卖并优先受偿，具有二次效力。可见《海商法》留置权条款对于民法留置权条款一般规定中的构成要件都有呼应。另外，《海商法》留置权条款赋予的权利都意在保护权利人的债权得以实现，亦与民法留置权的实现价值实现融贯。当然，《海商法》与民法留置权规范的融贯并不影响两者的“特别法与一般法”的关系。与《民法典》物权编留置权一章的条款相比，《海商法》留置权仍然存在鲜明的特点，主要集中于主体、担保债权范围、留置物、成立要件等方面。在主体上，《海商法》留置权保护着船舶关系和海上运输关系中的主要义务承担者，包括造修船人、承运人、出租人、承拖人、救助人，他们是维持航运业正常运转的重要角色；在担保债权的范围上，对造修船费用、海运运费及相关债权、船舶租金及相关债权、拖航费和救助费加以留置权担保，是维持上述主体正常经营的资金来源。这些条款差异性的规定体现了海商法有别于民法的特殊性，亦体现了海商法为航运业发展保驾护航的特殊价值。

同时，民法体系的留置权直接影响了《海商法》对移植对象的选择。上述所言，《海商法》留置权的规定，源于对域外“Lien”条款的法律移植。以《海商法》第 25

① 《海商法》颁布时，只有《民法通则》规定了留置权，而后经多部民事单行法的不断完善，现发展为《民法典》物权编第十九章“留置权”，对留置权的成立要件、行使方式、法律效果进行了详细的规定。

条规定的船舶留置权为例，在《海商法》制定时，国际上与船舶留置权相关的公约文本有两部：《1967 年关于统一船舶优先权和抵押权若干规定的国际公约》和《1993 年船舶优先权和抵押权国际公约（草案）》，前者赋予造修船人对船舶的占有和处分并优先受偿权，而后者仅赋予造修船人对船舶的单纯占有权（right of retention），[①]而我国《海商法》最终选择了与既有的民法留置权更为融贯的前者加以法律移植，这样的制度设计也为移植条款的本土化适用提供了方便。因此，《海商法》留置权条款在立法之初就被定位为特别的民法留置权条款，基于这种关系，《海商法》留置权条款的解释适用显然离不开民法留置权条款的补充。

《民法典》在《民法通则》《民法总则》《担保法》《担保法司法解释》等的基础上，在第十九章采用 11 个立法条款规定了留置权规则。既然《海商法》留置权条款在法律移植“Lien”条款时已充分考虑与民法体系的留置权的融贯，那么，《民法典》颁布和生效后，《海商法》留置权应与《民法典》留置权实现体系化协调，没有必要另起炉灶。《海商法》留置权是特别的民法留置权，具有民法留置的“占有 + 处分并优先受偿”的二次效力结构，与民法留置权成立的积极要件和消极要件相互呼应，其特别之处在于主体、留置物、担保的主债权具有特定性，从而实现保护航运业发展的实质公平。要实现《海商法》与《民法典》留置权的融贯，不仅在于追求价值的层次协调和有序，还在于各自的分工明晰，注重《海商法》留置权所保护的特殊价值，明确相关条款的适用规则，减少适用分歧导致的“同案不同判”情形。

《民法典》首次将原先分布在各部民法单行法中的民法留置权条款进行了整合，实现了体系化编排，包括将关于留置权的一般规定作为物权编的一个专章加以规定，这些一般规定是产生一般民法留置权的规范基础；又将《担保法》《合同法》规定的特别民法留置权条款置于合同编的各典型合同章之中。谢鸿飞教授认为，在界分《民法典》和特别民法的调整内容时，合理的安排是：由民法典设立总则性规定，由特别法作出具体规定。[②] 陈金钊教授认为，如果能从特别民法中抽象一般规定，将其纳入民法典，更为难得。[③] 目前，《民法典》的物权编对包括《海商法》留置权条款在内的民法留置权条款作出一般规定，前者相对于后者，是一般法与特别法的关系。《民法典》合同编则规定了特别合同之债的留置权类型，这些留置权条款与物权编中的留置权条款也是特别法和一般法的关系，与《海商法》留置权条款则是并列的关系。因此，为了实现《民法典》留置权与《海商法》留置权条款的协调融

---

① See Francesco Berilingeri, Forewrd, in CMI ed., *Essays on Maritime Liens and Mortgages and on Arrest of Ships*, Antwerpen: Comité Maritime International, 2018, p. 1 – 23.

② 参见谢鸿飞：《民法典的外部体系效益及其扩张》，载《环球法律评论》2018 年第 2 期。

③ 参见陈金钊：《民法典意义的法理诠释》，载《中国法学》2021 年第 1 期。

贯,关键在于《民法典》物权编的留置权一章与《海商法》留置权形成一般法与特殊法的融贯性,前者是对后者的抽象,后者则能从前者得到支持,两者的差异之处重在体现海商法特殊的立法目的,即保护航运业的发展,而这些差异性应该予以保留,并通过修订和完善《海商法》留置权条款使其更为凸显。但在不具有海商法保护的特殊价值之处,《海商法》留置权条款应该与《民法典》留置权一般规定相协调,甚至应删除重复冗余的规定,在司法适用中援引后者加以补充,实现两部法律的协调。《海商法》留置权与《民法典》合同编的典型留置权之间是并列的关系,基于立法目的的不同,分别适用于不同的主体和场景,所以立法上存在不同规定就是出于对不同价值的保护,一般无须协调,但在立法语言和立法技术上应该保持一致,不可以后者代替前者在涉海场景中适用。

如此看来,《民法典》《海商法》各自关于留置权的规定已经实现了大体结构上的协调。《民法典》目前并没有新增涉及《海商法》留置权的引致条款、参照条款等安排,这种做法将体系化融贯的立法任务更多地交给了《海商法》。因此,所有的《海商法》留置权条款都应贯彻《民法典》的基本原则,而对于《民法典》中规定的留置权一般规定,从价值评价层面、法律术语使用、立法技术规范上,《海商法》留置权条款要做好相应的协调。比如在整体立法目的上,不应偏离留置权的一般规定保护公平价值的目标,在此基础上,对《海商法》保护的特殊价值,为海上运输中发生的法律关系提供特殊化规定;而对于《民法典》已明确的用词规范(比如区分"期间"和"期限",以精确的"六十日"代替"两个月"等①),《海商法》留置权条款在修订时也应该保持一致。同时,《海商法》留置权由于保护着特殊的航运利益,必然较之《民法典》对留置权的一般规定而存在其特殊性,比如制定船舶留置权的行使条款,基于留置对象的特殊性,船舶价值往往大于陆上动产,且船舶上可能附有船舶优先权和船舶抵押权,应有专门的制度设计,以保护海商法承载的特殊目的。在保护价值一致的时候,为了避免立法的冗余重复,允许《海商法》留置权条款继续形成不完整条款,援引《民法典》留置权一般规定进行补充。另外,与《民法典》中其他保护价值有差异的典型留置权,必要时可通过立法明示划清适用的边界,比如《民法典》第783条承揽人留置权条款不适用于造修船人对船舶行使留置权的场合,《民法典》第836条承运人留置权条款不适用于国际海运的承运人留置货物场景。

有学者指出,在《民法典》与特别法的规定不一致时,首先要明确《民法典》是否意图更改特别法的规定,如果是,应当优先适用《民法典》,如果不是,那么应当遵

① 参见《民法典》第453条对《物权法》第236条的修订内容。

循特别法优先于一般法的原则,适用特别法。[①] 因此,《海商法》修订的重要任务之一,便是对《民法典》中相关条款的修订内容进行检视,对其中意在改变《海商法》条款的内容,修法时应进行呼应和融贯。下面,就《海商法》留置权条款进行逐一的分析:

第一,《海商法》与《民法典》留置权一章修订内容的协调。《物权法》留置权一章规定的是留置权的一般条款,《民法典》对其修改极少,保持原来 11 个条款的条数。其中,只有 3 个条文进行了部分修改:《民法典》第 448 条将"但"改为"但是";第 453 条将"但"改为"但是",两处"期间"改为"期限","两个月"改为"六十日";第 454 条将"期间"改为"期限"。这些修改都没有实际改变留置权法律关系当事人的权利义务。用"期限"取代"期间",立法者意在凸显留置权人给予债务人履行期的自主性和非法定性。[②] 另外,将"两个月"改为"六十日",实现了与《海商法》第 88 条承运人处分留置物的安排相一致,也体现了法律的稳定性和精确性。从上述修改的内容可以看出,我国民法留置权的一般规定已趋于稳定和成熟,虽然《民法典》对物权编下的担保物权分编进行了为数不少的调整,[③]但留置权部分已无明显的实质性变化。鉴于目前的《海商法》留置权条款中没有涉及"但""期间"等表述,因此无须进行相应修改。但《海商法》的修订中仍须注意与《民法典》的立法语言规范保持一致,并保持《海商法》第 88 条的"六十日"的立法表述。

第二,《海商法》与《民法典》运输合同章留置权条款及其修订内容的协调。《民法典》运输合同章分为一般规定、客运合同、货运合同、多式联运合同四节,其中第 836 条规定了货运合同承运人的留置权,[④]该条保留了《合同法》第 315 条的规定,只是在用语上将"运费、保管费以及其他运输费用的"改为"运费、保管费或者其他费用的",本书认为此处去掉"费用"的定语"运输",扩张了可以产生留置权的债权的范围。《海商法》第 87 条同样以"其他费用"进行表述,没有强调是"运输费用",此规定应予以保留。而且,《民法典》第 836 条对留置物没有权属要求,规定为"相应的运输货物",可以解释为与运输合同有牵连关系的货物,延续了《合同法》第 315 条的设计,调整的是国内水运和陆运承运人,保障作为劳务提供者在先

---

① 参见王利明:《民法典的体系化功能及其实现》,载《法商研究》2021 年第 4 期。

② 翟远见给"期限"下的定义是,是法律行为的附款之一,为民事主体控制法律行为效力发生或者消灭的任意手段。朱庆育也强调附期限的约定性,认为"是民事主体之行为自由的逻辑要求,也是私法自治之效果自主的题中之义"。参见翟远见:《〈民法典〉第 160 条(附期限法律行为)评注》,载《法学家》2020 年第 5 期;朱庆育:《民法总论》(第 2 版),北京大学出版社 2016 年版,第 125 页。

③ 参见纪海龙:《民法典动产与权利担保制度的体系展开》,载《法学家》2021 年第 1 期。

④ 《民法典》第 836 条规定,托运人或者收货人不支付运费、保管费或者其他费用的,承运人对相应的运输货物享有留置权,但是当事人另有约定的除外。

履行后的公平价值。但《海商法》第 87 条规定“留置其货物”，意指应当向承运人支付费用的人所有的货物，即债务人所有的货物。此规定将承运人对货物的留置权与货物所有权挂钩，导致在实务中承运人无法得到货物留置权的有效保护，该规定因此被称为“画饼充饥”条款。从贸易合同角度分析，货物所有权的转移按照合同的约定，即使没有约定，货物也在交付时从卖方转移至买方，而承运人并非贸易合同的当事人，无从知晓货物所有权转移的约定内容，要求承运人行使留置权时识别货物所有权的归属，显然不利于保障承运人的留置权益，因此，《修改送审稿》第 99 条将《海商法》第 87 条的“留置其货物”修改为“留置相应的货物”，以与《民法典》相关规定保持协调。

第三，与《民法典》承揽合同章留置权条款及其修订内容的协调。船舶修理合同一般被定性为承揽合同，但对于造船合同的属性仍存在争议，主要观点集中在买卖合同、承揽合同或者买卖合同和承揽合同的混合合同上。[①] 考虑到造船合同与承揽合同存在密切关联，因此取《民法典》承揽合同章的留置权条款进行比对分析。相较于《合同法》第 264 条关于承揽人留置权的规定，《民法典》第 783 条增加了“有权拒绝交付”，[②]即承揽人可以拒绝交付工作成果直至定作人支付报酬或者材料费等价款。该变动在原来承揽人享有对定作物行使留置权的基础上，赋予了承揽人履行抗辩权，让承揽人有更多的担保方式可选择。暂且不论该变动内容的合理性，其至少体现出《民法典》合同编通过立法条文明确肯定了承揽人可以行使债权性质的履行抗辩权，是立法回应社会生活需要的进步。对于《海商法》第 25 条船舶留置权条款来说，在造修船人行使船舶留置权时，可否也应协调《民法典》第 783 条而行使履行抗辩权，增加规定单独滞留船舶而不可处分的新权利呢？由于这两个条款立法目的不同，此时更应采取“用尽海商法”的方式进行评估，《海商法》第 25 条的法律关系客体是船舶，相较一般承揽合同的定作物而言具有特殊性。从保护海商法特殊价值的角度考虑，如果造修船人长期滞留船舶，就违背了船舶自身用于运输作业的目的，浪费资源并影响航运和海上贸易。同时，基于船舶的特殊性，实施滞留船舶产生巨额的滞留费用和保养费用迅速增加债务人的债务数额，且导致船舶的使用价值减损，这对债务人不公平，同时可能滞留码头锚地而影响海上公共交通。因此没必要强行与《民法典》相关规定协调，另行赋予造修船人单纯的履行抗辩权。

---

① 参见刘伟军：《船舶建造合同法律性质之实证研究》，载《政法论丛》2015 年第 3 期；张敏、刘征宇：《买卖性造船合同下的所有权安排》，载《中国海商法年刊》2005 年第 00 期。

② 《民法典》第 783 条规定，定作人未向承揽人支付报酬或者材料费等价款的，承揽人对完成的工作成果享有留置权或者有权拒绝交付，但是当事人另有约定的除外。

综上,体系化的《民法典》对在民商法体系内的《海商法》的修订必然带来深刻的影响,两部法律的共性规范部分应保持足够的协调和融合。但是,《民法典》并非专为《海商法》"量身定制"的普通规范,海商法调整与海上运输、船舶有关的民商事法律关系,存在其特殊的立法价值和规范制度。建立和完善海商法规范体系,发挥海商法的独特价值,是处理《民法典》与《海商法》具体条款的修订的极其重要且行之有效的修法模式。

第三章　水上货物运输的“三轨制”与海商法的统一化

现行的水上货物运输，基于内河、沿海与远洋运输的不同认识，实行以不同归责原则为基础的远洋、沿海、内河“三轨”立法机制，使得内河、沿海航运主体与国际海上货物运输主体在合同自由、主体地位、归责原则、迟延交付、承运人免责、货物留置权、共同海损、责任限制等诸多方面存在不同规定。《海商法》第 2 条第 2 款明确规定，“本法第四章海上货物运输合同的规定，不适用于中华人民共和国港口之间的海上货物运输”，且第 3 条第 1 款规定，“本法所称船舶，是指海船和其他海上移动式装置”，因此沿海和内河的货物运输并不适用《海商法》第四章海上货物运输合同的规定。沿海与内河的货物运输合并称为国内水路货物运输关系，适用的是原交通部在 2000 年制定的《国内水路货物运输规则》。[①] 2012 年 12 月 24 日，《水路货物运输指导意见》明确指出：“人民法院审理国内水路货物运输合同纠纷案件，应当适用民法通则合同法等法律的有关规定，同时可以参照《国内水路货物运输规则》的有关规定。”但由于《货规》缺乏《立法法》的依据，[②]2016 年 5 月 30 日，交通运输部出台《交通运输部关于废止 20 件交通运输规章的决定》(交通运输部令 2016 年第 57 号)，废止了《货规》。

《货规》废止后，国内水路货物运输纠纷主要适用《合同法》的运输合同章节和相关规定。本书在 2019 年通过中国裁判文书网收集到武汉海事法院、天津海事法

---

① 《国内水路货物运输规则》是原交通部于 2000 年 8 月 28 日颁布的，是一部调整托运人、承运人和收货人之间民事法律关系的部门规章，对水路货物运输合同的订立和履行，以及合同当事人的权利和义务都作了较为详细的规定。

② 《立法法》第 91 条第 2 款对部门规章设定严格的要求，“没有法律或者国务院的行政法规、决定、命令的依据，部门规章不得设定减损公民、法人和其他组织权利或者增加其义务的规范”。而《国内水路货物运输规则》增减承运人、托运人、收货人的权利义务，被认为与该规定相抵触，其内容超越了部门规章的限度，因而被废止。

院和宁波海事法院有关国内水路货物运输的判决共72个,其中《货规》废止前的判决有68个,适用《货规》的判决16个,适用《合同法》的判决52个;而《货规》废止后的判决4个,均适用《合同法》。《民法典》合同编第十九章"运输合同"基本上承继了《合同法》的运输合同章节内容,主要适用于各种形式的客运合同、货运合同和多式联运合同。对此,需要追问的是,以《民法典》合同编为主的民商事法律的一般性规定,是否足以调整国内水路货物运输关系?

在《海商法》修订中,"适用范围是否扩展至内河运输"成为讨论重点。

2018年《征求意见稿》将海商法的适用范围扩展到内河,将《海商法》原条款即第2条第1款所规定的海上货物运输和海上旅客运输,包括海江之间、江海之间的直达运输,扩展至"与海相通的可航水域",以此希望达到将《货规》第2条的调整范围,包括江河货物运输、湖泊货物运输和除沿海外其他可航水域的运输,纳入海商法的适用范围。但是,2020年《修改送审稿》第2条将内河运输移出其调整范围,明确规定"本法所称海上运输,是指海上货物运输和海上旅客运输,包括海江之间、江海之间的直达运输",删除《海商法》第2条第2款"不适用于中华人民共和国港口之间的海上货物运输"的规定,在《海商法》第四章"海上货物运输合同"中新增第七节"国内水路货物运输合同",采用"最小双轨制"的立法模式,即第四章第一节至第六节有关国际海上货物运输合同的规定,以订立援引条款的方式,适用于国内水路货物运输合同,并基于立法体例和立法技术的考虑,为保证法律条文的简洁,采用非专章而增设专节"国内水路货物运输合同"的方式,专门规定国内水路货物运输的法律问题。在该"专节"修订的说明意见中,强调新增该"专节"的必要性和意义,认为:"从历年的《水路货物运输规则》到2000年的《国内水路货物运输规则》,我国均将沿海及内河运输作为国内水路货物运输统一规范调整,从未区别对待。"因此,"在海商法调整范围的基础上,充分遵循立法习惯,将内河货物运输一并纳入海商法调整范围"。但是,《海商法》应以"何种方式调整内河运输"和"《海商法》应在何种程度上调整内河运输"等问题是《海商法》修订中必须正视的问题。

第一节　水上货物运输的"三轨制"

我国内河、沿海货物运输与国际海上货物运输法律适用的三轨制是海商法适用范围的独特现象,国际海上货物运输适用《海商法》第四章的规定,而内河及沿海运输适用《合同法》或交通运输部的有关行政规章，这就是"水上货物运输三轨制"，[①]即内河货物运输、沿海货物运输和海上远洋货物运输三个规范体系。

一、《海商法》适用范围与调整对象问题

任何一部法律都存在其特定的调整对象，法律适用范围是法律调整对象的具体化。一部法律所调整的特定社会关系，与该部法律制定时的立法环境、社会环境和社会需要以及实施的政策有密切的关系，与该法律所要解决的社会利益平衡也不可分离。[②]《海商法》第1条规定："为了调整海上运输关系、船舶关系，维护当事人各方的合法权益，促进海上运输和经济贸易的发展，制定本法。"可见，《海商法》的调整对象包括海上运输关系和船舶关系。海上运输中发生的社会关系主要包括海上运输合同关系、船舶租用合同关系和为分担海上运输中的风险而产生的关系。而与船舶有关的特定社会关系，包括船舶物权关系、船舶营运过程中产生的海上侵权关系、基于对船舶或者海上财产的救助而产生的海难救助关系等。[③] 由于海上运输以船舶为载体，所以围绕船舶发生的海上运输关系是海商法调整的核心内容。

在《海商法》立法时对调整对象的探讨，经历了从"航海贸易"的航商一体的认识[④]到"海上运输关系和船舶关系"的过程，[⑤]但是所设定的地域一直是"海"。有学者提出"运输"和"船舶"是法律客体，本身不可能构成社会关系，且运输关系和船舶关系存在交集，因此《海商法》的调整对象的立法表述不合理，应理解为调整以"运输"和"船舶"为媒介的平等主体之间的法律关系。[⑥] 与此同时，《海商法》第1条表述的立法宗旨中也揭示其调整对象，"促进海上运输和经济贸易的发展"的表述显示《海商法》重点调整海上运输关系，围绕"海上运输的商行为"而展开。但《海商法》的调整对象不仅仅局限在海上商行为所发生的法律关系，以"船舶"为载体而发生的非"商"行为，比如海上侵权关系、海难救助关系也被纳入其中。法律的调整对象、适用范围与法律的名称之间存在"名不副实"的情况，此种情形在我国法律体系中依然存在，且我国法律修订中鲜有修改立法宗旨的，因此，通过修改立法

---

① 本书采用"水上货物运输"概念，而非理论界和实务界更为熟悉的"水路货物运输"概念，其理由是"水路运输"虽然从概念的应然上包括远洋、沿海、内河三个部分，但是在实然运用上往往与"国内水路运输"混同使用，指沿海、内河两个部分，若采用"水路运输"概念，容易引发歧义。

② 参见关正义：《民法视野中的海商法制度》，法律出版社2015年版，第7页。

③ 参见傅廷中：《海商法》（第2版），法律出版社2017年版，第1~2页。

④ 参见魏文瀚：《海商法讲座》，法律出版社1965年版，第1页。

⑤ 参见司玉琢：《海商法专论》（第4版），中国人民大学出版社2018年版，第1~2页。

⑥ 参见李天生：《论海商法的概念、调整对象与属性》，载《大连海事大学学报（社会科学版）》2012年第6期。

宗旨而修改《海商法》的调整对象并非必要的选择,其理论意义大于实际意义,《征求意见稿》和《修改送审稿》对《海商法》的立法目的均没有作出修改。海商法的适用范围是海商法调整对象的具体化,解决《海商法》的适用范围,研究《海商法》效力所及的范围,则是对海商法调整对象作出明晰的界定的重要体现。从英国、美国、法国、德国、日本、希腊、瑞典、丹麦、挪威、苏联、韩国的海商法的研究发现,世界上大多数国家或地区并没有就海商法调整对象作出直接规定,而多是在适用范围层面进行规定。[①] "适用范围"实质上已经包括了"调整对象",[②]《海商法》规定调整对象和适用范围,二者未免叠床架屋,故而在《海商法》修法中将"适用范围"或"调整对象"择一规定即可。

对于海商法的适用范围,理论界存在二分法、三分法和四分法 3 种。二分法将海商法的适用范围分为法定船舶和航海活动,[③]船舶划分往往由航行水域决定,而适用水域又通过船舶反映出来。三分法将适用范围分为适用的船舶、适用的水域和适用的事项。[④] 具体来说,适用的船舶解决的是一国海商法对哪些船舶具有法律拘束力的问题,适用的水域是指海商法适用的水上地理范围,适用的事项是指一国海商法所调整的具体内容。四分法则包括适用主体、适用客体、适用水域和适用内容等 4 个方面,[⑤]其中适用客体主要是指船舶和货物。但无论如何分法,以船舶、水域、事项界定海商法的适用范围是理论界达成的基本共识,因而本书将以三分法为基础展开论述。

二、内河、沿海与远洋的货物运输的"三轨制"

若以上文的"三分法"的视角审视《海商法》对水上货物运输的适用,《海商法》适用的水域是海洋和与海洋相通的可航水域,但其第 2 条第 2 款明确排除第四章海上货物运输合同对我国沿海货物运输的适用;《海商法》适用的船舶是海船,第 3 条亦规定"海船和其他海上移动式装置",因内河船不符合该规定,亦不适用《海商法》的规定;在货物运输具体制度的适用上,《海商法》对国内水路货物运输也存在限制,以海事赔偿责任限制制度为例,《海商法》第 210 条第 2 款规定:"总吨位不满 300 吨的船舶,从事中华人民共和国港口之间的运输的船舶,以及从事沿海作业的船舶,其赔偿限额由国务院交通主管部门制定,报国务院批准后施行。"也就是说,该制度仅适用于符合《海商法》第 3 条规定的船舶(非军事或政府公务的海船和其

---

① 参见张忠晔主编、刘左军等编译:《各国和地区海商法比较》,人民交通出版社 1994 年版,第 1 页。

② 参见周学锋主编:《海商法》,海洋出版社 2017 年版,第 12 ~ 13 页。

③ 参见村田治美『体系海商法(二訂版)』(成山堂書店,2005 年)37 頁。

④ 参见傅廷中:《海商法》(第 2 版),法律出版社 2017 年版,第 7 ~ 8 页。

⑤ 参见司玉琢:《海商法专论》(第 4 版),中国人民大学出版社 2018 年版,第 3 页。

他海上移动式装置)；内河船舶则适用《民法通则》《民法总则》《合同法》《侵权责任法》(《民法典》)的相关规定，按照实际损失承担赔偿责任，不享有海事赔偿责任限制；中国港口之间的运输和沿海运输的船舶，虽实行赔偿责任限制，但其责任限额另行规定。[①] 如此而言，《海商法》主要调整国际货物运输关系，第四章“海上货物运输合同”不调整国内沿海和内河运输关系，《海商法》其他章节有的调整国内沿海运输关系，有的不调整沿海运输关系，但所有章节均不调整内河运输。

长期以来，对于国内水路货物运输，在一般性民事法律规范外，我国一直采用国务院颁布的行政法规《水条》[②]和原交通部(现交通运输部)颁布的部门规章，这些规范性文件与一般性民事法律规范在一定程度上呈特别法与一般法的关系。原交通部于1973年、1979年、1987年、1995年先后4次颁布和修改《水规》，在《海商法》施行后，国内水路货物运输合同在1995年至2000年适用的是《水规》；而在2001年1月1日，《货规》开始施行，《水规》随之废止，国内水路货物运输合同转而适用《货规》；2016年，《货规》废止(见表3)。《货规》的废止，暴露出国内水路货物运输和国际海上货物运输适用海商制度的混乱与不对等的问题，由此凸显我国水路货物运输的法律适用呈现截然不同的“三轨制”(见表4)。

表3　我国水上货物运输法律适用

年份	国内水路货物运输	国际海上货物运输
1995～2000	《水规》	《海商法》
2000～2016	《货规》	《海商法》
2016年至今	《合同法》(《民法典》合同编)等一般性民事法律	《海商法》

表4　我国内河、沿海和远洋的货物运输的不同制度对照

区别点	远洋货物运输	沿海货物运输	内河货物运输
归责原则	不完全过失责任制	完全过失责任制	严格责任制
合同自由	存在船舶适航、管货、不得不合理绕航等强制性规定		

① 我国交通部在1993年11月15日、12月17日分别颁布了《关于不满300总吨船舶及沿海运输、沿海作业船舶海事赔偿限额的规定》和《港口间海上旅客运输赔偿责任限额规定》。因此，《海商法》下的海事赔偿责任限额并不适用于沿海运输作业的船舶。

② 国务院于1987年颁布《水路运输管理条例》，但现适用的是2013年1月1日实施、2017年修订的《国内水路运输管理条例》。该条例以行政法规的形式规范国内水路运输经营行为，维护国内水路运输市场秩序。

续表

区别点	远洋货物运输	沿海货物运输	内河货物运输
主体地位	承运人、实际承运人、托运人、收货人、提单持有人	承运人、托运人、收货人	
运输单证	提单	运单	
承运人免责	免责事项多	免责事项少	
共同海损	适用	适用 但形同虚设[1]	不适用
责任限制	有规定	没有规定	

〔1〕因沿海承运人承担完全过失责任制，承运人依法对船长、成员的疏忽或过失承担责任，故不能享受《海商法》所规定的基于船长和船员对驾驶疏忽过失免责的共同海损分摊的权利。参见周明达主编：《水路运输法教程》，人民交通出版社2017年版，第11页。同时，在沿海运输的完全过失责任制下，不存在请求货主分摊共同海损损失的问题，共同海损在某些情况下对沿海运输的承运人形同虚设。参见傅廷中：《海商法》（第2版），法律出版社2017年版，第10页。

三、"三轨制"的法律困境

（一）适用范围的不周延

就适用的水域而言，《海商法》第2条规定的"海上运输"，从理论上分析包括海洋和与海洋相通的可航水域。"与海洋相通的可航水域"是指一端或两端连接海洋并可供船舶航行的江河水域，①该条款明确指出包括海江之间、江海之间的直达运输。《货规》第2条规定，中国沿海、江河、湖泊以及其他通航水域中从事的营业性水路货物运输适用该规则。《国内水路运输管理条例》第2条第2款直接规定，始发港、挂靠港和目的港均在中国管辖的通航水域内的经营性水路旅客运输和货物运输属于国内水路运输。同时结合分析《海商法》第2条第2款规定，该法第四章海上货物运输合同的规定，不适用于中华人民共和国港口之间的海上货物运输。根据《货规》第2条，《货规》仅仅适用于营业性水路货物运输，而《国内水路运输管理条例》第2条第3款将为水路运输提供服务的船舶管理、船舶代理、水路旅客运输代理和水路货物运输代理等经营活动纳入水路运输辅助服务业务进行调整。有学者综合上述规定所适用的水域，发现《海商法》调整水域的比重仅占中国水上运输的13%。②

就适用的船舶而言，《海商法》适用于海船和海上移动式装置，内河船和20总

① 参见傅廷中：《海商法》（第2版），法律出版社2017年版，第8页。

② 参见周明达主编：《水路运输法教程》，人民交通出版社2017年版，第1页。

吨位以下的小型船艇不适用《海商法》，但一般性的民事法律如《民法典》并不可能就适用船舶的范围作出规定。那么问题在于，到底何为海船，何为内河船？《海商法》并非纯粹的技术性规范，没有规定海船和内河船的划分标准或区分依据；《海上交通安全法》将船舶分为“国际航行船舶”和“国内航行船舶”，也没有明确“国际航行船舶”就是“海船”、“国内航行船舶”就是“内河船”；《船舶登记条例》项下，海船和内河船的区分也并未记载在船舶所有权证书上。从司法实践来看，海船与内河船是根据船舶行驶的水域来区分，通航在国际港口、沿海港口和海江直达运输的船舶被界定为海船，通航在内河和河江之间的船舶为内河船。[①]《内河交通安全管理条例》第91条规定，内河通航水域是指由海事管理机构认定的可供船舶航行的江、河、湖泊、水库、运河等水域。就此，在司法实践中出现认定的盲区：内河船出海后，是否变成海船了？是否被包括在《海商法》第3条调整的船舶范围内？若内河船无法予以明确界定，就会使有些船舶流离在法律适用范围之外的“无法”空间，此一方面降低了对航运相关主体的保护，另一方面阻碍当事人对法律的合理预期。[②] 同时，因内河船的设计无法适应海上通航环境，不能完全满足海上航行要求，有关海事管理机构对内河船非法从事海上运输加大打击力度。

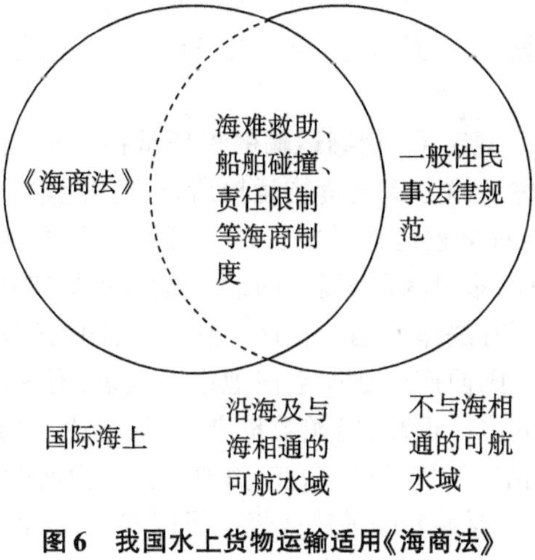

图6　我国水上货物运输适用《海商法》

就适用的事项而言，远洋运输、沿海运输和内河运输“三轨制”导致各自所应适用的法律不周全，尤其是出现国内水路货物运输和内河船舶“无法”适用的真空地

① 参见周明达主编：《水路运输法教程》，人民交通出版社2017年版，第84页。

② 有日本学者指出，如果是海洋和内河参半航行的船舶，则难以确定归属，对此应基于海商法保护的全面性，使船舶尽量适用海商法。参见村田治美『体系海商法(二訂版)』(成山堂書店，2005年)46頁。

带。在货物运输部分,《海商法》第2条明确规定第四章海上货物运输合同的规定不适用于中国港口之间的海上货物运输,导致占国内水路运输32%货运量的沿海运输和占国内水路运输55%货运量的内河运输不受《海商法》调整。[①] 在海上侵权部分,《海商法》第165条规定,船舶碰撞的规定仅适用于碰撞的一方是海船或海上移动式装置,且碰撞事故中未涉及用于军事的或政府公务以及小于20总吨的船舶,就此,内河船舶与内河船舶的碰撞不适用《海商法》,而应适用《民法典》一般民事性侵权责任规定,这导致对船舶碰撞事故实行不同的归责原则,实行不同的碰撞损害赔偿范围。

(二)法律适用的空白点

《货规》废止后,沿海运输、内河运输的法律适用如何补位? 以《民法典》合同编运输合同章为主的民商事法律的一般性规定是否足以调整国内水路货物运输? 水路运输以船舶为主要的运输工具,而水路运输的复杂性和危险性要求船舶具有适航性,但《民法典》有关运输合同的一般性规定并没有强制要求运输工具具有适航性。[②] 同时,运输合同严格遵循合同相对性原则,托运人只能向与其缔约的承运人主张货物受损的赔偿责任,但在水路运输中,不仅存在缔约承运人,还存在实际承运人、收货人等运输合同之外的主体,收货人如何追究实际承运人的赔偿责任? 承运人和实际承运人是否承担连带责任? 这些问题在运输合同相对性的原则下均无法得到妥当的解决。

《民法典》第834条规定了"相继运输的责任承担",但仍强调是"托运人与两个以上承运人以同一种运输方式就货物运输所订立的运输合同"[③],明确"与托运人订立合同"的承运人对全程运输承担责任。可见,《民法典》的运输合同章节的一般性规定具有原则性,难以满足复杂的水路货物运输的实践需求,无法覆盖调整国内水路运输合同的所有法律问题。在这个意义上,内河运输某些类型纠纷由于缺乏具有可操作性的规则而产生法律空白地带。但是,国内水路货物运输的运力和运量在运输总量中的占比很高,船舶数量庞大,从立法大局出发,应充分考虑我国"河运大国"的现实情况和以长江、珠江、黑龙江三大内河航运水系为基础的巨大的内河航运市场,设置针对性较强的法律规范予以调整,以期保障公平的市场竞争环境,规范内河航运行为,兼顾各方利益诉求,真正扩大"与海相通的可航水域",保障沿海运输和内河运输有法可依。

---

① 参见周明达主编:《水路运输法教程》,人民交通出版社2017年版,第1页。

② 有关适航性的规定一般体现在特别法中,如《民用航空法》就在第四章专章规定了"民用航空器适航管理"。

③ 《中华人民共和国民法典合同编》,中国法制出版社2020年版,第313页。

（三）法律制度的不匹配

《海商法》第四章不调整国内水路货物运输合同，而一般性民事法律法规对沿海和内河货物运输的适用极其有限，这导致在相关纠纷处理中出现诸多法律障碍和法律制度的不匹配。以共同海损制度为例，该制度建立在分摊海上风险的基础上，其形成原因多样，既有自然灾害、意外事故，又有当事人的过失，但无论是承运人可免责的过失还是不可免责的过失而导致共同海损，承运人都具有请求其他受益方分摊共同海损损失的权利。换言之，在国际海上货物运输中，不完全的过失责任制奠定了共同海损制度的基础。相较之下，内河运输不适用共同海损制度自不待言，[①]在沿海运输中，承运人实行完全过失责任制，承运人对过失导致的所有损失均应承担赔偿责任，包括对共同海损事故及其造成的损失都不能免责，不存在请求其他受益方分摊共同海损损失的问题。[②] 从某种意义上而言，承运人的归责原则与共同海损制度之间不匹配，一定程度上导致了共同海损制度在沿海运输的适用盲区。[③]

（四）承运人的法律地位不平等

承上文所述，《海商法》对海运承运人实行不完全过失责任制，承运人依法享有航海过失等免责和责任限制的权利，而沿海运输的承运人实行完全过失责任制，内河运输的承运人则实行严格责任制。因而，在一个横向的维度，不同运输方式间承运人的权利义务不平等。

以货物留置权为例，《海商法》第 87 条在对留置物的规定上，强调的是“其货物”，按文义解释规则，“其”字并不包括非所有人货物的内容，应理解为“其拥有所有权的货物”。[④] 这一点在《海商法》第 88 条第 2 款上也能得到印证，承运人对于被留置物拍卖后，如果金额不足，承运人有权向托运人追偿；剩余的金额，退还托运人。可见，被留置的货物只能是托运人作为债务人的货物，否则将拍卖剩余的金额退给托运人而非收货人便不合情理。将《海商法》第 87 条的“留置其货物”解释为留置债务人的货物，在提单制度项下也是融贯的。由于善意的通过支付对价持有提单的第三人无法律上的依据成为运输合同的债务人而通过提单并入租约，对运费等债务知情的当事人若依然接受提单，则视为同意承受该债务而成为债务人，应承担承运人行使留置权带来的不利后果。从而，该规定能够实现在保护承运人的同时不伤害提单流转的立法目的。反之，若解释为留置所运输而

① 参见莫伟刚：《内河船舶在内河中造成的货物损失不适用共同海损》，载《人民司法》2012 年第 6 期。

② 参见季刚：《国内沿海运输中共同海损分摊权利的认定》，载《航海》2017 年第 1 期。

③ 参见傅廷中：《海商法》（第 2 版），法律出版社 2017 年版，第 10 页。

④ 参见金正佳主编：《中国海事审判年刊（2001）》，人民交通出版社 2001 年版，第 323 页。

占有的货物,虽然片面地加强了对承运人的保护,但同时持有提单的善意第三人的利益会受损,这不仅在短期内会影响船货利益平衡,在长期内还会导致人们因为无从预测货物被留置的风险而不愿意接受提单,而这将从根本上伤害提单信用机制。但是,若回到一般民商事法规项目下,《民法典》第836条就运送物的留置权强调的是"相应的运输货物",而未使用"其""所有"等字眼,这表明在运输合同的一般性规定中,承运人留置权的标的物为其所运输的货物,以占有为要件,货物是否为债务人所有则在所不问。运输合同的一般性规定不注重留置物的所有权权属源于其立法价值取向,即尽可能地发挥留置权保护交易公平的担保功能。在运输合同中,货物的所有权随时随地可能发生转移,对于债权人须占有债务人所有的财产,如果强加于承运人,则会使承运人很难行使留置权。并且,在货物运输实践中,货物所有人常将货物委托给货运服务机构或无船承运人安排运输,货运服务机构以自己的名义与承运人签订货物运输合同,真正的货物所有人与承运人之间并不存在运输合同关系,不承担运费给付义务。同时,运输中使用的运输单据和运输合同中也没有载明货物所有权状况,承运人因对货物买卖合同及其履行情况的不了解而不清楚货物所有权的归属,因而若要求承运人只能留置货物运输合同中的债务人所有的货物,实为强人所难。债务人若能通过转移所有权而不履行债务,债权人又不能行使留置权,货物留置权就形同虚设,这不利于交易安全,也违背了公平原则。①

从上面的分析可知,《海商法》对海运货物留置权的规定强调留置对象的权属,此与《民法典》等民事法律的一般性规定是一脉相承的,仍属于一般民事留置权的范畴。民事留置权的一般要求"留置债务人权属的物",即对留置对象加以权属要求,其立法目的在于通过明确留置对象的"权属",以公平原则和利益平衡原则的约束,不任由债权人随意留置而影响第三人的利益。② 但是,《民法典》第836条的运输合同下的货物留置权并不要求留置对象的权属,表达为"相应的运输货物",只以占有为要件,更便于承运人行使货物留置权。这使得《海商法》的海运承运人和《民法典》运输合同下的内河承运人在货物留置权上的法律地位不同,对于横向层面的海运承运人与内河承运人是不平等的。

总之,"三轨制"将导致承运人归责原则不同、承运人赔偿责任限额不同、承运人就火灾产生的责任举证配置不同、承运人货物留置权的权属要求不同、承运人受

---

① 参见金兆华:《运输货物留置权思考》,载万鄂湘主编、最高人民法院民事审判第四庭编:《中国海事审判论文选集》,人民法院出版社2004年版。

② 参见常鹏翱:《物权法的展开与反思》(第2版),法律出版社2017年版,第315页。

诉讼时效保护程度不同等，这不仅带来法律效力空间不完整、不同承运人之间产生事实上的地位不平等、沿海和内河运输法治弱化或空白、法律制度不匹配等问题，而且不利于贸易活动快捷化和多式联运的开展。[①] 在经济全球化下，国际贸易已与国内同业接轨，而在运输单证上，国际货物运输多以提单流转完成贸易，而国内贸易排除提单的适用，在运输单证难以实现根本性的变革的情况下，此也不利于开展多式联运的支线运输。在承运人的权责上，现代多式联运机制实现“门到门”的运输方式，而内河运输与沿海运输、远洋运输适用的规则不同，贸易活动的快捷化和多式联运的便利化大打折扣，亦大大挫伤各种承运人参与国际多式联运的积极性。

第二节　《海商法》调整内河运输和内河船舶之争

《海商法》的修订中，对于内河运输和内河船舶是否纳入《海商法》的调整范围，海商法理论界展开大量的讨论，[②]可分为支持派和反对派。

一、理论界之争

（一）支持《海商法》调整内河运输和内河船舶的主要论点及其评述

1. 航运风险的趋同

从法律的公平原则出发，随着江海直达运输的发展，海船和内河船舶在同一航道航行，面临同样的风险，而区别适用不同的归责原则和法律制度，缺乏法理依据，有违法律的公平原则，如内河船舶的船员劳动报酬缺失船舶优先权的保护，而船员工资类纠纷向来是各海事法院受理案件中最主要的案由之一，内河船员劳动报酬

① 参见傅廷中：《论我国海上货物运输法的统一》，载《中国法学》2003 年第 6 期。

② 相关主题的文章主要有：吴煦：《〈海商法〉修改背景下的国内水路货物运输之立法模式选择》，载《中国海商法研究》2019 年第 1 期；张涛：《〈海商法〉能否适用于内河运输——完善水运海商法律体系的专家探索》，载《中国水运》2019 年第 2 期；黄晶：《我国〈海商法〉对国内水路货物运输的适用》，载《上海海事大学学报》2018 年第 1 期；孙思琪、陈博雅：《〈国内水路货物运输规则〉废止的影响与对策》，载《大连海事大学学报（社会科学版）》2017 年第 2 期；侯伟：《关于将内河货物运输纳入〈海商法〉调整范围的立法建议》，载《中国海商法研究》2017 年第 3 期；王淑梅、侯伟：《关于〈海商法〉修改的几点意见》，载《中国海商法研究》2017 年第 3 期；等等。

请求权缺乏船舶优先权保障,既不利于我国内河运输业的发展,也与《法国民法典》[①]《日本民法典》[②]《意大利航海法典》[③]《荷兰民法典》[④]等诸多国家的立法对劳动报酬的优先保护的规定不一致。同时,若海船和内河船在同一航道上发生海事事故,海船享有海事赔偿责任限制,而内河船舶承担完全的赔偿责任,这显然不符合法律的公平正义。

基于此,内河货物运输不仅可以适用《海商法》的货物运输合同制度,而且,海商法特色制度如船舶适航义务、航次租船合同、船舶碰撞、海难救助等,也应适用于内河船舶和内河运输,没有必要严格区分海上货物运输和内河货物运输。内河船舶和内河运输可以全盘无差别地适用海商法制度。目前的水上运输单证尚未统一,船舶优先权的缺失使得内河船舶或内河运输的债权人不能得到优先受偿,共同海损、责任限制和海上保险等特殊制度的缺位使得内河船舶的保护处于较弱的地位,基于公平的考量,远洋运输、沿海运输和内河运输的规则应统一化。

2. 海上运输与内河运输立法的趋同

一方面,内河运输纳入《海商法》完全符合《海商法》总则的立法精神和立法目的。《海商法》第 2 条的规定,海上运输包括海江之间、江海之间的直达运输,这为内河运输纳入《海商法》的调整预留适用空间。并且,统一国际、沿海及内河货物运输法律规范,既符合中国立法习惯,也符合内河立法效率要求。当前,我国航运经济贸易形态、产业结构、国际国内法律环境已发生深刻的变化,为解决《货规》废止后国内水路运输"无法可依"的状况,在立法资源有限的情况下,就内河运输和内河船舶问题单独立法没有可行性,只有通过完善海商法的体系,统一规定水上货物运输合同当事人的权利义务,才能建构一部与航运、贸易的新发展、新形态相适应的《海商法》。

另一方面,海商法的特殊性不足以支撑其不调整内河运输和内河船舶关系,国

---

① 《法国民法典》第 2101 条规定:"下列债权对于债务人一般动产有优先权,并依下列顺位行使之:一、诉讼费用;二、丧葬费用;三、受雇人过去一年的报酬及本年到期的报酬;四、供给债务人或其家属的生活资料;即面包铺、肉铺或其他零售商人在前六个月供给的物品,寄宿舍及批发商人在前一年供给的物品。"

② 《日本民法典》第 306 条第 2 款规定:"因为下列原因发生的债权的人,就债务人的总财产享有先取特权……(二)雇佣关系。"第 308 条规定:"雇佣关系的先取特权的对象存在于基于工资及其他债务人与受雇人之间的雇佣关系所生之债权。"

③ 《意大利航海法典》第 316 条第 2 款规定:"下列债权在船舶、产生债权的航次中应收取的运费、船舶属具和航次开始后赚取的运费的附属权利上享有优先权……2. 基于船长和船员聘用或劳务合同产生的债权。"

④ 《荷兰民法典》第 288 条第 5 款规定:"在所有财产上的优先权为下列各项请求权存在:雇主根据雇佣合同在本年度和前一年度应向雇员支付的全部金额,以及根据《民法典》关于雇佣合同的规定,在雇佣合同终止时雇主应向雇员支付的数额。"

内水路货物运输关系纳入《海商法》的调整范围存在其立法依据。在《海商法》起草过程中，围绕国际海上货物运输与国内水路货物运输的区别展开过讨论，当时认为所依据的法律不同、受国家运输计划的制约不同、承运人的范围不同、承运人的归责原则不同、承运人赔偿责任限制不同、使用的运输单证不同，因此没有必要将沿海和内河运输纳入《海商法》第四章调整范围。其中争议焦点是《海商法》第四章的特殊性是否导致其不能调整内河运输。从 1893 年美国的《哈特法》到《海牙规则》均强制规定承运人的责任和义务，以限制海上货物运输合同自由，防止班轮运输的承运人利用单方面拟定合同的机会滥用合同自由而损害货方的利益，我国《海商法》第四章主要调整国际班轮货物运输合同以及航次租船合同下签发的提单法律关系，同样建构起船舶适航、管货、不得不合理绕航等承运人强制性义务。同时，在国内水路运输中，严格签发运单、制作货物交接记录和货运记录等，承运人滥用合同自由的现象不突出，很少通过合同自由免除义务和责任，尤其是在航运竞争下，货方处于优势的缔约地位，出现承运人滥用合同自由的可能性更少。可见，上述并非基于海商法制度的特殊性，而是当年的指令性运输计划、合同自由与强制性规定之争，导致《海商法》没有将内河运输纳入其第四章调整范围。

但是，我国航运经济经过近 30 年的快速发展，内河运输领域的指令性计划普遍不存在，多是以合同形式完成运输任务，同时在内河运输实务中，船舶超载、船舶配员不足等问题严重威胁船舶、货物、人员和环境的安全，大量的货物运输合同并没有签订书面形式，有的当事人甚至没有就彼此之间的权利义务作出明确的约定，这需要有关规则加以后位补全。规范国内水路货物运输市场是立法的出发点和目的，内河运输同样需要解决国内水路货物运输合同以及承运人责任机制问题。[①] 在《海商法》第四章的基础上单列一节调整国内水路货物运输合同，实现国际货物运输合同和国内货物运输合同在《海商法》下的调整范围的统一，使得《海商法》第四章既适用于国际海上货物运输合同，也适用于国内水路货物运输合同，以解决内河运输的规则缺失问题。

3. 内河运输业的发展

将内河运输纳入《海商法》，不仅有利于内河船舶法律制度的完善，更有利于满足内河运输行业自身发展的需要。[②] 内河运输的运力和运量在国内运输的占比很高，内河船舶数量庞大，这些情况内在地要求有相应的特别立法加以调整，而《海商

---

① 参见侯伟：《关于将内河货物运输纳入〈海商法〉调整范围的立法建议》，载《中国海商法研究》2017 年第 3 期。

② 参见张涛：《〈海商法〉能否适用于内河运输——完善水运海商法律体系的专家探索》，载《中国水运》2019 年第 2 期。

法》的修订是现行法中最为适当的立法抉择。并且,将《海商法》项下的制度适用于内河运输,有利于规范内河航运市场,有利于鼓励优质资金和人力资源投入内河航运事业,提高内河航运主体的管理水平和责任意识,促进内河运输业健康有序发展。我国内河航运在近年来发展迅速,内河船与海船都在沿海和内河交叉航行,《海商法》适用区域的划分实际上是以船舶为单位的,规范的是海上和通海水域的航海船,而内河船同样都航行于江与海之间。根据交通运输部综合规划司发布的统计数据,2018 年内河货物运输完成货运量 37.43 亿吨,沿海运输完成货运量 25.14 亿吨,二者合计约占水路货物运输总量的 89%,而国际海上运输仅完成货运量 7.70 亿吨;[①]2019 年我国内河货物运输完成货运量 39.13 亿吨,沿海运输完成货运量 27.27 亿吨,而国际海上运输仅完成货运量 8.32 亿吨;[②]从 2020 年全面水上货物运输的情况来看,内河货运量为 38.15 亿吨、海洋货运量为 38.01 亿吨,沿海运输与国际海上运输不再区分统计。[③] 另有学者统计,近年来,每年新设立的内河运输企业在 200 家以上。[④] 从上述数据可以看出,我国国内水路货物运输市场不断增大,整体水路运输行业向好,内河航运出现专业化、大型化和产业化趋势,需要有相应的法律法规保驾护航。目前,我国正在实施长江经济带战略,全力打造长江黄金水道,在国民经济中占有重要地位,长江水资源占全国淡水资源 35%,亿吨大港 14 个,长江干线运输是世界上运量最大的,长江经济带战略为内河航运经济发展提出更高的要求,解决好内河运输法律适用问题,是为长江经济带战略提供较为完善的规则体系,有利于满足和促进内河运输行业发展的需要。

但与此同时,在内河运输中,内河船舶建造标准较低、船舶管理能力较差,市场准入门槛过低,契约精神和诚信精神较为缺失,内河航运整体发展质量不高,其运输风险较之海上运输并不更小,航运安全和交易安全等问题制约内河航运经济健康有序发展。例如,个体船舶挂靠管理的现象较为常见,存在一个实际承运人、数个契约承运人的多个运输合同关系,而且,个体船东风险意识淡薄,为控制成本而不投保船东责任险,几乎没有风险承担能力。各内河集装箱运输经营人为提升航线密度,严控航线成本,共同投资船舶、舱位互买互换的情况也十分普遍。但在法

---

① 参见中华人民共和国交通运输部综合规划司:《2018 年交通运输行业发展统计公报》,载中华人民共和国交通运输部网,http://xxgk.mot.gov.cn/jigou/zhghs/201904/t20190412_3186720.html。

② 参见中华人民共和国交通运输部综合规划司:《2019 年交通运输行业发展统计公报》,载中华人民共和国交通运输部网,http://xxgk.mot.gov.cn/jigou/zhghs/202005/t20200512_3374322.html。

③ 参见中华人民共和国交通运输部综合规划司:《2020 年交通运输行业发展统计公报》,载中华人民共和国交通运输部网,https://xxgk.mot.gov.cn/2020/jigou/zhghs/202105/t20210517_3593412.html。

④ 参见赵晓光、何建中、宋德星主编:《国内水路运输管理条例释义》,人民交通出版社 2012 年版,第 2 页。

律适用上，内河承运人适用《民法典》运输合同章节的严格责任制，不受承运人单位责任限制和海事责任限制的保护，这就使得内河承运人赔偿责任较大。在目前“运力严重过剩，船货比例失衡，常出现不公平条款”的内河航运市场中，相应规则和风控体系的缺失将进一步加重内河运输业已存在的问题。因此，有必要从规则体系上解决法律适用问题，将《海商法》的适用范围扩大到内河领域。通过化零为整，不局限于国际海上货物运输、沿海货物运输和内河货物运输3种法律适用分割的局面，而将海上运输章节扩张适用于沿海运输和内河运输，但内河运输和内河船舶应有差别地适用海商法制度，特别是在赔偿责任限额上，《海商法》在提高海事赔偿责任限额时，对内河运输和内河船舶应实行不同的责任限额。该观点不赞同海船与内河船在运输性质、船舶属性方面完全同等，认为对内河船能否适用《海商法》相关制度，应当分别论证、区别对待，内河船舶及内河运输适用《海商法》必须符合法定的前提条件，而对于具体的条件，可以分散到各章节中加以设定。①

4. 构建中国特色社会主义海商法律体系的需要

内河航运经济的高质量发展需要法治保障，将内河运输和内河船舶纳入《海商法》适用范围，是《海商法》修订中最重要的最有中国特色的事项。② 因此，应从立法大局和政治高度认识这一问题，内河运输纳入《海商法》的适用范围，涉及海商法的战略使命和修法的体系定位，是长江黄金水道等内河运输高水平、高起点、高速度、高质量发展建设的需要，是实现海洋强国、交通强国和海陆统筹发展的需要，是规范内河航运行为、营造公平市场竞争环境、保障内河航运的良法善治的需要，有利于建立符合中国国情本土需要的海商法的立法结构。

但是，对《海商法》调整内河运输的一个基本质疑是，内河运输纳入海商法调整范围，与传统意义上的海商法适用范围不符。海商法是调整与海有关的法律制度，其适用范围扩大到内河，将不符合海商法的“海”特点，且将会影响中国海商法固有的理论体系和逻辑结构，这在一定程度上会增加修法难度。对此，支持派认为，法律应兼具“形式之美”与“实际效用”双重特点，《海商法》的修法应增强解决问题的有效性、针对性和可操作性，法律名称与调整对象名不副实的现象较为常见，考虑到中国立法资源的紧张和内河航运发展的迫切需要，将内河运输纳入《海商法》的

① 参见程鑫：《〈海商法〉修改扩大适用于内河船舶及运输的实证探析——谨以黑龙江水域11年间审结的内河案件为线索》，载中华人民共和国大连海事法院网2019年7月4日，https://www.dlhsfy.gov.cn/court/html/2019/lldy_0704/899.html。

② 参见张涛：《〈海商法〉能否适用于内河运输——完善水运海商法律体系的专家探索》，载《中国水运》2019年第2期。

调整范围符合中国实际需要。在“一带一路”特别是21世纪海上丝绸之路的建设背景下,需要一部现代化的《海商法》。《海商法》调整范围的修订将具有示范意义,长江上中游内河港口到上海等海港的集装箱支线运输构成了国际多式联运的重要组成部分,随着多式联运的快速发展,承运人签发以内河港口为起运地的全程多式联运提单日益普遍。集装箱给运输业带来的影响是颠覆性的,以集装箱为媒介,货物在不同运输方式间的转运十分便利,集装箱具有通用性,可以在不同运输方式中实现转运,“门至门”的运输得以普及,使得货物的装卸时间大幅缩短,运输成本大幅降低。一份运输合同包含两种以上的运输方式,这在江海联运的情况下,货物由远洋运载至港口,再由港口转载内河船至国内各地,反之亦然,但是,从旧有规范来看,这般水路的多式联运,要适用3种不同的法律制度,这不但有违多式联运的发展,也不利于保护当事人的权益。①

5. 符合世界运输法统一化的立法趋势

随着运输方式的多样化,铁路、公路和航空运输的重要性日趋提高,多式联运和物流等新商业模式增多,海运与其他运输方式的联系紧密,运输法统一化趋势日渐清晰,各国开始运输法统一化运动。运输法的起源是海商法,各运输单行法之间同大于异,各运输部门间的利益可以在统一范式下调和,技术的进步及人类对风险的克服,反映在立法进程上便体现为运输立法的统一化趋势。

国际货物运输更多地表现为综合若干种运输方式共同为完成一项运输服务而组成一条完整的运输链,一份运输合同上所体现的运输方式,已由传统的单一变为多元组合。多式联运的兴起使得各国对国际运输法统一的呼声越发高涨,法律上对各类运输方式不统一,调整者与被调整者间的不协调性严重阻碍运输实践进一步发展。由此,出现了以海商法运输规范为基础而统一陆上和航空运输规范的海商法“上岸”趋势。② “所有运输法律因为融入了国际物流大循环而全部向已经实现国际化的海商法靠拢。”③

国际立法上不断有统一运输法的努力,从《1980年国际货物多式联运公约》到2008年《鹿特丹规则》,不断出现以海商法为基础统一运输制度的立法努力。而在

---

① 参见陈昊泽、何丽新:《〈日本商法典〉运输总则最新修订之评析》,载《中国海商法研究》2018年第3期。

② 海商法的“上岸”趋势有如下内涵:第一,海商法上岸应专指海商法中运输法律的上岸;第二,上岸应指海商法越出海洋,与岸上法律相互交融,进而统一的过程;第三,海商法并没有强大到可以取代其他运输法律制度,上岸过程是渐变的统一。参见陈琳:《论国际运输法统一下的海商法“上岸”——以〈UNCITRAL运输法草案〉为起点》,载《海南大学学报(人文社会科学版)》2008年第5期。

③ 郭瑜:《海商法的精神:中国的实践和理论》,北京大学出版社2005年版,第225~227页。

国别立法上,《荷兰民法典》第八编"运输"、[1]《德国运输法》、[2]《法国运输法典》[3]等都是统一运输法的实践。以日本为例,2018 年《日本商法典》完成修改,其内容体现出运输法统一的趋势,新《日本商法典》就平水运输[4]的调整而形成了逻辑严整的制度构造,新《日本商法典》将商行为编运输营业章修改为调整所有运输方式的"运输总则",且在运输总则层面,新《日本商法典》将海上运输概念的扩展作为平水运输纳入海商编的基石,运输总则的规范则作为海上运输与平水运输制度统合的基础;在海商编层面,新《日本商法典》以准用的方式精细地调整平水运输的适用事项,解决了海商法如何在事项上适用于平水运输的问题。此种立法构造能够调整航运发展过程中水路运输业态间共性与个性的矛盾。在内河运输层面,联合国欧洲经济委员会出台的《关于内河货物运输合同的布达佩斯公约》对于内河货物运输合同法律制度的统一,卓有成效。该公约的多数规定体现了水上运输规则逐渐融合的趋势,或者说海上运输规则逐渐渗透到内河运输规则的趋势。[5] 该公约在承运人、实际承运人、托运人、收货人等运输合同当事人权利义务设置方面,有合理且符合内河航运实际的规则,如该公约下的运输单证系运输合同与承运人接管货物的证明,包括提单、货运单或其他商业单证等形式,而其"书面"适用于装货港、接货地与卸货港、交货地位于两个不同国家(至少一国)为缔约方的亦含电报、电传、电邮、传真等诸多形式。该公约规定的内河货物运输合同;如果运输合同的目的是进行非转船的内河和海上货物运输,则该公约也适用,除非根据适用的海商法签发了提单,或海上运输区段长于内河运输区段。这些规则对于统一内河港口与出海口周边港口间的江海联运规则,减少法律冲突,很有裨益。学者因此认为,内水运输可以纳入其他运输方式,实现运输法的统一化,《海商法》可以与其他运输法制衔

---

① 荷兰私法立法上废除了民法和商法的界限,废除了商人和非商人间的差别,在新的《荷兰民法典》中,商事规范被编入第 2 编法人、第 7 编特殊契约和第 8 编运输法规。其中运输法规编不仅对海洋和内水运输作了规定,而且规定了公路运输和航空运输。

② 德国原来调整运输行为的法律规范体现在一系列不同的法规或法典之中,甚至涉及几个法律部门,其中,旅客运输和货物运输所涉及的法规又有很大差异。1998 年《德国运输法》生效,其不仅适用于公路运输、内水运输和航空运输,也适用于多式联运。参见范健:《德国商法:传统框架与新规则》,法律出版社 2003 年版,第 450 ~451 页。

③ 法国由于遵循公私法分立和部门法体系的法律构建原则与方法,海商法的具体制度内容在整体上呈现碎片化。但法国 2000 年修订《法国商法典》,删除海商编。2010 年将海运与其他运输方式的法律一起编纂为统一的《法国运输法典》,在调整方式上,广泛涵盖与运输有关的民事、行政以及刑事性质的法律规范。

④ "平水"是日本特有的概念,意为平稳的水域,强调运输地理环境的安全稳静特性。参见小田啓太「商法(運送・海商関係)改正における論点に対する私的考察」海事の窓 69 巻(2014 年)7 頁。

⑤ 参见周新:《中国内河沿海海事法律冲突及协调问题研究——以货物运输为中心》,复旦大学 2014 年博士学位论文,第 242 页。

接，在综合运输法中调整内水运输。[①]

运输法统一化的思路也影响到了我国交通运输立法，交通运输部于2016年出台了《关于完善综合交通运输法规体系的实施意见》，将综合交通法规体系分为水路法规、公路法规、铁路法规、邮政法规、民航法规以及跨运输法规。按照我国《"十三五"现代综合交通运输体系发展规划》的部署，我国在"十三五"期间研究修订铁路法、公路法、港口法、民用航空法、收费公路管理条例、道路运输条例等，推动制定快递条例，研究制定铁路运输条例等法规，基本建成安全、便捷、高效、绿色的现代综合交通运输体系。2021年国务院印发的《"十四五"现代综合交通运输体系发展规划》，则进一步要求加快构建适应现代综合交通运输体系的法律法规和标准体系。具体而言，要研究制修订公路、铁路、民用航空以及综合交通有关法律法规，促进各项制度有效衔接；构建综合交通运输高质量发展标准体系和统计体系，完善综合交通枢纽、旅客联程运输、货物多式联运、智能交通、绿色交通、交通安全应急、无障碍交通、新业态新模式等技术标准，强化各类标准衔接；推动危险品多式联运服务规则一体衔接和检测结果互认；加强计量、标准、认证认可和检验检测等质量技术基础建设，强化质量监督管理。

(二)反对《海商法》调整内河运输和内河船舶的主要论点及其评述

1. 为全面解决国内水路运输的问题而单独立法

早在《海商法》制定的过程中，就面临是制定一部统一的水上运输法，还是分别制定海上运输法和内河运输法的单行法规的争论，最终海上货物运输的双轨制因《海商法》的颁布而既成事实。[②] 因此，有学者从《海商法》修法的实效性分析，反对将内河运输和内河船舶纳入《海商法》，[③]认为将内河运输纳入《海商法》的实际效果差，制造的麻烦比解决的问题多。中国有5800多条河流，内河总长43万千米，约1/4通航(大约10万千米)，且与海相通的可航的内河情况比较复杂，包括但不限于黄河、淮河、京杭大运河、闽江以及南方的水系，且黄河有时通航有时不通航，内河通航的情况更加复杂，包括干流与众多支流，而将内河运输纳入《海商法》，就意味着海事法院和其他地方法院均开始适用调整内河运输问题的《海商法》及其配套程序法《海事诉讼特别程序法》，海商法中的特色如海事赔偿责任限制、船舶优先权等也会在地方法院不时加以适用，这样的修法结果将导致海事法院和地方法院

① 参见蔺妍、韩立新：《论我国货物综合运输法律体系的完善》，载《中国海商法研究》2014年第4期。

② 参见吴煦：《〈海商法〉修改背景下的国内水路货物运输之立法模式选择》，载《中国海商法研究》2019年第1期。

③ 参见中国航务周刊：《首届海事法治圆桌会议暨中国海事法治论坛在京成功举行》，载搜狐网2018年9月27日，https://www.sohu.com/a/256541720_265147。

的法律适用分散且混乱。更何况,《海商法》调整内河运输关系将导致《海商法》与其调整对象名不副实,在这种情况下,为了名实相符,《海商法》是否应改为《海上和内河运输法》或《水上运输法》? 显然,这不具有合理性和可操作性。《海商法》调整海上运输关系和海船关系,内河运输和内河船舶应单独立法,修改后的《海商法》第四章可以适用于国际海上货物运输合同,也可以适用于沿海货物运输合同,但不适用于内河货物运输关系。

2.《海商法》调整内河运输不符合利益平衡与行业惯例

《海商法》是否调整内河运输,这种修法最终能否成功,取决于各方利益能否平衡和运输行业能否接受。该观点认为,海上运输法是海商法的核心,由诸多国际公约和国际规则支撑,将内河运输纳入海商法,偏离了海商法原来立法的初衷。内河运输和内河船舶纳入海商法调整,涉及各方诉求和利益格局问题,涉及贸易、物流、保险、渔船等相关问题,在作出大量的研究后才能研判,在达成共识之前,不能随意调整《海商法》的适用范围。①

从历史承继分析,《海商法》的立法,从维护国际海上运输规则的国际统一性出发,充分吸收借鉴国际条约和国际惯例,这些规定存在其制度演变与传承上的历史与国际因素,而内河运输基本上没有这些历史与国际因素。从航运实践考量,海上存在保护航运业特殊利益的要求,而内河运输没有这些特殊利益予以保护的历史。因此,海上运输与内河运输的立法规定没有可比性,最重要的在于制度的历史渊源不同,《海商法》修订中仅仅从保护内河运输利益的重要性加以论述是不足的,存在行业自利之嫌,当然也存在立法分配正义的依据问题,内河运输的利益没有必要依赖《海商法》的修订。内河运输和国际海上运输的差别是历史形成的,不仅法律制度上存在区别,商业操作习惯上也存在差别。如果将内河运输纳入《海商法》调整,如何做到“完美”衔接是一个立法技术很大的问题,即使立法层面能够解决该技术问题,在将来的法律适用中也可能产生更多问题。②

从立法现状上看,内河运输与海上运输归属不同的制度体系。内河运输的立法原则是合同自由,责任基础是严格责任,损害赔偿制度是实际损失赔偿,它和海上运输的不完全过失责任制、适航义务的强制性以及海事赔偿责任限制制度存在根本的区别。因而,将二者强行捏合在一起,体系上不能兼容,甚至会出现内在冲

① 参见郭瑜:《海商法的未来——中国的方向和方法》,北京大学出版社 2022 年版,第 68~70 页。

② 参见中国航务周刊:《首届海事法治圆桌会议暨中国海事法治论坛在京成功举行》,载搜狐网 2018 年 9 月 27 日,https://www.sohu.com/a/256541720_265147。

突,不宜统一立法。① 而且,在沿海、内河运输已经习惯了现有法律制度的情况下,突然予以改变,会大大增加司法成本而得不偿失。进一步说,《海商法》并不是因为内河运输没有被纳入海商法而需要修订,而仅仅是因为《货规》被废除导致内河运输无法可依,那么,讨论内河运输归属《海商法》调整范围,显然存在将问题泛化的倾向。维持《海商法》第四章调整国际海上货物运输关系,国内水路运输合同包括沿海货物运输合同、内河货物运输合同需要另行制订特别法,或依据《民法典》制订水路货物运输合同实施细则。②

3. 现行立法能够解决内河运输问题

沿海、内河运输的法律适用在现有的民法体系下基本可以得到解决,即使有所不足,也可以由相关司法解释补救,没有必要在《海商法》中予以规定。持这一观点的学者承认内河运输适用民法的一般性规定的针对性不足,诸如责任期间、适航义务、合理绕航、舱面货、实际承运人、运输单证等,在民法的运输合同一般性规定中找不到相应的制度,但就法律的普遍性而言,认为《海商法》不调整内河运输和港口作业合同,并不意味着这些问题就无法可依,并且,目前并没有特别保护某些特定主体(行业)所企求特殊利益的特别法的先例。③

4. 内河运输纳入海商法导致淡化海商法的国际性

《海商法》的适用范围扩大到两头都在内河的"纯内河"运输,或者通过扩张海商法调整的"船舶"范围,将使得《海商法》的名称名不副实,使得海商法的重心从处理国际问题向国内问题偏移,因而使得海商法被分裂、被改造,甚至被完全没有"国际性"的法律所同化。扩展海商法的调整范围,充实海商法的规则内容,将导致海商法"向内转内",偏离海商法固有的国际性,破坏海商法的性质和功能,影响海商法在法律体系中的地位。④

二、内河运输与《国内水路货物运输规则》"虽废尤存"的尴尬局面

原交通部颁布的《货规》在国内水路货物运输案件中适用率非常高,全国各海事法院在2011年至2016年审理的相关案件中,《货规》的适用率高达50.9%。⑤

---

① 参见吴煦:《〈海商法〉修改背景下的国内水路货物运输之立法模式选择》,载《中国海商法研究》2019年第1期。

② 参见胡正良等:《〈海商法〉修改基本理论与主要制度研究》,法律出版社2021年版,第304页。

③ 参见中国航务周刊:《首届海事法治圆桌会议暨中国海事法治论坛在京成功举行》,载搜狐网2018年9月27日,https://www.sohu.com/a/256541720_265147。

④ 参见郭瑜:《海商法的未来——中国的方向和方法》,北京大学出版社2022年版,第34~43页。

⑤ 参见黄晶:《中国水路货物运输案件司法诉讼现状、特征及启示——基于中国裁判文书网案例的实证分析》,载《中国海商法研究》2021年第2期。

"海商法调整范围是否扩张至内河"这一问题起源于《货规》的废止,那么就需要了解《货规》废止后司法实践中内河运输的法律适用情况。本书以 2019 年为时间节点,检索了内河运输关系的司法适用情况,发现虽然《货规》被废止,但是司法实践中仍然大量适用《货规》。由于《货规》较好地解决了水路货物运输中的争议焦点问题,如实际承运人的认定、承运人和实际承运人的连带责任、收货人向承运人索赔的权利等,所以,从某种程度上说,《货规》即便"死"了,其精神仍是活跃的,在国内水路货物运输的司法实践中发挥着非常重要的作用,以至于《修改送审稿》在第四章新增第七节"国内水路货物运输合同"的说明中强调:2000 年《货规》符合国内水路货物运输的实际情况,适用效果良好,且与《海商法》相容性高。

(一)参照引用

直接引用,是指将《货规》作为内河运输案件直接予以适用的依据。在山东省高级人民法院(2019)鲁民终 1740 号民事判决书中,"法院认为"部分仍然援引了《水路货物运输合同实施细则》(已失效)第 3 条,"……零星货物运输和计划外的整批货物运输,以货物运单作为运输合同",并参照了《货规》第 46 条的规定,判定合同承运人和实际承运人的赔偿责任。在天津海事法院(2020)津 72 民初 93 号民事判决书中,法院并未直接援引《货规》,而是对被告提出的其不是合同当事人的抗辩理由不予采纳,参照《货规》的规定认定被告构成实际承运人。

(二)按照运单约定予以引用

国内水路货物运输当事人在运输合同中约定适用已废止的《货规》的情形仍然十分普遍,因而法院往往借此承认《货规》的适用。在武汉海事法院(2018)鄂 72 民初 675 号民事判决书中,"法院认为"部分写道,运单中约定承运人、实际承运人、托运人、收货人的有关权利、义务适用《货规》,根据《水路货物运输指导意见》第 1 条、第 2 条的规定,本案除适用《民法通则》《合同法》等法律的有关规定外,还可以按照《货规》的有关规定确定当事人的权利义务。在北海海事法院(2019)桂 72 民初 83 号民事判决书中,法院同样认为,合同并入条款是引入实际承运人概念的依据,中泰公司向北港公司出具的水路货物运单载明:承运人、实际承运人、托运人、收货人的有关权利、义务适用《货规》,虽然《货规》已废止,但当事人自愿选择将其作为确定托运人与承运人之间的权利、义务关系的依据,并不违反法律规定。根据《水路货物运输指导意见》第 2 条的规定,《货规》中有关实际承运人的规定适用于本案。中泰公司接受涉案货物合同承运人北港公司的委托,实际承运涉案货物,是涉案货物的实际承运人,原告有权就本案货损向其索赔。在湖北省高级人民法院(2019)鄂民终 399 号民事判决书中,法院同样认为,当事人约定并入条款是有效的。"根据运单载明的事项,石某传愿意受《货规》的约束,虽然《货规》已废止,但不禁止当事人约定该规则内容为双方的权利义务，该约定不违反法律规定，不损害他人利益，应为有效。根据该约定，石某传作为实际承运人应当对货物损害承担连带赔偿责任。石某传认为其不应承担连带责任的上诉理由不成立。”

同判决理由的还有天津海事法院(2019)津72民初584号民事判决书、天津高级人民法院(2018)津民终405号民事判决书、广州海事法院(2019)粤72民初5号民事判决书等。

综上，《货规》自颁布以来，较长时间内规范着国内水运市场，其中很多规则已经成为航运习惯，即使是《货规》废止后，这些规则或制度仍明示或默示地适用于内河运输，对参与国内水路货物运输的当事人形成合理期待，且相关的保险条款已作出相应的安排，《货规》已经成为规范国内水路货物运输合同的重要依据或参考。有学者因此认为，《货规》在我国国内水路运输活动中已经反复适用了多年，可以将其视作国内水路运输的成文航运习惯，在司法实践中予以适用。

《民法典》第10条确立了习惯具有民法法源的地位，使得习惯在法律没有规定的情况下可以作为补充性法源。将《货规》以航运习惯予以适用，某种程度上能够填补《货规》废止的法律适用空白。但是，《海商法》第268条仅肯定国际惯例在海商法中的法源地位，没有明确规定航运习惯的适用问题。上述法院援引《货规》的方式，带着浓厚的职权主义色彩，且航运习惯的性质具有不明确性。在司法适用航运习惯时，不仅就航运习惯性质容易产生争议，而且，《货规》的适用会导致“国际远洋运输”和“国内水路运输”的双轨制在实质上并无太大差别，无法彻底改变在国内水路运输方面的特殊规则缺失状态。何况，《货规》中不仅包含船舶运输的习惯做法，也包括部分行政管理性质的规定，且其立法位阶低，属于部门规章，对内河航运部门，只能起到业务指导的作用，[①]若将其作为航运习惯予以适用，《货规》的废止也就失去了实质意义。面对庞大的国内水路货物运输市场，《货规》废止后的司法适用现状不仅反映出内河运输规则的缺失导致司法适用的混乱，而且从反向角度说明了内河运输必须补给制度规范的必要性和重要性。

三、《民法典》难以有针对性地解决内河运输问题

《民法典》出台以来，我国法律体系内部出现了各部门法与《民法典》相协调的要求，海商法亦不例外。这一问题就内河运输的维度予以论证，即《民法典》是否足以解决内河运输问题。《民法典》合同编运输合同章是针对铁路、公路、水路乃至航空运输所作出的一般性规定，包括“一般规定”“客运合同”“货运合同”“多式联运

---

① 参见周明达主编：《水路运输法教程》，人民交通出版社2017年版，第28页。

合同”等部分。其中,“一般规定”包括公共承运人的强制缔约义务,承运人安全运输义务,合理运输义务和旅客、托运人或收货人支付票款或运输费用的义务等;“客运合同”包括旅客乘运义务的一般规定、乘运手续、行李携带、危险品和违禁品的禁止、承运人的告知义务、旅客的协助义务、承运人的按照约定运输的义务、服务标准、救助义务等;“货运合同”包括托运人如实申报义务、提交有关文件义务、货物包装义务和托运人变更解除运输合同权利以及承运人留置权、提存货物等权利或义务等。从整体视角分析,由于《民法典》运输合同章是一般性规则,因而其并未考虑到水上运输的特有问题,例如,水上运输特殊制度的设置、内河运输风险的化解、内河船员工资与船舶优先权的关系、实际承运人的认定与责任的承担等。

以托运人退还运费为例,《民法典》第 835 条规定:“货物在运输过程中因不可抗力灭失,未收取运费的,承运人不得请求支付运费;已经收取运费的,托运人可以请求返还。法律另有规定的,依照其规定。”该规定适用于包括内河运输在内的运输合同。从民法理论上分析,该条款的规定是合理的。不可抗力导致货物损毁灭失时,承运人与托运人对货物灭失均不存在过错,此时承运人对托运人的货物不负损害赔偿责任。托运人既已蒙受货物损毁之不利,基于公平原则与合同对价平衡原则,若此时仍科以托运人支付运费的义务,则会使托运人负担过重,加大托运人的经济负担,不利于衡平承托双方的利益。但对于该条款,在全国人大审议时,即有代表提出该条款违背海上运输的国际惯例。① 由此进一步追问:托运人请求退还已支付的运费是否构成国际航运惯例?《民法典》的运输合同章的原理与海上或水路运输的原理是否存在实质性的差异?该规定是否有违海商法的规定?

首先,货物运输合同的标的或客体不是货物,而是运输服务,即货物依约从一地运往另一地,从而实现货物的位移。货物运输合同作为双务合同,承运人承担运输服务的义务而托运人支付运费。但运输服务的鲜明特征是其无形性,这使得运输合同具有即时履行的特点,②货物一旦出运,运输服务就开始了,这涉及运营成本问题。在水上货物运输中,承运人接收货物,并且已经出运货物的情形下,托运人虽已支付预付运费,但承运人也已开始履行一个善良承运人的义务,在因不可抗力而不可归责于承运人的情形下,基于航运规则,托运人并不具有运费的返还请求权。

其次,在水上货物运输合同中普遍存在格式条款约定预付运费不返还。③ 在国际海运中,承运人收到预付运费后,将签发“预付运费提单”,且不得以尚未获得运

---

① 参见《民法典这条规定与国际惯例不符!全国人大常委会副委员长:这条建议要反映上去》,载上观网 2020 年 5 月 24 日,https://export.shobserver.com/baijiahao/html/251552.html。

② 参见郑佳宁:《快递服务合同典型化的立法表达与实现路径》,载《法学家》2019 年第 1 期。

③ 预付运费指发货人或托运人在承运人开航前预先支付给承运人的运费。

费为由而留置提单项下的货物,除非合同存在另行约定。① 当运输合同或提单中约定"预付运费概不退还"时,在货物运输途中若不可抗力导致货物损毁灭失,承运人无须向托运人退还预付运费。在海上货物运输中,约定预付运费不得返还的情形较为常见,典型如《金康合同》第二部分第4条约定:"(a)运费应按第13栏所列费率,根据装船货物的数量计算,以现金支付。(b)预付如按第13栏,运费是在装船时支付,则应视为运费已经收取并且是不可退还的,而无论船舶和/或货物是否发生灭失。如果应支付给所有人的运费尚未实际支付,则不能要求所有人或其代理人签发或背书表明运费已经预付的提单……"因此,海运领域存在货物因不可抗力毁损而不退还运费的格式条款,那么,内河运输是按照《民法典》的相关规定处理运费问题,还是遵循相关海运领域的格式条款的约定?

再次,各国立法在不同的立法取向下存在不同的规定。《海牙-维斯比规则》《汉堡规则》《鹿特丹规制》等国际海运公约对"预付运费不得要求返还"并无明确规定,鲜有国际海运公约直接规定"预付运费不得要求退还"。世界各国或各地区立法对此问题的规定亦不相同。例如,《荷兰海商法》承认"预付运费不得要求退还",该法第517条规定:"如果已达成协议,运费应在装货地点或装货时交付,则只能要求托运人支付,即使货物没有到达目的地,也应支付。"有些国家海商法进一步明文规定,对因不可抗力或承运人的责任而灭失的货物,承运人无权要求支付运费,即使是预付运费也应退还。《俄罗斯联邦海商法典》第165条规定:"对于在货物运输时所失去的货物,不得收取运费,运费在此之前已缴纳的,予以返还。失去货物后来获救的,承运人有运费权,其金额按照船舶航行里程比例计算……对于由于货物自然属性或者取决于托运人的情况致使货物受到灭失或者损害的,全额支付运费。"《日本商法典》运输总则第573条第2款规定:"运费应在到达地交付货物的同时支付。货物因不可抗力而灭失或损伤的,承运人不能请求运费。若承运人已经受领了运费的,应当返还。"《挪威海商法》第260条第1款规定:"运输结束时货物已不存在,承运人无权行使运费请求权,除非所运货物是由于货物本身的特性,包装的不当,或是发货方的疏忽或过错造成了损失。"根据《挪威海商法》第260条第2款的规定,在承运人无权得到运费的情况下,预付的运费应当返还。《瑞典海商法》第260条第2款、第3款规定:"对于到达目的港已灭失的货物,只有在货物的灭失属于其自然属性、包装不良或属于托运人的过失或疏忽……运费才应当支付。对于已支付的而承运人依第2款无权收取的运费,应当返还。"可见,"预付运费概不退还"并非各国家或地区立法之共识。

① 参见《海上货运代理司法解释》第7条。

最后,预付运费不返还尚不构成国际惯例。国际惯例一般分为国际公法上的惯例和国际商事惯例,[①]国际公法上惯例通常必须具备3个条件,一是客观要件,即有“通例”的存在;二是主观要件,即被国际社会普遍知晓;三是国家以公开的文件确认其具有法律拘束力,被“接受为法律”。这种国际惯例一般是成文的,而国际商事惯例是人民在国际商事活动中的习惯做法,其效力取决于当事人选择适用的意愿。“预付运费不得退还”虽然在航运实践中广泛存在,但并未有具备规范效力的法律文件对其作出明确规定,因此只能属于广义上的国际商事通例,其是否产生约束力依照当事人的选择适用。

由此观之,对于托运人退还运费问题,各国海商法存在不同的规定,且尚未共识性地达成国际惯例,我国《民法典》基于公平原则和运输合同的一般性原理,规定在不可抗力导致货物的灭失时,托运人可以请求返还运费,内河运输若适用《民法典》的相关规定,则与水上运输的航运规则发生矛盾,该规定无法彻底解决国内水路运输复杂性情况下的运费处理问题,因此,《民法典》第835条增加“但书”规定——“法律另有规定的,依照其规定”,以更有针对性地解决包括内河运输在内的国内水路运输的特殊性问题。

四、内河船舶和内河运输纳入《海商法》调整范围

承上文所述,《海商法》是否扩张适用于内河运输和内河船舶问题,其基础在于《海商法》调整对象问题。

(一)内河船舶问题

1.我国立法演变之反思

在中华人民共和国成立之前,有学者指出,“船舶云者,谓在海上航行,及在与海相通水域行使之水上航行之船舶也”,海商法项下船舶存在两大要件,一者为“须供航行之用”,另一者为“须航行于水上”;水可以分为海水和内水,海水指海洋,而内水指河川港湾。[②] 当时的英国商船法对海船与内水船的适用未设区别,而我国当时的海商法便是仿照英国划定范围,只要是航行在海水上及通海水域上的船,即受海商法调整。[③] 由此可以看出,这个时期的海商法在适用范围的水域层面与现行《海商法》相同,在船舶层面,则将内河船包括其中。

中华人民共和国成立初期,魏文瀚教授在《海商法讲座》中指出,海商法调整的

① 参见翟仲:《国际惯例与国际习惯的概念界分及现实考察》,载《国际法研究》2021年第4期。

② 参见王孝通编著:《海商法》,商务印书馆1936年版,第3页。

③ 参见王孝通编著:《海商法》,商务印书馆1936年版,第8~9页。

船舶运输必须“经海道”,指在装妥货物以后,船舶起锚或者解缆,离开起运地至货物目的地中间所经历的水程,而水程的一段必须是海道。[①] 由于航行水域的特别区分,海商法所适用的船舶亦被限制为海船。他进一步指出,该书“所要讲的船舶,是钢壳的、机动的商船,并且是可以在国际间航行的海船”[②]。由此,海商法只调整海船的观念在我国萌发。

改革开放初期,理论界对于海商法适用船舶范围的思考发生了一定的转变,魏文达教授指出,海商法之“海”,是指海和与海相通的水域,江、河、湖泊以及海外的洋,均属于海的范围。凡是在与海相通的水域内,船舶发生的事故均称海事。船舶在江、河、湖、洋发生的事故都包括在海商法范围之内;海商法之“商”,是指经营的范围,无论国内沿海贸易或者国际远洋贸易,以及与海相通的水域的贸易或者各港口之间的贸易,以营利为目的的商业行为,均属于商的范畴。[③] 但是,他同样对海商法所适用船舶进行了限定,要求是能在海上航行的船舶。[④] 这实际上是考虑到通航水域的不同,根据航行能力对船舶进行界定,客观上扩大了海商法中船舶的范围。按照这种解释,只要内河船能够证明具备海上航行能力就能适用海商法。

现行的《海商法》不调整国内水路运输(内河、沿海),是由于立法当时国内水路运输与陆上运输差异很大。国内水路运输适用的是 1979 年《水规》、1981 年《经济合同法》和 1986 年《水路货物运输合同实施细则》(已失效),受国家运输计划约束较多,承运人归责原则为完全的过错责任制,承运人不享有赔偿责任限制的权利,使用的运输单证主要为水路货物运输单,装货港、航运公司、卸货港共同作为承运人。[⑤] 在我国改革开放早期,老一辈的海商法学者已提出要将国内水路运输和国际海上运输分别立法,理由就是二者原则和习惯的不同,[⑥]在当时的背景下,国内水路运输不适用《海商法》第四章是适宜的。[⑦] 可以作为佐证的是,1987 年《水条》作为国务院颁布的行政法规,其内容仍带有计划经济色彩。2000 年《货规》的出台,实际上标志着在经济体制问题上国际海上运输和国内水路运输的裂隙已趋弥合。从目前的航运实践而言,二者更是混杂交错。与此同时,内河航运的政策地位也在不断上升,以长江为例,《国务院关于依托黄金水道推动长江经济带发展的指导意

---

① 参见魏文瀚:《海商法讲座》,法律出版社 1965 年版,第 1 页。

② 魏文瀚:《海商法讲座》,法律出版社 1965 年版,第 8 页。

③ 参见魏文达编著:《海商法》,法律出版社 1984 年版,绪论。

④ 参见魏文达编著:《海商法》,法律出版社 1984 年版,第 5 页。

⑤ 参见胡正良:《论〈海商法〉修改的必要性》,载《当代法学》2003 年第 12 期。

⑥ 参见张既义、於世成:《论海商法的对象和适用范围》,载《上海海运学院学报》1981 年第 3 期。

⑦ 参见司玉琢:《对关切问题的几点看法》,载《中国远洋海运》2019 年第 12 期。

见》指出，长江是货运量位居全球内河第一的黄金水道，长江通道是我国国土空间开发最重要的东西轴线，在区域发展总体格局中具有重要战略地位。依托黄金水道推动长江经济带发展，打造中国经济的新支撑带，是党中央、国务院审时度势，谋划中国经济新棋局作出的既利当前又惠长远的重大战略决策。① 可见，随着内河航运的发展和不断提升其经济地位，国内贸易与国际贸易的链接，调整内河船与海船的规则日趋统一化。

2.《海商法》适用船舶范围的解释论

海商法的立法目的围绕的是“船舶”，适用船舶的内涵取决于立法宗旨。② 在我国法律体系中，《海商法》《海上交通安全法》《船舶登记条例》等国内立法没有明确对海船和内河船舶存在具体的分类标准。《海商法》的适用范围以适用的船舶、适用的水域和适用的事项来界定，③其中对适用的船舶从 3 个范围进行界定：第一，用途；第二，航行能力；第三，船舶吨位。《海商法》第 3 条实际上将船舶分为两大类：海商法船舶与非海商法船舶，非海商法船舶适用不同于《海商法》调整船舶的法律规则。但是，该规定所界定的船舶，是指登记状态是海船还是技术标准按照海船建造还是航行区域在海上航行的船舶，并没有予以明确。

船舶的法律规范归属不同，决定着不同的法律适用以及法律后果。从各国海商法以及相关国际公约界定海商法适用船舶的考量因素分析，主要是基于 3 点：航行能力、在一定水域内航行、以商业行为为目的。④《海商法》第 3 条将适用的船舶局限在海船和其他海上移动式装置，却未明确海船的具体所指。现行法下，“海船”的基本定义从《海诉法司法解释》第 3 条中可见端倪，“海事诉讼特别程序法第六条规定的海船指适合航行于海上或者通海水域的船舶”，即强调以航行水域为界定标准，而不论船舶所持有的证书是海船证书还是内河船舶证书，内河船舶则是在内河航行的船舶。此外，《海商法》第八章“船舶碰撞”对适用的船舶作了扩张，通说认为，除碰撞一方是《海商法》第 3 条所指的船舶外，另一方只要不是用于军事的或政府公务的任何船艇，包括内河船或 20 总吨以下的小船，均适用“船舶碰撞”一章。⑤

---

① 参见《国务院关于依托黄金水道推动长江经济带发展的指导意见》(国发〔2014〕39 号)，2014 年 9 月 12 日发布。

② 参见[加拿大]威廉·台特雷：《国际海商法》，张永坚等译，法律出版社 2005 年版，第 26 页。

③ 参见傅廷中：《海商法》(第 2 版)，法律出版社 2017 年版，第 7 ~ 8 页。

④ 但值得注意的是，各国海商法均在船舶碰撞、救助、油污责任等领域，对适用海商法的船舶范围予以扩充，使非海商法的船舶亦可适用。参见李志文、王金东：《论海商法中的船舶》，载《理论界》2007 年第 11 期。

⑤ 参见司玉琢：《海商法专论》(第 4 版)，中国人民大学出版社 2018 年版，第 4 页。

3. 其他国家或地区立法之借鉴

综合各国海商法对适用船舶范围的相关规定发现，构成海船的标准通常有三：一是具备海船的形态和结构；二是供海上航行之用；三是能够在海上及与海相通水面航行。但在具体的识别标准上，各国家或地区存在很多不同：（1）海域标准。《希腊海商法典》第1条规定："本法中的船舶是指利用自身推进方式，以航海为目的，且净登记吨位不少于10吨的任何运输工具。"在水域标准之下，内河船不包括在其内。（2）海域标准＋准用。旧《日本商法典》第684条认为船舶是以商行为为目的而供航海之物，新《日本商法典》第684条亦没有改变。新《日本商法典》采用准用的方式调整非航海船，根据该法第569条，海上运输是指第684条规定的船舶（包括第747条规定的非航海船）进行的货物或旅客运输。《韩国商法典》与旧《日本商法典》规定相似，以"从事商业行为及其他为营利目的而供航海用"来定义海船。（3）水域标准。对于海船与内河船的关系，世界上绝大多数国家或地区进行了区别性立法，即使在将内河船舶纳入海商法调整范围的国家中，亦很少有将内河船舶与海船完全等同对待的立法例。相反，很多国家规定了内河船舶纳入海商法调整范围是有条件限制的。如根据《俄罗斯联邦海商法典》第3条的规定，①内河船舶仅限在"与海船进行救助作业或与海船碰撞时"，此时内河船舶将享有与海船一致的属性，否则内河船仍然要适用俄罗斯普通民商法的规定。

（二）内河运输问题

1.《海商法》为调整内河运输关系预留空间

《海商法》第2条明确规定调整海江之间、江海之间的直达运输，从文义解释出发，学界普遍认为海商法的适用范围是海洋和与海相通的可航水域。进一步从目的解释分析，只要沿海运输和内河运输属于"与海相通的可航水域"，那么就属于《海商法》适用的范围。可以这样解释，《海商法》立法之初就为内河运输关系预留了调整空间。

对于如何具体解释海商法上的"海和与海相通的可航水域"，有的学者认为应作广义理解，不仅包括严格意义上的"海"，即"陆地边缘与洋相接的狭窄水域"，而且包括"洋"，有时还包括与海洋相通的内陆的可航水域，如船舶碰撞和海难救助就

① 《俄罗斯联邦海商法典》第3条第1款规定："本法典规定适用于：（1）航行时不论按照海上航道还是按照内河航道的海船，俄罗斯联邦缔结的国际条约和法律另有规定的除外。（2）内海航行的船舶，以及航行时按照海上航道和按照内河航道航行（江与海间）的船舶，在进行货物、旅客及其行李运输进入外国海港情况下、在救助作业时和在其与海船碰撞情况下。"参见《俄罗斯联邦海商法典》，石均正译，中国政法大学出版社2018年版，第2页。

可能发生在与海相通的可航水域。[1] 因此,《海商法》第 165 条有关船舶碰撞、第 171 条有关海难救助等规定,适用于"海上或者与海相通的可航水域"。但有的学者认为,《海商法》的重心在"海",从海上伸入内陆的"水",应以海船能到达的"水"为标准,才属于《海商法》的适用范围。海船不能到达的地方是海的止境,即使其上游变宽变深又可供海船航行了,如江河湖泊地带,也不能视为与海相通的水域。当然这一情况存在例外,如海边的浅滩或海湾,虽然深度不能供海船航行,但仍是海的一部分,若在这些地方发生船舶碰撞、共同海损、救助、船舶搁浅等事件,仍应适用《海商法》的规定。对于一些不能供海船航行的地带,但由于洪水等临时性原因而使海船可以航行了,仍不能使其变为海商法中的"水"。[2] 有的学者则认为,"海"是基于国家主权而管辖的海域(包括领海和内海)和国家可以行使主权权利的专属经济权。"与海相通的可航水域"是指一端或两端连接海洋并且可供船舶航行的江河水域,由于国际贸易运输的船舶必须进入这样的水域,故归属于《海商法》的适用范围,而且最高人民法院于 2016 年颁布《海事诉讼管辖司法解释》,该规定将与海相通的江河水域如鸭绿江、松花江、长江干线及支线水域等均纳入《海商法》所指的"与海相通的可航水域"的范围。因此,最高人民法院通过为海事法院确定管辖水域的司法解释,进一步明确了《海商法》所指的"与海相通的可航水域"的地理范围。[3] 总之,从上述对《海商法》第 2 条的解读分析,虽名为"海上运输",但不局限于"海上","海江之间、江海之间"是指装货港或卸货港位于江河之内经海路和内河的运输,此为内河运输关系纳入海商法调整预留一定的空间,只是不涉及海路的江河客货运输,就不属于《海商法》海上运输的适用范围。

2. 水上运输法日趋统一化

随着海上风险的降低、保险业的发展、多式联运的发展,一方面,各运输方式的联结性更强;另一方面,海商法制度的独特性在不断降低,水上运输制度乃至所有运输方式的统一性在不断增强。

(1)科技发展与水路运输风险同质化

自古代至近代以来,船舶都是以木船为主,船舶一旦出航,就与外界隔绝,既要面对自然的风险,如大浪、瘟疫和疾病,还可能面对人为的风险,如驾驶失误、海盗

---

① 参见郭瑜:《海商法教程》,北京大学出版社 2002 年版,第 4 页。

② 参见张丽英主编:《海商法》(第 4 版),中国政法大学出版社 2015 年版,第 5 页。

③ 参见傅廷中:《海商法》(第 2 版),法律出版社 2017 年版,第 8 ~ 9 页。

侵袭。[①] 船舶航行意味着极大的海上风险,[②]航商一体是海商法的起源,保险即诞生于海商实践的冒险借贷中。“历史发展的特点是相继抛弃了一切旧的社会组织形式。这些组织形式不是一个接一个地被时间慢慢地消蚀,就是被巨大的动荡所摧毁。”[③]19 世纪以来,蒸汽机驱动螺旋桨开始成为船舶的主要动力,一改以往依靠风帆前进的历史,定期航线成为可能。蒸汽机之前,在水路货物运输上,人们很难想象除了风帆之外有什么其他非人力的方式驱动船舶前进,就像现代人们遥想未来的星际飞船一样。动力提升也促进了船舶的坚固化和大型化,自 19 世纪 20 年代第一艘钢铁船出现,[④]至 19 世纪 60 年代钢铁船普及,船舶的长度迅速由 70 米上升至 200 米,船舶的浮性、稳性、破损稳性、船体强度、摇荡性、操纵性等基础性能均有提升,船舶的速度和运量大幅上涨。

进入 20 世纪,随着内燃机的普及,航运业得到进一步发展,通信技术增强了陆地与海上的联系,船舶所有人、实际承运人对于船舶的控制更加紧密,船长权限逐渐缩小,船长不再需要像大航海时代那样全面管理船舶运输事项。气象学的发展使得船舶营运更加安全,[⑤]全球卫星定位导航系统(GNSS)的出现,使在大洋航行中的船舶不再是“孤岛”。数理精算的发展,使得船舶的风险能够更好地被海上保险加以分散。造船、航海、通信等技术的发展使得航海实践产生了天翻地覆的变化,这一变化同时反映在了内河运输上。

内河运输的发展并非与海上运输的发展同时产生,尤其在商业上,海商法诞生于巴尔干半岛,那里陆地纵深较短而海港众多。中世纪三大海法《康索度拉海法》《奥列隆惯例集》《维斯比海法》是近代海商法的先驱,这些法律中列举的许多明文规范、惯例、判例一直沿用至现代,成为现代海商法确认的原则。[⑥] 古时船舶航行主要的动力来自风帆,航行的方向和速度取决于风向和风力,海运之所以可行,是因为海风由大气季风环流产生,其风向可以被预测,而内河运输基本不可行,虽其航行动力也在于风,但内河的风力小、风时短,且由于陆地地形对风的阻挡,其风向多变,难以预测,船舶由上游至下游顺流而下容易,而自下游回溯则很难,商事意义上

---

① 徐国栋教授总结了罗马时期海运的三大风险:一曰风暴,主要是地中海的热带型旋风;二曰海盗;三曰道德风向,例如伪造船难事故。参见徐国栋:《古罗马的海事风险及其法律规制》,载《华东政法大学学报》2016 年第 5 期。

② 内河客轮在遭遇极端天气时倾覆,也可能造成很大的人身伤亡,如“东方之星”。

③ [法]埃米尔·涂尔干:《自杀论:社会学研究》,冯韵文译,台北,五南图书出版股份有限公司 2008 年版,第 467 页。

④ 参见[日]市村富久:《海商法》,早稻田大学出版部 1917 年版,第 8 页。

⑤ 参见[日]中村眞澄、[日]箱井崇史:《海商法》(第 2 版),成文堂 2013 年版,第 23 页。

⑥ 参见陈宪民:《海商法的研究对象和特性》,载《法学》1983 年第 8 期。

的内河旅客货物运输难以开展。因此,海商法在诞生之时,并不考虑调整内河运输法律关系。值得注意的是,历史上并非不存在内河运输,其大者多属国家计划,与商贸关系不大,例如俄国画家列宾著名的《伏尔加河上的纤夫》,即描写沙皇统治下纤夫将船舶自下游拉至上游过程中的悲惨情景,其就是使用桨橹推进船舶,运量十分有限。自船舶由木造帆船升级为钢铁汽船,航运终于能摆脱风带来的限制,这对于内河运输尤其关键,船舶能够在内河自由行驶了。

海商法虽然具有强烈的国际性,但自1681年法国颁布《海事敕令》以来,海商法已实现国内法治化,这种变化应当是以钢铁船为界的,钢铁船使得内河上出现成体系的航运业,国内水路运输的利用率和重要性不断提升。内河运输有铁路,公路不可代替的优势,货运量大,运输成本低,是内河货物运输的主要特点。从风险的类型、构成来看,海上风险自始至终本质未变,只要地球上的海水没有枯竭,这种特殊风险就会存在。① 但是,“水上的特殊风险与克服风险的能力的交互运动,是考虑海商立法的关键因素。不同时期的海事制度,总是与特定时期船舶所有人克服海上风险的能力相适应的”②。从风险大小来看,内河运输和海上运输的共性逐渐大于个性。在内河运输实践丰富且发达的现代社会,内河运输可以适用海上运输规范。以日本为例,平水运输在《日本商法典》立法之初适用海上运输规范是反复考量其风险同质性和必要性的结果。③ 而平水运输适用海上运输规范所要考虑的,一方面是平水运输与海上运输的特性问题,另一方面是“解除实务与立法的乖离状态”④。

(2)集装箱出现与水路运输规范统一化

航运实务中,各种运输方式相互联结、相互交织,尤其在集装箱问世后。⑤ 1920年,美国铁路公司开发了集装箱运输方式,因其便利性,在第二次世界大战后,集装箱在世界范围内普及。1956年,美国海陆通运股份公司开始了第一次集装箱海上运输。以此为开端,运输业进入集装箱时代。集装箱的出现,使货物运输发生了天翻地覆的变化。集装箱具有通用性,可以在不同运输方式中实现转运,货物从码头卸货即可通过卡车运走,反之,货物由内水、铁路方式转运至海运也相当便利,“门至门”的运输得以普及;相应装卸工具的出现,使得货物的装卸时间大幅缩短,此

---

① 参见司玉琢、李天生:《论海法》,载《中国海商法研究》2017年第4期。

② 胡正良主编:《海事法》(第2版),北京大学出版社2012年版,第27页。

③ 参见野村修也「運送法・海商法改正案:今回の改正案の考え方」法律時報第3期(2018年)8頁。

④ 手塚祥平「「商法(運送・海商関係)等の改正に関する要綱」が企業実務に与える影響——海商関係を中心に」商事法務(2016年)31頁。

⑤ 参见张既义、於世成:《论海商法的对象和适用范围》,载《上海海运学院学报》1981年第3期。

外,集装箱可以具体划分为干货集装箱、冷藏集装箱、液体集装箱、杂货集装箱、散货集装箱等,由于集装箱具有良好的货物保护性能,所以其在恶劣天气下仍可以装载作业,甲板载货成为可能,运输成本大幅降低。综言之,集装箱给运输业带来的影响是颠覆性的,以集装箱为媒介,货物在不同运输方式间的转运十分便利,一份运输合同常包含两种以上的运输方式。这在江海联运的情况下,货物由远洋运载至港口,再由港口转载平水船至国内各地;反之亦然,但是,从旧有规范来看,这般水路的多式联运,要适用3种不同的法律制度,这不利于保护当事人的权益。① 内河运输在私法上专门立法和特别规范的长期缺失,使得实践中主要通过公法、行业自律以及合同条款加以调整。但合同条款的作用是有限的,合同条款不能修正不合理的强行性规定,合同条款自身也并非总具有足够的合理性。并且,由于合同条款的制作主体是企业,即使其内容对于企业是合理,也可能被法院认定无效。② 这样的情况,不能更好地确保现代交易的可预测性,水路运输实践呼唤适用规范的统一。

(3)各种运输方式立法的统一化趋势

国际运输立法的统一化是趋势。运输法的起源是海商法,各种运输特殊法之间"同大于异",各运输部门间的利益可以在统一范式下调和,上述科技的进步以及人类对风险的克服,反映在立法进程上,即体现为运输制度的统一化趋势。国际货物运输更多地表现为,为完成一项运输服务而综合若干种运输方式组成一条完整的运输链,一张运输合同上所体现的运输方式,已由传统的单一变为多元组合。多式联运的兴起使得各国对国际运输法统一的呼声越发高涨,法律上对各类运输方式不统一,调整者与被调整者间的不协调性严重阻碍着运输实践进一步发展。国际立法上不断有统一运输法的努力,从《1980年国际货物多式联运公约》到2008年《鹿特丹规则》,不断有以海商法为基础统一运输制度的立法努力。而在国别立法上,《荷兰民法典》第八编"运输"、③《法国运输法典》、《日本商法典》④等均是统一运输法的实践。

(三)小结

诚然,《海商法》制定时的历史条件决定了三轨制的出现具有一定的历史合理

① 参见陈昊泽、何丽新:《〈日本商法典〉运输总则最新修订之评析》,载《中国海商法研究》2018年第3期。

② 参见落合誠一『運送法の課題と展開』(弘文堂,1994年)2頁。

③ 参见[荷]亚瑟·S.哈特坎普、汤欣:《荷兰民法典的修订:1947—1992》,载《外国法译评》1998年第1期。

④ 日本立法者是站在陆上运输法角度,思考陆上运输规范是否能适用海上运输、航空运输。参见山下友信「運送(運送・海商関係)等の改正に関する要綱について」NBL1072(2016年)5頁。

性,但随着国际国内航运经济、国家航运政策、国际国内相关立法和航运实践的变化,三轨制已经不能满足经济发展的需要。从全球海事立法实践来看,海事法律统一正成为主流,海事立法是不断统一、分立再统一的过程。[①] 海事活动周期长、运程远,在海上航运风险极大的情况下,航运纠纷必然时常出现,为保障航运行业整体的发展,建立一个统一的海上货物运输法律制度无疑是最好的选择,此有助于公平理念的实现,有助于商业活动效率的提高,也有助于更好地分散海上货物运输及国际贸易中的风险。[②] 我国对国际海上货物运输和国内沿海、内水货物运输实行不同的法律制度,在司法实践中法律适用的差异产生了一系列的弊端,特别是内河、沿海货物运输的法律制度处于弱化状态,缺少具有较高效力层次的法律制度来规范货物运输关系,没有与水路运输合同相配套适用的特别法。海事审判中对有关问题的认定只能以交通运输部制定的行政规章为标准加以参照适用和予以间接援引,这使得国内水路货物运输纠纷的解决缺少确定性、权威性的法律依据,也造成了不同运输当事人权利义务内容的差异和事实上的不平等、不公平,不利于我国国内贸易和航运业的发展。

尽管国际海上货物运输制度与国内水路货物运输制度在承运人责任基础、赔偿限额等诸多方面存在差异,但就其本质而言,国际、国内水路货物运输均是规制承运方、托运方、收货方等相关主体的运输关系,两者存在相似性,具有共同的运输关系作为法律基础。国际、国内水上货物运输关系,只是作为运输合同在国际水域与国内水域的不同体现,仅具有个别意义上的特殊性,如国际海上货物运输中强调的赔偿限额、免责事由等特殊规定,均是国际海上货物运输具有航程远、风险大的特点而对承运人进行的偏重保护,这种特殊条款并不足以改变当事人双方运输合同的行为本质。事实上,国际社会几乎没有将国际与国内海上货物运输合同进行分别立法规制的先例,在国际公约中,无论是早期的《海牙规则》,还是晚近的《鹿特丹规则》,都没有对公约适用国际海上运输还是沿海或者内河运输进行严格限定,在没有特别予以禁止的情况下,参照国际公约或国际惯例制定的《海商法》自然也不应对各项法律制度是否适用通航水域货物运输进行禁止性规定,“三轨”的并轨在法理上具有合理性。另外,其他国家也有将国际海上货物运输和国内海上货物运输适用同一法律制度的范例,如《1999 年美国海上货物运输法》就将对外贸易

---

① 参见胡正良:《当前国际海上货物运输法律的统一问题及我们的对策》,载《大连海运学院学报》1990 年第 S1 期。

② 参见司玉琢、曹兴国:《海上货物运输法律制度的形式统一与实质统一——兼论〈鹿特丹规则〉第 2 条》,载《社会科学辑刊》2016 年第 1 期。

海上运输扩展到沿海货物运输。① 近些年通航水域货物运输与国际海上货物运输之间的差异正在逐渐缩小，通航水域货物运输从业人员对海上货物运输的各种做法也逐渐熟悉，制度的并轨已经有了必备的制度和人力基础。因此，水上货物运输法的统一符合航运历史发展的趋势，只不过这种统一本身也是随着时代的发展而不断更新的。

第三节 《海商法》修订中"三轨制"统一化的思考

《海商法》第四章海上货物运输合同是《海商法》的核心部分，其法律条款占据《海商法》全部法律条文的1/4，其相关制度也成为海商法特性制度实施的前提和基础。因此，在《海商法》修订的讨论中，有一种观点认为，既然《海商法》的核心制度海上货物运输章节不能适用于沿海运输和内河运输，那么就从另一侧面反映内河运输和海上运输存在本质的区别，《海商法》难以调整内河运输关系和内河船舶关系。还有一种观点认为，即使内河运输和内河船舶可以适用《海商法》，也并非将内河运输中涉及的船舶关系（包括船舶碰撞、责任限制、海难救助、共同海损等）全部纳入《海商法》的调整范围，仅仅是海上货物运输的章节适用于内河运输和内河船舶，而其他章节如船舶碰撞、责任限制、海难救助、共同海损则不予以适用，换言之，仅要求《海商法》的修订内容恢复《货规》的部分功能。本书认为，海上运输与内河运输不存在本质的、内在的区别，海商法独具特色的制度如何适用于内河运输、内河船舶，仅是程度的问题。上述所言，国内水路运输制度适用海运制度，与其说是"统一"，不如说是"回归"，国内水路运输已有适用海运制度的先例。因而要重申的是，《货规》的废止并不是问题的全部，而仅是问题的引子。"三轨制"的统一化更有利于优化和完善水路运输制度，这既是内河航运业健康稳定发展的需要，也是水路运输制度发展的必由之路。但值得说明的是，即便是内河船舶纳入《海商法》的调整范围，也是支持在内河船舶优先权、沿海共同海损、赋予内河船赔偿责任限制等方面与海船同等适用，并不是全面赞同海船与内河船在运输性质、船舶属性方面完全同等。

① 参见傅廷中：《论我国海上货物运输法的统一》，载《中国法学》2003年第6期。

一、水上货物运输规则的统一化

(一)水上运输的归责原则应当统一

从起源来看,海商法的不完全的过失责任制的诞生是为了在船货博弈中倾向地保护船方利益,以维护航运业稳定发展。但国际海上货物运输和国内水路货物运输实行两种不同的承运人责任归责原则,不再是简单的船货利益平衡问题,更多将导致两种承运人不公平待遇。例如,同样是船员的航海过失导致的货损,作为国际海上运输的承运人可以援引承运人免责条款,但国内水路货物运输的承运人寻求不到任何保护性规定而必须承担全部的赔偿责任,这使得许多承运人不堪重负,进而无力经营。① 因此,只要水路运输中存在两种不同的责任机制,就必然发生不公平的现象,而解决之道便是统一化,统一于严格责任原则或是不完全的过失责任原则,此需要全面研究国家立法价值取向问题。从立法现状来看,《海牙－维斯比规则》所建构的承运人不完全过失责任制在海商法中仍是主流,在国内水路运输中适用不完全的过失责任制也具有一定的合理性。

(二)适航义务应当适用于所有船舶

船舶适航是船舶完成运输的前提条件,虽然我国公法性规定和船舶监管实务中都明确船舶具备适航性的要求,但是在私法领域对内河船舶(包括货物运输和旅客运送)适航义务没有作出明确规定,这造成了规制的矛盾和对内河货主或旅客保护的缺失。《货规》第30条规定:“承运人应当使船舶处于适航状态,妥善配备船员、装备船舶和配备供应品,并使干货舱、冷藏舱、冷气舱和其他载货处所适用并能安全收受、载运和保管货物。”若在国内水路货物运输领域推行适航义务,一方面能解决上述问题,另一方面在已有公法性义务的基础上,也不会给船方增加更大的负担。可以说,适航义务的规定是没有门槛的,对国内水路运输引入海商法规定,适航义务可谓“匹马当先”,将“使船舶适于航行”规定为一般性船舶适航要求。当然,海上货物运输下承运人的适航义务界定在开航前和开航时,具有相对性,而内河货物运输的承运人适航义务不仅在开航前和开航时,在航程中也必须保证船舶始终处于适航状态。2020年《修改送审稿》第110条就此明确作出规定。

(三)运输单证的统一化

运输单证的统一在多式联运高度发展的现代运输制度上更有其建设意义。以《日本商法典》为例,其在“运输总则”就运输单证作了小统一,统一了平水运输、陆上运输、航空运输的运输单证规定,但重点针对不可转让的运输单证。实践中,由

---

① 参见傅廷中:《论我国海上货物运输法的统一》,载《中国法学》2003年第6期。

于航道广狭、吃水深浅等问题,货物运输存在需要由内河船转运航海船的情况,我国以往在运输单证的立法与实践中总是将国内水路货物运输和国际海上货物运输分立,而运输单证格式和内容不统一造成两者衔接的困难和低效。运单和海运单存在类似性,这为水路运输适用统一单证制度提供可行性,我国可以将海运单证规范适用于国内水路运输,并保持国内水路运输原有的习惯。与此同时,尽管在国内水路运输中使用提单的频率较低,但我国优质航道多,且若放眼至江海联运,随着我国对外贸易的不断发展,公路与海路联运为主的情形逐渐转变为江海联运,国内水路运输业的发展也不可避免地涉及提单业务。[①] 因此,运输单证的统一化问题,必须予以正视。

二、内河船舶适用船舶优先权

船舶优先权是海商法中一项历史悠久且极具特色的制度,旨在赋予特定的海事请求权人以特定权利,在法定期限内就特定债权优先受偿。我国《海商法》第 21 条至第 30 条明确规定了船舶优先权的定义、标的、受偿项目和受偿顺序等,对船舶优先权作出了较为详尽的规定。船舶优先权之于水上运输具有诸多功能:船舶优先权兼顾了债权人、船舶所有权人、船舶经营人等航运业各方的共同利益,具有公益性,船舶于海上航行时势必需要使用国家建设的港口、航道、灯塔等航运设施,为维护此类公共的航运设施而缴纳的税费、港口规费等具有优先受偿性,不仅是清偿其使用航运设施所应当产生的债务,也有助于填补国家财政收入,以更好地建设与发展相关的航运设施,保障航行的便捷和安全。同时,船舶优先权制度平衡了经济实力强势群体与弱势群体的利益。船舶所有权人、船舶经营人多为法人组织,而相关的债权人包含了船员、船长及其他船上人员等自然人。船员、船长相比于法人或公司而言,在经济实力上处于弱势地位,若发生拖欠工资等情形,较难实现其权利救济。而船舶所有权人等相关主体存在海事赔偿责任限制制度的庇护,对于船长、船员来说,其权利更难得到有效保障。船舶优先权制度将船长、船员和在船上工作的其他在编人员根据劳动法律、行政法规或者劳动合同所产生的工资、其他劳动报酬、船员遣返费用和社会保险费用的给付请求予以优先受偿,以此维护弱势群体的利益。

(一)船舶优先权对于内河船舶的适用现状

从我国的立法层面分析,《海商法》下的船舶优先权是针对海船及海上移动式装置的一种特殊物权制度。但基于《海商法》第 2 条和第 3 条分析,《海商法》适用

① 参见李爱云:《集装箱江海联运提单业务探讨》,载《广州航海学院学报》2015 年第 4 期。

于以船舶为载体的海上运输,包括海江之间、江海之间的直达运输,但海船和其他类型船舶(包括内河船舶)的划分标准并非建立在船舶登记证书上,因此,可以认为《海商法》为船舶优先权制度适用于内河船舶或内河航运预留了必要的扩张解释空间。2003 年 12 月 13 日,《最高人民法院关于可否将航道养护费的缴付请求列入船舶优先权问题的批复》(已失效)就明确规定:“……航行于我国沿海、江河、湖泊及其他通航水域内的船舶、排筏应当按照国家规定缴纳航道养护费……有关航道养护费的缴付请求,可以适用《中华人民共和国海商法》第二十二条第一款第(三)项的规定,具有船舶优先权。”最高人民法院在该批复意见中已明确内河船舶可以适用船舶优先权。

但是,这一问题在司法实践中仍有争议。就船舶优先权是否适用于内河船舶,我国海事法院存在不同的裁判观点,主要有:(1)否定说。该说以船舶适航证书的记载为依据判断涉案船舶是否为《海商法》规定的“海船”,进而判断因该船舶而产生的特定海事请求是否适用船舶优先权制度,针对非海船产生的特定海事请求,其船舶优先权确权请求,不予支持。① (2)航次区分说。该说认为应区分发生海事请求的航次及海事请求发生时船舶所处的水域,进而判断特定海事请求是否适用船舶优先权的规定。(3)肯定说。该观点认为审查当事人提出的海事请求及行使请求权期间是否符合《海商法》关于船舶优先权的规定,对符合规定的船舶优先权请求,原则上予以支持。②

(二)船舶优先权适用于内河船舶的应然性

从船舶优先权的性质功能和立法目的分析,船舶优先权并非局限适用于海船,适当扩大船舶优先权标的范围,不仅符合而且有助于实现其价值和目的。③ 船舶优先权在性质上与一般民法的优先权相同,其效力置于民法规定的补充地位。④ 回应海商法是民法的特别法的定位,赋予保留在民法体系的内河船舶以适用船舶优先权是应有之义。内河运输缺乏船舶优先权的情况下,对于内河船员在船舶营运中发生的人身伤亡等项的保护是不足备的,应以法律的“人文主义”为出发点,肯定内河船舶适用船舶优先权,以鼓励内河航运健康有序发展。⑤

---

① 参见冯某某诉博罗县××总公司港澳运输公司船舶碰撞损害责任纠纷案,广州海事法院(2011)广海法初字第 403 号民事判决书。

② 参见曾玉洁、郭萍:《港澳航线内河船舶的船舶优先权问题探析》,载叶柳东主编:《中国海事审判(2019)》,大连海事大学出版社 2019 年版。

③ 参见张辉:《船舶优先权法律制度研究》,武汉大学出版社 2005 年版,第 50 页。

④ 参见中村眞澄、箱井崇史『海商法(第 2 版)』(成文堂,2013 年)391 頁。

⑤ 参见侯伟:《关于将内河船舶纳入〈海商法〉调整范围的立法建议》,载《中国海商法研究》2018 年第 1 期。

第一,船舶优先权适用于内河船舶有利于维护内河船员合法权益。我国是船员大国,根据交通运输部发布的《2020 年中国船员发展报告》,我国有 1,716,866 名注册船员,其中海船船员 808,183 人,内河船员 908,683 人。比起海船船员,一方面,内河船员的工资水平较低,船员工资类纠纷是各海事法院受理案件中最主要的案由之一;另一方面,内河船员在内河航行途中所遇风险并不低于海船船员。目前我国内河航运流量极度加大,交通密度也相应增加,在内河航道上同样发生船舶碰撞、触礁等事故,同时全球变暖引发的极端恶劣天气亦导致内河航运风险加重。但内河船员与海船船员在工资报酬的救济保障制度上存在差别,《民法典》、《劳动合同法》以及《船员条例》都没有对保护内河船员工资的优先权制度作出规定,这不利于维护内河船员的合法权益,也容易给内河运输业发展带来不必要的经营风险。从相关司法判例分析,内河船员工资报酬请求权若无船舶优先权的保障,将导致内河船员的劳动报酬救济保障不足。在比较法视域下,国际上诸多拥有内河航道的国家已经将船员工资纳入优先权担保的范畴,如法国、[①]荷兰[②]、意大利[③]等国家的民法典或航海法典中均有包括船员工资在内的劳动报酬优先权的规定。《日本民法典》亦无例外地规定了劳动报酬的优先权。[④] 在我国大力推进"长江经济带"建设的大环境下,应当将船舶优先权制度适用于内河运输和内河船舶,以吸引高素质航运人才投入内河航运事业,实现对海船船员和内河船员工资薪酬的平等保护,促进内河航运的发展。

第二,船舶优先权适用于内河船舶有利于维护内河航运的公共利益。我国内河航运设施的建设发展并不弱于海港的发展,国家耗费巨资修缮、治理长江和珠江等内河主要航道。长江沿岸的苏州港、南京港、南通港,珠江沿岸的广州港、深圳

---

① 《法国民法典》第 2101 条规定:"下列债权对于债务人一般动产有优先权,并依下列顺位行使之:一、诉讼费用;二、丧葬费用;三、受雇人过去一年的报酬及本年到期的报酬;四、供给债务人或其家属的生活资料;即面包铺、肉铺或其他零售商人在前六个月供给的物品,寄宿舍及批发商人在前一年供给的物品。"

② 《荷兰民法典》第 288 条第 5 款规定:"在所有财产上的优先权为下列各项请求权存在:雇主根据雇佣合同在本年度和前一年度应向雇员支付的全部金额,以及根据《民法典》关于雇佣合同的规定,在雇佣合同终止时雇主应向雇员支付的数额。"

③ 《意大利航海法典》第 316 条第 2 款规定:"下列债权在船舶、产生债权的航次中应收取的运费、船舶属具和航次开始后赚取的运费的附属权利上享有优先权……2. 基于船长和船员聘用或劳务合同产生的债权。"

④ 《日本民法典》第 306 第 2 款规定,"因为下列原因发生的债权的人,就债务人的总财产享有先取特权:……(二)雇佣关系";第 308 条规定,"雇佣关系的先取特权的对象存在于基于工资及其他债务人与受雇人之间的雇佣关系所生之债权"。

港、珠海港等都是我国内河航运的枢纽以及货物吞吐量巨大的港口，[①]为保障内河船舶安全航行和货物运输，赋予内河港口债权人享有各类港口规费的缴费请求享有优先权，是为保障内河航运业稳健发展而提供物质基础的必要条件。

第三，船舶优先权适用于内河船舶有利于保障内河船舶的经营活动。随着内河航运交通密度的增加以及恶劣天气的影响，我国内河航运风险正在逐步加大，事故时有发生，给内河船舶的经营活动带来较大的冲击，同时由于船舶滞航会产生重大的经济损失，所以将船舶优先权适用于内河船舶，可有效消除内河航运债权人的从业顾虑，为内河船舶的经营活动提供预期性的法律保障。

三、赋予内河船舶责任限制权

（一）《海商法》修订中反对的理由

海事赔偿责任限制制度具有很强的公共政策性质。[②] 在《海商法》的修订中，针对海事赔偿责任限制制度能否适用于内河船舶，存在一些反对声音，其反对理由主要基于文义解释与体系解释，且在司法裁判中得到了一定的支持：

1. 从体系解释来看，《海商法》第 3 条仅适用于海船和海上移动式装置，且第十一章"海事赔偿责任限制"并未就适用的船舶另作特别规定，因而该章所适用的船舶应与第 3 条之规定一致，即不包括内河船舶。此外，原交通部《关于不满 300 总吨船舶及沿海运输、沿海作业船舶海事赔偿限额的规定》第 2 条规定："本规定适用于超过 20 总吨、不满 300 总吨的船舶及 300 总吨以上从事中华人民共和国港口之间货物运输或者沿海作业的船舶。"该规定也没有明确包含"内河船舶"。

2. 在司法裁判中，"2004 年'集发'轮所有人申请设立海事赔偿责任限制基金案"中，[③]上海海事法院一审裁定认为"集发"轮在性质上属于内河船舶，不符合"海船和海上移动式装置"的特征，因此不适用《海商法》和原交通部《关于不满 300 总吨船舶及沿海运输、沿海作业船舶海事赔偿限额的规定》。最高人民法院在"'湘张家界货 3003'货船责任限制纠纷案"[④]中认为，"湘张家界货 3003"轮为内河船

---

① 世界 10 大港口排名，中国港口占了 7 位，分别是舟山港、上海港、天津港、葵涌货规码头、广州港、苏州港、青岛港。参见《世界十大港口排行全球著名港口有哪些舟山港居全球港口第一》，载买购网 2021 年 12 月 3 日，https://www.maigoo.com/top/399275.html。

② See Aleka Mandaraka Sheppard, *Modern Admiralty Law—With Risk Management Aspects*, Cavendish Publishing Limited, 2001, p. 877.

③ 参见海商法研究中心：《关于将内河船舶纳入〈海商法〉调整范围的立法建议》，载海事服务网，https://www.cnss.com.cn/html/chuanbo1/20180228/304331.html。

④ 一审：厦门海事法院（2016）闽 72 民特 90 号民事裁定书；二审：福建省高级人民法院（2016）闽民终 1587 号民事裁定书；再审：最高人民法院（2018）最高法民再 453 号民事裁定书。

舶,涉案船舶碰撞事故发生在福建闽江口,并非“湘张家界货3003”轮准予航行的航区,“湘张家界货3003”轮的船舶性质及准予航行航区不因该船实际航行区域而改变。“湘张家界货3003”轮作为内河船舶,不在海商法的调整范围之内,亦不属于责任限额规定适用的船舶范围,就内河船舶申请设立海事赔偿责任限制基金,缺乏法律依据。

(二)内河船舶责任限制权的证成

1. 海事赔偿责任限制适用于内河船舶于法有据

内河船舶所有人责任限制在我国早有渊源。1959年原交通部制定的《关于海损赔偿的几项规定》对海损赔偿金额作了限制,“海损的最高赔偿额,以船舶价值、运费和开航以后船舶受损未经修复所应得的赔偿为限”,该规定被理解为对包括内河船舶在内的所有的船舶均可以适用。[①] 1979年原交通部颁布的《水规》第37条规定,属于集体所有制水运企业承运货物造成货损事故时,适用上述的“最高赔偿限额”,该规定同样没有对内河船舶作出例外。[②]《海商法》第210条第2款规定:“总吨位不满300吨的船舶,从事中华人民共和国港口之间的运输的船舶,以及从事沿海作业的船舶,其赔偿限额由国务院交通主管部门制定,报国务院批准后施行。”其中的“从事中华人民共和国港口之间的运输的船舶”应包括从事内河水域港口之间运输的船舶。此外,该条款仅规定“赔偿责任限额”由国务院交通主管部门规定,那么从体系解释的角度,可以解释为,对于这些船舶,除责任限额外,有关责任限制其他方面的问题仍然应适用《海商法》第十一章的规定。[③]

2. 海事赔偿责任限制适用于内河船舶于实践有据

从航运实践的发展看,应该把海事赔偿责任限制制度适用于内河船,因为内河航运同样有风险,内河航道狭窄、弯曲度大、河槽浅、礁石多、通航密度大,港口码头密集等,若发生事故,同样造成巨大的人身伤亡和财产损失。内河船适用海事赔偿责任限制有利于降低内河航运的风险性,保障内河航运业的健康发展。我国内河航运在船队规模、船员素质、管理水平等方面远远落后于海上运输,应在法律制度上通过海事赔偿责任限制制度这一特殊的设计,鼓励内河航运的健康发展。同时,

---

① 参见何丽新、谢美山:《海事赔偿责任限制研究》,厦门大学出版社2008年版,第95页。

② 参见饶中享、徐少林:《论海事赔偿责任限制制度国内法冲突》,载《中国海商法年刊》1993年。

③ 从比较法的角度也有依据:譬如,由莱茵河航运中央委员会及莱茵河、摩泽尔河沿岸各国发起制定的《1988年斯特拉斯堡公约》予以制定,并于2012年进行了修订,形成了《2012年斯特拉斯堡公约》,该公约以现行海事赔偿责任限制公约为蓝本,对内河航运责任限制的权利主体、限制性与非限制性海事请求、责任限额、责任限制基金、适用范围、丧失责任限制的条件等作出了规定。也就是说,其在内河领域建立起与有关海事赔偿责任限制的国际公约平行的责任限制体系。

我国内河的客、货运输依照《民法典》合同编的规定,须承担严格责任且不享受责任限制,这有失法律的公平正义。若在内河船舶上引入海事赔偿责任限制,一方面将使得内河法律的规定变得更加具有可预测性,一定程度上可以鼓励投资内河航运业和保险人积极开拓内河责任保险市场。另一方面,责任限制存在适用条件,该适用条件的设置同样可以保障内河的航运安全,因为内河航运中的超载、船员配备不足等问题严重威胁着内河从业人员、船舶和货物、环境等安全。对此,可以为内河船舶的责任限制设立适用的前提条件,要求内河船舶运输必须遵守航行安全规则,一旦出现超载等问题,则剥夺责任限制的权利。

3. 内河船不适用海事赔偿责任限制造成体系漏洞

内河船不适用海事赔偿责任限制将造成《海商法》的体系漏洞,导致法律适用的不公平,特别是在海船与内河船发生碰撞,或者海船与内河船之间进行救助的情形下,海船所有人有权主张责任限制,内河船舶所有人却无权主张。正如有学者所指出的,"无论从事国际运输的船舶还是从事沿海运输的船舶抑或是从事内河运输的船舶,都是一个国家航运事业的组成部分,不应当厚此薄彼,从统计数字分析,内河运输占中国水路运输的主流,沿海运输次之,远洋运输处于最后一位,立法者不能只考虑从事国际航运的少数船舶,而将国内从事内河以及湖泊货物运输的船舶排除于保护的范围"[①]。赋予内河船舶所有人责任限制,能够解决我国责任限制制度在内河和海洋之间的法律冲突,保障航运业的公平竞争。

4. 内河责任限制在司法实践中已有典型案例

在 2020 年最高人民法院公布的 10 大海事典型案例之一"蒋某某与林某某船舶碰撞损害责任纠纷案"中,[②]一方面,法院依法认定,内河船舶超航区航行、未遵守避碰规则是事故发生的主要原因,判令"华伦 67"轮对事故承担主要责任;另一方面,法院准确适用《海商法》规定,将船员无证驾驶导致事故发生认定为丧失海事赔偿责任限制的情形。林某某作为船舶所有人,未尽到船舶经营安全管理义务,配备船员不足且船员不适任,其对船员不适任等可能发生的危险和造成的危害理应有所预见,该案构成"明知可能造成损失而轻率地作为或者不作为",无权享受海事赔偿责任限制的权利。该判决明确了内河船舶享有海事赔偿责任限制权利的裁判标准,警示违规航行风险与责任承担,引导船舶所有人和船舶经营人安全航行意识,强化船舶安全管理,对遏制内河船舶违规入海、成员无证驾驶等现象,进一步规

① 周明达主编:《水路运输法教程》,人民交通出版社 2017 年版,第 548 ~ 549 页。

② 参见蒋某某诉林某某船舶碰撞损害责任纠纷案,宁波海事法院(2019)浙 72 民初 1036 号民事判决书。

范水上交通秩序,维护船舶航行安全,具有积极意义。

5. 有关海事责任限制公约不排斥适用于内河船舶

《海商法》有关海事赔偿责任限制的规定是借鉴《1976 年责任限制公约》的相关规定,该公约第 15 条第 2 款明确授权缔约国可以通过国内法规定责任限制适用于内河船舶。[①] 也就是说,对于内河船舶的责任限制,该公约持开放的态度,至于责任限额,则授权国内立法作出规定。20 世纪以来关于海事赔偿责任限制的 3 大国际公约《1924 年责任限制公约》[②]、《1957 年责任限制公约》[③]和《1976 年责任限制公约》虽然规定各不相同,但是对于内河航运的责任限制问题都持开放的态度,授权各缔约国国内立法作出规定。

6. 责任限制适用于内河船舶是世界发展趋势

《1988 年斯特拉斯堡公约》赋予内河船舶享受海事赔偿责任限制的权利。《法国运输法典》《德国内河航运法》《荷兰民法典》等外国立法均规定海事赔偿责任限制制度等海商法特殊性法律制度适用于内河船舶。相较海运、陆运和铁路运输,内河运输国际公约的制定比较慢。但近年来,欧洲内水运输法律统一化进程取得了重大进展,所制定的 3 个国际公约,其中两个已经生效。而这 3 个公约都涉及责任限制问题:

第一,《关于内河货物运输合同的布达佩斯公约》。由于欧洲各国的内水航运法律各有不同,在赔偿责任限制方面或是在一些非合作诉讼中特定的赔偿限额方面,欧洲各国都感觉到内水货物运输法律统一的必要性,因此,在 2001 年 6 月 22 日,许多涉及内水航运的欧洲国家在布达佩斯签署了《关于内河货物运输合同的布达佩斯公约》。该公约既适用于跨国运输,又适用于内水货物的运输合同。该公约于 2005 年 4 月 1 日在第五个参与国克罗地亚批准时生效,目前有匈牙利、罗马尼亚、瑞士、卢森堡和克罗地亚、法国等 17 个国家批准了该公约。该公约内容非常完整,覆盖了内水运输合同的主要问题,为欧陆国际内水运输机制建立了一个很好的立法框架。该公约规定了承运人的单位责任限制。货物灭失或损害的单位责任限额为每千克 2SDR 或每件或每单位 66667SDR,取其高者。如果是采用集装箱,则对未装货的集装箱的责任限额为 1500SDR,对装货

① 《1976 年责任限制公约》第 15 条第 2 款规定:“缔约国可以通过国内法的具体规定,使责任限制制度适用于下列船舶:(一)依照该国法律规定,意欲有内陆水域航行的船舶;(二)小于 300 吨的船舶。”

② 该公约第 12 条第 1 项、第 13 条规定,该公约适用的船舶授权各缔约国以内国法定义,但不适用军舰和专用公务的船舶。

③ 该公约第 3 条第 7 款规定,该公约允许各缔约国保留确定某种其他类型船舶得与海船同样适用该公约的权利。

的集装箱的责任限额为25000SDR。对迟延交货所造成的损失的赔偿限于所收取的运费。该公约对海事赔偿责任限制制度是否适用于内河运输并没有作出禁止规定。

第二,《1988年斯特拉斯堡公约》。1988年11月4日,在莱茵河航运中央委员会(Central Commission for the Navigation on the Rhine,CCNR)主办的外交会议上,《1988年斯特拉斯堡公约》获得了通过,1997年9月1日生效。该公约的生效为保护欧洲内水航运中有关船东的法律制定迈出了重要的一步。该公约以现行海事赔偿责任限制公约为蓝本,对内河航运责任限制的权利主体、限制性与非限制性海事请求、责任限额、责任限制基金、适用范围、丧失责任限制的条件等作出了规定。根据该公约的规定,船舶所有人、救助人及其雇员和代理人对与《1976年海事赔偿责任限制公约》第2条相似的索赔可以主张责任限制。责任限额方面,该公约作出了不同于《1976年海事赔偿责任限制公约》的规定。① 该公约一方面使船东对自己的经济风险心里有数,也有利于以可接受的费用获得足额/充分保险;另一方面,受害人可以获得合理的补偿。2012年,该公约实现了修改,修改内容包括扩大地理区域、对有权限制赔偿责任的当事人予以限制、提高赔偿责任限额、危险货物运输引起的索赔设立单独基金、定期更新责任限额等。②

第三,《关于内水运输危险有害物质损害赔偿责任的欧洲公约草案》。关于运输危险有害物质而产生的损害赔偿责任,由于《1988年斯特拉斯堡公约》的缔约国保留通过内国法规定更高的标准,所以有必要针对该问题再制定统一的法律。国际莱茵河船舶登记协会(International Association the Rhine Ships Register,IVR)③和欧洲内河航运和水道协会(Bimenschiffahrt and Wassertrassen e. V,VBW)联合起草了《关于内水运输危险有害物质损害赔偿责任的欧洲公约草案》,并提交给莱茵河航运中央委员会、多瑙河委员会(Danube Commission,DC)和联合国欧洲经济委员会进行进一步商议。与所有海运公约一样,该公约草案也规定了船舶所有人免责的情况,如果能够证明损失是由战争引起、第三方故意作为或不作为导致、托运人

---

① 《1988年斯特拉斯堡公约》设置了多种可供各国选择的方案,详见该公约第3条、第4条。

② Strasbourg Convention of 2012 on the Limitation of Liability in Inland Navigation (CLNI 2012) - New Limitation Regime, Marine Insurance P & I Club News (Jan. 5, 2019), https://www.hellenicshippingnews.com/strasbourg-convention-of-2012-on-the-limitation-of-liability-in-inland-navigation-clni-2012-new-limitation-regime/.

③ IVR于1874年由德国、瑞士的一些保险公司设立,最初的目的是对船舶的可保性进行非法定的检验,并对具有可保性的船舶进行登记。1947年在鹿特丹重建,并采用今日的名称。几经发展,目前已经成为代表内水航运业、保险业和造船业多方利益的国际组织。IVR主要工作是:根据IVR规则颁布船舶证书、内水船队登记、起草关于内水运输共同海损的统一规则和指导方针、欧洲内水航运的统一化等。

或收货人在装卸作业过程中产生,船舶所有人可以免除责任。如果船舶所有人被认为要承担责任,那么他也可以主张责任限制,责任限额与调整海运船舶的HNS1996一致。但如果损失被证明是船舶所有人故意或重大过失、个人的作为或不作为导致的,船舶所有人将丧失责任限制的权利。

综上所述,赋予内河船舶责任限制,不仅不会损害社会的公平正义,反而会鼓励更多的人投入内河航运事业,推动内河经济安全、高效发展,积极回应海商法特殊性,解决目前司法中裁决不统一的局面,构建具有中国特色且有国际竞争力的海商法。

(三)内河责任限额的设定

内河航运运量较小,货物价值相对国际海上货物运输来说相对较低,但对内河承运人的经济实力要求也低,在没有规定责任限制的情况下,许多承运人因为一次航运事故就赔得倾家荡产,在航运界直接出局,这种情况直接影响内河通航水域的承运量,不利于内河航运经济的稳健发展,因而有必要设置责任限制制度,但如何设定内河责任限额?

从我国的国内航运现状考量,虽然原交通部《港口间海上旅客运输赔偿责任限额规定》以及《关于不满300总吨船舶及沿海运输、沿海作业船舶海事赔偿限额的规定》所规定的责任限额过低并广受诟病,若国内国际采用相同的责任限额,的确也能够在一定程度上解决国内水路运输责任限额过低的问题。但是,我国虽有大量优质的内河航道,但内河航运业的发展仍是不充分、不平衡的,内河航运业并未形成规模化,且小而分散,内河运输船方在航运市场上的议价能力较弱,呈现买方市场。而海上运输中,大型航运公司占主导,呈现卖方市场。国内水路运输业在船队、船员素质、管理水平等方面明显落后于国际运输业,如果采用与经营国际运输的船舶同样的责任限额,将是经营国内船舶的责任主体所无法接受的。[①] 因此,有学者认为,将内河航运纳入海事赔偿责任限制的单轨制责任限额,并非对内河航运业的保护,相反是对其进行扼杀。[②]

从国际公约和域外立法例考量,关于海事赔偿责任限制的3个国际公约对于内河航运的责任限制问题都授权各缔约国国内立法作出规定。显然,这样的规定正是源于内河运输与海上运输的差异。基于此,由莱茵河航运中央委员会及莱茵河、摩泽尔河沿岸各国发起制定《1988年斯特拉斯堡公约》,为了吸引更多的国家

---

① 参见何丽新、王沛锐:《论"海事赔偿责任限制"章节修订中的三大问题》,载《中国海商法研究》2019年第1期。

② 参见施文、伍载阳:《海事赔偿责任限制的几个问题》,载《法学研究》1994年第3期。

加入,缔约国还对《1988 年斯特拉斯堡公约》进行完善并形成新的公约《2012 年斯特拉斯堡公约》,该公约在内河领域建立起与有关海事赔偿责任限制的国际公约平行的责任限制体系。因此,从各国国内立法来看,双轨制责任限额的立法模式占据主流。虽然作为各国船东责任限制立法典范的《1734 年英国船东责任法》①并没有区分国内水路运输与国际海上运输,但是,就责任限额的适用而言,目前绝大多数国家所采用的是内外有别的双轨制立法模式,即国内水路运输和国际海上运输采用不同的责任限额。② 我国《海商法》责任限制立法亦应该顺应这种双轨制的立法趋势。

综上所述,我国《海商法》海事赔偿责任限额应保持国内水路运输与国际海上运输的双轨制。但是,从立法技术上来看,若短期内无法确定国内水路运输与国际海上运输责任限额的合理比例,则可以采用过渡性的规定,即明确航运事故当事人双方"一方船舶适用较高的责任限额,另一方船舶也应该同时适用"的规则,③以解决同一事故中海船与内河船舶适用不同限额所带来的不公平。

四、共同海损制度的扩张适用

共同海损基于海上的特殊风险而建立,当船舶、货物和其他财产遭遇共同危险时,为了共同安全而采取有意而合理的措施而支出的特殊的牺牲或费用,由受益方按比例分摊。多数学者认为共同海损制度是海商法所独有的制度,不是民法制度的特别规定,必须基于遭遇海上危险造成的损失而形成。④ 针对共同海损的法律特征,则存在契约说、不当得利说、无因管理说、代理说和法律要件说等不同观点。通说认为共同海损的理论基础是危险共同体说,认为船舶和货物在海上构成独立的危险共同体,在遭遇海上危险的时候,必须牺牲部分船舶或货物,才能保全整体的利益,由此而产生的损害应在利害关系人间公平分担。⑤ 共同海损制度考虑的是海上运输风险之巨,而一旦发生既危及船舶又危及货物和其他财产的共同危险,若单独由船方承担,则无力承受,因此要求受益者进行分摊。共同海损的主旨体

---

① See Responsibility of Shipowners Act,7 Geo. 2,c. 15 (1734).

② 参见吴煦、韩立新:《内河航运赔偿责任限制的产生、发展和构建》,载《中国海商法研究》2012 年第 1 期。

③ 此处参考《关于不满 300 总吨船舶及沿海运输、沿海作业船舶海事赔偿限额的规定》第 5 条的规定:"同一事故中的当事船舶的海事赔偿限额,有适用《中华人民共和国海商法》第二百一十条或者本规定第三条规定的,其他当事船舶的海事赔偿限额应当同样适用。"

④ 参见关正义:《民法视野中的海商法制度》,法律出版社 2015 年版,第 374 页。

⑤ 参见箱井崇史『基本講義現代海商法』(成文堂,2013 年)198 ~ 199 頁。

现了民法的自愿、公平、等价有偿和诚实信用原则。[①] 共同海损成立的基础在于无人应对共同危险的原因负责，由此，无论是在内河还是沿海，共同海损制度就有其存在和适用的空间。[②] 本书认为，共同海损制度有必要扩张适用于内河运输，理由如下。

（一）内河运输中存在共同海损的成立基础

共同海损制度的目的在于“一人受损，众人受益”，促使航行中的船货脱离遭遇的共同危险，在合理的限度内以最小的牺牲保护多数当事人利益，从而保证顺利地、安全地完成货物运输。[③] 内河运输中同样存在为船货共同利益或共同安全而支出的特殊牺牲和特殊费用，存在船货共同分摊的基础。较之海洋运输而言，虽然内河运输自然地理环境较为安全，但并非没有发生重大危险的可能，在此情况下若没有共同海损制度保护，经济基础孱弱的内河航运主体将不堪重负。对于我国而言，在内河航运业不断发展的背景下，我国应当在内河船上引入共同海损制度，一方面从企业发展角度来看，我国内河航运企业同样存在赔付能力不足的问题；另一方面从宏观角度来看，内河航运制度的完善也是我国航运业与国际航运业平等竞争的需要。[④]《货规》第 40 条早已规定：“应当向承运人支付的运费、保管费、滞期费、共同海损的分摊和承运人为货物垫付的必要费用以及应当向承运人支付的其他运输费用没有付清，又没有提供适当担保的，承运人可以留置相应的运输货物，但另有约定的除外。”该规定虽已废止，但正如前述所言，其衡平船货双方利益而受益方予以分摊的精神仍然存在。

（二）保险实务对内河运输共同海损的承认

在保险实务中，我国承继了保险人赔付共同海损分摊的国际惯例。在《沿海、内河船舶保险条款》第 2 条的一切险中包括了共同海损和救助，同时规定，共同海损、救助及施救 3 项费用之和的累计最高赔偿额以不超过保险金额为限。《国内水路货物保险条款》第 2 条基本险中也包含了按国家规定或一般惯例应分摊的共同海损的费用。在司法实践中，法院支持在发生共同海损时，按照保险条款的规定向保险人提出的索赔请求，肯定将“在国内水路运输过程中发生的共同海损的牺牲、

---

① 参见周明达主编：《水路运输法教程》，人民交通出版社 2017 年版，第 555 页。

② 参见张永坚：《共同海损的成立基础》，载《地方立法研究》2018 年第 5 期。

③ 参见马晓岚、杨斌：《建立我国内河船舶共同海损制度的探讨》，载《人民司法》2013 年第 13 期。

④ 参见马晓岚、杨斌：《建立我国内河船舶共同海损制度的探讨》，载《人民司法》2013 年第 13 期。

分摊和救助”纳入承保范围。[①]

（三）承运人归责原则不影响内河运输适用共同海损制度

水上运输的归责原则不同与共同海损制度间的关系，是共同海损制度基础论题。[②] 有学者提出，沿海运输的过错责任制和内河运输的严格责任制扼杀了共同海损制度。因内河的货方或其保险人基于严格责任，有权要求承运人承担货物的灭失或损坏的赔偿责任，从而拒绝分摊共同海损的牺牲和费用，即使货方和保险人在分摊共同海损的牺牲或费用后，仍可以向承运人提起损害赔偿之诉，因此，共同海损在内河运输的严格归责原则下没有存在的基础。[③] 在沿海运输中，引起共同海损的原因十之八九是船员的航海过失，而沿海运输实行的是完全的过失责任制，不存在航海过失免责问题，这样客观上造成共同海损在沿海货物运输中无法适用，且没有实际的适用价值。

但是，这一论证在逻辑上并不周延。共同海损的分摊与共同海损的成立是两个独立的问题，[④]承运人过错并不影响共同海损的成立而仅影响共同海损的分摊。共同海损制度包括共同海损行为、该行为造成的损失和对该损失的处理原则。共同海损成立的形式要件并没有涉及共同危险的责任归属问题，共同海损的构成要件是界定在共同危险形成后用于衡量处理和解脱共同危险行为的标准，并不考虑导致共同危险的原因及其责任的承担，而共同海损的成立基础注重共同危险的成因及其责任的归属。所以，共同海损行为与过失无关，共同海损的分摊与过失有关。[⑤] 诚然，危险是人为原因造成的，可能会对损失的分摊产生影响，特别是当事方存在不可免责的过失时，非过失方有权拒绝分摊共同海损的损失和费用，这样导致其中有过失的一方需要对其过失负责，最终将导致其丧失要求其他利益方分摊损失的权利。但是，如果要求共同海损分摊的权利不存在，共同海损就失去了存在的意义和可能。那么，引起共同海损的特殊牺牲或费用，既可能是同一航程中的某一当事人的过失所致的，也可能是自然灾害、意外事故所造成的。若损失的是货物部分，船东可以主张共同海损，其中属于船方分摊的部分，因是共同海损费用而在承保范围由保险公司赔偿，这显然对船东存在经济价值，也就可以成为共同海损制度

---

① 例如，宁波福海海运有限公司与华安财产保险股份有限公司宁波分公司海上保险合同纠纷案，浙江省高级人民法院（2008）浙民三终字第 98 号民事判决书；广西钦州恒源石化有限公司与中银保险有限公司广西分公司海上、通海水域保险合同纠纷案，北海海事法院（2017）桂 72 民初 341 号一审民事判决书。

② 参见张永坚：《论共同海损的发展趋势》，载《大连海运学院学报》1987 年第 4 期。

③ 参见周明达主编：《水路运输法教程》，人民交通出版社 2017 年版，第 563 ~ 564 页。

④ 参见司玉琢：《海商法专论》（第 4 版），中国人民大学出版社 2018 年版，第 332 页。

⑤ 参见司玉琢：《海商法专论》，中国人民大学出版社 2007 年版，第 111 页。

适用于沿海运输和内河运输的理由。

（四）对共同海损的错误认知源于对国际惯例的理解谬误

法律移植中的错误认识导致共同海损制度的适用范围受限。共同海损制度没有国际公约，共同海损理算规则是关于共同海损理算的实务性章程，《1974 年约克－安特卫普规则》规定了共同海损的成立条件、共同海损损失和费用的范围以及分摊共同海损的标准，由当事人自由选择并在运输合同中予以适用，此被认为是国际惯例而广泛地被纳入租船合同、提单、保险单等文件中，客观上是世界上统一的共同海损规范，我国相关规定亦没有例外。就《1974 年约克－安特卫普规则》的表述，其字母规则（lettered rules）A 中，并没有"sea"作为定语的字样，即没有排除对沿海与内河运输的适用；而我国《海商法》在移植共同海损制度时，其第 193 条的"航程中"的前面特别增加了"海上"二字，从而导致通说理解为共同海损仅适用于海上，不能适用于其他"非海"水域，这是法律移植中的误读。

（五）共同海损简化下适用于内河运输的合理性

从共同海损制度的发展趋势分析，保险界、海运界和货主均致力于共同海损理算的简化。[①] 从分担损失和风险的功能来说，共同海损制度其实是一种原始的海上互助保险制度，[②]比传统的海上保险的历史更加悠久，从出现现代海上保险时起，共同海损一直是海上保险承保的风险之一，但海上保险人所承保的并非保险标的遭受的共同海损牺牲或共同海损费用，而是保险标的应分摊的共同海损责任，即保险标的的共同海损分摊。[③] 反对共同海损适用于内河运输的主要理由在于冗长的共同海损理算和高昂的共同海损理算成本，增加内河货物运输的成本不符合国内航运市场的实际操作现状，共同海损制度纳入内河运输弊大于利。[④] 同时，我国国内水路运输常见的货差货损是通过货运保险予以解决，无须适用共同海损制度。但综合上述，共同海损制度作为一种古老但仍充满活力的海上避险、减损及分摊风险的机制，现代的海上保险制度难以将其完全取代，该制度特别是在现代信息社会下仍然存在适用的空间，并将长期存在。共同海损制度自身也在变革和发展中，"简化共同海损理算"和保险单的"小额共同海损条款"[⑤]等，都在促进更加经济、效益

---

① 对于海上运输而言，共同海损制度仍然是过于烦琐的，"简明化"成为《约克－安特卫普规则》不断修改的动因。参见陈若鸿：《2004 年〈约克－安特卫普规则〉修订综述》，载《山西大学学报（哲学社会科学版）》2005 年第 3 期。

② ［加拿大］威廉·台特雷：《国际海商法》，张永坚等译，法律出版社 2005 年版，第 302～303 页。

③ 参见汪鹏南：《海上保险合同法详论》（第 4 版），大连海事大学出版社 2017 年版，第 90 页。

④ 参见莫伟刚：《内河船舶在内河中造成的货物损失不适用共同海损》，载《人民司法》2012 年第 6 期。

⑤ "小额共同海损条款"是保险单的格式条款，在共同海损金额较小的案件中，船方直接在保险合同约定的限额内予以赔付，不再按照共同海损的理算规则而请求货方予以分摊。

的共同海损制度的产生,这些“简明化”下的共同海损制度也将在内河运输领域发挥其应用的效能。

五、内河救助的法律适用

(一)《海商法》海难救助适用范围的现状

海难救助是指对遭遇海难事故的船舶和财产,由外来力量对其施救或提供援助的法律行为。[①]《海商法》第171条将海难救助适用于海上或者与海相通的可航水域,但第172条对海难救助中的“船舶”作了扩大规定,即“本法第三条所称的船舶和与其发生救助关系的任何其他非用于军事的或者政府公务的船艇”,因此,在海难救助关系中,只要一方是海船,至于另一方是否是海船在所不问,内河船在一些情况下可纳入海难救助的适用范畴。但是,救助双方若均是内河船,则海难救助制度不能予以适用。我国是《1989年国际救助公约》的缔约国,根据该公约第30条的规定,可以作出保留条款的有:(1)救助作业发生在内陆水域,并且救助方和被救助方均为内陆水域航行的船舶;(2)救助作业发生在内陆水域,且救助作业不涉及船舶;(3)救助作业当中的所有当事方都是同一缔约国的公民;(4)救助标的是具有考古或者历史价值的文化财产。我国1993年在加入《1989年国际救助公约》时对上述第1、2、4项作出保留,因此可以这样解读:海船和内河船之间在内河水域的救助可以适用该公约的规定;即内河船救助海船或者海船救助内河船均属于海难救助而适用《海商法》,但就内河船之间在内河水域进行的救助(以下简称内河救助)则不适用。为贯彻我国政府在参加该公约时所作出的保留条款,《修改送审稿》第203条增加规定,“本章规定不适用于发生在内河水域,涉及的船舶均为内河水域航行船舶,或者不涉及船舶的救助”。

(二)内河适用海难救助制度的合理性

本书认为,将海难救助适用于内河具有合理性,理由如下。

1.此举不违反海难救助制度的立法宗旨与救助公约的基本精神

海难救助制度适用于内河救助并不违反制度的宗旨和救助公约的规定。海难救助制度的宗旨在于鼓励对海上遇险财产实施救助,以促进航海事业的发展。《1989年国际救助公约》相较《1910年统一船舶碰撞某些法律规定的国际公约》扩大了公约的适用的地理范围,内河救助符合《1989年国际救助公约》的立法宗旨,即鼓励救助处于危险中的任何船舶和财产和鼓励对水域环境的救助。

---

① 参见傅廷中:《海商法》(第2版),法律出版社2017年版,第268页。

2. 内河救助符合救助公约对救助的界定

内河救助符合《1989年国际救助公约》对“救助”的定义。《1989年国际救助公约》第1条第1项规定了“救助”是指“可航水域或者其它任何水域中援救处于危险中的船舶或任何其它财产的行为或活动”。从文义解释来看,该规定以水域为切入点,将与海相通的内河水域中的救助包括在内。很多国家的海商法都对适用水域作出类似的规定,例如《韩国商法典》第882条规定,“航海船舶或其所载货物或其他物品在‘任何水域’遭遇危险时,无义务而进行救助者,可以根据救助效果确定相应的报酬”。

但是,前已述及,我国在参加《1989年国际救助公约》时就此作出了保留,其实质源于救助报酬问题。海难救助是海商法古老而特有的一项制度,救助方取得救助效果的,其有权请求救助报酬,且对获救财产享有留置权,这是由海上特殊风险决定的,任何陆上救助行为所不具有的。[①] 这种“无效果无报酬”制度产生于纯救助,而海难救助制度多是建构在“无效果无报酬”的救助报酬确定基础上,救助报酬的确定金额不得超过获救财产的价值,有学者认为“无效果无报酬”成为海难救助的本质特征和基本原则,除非法律另有规定予以排除适用,否则任何约定固定费率的雇佣救助不仅是对《海商法》第179条的“无效果无报酬”的不适用,也是对《海商法》第九章“海难救助”和《1989年国际救助公约》的整体不适用。[②]

本书认为,内河船舶之间的救助不适用《海商法》的现有规定,其根源在于对“无效果无报酬”的错误理解,即使内河船在内河水域救助不适用海难救助的救助报酬,也不意味着适用《民法典》的规定就产生无偿救助。海难救助制度内容丰富,救助报酬的确定是其中的重要组成部分,鼓励救助是出发点,内河救助多是采用雇佣救助等合同救助方式,即便雇佣救助不适用“无效果无报酬”原则,《海商法》第九章的其他条款也可以适用于内河救助。[③]

3. 我国存在相关规定和判决先例

内河救助适用海难救助制度在我国存在相关的依据和判例。1996年原长江港航监督局颁布的《长江干线海难救助管理办法》第9条第1款明确规定,在救助过程中,对人员脱险、财产获救,施救者可酌情取得一定费用的补偿,第2款规定,对于仅涉及船舶货物或安全的纯商业性的救助行为,可按照《中华人民共和国海商法》海难救助的有关规定办理。该规定明确了内河救助适用《海商法》的海难救助制度。

---

① 参见司玉琢:《海商法专论》,中国人民大学出版社2007年版,第282页。

② 参见司玉琢、吴煦:《雇佣救助的法律属性及法律适用》,载《中国海商法研究》2016年第3期。

③ 参见李海:《关于“加百利”轮救助案若干问题的思考》,载《中国海商法研究》2016年第3期。

在司法实践中,海难救助的适用范围也存在扩张趋势。在2020年浙江海事审判典型案例之一的“广东华钢贸易有限公司诉中国人民财产保险股份有限公司河北省曾妃甸分公司海上保险纠纷案”中,[①]明确沿海货物运输中货物救助报酬的争议可以适用《海商法》的规定,法院认为,在沿海货物运输中,一旦救助协议达成,救助合同即告成立,并对货物所有人具有约束力,货物所有人也因此负有了支付救助报酬、向救助人提供满意担保以及未提供满意担保前不移走货物等一系列法律义务。

4. 内河救助制度缺位与法律适用的公平性问题

目前,我国内河船舶之间的救助主要适用的是国务院制定的《内河交通安全管理条例》,该条例第七章规定了内河船舶的救助问题,但对救助标的的适用范围、救助效果的认定、救助报酬的确定等问题没有作出具体的规定,这造成了相关规则的不周延。对于救助合同明确约定救助权利义务关系的,尚可依合同法规则予以处理;但对于没有签订合同的,究竟是适用不当得利还是无因管理,存在较大的争议,这亟待立法加以明确或司法加以解释。

如果内河救助不适用海难救助制度,那么从法律体系角度观之,将产生下列问题:第一,救助人若是有权援引海事赔偿责任限制的主体,从事内河救助的救助人不适用海难救助制度,就意味着被排除在海事赔偿责任限制的主体之外,将严重影响从事内河救助的积极性。第二,海难救助属于共同海损措施的一种重要表现形式,若内河救助不适用海难救助制度,将连锁导致共同海损制度无法适用的后果。在航运实践中,内河运输当事人可以约定,在发生水上危险和灾难事故的情况下,为救助船舶和货物而发生的费用,可由各方按照获救财产的价值比例分摊,由此实现了约定的共同海损制。这对于内河运输风险分散而言很有必要,但是内河救助若排除适用海难救助制度,此类约定的效力亦将产生争议。第三,海难救助报酬是船舶优先权担保的海事请求之一,且居于特殊的地位,各国海商法包括我国《海商法》也规定,如果海难救助发生在其他海事请求的后面,应优先于其他海事请求受偿;如果发生两个以上的海难救助请求,则后发生的应优先受偿。若内河救助不适用,则内河救助的救助报酬亦无法受到船舶优先权的担保受偿。这样,船舶优先权、海事赔偿责任限制、共同海损、海难救助等海商法律制度适用于内河均存在法律上的障碍,将人为造成法律适用上的不公平。而其他国家,如《日本商法典》第807条规定了海难救助制度在非航海船与非航海船内货物及其他物上的准用问

---

① 参见广东华钢贸易有限公司诉中国人民财产保险股份有限公司河北省曾妃甸分公司海上保险纠纷案,宁波海事法院(2019)浙72民初9号民事判决书;广东华钢贸易有限公司诉中国人民财产保险股份有限公司河北省曾妃甸分公司海上保险纠纷上诉案,浙江省高级人民法院(2019)浙民终651号民事判决书。

题。我国没有必要人为地否认内河救助适用海难救助制度本身,相应地应肯定内河救助合同中相关约定内容的效力,以公平地推进我国水域救助业的发展。

第四节 国内水路货物运输的立法选择

一、《日本商法典》对平水运输的立法及其启示

《日本商法典》的海商部分自2014年开始修改,至2018年完成修改,该部分时隔约120年彻底修改。修法前,《日本商法典》在法律适用上完全区分平水运输与海上运输,平水运输仅得以适用陆上运输制度。在2018年修法中,日本理论界与实务界讨论的重点之一正是该法海商编的适用范围问题,即海商法特殊制度是否适用于平水运输。修法后,《日本商法典》通过商行为编运输营业章与海商编的双层架构,历史性地实现了平水运输与海上运输的部分统一。立法架构上,新《日本商法典》扩展海上运输,将平水运输纳入海商编,运输总则作为海上运输与平水运输制度统合的基础,海商编以准用的方式调整平水运输的适用事项。日本的修法经验无疑对我国《海商法》修订具有重要借鉴价值,海商法适用范围的扩展基于实践需求,在适用事项上不宜"一刀切",具体立法技术上可采用部分准用的方式。

(一)旧日本海商法适用范围不包括平水运输

日本私法将水上运输分为3类:平水运输、海上运输和国际海上货物运输。针对水上运输的3种形态,分别适用不同的法律制度。平水运输被放在以陆上运输为主要适用对象的运输营业章予以调整。

1. 运输营业章调整平水运输

"平水"是日本特有的概念,意为平稳的水域,①强调运输地理环境的安全稳静特性。具体而言,其一,地形上,平水区域在地形上由陆岸包围,其开口较小往往并不直接面海,若直接面海,则在开口附近也应有岛屿,能够防止平水区域受到海波侵袭。其二,面积上,平水区域的面积一般较小,风可以波及的范围较小,若面积广大,则其间应分布大小岛屿,能防止大浪和海啸的侵袭。其三,气象上,平水区域应全年静稳,水面状态应多数时候在薄福风级(beaufort scale)2级(轻风)以下,即便是最差的状态,薄福风级也应当在4级(和风)以下。其四,位置上,平水航路应离

① 参见小田啓太「商法(運送・海商関係)改正における論点に対する私的考察」海事の窓69巻(2014年)7頁。

岸较近,能够便于紧急事件发生时乘船者到安全的场所避难。[①]

旧《日本商法典》运输营业章第 569 条规定了承运人概念,"承运人是在陆上或湖川、港湾以物品或旅客运输为业的人",即旧《日本商法典》意义上的陆上还包含湖川和港湾,[②]湖川、港湾运输与陆上运输应适用同样的规定。又根据《湖川、港湾以及沿岸小航海的范围》(1899 年日本递信省令 20 号),[③]可知湖川、港湾的范围等同于平水区域,即立法者将平水运输的法律适用等同于陆上运输。立法者如此立法的原因有三:其一,立法者认为平水区域在地理要素上与陆地区域相近,航行风险与陆上运输具有同质性。[④] 其二,立法者认为日本国土狭小,立法资源有限,没有为平水运输特别立法的必要性。[⑤] 其三,由于《日本商法典》海商编以船舶的海上运输活动为固有调整对象,[⑥]所以将平水运输纳入其中有一定困难。

2. 海商编调整海上运输

旧《日本商法典》海商编第 684 条以船舶划定了适用范围,"本法所称船舶是以商行为目的而供航海用之物",即旧海商编不调整平水船,而仅调整航海船。值得注意的是,旧运输营业章和旧海商编虽然在结构上分属旧《日本商法典》的一般规定和特别规定,但由于在适用范围上的截然划分,所以并非形成一般法与特别法的关系,而是并列关系,二者在通常情况下互不关联。旧《日本商法典》项下,海商编有时会通过准用条款,将陆上运输制度适用于海上运输,如海商编第 766 条准用运输营业章第 578 条关于高价货物的特殊规定,这些规定实际上反映了陆上运输与水路运输的共性成分。

3.《日本国际海上货物运输法》调整国际海上货物运输

1957 年,日本批准加入《海牙规则》,并制定了其国内法化的《日本国际海上货物运输法》,专门调整国际海上货物运输法律关系。至此,日本形成了水路运输法律适用的"三轨制"体系:平水运输适用陆上运输制度;国内海上运输适用海上运输

---

① 参见国土交通省「苫小牧港における平水区域等の更なる拡大について」,载 https://www.mlit.go.jp/pubcom/06/kekka/pubcomk15/01.pdf,(2020.07.04)。

② 参见落合誠一 = 大塚龍児 = 山下友信『商法 I—総則・商行為(第 5 版)』(有斐閣,2013 年)220 頁。

③ 《日本湖川、港湾以及沿岸小航海的范围》规定:"根据《商法施行法》第 122 条规定,湖川、港湾以及沿岸小航海的范围:(1)湖川、港湾的范围是平水航路的区域;(2)沿岸小航海的范围是,兵库县明石川河口西岸至兵库县津名郡北淡町江崎一线,兵库县津名南淡町押登岬至香川县鸣门市大矶崎一线,爱媛县西宇和郡三崎町佐田岬经高岛至大分县北海郡佐贺关町地藏崎一线,以及福冈县北九州市门司区部崎至山口县宇部村一线的内海。"

④ 参见野村修也「運送法・海商法改正案　今回の改正案の考え方」法律時報第 3 期(2018 年)8 頁。

⑤ 参见近藤光男『商法総則・商行為法(第 7 版)』(有斐閣,2018 年)199 頁。

⑥ 参见村田治美『体系海商法(二訂版)』(成山堂書店,2005 年)2 頁。

制度;国际海上货物运输在适用海上运输制度的基础上额外适用国际海上货物运输制度。(见表5)

表5 旧《日本商法典》下水上运输法律适用

运输方式	适用法律
陆上运输 平水运输(湖川、港湾的运输)	运输营业章
国内海上运输 (平水区域除外的国内港口间的运输)	海商编
国际海上货物运输 (装货港或卸货港有一方在国外的货物运输)	海商编+ 《日本国际海上货物运输法》

4. 旧《日本商法典》下水上运输"三轨制"造成的问题

日本实行水路运输"三轨制",此立法模式并没有起到提高效率、轻省立法的作用,反而造成实践中平水运输范围的模糊、公私法对平水运输认知不一、平水运输船货利益的失衡等问题。

(1)立法上平水运输范围的模糊

旧《日本商法典》项下平水运输因要件的缺乏而不能通过适用范围三分法即以船舶、水域、事项加以划定。旧《日本商法典》海商编第684条将船舶定义为"以商行为目的而供航海用之物",即采用水域与船舶要素划定适用范围,而事项要素以列举式具体规定在各章节中。相较之下,旧《日本商法典》运输营业章第569条在划定适用范围时仅采用了水域标准,规定该章适用于陆上运输和湖川、港湾运输。如此规定的原因是单纯的,运输营业章主要调整陆上运输,而仅是附带地调整平水运输。然而如此的规定,立法者忽视了平水运输与海上运输同样以船舶为载体,由此造成了法律适用于何种船舶的不明晰。

从体系解释角度分析,结合旧《日本商法典》海商编第684条对适用范围的划定,可以将船舶划分为航海船与在海以外水域航行的非航海船,将非航海船归为平水船。在法律适用上,旧海商编适用于航海船,而旧运输营业章适用于平水船。从表面上看,如此划分泾渭分明,但若回到实践,该划分的不明确性显而易见,因为水域往往是相通的。航海船可能为了航海需要由平水驶往海上,平水船也可能在海上航行。对于航海船和平水船的界定,立法上并没有明示。从学理上看,专门在平水水域航行或以在平水水域航行为主的船是平水船,专门在海域航行或以在海域航行为主的船是航海船,但问题在于,如果存在平水水域、海域参半航行的船舶,则更难以界定。

对于平水运输的范围问题,日本学者村田治美教授在其名作《体系海商法》中认为，在平水没有特别规范的情况下，应尽量使船舶适用海商编，即只要不是平水船就适用海商编。[①] 虽然他没有明确阐释，但其理由是较为显在的，海商编制度对船舶的保护较运输营业章更为全面。日本学者中村真澄、箱井崇史教授亦指出，海商法规范适用范围的基础是不明确的，平水区域中包含一般被认为是海的区域，海商法除了包含运输规范外，还有船舶碰撞、海难救助等规定，因为平水区域的划定而区分法律适用是不适当的。[②]

（2）平水船舶仍受海事公法调整

虽然平水运输在私法上仅被归于陆上运输，适用陆上运输制度，但是，平水船舶的船舶属性使得在平水航运发展过程中应遵循船舶的内在逻辑，受到海事公法的规制。《日本船舶法》《日本船员法》《日本船舶安全法》《日本船舶职员和小型船舶操纵者法》等海事公法均适用于平水船舶。具体而言，在船舶建造上，船舶的构造、性能、设备和安全条件等方面必须符合一定的标准和等级；在船舶航行上，航海是技术性很强的专业活动，平水船员首先必须具备船舶驾驶、航线测定、雷达观测、气象报告、海上避碰以及轮机操作等方面的专业知识和技能，其次还要具备有关货物的特性、配载、装运、保管、照料以及危险货物的照管和处置等的知识和技能。[③]

质言之，公法上平水船也是船舶的一种，受到与航海船近似的海事监管，而私法上平水船不受海商法特殊制度的调整，由此造成了公法和私法对同一问题在不同方面调整尺度的不统一。这一问题在船舶适航上尤为突出，对于航海船而言，船舶适航既要符合《日本船舶安全法》第 1 条的要求，“日本船舶应依本法维持船舶适航性并保障人命安全，若船舶设施不能达到此要求则不能用于航行”，也要符合旧《日本商法典》海商编第 738 条的要求，“船舶所有人对租船人或托运人担保开航时船舶的安全”。一旦发生船舶不适航，船东既要受到行政、刑事制裁，也要承担民事责任。但对于平水船而言，船舶适航仅是《日本船舶安全法》项下的义务，而不是旧《日本商法典》项下的义务，由此使得平水承运人在没有履行或不适当履行船舶适航义务的情况下，在公法上将承担相应制裁，在私法上却可能免责，遭受损失的货主或旅客需要依据民法一般过错的举证原则证明船舶不适航及造成损害的相关因果关系，若不能举证，则承担不利后果。由于现代航运中货主早已不再跟船，因而难以完成举证，旅客更是势单力孤，亦更难以举证，如此规定给二者造成了过重的举证负担。

---

① 参见村田治美『体系海商法（二訂版）』（成山堂書店，2005 年）46 頁。

② 参见中村眞澄＝箱井崇史『海商法（第 2 版）』（成文堂，2013 年）45～46 頁。

③ 参见李凤宁：《海商法的性质与定位》，载《中国水运（学术版）》2007 年第 8 期。

(3)平水运输不能适用海商法特殊制度

海商法调整的社会关系中,主要的利益关系发生在贸易方与航运方之间,船货利益平衡原则是与船货双方同时发生联系的法的唯一基本原则。[①] 旧《日本商法典》运输营业章与旧《日本商法典》海商编的适用范围基本呈互不交叉的平行关系,这直接导致平水运输虽与海上运输同属以船舶进行的水路运输,却不能适用海商法特殊制度,这无形影响着平水航运业的发展:其一,平水运输的法规环境对船方来说是险峻的,平水运输上责任限制的缺失使得平水船在事故后难以恢复;船难事故的严重性可能使作为船舶所有人的船公司濒临破产;平水运输共同海损制度的缺失使得船舶所有人或承运人在发生共同危及船货双方的船难事故时,既需要承担自身的损失,又需要承担对货方的赔偿责任,这无疑是过重的负担;平水运输中海难救助制度的缺失导致他船即便采取救助行为也不能按照"无效果,无报酬"原则请求报酬,而仅能按照无因管理获得补偿,这降低了他船的救助意愿,也降低了平水船被救助的可能性。其二,平水运输的法规环境对于货方和旅客也是危险的,平水船的承运人并不被强制要求承担私法上的适航义务,同时,在损害结果发生后,若依据侵权法或合同法的诉讼规则,货方和旅客请求损害赔偿,则应自负举证责任,此自然导致举证十分困难。其三,差异较大的制度给运输实践带来不必要的风险和成本,例如平水运输与海上运输在单证上的不统一,平水船舶不适用船舶优先权制度,平水运输中保险人承担了过大的风险等。(见表6)

表6 旧《日本商法典》下水路货物运输三轨制

<table>
<tr><th>类型</th><th>平水货物运输</th><th>国内海上货物运输</th><th>国际海上货物运输</th></tr>
<tr><td>归责原则</td><td colspan="2">过错责任原则</td><td>不完全的过错责任原则</td></tr>
<tr><td rowspan="3">共同制度</td><td rowspan="3">无</td><td>1 海事赔偿责任限制</td><td>2 运输合同</td></tr>
<tr><td>3 运输单证</td><td>4 海难救助</td></tr>
<tr><td>5 船舶优先权</td><td>6 海上保险</td></tr>
<tr><td rowspan="3">特殊制度</td><td>1 货物交换证</td><td rowspan="3"></td><td>1 承运人责任限制</td></tr>
<tr><td>2 运输单</td><td>2 承运人对货物的谨慎处理义务</td></tr>
<tr><td>3 仅适用一般保险法</td><td>3 危险品的特别规定</td></tr>
</table>

① 参见李天生:《船货利益平衡原则研究》,法律出版社2012年版,第351页。

对于平水运输制度的缺失，平水航运业者往往采用抛弃旧《日本商法典》运输营业章制度而采用专门格式合同的方式，意图使船货利益得以再平衡。根据日本内航海运合作社的联合统计，平水运输上多采用日本海运集会所的格式合同，其中定期租船合同约占7成，运输委托合同约占4成，[①]而日本海运集会所的格式合同项下主要约定了海商法项下的货物运输合同的船货利益平衡制度，如船舶适航、危险品义务、共同海损等。[②] 然而，此种基于合同约定所形成的船货利益平衡是不足备的：第一，运输合同仅牵涉船货双方的合同，不能规范合同外第三人的行为。第二，合同条款不能修正不合理的强行性规定，也不能当然认为合同条款自身总具有足够的合理性。第三，由于合同条款的制作主体是企业，所以即使其内容合理，也可能被法院认定无效。因此，合同条款的作用是有限的，只有与运输专门法并行，才能更好地确保现代航运交易的预测可能性。[③]

（二）日本海商法适用范围修改的进程

《日本商法典》的修改始于2014年2月7日，时任法务大臣的谷垣祯一对其咨询机关法制审议会下达了第99号咨文"关于商法（运输、海商）等的修改"，咨文写道："为了应对《日本商法典》制定以来社会、经济情况的变化，调整货主、承运人及其他运输相关者的合理利益关系，以及为了使海商法制对应世界发展动向，《日本商法典》等法律中运输和海商部分有修改的必要性，希望法制审议会思考并制作纲要。"[④]自此，日本开始了《日本商法典》运输和海商部分修改的讨论，具体包括《日本商法典》第二编商行为的第八章运输营业、第三编海商以及《日本国际海上货物运输法》。2014年4月，日本法制审议会成立了商法（运输、海商）部会，同志社大学的山下友信教授担任部会长，开始了对修法的系统思考，讨论焦点主要包括海商法的适用范围、船舶使用相关的契约、船舶碰撞、共同海损、海难救助、海上保险、船舶优先权、船舶抵押权等。2015年3月，该部会出台中间试案，并在5月向公众征求意见。2016年1月，该部会出台纲要案。2016年10月18日，法案向日本第192次国会提出，受到众议院解散的影响，法案在会期间没有通过而成为废案。2018年5月18日，日本第196次国会通过了该法案，完成了《日本商法典》"运输营业章"和"海商编"的修改，《日本国际海上货物运输法》也随之增删。2019年4月1

---

① 参见日本内航海運組合総連合「平成28年度内航海運における取引の実態に関するアンケート調査結果報告書」(2017年1月1日)，载www. naiko-kaiun. or. jp/datastock/kaiun_data/torihiki-rsch201701. pdf。

② 参见日本海運集会所書式制定委員会「内航運送契約書」，载http://jseinc. org/document/naiko/coa_naiko. html(2019. 02. 01)。

③ 参见落合誠一『運送法の課題と展開』(东京:弘文堂,1994年)2頁。

④ 松井信憲『商法(運送・海商)の改正』(NBL1065,2016年)38頁。

日,新法正式施行。

1. 修改过程中的相关立法案

《日本商法典》海商编的适用范围是海上运输,将平水运输归入海上运输是平水运输适用海商法制度的基础,即首先要将海商法适用范围中的水域和船舶要素扩展至平水运输,而后才能讨论事项要素的适用问题。在《日本商法典》修改的中间试案阶段,立法者针对运输营业章部分平水运输的归属问题制定了甲、乙两案供进一步讨论,甲案规定为"陆上运输包括陆上及湖、川、港湾及其他平水区域上的货物运输和旅客运输;海上运输是以《日本商法典》第684条规定的船舶进行的货物运输和旅客运输(属于陆上运输的除外)",乙案规定为"陆上运输是陆上的货物和旅客运输;海上运输是以《日本商法典》第684条规定的船舶进行的货物运输和旅客运输(包括湖、川、港湾及其他平水区域的运输)",可以看出,二者都将平水运输明文规定在条文内,甲案保持平水运输适用陆上运输规范,而乙案将平水运输纳入海上运输规范调整。在讨论甲、乙两案的过程中,日本理论与实务界一边倒地反对甲案,对于乙案则存在较大分歧,形成了"拆分派"和"统一派"截然相对的两方观点。

2. "拆分派"认为仅港湾运输应归入海上运输

"拆分派"的主要支持者是早稻田大学的法学教授们,他们认为平水运输是公法概念,将公法概念引申至私法领域没有意义,应当将平水运输具体拆分为湖川运输和港湾运输,湖川运输适用陆上运输,而港湾运输适用海上运输。① 湖川运输即纯内河、内湖间的运输,港湾运输则是部分"内河—沿海"之间或"沿海—沿海"之间的运输,基于这二者的不同而适用不同的规定,有一定的合理性。另外,在立法讨论时也有观点认为,若在平水运输中排除湖川区域,则剩余区域与海在外观上没有很大差别。②

3. "统一派"认为平水运输应整体归入海上运输

日本理论界与实务界的大部分支持"统一派",认为平水运输应整体归入海上运输,主要理由有:其一,陆上运输应仅指陆地上的运输,③否则与社会一般观念不符,部分平水区域适用陆上运输规范极不合理,一般人直观上不会认为平水运输属于陆上运输。例如,东洋大学商事法研究会指出,以往松山至广岛间的水路运输适用陆上运输规定,松山至小仓间的水路运输适用海上运输规定,类似情况的两个运

---

① 参见岩原紳作=上村達男=江頭憲治郎等「「商法(運送・海商関係)等の改正に関する中間試案」に対する早稲田大学教授の意見」早稲田法学第1期(2015年)56頁。

② 参见商法(運送・海商関係)部会「商法(運送・海商関係)等の改正に関する論点の補充的な検討(1)」,载 http://www.moj.go.jp/content/001127918.pdf(2019.07.17)。

③ 参见[日]山口修司、吉雪萍、夏元军:《〈日本商法典〉的修订》,载《中国海商法研究》2016年第1期。

输却适用两种截然不同的规定,并不适当。[①] 其二,平水运输船舶从来适用公法对于船舶的要求,将平水运输适用海上运输规范更符合既存法的基础。[②]《日本船舶安全法》没有区分航行区域,对船舶一律要求确保适航性,因此,即便对平水运输适用海上运输规范,也不会给船东带来更多负担,[③]私法规范也应不再区分航海船和非航海船。[④] 此外,《日本内航海运业法》也基于确保运输安全的观点,对平水运输合同条款采取备案制。[⑤] 其三,海运特色制度的缺失,使得平水运输的各方参与人需要承担过重的义务。《日本商法典》对海上运输承运人科以适航担保义务,若不对平水运输承运人科以同样义务,则轻重失衡,对货主利益显著不利,[⑥]例如共同海损、海难救助制度有必要适用于平水船舶。[⑦] 航运实践的增加凸显出对法律供给的需求,反映出旧《日本商法典》项下平水运输制度的不足备。平水航运业准入门槛与运营成本虽较航海运输业低,但海商法特殊制度的缺失也阻滞了因平水运输业不断扩大而面临的转型升级。

4.立法者的立法理由

最终,《日本商法典》将平水运输纳入"海商编"调整,主要采"统一派"的第一类理由。山下友信教授是此次《日本商法典》修改的主要负责人,对于其间理由,他作了详细的论述。[⑧] 他以濑户内海为例加以说明,濑户内海中有相当部分的水域是平水区域,若将其认为是陆上运输,则与一般交易观念不符。如此不引用法律上的理由以说明平水运输适用海上运输规范的适当性,看似与旧《日本商法典》制定时的论点相同,当时的立法者认为平水更接近陆地,百年后的立法者认为平水更接近海洋。实际上,立法者如此解说,是通过大多数人不会反驳的理由减少立法阻力。平水运输制度的修改牵一发而动全身,其影响远大于想象。本次修改的正当性首先源于立法应与社会观念的认知相符合,进一步所反映的则是社会观念背后的航运实践。平水运输与海上运输更具有相似性,二者基于类似的航运实践,贯彻类似

---

① 参见東洋大学商事法研究会「商法(運送・海商関係)等の改正に関する中間試案・中間試案の補足意見・中間試案に寄せられた意見の概要についての検討」東洋法学第3期(2016年)312頁。

② 参见淺木愼一『新運送法:改正商法案と新民法を基に』(东京信山社,2018年)5頁。

③ 参见日本弁護士連合会「商法(運送・海商関係)等の改正に関する中間試案に対する意見書」,载https://www.nichibenren.or.jp/library/ja/opinion/report/data/2015/opinion_150508.pdf(2015.05.08)。

④ 参见笹岡愛美「海上物品運送に関する特則」海法会誌(2017年)125~148頁。

⑤ 参见日本貿易会物流委員会「「商法(運送・海商関係)等の改正に関する中間試案」に関する意見」(2015年5月22日),载http://www.jftc.or.jp/proposals/2015/20150522_1.pdf。

⑥ 参见日本弁護士連合会「商法(運送・海商関係)等の改正に関する中間試案に対する意見書」,载https://www.nichibenren.or.jp/library/ja/opinion/report/data/2015/opinion_150508.pdf.(2015.05.08)。

⑦ 参见[日]山口修司、吉雪萍、夏元军:《〈日本商法典〉的修订》,载《中国海商法研究》2016年第1期。

⑧ 参见山下友信「運送(運送・海商関係)等の改正に関する要綱について」NBL1072(2016年)10頁。

的价值理念,适用相关的法律制度。

(三)日本海商法适用范围扩展的制度架构

新《日本商法典》对于平水运输的调整形成了逻辑严整的制度构造,将商行为编运输营业章修改为调整所有运输方式的"运输总则",在运输总则层面,新《日本商法典》以海上运输概念的扩展为平水运输纳入海商编的基石,运输总则规范则作为海上运输与平水运输制度统合的基础;在海商编层面,新法以准用的方式调整平水运输的适用事项,解决了海商法如何在事项上适用于平水运输的问题。此种立法构造贯彻了三分法的精神,并能弥合航运发展过程中水路运输业态间共性与个性的矛盾。

1. 新《日本商法典》运输总则中海上运输概念扩展至包含平水运输

新《日本商法典》运输总则第 569 条是关于所有运输方式的定义,该条文第 1 项是通用的承运人定义,"承运人指接受陆上运输、海上运输及航空运输为业的人",以承运人概念为连接点,运输总则的适用范围扩展至所有运输方式。第 569 条第 2 项、第 3 项、第 4 项是各种运输方式的概念,陆上运输是"陆上进行的货物或旅客运输",海上运输是"《日本商法典》第 684 条规定的船舶(包括《日本商法典》第 747 条规定的非航海船)进行的货物或旅客运输",航空运输是"《日本航空法》(昭和二十七年法律第二百三十一号)第 2 条第 1 项[①]规定的航空机进行的货物或旅客运输"。结合新《日本商法典》海商编第 684 条"本编(第 747 条除外)中的船舶是指,以商行为为目的而供航海的船舶(舢板及仅以或主要以橹棹为动力运行的船除外)"与第 747 条"本节规定准用于,以商行为为目的,专门在湖川、港湾及其他海以外的水域航行的船舶(不包括舢板等仅使用或主要使用桨橹作为动力的船)进行的货物运输"的规定,可以得出新《日本商法典》中海上运输概念的范畴,即只要是以商行为为目的并且非使用或非主要使用桨橹作为动力的船舶运输的,便归为海上运输,这一范畴下平水运输也归属海上运输(见表 7)。

表 7 新《日本商法典》下水路运输并轨制

运输方式	适用法律
水路运输	运输营业章 海商编
国际海上货物运输	运输营业章 海商编 《日本国际海上货物运输法》

① 《日本航空法》第 2 条第 1 项规定:"本法所称航空机是指,供人乘坐以作航空之用的飞行机、直升机、滑空机、飞行船以及其他政令规定的供航空所用的机器。"

2. 新《日本商法典》以运输总则为统一水路运输规范的基础

日本旧有的运输规范是零散的，针对不同的运输方式适用不同的规范，并且这些规范互相之间基本不存在交叉。水路运输如前所述分为三轨，而国内航空运输没有任何专门规范，适用的是《日本民法典》的一般性规范，国际航空运输则直接适用国际条约。[①] 对此，商法（运输、海商）部会在讨论时存在两种修改思路：其一，在同种运输方式中，将国内规范与国际规范接轨。如在海商编中引入《日本国际海上货物运输法》的内容，将《蒙特利尔公约》国内法化以调整航空运输关系；其二，在《日本商法典》中设置统一规范所有运输方式的运输总则，而国际运输规范不作实质变动。[②] 这种让运输营业章成为运输总则的想法并非“空穴来风”，早在 1972 年，村田治美教授即提出将运输营业章除了适用于陆上运输外，还要适用于海上运输和航空运输，以解决如前述日本国内海上货物运输收货人利益难以得到保护的立法漏洞问题。他认为虽然陆上运输、海上运输和航空运输在运输方式、风险等处存在各自的特殊性，但这些都是非本质的、派生的，在本质的、基本的部分，二者存在共同统一性，因此将此部分提取出来成为总则，很有必要。[③] 最终修法的形式是两种思路的杂糅：从形式上来看，新《日本商法典》调整了运输营业章的适用范围，新运输营业章第一节总则中作了整体性的规定，通过在新《日本商法典》第 569 条明确相关概念的方式确定了运输营业章适用于所有运输方式。据山下友信教授介绍，“立法的思考过程是先以陆上运输的规范为出发点，假定将其适用于海上运输和航空运输，思考是否会发生障碍。海上运输适用陆上运输制度的前提是需要其他特别规定，而航空运输则被确认没有特别规定的必要”[④]。由此，新《日本商法典》以运输总则为一般法规定，形成了一般法到特别法层次鲜明的体系结构。对平水运输而言，运输总则的设定使得原在陆上运输和海上运输夹缝中的平水运输在运输总则的基础部分真正实现了与海上运输的统一。

3. 新《日本商法典》海商编制度部分适用于平水运输

新《日本商法典》海商编虽然在适用范围上将适用的船舶扩展至平水船，但是在事项要素上并非通盘适用，而是针对部分事项设置准用条款，区分航海船与非航海船：第一，新《日本商法典》第 747 条将海商编散货运输的规定适用于非航海船，其中包括适航义务；第二，新《日本商法典》第 756 条将海商编航次租船合同的规定适用于非航海船；第三，新《日本商法典》第 791 条将海商编关于船舶碰撞的规定准用于

---

① 日本于 1953 年加入《华沙公约》，于 2003 年加入《蒙特利尔公约》。

② 参见藤田友敬「日本における運送法・海商法改正の全体的構造」海法会誌（2017 年）87 頁。

③ 参见村田治美『運送法の研究』（有斐閣，1972 年）290 ~ 293 頁。

④ 山下友信「運送（運送・海商関係）等の改正に関する要綱について」NBL1072（2016 年）5 頁。

航海船与非航海船间的事故，如此，非航海船之间的船舶碰撞仍无规范可循；第四，新《日本商法典》第 807 条将海商编海难救助制度适用于非航海船（见表 8）。

表 8　新《日本商法典》下非航海船适用海商编汇总

新《日本商法典》海商编章节	是否适用
第一章　船舶	否
第一节　总则	否
第二节　船舶的所有	否
第三节　光船租赁	否
第四节　定期租船	否
第二章　船长	否
第三章　海上货物运输相关的特殊规定	是
第一节　散货运输	是
第二节　航次租船	是
第三节　提单等	否
第四节　海上运输状	否
第四章　船舶碰撞	是
第五章　海难救助	是
第六章　共同海损	否
第七章　海上保险	否
第八章　船舶优先权及船舶抵押权	否

新《日本商法典》海商法适用于平水运输制度就事项择取的理由主要是基于学说通说、法制统一及航运实践：第一，海商编船舶碰撞规则适用于平水运输源于理论界的通说。旧《日本商法典》项下虽没有规定平水运输的船舶碰撞规则，但是理论界早已普遍认可此种情况应当准用旧《日本商法典》海商编的船舶碰撞规则。① 所以，新《日本商法典》作出如此的规定。第二，海商编海难救助制度适用于平水运输是法制统一的需求。早在 1914 年，日本就批准加入了《1910 年海难救助公约》，

① 参见石井優 = 久保治郎 = 高野浩司「海上保険実務家から見た商法（運送法・海商法）改正」損害保険研究第 4 期（2019 年）194 頁。

该公约本已适用于平水船，因而此举并不实际影响平水船舶既有的权利义务平衡，而是为了更好地实现法制统一。事实上，日本法制审议会早在1935年就希望将旧《日本商法典》的海难救助规则与世界接轨，但最终没有完成。① 第三，海商编关于散货运输与航次租船合同的规则适用于平水运输是基于对航运实践的考察。如前所述，由于平水运输合同法律规则的缺位，日本实践中大量以合同条款的形式调整运输当事人的权利义务关系。立法者考察了平水运输交易的情况，认为运输合同基本规则应当统一。②

（四）日本海商法适用范围之扩展的启示

日本海商法适用范围扩展问题起因于旧《日本商法典》水路运输“三轨制”，特别是平水运输法律适用的诸多问题，而日本在修法过程中并非采用“全有或全无”的适用方式，而是基于更多考察实践需求进行“量体裁衣”式的修改。我国《海商法》修订中的适用范围扩展问题与日本在船舶、水域等问题上具有相似性。同时，在事项要素上，与《日本商法典》运输总则类似，我国也存在《民法典》合同编运输合同章作为运输合同的总领性规范问题。因此，从立法理念到概念扩展、总则基础、部分准用的立法方式等方面，日本的修法经验均值得借鉴。

1. 海商法适用范围的扩展应基于航运实践需求

理论是实践的反映，一般航运交易观念受平水运输实践影响，在旧《日本商法典》时期和新《日本商法典》时期有巨大差别，新《日本商法典》修改的内容正反映了实践的需要。19世纪末，日本湖川、港湾上大多航行小船，离陆地较近、航程较短，因而风险较小，不必适用海上运输的特殊制度。到了21世纪，随着航运、造船技术的发展，平水运输中船舶所遇到的风险被重新认知，平水运输开始适用海上运输规范。参与旧《日本商法典》立法的加藤正治博士在立法解说时即指出，海与平水很难明确划分，难以找出统一的抽象标准，日本划分海与湖川港湾的范围是依照习惯。③ 质言之，1899年《日本商法典》立法时，平水运输的重要性尚未凸显，而随着航运科技的发展，平水船的建造工艺及设备越来越向航海船靠拢，这直接影响平水航运业的经营形态。我国在考量《海商法》适用范围问题时，应充分考量我国内河运输的航运实践，思考和论证海商制度适用于内河运输的必要性。

2. 海商法适用范围在事项上不宜“一刀切”

海商法适用范围包括水域、船舶和事项3个要素，即便将内河运输纳入海上运

---

① 参见中村眞澄＝箱井崇史『海商法（第2版）』（成文堂，2013年）373頁。

② 参见山下友信「運送（運送・海商関係）等の改正に関する要綱について」NBL1072（2016年）10頁。

③ 参见梅謙次郎『商法手形・海商・破産編　一全一復刻版（日本立法資料全集．法典質疑問答　別卷42　第6編）』（東京信山社，1994年）81頁。

输概念范畴，也不意味着要将所有海商法特殊制度都适用于内河运输。基于立法实践和立法逻辑，海商法适用范围的事项问题可概括出5种思路：其一，海商法不调整内河运输。其二，海商法仅在运输合同上调整内河运输。其三，内河运输除了适用海商法运输合同制度，还适用部分的海商法特色制度。其四，内河运输全盘而无差别地适用海商法制度。其五，内河运输全面但有差别地适用海商法制度。综合分析，在肯定内河运输与海上运输在实践上存在区别的情况下，采用第三种思路是较为适当的选择。《日本商法典》修改中，立法者基于对航运实践的深刻把握，扩展《日本商法典》海商编的适用范围，迈出了革新性的一步，对平水运输业的规范化和支持度均实现了质的飞跃。统一的水路运输合同对船货双方均提出更高的要求，如适航义务、通知义务等。在发生事故时，船舶碰撞、海难救助等制度的适用使得船舶在航行过程中更注重安全，且解决了通海水域航海船与非航海船碰撞的责任承担问题。但也要看到，《日本商法典》的修改是社会实践不断发展过程中的修法，是起点而绝不是终点，水路运输单证仍没有统一，这给平水、沿海、近海乃至远洋的联运制造了困难；船舶优先权的缺失使得特定债权人不能优先受偿；共同海损、①责任限制和海上保险②等特别制度的缺位也使得非航海船的保护处于较弱地位。③ 平水运输适用海商制度的范围并非“空穴来风”，在平水航运经营主体普遍经济实力较弱、非航海船普遍较小且造价较低和平水航线较为安全等客观背景下，立法者迈出的步子虽保守但可行，平水运输适用海商法的制度仍需要进一步“量体裁衣”。作为使松散的社会结构紧紧凝聚在一起的黏合剂，法律必须巧妙地将过去

---

① 旧《日本商法典》海商编的共同海损制度早已落后于时代，因此本次修法鉴于时间原因没有参考《2016年约克－安特卫普规则》，而是根据《2004年约克－安特卫普规则》修改。

② 日本本次修法维持了保险法与海上保险法分立的体系。2008年制定的《日本保险法》，对投保人、被保险人的告知义务限定于保险人提问的范围，若保险人没有提问，即便是与危险测度重要相关的事项，投保人、被保险人也不负告知义务，而这与海上保险的实务不相符合。

③ 平水责任限制的问题值得重视。日本本次修法主要涉及3部分内容，即《商法典》运输营业章、海商编以及《国际海上货物运输法》，而日本《船东责任限制法》并未随之修改，故适用范围亦没有变化。事实上，修法讨论过程中并非没有涉及平水运输能否适用责任限制的问题，也有观点认为一般货物运输应当享受法定责任限额。但是，最终反映在立法上，立法者选择回避的态度，未专门提及平水运输是否适用责任限制，也未说明相关原因。本书认为，立法者如此反应，正是因为看到了责任限制制度的复杂性和特殊性，认为责任限制制度不能“一刀切”地适用于平水运输。实践中，平水船舶往往较小，大部分在500吨以下，平水航运公司的资金往往也不充足，资本金在5000万日元以下的公司占了总数的79.4%。若适用《船东责任限制法》对于不足2000吨船舶物损1510000SDR、人损3020000SDR、物损加上人损4530000SDR的责任限额，则可能使责任限额制度名存实亡，不能实现保护平水航运业发展的立法目的。参见後藤元＝増田史子「物品運送契約——運送人の責任・複合運送」海法会誌61卷(2017年)98頁；日本内航海運組合総連合会「内航海運の活動」日本内航海運組合総連合会(2019年)8頁以下。

与现在勾连起来,又不忽视未来发展的迫切要求。[①] 我国在考量内水运输立法时,也可以考虑《海商法》制度适用于内河上的协调,采用"逐步适用"的立法方式,先研究将没有争议或争议的海商制度适用于平水运输。

3. 海商法适用范围可采用分节准用的立法方式

鉴于平水运输与海上运输的相似性,二者均属于水路运输。若将二者完全分别立法,无论采用单独立法形式,还是专章专节准用的形式,均会出现大量准用条款的问题。我国《海商法》修订中,《征求意见稿》《修改送审稿》均存在此种问题。《征求意见稿》采取专章立法方式,将《海商法》第四章更名为"国际海上货物运输合同",并在其后新增第五章"国内水路货物运输合同",调整国内港口之间的水路货物运输合同,并准用于内河货物运输合同。[②] 较为突兀的是,新增第五章共设立19 个条文中,准用第四章的规定达到33 处。这种立法方式体现出国内水路货物运输与海上货物运输的相似性,能够避免重复立法,[③]但在同一部法律相邻的两章中,后一章大量准用前一章的做法更像是将国内水路货物运输合同规范强行塞入《海商法》中,有打乱体系之嫌,在司法实践中也会给法律条文的理解与适用造成不必要的困难。2020 年《修改送审稿》不再专章调整内河运输,而采用专节立法的方式,第七节"国内水路运输合同"共 10 个条文,在该节最后一条第 119 条中,其准用第四章"海上货物运输"前述规定亦达到 19 处。应该承认,《修改送审稿》的立法水平较《征求意见稿》有所提高,体系上更为适宜,但仍存在大量准用的问题。相较之下,新《日本商法典》在 8 章中仅准用 4 处,其立法经验值得借鉴。大量准用条款实际反映了适用制度的相似性,对于完全相同的制度,日本设置了运输总则加以统一,对平水运输和海上运输一视同仁,自然不用准用。对于既有相同又有区别的制度,日本在新《日本商法典》海商编中采用了分节准用的做法。此种立法方式对于我国立法亦较为可行,通过合理分配章节内容的方式可以减少准用的数量,优化立法体系结构。具言之,本书认为,对于《修改送审稿》中"国际海上货物运输合同"和"国内水路货物运输合同"两部分,应提取二者的公因部分,合并为"水路货物运输合同"一节以规定共性内容,对"国际海上货物运输合同"和"国内水路货物运输合同"分别专节规定其特性内容。这样既形成系统的水路货物运输合同制度,保证

① ［美］E. 博登海默:《法理学:法律哲学与法律方法》,邓正来译,中国政法大学出版社 2017 年版,第 342 页。

② 参见《海商法修订征求意见稿》第 5.1 条。

③ 参见吴煦:《〈海商法〉修改背景下的国内水路货物运输之立法模式选择》,载《中国海商法研究》2019 年第 1 期。

立法结构的完整性,又区分其特殊性,予以单独调整。

总之,适用范围问题是海商法的基础理论问题,既关乎理论层面的思考,也影响实务层面的应用,不可不仔细斟酌。旧《日本商法典》立法后逐渐形成了水路运输的"三轨制"法律适用结构,百余年间的"发酵"使得问题充分显露,解决该问题刻不容缓。从上述考察《日本商法典》调整平水运输的"前世今生"可知,水路运输以船舶为载体便有了适用统一制度的基础,而事项的抉择应考虑实践的情况,现阶段《海商法》修改方案采用"概念扩展+部分准用"的立法模式是合理的选择。

二、调整国内水路货物运输关系的立法方案剖析

针对《货规》废止后凸显的国内水路货物运输立法缺失的问题,理论界与实务界在方案上可分为3大类:国内水路货物运输单行立法、国内水路货物运输纳入《海商法》的调整范围、国内水路货物运输不专门立法。针对第三类方案,前文已论述了其不合理性,此处不再赘述,本部分主要分析第一、二类方案。

1. 单行立法模式

制定单行法调整国内水路货物运输关系的价值在于,单行法可以对国内水路货物运输进行较为详尽完整的规定,合理安排单行法的内在结构,进而做到立法逻辑层次分明、法律适用简便,并与《民法典》中总则、合同编、侵权责任编和物权编的内容进行互动,弥补《民法典》中相关规定过于笼统且针对性不强的问题。但是,这种单行立法方式也存在问题:首先,国内水路货物运输同样属于货物运输,尽管其与国际海上货物运输在归责原则、免责事由和责任限制等方面有所不同,但二者所适用的大部分规定仍然是相同的,制定单行法,容易产生立法重复,有浪费立法资源之嫌。其次,若该单行法仅规定国内货物运输的内容,而不规定涉及国内水路运输的其他制度或内容,如船员、船舶物权、拖航等,将导致《海商法》中规定的除第四章海上货物运输合同以外的其他规则,如船舶优先权、船舶碰撞、海上救助等,无法在国内水路货物运输活动中适用,这些问题仍然只能通过民法的一般性规定进行调整,而《民法典》出于立法篇幅的限制和规定上的概括性,尤其是基于一般法的性质,无法面面俱到,此举将使得国内水路运输关系仍然无法找到完整的和合适的规则予以适用,也无法解除国内水路货物运输所面临的法律适用问题。最后,在立法资源有限的情况下,单行立法存在较大的困难且不具有现实性,因而,国内水路货物运输关系的调整,依托《海商法》修订是最优选择。

2.《海商法》下专章和专节的立法模式

(1)专章立法说

该说认为在《海商法》中专章规定国内水路货物运输。[①] 此立法模式相较于制定单行法,最大的优势在于将国内水路货物运输和国际海上货物运输都规定在一部法律的不同章节内,使得二者的共同问题可以受《海商法》统一调整,且二者的差异之处可以得到区别对待,这样既可以压缩立法成本,又能使得法律在立法编排上顺畅简洁,在法律适用上清楚明了。有的学者列举了专章立法的好处:第一,分章立法难度低;第二,不会影响国际海上货物运输规范;第三,若最终删除该章,也不会影响立法进度。[②] 此外,专章立法还可以解决海船与内河船舶之间权利义务悬殊过大导致的相关规定有失公平的问题。例如,“海船与内河船舶发生碰撞,海船依据《海商法》的规定可以援引责任限制,而内河船舶无法享受责任限制;海船船员在面临工资拖欠、发生海上人身伤亡、海难救助、拖欠港口规费等情形下,可以通过船舶优先权制度予以权益保障,而内河船舶或者内河运输中遇到上述问题因为一般民事法律制度中不存在责任限制、船舶优先权制度,相关权利人的权益无法得到保障”[③]。将国际和国内的水路运输统一规定在《海商法》中,将使得海船和内河船舶能够平等享受《海商法》所规定的适用船舶对抗海上特殊风险的各项制度保护,亦建立比较完整的国内水路货物运输法律体系。

2018 年《征求意见稿》即采取专章立法方式,将《海商法》第四章更名为“国际海上货物运输合同”,并在其后新增第五章“国内水路货物运输合同”,调整国内港口之间的水路货物运输合同,并准用于内河货物运输合同。[④] 此外,《征求意见稿》还删除了《海商法》第 2 条第 2 款中第四章不调整国内海上货物运输的规定,将《海商法》的适用范围扩大至“海上或者与海相通的可航水域的货物运输和旅客运输”。但为使得《海商法》的调整范围与其名相符,明文规定不调整内河之间的运输关系,这与《货规》调整“江河运输”的范围相比,形成了空缺,没能完全覆盖后《货规》时代的规范漏洞。但是,这种专章的方式导致《海商法》原有的章节体系受到较大的调整,且因“国内水路货物运输合同”专章的引入,《海商法》其他章节如船舶优先权等均应作出较大的相应的修改,该立法方案是否合理可行,尚值得研

---

① 参见侯伟:《关于将内河货物运输纳入〈海商法〉调整范围的立法建议》,载《中国海商法研究》2017 年第 3 期。

② 参见张文广:《〈海商法〉修订的若干焦点问题》,载《中国远洋海运》2018 年第 6 期。

③ 吴煦:《〈海商法〉修改背景下的国内水路货物运输之立法模式选择》,载《中国海商法研究》2019 年第 1 期。

④ 参见《海商法修订征求意见稿》第 5.1 条。

究。此外,国内水路运输和国际海上运输虽然有不同之处,但在诸多方面存在相同的规定,如果采用专章立法的模式,将造成两个章节中部分关于运输合同的法律条文重复规定,过于繁杂。

(2)专节立法说

该说认为将国内水路货物运输融入《海商法》第四章调整,扩大《海商法》第四章适用范围,修改《海商法》关于"海上货物运输合同"的定义条款,且因《海商法》的其他制度本来就存在调整通海水域和沿海运输的传统,随着航运实践的发展,国际海上货物运输的特殊性已大大下降,统一化更有利于货物多式联运的开展。[①] 在此基础上,以设立专节的形式设立"国内水路货物运输合同",将与第四章不同的货物运输的规定纳入专节,同时可以将第四章"海上货物运输合同"的相关规定适用于国内水路货物运输。

2020 年《修改送审稿》的思路接近这一观点,在说明"新增本节的必要性和意义"时,认为:①完善内河航运立法符合国家战略的需要,是对"一带一路"倡议和"长江经济带"战略的积极回应;②完善内河航运是统一司法的现实需要,能够解决人民法院在审理国内水路货物运输纠纷中的法律适用问题;③将内河货物运输纳入《海商法》调整范围符合我国立法效率和立法习惯,并提出:"实践已经证明,《货规》符合国内水路货物运输的实际情况,适用效果良好,且与《海商法》相容性高,因此,在修改《海商法》时,参照该规则起草国内水路货物运输条文,具有很强的现实性和可操作性。"在《海商法》第四章新增第七节的"国内水路货物运输合同",明确国内水路货物运输合同的定义,作出区别于提单的运单和运输单证的界定,且规定运单和运输单证不构成承运人据以交货的保证,并规定国内水路货物运输合同的承运人适航义务不仅在开航前和开航当时,在航程中也必须保证船舶始终处于适航状态。同时,配合《民法典》合同编的规定,国内水路货物运输合同下的承运人未在合理期间内交付货物的,也构成迟延交付。在此基础上,还就国内水路货物运输合同的主要合同条款作出示范性的规定,明确收货人的提货义务和港口经营人凭运单载明或承运人指定的收货人的身份凭证交付货物,赋予承运人对非托运人的收货人的抗辩权利,规定了承运人丧失责任限制权利的条件,并采用援引条款的形式,规定第四章的 19 个条款通过援引的方式可以适用于国内水路货物运输合同。

此种"专节"立法模式较为简明,此既是优势,也是劣势,解决了货物运输中《海商法》第四章内部之间的关系,对于如船舶优先权、海事赔偿责任限制、海难救

---

① 参见黄晶:《我国〈海商法〉对国内水路货物运输的适用》,载《上海海事大学学报》2018 年第 1 期。

助等其他规则是否适用于国内水路货物运输关系，则留下立法空白地带。

三、“大统一，小区别”立法模式的证成

反思“《海商法》的适用范围是否应向内河扩张”这一问题的实质，既不是《货规》废止后如何结束内河运输无法可依的局面，也不是立法资源有限的情况下如何实现立法最优化，而是“海商法调整内河运输是否科学合理问题”，以及“内河运输是否存在不同于海商法的特殊法律问题”。具体而言，《海商法》应该在什么程度上调整内河运输？是适用《海商法》所有特殊性制度，还是应当对内河运输的适用有所保留？基于立法实践和立法逻辑，海商法不调整内河运输是旧《日本商法典》和我国现行《海商法》所采纳的思路，论者多执着于“河”“海”之见，认为内河既然不属于海，那么便不能光明正大地加入《海商法》中，这种观点显然是狭隘的。海商法仅在运输合同上调整内河运输是《征求意见稿》的修改方式，该方式根植于我国国内水路运输与国际海上运输调整方式的区分，立法根源是《水规》与《货规》，对于现时代来说，这一立法模式是将就、保守的，因而难以适应内河航运的需要。对于内河运输，除了适用海商法运输合同制度，还适用部分海运特色制度。新《日本商法典》即采用此种立法方式，此种立法方式虽然能缓解平水运输船货紧张关系，平衡航海船与非航海船关系，但仍过于保守。本书认为，内河运输全面而有差别地适用海商法制度，称之为“大统一，小区别”立法模式，具有合理性和科学性。

无论是国内水路运输还是国际海上运输，只要是经由船舶在水上行驶而形成的运输业都要经历相似的运输流程。在《海商法》颁布以来的近 30 年里，《水规》和《货规》的相继出现，实质就是想让内河、沿海运输合同适用海商法的制度。《货规》共有 9 章，分为第一章“总则”、第二章“运输合同的订立”、第三章“运输合同当事人的权利、义务”、第四章“运输单证”、第五章“货物的接收与交付”、第六章“航次租船运输的特别规定”、第七章“集装箱运输的特别规定”、第八章“单元滚装运输的特别规定”、第九章“附则”。其中多数内容参照《海商法》的运输合同制度和运输单证制度而设立。至于船舶、船员、船舶所有人、船舶经营人等，无论是远洋运输、沿海运输还是内河运输，均需要符合公法监管的要求方可以开展业务。而从托运人处接收货物，装载上船，经过航行，到达目的港，卸下货物，将货物交付收货人，在此期间，涉及运输合同问题（承运人、实际承运人、托运人义务、收货人权利、赔偿责任等）、货物性质问题（危险品、高价品等）、运输单证问题（单证种类、单证记载等）、船舶适航问题、船舶航行问题（海难、海损、绕航、责任限制）等问题，国内水路货物运输与国际海上货物运输的关系，与其说是区别下的统一，不如说是统一下的区别。前述日本平水运输便是鲜明的例子，在旧《日本商法典》时期，平水运输由于

没有统一的特别法规范,在实践中的乱象较多,单凭市场机制起作用,引来的是平水运输业发展畸形;而到了新《日本商法典》时代,虽然平水运输适用“海商编”,实现了水路运输百年来的统一,但是其具体制度仍然与海上运输存在区别。究其原因,在于平水运输与海运各有其特殊性,其制度适用不能“一刀切”。海事法律规范本身是一个体系,其利益平衡不单体现在一个制度上,也存在于整体架构中,内河运输通盘适用海商法制度,才能达到船货利益最佳的平衡点,虽然海商法具体适用于船方当事人和货方当事人,但是从本质和宏观上看,海商法主要调整的是贸易业和航运业的产业博弈。①

综上所述,我国应采取“大统一,小区别”的立法思路,将国内水路货物运输和国际海上货物运输规定在《海商法》第四章中。在具体制度适用上,应针对国内水路运输实践情况加以调整。

① 参见李天生:《船货利益平衡原则研究》,法律出版社 2012 年版,第 66 页。

第四章　船货利益博弈与平衡

现代海商法已超越早期海商法规范航运实践的单一目标,促进和保障航运和贸易发展的同时,更好地融入和实现法律的公平价值,已成为海商法立法的初心和使命。现行《海商法》第 1 条开宗明义地规定立法目的之一是"促进海上运输和经济贸易的发展"。从历史沿革来看,《海商法(草案)》的 1963 年稿、1982 年稿分别以"促进航海贸易的发展"与"以利发展海运,促进贸易"加以表述,而 1991 年稿以来则形成了现行法的表述,《征求意见稿》《修改送审稿》亦没有改变该表述。由此可以看出,在立法者眼里,对航运与贸易的调整是海商法的两大支柱。具体而言,海商法对船方、货方的利益分配问题,一直是海商法调整的主要内容,也成为海商法的立法目的。

从贸易、航运产业间的关系分析,船货利益此消彼长,更多地体现为博弈。从国际社会共同发展、船货双方共同获益的角度分析,二者又总在博弈间寻求新的利益平衡点,适当妥协以求互利共赢、促进产业良性互动。这两种相克相生的趋势构成了国际公约演变的主轴,在不同阶段呈现出偏向船方、保护货主、谋求平衡的诉求。1924 年《海牙规则》、1968 年《维斯比规则》倾向于保护承运人的利益。[①] 但随着国际贸易的迅速发展和国际经济政治形势的变化,货主方的力量逐渐壮大并影响国际海事立法,1978 年《汉堡规则》是对货主方利益保护较为合理的规则,[②]被认为实际上是为托运人所设的较早的国际消费者保护法。[③] 但这些规定遭到船方的强烈反抗,代表船方利益的国家均不加入《汉堡规则》,《汉堡规则》的缔约方基本上都是航运不发达国家和没有出海口的内陆国家。并且,由于参加《汉堡规则》将

---

① 《海牙规则》赋予承运人高达 17 项法定免责的权利,包括航海过失免责及火灾免责等,与此同时,承运人还享有单位赔偿责任限制的权利。可见,海商法自产生以来且在持续发展中,其调整中心多是围绕着保护船方利益。

② 《汉堡规则》全面修订《维斯比规则》项下承运人"不完全过失责任制",而以完全过失责任取代,取消了"航海过失免责",明确承运人迟延交付责任,延长了承运人的责任期间,提高了赔偿责任限额等。

③ 参见[加拿大]威廉·台特雷:《国际海商法》,张永坚等译,法律出版社 2005 年版,第 24 页。

对本国航运经济的发展起到一定的遏制作用，进而影响该国的经济利益，因此，无论航运大国还是贸易大国，对《汉堡规则》普遍持审慎态度。① 进入21世纪，世界的贸易业和航运业均得以迅猛发展，贸易国家与航运国家具有高度的重合性，现代成熟的经济体中已几乎不存在纯粹的航运国家或“货主”国家，2008年《鹿特丹规则》基本上不再是航运国和贸易国之间的博弈，而更多地展示了国际社会的整体目标，即谋求贸易与航运的共同发展，兼顾船货各方的利益，这体现了船货利益的新平衡。②

我国既是贸易大国，也是海运大国，因而《海商法》立法中融合了《海牙－维斯比规则》和《汉堡规则》的规定，适度平衡了托运人和承运人利益，新时代下的船货利益不再是简单的博弈，而是升级到需要平衡船方、货方、保险人、银行等各方之间的利益。中国经济的快速增长，已经改变了几个世纪以来的世界海运格局，海运服务贸易越来越占据重要地位，中国海洋运输的强大与其经济增长具有同步性。③ 中国同时也是贸易大国，其角色定位复杂。船货利益平衡不仅仅是航运和贸易产业关系之间的博弈和平衡，也是国家利益决定的博弈和平衡。④《海商法》的修订，必须考虑本国因素，通过平衡贸易方与航运方利益，特别是国际贸易产业利益和国际航运产业利益，进而维护国家整体经济利益。⑤ 目前，我国正处于“从贸易大国走向贸易强国、从海运大国走向海运强国”的历史转折点上，有必要通过调研航运业和贸易业的实务需求，研究、借鉴、吸收《鹿特丹规则》中的创新制度，例如承运人责任期间、海运履约方等，探究有争议的批量合同、无单放货等规定对航运业和贸易业的影响，提升《海商法》修订工作的先进性与科学性，充分实现海商法的公平正义性。

与之同时，应重视现代海商法发展中的一些新趋势对传统的船货利益平衡模式所造成的巨大冲击：第一，第三世界国家海上力量逐渐兴起，海上保险迅猛发展，导致了公平分担海上风险理念的呼声日趋高涨，这势必会对承运人责任制度、承运人责任限额、承运人免责条件及延迟交付的法律责任、提单规则、诉讼时效、过失与

---

① 参见傅廷中：《海商法论》，法律出版社2007年版，第218页。

② 《鹿特丹规则》打破承运人、托运人的传统权利义务分配，在“海运＋多式联运”和贸易之间建立利益平衡点。作为平衡手段，《鹿特丹规则》一方面要求承运人确保船舶全程适航，全面取消航海过失免责制度，提高承运人责任限额；另一方面引入货物控制权、权利转让、批量合同制度和单证托运人等制度，加强对货方利益的保护。

③ 参见刖新春：《试论新中国海运事业的发展和变迁（1949—2010）》，载《中国经济史研究》2012年第2期。

④ 参见胡正良等：《〈海商法〉修改基本理论与主要制度研究》，法律出版社2021年版，第53页。

⑤ 参见李天生：《船货利益平衡原则研究》，法律出版社2012年版，第1页。

共同海损关系、海事赔偿责任限制制度的公平性等规定都造成重大冲击。第二，海上活动的复杂性及航运市场不断的发展和竞争，导致海商海事活动的主体日益复杂化，这也要求立法者在进行船货利益平衡时，急需在承运人的识别、实际承运人责任、港口经营人的法律地位、举证责任分配、海事赔偿责任限制的适格主体等问题上，兼顾考察船方、货方以及其他各个利益相关方的利益诉求，体现海商法的实质上的公平正义理念。第三，现代科技的高速发展及船舶安全性能的提高，一方面使得船舶抵御海上风险的能力大大提升，降低了海上风险的发生概率，减少了海运业的运营成本；另一方面，新科技，如电子提单的开放性、虚拟性特征，也给市场安全秩序带来了更多的挑战。基于此，现代海商法在面对船货利益平衡相关问题时，应加入新科技对海上风险、海上交易活动效率和安全影响的考量，在平衡船货双方利益的同时，合理引导双方自主构建应对新科技风险的法律预防机制。第四，现代海商法正逐步向私法公法化及国际统一化的方向发展，这也要求立法者在进行船货利益衡量时，应更注意公法保障制度在私法中的合理建构问题，力求在平衡船货利益的同时，兼顾公权力、私权利的平衡。第五，在进行船货利益衡量时，还应注重国家利益最大化与海商法国际统一化之间的矛盾与协调问题。即使海商法国际统一化有利于减少法律冲突，但在统一化的进程中，仍应尊重各国通过各自国内海商法表述自己的观点和立场的平等权利。总之，平衡贸易方与航运方利益，特别是国际贸易和国家航运产业利益以及由此所涉的国家利益，既是海商法的基础理论问题，对于作为世界第二贸易大国、第一出口大国的中国来说，更是现实法律问题。①

第一节　船货利益平衡是海商法的基本原则

一、《海商法》下船货利益平衡的内涵

（一）主体："船货"剖析

在块状分化的早期社会，"船货"往往被狭义理解，仅仅指船东和货主；而在功能分化的现代社会，"船货"已超出了原始文义范畴，分别是代表"船舶"利益一方

① 参见李天生：《船货利益平衡原则研究》，法律出版社2012年版，前言（摘要）。

的当事人和“货物”利益一方的当事人。[①] 随着航运实践和海商法治的发展，海商法律规范调整的主体由单一性向多元化嬗变，船方和货方已不再局限于船东和货主，“同一利益阵营”才是关注的核心，即其分别代表的利益方所涉的所有主体，“船方”是提供船舶和航运服务的利益方，“货方”是为国际货物买卖提供相应服务的利益方。[②] “船方”主要包括但不限于以下主体：船东（船舶所有人）、承运人、承运人的受雇人、代理人、实际承运人、海运履约人、船舶经营人、光船承租人、光船出租人等提供船舶和航运服务的人；“货方”主要包括但不限于以下主体：货主（货物所有人）、托运人、实际托运人、发货人、货运代理人、收货人、提单持有人、货物保险人等为货物或国际贸易提供相应服务的利益方。船货利益的平衡，不仅仅局限于海上货物运输中，还包括海上旅客运输的承运人和旅客、海上拖航的承拖方和被拖方、海上救助的救助方和被救助方、海上保险的保险方和被保险方等，以广义界定船货利益相关方，拓展了船货利益平衡的视角。

（二）客体：“利益”剖析

关于“利益”的理解，学界尚没有定论。[③] 一个较为通行的观点是将“利益”作为受法律保护的利益。德国法学家耶林从利益法学理论出发，认为利益是权利的质料，权利最终落脚于利益。[④] 本书以此为基础，认为船货的“利益”是指海商海事法律规范对“船方”和“货方”的权利义务分配以及涉及整体的国家利益。

以海上货物运输制度为例，船方利益主要体现在：其一，承运人责任基础。这一基础包括归责原则、除外责任和举证责任等。从各国海商法的规定分析，承运人的责任基础类型主要存在无过失责任或严格责任制、不完全过失责任制、完全过失责任制、过失免责等。其二，承运人单位责任限制，这是对承运人赔偿责任的部分免除。该制度的出发点是维护船方利益，但相关的国际公约和多数国家的海商法在规定承运人单位责任限制的同时，也规定了承运人的最低责任，如《海牙规则》是首次明确承运人单位责任限制的国际公约，同时也规定了承运人船舶适航、管货、不得不合理绕航的最低责任。值得注意的是，有关货物运输的国际公约从《海牙规则》到《汉堡规则》，承运人单位责任限额呈现实际下降的趋势，虽然各国际公约在发展进程中所规定的单位责任限额就形式意义而言是不断提高的，但考虑黄金价格的市场波动和通货膨胀率以及国际货币的贬值趋势，承运人单位责任限额则是

---

① 这一思考结论参考了卢曼的社会演化理论，详见［德］尼克拉斯·卢曼：《法社会学》，宾凯、赵春燕译，上海人民出版社 2013 年版，第 190 页。

② 参见李天生：《船货利益平衡原则研究》，法律出版社 2012 年版，第 30 页。

③ 参见蔡琳：《论“利益”的解析与“衡量”的展开》，载《法制与社会发展》2015 年第 1 期。

④ 参见朱庆育：《意志抑或利益：权利概念的法学争论》，载《法学研究》2009 年第 4 期。

实际降低的趋势。可见,承运人责任限制制度秉承着保护船方利益的出发点,进一步减轻承运人的赔偿责任。其三,强化托运人义务。货方利益的主要代表是托运人,强化托运人的义务就是相应地赋予承运人权利,这某种程度上是对承运人利益的保护。各国海商法大多数规定托运人按照运输合同的约定交付运送的货物,不得擅自更改约定的货物种类或品名,同时应当向承运人提供必须的合理的货物信息、指示和票证,特别是危险货物的特性、标识等,以此确立承运人的知情权。《汉堡规则》第 13 条、《鹿特丹规则》第 15 条和我国《海商法》第 68 条还规定了承运人对托运人危险货物的处置权。同时,托运人应负责办理主管机关所要求的各项手续,此被认为是保障承运人在海上货物运输中启动和完成营运以及获得商业利益权利的关键。[①] 支付运费是托运人最基本的义务,是承运人提供运输劳务的对价。为保障承运人获得运费和其他代垫费用,各国海商法还赋予承运人货物留置权。

货方利益主要体现在:其一,提单持有人和收货人的合法权益。保障提单信用和流通机制,维护以提单建构的国际贸易机制,特别是明确提单债权转让和物权转让的无因性,肯定提单的文义性和独立性,是保护提单关系当事人的权利,以及国际贸易和国际航运中保护货方权利的重要内容。[②] 其二,货物控制权。《合同法》第 308 条(《民法典》第 829 条)就中途停运权作出规定:在承运人将货物交付收货人之前,托运人可以要求承运人中止运输、返还货物、变更到达地或者将货物交给其他收货人,但应当赔偿承运人因此受到的损失。《鹿特丹规则》就此进一步发展到货物控制权,即货方作为控制方就货物向承运人发出指示或修改指示的权利,这种货物控制权是《鹿特丹规则》为平衡贸易方和承运人之间的利益而规定的权利,是为实现国际货物买卖与海上运输有效对接而建构的制度。其三,承运人最低责任。19 世纪中期,英国船东利用合同自由原则在提单背面条款中肆意增加免责规定,此种"滥用合同自由"的做法严重危害了货主利益。为保护本国货主的利益,美国率先于 1893 年通过《哈特法》,规定了承运人必须尽到最低限度的义务,以保障货方基本利益。《海牙规则》在吸收《哈特法》的基础上确立承运人最低的责任,承运人必须尽到船舶适航和管货义务,从此开启了国际海上货物运输的"强制规则"时代,任何违背该强制性规则的约定均无效,因而相应地保护了货方的利益。

---

① 参见李天生:《船货利益平衡原则研究》,法律出版社 2012 年版,第 223 页。

② 参见李天生:《船货利益平衡原则研究》,法律出版社 2012 年版,第 232 ~ 237 页。

（三）行为："平衡"剖析

"平衡"在《现代汉语词典》中解释为"对立的各方面在数量或质量上相等或相抵"①。法学中的"平衡"并不是"等价"的意思，亦不是数量或质量上简单的相等或相抵，而是指在当时的利益格局下，双方权利义务分配上的协调和调整，即利益上协调，而非完全或绝对的公平，此具有利益法学的痕迹。② 在海商法中，船货利益即便在规则上做到了形式的相等，在实践中也无法达到实质的相等。这是由于，"船方和货方从一开始就不是应该平等对待的两个主体"，"海商法的平等，某种程度上说只是在试图弥补和抵消航运业先天存在的不平等"，③这是海商法的特征所决定的，船货双方存在先天不平等以及利益分配的"不平等"性。因而，海商法意义上的"平衡"是指，为达到利益的最大化，即达到促进贸易和航运业健康长远发展的状态所进行的利益衡平。"衡平"是指"使平衡"，即平衡各方利益，以使得船货利益达到实质公平。此外，航运的一体性使船货利益并非局限在上述的利益较量中，还涉及各国的国家利益和国际公约所表达的利益诉求。

二、船货利益平衡的基本原则定位

海商法的基本原则共同集中了和代表着海商法的特点，是海商法得以成为一个相对独立的法之部门和相对独立成章于法学体系之中的基础。④ 在民商法体系下，判断船货利益平衡是否属于海商法的原则，其关键在于厘清船货利益平衡与民法公平原则的关系。对此，有学者认为公平原则更多源于自然法的原则，而船货利益平衡原则更明显体现出实用主义与功利主义的倾向。⑤ 从经济学视角来看，船货利益的平衡无法达致自然法意义上的公平。劳动价值论认为，商品的价值由凝结在商品中无差别的人类劳动所决定，这是一种客观价值论，即认为商品固有一种不受环境或人类估价影响的价值。⑥ 在客观价值论的公平观下，海上运输中船方、货方之间的权利与义务是否达致平衡，可作如下分析：在一般的货物运输合同下，托运人向承运人支付了运费，这种运费的计算很大程度上取决于运输中所耗费的无差别的人类劳动。作为对价，承运人应该提供运输服务，即将货物运抵目的地，这

---

① 中国社会科学院语言研究所词典编辑室编：《现代汉语词典》（第6版），商务印书馆2012年版，第1000页。

② 平衡观念是由概念法学演进至利益法学的产物，以19世纪后期为分界线，社会生活发生了很大变化，这导致机械适用法律无法解决问题。参见梁上上：《利益衡量论》（第2版），法律出版社2016年版，第19页。

③ 郭瑜：《海商法的精神：中国的实践和理论》，北京大学出版社2005年版，第179、189页。

④ 参见张永坚：《海商法特点研究撮要——兼谈海商法之体系》，载《海商法研究》2003年第1期。

⑤ 参见吴煦、阙占文：《略论海商法的若干基本原则》，载《上海海运学院学报》2004年第1期。

⑥ 参见［美］熊彼特：《经济分析史》（第1卷），朱泱等译，商务印书馆1991年版，第98页。

符合市场交易的规律。但是,在海上运输关系中,运输服务的价值除了包含服务者所付出的无差别的社会劳动,还要考虑海上风险以及由此可能给承运人造成的损失,这种成本为潜在成本,但是一旦产生,将给船方带来难以弥补的损失。运输作为船舶所有人或承运人提供的一种服务性商品,是一种包含人类劳动但又不限于人类劳动的无体物,"风险"因素亦是确定其价值的考量因素,但在航运贸易中往往不计算在内而由船方独自承担,此显然不公。故在客观价值论的公平观下,船货双方的利益显然未达公平的程度。作为与劳动价值论相对立的效用价值论,在衡量海上货物运输时,更能体现出其中的不公平。效用价值论认为,商品的价值取决于其有用性和稀缺性,以物品满足人的欲望的能力或人对物品效用的主观心理评价来解释物品的价值,是一种主观价值论。特定产品在不同环境中对不同人的需求所提供的满足程度并不同,因而价值是主观的和个别化的,取决于产品在特定情况下的效用和稀缺程度,在海上货物运输合同下,则体现为航运市场的饱和程度以及货物运抵目的港后所能实现的价值。正如有学者指出:"船方所享有的权利主要是收取运费,与货物在生产流通领域所产生的使用价值和交换价值相比是微薄和有限的,但承运人所承担的海上风险却是托运人所不能比拟的。"①这表明,在主观价值论下,承运人所提供的作为服务商品的海上运输具有较高的价值(至少对于托运人来说),因与承运人收取有限的运费但又要承担无限的风险显然是不相匹配的,此亦不符合主观价值论的公平观。

与此同时,海商法除了追求实质公平、衡平利益的价值,还担负着促进航运业发展的重任,②探究公平原则与船货利益原则,可以实质地概括两者的关系是,民法倾向与商法倾向、民法的基本原则与商法的基本原则之间的关系。公平原则奠定了海商法的底色,而船货利益平衡原则是在此基础上的进一步调整,即在民商法体系中,二者是基本原则与派生原则的关系。③ 而在海商法领域中,船货利益平衡原则宏观上调整航运与贸易两个产业的特殊利益博弈和所涉及的国家利益博弈,属于基本原则。④ 有学者指出,海商法虽属于民商法体系,但是海商法存在特殊性,其特殊性的本质因素在于海商法价值所具有的特殊性,由于海商法的产生源于航海实践,而不是依赖于陆地的法律制度,在价值追求上亦呈现出自体性和习惯起源性

---

① 邬先江:《海事赔偿责任限制制度研究》,大连海事大学2010年博士学位论文,第16页。

② 参见何丽新、陈永灿:《海商法特性论》,载《中国海商法年刊》2008年刊,第170~174页。

③ 法律原则中基本的、位阶最高的、涵盖范围最大的,称为"基本原则"。有一些原则是从基本原则发展的、位阶较低、涵盖范围较小,可以称为派生原则。详见刘宗荣:《从民法总则到商法》,载《地方立法研究》2017年第4期。

④ 参见李天生:《初论海商法的基本原则》,载《河北学刊》2012年第6期。

的特点，早期的海事习惯法所追求的航运安全、效率以及船货双方权利、义务及责任的合理分担，始终是海商法追求的最重要的价值目标。[①] 进一步说，判断船货利益平衡原则是否属于海商法的基本原则，前提应当是对法律基本原则这一概念进行科学的定义。海商法属于民商法的特别法，因此可以参照民法基本原则的判断标准，学界就"基本原则"的通说观点是：效力贯穿始终，体现基本价值，集中反映立法的目的和方针，对各项制度规范起统率和指导作用。[②] 以此为基础，判断船货利益平衡是否属于海商法基本原则，可概括为二：第一，适用范围是否属于贯穿海商法始终；第二，是否反映海商法的根本价值和指导思想。

（一）船货利益平衡原则的适用范围贯穿海商法始终

《海商法》第四章"海上货物运输合同"，是《海商法》的核心和基础，其主要内容就是调整和平衡船方和货方的利益，而海商法的其他内容如旅客运输、船舶租用、船舶碰撞和海难救助等制度，是否也体现着船方和货方利益的平衡？有学者提出，随着现代国际贸易和航运业的发展，金融和保险等行业的介入以及对海上人身安全的重视等，海商法所平衡的对象和领域也在扩大，把船货利益的平衡视为海商法的调整对象，偏离了法律调整对象的范畴。[③] 本书认为，海商法主要调整船舶关系和海上运输关系，其中核心内容是海上货物运输法，而海上货物运输法规范的主体就是船方和货方，船货利益的平衡始终贯穿其中，且对海商法的其他制度有着重要影响，海商法的其他制度均不同程度地体现船货利益平衡原则，以下分述。

1. 船舶物权

船舶物权是以船舶为客体的物权，船舶抵押权和船舶优先权是两种重要的船舶担保物权，对融通航运资金、保护特殊的海事债权人的利益具有特别重要的意义。[④]《海商法》对船舶物权变动采用"登记对抗主义"，而非"登记生效主义"，登记不是设定或取得船舶抵押权的条件，船舶抵押权的设定形式较为宽松，可以更为便捷地实现船舶抵押权快速融资，较为充分地保护船方的利益。但是，在受偿顺序上，船舶优先权先于船舶留置权受偿，船舶抵押权后于船舶留置权受偿，对船舶优先权、船舶留置权所担保的海事请求予以优先受偿位次，以使法定担保物权优先于船舶抵押权这一意定担保物权，更好地实现特定海事请求（包括船员工资、人身伤亡、国家税收等）优先保护，一定程度体现着船货利益平衡下的社会公共利益保护

---

① 参见胡正良、赵迪：《海商法价值的理论证成与实现路径》，载《东北师大学报（哲学社会科学版）》2020 年第 2 期。

② 参见魏振瀛主编：《民法》（第 5 版），北京大学出版社、高等教育出版社 2013 年版，第 20 页。

③ 参见关正义：《民法视野中的海商法制度》，法律出版社 2015 年版，第 8 页。

④ 参见李海：《船舶物权之研究》，法律出版社 2002 年版，第 41 页。

的价值取向。因为船舶优先权担保的债权取决于海商法的规定，而各国的政治、经济、文化等价值取向不同，各国海商法所规定的受船舶优先权担保的海事请求项目有很大的差别。[①] 我国《海商法》第 22 条所规定的船舶优先权担保的海事请求项目，包括基于合同、准合同、侵权行为和其他原因产生的船舶优先权项目，其中劳动合同所生债权优先权、保全船舶的救助款项优先权、港口规费优先权、人身伤亡赔偿优先权、为债权人共同利益而支出有关费用的优先权等项目和受偿顺序，则体现出对货方利益的保护。

2. 船员规则

船员、船长的相关规定也折射出船货利益平衡关系，比如，货方以船员或船长不具备海事监管规定的资质而主张船舶不适航，从而要求承运人承担责任，但客观上，对船员、船长资质和行为规范的要求本身，不仅是保障船舶的航行安全，也是对货物安全的保障。《海商法》规定船长在其所服务的船上具有行政、技术管理职能，安保职能，公证职能，对船载货物或物品或船舶的紧急处分职能，代理职能等，均是船货利益平衡的最佳写照。

3. 船舶租用

船舶租用关系到船方和货方，如在航次租船合同下，存在滞期费与速遣费条款，滞期费用于弥补承租人实际使用的装卸时间超过约定时间而给出租人造成的损失，而速遣费则是出租人对承租人在合同约定的时间内提前完成装卸时间而支付的"奖励金"。在定期租船合同下，存在合法货物条款，对承租人装运货物予以限制，承租人应当保障船舶用于运输约定的合法的货物，承租人将船舶用于运输法律明令禁止运输的货物或合同约定不得运输的货物或其他违禁货物，而致使出租人遭受损失的，承担赔偿责任。上述格式条款的内容就是船货利益平衡的体现。又如，定期租船合同下的航行区域、安全港口的约定，承租人应当保证船舶在约定航区内的安全港口或者地点之间从事约定的海上运输，承租人违反该规定的，出租人有权解除合同，并要求赔偿因此遭受的损失。总之，船舶租用合同中出租人和承租人之间权利义务的配置，就是船货利益平衡的结果。

4. 海上拖航

海上拖航项下也存在船货关系，比如拖船中发生货物损害而引发船货纠纷，包含承拖方与被拖方相互之间的损害赔偿责任和承拖方或被拖方对第三方的损害赔偿责任，《海商法》第 163 条作出规定，在海上拖航过程中，由于承拖方或者被拖方的过失，造成第三人人身伤亡或者财产损失的，承拖方和被拖方对第三人负连带赔

---

① 参见司玉琢：《海商法专论》（第 4 版），中国人民大学出版社 2018 年版，第 27 页。

偿责任。同时,法律赋予拖航责任方的责任限制的权利,但如何计算责任限额,是以船舶作业(操纵)的拖船的吨位,还是以拖船和被拖船(如果被拖物是船舶)的二者相加的吨位计算责任限额,这进一步涉及船货利益的较量和平衡问题。

5. 船舶碰撞

船舶碰撞发生货损时,同样产生船货关系。船舶碰撞造成财产损失的,《海商法》第 169 条采用过错比例原则承担损失赔偿责任,碰撞的船舶互有过失的,各船按照过失程度的比例负赔偿责任;过失程度相当或者过失程度的比例无法判定的,平均负赔偿责任。碰撞造成第三人财产损失的,各船的赔偿责任不超过其应当承担的比例,而不负连带赔偿责任。[①] 但是,互有过失船舶碰撞造成第三人人身伤亡的,各过失船舶应对此负连带赔偿责任。由此可见,船舶碰撞制度的价值取向是,在优先保护人身权的基础上,对船舶碰撞产生的货物等财产损失,从船货利益的平衡出发,按照碰撞责任比例承担赔偿责任。

6. 海难救助

海难救助是海商法特有的一项法律制度,对遭遇海难救助的船舶、货物和海上其他财产实施救助者有权获取救助报酬。当海难救助存在被救助货物或船上有被救助货物时,自然也涉及货方。《海商法》第 179 条对纯救助实行“无效果无报酬”,通过救助使遇险的海上财产转危为安的,识别为存在救助效果,救助方有权获取救助报酬,这构成海难救助的本质特征,但救助报酬不得超过获救财产的价值,救助方有过失的,救助报酬将予以减少或取消,以致承担损害赔偿责任。与此同时,《海商法》第 22 条规定救助款项的给付请求享有船舶优先权,第 199 条规定救助报酬属于共同海损的,由航程中的各受益方按照各自的分摊价值比例予以分摊,第 204 条对从事救助作业的主体规定其可以作为享有海事赔偿责任限制的适格主体,无论是以自有船舶还是租赁船舶进行救助,均以船舶所有人或船舶承租人的身份享有责任限制的权利,即使救助方不以船舶进行救助,其责任限额按照总吨位为 1500 吨的船舶计算。上述规定在船货利益之间进行了较为充分的协调和平衡。

7. 共同海损

共同海损制度设计本身就是为了在船货双方面临共同危险时,为共同安全或共同利益所做出的牺牲和支付的费用由船货双方共同分担。共同海损的分摊规则虽能够体现海商法对结果公平的价值追求,规定船舶或货物等实际受益方按照受益财产的比例共同分摊海损造成的牺牲和产生的费用,其实质就是通过减轻船方的责任,将相应的责任分配给货方承担,以使船货各方共同在其合理范围内承担海上风险。

---

① 参见傅旭梅主编:《中华人民共和国海商法诠释》,人民法院出版社 1995 年版,第 282 页。

8. 海事赔偿责任限制

海事赔偿责任限制是完全赔偿的一种例外，是通过对船方的倾斜性保护，将海事主体的赔偿责任限制在一定范围内，免除其部分赔偿责任。贸易方作为货方，通过海上运输完成国际贸易而实现盈利，那么，应与船方一起分担海上运输中的特殊风险，以实现在结果上的利益平衡。从这个意义上分析，船方与货方可谓在海上运输中构成利益共同体，航运业的发展同时也有利于贸易者获取更加丰厚的利润，因此，共同分担风险或分配重大海难事故的成本，从而实现现代侵权责任法追求的分配正义的目的。海事赔偿责任限制的产生，就是通过法律的规定将海上风险分摊到相关当事人，促进船货间利益的平衡，由此实现海上运输中的公平。正如有学者指出："海商法可视为一套成本分摊体系，目的是找到一个对所有参与航运业者都最有利的解决方案。"[①]由此观之，海事赔偿责任限制符合海上运输的实际情况，是公平的具体体现，这一制度有效地衡平责任方和受害方的物质利益关系，真正反映公平的深刻内涵。[②]

9. 海上保险

海上保险本身即一套风险分担机制，其主要关涉海上保险的保险人与被保险人，《海商法》海上保险制度或相关规则本身是为了实现二者的利益平衡。在海运货损相关保险中，虽然在形式上仍表现为保险人与被保险人的关系，但保险人的代位求偿权实质上是代位货方，与船方发生关系，其实质上仍是船货利益关系。海上货物运输保险的承保范围，无论是平安险还是水渍险或一切险，以及船舶保险的承保范围，无论是船舶基本险还是附加险，均体现着船方和货方在海上运输中的风险分担机制。

（二）船货利益平衡原则体现海商法的本质、根本价值和指导思想

或许有人质疑，海难救助、船舶碰撞、租船合同等海商法的相关部分，并不必然牵扯到货物或货方，以此论证"贯穿始终"是否过于牵强？"贯穿始终"并不是说每一条文都是船货利益分配的具体规定，而是说船货利益的平衡遍布海商法诸领域。海商法的制度主旨围绕着抵御海上风险，发展航运，分担船货面临的共同风险是应对海上风险的最主要方法，而共同风险的分担实质上就是船货利益的分配。《海商法》第1条阐明了本法的立法宗旨与调整对象，海商法根本价值在于"促进海上运输和经济贸易的发展"，正是通过具体的法律制度来维护各方当事人的合法权益，以实现促进航运业和贸易业共同发展的目的。虽然海商法所涉各方当事人除了船方和货方，还存在其他相关方，但船方和货方之间关系是基础和出发点，船货利益的平衡贯穿海商法始终，与船货方同时发生联系的法律条款占据《海商法》的绝大

---

① 郭瑜：《海商法的精神：中国的实践和理论》，北京大学出版社2005年版，第190页。

② 参见何丽新、谢美山：《海事赔偿责任限制研究》，厦门大学出版社2008年版，第71～74页。

部分。总之,海商法调整对象是贸易和航运两个产业,调整内容是这两个产业主体的权利义务分配问题,其实质是船方和货方的利益分配,船货利益平衡原则体现了海商法的核心,体现了海商法的根本价值。

与此同时,船货利益平衡原则符合法律基本原则的精神和价值。海商法中的船货利益平衡原则有着重要的功能,不仅具有立法准则的功能,各国海商法均以各国的经济基础的本质来确立海商法律制度的出发点和价值立场;而且具有法律适用准则的功能,在司法活动中,以船货利益平衡作出公正、公平的判决。船货利益平衡原则,具有克服成文法有限性和海商法律关系无限性的矛盾,克服海商法的相对稳定性、时滞性与国际贸易航运发展变化、变动不居的矛盾的功能,特别在司法过程中具有指导司法机关正确进行创造性活动、遵循正确的产业利益判定和保护宗旨,从而达到正确保护国家利益的功能。① 因此,船货利益平衡被认为是一个超越具体法律规制的抽象原则,是海商法的基本原则,体现海商法的本质和根本价值,体现其指导价值和经济基础的本质。②

可以说,船货利益的平衡所追求的公平不仅仅是形式意义上的公平,也是实质意义上的公平,这种公平以利益和成本的平衡为特征,谁可能获得更大的利益,谁就应该承担更多的风险;谁投入的成本大,谁就应该得到更多的保护。③ 如承运人的不完全过失责任制,就是通过制度化的设计安排,通过对承运人倾斜性的保护,从而使船货双方共同合理地承担因海上风险而造成的损失,在实质结果上实现了各方责任的公平。④ 海事赔偿责任限制制度作为海商法独具特色的法律制度,也是通过直接牺牲受害方(货方)获取全额赔偿的权利以达到将海事责任主体的赔偿责任限制在一定范围内的目的,虽有观点认为这种制度过分保护船方的利益,违背了公平原则,⑤但运用价值理论对船货双方的权利义务进行量化后发现,船方与货方构成"海上命运共同体",虽从形式上言,海上风险的存在直接威胁的是船方的利益,货方在交货后不用承担此种风险,但是,不能局限性地看到海商法对船方的保护,而忽略了两者在面临风险上的差异。海商法追求的公平,不仅是照顾经济上弱势的一方,更是关注成本的付出和风险的投入。⑥ 海事赔偿责任限制基于海上运输

---

① 参见李天生:《船货利益平衡原则研究》,法律出版社 2012 年版,第 63 页。

② 参见李天生:《船货利益平衡原则研究》,法律出版社 2012 年版,第 49、58 页。

③ 参见郭瑜:《海商法的精神:中国的实践和理论》,北京大学出版社 2005 年版,第 67 页。

④ 参见胡正良、赵迪:《海商法价值的理论证成与实现路径》,载《东北师大学报(哲学社会科学版)》2020 年第 2 期。

⑤ See Grant Gilmore & Charles L. Black, *The Law of Admiralty*, Foundation Press, Vol. 10:4(a)(1975).

⑥ 参见何丽新:《论新民商立法视野下〈中华人民共和国海商法〉的修订》,载《中国海商法年刊》2011 年第 2 期。

的实际情况，有效地衡平责任方和受害方的物质利益关系，将责任方的赔偿责任限制在一定范围内，这是船货利益原则的实质体现。因此，只有以船货利益平衡原则为指导，才能在分担海上风险机制中构建实质公平的海商海事制度。

第二节　船货利益平衡原则的司法适用现状

利益法学派的先驱黑克，将利益衡量适用于司法裁判领域，他指出对于私法来说，法官的判决居于每一种方法论的中心。[①] 船货利益平衡原则体现了海商法的特殊性，对指导我国海事司法有不可忽视的作用。《海商法》条文中虽没有关于船货利益平衡原则的明确规定，但船货利益的平衡是直接以船货来区分航运交易各方的不同法律地位，更好地体现海商法的核心价值，也有利于指导我国海事司法活动，特别是在海商法存在漏洞的情形下，法官运用这一原则进行说理时或是解释《海商法》条文时，也更具说服力。为了解船货利益平衡在海事司法的适用情况，本书基于最高人民法院 33 个相关判例，研究船货利益平衡原则的司法适用现状，并对如何运用该原则指导司法活动进行探析。

在“北大法宝”检索最高人民法院截至 2020 年 12 月 31 日并以海事海商纠纷为案由的全部判决书，共得到 88 条记录，含 63 份判决书，最早的一份判决书出现在 1996 年。探究船货利益平衡原则的司法适用现状，必然关涉船方和货方，故剔除没有体现船方或者货方的案件 30 个，剩余 33 个判例，以此作为实证分析的基础进行研究。值得说明的是，分析上述判例中船货利益平衡原则的司法适用现状，主要从利益偏向和适用方式两方面入手，结合案件事实的认定并融合法律适用、法律解释或是在争议问题中存在的两种以上推理结果等予以判断。从中发现，除极少数的案件直接以船货利益平衡作为裁判依据[②]外，多数案件的裁判并没有明确阐述或予以说理，但均渗透船货利益的考量，使得判决结果事实上维护了船方或货方的利益。

---

① 参见[德]菲利普·黑克：《利益法学》，傅广宇译，商务印书馆 2016 年版，第 21 页。

② 在“浙江隆达不锈钢有限公司诉 A. P. 穆勒马士基有限公司海上、通海水域货物运输合同纠纷再审案”中，基于马士基公司是否应为涉案货物安排改港或者退运，法院认为“为合理平衡海上货物运输合同中各方当事人的利益，在托运人可以行使请求变更运输合同权利的同时，承运人也相应地享有一定的抗辩权。如果变更运输合同难以实现或者将严重影响承运人正常营运，承运人可以拒绝托运人改港或者退运的请求，但应当及时通知托运人不能执行的原因”。详见最高人民法院民事判决书，(2017) 最高法民再 412 号。

一、司法适用船货利益平衡原则的考量因素

（一）事实认定

法院在案件审判中，以法律为大前提，以案件事实为小前提，通过推论得出裁判的结论。① 在海事司法中，并非所有案件在相同的证据基础上，都会得出相同的事实认定，而对案件事实认定的不同，船货利益分配上的结果亦不同。例如在“加百利轮案”中，②投资公司所属的“加百利”轮发生搁浅事故后，投资公司授权上海代表处委托南海救助局派出两艘船到现场协助“加百利”轮脱浅，承诺无论能否成功协助脱浅，均同意按每马力小时3.2元的费率付费，且约定了计费周期。另外，投资公司请南海救助局派遣一组潜水队员，还提出租用另一艘船，并承诺支付相应费用。与此同时，湛江海事局决定对“加百利”轮采取强制过驳减载脱浅措施。之后，“加百利”轮利用高潮乘潮成功脱浅。由于投资公司一直未付救助费用，南海救助局请求法院判令投资公司和上海代表处连带支付救助费用。最高人民法院认为，如果当事人有明确约定，不论救助是否成功，被救助方都要支付报酬，同时满足计算报酬的标准是救助船舶的每马力小时和人工投入成本等的，该合同应认定为雇佣救助合同。由于雇佣救助合同并非我国《海商法》规定的“无效果无报酬”的海难救助合同，因此不应适用《海商法》第183条的规定。在《1989年国际救助公约》和我国《海商法》对雇佣救助合同缺乏具体规定的情况下，本案应适用我国《合同法》的有关规定，而按照合同相对性，不应当追加货主作为第三人来参加诉讼，有关报酬和费用应按照合同的约定由船方承担。可见，在本案中，法官认定案涉合同是雇佣救助合同，不属于海商法中的“无效果无报酬”救助合同，因此得以适用合同法，进而排除了货方作为救助报酬的承担主体，经由事实认定客观上保护了货方利益。

（二）法律适用与事实认定相结合

在“哈池曼海运公司与上海申福化工有限公司（以下简称申福公司）、日本德宝海运株式会社海上货物运输合同货损纠纷再审案”中，③案涉的苯酚装船后，承运人签发了清洁指示提单。后申福公司经过背书受让了该份提单，并以此在卸货港提取了货物。因航运期间苯酚色度升高导致发生货损，申福公司起诉要求承运人和实际承运人承担赔偿货物损失的连带责任。最高人民法院认为，因本案无涉修复费用，故根据《海商法》第55条规定，应以货物实际价值差额，也就是以货物受

① 参见张卫平：《民事诉讼法》（第4版），法律出版社2016年版，第228页。

② 详见交通运输部南海救助局诉阿昌格罗斯投资公司、香港安达欧森有限公司上海代表处海难救助合同纠纷再审案，最高人民法院（2016）最高法民再61号民事判决书。

③ 详见最高人民法院（2013）民提字第6号民事判决书。

损之前和之后的到岸价之差来计算货损。该案货物运输的期间正是国内苯酚市场价格发生很大波动的时间段,二审法院采用实际价值差额法计算出的货物损失额并不准确,该项结果既包括因苯酚色度升高所致的贬值损失,也包括因市场价格下跌带来的市价损失,此不符合《海商法》第55条的规定。最高人民法院采取货物贬损率的计算方法,以目的港货物完好无损的情况下的市场价值减去受损情况下的销售价值,再除以前者,计算出贬损率,再以贬损率来得出货物因色度升高带来的价值损失额。二审法院采用的货物实际价值差额法,虽然符合《海商法》第55条的文义解释,但在本案中,苯酚的货物价值在案涉期间有很大波动,海运时间较长这一因素带来的影响因此被放大,最高人民法院采用的货物贬损率这一计算方法,能够有效地避免这一影响,市价损失并不是合同违约所致的结果,排除该项损失才真正符合合同违约赔偿的因果关系,且该结果在船方的合理预见范围内。可见,最高人民法院在适用《海商法》第55条时,并非机械地理解"货物实际价值",而是衡平了船货利益,较为准确地解读了该条立法目的,船方负担的仅是货物安全运输的风险,海上运输期间发生的市场变动风险属于贸易风险,应由货方承担。本案结合案件事实的特殊性,在法律适用时,合理分配船货双方的风险负担,较好地保护了船方利益。

(三)法律解释

法律解释在某种程度上可以理解为对法律规则文义的澄清与确定,其背后并非没有价值考量的成分。[①] 法官通过运用不同的法律解释规则和方法,对相同法律条文进行解释,可能得出不同的结论,进而实现的是不同的船货利益分配。在"海柏渔业公司(以下简称海柏公司)与太海株式会社(以下简称太海会社)、上海翔远水产食品有限公司定期租船合同纠纷、货损纠纷上诉案"中,[②]太海会社向海柏公司期租其"海柏3号"外循环活水舱运输船承运活海鳗。承租人的代表曾登船查看,对船舶的技术状况没有异议。该船起航后在公海泵入海水,船员也按照指示给舱内海水供氧。之后,船舶接通知靠码头准备装货。1993年7月5日下午5时10分至次日的凌晨1时30分,卖方先后将两批活海鳗运至码头并装在船舶的2、3、4号舱内。当日,船员按要求向各个货舱放入冰块。装船后过了5个半小时,2、3号舱的海鳗被发现已经全部死亡,至7月8日中午时,4号舱内的海鳗也全数死亡。后太海会社起诉要求海柏公司赔偿货物损失。海柏公司提出反诉,要求太海会社赔偿租金损失和因处理纠纷而支出的费用。最高人民法院认为,《海商法》第134条规

① 参见[德]齐佩利乌斯:《法学方法论》,金振豹译,法律出版社2009年版,第59页;[德]卡尔·拉伦茨:《法学方法论》,陈爱娥译,商务印书馆2003年版,第193页。

② 详见最高人民法院(1997)交提字第3号民事判决书。

定的“安全港口”应是一个广义的概念,不仅是指船舶航行安全,而且还包括保证这一港口可以使得船舶安全地收受、装载、运输、卸载、交付货物,安全地完成约定的海上运输。“海柏 3 号”作为活水舱运输船,运输活海鳗就需要在海水港口完成装卸,保证该船自始至终处在舱内海水能进行外循环状态下来装运活鱼才是安全的,因此,淡水港是不安全港口。太海会社违反了《海商法》第 134 条的规定,也即违反了租船合同的约定,应承担违约责任以及赔偿由此造成的损失。在本案中,最高人民法院对安全港口的解释,实际上超过了安全港口的文义解释范围,虽然我国海商法对“安全港口”没有明确的界定,但实务中通常仅指船舶的航行安全。在“东方城轮案”(The Eastern City)中,席勒(Seller)大法官为“安全港口”下了一个经典的定义:“如果一个港口能使特定的船舶在抵达、进港、在港停泊和离港的整个相关期间内,在没有异常事件时,不会处于良好的航海技术和海员技能所不能避免的危险之中,该港口就是安全港口。”①这个定义对危险的表述显然指的是航行危险,有争议的多是对“异常事件”的界定。安全港口的保证实际上是对出租人和承租人面对的不同风险的协调,是对船货利益的再分配,承租人需要承担的仅是在指定港口面临的无法以良好的航海技术和海员技能来避免的通常危险所带来的损失。② 最高人民法院认为安全港口的保证还应包括保证装货和卸货的安全,这实际上加重了承租人即货方的责任。本案正是通过法律解释的方式,通过对“安全港口”的扩张解释,渗透着船货利益平衡的精神。

在“港捷国际货运有限公司与山西杏花村国际贸易公司海上货物运输合同纠纷案”中,③最高人民法院对《海商法》第 257 条规定的“应当交付货物之日”的解释也受到船货利益平衡的影响。最高人民法院认为:应当交货的日期是指承运人在货物运输正常的情况下,货物到达目的港,具备交付的条件,且收货人可以提货的日期。提单持有人没有在合理的期限内提取货物,并不影响诉讼时效的起算。“应当交付货物”是根据正常履行合同推算得出的,这当然包括交付货物的过程,否则如果提单持有人一直不来提货,时效就无法起算,这不符合时效制度的规范目的。根据该解释,本案托运人提起诉讼时已超过了一年的诉讼时效。本案中,由于海关、税务的原因,收货人的提货耗费了很长时间,但最高人民法院将承运人向收货人交货的时间与收货人完成通关提取货物的时间进行分离。很显然,根据该条文的文义解释,并不能当然地得出“应当交付货物之日”不同于“收货人提取到货物

---

① 孟于群:《安全港口的定义——“海洋胜利”轮案评析》,载《中国海商法研究》2019 年第 3 期。

② 参见孟于群:《安全港口的定义——“海洋胜利”轮案评析》,载《中国海商法研究》2019 年第 3 期。

③ 详见最高人民法院民事判决书,(1997)交提字第 3 号。

之日”。本案的一审法院和二审法院均认为,承运人没有收回正本提单,不具备交付货物的前提条件,也就不满足“应当交付货物”的情形,诉讼时效因此无法起算。但最高人民法院在提审本案时认为,“提单持有人迟迟不提货,该时效就无法起算,这不符合法律规定时效制度的目的”。可见,由于立法语言本身的语用属性,且通过司法能动性的权衡、选择,法律解释的结论多样性是无法避免的。最高人民法院在本案中对诉讼时效起算的界定,暗含着一个潜在理念“如果按照一审法院和二审法院的界定时效起算方法,明显对承运人不公平,因此予以纠正”,这就是渗透性地运用船货利益平衡原则解释法律条文的结果。

(四)对争议问题的立场

海商海事纠纷存在不同当事人的利益归属和较量,不同的立场不仅仅意味着不同的观点,还往往伴随着观点背后代表的利益的碰撞。如多式联运经营人的赔偿责任制中,一种是统一责任制,对多式联运经营人即船方的负担较重;另一种是网状责任制,偏于保护多式联运经营人的利益,倾向于保护船方。在“青海省民和经贸有限责任公司与中国外运天津集团有限公司海上货物运输合同纠纷上诉案”中,①1999 年 10 月 30 日,原告与朝鲜真诚合作公司签订出口印染布销售合同。2000 年 6 月 8 日原告向被告出具了货物进出口委托书。同日,原告、被告双方签订了多式联运合同。2000 年 6 月 20 日,应被告要求,原告向被告出具了声明,声明内容为:指定朝鲜真诚合作公司为唯一收货人,提单只作为议付单据。同日,被告签发了联运提单,该提单托运人提供细目一栏中注有“仅作议付用”字样。被告将货物从天津港经海运至大连后转公路运至丹东,同年 6 月 27 日在丹东将货物交付中国外运丹东公司进行铁路运输。原告诉被告无正本提单放货,致使原告不能收回货款,诉请判令被告赔偿原告货款损失。因本案发生纠纷的运输区段是铁路运输,最高人民法院采网状责任制,认为:根据铁路运输的有关规定,承运人并没有收回正本提单的义务。该判决以保护船方利益为取向,反映了法官对不同价值的判断和选择,包含着船货利益平衡的结论。

二、船货利益相关司法案例的数据分析

对上述收集的 33 份判例进行研判后认为,偏向船方的判例有 13 个,偏向货方的判例 4 个,没有偏向的有 16 个。(见图 7)若将全部案件分为两类,可以发现有利益偏向的案件共 17 个,约占总数 52%;没有利益偏向的案件共 16 个,约占总数的 48%。所谓“没有船货利益偏向”,就是指通常意义上衡平船货双方利益。综合

---

① 详见最高人民法院民事判决书,(2002)民四提字第 9 号。

而言，这两大类案件的数量占比相差甚微。值得说明的是，虽然选取案件的基数不大，但对相关案件已基本实现了查全与查准，可"以小见大"地分析最高人民法院对于船货利益平衡的基本观点。从数量上看，偏向船方的案件数是偏向货方案件数的约3倍，由此可见我国的海商海事司法判例中，以船货利益作为考量因素进行裁决时，偏向保护船方的利益。从时间角度考察，前述33份判例中，1996年至2014年，共有23个案件，没有出现明显偏向货方的判例，有利益偏向的案件都是偏向船方的，共有11个，剩余12个案件是没有利益偏向的。2015年出现第一份偏向货方的判例，[①]2015年至2019年的10个判例中，明显偏向船方的有2个，明显偏向货方的有4个，没有明显偏向的有4个。由此分析，从2015年出现偏向货方的判例之后，偏向货方的判例逐渐增多。2015年至2019年，在仅有的6个有利益偏向的案例中，偏向货方的判例数量是偏向船方的2倍。从另一层面反映，随着我国经济的快速发展和进出口货物的大幅度增加，司法活动中越来越重视维护货方的合法权益。

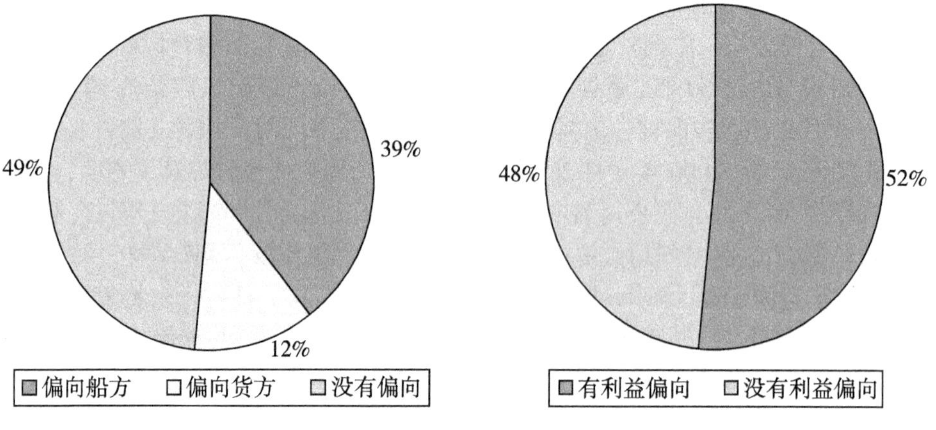

图7　涉及船货利益的司法判例分布

三、衡量船货利益层面的动因梳理

（一）司法能动性使然

事实认定、法律适用、法律解释和对争议问题的立场都是法官的司法过程，而司法过程充盈着司法能动性。[②] 司法能动性的目标在于对立法与行政进行纠偏，使

---

① 参见中国人民财产保险股份有限公司沈阳市分公司诉A.P.穆勒－马士基有限公司等海上、通海水域货物运输合同纠纷再审案，最高人民法院（2015）民提字第225号民事判决书。

② 参见周赟：《司法能动性与司法能动主义》，载《政法论坛》2011年第1期。

之符合法治的现实状态。[①] 司法能动性在海事司法中又往往表现为船货利益平衡原则的渗透,这不仅是因为受“利益衡量”这一司法裁判方法影响,也是船货利益平衡原则作为海商法的基本原则或基本精神所奠定的。当然,裁判结果也受到法官的个人素质和能力的影响。“完美法官可以依据法律原则进行建构性法律解释,从而在任何案件中达到唯一正解的结果”[②],现实世界中并不存在理想化的“完美法官”,法律原则的适用单纯依靠法官的个人理解可能会导致对法律原则价值的曲解,进而造成司法裁判不公。法律原则的多义性,使法官有了选择的空间。“完美”的法典只存在于理性主义的世界,法官也不可能完全机械地适用法条,法官的价值观、经验,或是社会道德和现实利益等都会影响案件的审判结果。在这一前提下,影响审判结果的现实利益在海事审判中表现为船方与货方的利益,法官进行利益衡量的对象就是船方和货方的利益,这是船货利益平衡的基本原则定位所决定的,海事审判的司法能动过程离不开这一原则的运用。海事立法必须通过法官的“协助”才能显现出其规范意图,面对特定案件所处时空中的船货利益博弈,只得仰赖于法官发挥能动性进行协调,完成立法的具体规范意义。

(二)《海商法》的立法规定

法律原则的适用通常仅仅存在一些评价标准,且评价标准因人而异,缺乏具体内涵,裁判者运用法律原则予以裁判,则不可避免地带上了个人法律经验和价值取向的烙印。法官发挥司法能动性依据的基础是具体法律规范,司法适用的结果是“用法之法”的具体体现,而“用法之法”是“立法之法”在法官能动性作用下的显现。可以说,形成的现今判决是法官对我国海商立法条文解释和应用的结果,海商立法对船货利益的平衡是司法适用船货利益平衡原则的基础。就上述的案例数量分析,法官倾向保护船方利益的判例明显多于倾向保护货方利益的判例,我国海事司法适用总体上偏向于维护船方利益。

就现行《海商法》的立法规定,从船方维度与货方维度的制度和条款进行研读分析,《海商法》在规定托运人的责任和义务的同时,虽然相应地规定承运人的责任和义务,但是由于承运人存在 12 项免责事由,实行不完全过失责任制,且赋予承运人单位责任限制的权利,船方的这些“消极权利”远远多于货方的损害赔偿请求权。另外,很多权利都是单向赋予承运人的,比如货物留置权、危险品处置权,在有利益取向的立法条文总量上,偏向船方的显然高于偏向货方的。因此,本书认为,《海商法》在立法规定上偏向船方利益,这种立法条文所体现出来的船货利益的维度更大程度是船

① 参见周珂:《适度能动司法 推进双碳达标——基于实然与应然研究》,载《政法论丛》2021 年第 4 期。

② 刘小牛:《法律原则适用的困顿:以诚信原则为例》,载《江淮论坛》2011 年第 2 期。

方利益维度,这与我国海事海商司法判例总体上呈现出的船方利益维度相一致。

(三)船货利益的时空性

既然我国海商立法保护船方利益倾向性较为明显,那么为何在 2015 年后出现了偏向货方利益的判例？究其原因,本书认为这是船货利益平衡原则的特性之一——时空性的体现。这里的时空性仅针对纵向历时性,不涉及横向共时性内容。船货利益平衡的纵向历时性是指在不同历史阶段,海商法对船货利益进行不同程度、不同角度的调节。[①] 由于航海技术的飞速进步,海上特殊风险对船货利益平衡的影响日渐微弱,产业利益的影响则日益突出,与此同时,海商法的调整对象决定了对外贸易的产业利益是不容忽视的。从国家统计局历年的全年年度统计公报中对外经济部分的数据可以发现,我国对外贸易产业近 20 年来呈现出平稳较快增长的趋势。进出口货物贸易是对外经济关系的主要形式,图 8 直观、全面地展现了 2000 年至 2020 年我国进出口总额和增长速度,以此可以窥见我国对外产业的发展趋势。

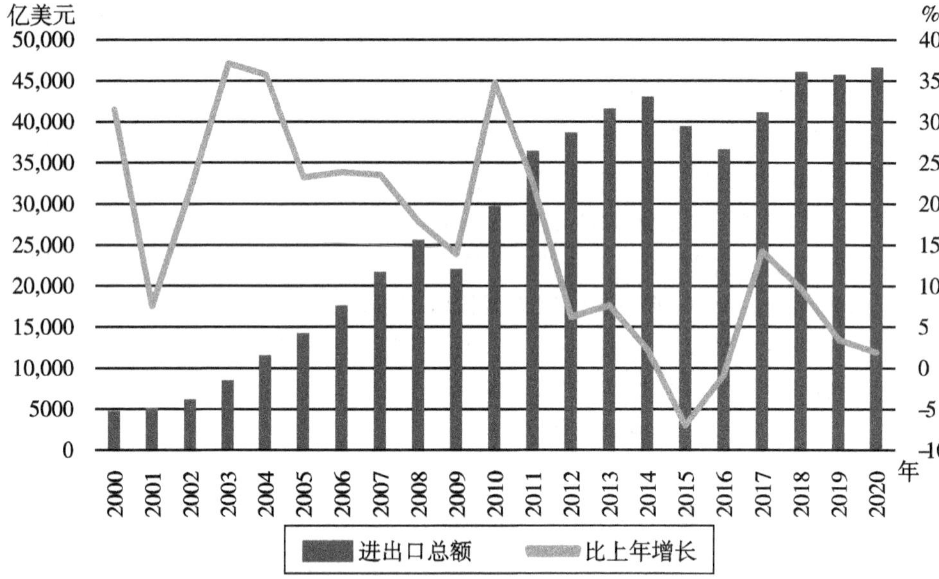

图 8　2000～2020 年中国进出口总额及增长速度

资料来源:国家统计局 2000 年至 2020 年历年的全年年度统计公报。

注:2014 年以后,我国的进出口总额以人民币作为货币单位计算。为了货币单位统一,故按照国家统计局当年美元兑人民币的平均汇率换算成美元,但增长比例直接援引国家统计局按照人民币计算出来的数值。

---

① 参见李天生:《船货利益平衡原则研究》,法律出版社 2012 年版,第 153 页。

从图 8 可以看到,2000 年至 2011 年对外经济发展迅猛,2008 年和 2009 年受世界经济危机影响,增长速度减慢,除了 2001 年、2008 年和 2009 年这三年,其余 9 年的增长速度都超过 20%。2011 年以后,尽管增长速度偏缓,但是 2012 年至 2019 年间的平均增速也不低于 4%。即便是在受新冠肺炎疫情影响的 2020 年,我国进出口总额也保持增长,2020 年达到近 20 年来的最高值,超过 45,000 亿美元,约为 2000 年进出口总额的 9 倍之多。由此分析,这 20 年来我国的对外贸易产业和航运业的利益格局发生了较大变化,外贸利益、货主利益已不容小觑。仅从国内的进出口总额变化趋势分析或许有些片面,但与全球的进出口贸易相比,能更具说服力,图 9 是我国 2000 年至 2019 年进出口总额在世界占比及世界排名的变化情况。

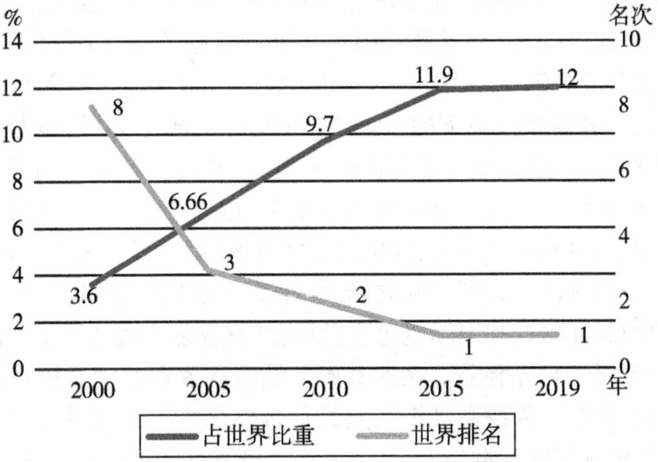

图 9　2000～2019 年中国进出口总额占世界进出口总额比重及排名

资料来源:国家统计局 2008 年、2016 年、2020 年国际统计世界年鉴。

2015 年中国进出口总额已跃居世界第一,与 2000 年相比,前进了 7 名,且 2015 年进出口总额占世界比重已高达 11.9%,占比超越 1/10,是 2000 年进出口总额的 3 倍之多。由此可见,我国已逐步从贸易大国向贸易强国的地位转变,货主的产业利益越发突出,对货主的保护越发有现实的必要性。尽管 2015 年并不是必然的时间转变节点,但是出现偏向货方的判例这一拐点势必出现,只是出现的时间早晚稍有不同。船货利益平衡原则的纵向历时性受产业利益影响明显,在我国对外贸易产业快速发展的作用下,法官必会对船货利益进行不同角度的协调,出现偏向货方判例的可能性增大。虽然法官进行利益衡量首要依据的是现行法,但船货双方的产业格局较《海商法》立法时已发生巨大变化,彼时的船方、货方的利益经衡量已经凝固为海商法的制度利益,而此时的法官裁判更趋向于实质正义的探寻,在司法裁判中通过法律解释等方法对条文进行价值补充,这正是结合整个社会背景考量不同时期的船货产业格局而合理分配船货双方的利益的结果。

四、船货利益均衡的司法立场之证成

(一)向货方倾向保护的司法步伐不宜过快

《海商法》立法规定虽然倾向于船方,但自2015年以来最高人民法院司法判例中倾向于保护货方利益判决的陆续增加,正是司法活动中受船货利益平衡原则影响的例证。海商法作为协调产业利益的法律,依据各国不同的船货力量进行利益配置,可能表现出偏向船方、偏向货方或是均衡二者的不同立场。运用船货利益平衡原则指导我国海事司法的前提是确定中国当前的船货利益立场。

我国既是航运大国,也是贸易大国。从统计数据看,2019年我国的贸易总额居美国之后,排名世界第二。[①] Vessels Value公布2021年11月最新10大船东国,中国位列第一。[②] 在疫情笼罩下的2020年,全球经济低迷,而中国是全球外贸唯一正增长的主要经济体,成为全球外贸第一大国。[③] 在这一利益格局下,我国应当采均衡船货利益的立场。对此一种相反观点认为,这一结论是在分别看待国际贸易和国际航运产业的数据后得出的,我国的事实并非如此,如李天生教授以二者对比的数据得出我国是倾向货方利益的立场。[④] 他先是从国民经济理论和产业经济理论角度分析中国的外贸业和国际航运业,得出外贸业是远远重要于国际航运业的,货方利益远远重要于船方利益。在此基础上结合国家利益理论进行研究,对比二者对国家利益中的核心利益和经济利益的促进作用大小,主要从经济增长和就业的数据分析,得出从国家利益出发,货方利益重于船方利益,据此得出偏向货方利益的观点。[⑤] 对此,本书认为该观点的结论不够准确。

一方面,以国民经济理论和产业经济理论的角度比较国际航运产业和外贸产业,得出外贸业的利益重于国际航运业是必然的。即便是在20世纪80年代,《海商法》起草的时候,外贸产业对经济增长和发展、对外经济关系以及宏观调控方面的影响也显然大于国际航运业,国际航运产业在国民经济总量中的占比太小,难以

---

① 参见《2019年,世界各国对外贸易总额排名》,载财经国家新闻网2020年11月6日,http://www.ennweekly.com/thinkers/2020/0116/48637.html。

② 参见《Top 10 Ship Owning Nations & Regions》,载信德海事网2022年1月5日,https://xindemarinenews.com/en/market/2022/0105/35357.html。

③ 参见《不负众望!2020年中国贸易额达32.16万亿,成为全球外贸第一大国》,载腾讯网2021年1月15日,https://xw.qq.com/amphtml/20210115A0CDHD00?ivk_sa=1024320u。

④ 参见李天生:《船货利益平衡原则研究》,法律出版社2012年版,第298、306页。

⑤ 参见李天生:《船货利益平衡原则研究》,法律出版社2012年版,第284~308页。

与外贸产业相较。同样地,在产业经济理论的角度下,由于外贸产业本身的产业特点"产业关联性强、作为主导产业、需要国家予以特别产业维护",已经从根本上决定了在这一理论下,无论在何种时空背景下,二者相较的结果肯定是外贸产业重于国际航运业。在这两个经济理论下进行比较,外贸产业有着天然的优势,无论哪一时段都会得出这一结论,那么在这样的理论角度下讨论船货利益的立场就失去了现实基础。

另一方面,经济利益作为评价指标,备受质疑。结合国家利益的核心是经济利益辨析船货利益大小,主要是比较二者对经济增长和就业两方面的作用。但是,实际上只要是围绕经济利益,即便是在20世纪80年代对外贸易微乎其微的产业格局下,也会得出货方利益重于船方利益的结论。具体来说,《海商法》是1981年开始起草,1992年11月7日通过,以20世纪80年代的数据,按所采用的方式计算,在经济增长方面,1980年的外贸依存度[①]约13%,1990年的外贸依存度约30%。[②]在就业方面,出口型企业以及出口导向性企业这两类就业几乎涵盖了工业就业的全部增量,我国1980年工业就业人数为7707万人,1990年为13,856万人,[③]增长了6149万人,可以说,国际贸易直接带动的就业人数就有6000万人左右。据统计数据,[④]每出口1亿元的工业品,可以为1.2万人创造就业条件,按1999年的出口规模计算,中国出口的工业品可以增加的就业人数约为4000多万人。同时,进口也有利于就业发展,以国内每亿元的工业生产成本约可提供8000个劳动岗位来测算,1998年进口的生产资料可为约3000万人提供就业机会。这一结果与李天生教授计算得出的2003年到2008年的航运行业的数据,存在很大出入。[⑤]

所以,只要是认为我国航运贸易领域的核心利益已由安全利益转变为经济利益的,即便在对外贸易产业相对较弱的情况下,采用以经济利益评价船货利益的方法,也会得出货方利益远重于船方利益的结果。对外贸易产业作为一个大产业,与经济的各个产业的关联度都较高,其产业本身的特点决定了其在经济层面与航运业相较的绝对优势。因此,本书认为,以外贸利益大于航运利益为由简单定性我国应持货主国立场并不准确。从上述对比的数据分析,此判断结论缺乏科学性,而以

---

① 外贸依存度,即一国的外贸总额在国内生产总值(GDP)中所占的比重。

② 参见杨玉华:《国际贸易对就业的影响——中国1978—2005年对外贸易与就业关系研究》,经济管理出版社2007年版,第81~82页。

③ 参见杨玉华:《国际贸易对就业的影响——中国1978—2005年对外贸易与就业关系研究》,经济管理出版社2007年版,第143、164页。

④ 参见《新中国50年系列分析报告之十三:对外贸易多元扩大》,载国家统计局网1999年9月28日,http://www.stats.gov.cn/ztjc/ztfx/xzg50nxlfxbg/200206/t20020605_35971.html。

⑤ 参见李天生:《船货利益平衡原则研究》,法律出版社2012年版,第302页。

我国的国际贸易业和国际航运业在全球的占比的数据来看,或更为合理。辅以最高人民法院的判例论证,2015 年到 2020 年,共有 10 个有船货双方的判例,其中偏向船方的有 2 个,偏向货方的有 4 个,没有偏向的有 4 个,即使是在我国已逐步成长为贸易强国的当下,偏向货方的判例数量也没有体现出绝对多的优势。综上,在目前的船货利益格局下,向货方倾向保护的海商司法活动步伐不宜走得太快,采用均衡的船货利益司法立场更为可取。

(二)船货利益均衡的司法立场之思考

"平衡"与"均衡"不同,前者是一种价值目标,是指使得船货利益达到总量上的平等,可能采取的立场是倾向船方或倾向货方抑或均衡双方,但司法适用总体上表现为不倾向任何一方;后者是指在船方和货方利益分配上不倾斜。对于上文分析而得的均衡观点,如果仅以理论阐述未免流于抽象,因而本部分将结合最高人民法院关于提单批注效力的判例加以阐述。

虽然我国《海商法》赋予承运人在提单上进行合理批注的权利,但提单项下的不知条款的效力在理论和司法实践中都存在争议。不知条款表现形式通常为:发货人装箱、计数并加封(SLAC-Shipper's Load and Count)、据货主称(SBS-Said by Shippers)等。[①] 提单批注不知条款效力如何,承运人是否能据此主张免责?在"中海发展股份有限公司与中国(福建)对外贸易中心集团海上货物运输合同纠纷提审案"中,[②]最高人民法院认为:案涉的提单批注有效。提单记载了货运站到堆场(CFS/CY)的交接方式,《海商法》及相关法律对此没有加以规定,也没有可以适用的国际惯例。虽然《海上国际集装箱运输管理规定实施细则》规定了在此种交接方式下,在装货港集装箱货运站由承运人按件接货同时负责装箱,但该规定并不排除合同双方对集装箱装箱责任人的另行约定。提单中虽有注明"CFS/CY"字样,但承运人又在提单上作出"据说装有"和"托运人装箱和点数"的批注。因此,判定本案承运人是否要担责,应根据装货港集装箱货物是否由承运人点数和装箱判断。由于本案货物是由托运人点数并装箱的,说明承运人接收的是整箱货,其只负责箱体铅封完好交付货物,对内装货物的品名、质量不承担责任。托运人在托运单上记载货物品名是氨纶丝(箱内装载的实际为涤纶丝),承运人在提单上根据托运单上的货物品名加以登记,没有过错。因为承运人无法核对集装箱内的货物,在提单上作出的这一不知条款的批注为有效批注,不需承担提单记载不实的责任。由此可以判断,最高人民法院作出的判决倾向保护船方利益。

---

① 参见辜恩臻:《集装箱提单项下不知条款的认定》,载《人民司法》2007 年第 13 期。

② 详见最高人民法院民事判决书,(2002)民四提字第 5 号。

以均衡船货利益的司法立场,若将其适用于本案,则应认为批注无效。在本案中,在承运人签发了提单,已经选择了"CFS/CY"的交货方式的情况下,即便其确与托运人约定的是托运人装箱和点数,在提单中打上"托运人装箱和点数"的批注,也应认为该批注无效。因为"CFS/CY"不仅指交接地点,一般还认为交接方式是"拼箱装整箱拆",这与该不知条款矛盾,实际上由托运人装箱和点数的主张不可对抗善意的提单受让人。如果按提单记载可以确定交接方式,接收的是拼箱货,则承运人要负责点数。允许其另行约定,随意在提单上作出"不知批注"以免除自己点数、装箱的责任,显然是偏向船方利益的立场。船方、货方的利益均衡,要求货方承担固有的货物或贸易风险,船方承担固有的航运风险,不能将各自固有的风险不合理地分配给另一方。承运人和货方所负的责任是不同的。货方要保证所交付货物的质量;承运人要保证货物在其控制运输期间不发生可归责于其的品质变化。货方不能将货物贸易风险变相转嫁到承运人身上,而要求承运人承担集装箱内部查验之义务,显然是偏向货方利益的立场所要求的。因此,均衡船货利益的前提下对《海商法》第 75 条规定的承运人的批注权的理解,应当认为承运人批注是有条件的,即在知道或者有合理的根据怀疑,或者没有合适的方法对提单记载内容进行核对的前提下予以批注,同时批注要说明不符的地方、怀疑的根据或是说明无法核对。如果对承运人在提单上记载信息的核实要求降低,将让提单受让人难以信任提单所载信息,而要通过其他方式予以核实,一方面会增加其贸易成本;另一方面会削弱提单的流转性,加大提单受让人的贸易风险,这都是强加于货方利益层面的不合理配置。均衡的船货利益配置,对提单有效批注的要求体现为船方尽到谨慎注意义务,在客观条件允许的情况下,符合经济运营成本时主动采用合理的方式核对,可以掌握的信息要主动核实,如实记载。比如货物重量,承运人完全可以根据已掌握的信息进行核实,即便整箱货箱体铅封完好,但重量短少,承运人也要承担责任;或者在整箱货运输中,托运人将货物装箱时,如承运人的代理人在现场,其有条件核实,那么也应履行主动核实的义务和责任。

均衡船货利益的司法立场,强调的是某一项义务如果不是船方或货方基本义务所必要要求的或是超过了其本应承担的风险范围,则不可另行增加。由于利益的衡量要求法官主动发挥司法能动性进行考量,其本身带有的主观色彩不可避免,但要克服恣意,遵循一定的方法和设置必要的边界限制。具体来说,司法适用中首先是具体个案的证据或事实认定和现行法的规定,从个案当事人的具体利益出发,在符合时空性的船货利益选择下,结合行业利益和凝固于具体海商法条文下的制度利益,进行综合考量,而不是简单地以判决事实上维护了某一方利益或是平衡了双方利益为基准。法官不是僵硬地适用法律条文,当制度符合船货利益的时空性规律时，该制度利益则不能被破坏，只能在有法律缺陷时加以补充；当制度利益已经不符合船货利益的时空性规律时，应该允许法官通过恰切的法律解释打破它。当后者的情形出现，则法官不必拘泥于立法者当时的立法意图，而是应探究在当下的船货利益格局下，立法者的意图又该如何。在现今，运用船货利益平衡原则指导我国海事司法，要立足于船货利益均衡的司法立场，遵循前述的方法，以《海商法》的规定和案件事实认定为出发点。比如前述提单批注的案件，并非当然地认为，提单批注是对承运人部分责任的免除，就简单的以船货利益衡量之名作出认定批注无效的法律解释。均衡的要求是规范提单批注，禁止任意批注，要求承运人主动履行货物的核实义务，此不仅是保障货方的权益，从长远看，也是对承运人即船方自身利益的维护。总之，从案件的事实认定到法律适用，都存在多个结果，应结合司法能动性，在船货利益平衡原则的指导下，以利益均衡预设具体案件的价值位阶，作出公正公平的裁判结果。

五、司法适用弥补成文法的局限性

成文法存在不合目的性、不周延性、模糊性、滞后性等局限性，这些局限性是以语言作为成文法载体而产生的，是内在的无法靠自身力量完全克服的法律障碍。[①]船货利益平衡原则具备基本原则的不确定性和衡平性，在司法实践中有克服成文法局限性、弥补法律秩序中的缺陷之作用。上述最高人民法院指导案例 108 号“浙江隆达不锈钢有限公司诉 A. P. 穆勒 - 马士基有限公司海上货物运输合同纠纷案”[②]正体现了船货利益平衡原则这一作用，在该案中，最高人民法院认为，因《海商法》没有对航运期间托运人请求变更运输合同的权利加以规范，所以该案适用合同法的有关规定。但《合同法》第 308 条在适用于海上货物运输合同时，应受到海商法基本价值取向的限制。“为合理平衡海上货物运输合同中各方当事人的利益，在托运人可以行使请求变更运输合同权利的同时，承运人也相应地享有一定的抗辩权。”在船舶距离目的港只剩两三天时，托运人才要求承运人改港或退运，承运人予以拒绝，客观合理，应当支持。该案中，货方变更运输合同影响了承运人的正常营运，且承运人难以实现此变更，在此种情况下，如果继续支持货方变更运输合同的权利，船货利益必然失衡。海商法为实现维护各方当事人合法权益的立法目的，必然要求在船货方利益失衡时通过内在的司法运作纠正失衡的船货关系。

我国《海商法》立法条文中虽然没有关于船货利益平衡的明确规定，但船货利

---

① 参见董玉庭、董进宇：《成文法的局限及其法律价值选择》，载《北方论丛》2007 年第 6 期。

② 详见最高人民法院民事判决书，(2017)最高法民再 412 号。

益的平衡体现了海商法的本质目的和根本价值,对指导我国海事司法活动有着不可忽视的作用。只有准确把握我国的船货利益均衡的司法立场,才能真正实现海商法对航运贸易的保驾护航作用。基于此,本书认为,有必要在《海商法》中对该原则予以明确规定,这样不仅能更好地体现海商法的核心价值,也有利于运用该原则指导我国海事司法活动,特别是在成文法存在空白的情形下,法官运用这一原则进行说理时或是通过利益衡量解释海商法律条文时也更具说服力。在《海商法》修订中,应当增加船货利益平衡的表述,可以规定为"处理海事纠纷时,应当遵循船货利益平衡原则,秉持均衡的船货利益立场,合理平衡各方当事人的利益"。

第三节 日本海商法修订中的船货利益平衡之借鉴

日本既是船运大国也是货运大国。在航运业方面,根据日本国土交通省的统计,2020 年日本贸易的 70.4% 是采用海上货物运输;[①]同时,日本也是全球贸易大国,2020 年日本的出口额达 68.4 兆日元。[②] 基于日本的海运情况,在其海商立法内容中,既有对船方直接有力的保护,也有基于船货利益"小心翼翼"的制衡。日本海商法在 2018 年《日本商法典》完成了最新的修改(以 2018 年为界,以下分别简称为旧《日本商法典》和新《日本商法典》),而我国正处在海商法修订的历史转折点上,日本海商法的修改体现出的船货利益平衡理念,值得我国修法时参酌。

一、日本海商法对船方利益的维护

(一)对承运人适航责任规定的变化

新《日本商法典》第 739 条第 1 款保留了旧《日本商法典》对适航义务的内容,规定了承运人"一、确保船舶能够航海;二、确保船员上岗、船舶装备及必需品补给适当;三、确保船舱、冷藏室及其他装载货物的场所适于保存和运输货物"。适航义务是海商法对海上货物运输承运人科以的确保船舶能够在适当的状态下保存、运输货物的义务。对于此义务,根据旧《日本商法典》第 738 条的规定,承运人违反适

① 参见国土交通省「輸送機関別の貿易額の推移」,载 https://www.mlit.go.jp/common/001358400.pdf 参照。

② 参见日本貿易会「日本貿易の現状と課題」,载 https://www.jftc.or.jp/research/pdf/ForeignTrade2021/ForeignTrade2021.pdf(2022.01.01)参照。

航义务的归责原则是无过错责任，这是立法之时参照《海牙规则》国际公约的一般性立场。确保航行的安全性，虽然是承运人的重要义务，但是如此严格归责的规定已经落后于时代。随着船舶科技的发展，百余年后船舶的基础安全性能大大提升，现代航海下对于承运人科以无过错责任原则下的适航义务，未免过重。此外，《日本国际海上货物运输法》第5条第1款也将适航义务认定为适用无过错责任原则。基于减轻承运人责任和统一海上运输的考量，新《日本商法典》一方面统一将承运人的适航义务规定为无过错责任；另一方面，第739条第1款中规定了"船舶起航时若欠缺下列事项，而造成货物的灭失、毁损或迟延的话，承运人应承担损害赔偿责任。但是，承运人若能证明对当时欠缺的事项没有怠于注意义务的话，不在此限"。可见，新法将承运人对适航注意义务转变为过错义务，承运人的相关责任有所减轻，但此过错原则不是一般的过错原则，而是举证责任倒置的过错推定原则，充分保证了承运人对于船舶及货物尽相当的注意义务。

此外，旧《日本商法典》第739条规定，"船舶所有人因自身的过失、船员及其他雇员的故意及重大过失而致船舶不适航造成损害赔偿责任的特别约定条款无效"。此条禁止了对于适航担保能力的免责特约，目的是维护货方的利益，这是立法者对于1888年举行的布鲁塞尔国际商法会议①的过度反应。其结果是，此举令日本国内从事海上货物运输业者负担过重的责任，对海运竞争产生不利的影响。新《日本商法典》第739条第2款规定，"根据前款规定减轻或免除承运人的赔偿责任的特别约定条款无效"，仍然维持了现行法上对于禁止所有免除承运人适航责任的规定，这被认为是海商法立法观念中偏向于维护货方利益的规定。

（二）对托运人科以高价货物通知义务

旧《日本商法典》第578条规定了托运人的高价货物通知义务：托运人委托运输货币、有价证券及其他高价货物时，应告知承运人高价货物的种类及价额。若托运人怠于履行此义务，则免除承运人在高价货物发生灭失、损伤或迟延情况下的赔偿责任。这样的规定在相关国际条约上几乎见不到，并且在比较法视野下也不普遍，②可以认为这是日本海商法对船方的特别保护。高价货物的价值密度高，容易灭失，一旦出现问题，损害额是巨大的。因此，若托运人在缔结运输合同时进行了

---

① 以限制承运人滥用合同自由权利、规范提单的免责条款和规制承运人责任为目的，1888年在布鲁塞尔召开的国际商法会议通过决议，呼吁各国限制提单免责条款。详见傅廷中、杨俊杰：《国际海运立法中分化与协调的百年变奏——以海上货物运输承运人责任制度为视角》，载《法律科学（西北政法学院学报）》2007年第5期。

② 後藤元、増田史子「物品運送契約——運送人の責任・複合運送」海法会誌61巻（2017年）99頁参照。

相关的通知的话,承运人在运输时可以给予特别注意,可以选择投保责任保险或要求货方增加运费等方式平衡运输风险。

新《日本商法典》第577条第1款维持了这一规定,并在第2款新增了例外规定:“下列情况下,前款规定不适用。一、缔结运输合同之时承运人已经知道货物属于高价货物的。二、因承运人的故意或重大过失而致高价货物的灭失、毁损或迟延到达的。”承运人在缔结运输合同时已经知道货物属于高价货物的,不需要托运人履行通知义务,立法明文规定这一点,是对托运人的保护。因为在旧《日本商法典》下,即使承运人在缔结运输合同时已经知道了所运货物是高价货物,若托运人没有履行通知义务,承运人也可以援引高价货物的通知义务进行免责抗辩,这对于托运人十分不利。而承运人故意或重大过失排除适用的规定,同样也是基于对承运人的保护,从公平价值的角度分析,这样的规定相对更加合理。虽然设置高价货物的通知义务的主要目的在于保护船方的利益,但是新《日本商法典》通过新增例外情形,在合理限度内兼顾了货方的利益。

(三)托运人危险货物的通知义务

现今运输业的货物吞吐量不断增加、运输货物种类多样化,相对应地,运输不同种类危险物的可能性也在增加。且与运输普通货物相比,运输危险货物对船舶货仓及其他装货场所的要求更加苛刻,在承运人不知情的情况下运输危险货物可能令船舶实质上不适航,这将带来很大安全隐患。并且,在实际运输货物时,承运人很难每次都对货物的危险性进行确认。承运人为了避免危险货物对运输设备及其他货主的货物造成危害,需要在知晓货物情况的基础上决定是否接受危险货物运输,并在做好必要措施的情况下运输。故而现今的国际条约大多对发货人科以危险货物的通知义务,如《海牙-维斯比规则》《汉堡规则》《国际海运危险货物规则》《鹿特丹规则》等。而日本因为在立法当时缺乏相应的实践,1899年旧《日本商法典》立法时并未以危险货物的运输为对象制定相应的规则。

日本海商法项下首次出现危险货物的规定是在以《海牙-维斯比规则》为参照的《日本国际海上货物运输法》中,日本只在国际海上货物运输领域规定了危险货物的通知义务。而在旧《日本商法典》下,当托运人没有告知承运人货物危险性是运输事故发生的原因的时候,受到损害的承运人对托运人基于运输合同请求损害赔偿时,有必要对托运人预见危险货物的可能性及违反通知义务的事实进行立证。这对于托运人权益的保护十分不利。对此,新《日本商法典》第572条规定,“托运人托运的货物若具有引火性、爆炸性及其他危险性,在交付承运人之前告知承运人货物的品名、性质及其他对运输来说必要的信息”,加之根据《日本民法典》第415条关于债务不履行的规定,可知若发货人违反通知义务而造成承运人损害,应负债务不履行责任,可以立证是由于不能归责于自己的事由的,不负此责任。

值得一提的是,在立法讨论中对于托运人违反危险货物的通知义务所应当承担的责任上,存在很大的意见分歧,有过错责任和无过错责任两种观点。[①] 从运输安全的角度出发,有很多学者主张无过错责任,但是最终立法上却没有对托运人的责任原则作特别规定,这意味着新《日本商法典》采用的是过错责任原则。

危险货物的特殊性质使立法对托运人提出了较高的义务要求,做出特殊的规定,如果托运人未全面适当履行其义务,对由此产生的后果将承担法律责任。就承运人来说,运输危险货物必须比运输普通货物要求更加妥善而谨慎地履行管理货物和适航等基本义务。[②] 所以,新《日本商法典》新设托运人的危险货物通知义务这点,无疑是加强了对于船方的保护。

(四)承运人责任的免除

旧《日本商法典》第588条第1款规定,"承运人的责任在收货人接收货物并支付运费等其他费用后免除。但是如果货物毁损或部分灭失不能被直接发现的,收货人在承运人交付货物后的两周内对承运人发出通知的,不在此限"。此条文是对承运人责任免除的规定,要求收货人在收到货物的至迟两周内发现货物的毁损或部分灭失情况,否则一旦收货人支付运费,承运人责任即免除。可以看出,此条文是基于海上运输中的效率性考量而站在船方的立场上作出的规定,但对于货方利益的保护相对缺乏。新《日本商法典》在此基础上又进一步限制了货方权利,新《日本商法典》第584条第1款在继承旧《日本商法典》第588条第1款的基础上,在承运人责任的特别消灭事由中删去了支付运费和其他费用的要件,允许在货主残存运费支付债务情况下承运人责任的免除。这个规定并未延伸至《日本国际海上货物运输法》所调整的国际海上货物运输中,仅涉及国内海上货物运输。可以看出,新《日本商法典》下国内海上运输中,"收到货物两周内"不能发现隐藏的损害将置货主于危险的地位。新《日本商法典》第584条第2款规定,"在货物交付当时收货人已经知道货物毁损或部分灭失的,前款规定不适用",这根据的是意思自治的原则,货方有权对其权利进行处分。但在实践中,这款规定可能只能由船方进行援引,船方会寻找任何可以证明收货人在收货时已经知道货物毁损灭失的证据以免除其责任。

新《日本商法典》第584条第3款的规定是关于承运人将运输转包的情况,"承运人委托第三人运输的,收货人在规定的期间内向承运人发出通知的,此期间延长为承运人在接受到该通知后两周"。虽然其立法出发点是妥当的,但是将通知期间

① 清水真希子「荷送人の義務の理論的検討」法律時報第3期(2018年)15～20頁参照。

② 参见俞国平:《海上危险货物运输的法律问题》,载《航海技术》2008年第1期。

定位“两周”的合理性存有疑问。该条文第1款规定的两周的期间,是对于不能直接发现运输货物的部分毁损、灭失时规定的收货人发现的必要合理期间;而第3款则是从收货人处收到通知的承运人再转通知转包承运人的期间,这对于要求货主在直接发现损害的时候应即时提出异议的做法来说,是有失平衡的。可以说,“承运人责任的免除”这一条文完全是站在船方的角度对货方的权利进行了限制。

(五)海运单规定的新设

船舶技术在近百年间得到了高度发展,航速的提升导致单独运送的提单反而可能比货物晚到达目的地,因此附保函的无单放货情形普遍存在,提单面临存亡危机。在日本现今的国际海上货物运输实践中,主要航线已经由欧美航线转变为亚洲航线,集装箱船的普及使得海上货物转运减少,集团公司内部的贸易量增加也导致日本的运输单证向流通性降低的方向不断发展,不记名提单已经很少使用,而记名提单和指示提单也逐步向海运单靠拢。① 新《日本商法典》体现了对于海运单的认可与关注,根据新《日本商法典》第770条的规定,承运人或船长在托运人或租船者有请求时,除了已经交付了提单的,收货或装货时应交付海运单。海运单记载的内容与提单相同,可以通过电子的方式交付。货物运输中只要交付了海运单,则承运人或船长便不再具有提单交付义务。海运单对于船货双方都有好处,可以增强对于海上货物运输关系的安定感,减轻提单法律问题造成的保管、管理压力。海运单的创设,尤其对船方有利,提单项下的回收管理义务在海运单项下并不存在,这减轻了船方的责任,并且流程的简化也降低了船方的相关营运成本。

二、日本海商法对货方利益的平衡

(一)承运人过错推定责任原则的确立

目前国际上的承运人责任原则有两种:《海牙－维斯比规则》中采用不完全过错责任原则,即承运人对适航义务、管理货物义务等负无过错责任,而对船长、船员及其他雇员在驾驶船舶或管理船舶中的过失行为,或者火灾中的过失行为造成的货物灭失或毁损,可以免责;《汉堡规则》《鹿特丹规则》中采用完全过错责任原则,承运人对船长、船员及其他雇员的过失行为造成的货物灭失或毁损均须承担过错责任。实行不完全过错责任原则,允许承运人对船员在驾驶船舶和管理船舶中的过失免责,是基于海上运输风险的特殊性,对承运人的一种鼓励和保护。② 而由于

① 西口博之「我が国における運送法制と海上運送状の見直し:海商法の改正問題との関連において」海事法研究会誌223号(2014年)45頁参照。

② 参见胡正良、陈佩群:《论国际海上货物承运人责任原则的采用》,载《中国海商法年刊》1990年刊,第32页。

科技的发展,海上运输业日趋现代化,船舶性能不断提高,装卸工艺技术设备日臻完善,航运业技术水平大大提高,减少了海上风险的发生。由于通信科技的发达,航舶所有人与船舶亦可保持密切联系,并可对船长与船员的行为进行有效监督与管理,[①]对承运人科以完全的过错责任,更能实现船货利益平衡下货方利益的强化保护。日本在承运人归责原则上维持完全的过错责任原则,此举更有利于保护货方的利益。值得一提的是,该原则属于过错推定原则,即承运人若能证明其对于货物在运输过程中的毁损、灭失及迟延没有过错,则不承担责任。新《日本商法典》维持了旧《日本商法典》第577条的规定,但是删去了承运人应对其履行辅助人造成的损害承担责任的规定。此规定从表面上看来是有利于船方利益的,但是从实质上来说,立法者此举是基于立法体系的考量,因为合同法的一般性规定已经要求对履行辅助人造成的损害承担责任,那么便不需要在特别法中作出重复的规定。[②] 所以,日本海商法项下仍然维持着对于承运人过错推定的责任原则,这同样强化了对货主的保护。

(二)收货人权利范围的扩大

根据旧《日本商法典》第583条的规定,货物在到达交货地点后,收货人取得托运人基于运输合同所产生的权利。收货人在受领货物时,有向承运人支付运费及其他费用的义务。然而,这一立法规定没有解决货物在运输途中灭失的情形下如何合理分配权责的问题。若货物中途灭失,则收货人无法取得运输合同项下的权利,这点对于日本国内交易的影响较小,因为日本国内交易的危险负担自交付给买方后才转移,所以由托运人向承运人请求损害赔偿是合理的;但是,这点对国际交易有很大影响,因为FOB、CIF等国际贸易术语项下卖方将货物交付给承运人后,危险负担就转移给了买方,在这样的情况下,若货物中途灭失,作为收货人的买方,一方面承受了危险负担转移后的风险,另一方面却不能取得对货物的任何权利。

基于此,新《日本商法典》第581条第1款对于收货人权利作出以下规定,"收货人在货物到达交货地或者全部灭失时,取得与运输合同项下的托运人相同的权利"。因此,货物到达目的地后,收货人取得货物权利的规定与旧《日本商法典》一样,但新《日本商法典》增加了货物在运输中途灭失情况下,收货人亦能够获得运输合同项下托运人的损害赔偿请求权。不过,如此规定可能会造成托运人权利与收货人权利的竞合,因为在货物全部灭失的情况下,承运人可能收到发货人和收货人

---

① 参见郭鹏、陈思静:《〈鹿特丹规则〉下航海过失免责的利益平衡——兼评中国〈海商法〉的立法选择》,载《云南大学学报(法学版)》2016年第5期。

② 後藤元＝增田史子「物品運送契約——運送人の責任・複合運送」海法会誌61巻(2017年)97頁参照。

两方的损害赔偿请求。对此,新《日本商法典》第 581 条第 2 款规定了权利行使顺位问题,在收货人行使损害赔偿请求权时,托运人不能行使此权利。

收货人上述权利的扩大,虽然从表面上来看没有增加承运人的负担,但是在实践中,若是依据旧《日本商法典》,FOB、CIF 等项下的托运人缺乏追究承运人责任的动力,收货人从托运人处让渡损害赔偿请求权也存在很多困难,[①]收货人的利益难以得到保护。所以,新《日本商法典》的上述规定可以提高此种情况下收货人维护其合法权利的可能性,船方回避因其造成的货物灭失而产生的赔偿责任的可能性将大大降低。

三、日本船货利益平衡的立法趋势

偏向于船方利益是航运发达国家海商立法的倾向,但是日本海商法并没有作出类似于美国完全偏向于船方的制度设计,而是"中庸"地对船货利益进行平衡。从具体的制度设计来看,日本作为船运大国的一面在海商法中体现得更多,但是每每在扩大船方权利或减少船方义务的时候,海商法也会关注到货方的利益,作出相应的调和,使得货方的利益较少地因为立法上倾向于船方的规定而被侵犯。例如,在船方的适航义务上,新《日本商法典》将归责原则由无过错原则规定为过错原则,而为了平衡货方的利益,过错原则被规定为过错推定原则;高价货物的通知义务一方面保护了船方的利益,另一方面新《日本商法典》又加上了两条免责事由对货方利益进行平衡;危险货物的通知义务加强了货方的负担,而修法中又对此义务规定为过错责任原则以实现利益平衡;新设的海运单制度虽然对船方更有利,但是总体上看是对船货双方都带来好处的。同时,在有利于货方的规定中,过错推定原则和收货人权利的扩大是有利于货方的制度选择,但同时也是对船货双方利益的协调和平衡。

第四节　《海商法》的修订与船货利益的平衡

一、《海商法》调整对象的修改问题

现行《海商法》第 1 条开宗明义规定其目的是调整海上运输关系和船舶关系,

---

① 参见陈昊泽、何丽新:《〈日本商法典〉运输总则最新修订之评析》,载《中国海商法研究》2018 年第 3 期。

维护当事人各方的合法权益,促进海上运输和经济贸易的发展。“海上运输关系”是指与海上运输有关的双方或各方当事人之间的法律关系,包括承运人(其中包括契约承运人、实际承运人、无船承运人)与托运人、收货人或旅客之间,航次租船合同的出租人与承租人之间,海上拖航中的承拖方与被拖方之间的法律关系,以及围绕海上运输所派生的各种法律关系;而“船舶关系”主要是围绕船舶这一特定的财产所产生的各种相关的法律关系,如定期租船、光船租赁的出租人和承租人之间、船舶的抵押权人和抵押人之间、救助方和被救助方之间、海上保险人和被保险人之间的法律关系等。[①] 海上运输关系以船舶为载体,围绕着船舶关系展开,实质上也是一种船舶关系。船舶所有或共有、船舶租用、海上运输、船舶碰撞、海难救助、海事赔偿责任限制等均建立在船舶关系的基础上,《海商法》的诸多制度如承运人的责任基础、责任期间、责任限制、免责事项,也是围绕船舶关系规范船方的权责。虽然在《海商法》的调整对象中并没有直接规定货方关系,但由于海上运输关系体现船舶关系的主要内容,而船方和货方是海上运输关系的双方当事人,因而可以认为,海商法本质上就是调整和平衡船方和货方的利益,无论参与海运各方的主体范围多大,均可划分为船方和货方,以船方和货方为海商法调整对象的主线构建这种船货利益的平衡。在《海商法》修订中,亦围绕着海商法调整对象的主线进行船货利益的平衡。

针对海商法的调整对象,不同的时代反映不同的立法思想。1963 年《海商法(草案)》参考了 1960 年《苏联海商法典》第 1 条,规定“为了明确和处理航海贸易中所发生的各种法律关系,维护海上船舶的航行安全和促进航海贸易的发展,特制定本法”。就该调整对象的表述而言,海商法的调整对象更多的是船方从事航海贸易中服务性活动而发生的法律关系。1982 年《海商法(草案)》第 1 条规定:“为了调整中华人民共和国海上运输中发生的以及与船舶有关的法律关系,保护有关各方的合法权益,以利发展海运,促进贸易,特制定本法。”从该表述分析,此稿虽然强调海商法是调整海上运输中与船舶有关的关系,但开始重视“保护各方的合法权益”,且利于“海运和贸易”,以此平衡保护船货双方的合法权益。[②]《海商法》则调整以“运输”和“船舶”为媒介而产生的特定主体之间的关系,即海上运输关系和船舶关系。前文已证,其已内在地包含平衡船货利益的要求,而即使随着航运业的发展,海商法调整对象不断扩张,各方当事人的利益关系多样化,但从广义而言,均可纳入船货利益的范畴,船货关系是海商法调整对象的根本体现。

① 参见司玉琢、张永坚、蒋跃川编著:《中国海商法注释》,北京大学出版社 2019 年版,第 1 页。

② 参见司玉琢:《海商法专论》(第 4 版),中国人民大学出版社 2018 年版,第 1 ~ 2 页。

2018年交通运输部在修改《海商法》的说明中明确指出，当前，我国国民经济发展水平、经济贸易形态、航运产业结构、国际国内法律环境等发生巨大、深刻变化，《海商法》构建的法律制度已滞后于发展，通过修订本法，分析我国航运、贸易的利益诉求，总结海事司法的有益经验，吸收海商法理论研究的先进成果，借鉴国际海商立法发展经验，为维护航运、贸易各方正当权益，维护航运经济秩序，维护海洋权益，保护海洋环境提供法律保障。由此也可以看出，海商法主要服务于航运与贸易两大行业，航运业和贸易业的发展变化是《海商法》修改的出发点，航运与贸易两大产业之间的博弈与利益平衡是《海商法》修订的重点。当讨论《海商法》修订时，应特别注意一个背景，即《海商法》已颁布近30年，船货双方的利益已形成了一种较为稳定的经济格局，如果改变这种格局，同样也需要较长时间，才能使之再达到平衡，从而实现从一种平衡形成另一种新的平衡。一个典型的例子是，货方选择更高质量的航运服务，由此产生的额外成本只可能通过“加大船东责任—船东提高运费水平—加大货方负担”的链条再传导回货方，因而船货利益的博弈与衡平非一日可就。因此，在《海商法》调整对象条款的修订中，应从我国航运与贸易领域的经济基础出发，以我国国家整体经济利益为考量，将“船货利益关系”明文纳入，以统筹促进我国航运业和贸易业的发展，并指导海商法具体制度的修订。

二、《海商法》修订中的提单信用机制保护问题

提单是重要的运输单证和贸易单证，凭单放货被认为是维护提单在运输领域、贸易领域信用的重要基础。然而，由于传统提单商业运作的模式，其流转速度滞后于航运技术的发展，这导致实践中无单放货现象盛行，这销蚀了提单的权利凭证信用，[①]使国际贸易的安全性受到破坏。承运人无单放货将导致：已付款赎单的提单持有人或发货人，作为国际贸易的卖方持有正本提单，却无法实现提货的功能，无法履行下一手贸易合同，无法达到其进行国际贸易的预期利益。[②] 因此，坚持凭单放货是提单法律制度的价值诉求，更是现代海商法追求船货利益平衡的体现。对于提单因缺乏票据的严格性而导致流通中出现的无单放货问题，应在《海商法》修订中维护提单信用机制，以促进船货利益的平衡。具体而言，坚持凭单放货原则，维护提单信用机制，来自三方面的理论支持。

第一，源于运输合同项下承运人的交付义务。运输乃货物空间位移的实现过程；运输合同的标的是运送货物的行为，而非货物本身；运送的根本目的在于，将货

---

① 参见陈芳：《电子提单制度构建基础问题研究》，载《求索》2013年第2期。

② 参见何丽新：《无单放货法律问题研究》，法律出版社2006年版，第44页。

物交付给收货人。由是,“正确”和“效率”是货物交接的基本要求。在货物运输的整个过程中,在卸货港交付货物,是承运人完成运输合同的最后一个环节,交付义务的完成标志着承运人对货物责任及其运输合同履行的终结。承运人依约履行,就有义务将货物交付给正确的收货人。

提单的产生和推广,推动了贸易从实物贸易向单证贸易的发展。基于提单对于商业实践的重要程度,必须赋予不特定的提单持有人对提单项下的货物包括请求交付在内的一系列权利,以使贸易方灵活地处分运输途中的货物。在货物频繁转卖的情况下,虽然承运人在运输合同项下的债务(义务)是特定的,即在目的港向收货人交付货物,但作为债权主体的收货人并未特定化,只有在收货人向承运人出示提单时,承运人通过提单记载的权利来识别提货主体,才能确定债务履行对象。并且,在提单运输中坚持凭单放货,是货物运输环节中简化复杂的货物交接手续的一种制度设计。只要承运人在交付货物之前没有收到任何第三方对将交付的货物发出的其享有物权的通知,承运人就有权也有义务将货物交付给向其出示正本提单的人。承运人将货物交付正本提单持有者时,没有义务也不可能对向其出示正本提单者的身份进行进一步的核实,只要对所出示的文件进行了必要的表面审核即可,此时即使正本提单持有者不是真正的权利人,承运人也不应承担错误交货的责任。这是船货利益的平衡在运输合同主体之间权利义务的体现。

第二,源于提单的货物收据和提货凭证功能。提单是在承运人接收到货物且装船后签发的货物收据,承运人接收货物的目的不在于取得货物的所有权或控制权,而是提供货物运输服务。提单作为货物收据,意味着承运人负有在目的港根据该收据交付货物以解除运输合同的义务。对于承托双方而言,该收据是承运人已经按照提单所载状况收到货物或者货物已经装船的初步证据。提单转让到善意受让的第三人,包括收货人在内的提单受让人,其有权要求承运人交付提单上所载的货物,承运人交付货物的基本要求,是按照其在起运港签发的作为货物收据的正本提单的记载完整无误地交付,缴回货物收据是承运人履行交付货物的必经程序。①当提单缴回时,提单作为货物收据的效用也就结束。

提单的货物收据功能,也显示提单是承运人保证据以交付货物的单证,是收货人在目的港向承运人提货的唯一凭证,意味着以提单相交换才能请求交付货物。②因此,“据以交付货物的单证”有两层含义:其一,提单是提货凭证,是收货人请求提

① 参见邢海宝:《海商提单法》,法律出版社1999年版,第228页。

② 参见[日]樱井玲二:《汉堡规则的成立及其条款的解释》,张既义等译,对外贸易教育出版社1986年版,第270页。

取货物的依据;其二,在提单正面收货人一栏载明的记名收货人或者交货指示,是承运人交付货物的依据。承运人向提单中载明的记名人交付货物,或者按照指示人的指示交付货物,或者向提单持有人交付货物,即适当地履行了法律规定的向收货人交付货物的合同约定义务。提单的流通性表明该提单的收货人是不特定的,承运人在签发提单时甚至在整个运输过程中都不知道收货人究竟是谁,因此,承运人必须凭提单交付货物。同时,提单持有人占有提单具有公示性,通过占有提单向任何第三人公示他享有向承运人提货的排他性权利,承运人根据提单这一表面证据来确定其交付义务对象。提单的提货凭证功能赋予提单持有人在卸货港向承运人提货的权利。凭单放货是提单作为提货凭证的必然结果,是提单的货物收据功能的贯彻实施,是维护国际贸易的买方(收货人)通过付款赎单实现提货来受让货物所有权的根本利益所在,也是承运人通过履行运输合同以实现运输合同目的所在。坚持凭单放货作为提单的核心价值,船方和货方均可实现订立运输合同和贸易合同的根本目的,以达致船货利益的平衡。

第三,源于法律对提单的规制。作为运输合同的证明,托运人转让提单后,提单持有人与承运人之间,形成提单合同关系。这种提单债权关系是法律对提单关系进行规制的结果,是一种独立的法定关系。按照提单合同关系,承运人有义务依据正本提单,按提单所显示的货物状况把货物交付给提单持有人,提单承载着承运人的交付债务和提单持有人的提货债权,通过提单证明承运人与提单持有人之间的债的关系。因此,凭单放货,一方面是基于提单的货物收据、提货凭证的特性和功能;另一方面是依据法律对提单的规制,提单是承运人保证据以交付货物的凭证,承运人与提单持有人之间的权利、义务关系依据提单的规定予以确立,这是法律赋予提单的,也是商法的干预性所致。

承运人应托运人的要求签发提单,受到法律设定的提单债权债务关系的约束,承运人签发提单即意味着承诺凭单放货。在海上运输中,法律所赋予提单的债权效力作用于承运人,承运人因存在法定之债,承担着凭正本提单交付货物的义务和责任。同时,提单还表现为物权效力,从物权法定原则出发,提单的物权性也是法律赋予的,提单持有人支付对价而受让提单,就取得提单项下的物权。当然,提单的物权性主要体现在国际贸易、金融担保等环节,提单持有人对提单的权利和提单持有人对提单项下的货物的权利是不同的,承运人凭单放货是法律赋予提单对承运人的约束,而非法律所产生的对提单项下货物的效力所致。

《海商法》第 71 条肯定提单是承运人保证据以交付货物的依据,承运人应凭单放货,该条款明确提单中载明的向记名人交付货物,或者按照指示人的指示交付货物,或者向提单持有人交付货物的条款,构成承运人据以交付货物的保证。因此,只有持有提单且根据该提单记载有权提取货物的人,才能主张提单项下的提货权。对此,各国法律对承运人根据正本提单放货都予以明确规制。《德国商法典》第650条规定:"提单受让人根据提单有权提取货物。"《希腊海事私法典》第172条规定:"承运人在收到收货人出示的提单和收货人的书面收据以前,没有义务交付货物。"《韩国商法典》第129条、第131条也规定,提货单签发以后,承运人和持单人之间,关于运送的事项,依照提货单才能请求运输货物的交付。1994年《瑞典海商法》第54条规定:"在交付提单并在交付同时开立收据的前提下,收货人有权收取货物。在全部货物交付完毕之后,提单应归还给承运人。"可见,承运人必须将货物交付给正本提单持有人,依据正本提单来判断提货权的归属,凭单放货已为各国海商立法所规制,并成为各国提单法律制度的根基。

然而,《鹿特丹规则》一定程度上肯定无单放货的合法化,对于不可流通单证或记录约定凭单放货,但无人凭单或记录提货的,按如下交付视为履行合同:按收货人指示交付,或按托运人指示交付,或按单证托运人指示交付;对于可流通单证或记录,且无人凭单或记录提货的,按如下交付视为履行合同:按持有人(持有可转让运输单证并有权提货的人或可转让电子运输记录的接收人或受让人)指示交付,或按托运人指示交付,或按单证托运人指示交付。这种所谓"合法化"的无单放货规定直接动摇了提单的核心价值和信用机制,使船货利益的平衡受到致命的打击。我国《海商法》修订中不应予以借鉴。《修改送审稿》遵循了凭单放货机制,第50条再次明确了提单是用以证明海上货物运输合同和货物已经由承运人或者实际承运人接收或者装船,以及承运人保证据以交付货物的单证。第91条规定了货物交付规则,根据签发不同运输单证或电子运输记录的具体情形,规定了相应的货物交付基本规则:签发记名提单的,凭提单向记名的收货人交付货物;签发指示提单的,凭提单向背书的提单受让人交付货物;签发不记名提单的,向提单持有人交付货物。这些规定从船货利益平衡角度,明确肯定了提单在国际贸易和海上运输领域中的信用价值。

三、托运人和承运人责任制度在船货利益博弈中发展

托运人、承运人责任制度是海上货物运输合同中的核心制度,也是《海商法》修订中关注的重点问题。现行《海商法》在海上货物运输部分融合了《海牙－维斯比规则》和《汉堡规则》的规定,在海上旅客运输合同部分吸收了《1974年雅典公约》的规定,以平衡托运人(货方)和承运人(船方)的利益。但随着国际贸易的迅速发展和国际经济政治形势的变化,货方的力量逐渐壮大并影响国际海事立法。《鹿特丹规则》和《2002年雅典公约》的出台正反映了这种趋势,这些新制定的国际公约中的诸多规定打破了承运人、托运人的传统权利义务分配，在“海运＋多式联运”与贸易之间建立起了新的利益平衡点，尤其是责任基础、免责要件、因果关系、风险负担等。在船货利益平衡视角下，笔者不由得追问：是否要对承运人和托运方的权利进行对等限制？是否废除承运人对船长、船员的航海过失免责制度，采用真正意义上的过失责任制？是否要取消承运人的火灾免责权利？是否要提高承运人的单位赔偿责任限额，采用浮动式的赔偿责任限额计算方法？是否要延长承运人的责任期间？是否要将有争议的批量合同纳入合同规制的范围？

（一）托运人责任制度的发展

根据《海商法》第66条，托运人应按照海上货物运输合同的约定将货物交给承运人，并及时办理货物运输所需要的手续和单证，如实申报托运的货物，按时支付运费。托运人违反上述义务，造成承运人损失的，应承担损失赔偿责任。托运人的这些规定始于《汉堡规则》，包括保证单证内容正确的责任、对货物造成船舶损害的责任、危险品责任等，托运人责任不可谓不重。[①]《鹿特丹规则》基于船货利益平衡原则，将托运人的义务、赔偿责任，参照对承运人的规定，作出了类似的设置，调整了托运人的义务，特别是关于托运人与承运人在提供信息和指示方面的合作义务，减少了托运人对货物托运申报及保证货物安全等义务，规定托运人配合海上货物运输合同的安全、适当履行等，这些规定具有一定的科学性，适应了时代发展的需要，进一步平衡了船货双方的利益，[②]值得《海商法》修订时予以借鉴。目前《修改送审稿》第75条增加规定了托运人与交付运输货物有关的义务，托运人应当按照运输合同约定的时间及时交付运输的货物，并应保证交付运输的货物应当适用约定的运输方式。同时，《修改送审稿》致力于建立实际托运人和合同托运人制度，明确实际托运人获得运输单证和货物控制权等权利，并规定合同托运人和实际托运人对于承运人或者实际承运人遭受的损失或者船舶遭受的灭失或者损坏都负有责任的，应当在此责任范围内负连带责任，但是不影响合同托运人与实际托运人相互追偿。

（二）承运人责任制度的发展

《海商法》明确规定了承运人最低限度的义务和责任，规定承运人有在开航前和开航时保证船舶适航、管货、不得不合理绕航义务，实行《海牙－维斯比规则》规定的承运人不完全过失责任制，明确承运人对海上货物的责任期间，区分集装箱货

---

① 参见王肖卿：《从船货利益平衡视角看国际货物运输公约》，载《中国海商法研究》2020年第3期。

② 参见李广辉：《海上货物运输公约的新发展——〈鹿特丹规则〉之评价》，载《比较法研究》2012年第3期。

物和非集装箱货物。承运人对集装箱货物的责任期间，即以《汉堡规则》为参照，从装货港接收货物时起至卸货港交付货物时止，货物处于承运人掌管之下的全部期间；承运人对非集装箱货物的责任期间，则是以《海牙－维斯比规则》为参照，从货物装上船时起至卸下船时止，货物处于承运人管领之下的全部期间。《海商法》在第51条为承运人规定了12项免责事由，特别规定了航海过失免责，即承运人对因船长、船员、引航员或承运人的其他受雇人在航海中的过失所致的货物损失可以免责，并与《海牙－维斯比规则》的规定基本一致，承运人在火灾索赔中无须举证，由索赔方承担举证责任，且赋予承运人单位责任限制权利。

随着航运业的发展，从《海牙－维斯比规则》、《汉堡规则》到《鹿特丹规则》，承运人责任制度发生了巨大的变革。从我国既是航运大国又是贸易大国的角度考量，为较好地衡平船货各方的利益，承运人责任制度的完善成为《海商法》修订中极其重要的问题。《鹿特丹规则》将承运人的责任期间由"钩到钩"转变为"门到门"，并将国际集装箱运输班轮公司普遍采用的国际商会推荐的多式联运经营人的网状责任制法定化。① 这将承运人的责任范围确定为"海运＋其他"，拓宽了承运人的责任范围，有利于维护贸易商等货方的利益。同时，《鹿特丹规则》有关承运人责任的规定贯穿着货方与承运人双方利益的较量，采取了利益折中的方式，在强化托运人义务的同时加重了承运人的责任。《鹿特丹规则》取消了航海过失和火灾过失免责，将适航义务延长到了整个航程中，除了传统的运送货物义务、适航义务、管理货物义务和责任期间以外，《鹿特丹规则》还将承运人对危险货物处理和采取共同海损措施纳入承运人义务范围，使承运人义务的规范完整性得以加强，且扩大了承运人管货义务，有利于保障贸易商的货物权益，体现了对弱势的托运人的保护，②这些均是船货利益平衡的新体现。

《鹿特丹规则》在承运人单位赔偿责任限制方面进一步提高了责任限额水平，这有利于更好地维护货方的利益。引入承运人推定制度，明确规定可以将船舶所有人或光船承租人推定为承运人，除非这些人通过举证证明其他人为承运人。此规定既对认定适格的承运人作了较为明确的规定，也避免了错误扣船的责任。③ 与此同时，《鹿特丹规则》在承运人免责事项中增加了"海盗、恐怖活动"的规定，明确了火灾免责的范围，增加了合理绕航的限定条件，增加了为环境损害的免责条款，对鼓励承运人实施环境保护行为具有积极意义。尽管我国目前对于是否参加《鹿

① 参见司玉琢：《〈鹿特丹规则〉的评价与展望》，载《中国海商法年刊》2009年第Z1期。

② 参见闻银玲：《海运履约方法律制度研究》，法律出版社2010年版，第142～146页。

③ 参见蒋正雄：《〈鹿特丹规则〉：海商法发展史上的重要里程碑》，载《华东政法大学学报》2010年第6期。

特丹规则》存在不同看法，可谓仁者见仁，智者见智，但本书认为，可以借鉴《鹿特丹规则》对船货利益平衡的规制，结合我国实际情况，完善《海商法》海上货物运输章节相关条文。

例如，《海商法》第41条、第46条、第48条就海上货物运输期间、管货义务期间、承运人责任期间的规定各异：对于集装箱货物，海上运输期间和承运人责任期间已经自承运人在港口接收货物开始起算，但是承运人的管货义务尚未开始，直至货物装载于船舶，承运人才有管货的义务；对于非集装箱货物，海上运输期间已经自承运人在港口接收货物时起算，但是承运人管货义务期间以及责任期间尚未开始，除非该货物装上船。而在《鹿特丹规则》下，承运人的责任期间、运输期间和管货义务期间的规定，在时间的起止上是完全一致的，均从承运人接收货物时起至交付货物时止。在《海商法》修订中，应重视协调承运人责任期间、运输期间和管货义务期间的一致性，明确规定为从装货港接收货物时起至卸货港交付货物时止，货物处于承运人掌管之下的全部期间。《修改送审稿》第54条也作出类似的规定，将承运人对货物的责任期间设定为，自参与人或者实际承运人为运输而接收货物时起至货物交付时止，货物处于承运人或者实际承运人掌管之下的全部期间。《修改送审稿》还删除了《海商法》第46条区分集装箱货物与非集装箱货物对承运人的责任期间所做出的不同规定，统一了承运人的责任期间的表述。《修改送审稿》第56条就承运人管货义务的环节，还增加了"接收"和"交付"两个环节，以使得海上货物运输期间、管货义务期间、承运人责任期间一致化。

当然，承运人责任制度中，船货利益平衡的最显著标志是货损赔偿额的计算标准和方法。《海商法》第55条就货物灭失的赔偿额，按照货物的实际价值计算，没有考虑因货物交易而产生的利润，对货方明显不公。[①]《修改送审稿》第63条摒弃了按照货物装船时的CIF价确定货物价值的方法，规定："货物的实际价值，按照货物在交货地交付时或者应当交付时的市场价格计算；不能证明货物在交货地交付时或者当交付时的市场价格的，按照货物装船时的价值加保险费加运费计算。"在承运人的责任限额的计算方面，基于通货膨胀率和船货利益的博弈，1968年《海牙－维斯比规则》（每货运单位10,000金法郎，相当于431英镑）比1924年《海牙规则》（每货运单位100英镑）提高4倍多，1978年规定的承运人单位赔偿责任限额835SDR，比1968年的《海牙－维斯比规则》规定的责任限额提高了25%，而2008年《鹿特丹规则》规定的责任限额，按照货运单位计算的限额提高了31%，按照货物毛重计算的限额提高了50%。在《海商法》修订中，有学者认为，目前《海商

① 参见田韶华：《论侵权责任法上可得利益损失之赔偿》，载《法商研究》2013年第1期。

法》规定的责任限额已经足以覆盖我国进出口货物贸易中的大部分损失,而且《鹿特丹规则》尚未生效,且国际上适用《汉堡规则》的比较少,绝大多数国家仍然维持《海牙－维斯比规则》所规定的责任限额,所以并没有予以提升责任限额,因此,《修改送审稿》第 64 条维持承运人的单位赔偿责任限额不变。本书认为,通货膨胀是促使单位赔偿责任限额提高的最主要因素,责任限额不可避免地会受到通货膨胀的影响而实际不断缩水,责任限额的不断提高是必然的趋势,从长远观之,《海商法》关于责任限额的标准亦可作出更具前瞻性的规定。[①]

四、船货利益博弈中的承运人货物留置权的权属问题

对于《海商法》第 87 条的"留置其货物"的表述,究竟是不是要求留置债务人的货物,一直存在争议。支持第 87 条对权属有要求者,常以民法留置权的一般条款进行解释,以兼顾对运输合同以外第三人的公平;认为第 87 条对权属没要求者,常以民法上的承运人留置权条款和国际标准合同的规定来解释,以保护承运人的权益。本书综合目的解释和其他解释方法认为,《海商法》第 87 条应解释为承运人只能留置债务人的货物,通过对留置货物的权属要求维护提单制度的有效性,维护船货利益的平衡,这蕴含着保护海商法特殊价值的目的。

《海商法》第 87 条担保的是"应当向承运人支付的运费、共同海损分摊、滞期费和承运人为货物垫付的必要费用以及应当向承运人支付的其他费用",这些因海上运输产生的债务已届清偿期,没有被履行或提供担保,则"承运人可以在合理的限度内留置其货物"。在这个法律关系中,债权人是承运人无疑,托运人和收货人都可能成为债务人,具体看运输合同和单证的记载。收货人因持有提单而对货物具有利益,若允许承运人留置所运输的货物,主要使收货人产生心理压力,在托运人(且不同时是收货人)是债务人的情况下,难以直接起到担保债务人履行债务的效果,而且对作为运输合同第三人的收货人并不公平。

民法中的承运人留置权条款(《民法典》第 836 条),规定的是一种陆地环境下的典型留置权,成立要件放宽对留置运输货物的权属要求,其立法意图在于担保在先给付的劳务提供者债权,成立要件对留置物都没有权属要求,这是为了实现对劳务提供者的实质公平,而且运输中货物的所有权经常转移,对权属严格要求会架空承运人的留置权。[②] 虽然都是赋予运输业者的担保物权,但海陆运输存在较大差

---

① 参见何丽新、王沛锐:《论"海事赔偿责任限制"章节修订中的三大问题》,载《中国海商法研究》2019 年第 1 期。

② 参见蒋新苗等:《留置权制度比较研究》,知识产权出版社 2007 年版,第 169 页。

异,《海商法》保护了《民法典》所无法顾及的特殊价值,所以不宜以《民法典》对陆上承运人留置权的规定,直接解释《海商法》承运人留置权条款,关键还得看《海商法》第 87 条"留置其货物"背后的立法目的和立法意图。

虽然目前主流的国际航次租船标准合同——波尔的姆合同和纽约土产合同都规定了航次租船的出租人(承运人)留置提单下货物的"Lien"条款,①但这些条款运用于海上运输实务中也要受到各国海商法的约束。而作为内国法,船货利益的平衡是考虑的重要因素。英国普通法允许海运承运人因为运费和共同海损债权,对提单下的货物有"Lien"权,②但基于合同相对性,不允许因为滞期费和空舱费债权而留置收货人(非运输合同当事人)的货物。③ 在普通法允许租约明确并入提单的情况下,租约约定的"Lien"才可以对持有提单的第三人产生约束力。④ 可见,英国法对第三人持有提单下的货物行使"Lien"有一定的前提和例外。《美国统一商法典》(UCC)第 7－307 条也规定在提单注明的情况下,承运人才可对第三人持有的提单下的货物拥有"Lien"。⑤ 德国海商法也通过在部分合同中规定留置货物的权属来限制承运人的担保性权利(Pfandrecht)的影响范围。⑥ 上述各国海商法都对

---

① See Clause 17. Lien of BALTIME 1939 (revised 2001) and Clause 23. Liens of NYPE 2015.

② 参见 Wilson John, *Carriage of Goods by Sea*, 7th ed., Longman, 2010, p. 305; Kasi Arun, *The Law of Carriage of Goods by Sea*, Springer, 2021, p. 412－413; 傅郁林:《法律术语的翻译与法律概念的解释——以海上货物留置权的翻译和解释为例》,载《北大法律评论》1999 年第 1 期。

③ See Kasi Arun, *The Law of Carriage of Goods by Sea*, Springer, 2021, p. 412－413.

④ 参见 Wilson John, *Carriage of Goods by Sea*, 7th ed., Longman, 2010, p. 305; 傅郁林:《法律术语的翻译与法律概念的解释——以海上货物留置权的翻译和解释为例》,载《北大法律评论》1999 年第 1 期。

⑤ See US UCC Section7－307. Lien of Carrier. (a) A carrier has a lien on the goods covered by a bill of lading or on the proceeds thereof in its possession for charges after the date of the carrier's receipt of the goods for storage or transportation, including demurrage and terminal charges, and for expenses necessary for preservation of the goods incident to their transportation or reasonably incurred in their sale pursuant to law. However, against a purchaser for value of a negotiable bill of lading, a carrier's lien is limited to charges stated in the bill or the applicable tariffs or, if no charges are stated, a reasonable charge. (b) A lien for charges and expenses under subsection (a) on goods that the carrier was required by law to receive for transportation is effective against the consignor or any person entitled to the goods unless the carrier had notice that the consignor lacked authority to subject the goods to those charges and expenses. Any other lien under subsection (a) is effective against the consignor and any person that permitted the bailor to have control or possession of the goods unless the carrier had notice that the bailor lacked authority. (c) A carrier loses its lien on any goods that it voluntarily delivers or unjustifiably refuses to deliver.

⑥ 2016 年修订的《德国商法典》第 495 条(海运承运人的留置权)规定,海运承运人根据一般货物运输合同提出的一切索赔,对交付给他运输的货物,不论是属于托运人、收货人,还是同意运输货物的第三人,都有留置权。根据与托运人订立的有关海运、货运、转运和储存的其他合同,承运人对托运人的货物享有留置权。

于承运人可留置货物的范围进行了一定限制，以保护持有提单的善意第三人的权利。

海运业中特有的提单制度衍生了《海商法》对提单的特有规定，提单的可流转性加快了货物贸易流转的速度，推动了贸易的繁荣，为了保护涉及提单的运输的健康发展，保证提单交易的安全性，英美法系海商法中担保承运人债权的设计纷纷对留置第三人持有的提单下的货物加以特别规定，限制承运人留置权对善意第三人合法权益的侵犯。同样地，为了保护我国海运业中的提单交易安全，让贸易者对流转中的提单代表的货物权益保持信心，也应该对承运人留置第三人持有的提单下的货物加以合理限制。将《海商法》第 87 条的"留置其货物"解释为留置债务人的货物，对于保护提单制度的效果具有重要意义，由于善意的通过支付对价获得提单的第三人，对提单货物所产生的债务无从知晓，让他成为运输合同的债务人于法无据，他就因此受到该条款的保护，免于承受货物被留置的后果；而通过提单并入租约，对运费等债务知情的当事人，依然接受提单，视为同意承受该债务，成为债务人，则应该承担承运人行使留置权带来的不利后果。从而，将第 87 条的"留置其货物"解释为留置债务人的货物，才能实现在保护承运人的同时不伤害提单流转的立法目的，如果解释为留置所运输的货物，则在加强对承运人保护的同时，持有提单的善意第三人的利益会受损，不仅短期会影响船货利益平衡，长期还会导致人们因为无从预测货物被留置的风险而不愿意接受提单，将从根本上伤害提单制度。况且，我国是货物贸易的进出口大国，保护货方的合法权益也是我国《海商法》必须考量的政策性价值。

《海商法》的总体立法目的是保护航运业的发展，保护承运人的债权虽是第 87 条的首要意图，但是，平衡船货利益也是《海商法》的另一重要之追求。如果一味保护承运人而允许其任意留置货物，不仅会影响提单制度的效力，也会与各国的承运人"Lien"权相冲突，过于广泛的承运人留置权会导致国际货主不愿选择我国的承运人，降低我国承运人在国际市场上的竞争力。本书认为，《海商法》第 87 条通过"留置其货物"的规定，呈现的立法意图是只允许承运人留置债务人的货物，以阻止留置善意的提单持有人（非运输合同方）提单下的货物，实现船货利益的平衡和提单交易的安全。

五、船货利益博弈中的共同海损规则的完善

共同海损制度作为一项古老的海商风险分担机制，长期以来在鼓励和促进国际海运业发展方面发挥了重要的作用。但随着海上保险的普及，该制度转嫁、分散风险的优势日渐消减。同时，共同海损理算过于复杂化、低效性等缺点日益显现。

为此，在国际海运界，围绕着共同海损制度应该被保留还是被取消、是否会被保险替代、如何简化共同海损理算等问题，一直存在激烈的争论。《海商法》中关于共同海损的规定，主要参照了《1974 年约克 – 安特卫普规则》。但《1974 年约克 – 安特卫普规则》自制定以来，已在 1994 年、2004 年、2016 年进行了三次的删减更新。因此，在《海商法》的修订中需要对共同海损制度的简化问题予以必要的关注。

从法律关系的层面来看，共同海损分摊发生在船货双方之间，船货利益的博弈首先体现为共同海损的"共同安全说"和"共同利益说"，在《约克 – 安特卫普规则》中表现为字母规则和数字规则的利益冲突问题。字母规则反映的"共同安全说"，其强调只有为了共同安全，使同一航程中的财产脱离危险，有意而合理地做出特殊牺牲，或引起额外费用，才构成共同海损行为。而数字规则反映的"共同利益说"，则将在共同危险解除后而为船货双方共同利益如恢复船舶的续航能力而必须采取的某些措施所支付的费用也认作共同海损。《1924 年约克 – 安特卫普规则》在字母规则和数字规则两者中存在矛盾之处，涉及的是优先适用字母规则还是数字规则问题。在这场较量中，不同国家承载着不同的利益，代表船方利益的英国主张共同安全说，其立法则体现共同安全说，而相对在海上保险特别是船舶保险方面较弱的法国无力与英国抗衡，因此在该国的共同海损法律制度中较多地反映共同利益说的主张。[①] 为协调各方利益，《1950 年约克 – 安特卫普规则》就明确规定共同海损的分摊优先适用数字规则，数字规则没有规定的才适用字母规则，共同利益说占据上风。《1974 年约克 – 安特卫普规则》为增强共同海损理算规则的可操作性，大大简化理算手续，强调火烤和烟熏造成的货物损失不得认作共同海损，但为了共同安全的目的而采取搁浅措施时发生的损失，无论船舶是否注定搁浅，均可以共同海损得到补偿。在《1989 年国际救助公约》建立特别补偿制度对传统"无效果无报酬"原则予以突破的情形下，《1974 年约克 – 安特卫普规则》形成《〈1974 年约克 – 安特卫普规则〉1990 年修正案》，将《1989 年国际救助公约》第 13 条第 1 款所指的根据防止或减轻环境污损的"技能和努力"所确立的救助报酬认作共同海损，而将《1989 年国际救助公约》第 14 条第 4 款规定的"特别补偿"从共同海损的项目中加以排除，由船舶所有人单独承担。

在共同海损是否为保险制度所覆盖的争议下，修改了《1974 年约克 – 安特卫普规则》而形成《1994 年约克 – 安特卫普规则》。共同海损制度在海上货物运输领域对于公平地分担风险和维护船货各方的合法权益，已经发挥了重要的作用，[②]而

---

① 参见傅廷中：《海商法》（第 2 版），法律出版社 2017 年版，第 316 页。

② 参见傅廷中：《海商法》（第 2 版），法律出版社 2017 年版，第 318 页。

保险是基于当事人自愿行为,各险别、承保条件和保险费率、保险赔付等并不一致,若缺乏共同海损的理算规则,有关特殊牺牲和额外费用的计算在船货之间难以达成合理的标准,[①]且保险在近期内难以取代共同海损,所以,《1994 年约克 - 安特卫普规则》以修改规则的方式,增加“首要规则”,强调以该规则统领数字规则和字母规则,为拖带或顶推作业中的船舶是否处于同一航程而划定界限,明确规定了处理环境损害或清除污染物的费用问题,增加了不可分离协议的内容,延长了计算利息的时间。但是,《1994 年约克 - 安特卫普规则》通过不久,国际海上保险联盟(International Union of Maritime Insurance, IUMI)就认为《1994 年约克 - 安特卫普规则》客观上使大量的共同海损损失由货物保险人承担,只有一小部分由船舶保险人分摊,为建立更加公平合理的规则,平衡船货双方的利益并实现风险共担,又修改了《1994 年约克 - 安特卫普规则》,《2004 年约克 - 安特卫普规则》获得通过。在不断追求共同海损的公平性中,《2016 年约克 - 安特卫普规则》产生。该规则将救助报酬重新认作共同海损,不再将临时性修理费用作为共同海损所附加的条件,明确了共同海损保证金的处理方式。

总之,在《约克 - 安特卫普规则》的发展中,船货利益的博弈与平衡作为主线贯穿其中。共同海损制度本身是一种损失分摊机制,船货利益的平衡能够具体量化和解构共同海损当事人间的损失分配。虽然二十多年来共同海损案件的数量在减少,但在集装箱货物运输领域,共同海损制度并没有被削弱。[②] 反而,随着该制度的演进,共同海损制度已不再局限地作为损失的处理机制,其作用更要提前至事前对当事人行为的规范导向中。质言之,共同海损制度具备行为导向与损失分摊的双重机能。在《海商法》修订中,应以船货利益的博弈和平衡为视角,内在地考虑到共同海损制度在激励当事人采取相应措施防止损失扩大方面的收益和成本、船方在海难事故前和事故后实施共同海损措施的收益和成本、共同海损理算的收益和社会成本(时间成本、人工成本、程序成本、可能引发道德风险的成本),并以此进行量化分析,由此才能进一步对共同海损制度的完善作出抉择。在保险单中规定“小额共同海损条款”或“共同海损吸收条款”,即对共同海损金额较小的案件,船方可不向货主请求共同海损分摊,而按照保险合同的约定,由保险人在规定的限度内直接予以赔偿,从而减少烦琐的共同海损理算过程,节省时间和费用,很好地发挥保险人的作用,使共同海损的理算更加经济、效益。

---

① 参见徐峰:《海上保险条款取代共同海损制度的可行性研究》,载《武汉交通职业学院学报》2019 年第 4 期。

② 参见杨建国:《从“长赐”轮搁浅事件谈共同海损》,载《中国远洋海运》2021 年第 8 期。

六、船货利益博弈中的海事赔偿责任限额问题

作为海商法独具特色的法律制度，海事赔偿责任限制制度在传统理论上被认为有违民事损害赔偿规则，但运用价值理论对船货双方的权利义务进行量化后发现，海事赔偿责任限制制度实质上是民法公平原则在海事领域的具体体现。而随着海陆相对风险的弱化、替代性风险分摊机制的普及以及航运市场的相对饱和，海事赔偿责任限制制度的正当性基础受到一定程度的冲击。本书认为，海陆损害赔偿制度具有同源性，应立足于民事损害赔偿体系，通过享有责任限制权利主体的扩张和责任限额的提高，重塑海事赔偿责任限制制度的正当性。

海事赔偿责任限制这一制度的初衷在于保护面临巨大海上风险的船东一方，从制度构建上看，海事赔偿责任限制制度通过单方面限制船东的责任，在平等的商主体间创造了一种法定的不平等，这似乎是对民法公平原则的违背；同时，亦不符合侵权责任法中"弥补受害人所受损害，恢复其损害发生前之原状"的基本准则。① 海事赔偿责任限制制度所遵循的并非传统民法损害赔偿制度中"按照实际损失赔偿"的原则，而是通过直接牺牲受害人获取全额赔偿的权利以达到将海事责任主体的赔偿责任限制在一定范围内的目的，在航海技术不断进步、风险分摊机制多元化发展以及航运市场相对饱和的现代社会下，该制度的基础受到冲击。但是随着科学技术的不断发展，如今的航海已经不再是过去意义上的所谓"海上冒险"，海上事故率明显下降。在此背景下，如果依然片面地保护船方的利益，传统船货之间利益平衡不能持续，不利于追求航运业和贸易业发展中效益的最大化。因此，责任限额作为海事赔偿责任限制制度中平衡船货双方利益的杠杆，发挥着举足轻重的作用，责任限额的调整应该充分考虑船货双方的利益平衡。

自 1924 年第一部关于海事赔偿责任限制的国际公约颁布以来，责任限额的计算方式和计算标准一直处在不断调整的过程中，以满足在海事索赔案件中维系船货双方利益平衡的需要。从《1924 年责任限制公约》的船价制和金额制并用，到《1957 年责任限制公约》采用了单一的金额制，再到后续的《1976 年责任限制公约》对金额制下责任限额的不断提高，海事赔偿责任限制的限额总体上呈现以下两个特点：其一，责任限额的计算方式日趋科学与合理，更能综合反映船舶的价值或者受害人的实际损失；其二，责任限额呈递增趋势，由此减损甚至抵销通货膨胀所造成的责任限额缩水的问题。但出于各自国家利益的考虑，不同国家对责任限额做出了不同的选择。

---

① 参见曾世雄：《损害赔偿法原理》，中国政法大学出版社 2001 年版，第 16 页。

提高责任限额所应考量的因素，通货膨胀是其中之一。从目前有关海事赔偿责任限制的国际公约来看，不管是从《修正〈1976年海事赔偿责任限制公约〉的1996年议定书》(以下简称《1996年议定书》)对于责任限额的提高，还是到《2012年议定书》的责任限额进一步调整，对于公约所规定的限额是否提高以及应该提高多少，其中最主要的考量因素都是通货膨胀。《1976年责任限制公约》与《1957年责任限制公约》相比，大幅提高了责任限额，以应对通货膨胀对责任限额产生的影响。此外，《1976年责任限制公约》对于责任限额的计算采用了按照船舶吨位大小分级计算的方法，即“吨位级距计算法”，使得计算结果更贴近于实际船价。《1976年责任限制公约》在当时可谓是先进的立法，有关责任限额的规定在当时被认为是里程碑式的，因为该公约既确保了受害人能拿到相对足够的赔偿金，又保障了责任主体享有限制责任的权利。我国《海商法》第十一章基本是参照该公约而制定的。然而，随着二十世纪八九十年代经济快速发展和通货膨胀的冲击，《1976年责任限制公约》中的责任限额已经难以涵盖相关索赔。① 这无疑使得受损方在海事索赔案件中处在十分不利的地位，打破了海事赔偿责任限制制度苦心维系的船货双方利益的平衡。因此，《1996年议定书》在该公约责任限额的基础上进行了较大幅度的提升，根据吨位的不同，提高幅度为原有限额的2~5倍。此外，提高了该公约所适用的小型船舶的起算吨位，从《1976年责任限制公约》的“不超过500吨”提高到了“不超过2000吨”，明确了海事赔偿责任限制公约与救助公约以及有关海上旅客人身伤亡的国内立法之间的协调问题，且随着社会的迅猛发展和通货膨胀的进一步加剧，在国际海事组织法律委员会第99次会议上，日本代表团提出的提高《1996年议定书》责任限额的提案，所依据的主要标准就是1996年到2010年签约国的通货膨胀率(将近45%)，从而计算出新的修正案所应该适用的责任限额的涨幅。最终，该修正案综合考虑修正案生效前的通货膨胀情况，将《1976年责任限制公约》有关海事赔偿责任限制的限额标准提高了51%，即《2012年责任限制公约》的内容。②

海事赔偿责任限额的提高与受害人的实际损失也是不可分割的。与传统民法下的侵权损害赔偿不同，海事赔偿责任限制制度下侵权损害的赔偿并不以实际损失为基础，而以船舶价值或者固定的数额为限承担赔偿责任，其目的是控制船方所面临的海上风险，鼓励海运业的发展。但是，海事赔偿责任限制限额的确定，不能

---

① See Martínez Gutiérrez N. A., *Limitation of Liability in International Maritime Conventions: The Relationship between Global Limitation Conventions and Particular Liability Regimes*, Comparative Maritime Law, p. 103(2012).

② 参见《国际海事组织法律委员会第九十九届会议报告》，LEG99/14。

完全抛弃对实际损失的考量,如果责任限额接近或等于实际损失,海事赔偿责任限制制度就失去了其存在的意义;而如果海事赔偿责任限额与实际损失相差过大,则会过分损害货方(受害人)的利益,打破船货双方利益的平衡。在国际海事组织法律委员会第96次会议上,澳大利亚代表团提出了提高《1996年议定书》所规定的责任限额,其理由之一就是在某些案件中责任限额已经远远低于实际损失。[①] 在2009年3月太平洋探险者轮(Pacific Adventurer)燃油污染案件中,实际清污费用为2500万美元,而按照该船的吨位计算出的责任限额仅为7556400 SDR,[②]与实际损失有很大的差距。此外,随着万箱集装箱船的普及,单船货物价值将有可能突破10亿美元,如果责任限额依然按照若干年前的标准,将让受损方处于十分不利乃至不平等的地位。因此,《1996年议定书》第8条第5款规定:"在对修正限额的提案采取行动时,法律委员会应考虑到事故的经验,尤其是由事故造成的损害金额、币值的变化和提议的修正对保险费用的影响。"

船货利益的博弈不仅仅体现在船方和货方之间,而且涉及代表船方利益和代表货方利益的国家之间的利益问题。从贸易国的利益考虑,提高责任限额显然能够更好地维护本国货主的利益。而船东国对于责任限额的提高则会表现得比较谨慎,因为责任限额的提高意味着本国船东将在海上货物运输中承担更大的风险,这显然不利于本国航运业的发展。因此,对于海事赔偿责任限制的限额是否提高,应该从国家利益的角度进行考量,制定出符合国家发展战略的责任限额标准。

在《海商法》修订中,从船货利益的博弈出发,综合我国目前的实际情况,提高责任限额是必然的选择,主要体现在两个方面:

一方面,通货膨胀是促使责任限额提高的最主要因素,如前述。而随着我国经济的不断发展,从20世纪90年代至今,通货膨胀率发生了显著的提高。目前常被用于反映通货膨胀率的指数有居民消费价格指数(CPI)和国内生产总值平减指数(GDP Deflator)。我国1993年至2020年上述两项指数的变化情况为:从居民消费价格指数分析,我国1993年至2020年的通货膨胀率约为289%。(见表9)从国内生产总值平减指数分析,我国1993年至2020年的通货膨胀率约为327%。(见表10)由此可见,现行《海商法》颁布至今,我国的通货膨胀率至少为289%。提高海事赔偿责任限额是必然之举。

---

① 参见《国际海事组织法律委员会第九十六届会议文件》,LEG96/12/1。

② 按照2009年3月31日的兑换比率,折合1129.73万美元。

表 9 居民消费价格指数(1993~2020 年)

年份	数据	年份	数据	年份	数据
1993	14.70%	2003	1.20%	2012	2.65%
1994	24.10%	2004	3.90%	2013	2.62%
1995	17.10%	2005	1.80%	2014	1.99%
1996	8.30%	2006	1.50%	2015	1.44%
1997	2.80%	2007	4.80%	2016	2.00%
1998	-0.80%	2008	5.90%	2017	1.56%
1999	-1.40%	2009	-0.70%	2018	2.10%
2000	0.40%	2010	3.30%	2019	2.90%
2001	0.70%	2011	5.40%	2020	2.50%
2002	-0.80%				

数据来源:国家统计局。

表 10 国内生产总值平减指数(1993~2020 年)

年份	数据	年份	数据	年份	数据
1993	15.19%	2003	2.60%	2012	2.33%
1994	20.62%	2004	6.95%	2013	2.16%
1995	13.67%	2005	3.90%	2014	1.03%
1996	6.51%	2006	3.93%	2015	0
1997	1.62%	2007	7.75%	2016	1.41%
1998	-0.90%	2008	7.80%	2017	4.23%
1999	-1.26%	2009	-0.21%	2018	3.50%
2000	2.06%	2010	6.88%	2019	1.29%
2001	2.05%	2011	8.08%	2020	0.63%
2002	0.60%				

数据来源:世界银行 World Bank Open Data。

另一方面,我国船货力量格局的变化,也是提高海事赔偿责任限额的主要依据。现行《海商法》制定时,我国的航运业基础十分薄弱,但经过了近 30 年的发展,航运业和贸易业都有了长足的发展,我国目前既是航运大国,又是贸易大国。因此，对于船货双方利益的平衡，不能仅仅停留在20多年前的船货力量对比阶段，否则对于贸易业的发展将产生十分不利的影响。

分析世界上贸易大国或地区，以出口贸易总量为衡量标准，根据世界贸易组织(WTO)统计，目前全球十大贸易国(或地区)分别为：中国、美国、德国、荷兰、日本、中国香港特区、韩国、意大利、法国、比利时。[①] 这些国家或地区所对应的责任限额见表11。

表11　国际贸易十大国家或地区所对应的责任限额标准

排名	国家(或地区)	责任限额标准
1	中国	《1976年责任限制公约》
2	美国	"船价制+金额制"
3	德国	《2012年责任限制公约》
4	荷兰	《2012年责任限制公约》
5	日本	《2012年责任限制公约》
6	中国香港特区	《2012年责任限制公约》
7	韩国	《1976年责任限制公约》
8	意大利	"船价+运费+其他收入"
9	法国	《2012年责任限制公约》
10	比利时	《2012年责任限制公约》

分析世界上的航运大国或地区，根据VesselsValue于2021年11月提供的数据，以持有的船舶总资产作为衡量标准，排名前十的船东国(或地区)分别为：中国、日本、希腊、美国、新加坡、德国、韩国、英国、中国台湾地区、挪威。[②] 这些国家或地区所采用的责任限额标准如表12所示。

表12　航运十大国家或地区所采用的责任限额标准

排名	国家(或地区)	责任限额标准
1	中国	《1976年责任限制公约》
2	日本	《2012年责任限制公约》

① See World Trade Organization, *Trade Profiles* 2021, https://www.wto.org/english/res_e/booksp_e/trade_profiles21_e.pdf.

② See VesselsValue: Top 10 Ship Owning Nations & Regions 2021, Xinde Marine News (Jan. 5, 2022), https://xindemarinenews.com/en/market/2022/0105/35357.html.

续表

排名	国家(或地区)	责任限额标准
3	希腊	《2012 年责任限制公约》
4	美国	"船价制 + 金额制"
5	新加坡	《1976 年责任限制公约》
6	德国	《2012 年责任限制公约》
7	韩国	《1976 年责任限制公约》
8	英国	《2012 年责任限制公约》
9	中国台湾地区	"船价制 + 金额制"
10	挪威	《2012 年责任限制公约》

上述数据表明,无论是贸易大国,还是航运大国,除了少数采用船价制或金额制,大多数国家或地区目前适用的是《2012 年议定书》的标准,该标准在主要贸易和航运国家中占据着主流地位。因此,综合以上论述,从我国的实际情况考量,提高责任限额是必然之举。而采用哪一种责任限额标准,《征求意见稿》提供了《1996 年议定书》的标准和《2012 年议定书》的标准两套方案,而《修改送审稿》采用的是《1996 年议定书》的标准。就此,本书认为,采用《2012 年责任限制公约》的标准为宜。一方面,按照本书所掌握的数据,单纯考虑我国通货膨胀因素的影响,《1996 年议定书》的标准已经无法满足航运实践的需要:以 2000 吨的船舶所引起的人身伤亡赔偿请求为例,如果在《1996 年议定书》的标准下,其责任限额为 2000000 SDR,但是若在 1976 年标准的基础上,仅考虑我国通货膨胀率的影响,同样吨位的船舶责任限额应为 2859120 SDR,远超过通过《1996 年议定书》的标准所计算的责任限额,因此继续使用《1996 年议定书》的标准将会导致明显的不公平。另一方面,根据《1996 年议定书》第 8 条第 7、8 款的规定,《2012 年责任限制公约》通过后,由于并没有缔约国提出反对意见,该修正案经过默示接受程序后,已经于 2015 年 6 月正式生效。而根据《1996 年责任限制公约》第 8 条第 9 款的规定,《2012 年责任限制公约》所确立的责任限额标准将自动约束《1996 年议定书》的缔约国,除非他们提出反对。也就是说,《1996 年议定书》的标准已经被《2012 年议定书》的标准所取代,目前国际上各国所使用的责任限额标准只有"1976 年标准"和《2012 年议定书》的标准,而我国如果仍然采用《1996 年议定书》的标准,势必会阻碍我国《海商法》与国际的接轨。

责任限额的确定亦应以船货利益平衡原则为标准。作为民法公平原则的延伸,具体体现的交换正义,其关切的是个体与个体在财产交易中是否享有公平合理的对待,即公平地确定风险负担以及公平地确定利益承受。[1] 海事赔偿责任限制之所以将海上风险控制在有限的范围内,目的在于矫正海上活动各方主体在风险承担时的不公平。但在责任人所面对的传统海上风险逐渐减弱时,责任应该被重新分配,即通过提高责任限额使赔偿额向实际损失靠拢。责任限额的提高,不仅从理论上看具有合理性,而且从我国的航运和贸易实践观之,亦具有必要性。根据本书所搜集的我国法院审理的有关海事赔偿责任限制的案件,如果按照现行《海商法》的标准,样本中案件的平均获赔比率仅为 49.27% ,其中部分案件的获赔比率甚至低于实际损失的 20% 。[2] 此外,《海商法》颁布至今,我国累计通货膨胀率高达 289% ,[3]这意味着海事赔偿责任限额出现了实质性的缩水,责任限额的提高具有必要性。目前国际上通行的海事赔偿责任限制公约所采用的责任限额标准,正是经历了从《1976 年责任限制公约》到《1996 年责任限制公约》再到《2012 年责任限制公约》的改变,逐步提高责任限额,以实现船货双方利益的平衡。在具体限额的确定中,应以"人身伤亡充分赔偿、财产损失适当赔偿"为准则,只有配合其他机制以确保在大多数案件中当事人能够得到足额的赔偿,海事赔偿责任限制才具备在现代继续存在的意义。[4] 当然,事故的实际损失、司法实践中获赔案件的数量、索赔方的获赔比例、通货膨胀对获赔数额的影响、责任限额的提高对运费和保险费的影响等因素应该被综合考量,为公平地确定风险的分担和船货利益的平衡提供数据支持。

总而言之,船货利益平衡原则反映了海商法的内涵本质、根本价值和指导思想。船货利益平衡原则既存在于国际层面,体现为船方国家与货方国家间的利益平衡;也存在于本国法,体现为船方与货方之间利益的博弈与平衡。就《海商法》修订而言,其关注重点应在于后者。本书在司法调研、实践考察与比较法分析的基础上认为,船货利益的平衡精神渗透在海商法的调整对象、承运人和托运人制度的发展变革、共同海损制度的完善、海事赔偿责任限额的提升等相关内容中,但船货利益平衡已然成为海商法的基本原则,也是《海商法》修订的指导方针,如今我国的船货关系格局与近 30 年前《海商法》出台时大不相同,因而在《海商法》修订中应全面检视海商法的制度,形成能够为我国航运贸易业发展保驾护航的船货利益平衡新方案、新规则。

---

① 参见易军:《民法公平原则新诠》,载《法学家》2012 年第 4 期。

② 参见何丽新、王沛锐:《论"海事赔偿责任限制"章节修订中的三大问题》,载《中国海商法研究》2019 年第 1 期。

③ 以 1993 ~ 2019 年我国居民消费价格指数(CPI)为计算依据,数据保留到小数点后 2 位。

④ See A. H. E. Popp, *Limitation of Liability in Maritime law-An Assessment of Its Viability from a Canadian Perspective*, 24 Journal of Maritime Law and Commerce, p. 356(1993).

第五章　海商法的国际统一性与本土化的协调

第一节　海商法的国际统一性与《海商法》的法律移植

海商法的发展体现出强劲的国际统一化趋势。没有国际贸易的需要和改革开放的决策，不会有《海商法》的迅速制定。[①] 现行《海商法》是制度国际化的范例，其大量引进海商法领域普遍接受的国际公约、国际惯例以及其他被认为能代表"国际通行做法"或"国际标准合同"的规则。应该承认，海商法的国际化，使中国得以快速进入国际商事规则体系，为推动中国改革开放和对外贸易航运发展提供强化的动力。但是，国际化并不意味着法律本土性的消弭，在海商法的现代化进程中，国际化和本土化是硬币的两面，是共性和个性相统一的过程，主权国家制定的海商法仍具有浓厚民族风格和民族精神，是民族的、本土的、文化的现象。[②] 在《海商法》施行的二十余年时间里，过度国际化在海事司法实践中已在诸多方面表现出"水土不服"，一些内在缺陷与漏洞逐渐显露。

《海商法》中不少条款直接是相应国际公约的全文照译，而国际公约的制定过程充满矛盾、斗争和妥协，其本身并不是真理的化身，甚至未必是理性的产物。主权国家的法律承载着国家利益，各主权国家的海商法仍然是各自国家利益的载体，是维护、促进本国航运经济发展的规则体系，几乎没有国家愿意接受高于主权的海商自体法。这就决定了，现阶段的海商法不可能是内容划一的"世界法"，各国有平等的权利和机会在各自的海商法中表述自己的观点和立场，海商法的国际统一应该是在充分认识到各国利益后，通过相互让步与协调使不同的

---

① 参见郭瑜：《海商法的未来——中国的方向和方法》，北京大学出版社 2022 年版，第 50 页。

② 参见公丕祥：《法制现代化的理论逻辑》，中国政法大学出版社 1999 年版，第 379 页。

法律制度趋于一致,而不是一个制度凌驾于另一个制度之上的霸权行为。过于强化海商法的国际性特征,忽略了本土化,淡化对本国法律内部系统性的考虑,将影响整部法律的统一性,冲击本国法律发展的自主性,这种做法既缺乏对本国航运贸易的均衡保护,又难以满足本土海事司法实践的需要。尤其在我国海上贸易与运输实力不断增强的背景下,这种做法可能导致对本国利益保护不利的情况的出现。

当然,海商法的国家利益与海事司法主权的属性,并不是对国际化的否定,不能因本土化而破坏现有的国际海事公约体系所建构的海商海事制度,需要指出的是,《海商法》的修订在继续关注国际性的同时,应增强对本土环境的适应能力。中国在航运和贸易的治理方面存在其他国家不可比拟的复杂性和特殊性,应站在整体国家利益的高度审视修法路径与制度建构,使《海商法》适应中国航运经济发展和海事司法实践的需求。本章将重点探讨海商法国际化的深层机理、中国海商法发展的本土需求、海商法国际化对本土化的挑战等问题,反思将国际公约、国际惯例、国际标准合同的移植作为发展中国海商法之捷径的做法,在此基础上,笔者认为《海商法》修订时,既要尊重海商海事领域的国际通行规则,也应该从本国航运经济发展的实际出发,积极参与国际航运立法,在国际海事公约的制定中提出中国方案和发出中国声音,有效维护本国航运利益。更为重要的是,应该在国际统一化进程中制定(修订)出符合中国实际需求的《海商法》,努力探寻海商法国际化与本土化的最佳平衡点,更为理性地甄别选择和借鉴吸收国际公约,实现海商法的国际接轨与本土化的有机结合。

一、《海商法》的国际化体现为法律移植性

国际统一化进程中体现出的趋同性是海商法的重要特性,法律移植为各国海商法的趋同提供了技术支持。可以说,世界各国海商法的诞生和发展就是一部法律移植史。公元前18世纪,古巴比伦王国的《汉谟拉比法典》中开始出现与现代海商法类似的内容,公元前8世纪,《罗得海法》中已带有从巴比伦人处移植过来的海商法的痕迹。之后,《罗得海法》被罗马法吸收,被《学说汇纂》记载,其中的"弃货损失分担规则"(后被发展为共同海损规则)又被吸收在现代海商法国际惯例《约克-安特卫普规则》中。[①] 这种法律移植的特点导致海商法在国内法体系中的特殊地位。在众多历史文献的记载中,人们普遍认为,世界上的实体海商法本来就是一部共通的法律。早在古罗马时代,查士丁尼就发表这样的言论以彰显海商法的

① 参见冯卓慧:《法律移植问题探讨》,载《法律科学(西北政法学院学报)》2001年第2期。

个性："我的确是世界之主，但法律是海洋之主；这件事必须由关于海洋问题的法律来决定，只要我们的法律没有反对。"在 18 世纪中叶的英国海商法判例中，曼斯菲尔德勋爵(William Murray)写道："海商法不是一个特定国家的法律，而是国家的一般法律。"①国际法权威威廉·台特雷教授认为海商法被认为是不同国家间的一个共同法系，有别于其他法，国际公约弥补了不同法系的差距，在各国都能用。② 同样，美国巡回上诉法院在 1999 年的"RAIlS Titanic, Inc. v Haver"案中写道，存在一个"绝对的"和"历史悠久的普通海洋法原则"③。在当代，各国都意识到，接轨国际普遍通行的规则，能让一国的海运行业更有国际竞争力，也获得更多资源，法律移植已经成为海商法立法和发展的必然手段。即便在海商法极为发达的英国，其法律也不能例外，其《商船法》(Merchant Shipping Act)也多次修订、补充，不断将有关事项(如油污、安全公约)并入法律体系，其体系越发庞大。《1910 年统一船舶碰撞某些法律规定的国际公约》影响了大部分海运国家的法律，被英国、加拿大、法国转化为国内法，美国虽不是公约的缔约国，但以包含比例过错原则的判例取代了旧的判例，实现了法律移植。④

1992 年《海商法》立法时，我国海运行业发展极其有限，我国亦未建立起完整的民商法体系，国内民商法体系可供《海商法》借鉴的内容有限，借助法律移植的方式制定《海商法》，是该法律部门自身的国际趋同性所致，也符合我国海运行业接轨国际谋求自身发展的需要。我国的《海商法》也被公认是一部移植而来的法律，根据《海商法》立法资料的介绍，《海商法》的立法理念是"根据我国实际"，同时"与国际规则接轨"，⑤因此采取贯彻"有公约的依照国际公约；没有公约的依照事实上起了国际公约作用的民间规则；没有这种规则的，参考具有广泛影响的标准合同"⑥

---

① Steven Chong, *Charting Our Own Courses: The Australia, New Zealand, and Singapore Journeys in Maritime Law*, Australian & New Zealand maritime law journal, p. 30 – 41(2016).

② See William Tetley, *Mixed jurisdictions: Common law v. civil law (codified and uncodified)*, Louisiana Law Review, Vol. 60:1, p. 677 – 738(2000).

③ Steven Chong, *Charting Our Own Courses: The Australia, New Zealand, and Singapore Journeys in Maritime Law*, Australian & New Zealand maritime law journal, p. 30 – 41(2016).

④ 参见[加拿大]威廉·台特雷：《国际海商法》，张永坚等译，法律出版社 2005 年版，第 192 ~ 197 页。

⑤ 参见《黄镇东部长在领导干部〈海商法〉学习培训班结束时的讲话》，载交通部政策法规司、交通部交通法律事务中心：《〈海商法〉学习必读》，人民交通出版社 1993 年版，第 3 页。该书为《海商法》颁布同年，当时的交通部组织交通系统干部学习《海商法》的教材，作者曾任交通部部长，参与《海商法》制定；杨景宇：《关于〈中华人民共和国海商法(草案)〉的说明》，载 http://law.npc.gov.cn/FLFG/flfgByID.action?flfgID=42252&showDetailType=QW&zlsxid=23。作者时任国务院法制局局长，引文内容为 1992 年就《海商法》(草案)向第七届全国人民代表大会常务委员会所做的说明。

⑥ 《〈中华人民共和国海商法〉修订说明》，载《中国海事》2018 年第 12 期。

的基本思路而制定。《海商法》法律移植的对象包括国际公约、国际标准合同、具有广泛影响的民间规则，以及外国立法的实例，[①]通过对《海商法》法条与域外法律文件的逐条匹配，发现《海商法》的“毛移植率”为 63.67%（177/278），即约 64% 的法条能在域外法律文件中找到高度匹配的移植对象。另有部分条文概括移植了多国法中的相似制度或者英美普通法的相关制度，无法实现具体条文的逐一匹配，否则《海商法》的实际移植率可能更高。《海商法》就是一部打上“法律移植”烙印的法律，其优点在于实现立法水平的迅速提升，与海运业的国际性契合，迅速和国际接轨，但同时《海商法》的司法适用也体现了国际化和本土化双重面向的冲突。可以说，海商法几乎是在没有什么本土资源的情形下进行的法律移植，移植后也基本没有遭遇“本土化”的抵抗。[②] 但同时，《海商法》也集中体现了这类法律在当代中国的机遇和命运、优势和困境。

二、《海商法》条文移植的类型化

（一）文义性的法律移植

在《海商法》的移植中，翻译起着至关重要的作用，这从翻译的一般理论和《海商法》移植实践中都得到了验证，翻译主要有 3 种方法：其一，严格的文字主义；其二，忠实但自主的重述；其三，大量的再创造、变异等。[③] 但由于法律翻译的特殊性，其要求更高，不仅要词语对等，还要实现功能对等，这对于跨法系的翻译更不容易，因为可能存在法律文化上的空缺问题。[④] 以《海商法》中的留置权的翻译为例，其法律移植了留置制度，但具体来源各不相同，包括国际公约、国际标准合同和外国法。基于共同的法理基础和立法方式，四类留置权共同构成了《海商法》留置权体系。尤其是其中的船舶留置权、出租人的留置权、承拖人的留置权，基本直接翻译了移植对象（见表 13），迅速实现了与国际接轨的立法目标。

---

① 参见杨景宇：《关于〈中华人民共和国海商法（草案）〉的说明》，载 http://law.npc.gov.cn/FLFG/flfgByID.action? flfgID = 42252&showDetailType = QW&zlsxid = 23。

② 参见郭瑜：《海商法的未来——中国的方向和方法》，北京大学出版社 2022 年版，第 57 页。

③ 参见 George Steiner, *After Babel: Aspects of Language and Translation* 266（3d ed.）（1998）。转引自 Maximo Langer, *From Legal Transplants to Legal Translations: The Globalization of Plea Bargaining and the Americanization Thesis in Criminal Procedure*, Harvard international law journal, Vol. 45:1, p. 1 – 64（2004）。

④ 参见谭福民、向红：《从功能对等理论看法律英语术语的跨文化翻译》，载《当代外语研究》2012 年第 10 期。

表 13 《海商法》留置权条款及移植对象汇总

《海商法》留置权条款	移植对象
第二章 船舶 第三节 船舶优先权 第 25 条 【留置权、抵押权、优先权的受偿顺序】	《1967 年关于统一船舶优先权和抵押权若干规定的国际公约》 Article 6 “lien or right of retention ”
第四章 海上货物运输合同 第五节 货物交付 第 87 条 【承运人的留置权】 第 88 条 【留置权的行使】	融汇大陆法系和英美法系多国法律
第六章 船舶租用合同 第二节 定期租船合同 第 141 条 【出租人的留置权】	1974 年修订的统一定期租船合同,代号“波尔的姆合同”BALTIME 1974 17. Lien; 1981 年修订的“纽约土产合同”交易所期租合同,代号“纽约土产合同”NYPE 1981 18. Liens
第七章 海上拖航合同 第 161 条 【留置权】	当时的日本拖带合同 第 17 条 留置

(二)扩张性的法律移植

扩张性的法律移植是对法律移植的供体外延或内涵进行了扩张。例如,《海商法》第二章船舶第 22 条海难救助款项的优先权,把“就船舶的救助报酬提出的索赔”(claims for reward for the salvage of the vessel)移植为“海难救助的救助款项的给付请求”。《1989 年国际救助公约》中,救助报酬是“reward”,救助人命的酬金是“remuneration”,而特别补偿是“special compensation”,《1993 年船舶优先权和抵押权国际公约》仅规定了救助报酬“reward”有优先权,但根据《海商法》第 172 条给“救助款项”下的定义,其包括被救助方应当向救助方支付的任何救助报酬、酬金(救助人命)或者补偿(为了鼓励保护环境而设的特别补偿),依据《海商法》第 22 条第 4 项的“海难救助的救助款项的给付请求”规定,上述三项都有优先权。在我国司法实践中,法官也将船舶优先权适用到对于环境救助的特别补偿上。① 因此,《海商法》通过扩张性法律移植,将船舶优先权的覆盖范围扩大到人命救助的救助酬金和环境救助的特别补偿。② 而从国际公约分析,一般将人命救助视为一项义务,《1989 年国际救助公约》将是否获得酬金的权利留给了各国

---

① 参见洋浦益明港口服务有限公司诉东莞市丰海海运有限公司、中国石化扬子石油化工有限公司等海难救助合同纠纷案,海口海事法院(2018)琼 72 民初 208 号民事判决书。

② 参见郭萍、于泓:《论救助款项的含义——兼论对我国〈海商法〉部分条文的理解》,载《当代法学》2002 年第 12 期。

国内法加以规定。该公约的安排是:人命救助酬金的规定不是强制的,只是同时存在财产获救时,救助人从获救财产的救助报酬中取得分成,这不是一项必然存在的权利。此外,为减少环境污染而支出的特别补偿经常数额巨大,若允许该求偿权享有船舶优先权,将很容易影响排序在后的其他的海事请求的获赔。因此,美国、俄罗斯、加拿大、墨西哥、丹麦、印度、芬兰等国立法都将特别补偿排除在船舶优先权的项目之外。此外,特别补偿主要由船东互保协会负责承担,这类已经有其他财务保证的海事请求权,和特别补偿规定的其他例外一样,已没有必要赋予其船舶优先权。但是,我国《海商法》通过扩张性的法律移植,将船舶优先权的范围作出扩张性的规定。

我国《海商法》第 235 条规定了被保险人违反保证条款时的义务,这是对《1906 年英国海上保险法》第 33 条的法律移植。保证(warranty)一直是英国海上保险法的一项重要制度,其含义是:被保险人保证去做或不去做某种特定事情,或履行某项条件,或者肯定或否定存在某些事实的特定状态。一旦保证这种特定状态和条件,则被保险人不能以自己已经尽力和不可抗力为由来对这些状态和条件的破坏免责,保险人可以因为状态和条件的破坏而不履行保险责任。[①]《1906 年英国海上保险法》第 33 条规定了保证的概念以及被保险人违反保证义务后,保险人可以解除合同的严厉后果。相较之下,我国《海商法》第 235 条简化了上述的规定,仅规定了违反保证的后果,软化了违反后果的严重性,不仅允许保险人解除合同,也可以允许保险人修改承保条件、增加保险费。这样的法律移植引发了一系列问题:一是《海商法》没有明确规定保证这一概念的定义,导致法院在裁判中无所适从,没有法定的依据以分辨该条款是不是保证条款。[②] 理论界对于"保证"究竟是指默示保证还是明示保证,我国是否承认默示保证,也存有争议。大家普遍认为《海商法》第 234 条关于"被保险人应当在合同订立后立即支付保险费"的规定是默示保证,而第 235 条规定的"被保险人违反合同约定的保证条款时",这里的"保证条款"则是明示保证,如此可见上下条款之间的规定发生矛盾。[③] 二是根据第 235 条的安排,似乎只有被保险人进行书面通知后,保险人才能解除合同,该法条对被保险人不及时递交通知的后果并没有进行规定。三是第 235 条规定了被保险人违反"保证条款",保险人可以要求修改承保条件和增加保险费等,但如果双方不能就修改保险

---

① 参见邢海宝:《海上保险的保证》,载《中外法学》2005 年第 2 期。

② 参见郝海青:《从一起海上货物运输保险合同纠纷案谈起》,载《法学杂志》2005 年第 3 期。

③ 参见交通部政策法规司、交通部交通法律事务中心编:《〈海商法〉学习必读》,人民交通出版社 1993 年版,第 116 页。

合同达成一致意见,那么保险合同的效力如何?[①] 随着司法实践的发展,上述问题二、三被《海上保险司法解释》第6条至第8条予以解决,但被保险人未书面通知和保险双方无法就修改保险合同达成一致的,保险人是否可以解除合同?该问题仍未解决。

(三)限缩性的法律移植

限缩性的法律移植是指对法律移植的供体条款的外延或者内涵进行限缩。国际标准租船合同波尔的姆合同(1974年)第17条是《海商法》第141条的法律移植对象。后者对前者的第1款实现了文义性的移植,赋予船舶出租人对船上属于承租人的货物和其他财产的留置权,以及对转租收入(运费和租金)的留置权,但未移植前者赋予承租人对船舶的留置权。波尔的姆合同(1974年)第17条第2款规定,当租船人预付的租金和其他费用没有得到相应对价,租船人对所租船舶拥有留置权,有学者研究英国判例认为,这种留置权不是占有型的担保权利(Possessory lien),其性质比较特别,具体是指还船时,承租人请求英国法院发出一种禁令,禁止出租人继续使用和控制船舶的一种抗辩权,承租人不能对此优先受偿。[②] 而吉摩尔的《海商法》一书分析了美国的普通海商法,认为上述留置权是一种"maritime lien",性质如同我国的船舶优先权,不以占有船舶为前提,并可通过对物诉讼程序强制执行,只有在船方有过错的情况下,承租人或货物所有人才能行使。[③]《海商法》第141条未对这部分条款进行移植,这是因为立法目的的不同。移植对象出于平衡租船合同双方权利义务的考量,第141条的立法目的侧重保护出租人的债权。《海商法》放弃移植期租人对船舶的留置权,同时还有体系性的考虑,使我国的船舶担保制度与《1967年关于统一船舶优先权和抵押权若干规定的国际公约》和《1993年船舶优先权和抵押权国际公约》的船舶担保性权利系统保持一致,尽量减少船舶优先权担保的债权,以减少对船舶融资的影响,保护航运业可持续发展。

此外,《海商法》第50条是有关迟延交付的规定,移植的供体是《汉堡规则》第5条,[④]但进行了较大的变动,只规定没有在约定时间内交付为迟延交付,而未移

---

① 参见王欣:《论违反海上保险合同中的保证的法律后果》,载《中国海商法年刊》2001年第1期。

② 参见赵德铭主编:《国际海事法学》,北京大学出版社1999年版,第390~391页。

③ 参见[美]G.吉尔摩、[美]C.L.布莱克:《海商法(上)》,杨召南、毛俊纯、王君粹译,中国大百科全书出版社2000年版,第283页。

④ Article 5. Basis of liability 2. Delay in delivery occurs when the goods have not been delivered at the port of discharge provided for in the contract of carriage by sea within the time expressly agreed upon or, in the absence of such agreement, within the time which it would be reasonable to require of a diligent carrier, having regard to the circumstances of the case.

植供体中规定的，如果没有约定交货时间，则在考虑到情况后要求勤勉承运人在合理时间内交付。这个法条的移植引起了争议，有学者认为《海商法》第 50 条在交货时间和空间上都比《汉堡规则》的要求更为狭窄，[①]也有学者通过对法条的解释认为立法者本意就是本条并不管辖没有约定交货时间的合同，[②]还有学者观察到，《海商法》第 50 条只移植了约定交付日期的标准，导致多数承运人因未写明交货日期而无须承担迟延交付的责任。[③] 而原交通部颁发的立法材料中，阐明了立法者原意：《汉堡规则》有合理时间标准，但立法时有意不移植。迟延交付规则在形式上虽像《汉堡规则》，实质上却更接近英国判例法的做法，其最终是从我国实际出发的。《海商法》第 50 条有意设计比英国判例和挪威法要弱的情形，规定迟延交货必须以约定为前提。[④] 实践中，为了平息对该条款适用的争议，最高人民法院于 2008 年 12 月发布了《涉外商事海事审判实务问题解答》，其中就如何理解《海商法》第 50 条规定的迟延交付构成的条件进行了回答，明确说明《海商法》规定的迟延交付仅限于海上货物运输合同的当事人在合同中明确约定了运输期限的情形。

（四）实质改造性的法律移植

为了实现《海商法》的本土化适用，法律移植过程中对部分移植对象进行了不同程度的修改。

比如，《海商法》第九章海难救助中第 179 条规定了海难救助“无效果无报酬”原则，移植自《1989 年国际救助公约》第 12 条，但我国立法者改造了该原则的适用例外“除另有规定外”（Except as otherwise provided）的表述，将其改为“除本法第一百八十二条或者其他法律另有规定或者合同另有约定外”。多位学者认为在《海商法》第 179 条的法律移植过程中，改造背离了供体原意，造成了适用分歧。针对移植对象《1989 年国际救助公约》“除另有规定外”的内涵，我国学者存在争议，有的学者认为包括法律的规定和合同的约定例外，法律的规定是公约第 14 条规定的环境损害特别补偿和第 16 条人命救助的例外，合同的约定是指英国法下“特约服

---

① 参见杨斌：《浅析我国承运人责任制度》，载北大法宝网 2016 年 7 月 20 日，https://webvpn.xmu.edu.cn/https/77726476706e69737468656265737421e7e056d2373b7d5c7f1fc7af9758/specialtopic/4da50fc624f97f49caf54c80ce693875bdfb.html。

② 参见刘子平：《论以民法补充海商法的单位》，载《中国海商法研究》2013 年第 4 期。

③ 参见胡正良：《论〈海商法〉修改的必要性》，载《当代法学》2003 年第 12 期。

④ 参见交通部政策法规司、交通部交通法律事务中心编：《〈海商法〉学习必读》，人民交通出版社 1993 年版，第 35 ~ 37 页。

务”(engaged service)的例外,其实质仍然是一种法律规定的例外;[①]有的学者认为移植供体“除另有规定外”体现的两项例外是环境救助和人命救助,都是公约其他条款规定的情形;[②]有的学者则认为是允许当事人自行约定“固定费率计酬”的方式。[③] 从该公约的起草文件看,起草者们没有对“除另有规定外”进行讨论或解释,只提及“无效果无报酬”原则的例外包括环境救助的特别补偿,这也是《1989年国际救助公约》对《1910 年海难救助公约》最重要的改进之一,即鼓励积极防治环境污染。[④]

在立法移植过程中,《1989 年国际救助公约》第 12 条的“除另有规定外”被《海商法》第 179 条移植并改造为“除本法第一百八十二条或者其他法律另有规定或者合同另有约定外”,原本模糊的供体被移植为三个部分:一是《海商法》“第一百八十二条”的例外;二是“其他法律规定”的例外;三是“合同另有约定”的例外,多数学者认为这种改造是为了厘清公约模糊的用语,其立法意图是积极的,但是,这样的规定导致问题复杂化,客观上造成特别法的适用在某些情况下要让位于一般法的局面。而且,学者们对移植供体的理解不同,有观点认为这个改造明确了供体的立法目的,有观点认为是扩展或改变了供体。虽然,学者们都赞同第 182 条环境损害特别补偿的例外移植了公约的原意;但对于“法律另有规定”的例外,学者们多认为是无谓之举,认为《海商法》作为特别法,不应再赋予其他法律规定救助报酬支付的权利,[⑤]或者认为至今没有其他法律作出规定,其实质意义不大,[⑥]从而建议在《海商法》修订中删除这个例外;而对于“合同另有约定”的例外,不少学者认为《海商法》第九章确认的“无效果,无报酬”的原则可以通过合同约定予以排除,[⑦]这就为固定费率或雇佣救助合同也同样可以适用《海商法》第九章的其他规定找到了法律依据,本书亦支持这一观点。在《海商法》修订中,有学者认为《1989 年国际救助

---

① 英国法中,“engaged service”专指救助方依据遇难方的请求实施救助,但该救助行为没有实现救助的效果,由于遇难最终脱险,救助方依法可以向财产获救方请求救助报酬的行为。比如救助方根据遇难方请求去取新的船锚和缆绳,在取回前,遇难方已经借助别的船只和自身努力脱险,救助方仍有权利获得救助报酬。虽然救助报酬不是按救助服务的合理价格,而是依据最后获救的情况计算。详见 RAINEY, SIMON, *The Law of Tug and Tow and Offshore contracts*(4th Edition),Informa Law from Routledge,2017,117。

② 参见李海:《关于“加百利”轮救助案若干问题的思考》,载《中国海商法研究》2016 年第 3 期。

③ 参见初北平:《〈海商法〉下海难救助制度的架构完善》,载《环球法律评论》2019 年第 3 期。

④ See Comite Maritime International, *Travaux Preparatoires of the Convention on Salvage*, p. 289(1989).

⑤ 参见初北平:《〈海商法〉下海难救助制度的架构完善》,载《环球法律评论》2019 年第 3 期。

⑥ 参见李海:《关于“加百利”轮救助案若干问题的思考》,载《中国海商法研究》2016 年第 3 期。

⑦ 参见张文广:《“加百利”轮海难救助合同纠纷再审案评析》,载《法律适用》2016 年第 8 期;孙思琪:《雇佣救助合同法律适用论辩——最高人民法院(2016)最高法民再 61 号民事判决之评释》,载《西部法学评论》2017 年第 6 期。

公约》与《海商法》均没有涉及雇佣救助的相关规定,建议将雇佣救助合同作为一项有名合同予以规定,明确规定雇佣救助合同当事人的权利义务关系。

同样地,《海商法》第 214 条借鉴《1976 年责任限制公约》,对责任限制基金设立的法律后果予以规定。但是,根据《1976 年责任限制公约》的规定,在责任人设立基金后,与事故有关的可对基金提出请求的限制性债权人,不得就该项索赔对设立基金的责任人的任何其他财产行使任何权利。而《海商法》在移植时,在第 214 条却作出这样的规定:"责任人设立责任限制基金后,向责任人提出请求的任何人,不得对责任人的任何财产行使任何权利……"该规定与公约意图完全不吻合。责任限制基金针对限制性海事请求而设立,只能对抗限制性海事请求,而《海商法》第 214 条的规定则包括"向责任人提出请求的任何人",将非限制债权的债权人也包括在内,此严重背离该公约的立法本意。因此,《海商法》第 214 条规定的海事请求范围,应限于《海商法》第 207 条规定的限制性海事请求。《修改送审稿》第 245 条对设立责任限制基金的法律后果也作出明确的规定,即责任限制基金只能对抗限制性海事请求。

第二节 《海商法》本土化适用中的困境

立法必须结合本民族的历史、文化和社会价值,立足本国经济社会发展的需要,只有这样,法律移植到本土后才会生根开花,才会拥有强大的生命力。法律移植理论认为,法律移植动机、供体、法律移植及其本土化方法、受体国的本土资源,每个要素都会对移植法律的效果产生巨大影响。《海商法》大量法律移植的缺点在于容易产生法律冲突,造成司法实践上的纷扰和海商法体系的混乱。①

一、本土化视野的缺失

孟德斯鸠曾说,为一国人民制定的法律,应该是非常适合该国人民的,所以如果一个国家的法律竟然能适合另一个国家,那只是非常凑巧的事。②《海商法》对国际海事公约和各国最新立法例几乎收罗殆尽,③但正如有学者指出的,《海商法》

---

① 参见曹兴国:《自发秩序视角下海商法的渊源流变及中国进路》,载《河北法学》2016 年第 12 期。

② 参见冯玉军:《西法东渐与学术自觉:中国移植外国法研究的回顾与展望》,载《甘肃社会科学》2008 年第 3 期。

③ 参见张忠晔主编:《各国和地区海商法比较》,人民交通出版社 1994 年版,前言。

在移植外来法时,应注意法条背后所隐藏的利益和价值取向,以及支撑其规则的法律原理及学说,进而较少甄别、选择,考察其是否适合我国社会的需要,能否与我国海商法及其他法律相融合。① 在立法时,受社会整体发展阶段的客观条件影响,中国的海商事实践的规模和数量有限,立法者难免存在时代局限性,对于《海商法》的本土适用性的研究缺乏充分的数据和经验。因此,在我国迈向海洋强国的当代,本土化问题成为《海商法》修订中的焦点问题,就此应重点讨论《海商法》在修订中如何阐发其精义,使之能适应中国社会发展需要。②

海商法的国际统一性需要广阔的视野,需要国际广泛交流,更需要借鉴各国的先进立法经验和技术来不断地完善自身。但是,这种交流和借鉴应当为我国所用。海商法是一部实践性很强的法律,它需要在适用中得到完善和发展。各国的海商法都是建立在自己的法律框架和体系内的,而海事国际公约的制定是不同法系之间法律融合或利益平衡与妥协的结果。③ 我国海商法进行法律移植的最大特点就是移植国际公约,而公约本身缺乏系统的理论支撑,照搬公约的确可以得到法条,却无法得到完善的理论,这可能也是公约移植最大的缺陷。④ 同时,海商国际规则是分散的和碎片化的,并没有一个统一的包罗万象的国际海商法公约,中国国内海商法的制定的过程,可以看作一个将不同领域分散的海商法国际规则重新组装一个完整的海商法体系的过程。⑤ 但中国的海商法是中国法律体系内的海商法,在中国的地域适用,主要用于解决中国的海事海商纠纷案件,因而它本身具有鲜明的中国特色,这决定了它的基本原则和基本内容应与中国的基本法律制度相协调,它的理论研究和司法实践应当立足于中国的地域和适用于中国的具体国情。

所谓"法律本土化",是指任何国家的法律要发挥其内在的价值、功能和社会作用,必须与其本国、本地区、本民族的政治、经济、文化、历史传统以及风俗习惯密切结合,成为该国文化的一个组成部分,为人们所接受并自觉遵守。⑥ 海商法的本土化就是把具有世界性或国际性价值取向的法律理念、法律原则、法律组织、法律运行方式以及法律技术等中国化的过程。法律本土化实际上是外来法律制度和文化在本国法中内化的过程。在此过程中,从本国的实际国情出发,对移植而来的法律

---

① 参见傅廷中:《论我国〈海商法〉修改的基本原则与思路》,载《现代法学》2006 年第 5 期。

② 参见王伯琦:《近代法律思潮与中国固有文化》,清华大学出版社 2005 年版,第 77 页。

③ 参见关正义:《民法视野中的海商法制度》,法律出版社 2015 年版,第 23 页。

④ 参见郭瑜:《海商法的精神:中国的实践和理论》,北京大学出版社 2005 年版,第 59 页。

⑤ 参见郭瑜:《海商法的未来——中国的方向和方法》,北京大学出版社 2022 年版,第 212 ~213 页。

⑥ 参见何勤华:《法的国际化与本土化:以中国近代移植外国法实践为中心的思考》,载《中国法学》2011 年第 4 期。

进行合理的改造、嫁接和整合，使其逐步融入本土法律制度和文化之中。1992 年《海商法》的制定，主要是中国对先进域外立法经验借鉴、学习的过程，海商法的国际统一性虽然也要求中国海商法必须与国际条约、国际惯例以及外国法等相衔接，但是，目前全球范围内的海事海商国际公约、国际惯例相当庞杂，相互之间也充满矛盾、冲突，究竟加入哪一个公约，引进哪一个公约或者惯例，并非可以简单抉择。正如上文所述，目前国内一些学者仍习惯于"以西方为师"的研究思路，缺少本土意识和本土视野，对国内航运贸易市场、行业实务、司法实践的需求缺乏调查研究。当然，海商法的国家利益与海事司法主权的属性，并不是对国际化的否定，对海商法的研究应在继续关注国际性的同时，加强对本土市场和司法运行的实证调查。质言之，海商法本土化的关键是建立本国的海商法理论，中国海商法的尊严和光荣来自其坚实的实践基础。

二、本土化适用的法律困境

海商法是一部实践性很强的法律，需要在司法适用中得以完善和发展。作为中国法律体系内的海商法，本身鲜明的中国特色，决定了它的理论研究和司法实践应当立足于中国的地域和适用于中国的具体国情。现行研究过多强调外来法对中国法的单向影响，较少关注两者的双向互动。实际上，即使是国际化研究也不仅局限于国际法、外国法对本国法的影响，还应当关注本国法对国际法、外国法的反馈和引领。各国有平等的权利和机会在各自的海商法中表述自己的观点和立场。在"建设海洋强国"和"一带一路"倡议的背景下，中国正逐步发展成为全球的航运和贸易强国，并且更加多方面、深层次地参与到国际航运贸易市场的建设和治理中，在国际舞台上有更多的机会和话语权参与到国际海事海商立法当中，才能冲破新时期的贸易保护主义，构筑"合作共赢、共同发展"的全球航运贸易市场，引领新一轮的经济、法律全球化。落实到《海商法》修订中，就是要加强对本国立法、司法经验的总结和提升，为国际海事海商立法提供中国经验和中国智慧。

司法活动也是制度构建的重要手段，而且在实现海商法国际化与本土化有机结合的进程中，司法甚至比立法更为有效和直接。首先，任何立法归根结底都要落脚到司法上，只有在司法中实现国内法与国际法、外国法的衔接，实现对本国航运贸易行业利益的维护和诉求的回应，才能真正做到海商法国际化与本土化的统筹协调。其次，通过立法手段实现国际海事海商法治统一是一个漫长的博弈过程，而形成有影响力的司法判例不失为一个有效的法律统一实现路径。最后，通过创建中国自己的包括司法、仲裁、调解等在内的多元纠纷解决中心，吸引各国当事人将海商海事案件交由中国法院、仲裁机构和调解机构处理，同样可以为国际海事海商法律制度构建表达中国想法和发出中国声音。然而,目前来看,海商法本土化的缺失,导致法律适用存在一定的困境。

1. 移植的规则难以与国情相协调

移植而来的部分《海商法》规则与我国国情的不适应性,随着法律的实施和司法实践的检验,在日渐凸显。一个典型性的例子是,我国是世界上主要的货物出口国,出口商大量使用 FOB 贸易术语与外国进口商进行经由海运的货物贸易,这必然涉及出口商的法律地位问题。《海商法》第 42 条第 1 款第 3 项是对“托运人”的定义,移植自供体《汉堡规则》第 1 条第 1 款第 3 项。“托运人”在供体和受体中都存在两种可能:一种是订立海上货物运输合同的人(以下简称合同托运人);另一种是将货物交给承运人的人(以下简称实际托运人)。但两种人在供体中是由“或者”(or)连接,在《海商法》中变成由标点符号“;”连接。一般认为,《汉堡规则》用“或者”连接,表明合同托运人和实际托运人在同一时间点不会同时存在,两种托运人的权利义务是相互衔接的,不会产生重叠,两类托运人间不存在连带责任。《海商法》第 42 条用分号连接两类托运人,则两者可以在同一空间同时存在,[①]就会在责任承担上产生交集:合同托运人对承运人承担运输合同下的责任,实际托运人对参与合同的部分负责,两类托运人对其责任重叠的部分,是否应负连带责任,两类托运人是否可以依据其合同相互追偿,存在争议。[②] 之所以对移植对象进行这样的改造,是因为根据国际贸易业务的操作规则,提单中托运人栏内的名称通常指卖方,但如果以 FOB 成交,则由买方租船订舱,提单上托运人一方就成为买方,而行业习惯的操作是提单上托运人填交货人(卖方)的名称,这样就产生了矛盾,在《海商法》立法时,为了明确 FOB 合同中买方的合同托运人身份,于是有了这样的法律移植和改造,有意允许两类托运人同时存在。

然而,《海商法》施行后,这样的法律移植却给我国的实践带来其他问题。由于我国出口商广泛采用 FOB 术语进行交易,根据《海商法》第 42 条的规定,两种托运人同时存在,提单是签发给托运人的,既也可以签发给买方,也可以签发给卖方。于是出现了大量侵害我国 FOB 卖方的操作,在提单签发给买方或提单上的托运人为买方时,买方可能在没有“付款赎单”时即取得提单,这对我国出口商的利益造成了实质损害。

由此,为了摆脱这种法律移植的缺陷,我国开始了制度本土化的努力,《无正本

---

① 参见何丽新:《一票货物两份提单的法律问题探讨》,载《厦门大学法律评论》2003 年第 2 期;郭春风:《论对〈中国海商法〉托运人定义及其相关条款的修改》,载《中国海商法年刊》1998 年。

② 参见司玉琢:《论发货人的权利、义务和责任》,载《中国海商法年刊》2001 年。

提单交付货物司法解释》第12条规定,向承运人实际交付货物并持有指示提单的托运人,虽然在正本提单上没有载明其托运人身份,因承运人无正本提单交付货物,要求承运人承担无正本提单交付货物民事责任的,人民法院应予支持。此规定一定程度上保护了FOB国际贸易术语下我国出口商的合法权益。《征求意见稿》将《海商法》第42条第1款的“;”明确改回《汉堡公约》的“或”,并在第4.33条第3款明确“托运人和实际托运人都要求承运人签发运输单证的,承运人应当向实际托运人签发运输单证”。《修改送审稿》第50条则明确界定托运人和实际托运人,将现行《海商法》的第二种托运人规定为“实际托运人”,删除《征求意见稿》第4.2条第4项中“并且在运输单证上记载为‘托运人’”的限定,结合我国国情弥补了这个法律漏洞,且与现行《海商法》的第二种托运人相一致。

2.移植供体间的冲突影响本土司法裁判

《海商法》移植的国际海事公约、国际海事惯例之间本身存在冲突,由于立法者在《海商法》的不同章节移植不同的国际公约、国际惯例或国际标准合同,导致各种规则之间的系统性和协调性出现问题,这直接影响海商法的实效性。例如旅客运输的赔偿责任限额,《海商法》第五章“海上旅客运输合同”第117条是根据《1976年雅典公约》第7条第1款予以规定,而《海商法》第十一章“海事赔偿责任限制”第211条的赔偿责任限额的规定则是按照《1976年责任限制公约》第7条第1款予以规定,因此,根据《海商法》第117条的规定,发生重大海难事故时,应以实际载客人数乘以46666SDR确定承运人的责任限额,而根据《海商法》第211条的规定,应以船舶证书的核定载客人数乘以46666SDR确定承运人的责任限额。同时,第117条是关于一个航次的责任限制,而第211条是关于一次事故的责任限制,这样导致第117条和第211条之间出现的矛盾和冲突难以解决。再如,承运人的责任。我国没有参加《海牙-维斯比规则》和《汉堡规则》,但有关承运人责任的设计同时对两个公约予以移植或参考,导致不能很好地解决《海牙-维斯比规则》与《汉堡规则》的衔接问题。在承运人的责任期间上,《海商法》规定两种责任期间,借鉴《海牙-维斯比规则》强制适用的责任期间,又考虑集装箱运输的特点,《海商法》第46条参照《汉堡规则》制定了海上货物运输合同的期间,这样导致货物在装货港和卸货港的“装前卸后”,虽属于运输合同期间,却不在承运人的责任期间。

3.移植不当导致法律适用分歧

《海商法》移植法律条款的取舍或变更不当,导致立法条文的模糊性,出现理解和解释上的问题。例如《海商法》关于“船舶碰撞”的规定仿效《1910年统一船舶碰撞某些法律规定的国际公约》,规定双方过失碰撞中,碰撞双方对人身伤亡承担连带责任,而“海事赔偿责任限制”一章对旅客人身伤亡和财产损失规定不同的赔偿限额,如此计算的结果导致载运旅客的船舶面临比一般载货船舶更高的责任限额,尤其是载客船与非载客船碰撞,如果双方都存在过失,碰撞责任的限额不同,载运旅客的船舶承担更高的责任限额,双方如何承担连带责任更无从确定。

又如共同海损,《海商法》借鉴了《1974 年约克 - 安特卫普规则》,虽吸纳了字母规则和数字规则,但没有借鉴解释规则和首要规则,导致《海商法》第 194 条中关于"避难港口"和"安全完成本航程"等规定不明确,这种不适当的变更或取舍,导致国际海事公约、国际海事惯例的整体性受到破坏,与国际海事公约、国际海事惯例的立法初衷不符。《海商法》第 197 条规定的"共同海损过失方的分摊权"移植自《1974 年约克 - 安特卫普规则》D 款。内容上,供体和受体的前半句含义一致,都肯定了在未查明事故责任前,可能对事故负有责任的过错方,也可以要求分摊共同海损。但在条款的后半句,《海商法》第 197 条对供体产生了实质性改变。《1974 年约克 - 安特卫普规则》的 D 款后半句的表达为"但这并不影响就该方的过错而对该方提出任何赔偿请求或抗辩,或该方就该项过错的补救和抗辩",①将权利赋予了有过错的一方。相较之下,《海商法》第 197 条后半句规定的内容为"但是,非过失方或者过失方可以就此项过失提出赔偿请求或者进行抗辩",将权利主体扩张至包含非过失方。有学者指出,由于移植受体存在过度翻译和逻辑混乱的问题,②《海商法》第 197 条的规定引发了不同的理解和司法适用。③

再如《海商法》关于迟延交付的规定,借鉴《汉堡规则》第 5 条的规定:"如果货物未能在明确议定的时间内,或虽无此项议定,但未能够在考虑到实际情况对一个勤勉的承运人所能合理要求的时间内,在海上运输合同所规定的卸货港交货,即迟延交付。"但《海商法》只将未能在"明确约定的时间"交付货物的情况纳入迟延交付的范畴,没有规定"合理时间",此导致司法实践中产生两种观点:一种是未能在"明确约定的时间"交付是构成承运人迟延交付的唯一前提;另一种是如果货物在合理时间内没有交付,也构成迟延交付。由此造成司法适用的混乱。此外,移植杂糅导致的体系混乱在《海商法》下也较为突出,以《海商法》第四章"海上货物运输合同"为例,其不仅综合借鉴了《海牙 - 维斯比规则》和《汉

---

① 英文为:"but this shall not prejudice any remedies or defences which may be open against or to that party in respect of such fault."

② 参见凌斌:《法学翻译批评的病理学进路》,载《清华法学》2004 年第 1 期。

③ 参见广东瑞高海运物流有限公司诉中国太平洋财产保险股份有限公司宁波分公司共同海损纠纷案,上海海事法院(2018)沪 72 民初 3121 号民事判决书;张永坚:《共同海损的成立基础》,载《地方立法研究》2018 年第 5 期;张梅生:《试论共同海损的成立与共同海损不理算的关系——兼谈我国〈海商法〉第 197 条规定》,载《法学》2001 年第 10 期。

堡规则》，而且还将航次租船合同规定在其中。而由于将"实际承运人"的定义规定于该章第一节的"一般规定"中，由此造成了航次租船合同下是否存在实际承运人的争议。

另外，《海商法》第十一章"海事赔偿责任限制"第 209 条规定的"丧失责任限制的条件"中，条件内容是"由于责任人的故意或者明知可能造成损失而轻率地作为或者不作为造成的"，此条基本是移植自《1976 年责任限制公约》第 4 条，但移植供体和受体存在一个重要的区别，即原文中"his personal act or omission"强调了责任人本人的行为或过失，而《海商法》遗漏了"本人"两个字，导致从字面上分析，即便由于船东雇佣的船长、船员的行为或过失而发生重大事故，也可能致使船东丧失责任限制的保护。该条款法律移植的供体强调责任人本人的过错状态，是为了实现海事赔偿责任限制制度的立法目的，该制度除了帮助船方减少海上风险等"天灾"的打击，也包括抵御船长、船员造成的"人祸"，以保护海运业的发展。[①] 该公约如此规定，是让船舶所有人等海事主体不会过于容易地丧失限制责任的权利，使得责任限制丧失条件严格化。[②] 在司法实践中，最高人民法院通过《海事赔偿责任限制司法解释》第 18 条进行了修补工作，强调《海商法》第 209 条规定的责任人是指"责任人本人"，并另行在该司法解释第 19 条规定，以船舶不适航为由主张责任人丧失责任限制，必须证明引起赔偿请求的损失是由于责任人本人的故意或者明知可能造成损失而轻率地作为或者不作为造成的。对此，《海商法》修订中，有必要对责任限制的丧失条件限制在"责任人本人"。

三、国际化与本土化的博弈

海上运输活动的根本动力是不同地域货物的位移，因此具有天然的跨地域性或国际性。海上运输的这种特性要求航程所及地区的海商法具有国际统一性，以此减少不同区域的法律冲突带来的不确定性，更好地提高海上运输的效率，这使海商法在各国法律体系中具有独特的地位，也使得海商法因国际统一的需求而更多地具有移植性或外来性，此与内发性或民族性更强的其他法律制度之间形成鲜明的对比，并进而使海商法的发展经常脱离相对应的其他国内法，从而成为一国法律体系中相对独立的部分，体现自成一体的特性。[③] 因此，海商法律制度若缺乏国际性，将导致：其一，不利于航运活动的有序进行，特别是各国具有公法性质的规范存

---

① 参见杨良宜：《海事法》，大连海事大学出版社 1999 年版，第 154 页。

② 参见傅廷中：《海商法》，法律出版社 2007 年版，第 438 页；夏元军：《海事赔偿责任限制权利的扩张与平衡》，载《上海大学学报（社会科学版）》2017 年第 4 期。

③ 参见曹兴国：《海商法自体性研究》，法律出版社 2020 年版，第 89 ~ 90 页。

在差异,而若海商法缺乏统一航运标准或规则,海上运输活动将处于无序状态。其二,有损公平理念。若相同的海上运输活动所产生的纠纷在不同国家的不同海商制度下产生不同的判决结果,则纠纷当事人将择地起诉,这将导致海事法律适用的冲突规则无法确保国际海事纠纷处理的确定性与可预期性。海商法的国际统一性是航运产业主体法律稳定预期的保障,在海事冲突规则受到实体法影响时,能够为正确适用实体法提供先决条件。[①] 其三,损害海上商业活动的效率。海上运输各方因难以判断其法律风险和法律成本,将增加谈判成本和交易成本,运输合同当事人的权利义务难以明确。因此,海商法是"为了对外交往而生""移植国外法律而来""侧重于调整涉外关系""因国际化而立"的"国际化"的国内法。[②]

就此,有观点认为,在国际海事公约、海事示范法、海事标准合同和标准合同条款等的共同推动下,海商法领域已经成为融合大陆法系和英美法系的法律领域,任何国家想要摆脱这种共同、统一的法律环境都并非易事。[③] 这种超越法系的探索,基于国际统一化下的法律趋同化理论,各国海商法不仅共同接受国际公约的法律移植,而且彼此互相影响并具有逐渐趋于一致的发展趋势。当代海商法之所以具备国际统一性,是因为航运活动的国际性要求法律适用具有确定性,以及法律适用的确定性要求当代海商法尽量国际统一。国际统一趋势是当代海商法的一个鲜明特点,以国际海事公约和国际航运惯例在航运国家的普遍适用为体现形式。但是,国际公约是各国法律规定、不同法系法律制度和规定的融合,这个融合是各国就相关法律问题协调、妥协、坚持的结果,它与内国的法律在制度上和体系上可能一致,也可能不一致。在对法律的理解和适用上,可能存在相同的法理基础,也可能不存在相同的法理基础。[④] 国家意志性是法律的本质属性,国家自主性体现国家意志性,这要求主权国家的法律符合本国社会需求、价值共识,以实现对本国公共利益的追求和维护。海商法的国家自主性首先要求海商法律制度符合本国航运经济利益。当代海商法之所以重视国家自主性,是因为各国经济贸易等实际情况不同决定了各国航运经济利益的差异,以及法律的国家意志性要求海商法维护本国航运经济利益。如《鹿特丹规则》中的航海过失免责制度,这涉及国家自主性与海商法的国际统一性的关系,涉及国家整体经济利益问题,而该问题的结论对中国是否加入《鹿特丹规则》产生决定性影响。

---

① 参见王国华、孙誉清:《国际航运纠纷中法律适用问题的实证研究(1997—2016)》,载《武大国际法评论》2017 年第 3 期。

② 参见郭瑜:《海商法的未来——中国的方向和方法》,北京大学出版社 2022 年版,第 44 ~71 页。

③ 参见曹兴国:《海商法自体性研究》,法律出版社 2020 年版,第 94 页。

④ 参见关正义:《民法视野中的海商法制度》,法律出版社 2015 年版,第 4 页。

《海商法》制定和修订的过程,是海商法的本土化进程,其制度体系是与国际紧密接轨,还是与国内一般法保持协调一致,是各国海商立法均会面临的问题,这本身就是国际统一性与本土化的博弈与协调问题。如《1909 年澳大利亚海上保险法》的改革报告中,有提案认为应借鉴《1984 年澳大利亚保险合同法》所采取的消极告知义务,但最后予以否定的原因在于如此改革有损本国海上保险法与其他普通法国家海上保险法的协调。① 这实际上反映出一个相克关系,即在海商法的本土化过程中,若考虑到特定国家的法律体系、立法因素、法律文化等,海商法基于国际统一而具有的自体性必然受到一定的"协调",出现被本土一般法律同化的现象,国际统一性与本土化呈现彼此牵制的关系。正如有学者指出的:"体例上,海商法乃最具国际性之国内法,然亦为最具国家自主性之国际规范。惟其系国内法,自应以国家利益为重,更由于海商活动先天之国际性,本法自宜予国际海商规范相当之尊重。"②具体到《海商法》的修订,这一过程在国际化与本土化之间必然存在张力,而其要点就在于把握我国本土情况,从我国的实际出发,以比较的视野分析理念与制度的同与异。即便是完全源于国际公约的相关制度,如船舶碰撞、海难救助、责任限制、共同海损,其国际立法的演进也并不必然意味着制度迭代的先进性。而在船舶物权、运输合同等需要与本土民商法体系交融的场景中,国际化与本土化的协调更需要精细考量,一如下文针对船舶适航的专题研究。

第三节　《海商法》修订中国际化与本土化的协调

法律移植是世界法律发展的一个基本法律现象。法律移植是法律发展、进化过程中良性的进步运动,在一定意义上,拒绝法律移植,实际上就是拒绝法律的进步。③ 对于我国的整个海商法部门来说,立足法律移植的全球视野,能助中国把握全球脉动,借助法律移植继续健全中国的海商法体系,增强对各国海运参与者的吸引力,为中国建成国际海事司法中心增加筹码。与此同时,运用法律全球化趋势在海商法部门的具体表现,就是积极参与海商海事公约的制定过程,在公约中融入中

---

① 参见曹兴国:《海商法自体性研究》,法律出版社 2020 年版,第 92 ~ 93 页。

② 张东亮:《海商法新论》,台北,五南图书出版公司 1986 年版,第 3 页。

③ 参见何勤华:《法的移植与法的本土化》,载《中国法学》2002 年第 3 期。

国话语,推动海洋强国目标的实现。因此,在法律移植中,应注意处理好对非自发秩序的弥补与后发本土法律资源的兼容及公共利益保护之间的关系,应注意处理好英美法与大陆法之间的关系。

一、遵循国际海事立法的发展方向

当前,高新技术产业的日新月异不断推动全球化的进程,全球海运合作规模扩大,海洋安全问题层出不穷,海洋资源日趋紧张,各国海洋环境意识逐步增强,一系列的原因推动国际海事公约朝着新的发展方向演化,主要体现在以下几点:

(一)国际组织日益重视国际海事条约

国际海事组织在世界舞台上的积极活跃,使其重要性日益增强,也间接促进世界各国对国际海事条约的认同。同时,不同国际组织制定的公约或规则在不断贯通融合,逐步形成一个综合性更强的国际化的统一海事公约体系。就海上货物运输领域,从某种意义上说,《鹿特丹规则》的诞生就是为了解决在《海牙-维斯比规则》与《汉堡规则》并存的情况下国际海上货物运输法律制度不统一的问题。因此,在国际公约的制定过程中,各类国际组织广泛参与国际海事条约的制定,并在实施过程中发挥作用,例如国际干散货船东协会以及国际船级社协会就向国际海事组织提交了一份文件,促进《国际海运固体散装货物规则》的履约。与此同时,出于国家利益考虑,国际上越来越多的国家形成了不同的利益集团或者联盟以扩大自身的影响力,从而提高话语权,以便能够在国际海事公约的制定过程中获取更大的利益。不仅国家间在国际海事年公约中的合作加强,航运公司也逐渐联盟化,除了船公司之间的联盟,整个链条都将朝联盟化方向发展,如我国中远海运将整合产业链,实现货物流、信息流、资金流的顺畅流转。①

(二)国际海事条约的可操作性增强

当前国际海事条约的体系愈发趋于完善,一方面,各类规范所覆盖的效力范围仍在不断扩大,随着航海技术的提升,人类在地球上的不可探知区域越来越小,世界各国对海运的要求也在提高,因此近年来越来越多的国家选择加入各类国际海事条约,扩张了国际海事条约的效力范围;另一方面,国际海事条约所涵盖的调整对象也在不断丰富,包括海洋、船舶、船员、港口、海事主管机构等。② 以《2014 年国际海上人命安全公约》为例,该公约新增了第XIII章,旨在从实施、执行、评估和复审

---

① 参见李慧:《第 19 届中国国际海事会展高级海事论坛的十个“关键词”》,载《船舶工程》2017 年第 12 期。

② 参见邱奇、陈海清:《未来国际海事公约的发展趋势与影响》,载《法律—海运实务》2010 年第 12 期。

等方面规定船旗国、沿岸国、港口国如何履约。[①] 这一修改内容强化了成员方的行政义务，也在一定程度上促进了该公约的实施。与此同时，现有国际海事公约不断出台新的修正案，弥补了此前国际公约调整内容过于宽泛的缺点，这种立法对象细化到海事活动所涉的具体主题部门以及填补某些欠缺，各种类型的定义及标准也逐渐有了更加严格的要求或限制，极大提升了公约的可操作性，一定程度上促进了公约效力的发挥。如《2017年国际海上人命安全公约》对第Ⅱ-1章的修改就多达22页，其中包括对适用范围的修改，对"吃水""纵倾"等定义也作出了较为精确的修改。[②]

（三）国际海事条约日趋呈现强制性和公法化

以往的多数国际海事条约属于自愿性审核。近年来，国际海事条约开始出现向公法发展的趋势，亦呈现出强制性的特点。如《2014年国际海上人命安全公约》新增第XIV章，使得《国际极地水域运营船舶规则》（引言和第Ⅰ-A章）具有强制性。今后履约审核强制化依然是国际海事条约的发展方向，在公约的具体操作要求层面也将越发趋向强制。[③]

（四）高新科技推动国际海事规则的更新

在未来的国际海事条约发展过程中，科技必定是一个主要的推动因素。例如，2017年5月11日青岛港启用了亚洲首个全自动化集装箱新码头，可以做到全自动装卸，这一突破对海上货物运输规则可能产生较大的影响。此外，无人驾驶船舶的出现，将直接促使出现新的海上航行责任体制，对国际海事条约的未来发展提出了更多需要解决的课题。

（五）人本主义立法理念的强化

各国逐渐重视海员权益维护，以促进海运业的健康发展。《2006年海事劳工公约》自生效以来不断有国家签署并批准，2016年11月12日起，该公约对我国生效。在当代，如何保护船员权益是海商立法的重要议题。[④] 国际劳工组织（International Labour Organization，ILO）发布的《海事劳工及新冠疫情信息说明（3.0）版本》中更新了相关内容并重点指出，不可抗力不能够被《2006年海事劳工公约》成员国用作不履行公约的"挡箭牌"。ILO敦促批约国立即采取必要的行动，在海事劳工公约

---

① 参见林德辉：《2015年至2017年通过的6项SOLAS修正案》，载《船舶规则规范及标准》2018年第1期。

② 参见林德辉：《2015年至2017年通过的6项SOLAS修正案》，载《船舶规则规范及标准》2018年第1期。

③ 参见邱奇、陈海清：《未来国际海事公约的发展趋势与影响》，载《法律—海运实务》2010年第12期。

④ 参见郭冲、刘琛：《后疫情时代海事劳工公约履约新模式》，载《中国船检》2021年第4期。

框架下尽力履行缔约国的义务,强化保护海员权益。

总而言之,海事能力即将成为一个国家实力的重要衡量标准。当前世界各国都逐渐提高对海洋的重视程度,并且投入人力、物力以及精力大力发展海运事业。与此同时,为保障海运事业的健康稳定发展,各国必然通过签署以及履约等各个环节积极参与国际海事立法,同时加强对国内海事立法的重视。这一趋势对全世界范围内的海事海商立法将产生持续的积极影响,从而促进全球海事事业的健康发展。

二、重视国际统一性与本土化的双重面向——以时效制度的修改为切入点

《海商法》参照大量的国际海事条约和国际惯例,这对在当初制定时保持立法的先进性和与国际海事立法趋势的同步和一致性发挥了重要的作用。尤其是在我国海商法起步较晚、缺乏立法经验的条件下,借鉴并吸收国际上的先进经验,无疑意义重大。但除此之外也发现,同时借鉴吸收这么多的国际公约和国际惯例的内容,会使海商法自身的理论体系缺乏独立性和系统性,特别是缺乏与国内法律的一致性和衔接性,一些条文在理解上和适用上难求统一。[①] 因此,借鉴国际海事公约和国际海事惯例,如果不能为本国海运经济的发展保驾护航,再怎么国际化、现代化,都不免显得华而不实。[②] 若不适合本国航运经济发展的特殊要求,而盲目追随国际通行做法,必将是以牺牲本国的航运经济利益为代价来为主要代表其他海运强国利益和文化的国际海运秩序保驾护航,显然是误入歧途。

冷静地分析我国《海商法》在司法实践中产生的问题,除《海商法》立法条文和相关制度不尽完善以外,其中主要原因就是过度强调法律移植,使得与我国民商法体系无法协调且难以统一并进而影响法律适用。以海事诉讼时效为例,海事诉讼时效制度是海商法的重要组成部分,具有高度的国际统一性。我国海事诉讼时效制度借鉴了相应的国际海事条约中的短期时效、时效的起算点、时效的中止等,放弃了时效延长机制,在第 267 条规定了不同于《民法通则》(《民法典》)诉讼时效中断的法定事由,但海事诉讼时效具有起算点的客观性和中断事由的严格性等特点,导致海事诉讼时效制度在其自身体系内无法自洽。如何建立既充分反映国际统一性又符合中国国情的海事诉讼时效制度,与《民法典》的诉讼时效制度进行一定的协调,同时回应国际统一化与本土化的协调诉求,成为《海商法》修订中必须正视的

---

① 参见关正义:《民法视野中的海商法制度》,法律出版社 2015 年版,第 421 页。

② 参见郭瑜:《海商法的精神——中国的实践和理论》,北京大学出版社 2005 年版,第 18 页。

问题。①

海事短期诉讼时效是国际海运各方力量长期博弈的结果，是船方与货方、海运大国与贸易大国等多方利益博弈的结果。《海牙规则》第3条第6款将对承运人的索赔期间严格限制为1年，且不允许货方通过择地起诉等谋取各国不同的民事诉讼时效利益。由于《海牙规则》的影响力，且因海事请求所涉法律关系跨越国界、海上风险的特殊性、涉及法律关系复杂性等，海事请求权应及时行使以保障海事秩序，海事诉讼时效特别在海上货物运输中存在1年的短期诉讼时效，且实行严格的时效中断制度，“海事索赔过程拖得过长，这显然不利于纠纷的迅速解决”②。在《海商法》诉讼时效的修订中，既要处理好债务人的利益和债权人的利益，又要协调国际商事诉讼时效的效率性和民事诉讼时效的安全性之间的关系。《修改送审稿》考虑到当前主流国家的规定，第315条仍将海上货物运输的诉讼时效规定为1年，适用“短时效＋严格的中断制度＋允许协议延长”的诉讼时效制度。

在诉讼时效中断的法定事由上，《民法典》第195条与《海商法》第267条的规定存在差异。《民法典》第195条的规定是否可以适用于海事诉讼时效？是否适当扩大海事诉讼时效中断的事由？司法实务中存在不同的观点。一种观点认为，《民法典》施行后，根据一般法优于特别法、新法优于旧法的原则，关于诉讼时效的中断，可以适用《民法典》第195条的规定，如此而言，《海商法》第267条客观已被《民法典》第195条所取代。另一种观点认为，海商法是民法的特别法，《民法典》第197条第1款明确规定：“诉讼时效的期间、计算方法以及中止、中断的事由由法律规定，当事人约定无效。”因此，诉讼时效的中断事由必须存在法律的明确规定，对《海商法》关于海事诉讼时效制度的特殊性规定应予以尊重。还有一种观点认为，应当对《海商法》第267条第1款的“提起诉讼”进行正确解释，是否中断的法定事由仅限于第1款规定的3种情形以及第2款规定的1种情形，其他事由不应被认定为《海商法》时效中断的法定事由，特别是“当事人请求”不能达到海事诉讼时效中断的目的。③

最高人民法院2004年发布的《涉外商事海事审判实务问题解答（一）》第

① 参见向明华：《中国海事诉讼时效制度的国际接轨与本土化的冲突及其解决》，载《政治与法律》2019年第9期。

② 傅廷中、杨俊杰：《国际海运立法中分化与协调的百年变奏——以海上货物运输承运人责任制度为视角》，载《法律科学（西北政法学院学报）》2007年第5期。

③ 参见徐春龙、赵黎明：《浅论我国〈海商法〉诉讼时效的中断——以〈海商法〉自体性为视角》，载叶柳东主编：《中国海事审判（2017）》，大连海事大学出版社2019年版，第53～54页。

173 条规定："义务人同意与权利人协商赔偿事宜，但未能就具体赔偿额达成协议，不能视为义务人同意履行义务，故不构成诉讼时效中断的理由。"《第二次全国涉外商事海事审判工作会议纪要》第 114 条规定："正本提单持有人向承运人主张权利的，诉讼时效期间中断适用《中华人民共和国海商法》第二百六十七条的规定；正本提单持有人向无正本提单提货人或者承运人以外的其他责任人主张权利的，诉讼时效期间中断适用《中华人民共和国民法通则》第一百四十条的规定。"可见，《海商法》所规定的严格的时效中断制度仅适用于海运主体。就此，融合《海商法》第 267 条的规定，海事诉讼时效中断事由包括：请求人提起诉讼、提交仲裁或者被请求人同意履行义务、请求人申请扣船等 4 种情形。请求人撤回起诉、撤回仲裁或起诉后被裁定驳回等均不构成时效中断的事由。在《海商法》的修订中，对于"当事人仅仅提出请求"是否中断时效的问题，存在不同的观点。为追求海商法诉讼时效的效率价值，遵循国际上对海事诉讼时效中断事由的普遍性做法，《修改送审稿》第 322 条维持了上述的规定，明确了当事人仅仅提出请求不中断时效。

在时效期间上，《海商法》在第十三章对 9 类具体海事请求权的时效期间及其起算点等内容也做了规定。其中，海上旅客运输、船舶碰撞、海难救助的时效期间及起算点的规定，源自《海商法》制定时所参考借鉴的国际公约，而海上货物运输及其追偿的时效则是吸收了《海牙－维斯比规则》中的规定，[①]除上述之外的其余的海事请求权的时效期间，都适用普通诉讼时效，但存在各自特殊性的起算点。

《海商法》就时效的立法规定，是出于对海事活动特殊风险性以及海事争议解决的技术性的考虑。因为部分特殊类型的海事活动存在较大的海上风险，其纠纷也涉及特殊的技术考量，无法简单适用民法时效制度，故对这类活动的时效期间及起算点进行特别规定，同时亦能避免本国法与国际公约或国际惯例的冲突。针对这类活动的时效规定，《海商法》在修订时，仍然应当重点考虑如何与相关的国际公约或国际惯例接轨，《修改送审稿》考虑到当前主流国家仍受《海牙－维斯比规则》的影响将海上货物运输的诉讼时效规定为 1 年的短期时效，故维持 1 年不变；考虑到《约克－安特卫普规则》就有关共同海损分摊的请求权补充了 6 年的最长诉讼时效，且明确自"共同航程终止之日"起算，《修改送审稿》也补充了这些内容。对于那些体现出海商法特性的海事纠纷，如船舶碰撞、海上旅客运输合同、海难救助等，

---

① 参见吴胜顺：《〈民法总则〉对海商法诉讼时效制度的影响与协调》，载《中国海商法研究》2018 年第 1 期。

《修改送审稿》仍然保留了《海商法》规定的时效期间2年，没有跟随《民法典》的规定将诉讼时效期间规定为3年。而对于没有特殊性的海事纠纷，如租船合同、海上保险合同等，《修改送审稿》直接规定援引《民法典》中的相关时效规则，规定为3年的时效期间。

在延长时效期间上，依据《民法典》第197条的规定，诉讼时效的期间、计算方法以及中止、中断的事由只能由法律规定，不能由当事人自行约定，即采用法定诉讼时效期间。然而在海商法领域，各国国内法以及相关国际公约都规定允许当事人在一定范围内协议延长诉讼时效，《汉堡规则》第20条和《鹿特丹规则》第63条均存在类似的规定。这主要是基于契约自由原则的考量，因为争议解决方式的选择，在本质上仍属于当事人意思自治的范畴。而海事活动本身具有较强的商业性，贯彻意思自治原则将有利于海上交易的进行，也将促使当事人积极解决彼此之间的争议。特别值得注意的是，《民法典》中尽管规定了禁止当事人对上述事由进行约定，但却并未明文禁止当事人约定延长诉讼时效期间。有学者认为，"虽然'诉讼时效期间法定'与'诉讼时效期间约定'之间可能存在难以调和的矛盾，但'延长诉讼时效期限'却是以尊重'诉讼时效期间法定'为前提，即当事人延长时效须在法定诉讼时效期限内做出，两者之间并行不悖"①。因此，本书认为，基于相关国际公约和短期诉讼时效下当事人协商争议的需求，在《海商法》修订中可以认可当事人之间延长诉讼时效期间的约定，但是该约定或者声明必须在法定诉讼时效期间内做出，延长的期间不得超过法定诉讼时效期间，即延长后的诉讼时效期间合计不得超过20年。这样规定既可与国际上的通行做法接轨，又可以保持与《民法典》所设置的20年的最长诉讼时效期间的一致性。《修改送审稿》第315条就海上货物运输合同的诉讼时效增加规定"诉讼时效起算后，当事人可以协议延长时效期间"。但仍有不少学者坚持诉讼时效的强制性，认为中国法自《民法通则》施行以来已形成一以贯之的传统，对海事诉讼时效不存在特别的规定，且世界各国允许当事人协议延长时效的并非多数，应考虑法治统一的基本要求、比较法的立法趋势和海事诉讼制度的实际效果，明确规定当事人不得协议延长诉讼时效期间。②

---

① 向明华：《中国海事诉讼时效制度的国际接轨与本土化的冲突及其解决》，载《政治与法律》2019年第9期。

② 参见孙思琪：《本土传统与域外趋势——民法典时代海事诉讼时效规范属性的立法选择》，载《经贸法律评论》2022年第3期。

三、总结梳理提升我国海事审判经验

自1984年以来,我国陆续在大连、天津、青岛、上海、广州、武汉、厦门、宁波、海口、北海、南京等地设立海事法院,各海事法院根据开展审判业务和方便诉讼的需要,又在各自的管辖区域内设立了派出法庭。海事法院的审判案例不仅在解决海事实务的纠纷方面起到了规范和引导的作用,而且为海商法的理论研究提供了丰富的实践性资料。海商法的条文规定与海事司法实践中具体适用的有机结合,为海商法本身的丰富、完善和发展,提供了重要的支撑。① 法律的真谛在于实践。海商法律制度的形成大多并非基于法理的演绎,而是丰富的航运实践和海事司法实践经验的总结与提炼。我国海事审判已有近40年的历史,目前我国法院每年审理的海事海商案件数量约占全球的一半,其案件数量及类型均居世界首位。② 海事司法实践是对《海商法》存在的问题"二次发现"的过程,不但证明该法修改的必要性,而且是该法修改时的重要资源。

我国海事司法审判经验,最为集中的表现便是最高人民法院的司法解释,这些司法解释不仅为解决司法审判中的疑难问题提供了裁判思路,还为法律发展和完善发挥着重要作用,在《海商法》的修订中,应将其中一些成熟的、普遍适用的规定抽象为法律规则。在《海商法》颁布后,最高人民法院先后制定了关于船舶碰撞和触碰财产损害赔偿、海事诉讼特别程序法的适用、海上保险、船舶碰撞、无正本提单交付货物、海事赔偿责任限制、船舶油污损害赔偿、海上货运代理纠纷等的司法解释。(见表14)海事司法实践经验的提炼和升华为海商法修法路径和制度取向提供了选择。因此,如何对待包括上述司法解释在内的海商海事司法实践经验,如何回应司法实务界的制度需求,如何处理好司法与立法之间的关系,是《海商法》修订中必须正视的问题,应当基于对《海商法》施行情况的充分调研,重视海事司法实践的丰富经验,将最高人民法院相关司法解释作为《海商法》修订和完善的源泉。③

---

① 参见关正义:《民法视野中的海商法制度》,法律出版社2015年版,第5页。

② 参见《中国受理的海事海商案件数量及类型均居世界首位》,载中国政府网,http://www.gov.cn/gzdt/2006-11/02/content_430713.htm。

③ 在本土化适用进程中,海事司法解释发挥着明晰《海商法》的立法规定和完善法条之意旨的作用。例如,《海商法》第168条和第169条规定船舶碰撞的责任,原文法条表述为"有过失的船舶负赔偿责任",此是对物诉讼的表达方式,显然不符合我国"对人诉讼"的责任主体的明确性。2008年《船舶碰撞司法解释》第4条规定,船舶碰撞产生的赔偿责任由船舶所有人承担,碰撞船舶在光船租赁期间并经依法登记的,由光船承租人承担。该规定明确了船舶碰撞责任主体,以缓解"船舶过失"这种对物诉讼理念在中国法下的不协调性。

表 14　中国海事审判司法解释目录

司法解释
《海事法院受理案件范围司法解释》
《海上货运代理司法解释》
《无正本提单交付货物司法解释》
《海事赔偿责任限制司法解释》
《船舶碰撞司法解释》
《船舶碰撞和触碰司法解释》
《海事诉讼管辖司法解释》
《海上保险司法解释》
《船舶油污损害赔偿司法解释》

第六章 《海商法》的司法运行与海事审判水准的提升

海商法的生成具有航运实践的基础，我国具有世界上最庞大的海事审判队伍，航运实践和海事司法实践是《海商法》修订的基础。因此，《海商法》修订的相关研究离不开对海事司法实践运行情况的调研和考察，若脱离或忽视这一基础，《海商法》的修订将陷入误区。

第一节 《海商法》在司法运行中的虚置化

一、以《海商法》为裁判依据的案件情况

海商法作为规范体系，对规范的内容和逻辑结构进行教义学研究，本身就是《海商法》修订的基础。但如果将研究仅仅限定在规范和价值这两种视角，我们就很容易陷入用良好愿望和想象来指导法律实践的泥潭。[①] 因为往往忽视了最基本的客观事实，即《海商法》究竟是否真正地在被适用，适用的频率有多高。故应引入法社会学的视角，对《海商法》的司法适用情况进行实证研究。一方面，法律的实施离不开司法活动，司法是纠纷解决的终局性环节，也是法律实施最终的保障，司法机关是否适用法律，如何适用法律，决定了法律的实效；另一方面，司法活动对完善法律体系具有不可替代的独特作用，司法通过作用于法律体系的微观向度、调适过程、法与社会联系的建立、对成文法固有缺陷的克服来完善法律体系。[②] 虽然并非所有纠纷都要进入诉讼程序，但《海商法》在司法实践中如何被适用，是否存在法律

---

① 参见白建军：《论法律实证分析》，载《中国法学》2000 年第 4 期。

② 参见江必新：《司法对法律体系的完善》，载《法学研究》2012 年第 1 期。

虚置、法条休眠、功能失效的现象？是由于立法空白，立法缺陷还是法律适用的混乱？这些司法适用情况及其背后的原因就是关于《海商法》的修订的实证研究所应关注的“客观事实”，这对《海商法》修订的体系归属、路径选择和制度完善都具有深刻影响。

为此，本书通过实证研究的方法，统计分析海商法与一般性民商事法律在海事海商纠纷案件[①]中的适用情况，通过对数据的分析总结，探讨其中反映的问题及分析其原因。为了相关数据的查全与查准，下文的数据来源于中国裁判文书网和无讼案例，[②]在中国裁判文书网选取的研究样本包括自1996年以来的海事海商纠纷案件裁判文书；[③]在无讼案例选取的研究样本包括自2000年以来的海事海商纠纷案件裁判文书。[④]

截至2018年3月17日，中国裁判文书网共收录海事海商纠纷案件裁判文书30,310篇，其中包括：判决书12,238篇，裁定书16,072篇，调解书4篇，通知书14篇。无讼案例共收录海事海商纠纷案件裁判文书31,537篇，其中包括：判决书16,758篇，裁定书14,572篇，调解书189篇，决定书4篇。

（一）中国裁判文书网的数据统计

经检索，在中国裁判文书网收录的海事海商纠纷案件裁判文书中，以《海商法》为法律依据的共有4460篇，占比为14.71%（见图10）。

---

① 依据《最高人民法院民事案件案由规定》第七部分的规定，存在55种海事海商纠纷案件类型。

② 值得注意的是，根据《最高人民法院关于人民法院在互联网公布裁判文书的规定》，中国裁判文书网（http://wenshu.court.gov.cn/）是全国法院公布裁判文书的统一平台，在数据来源和统计上具有官方性和权威性。无讼案例（https://www.itslaw.com/bj）是目前国内常用的司法案例搜索引擎，其数据来源与统计与中国裁判文书网基本一致，具有相当的公信力。本书为增强数据的权威性和可靠性，以中国裁判文书网的数据为主要分析依据，以无讼案例的数据为辅助分析依据，两个数据来源起到相互验证的作用。但由于中国裁判文书网与无讼案例搜索引擎在技术上仍存在差别，如某些搜索行为仅在其中一个搜索引擎中能够实现，若两者的数据之间存在矛盾，应以中国裁判文书网为准。

③ 本章所指的裁判文书包括判决书、裁定书、决定书、调解书和通知书。

④ 尚需注意的是，本章所选取的研究样本仅包括中国裁判文书网和无讼案例已收录的裁判文书。其中，中国裁判文书网的海事海商纠纷案件裁判文书是从1996年开始收录，2008年及之后每年均有新增裁判文书收录；而2008年之前，则只在1996年、1997年、2000年、2004年各收录1篇。无讼案例的海事海商纠纷案件裁判文书是从2000年开始收录，该年份之后每年均有新增裁判文书收录。综合而言，本章对《海商法》实施25年来司法适用情况的研究，尚缺少1992年至1995年、1998年、1999年6年的裁判文书数据，实有一定程度之不足。但本书认为，除去暂无法获取的裁判文书数据之外，本章的研究样本仍是相当充分。

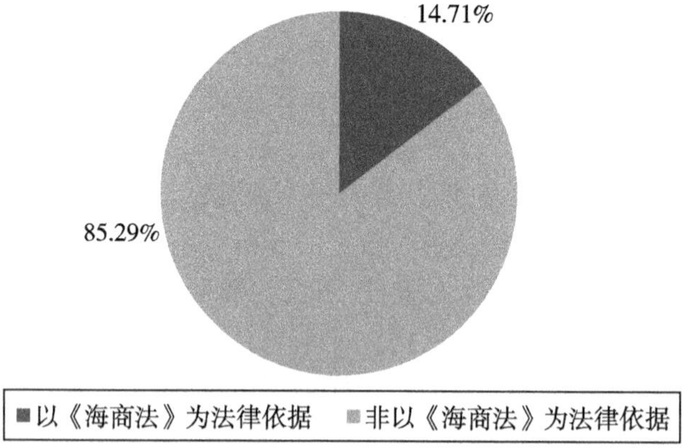

图 10　海事海商纠纷案件中《海商法》适用比例

1. 各级法院[①]适用《海商法》的比例情况

在以《海商法》为法律依据的裁判文书中，由最高人民法院作出的共有 48 篇，高级人民法院作出的共有 190 篇，中级人民法院作出的共有 4208 篇，基层人民法院作出的共有 14 篇。（见表 15）

表 15　各级法院以《海商法》为法律依据的裁判文书占比（中国裁判文书网）

法院层级	文书数目/篇	案件数目/个	占比/%
最高人民法院	48	432	11.11
高级人民法院	190	3905	4.87
中级人民法院	4208	25,724	16.36
基层人民法院	14	249	5.62

2.《海商法》适用的审判程序分布情况

在以《海商法》为法律依据的裁判文书中，一审裁判文书共有 4055 篇，二审共有 214 篇，再审共有 16 篇，再审审查与审判监督共有 34 篇，其他[②]共有 141 篇。（见表 16）

---

① 海事海商纠纷案件实行专属管辖，一般应由专门的海事法院受理第一审海事海商纠纷案件。根据《最高人民法院、交通部关于设立海事法院的通知》规定，海事法院与中级人民法院同级，其上诉审法院为所在省、直辖市高级人民法院。但本书在中国裁判文书网收集以《海商法》为法律依据的裁判文书时，发现某些基层法院（非海事法院）在裁判案件时也存在适用《海商法》的情形，具体情况详见正文表 15。

② 其他是指一审、二审、再审、再审审查与审判监督程序以外的民事诉讼程序，如执行程序等。

表 16 《海商法》适用的审判程序分布情况统计(中国裁判文书网)

审判程序	文书数目/篇	案件数目/个	占比/%
一审	4055	25,233	16.07
二审	214	3939	5.43
再审	16	149	10.74
再审审查与审判监督	34	351	9.69
其他	141	638	22.10

3.海事法院与非海事法院适用《海商法》的比例情况①

在以《海商法》为法律依据的裁判文书中,由海事法院作出的共有 4209 篇,由非海事法院作出的共有 251 篇。(见表 17)

表 17 海事法院与非海事法院适用《海商法》的比例情况统计(中国裁判文书网)

审判法院	文书数目/篇	案件数目/个	占比/%
海事法院	4209	25,634	16.42
非海事法院	251	4676	5.37

4.海事海商纠纷案件以《海商法》为法律依据的占比变化情况

2008 年至 2017 年,以《海商法》为法律依据的裁判文书情况如表 18、图 11 所示。

表 18 海事海商纠纷案件以《海商法》为法律依据的占比情况统计(中国裁判文书网)

年份	文书数目/篇	案件数目/个	占比/%
2017	607	7459	8.14
2016	1421	8441	16.83
2015	1107	5176	21.39
2014	558	4735	11.78
2013	212	1083	19.58

① 根据《全国人民代表大会常务委员会关于在沿海港口城市设立海事法院的决定》,我国相继在广州、上海、青岛、天津、武汉、大连、海口、厦门、宁波、北海、南京等 11 个城市设立海事法院,专门审理海事海商案件。所谓非海事法院是指上述 11 个专门海事法院之外的其他人民法院。非海事法院可能由于法律特别规定、上诉、提审等原因一审、二审或再审海事海商纠纷案件。

续表

年份	文书数目/篇	案件数目/个	占比/%
2012	93	328	28.35
2011	24	202	11.88
2010	15	312	4.81
2009	8	284	2.82
2008	10	109	9.17

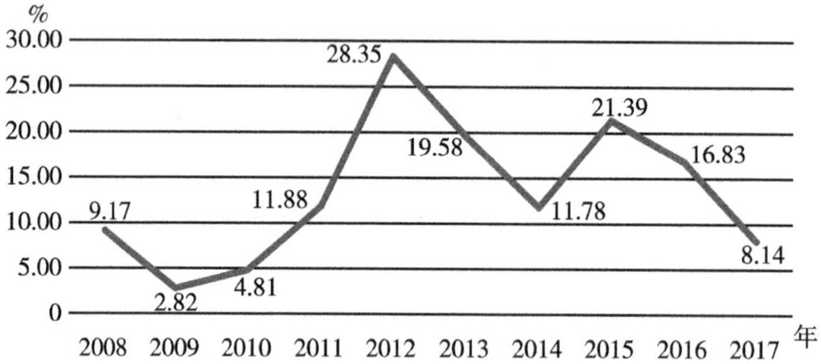

图 11　海事海商纠纷案件以《海商法》为法律依据的占比趋势(中国裁判文书网)

(二)无讼案例的数据统计

经检索,在无讼案例收录的海事海商纠纷案件裁判文书中,以《海商法》为法律依据的共有 7483 篇,占比为 23.73%(见图 12)。

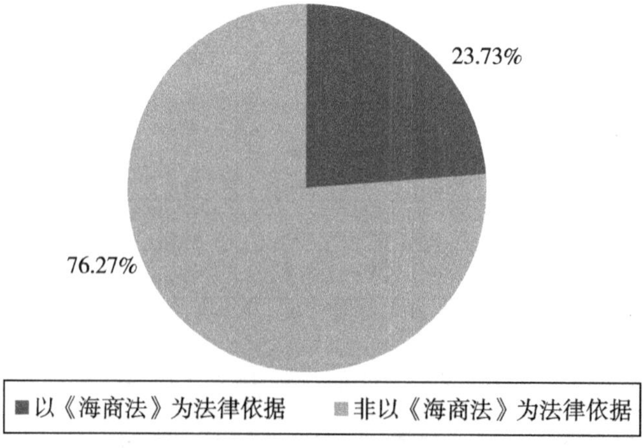

图 12　海事海商纠纷案件中《海商法》的适用比例(无讼案例)

1. 各级法院适用《海商法》的比例情况

在以《海商法》为法律依据的裁判文书中，由最高人民法院作出的共有 106 篇，由高级人民法院作出的共有 757 篇，由中级人民法院作出共有 6554 篇，由基层人民法院作出的共有 18 篇。（见表 19）

表 19 各级法院以《海商法》为法律依据的裁判文书占比（无讼案例）

法院层级	文书数目/篇	案件数目/个	占比/%
最高人民法院	106	453	23.40
高级人民法院	757	4225	17.92
中级人民法院	6554	26,380	24.84
基层人民法院	18	207	8.70

2.《海商法》适用的审判程序分布情况

在以《海商法》为法律依据的裁判文书中，一审裁判文书共有 5908 篇，二审共有 959 篇，再审共有 124 篇，其他如执行程序等共有 492 篇。（见表 20）

表 20 《海商法》适用的审判程序分布情况统计（无讼案例）

审判程序	文书数目/篇	案件数目/个	占比/%
一审	5908	23,644	24.99
二审	959	4562	21.02
再审	124	559	22.18
其他	492	2772	17.75

3. 海事法院与非海事法院适用《海商法》的比例情况

在以《海商法》为法律依据的裁判文书中，由海事法院作出的共有 6552 篇，由非海事法院作出的共有 931 篇。（见表 21）

表 21 海事法院与非海事法院适用《海商法》的比例情况统计（无讼案例）

审判法院	文书数目/篇	案件数目/个	占比/%
海事法院	6552	26,285	24.93
非海事法院	931	5252	17.73

4. 海事海商纠纷案件以《海商法》为法律依据的占比变化情况

2008 年至 2017 年，以《海商法》为法律依据的裁判文书情况如表 22、图 13

所示。

表 22 海事海商纠纷案件以《海商法》为法律依据的占比情况统计(无讼案例)

年份	文书数目/篇	案件数目/个	占比/%
2017	729	5452	13.37
2016	2026	7645	26.50
2015	2417	8176	29.56
2014	1084	5289	20.50
2013	347	1401	24.77
2012	325	945	34.39
2011	159	560	28.39
2010	131	615	21.30
2009	121	565	21.42
2008	46	257	17.90

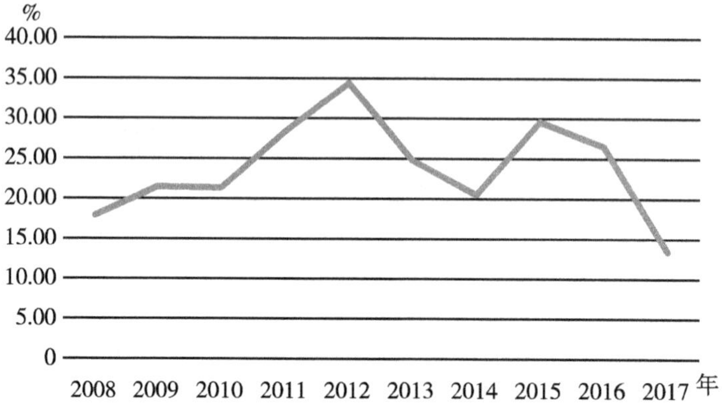

图 13 海事海商纠纷案件以《海商法》为法律依据的占比趋势(无讼案例)

(三)小结

对前述数据进行统计分析发现:

第一,就各项指标统计数据而言,中国裁判文书网和无讼案例的数据基本一致,达到了相互验证之目的,证明其统计结果具有可靠性。

第二,就总体适用情况而言,在海事海商纠纷案件中,《海商法》适用的占比较少,中国裁判文书网和无讼案例得出的结果均不足 1/4,也就是说有超过 3/4 的海事海商纠纷案件并未以《海商法》为裁判依据。

第三,就适用《海商法》的法院层级的分布情况分析,适用《海商法》的法院以中级人民法院和海事法院为主。如前述及,我国对海事海商纠纷案件实行专属管辖,一般应由专门的海事法院受理第一审海事海商纠纷案件,且海事法院与中级人民法院同级。可见,上述数据与我国司法实践基本情况相一致。

第四,就适用《海商法》的审判程序分布情况分析,一审程序适用《海商法》的占比高于二审程序。如前述及,第一审海事海商纠纷案件通常应由专门的海事法院受理,故数据与上段分析的数据相互印证。

第五,就《海商法》修订启动前10年间海事海商纠纷案件以《海商法》为法律依据的占比变化情况分析,中国裁判文书网收录的数据波动较大,而无讼案例收录的数据则较为平稳,但两个数据来源均显示近年来海事海商纠纷案件适用《海商法》的占比情况呈下降趋势,初步分析可能的原因是《海商法》越发不能满足司法实践的需求。

二、裁判文书以海事海商司法解释为法律依据的情况

由于无讼案例无法检索海商海事纠纷案件裁判文书适用司法解释的情况,因此本部分的数据来源仅限于中国裁判文书网。经检索,在海事海商纠纷案件中,以海事海商司法解释①为法律依据的裁判文书数目如表23所示:

表23 海事海商司法解释司法适用情况统计(中国裁判文书网)

单位:篇

司法解释	文书数目
《海上货运代理司法解释》	229
《无正本提单交付货物司法解释》	172
《船舶碰撞司法解释》	73
《船舶碰撞和触碰司法解释》	72
《海上保险司法解释》	20
《海事赔偿责任限制司法解释》	11
《最高人民法院关于调整大连、武汉、北海海事法院管辖区域和案件范围的通知》	8

① 本章选取的海事海商司法解释均是涉及法律主体权利义务关系等实体性内容的民商事司法解释,不包括纯程序性的民商事司法解释、行政司法解释、刑事司法解释和其他公法性质的司法解释。

续表

司法解释	文书数目
《最高人民法院关于承运人就海上货物运输向托运人、收货人或提单持有人要求赔偿的请求权时效期间的批复》	6
《船舶油污损害赔偿司法解释》	5
《海诉法司法解释》	2
《全国海事法院院长座谈会纪要》	2
《最高人民法院关于南京石油运输有限公司与华泰财产保险股份有限公司石家庄分公司海上货运运输保险代位求偿一案有关适用法律问题的请示的复函》	0
《最高人民法院民事审判第四庭、中国海事局关于规范海上交通事故调查与海事案件审理工作的指导意见》	0
《第二次全国涉外商事海事审判工作会议纪要》	0
《最高人民法院关于能否对连带责任保证人所有的船舶行使留置权的请示的复函》	0
《最高人民法院关于保险船舶发生保险事故后造成第三者船舶沉没而引起的清理航道费用是否属于直接损失的复函》	0
《关于不满 300 总吨船舶及沿海运输、沿海作业船舶海事赔偿限额的规定》	0
《最高人民法院关于托运人主张货损货差而拒付运费应否支付滞纳金的答复》(已失效)	0
《最高人民法院关于保函是否具有法律效力问题的批复》	0
总计	600
占所有海事海商纠纷案件数目的比例	1.9%

现行《海商法》实施以后，最高人民法院总结多年的审判经验，先后颁布和实施了上述一系列海事海商司法解释。这些司法解释一方面进一步明确了《海商法》部分条文的含义，使之更具有可操作性；另一方面则在一定程度上弥补了《海商法》的一些立法缺漏，及时解决了司法实践中遇到的法律适用问题。但从中国裁判文书网的数据中发现，海事海商司法解释的司法适用情况不甚理想，以海商海事司法解释为法律依据的裁判文书占所有海事海商纠纷案件数目的比例仅为 1.9%，其原因有待进一步分析。

三、裁判文书以一般性民商事法律和司法解释为法律依据的情况

(一)中国裁判文书网的数据统计

经检索,在海事海商纠纷案件中,以一般性民商事法律、司法解释为法律依据的裁判文书数目如表24所示。

表24 海事海商纠纷案件中一般性民商事法律和司法解释的司法适用情况统计(中国裁判文书网)

法律、司法解释	文书数目/篇	占比/%
《民法通则》	1182	3.90
《物权法》	633	2.09
《担保法》	586	1.93
《合同法》	8902	29.37
《侵权责任法》	693	2.29
《公司法》	137	0.45
《票据法》	1	0
《保险法》	318	1.05
《民法通则司法解释》	1	0
《物权法司法解释一》	0	0
《担保法司法解释》	0	0
《合同法司法解释一》	0	0
《合同法司法解释二》	0	0
《买卖合同司法解释》	89	0.29
《人身损害赔偿司法解释》	384	1.27
《精神损害赔偿司法解释》	72	0.24
总计	12,998	42.88

(二)无讼案例的数据统计

经检索,在海事海商纠纷案件中,以一般性民商事法律、司法解释为法律依据的裁判文书数目如表25所示。

表 25　海事海商纠纷案件中一般性民商事法律和司法解释的司法适用情况统计(无讼案例)

法律、司法解释	文书数目/篇	占比/%
《民法通则》	1536	4.87
《物权法》	870	2.76
《担保法》	715	2.27
《合同法》	9491	30.09
《侵权责任法》	548	1.74
《公司法》	118	0.37
《票据法》	2	0.01
《保险法》	519	1.64
《民通意见》	0	0
《物权法司法解释一》	12	0.04
《担保法司法解释》	122	0.39
《合同法司法解释一》	8	0.03
《合同法司法解释二》	98	0.31
《买卖合同司法解释》	130	0.41
《人身损害赔偿司法解释》	311	0.99
《精神损害赔偿司法解释》	71	0.23
《公司法解释三》	13	0.04
《保险法司法解释一》《保险法司法解释二》《保险法司法解释三》	19	0.06
总计	14,583	46.25

(三)小结

通过上文的数据发现,《海商法》在海事海商纠纷案件中的适用比例并不高,即使加上海事海商司法解释,从广义海商法的层面看,海商法的整体适用比例仍不足25%。相比之下,中国裁判文书网的数据显示,一般性民商事法律、司法解释的适用比例达到42.88%,无讼案例的数据更高达46.25%,接近50%。因此,可以得出初步结论,即在海事海商纠纷案件的审理中,相比于适用海商法,法院总体上更加倾向于适用一般性民商事法律,海商法在一定程度上存在"虚置化"的现象。

第二节 《民法典》与《海商法》的司法适用情况

一、《民法总则》生效到《民法典》实施期间

编纂《民法典》自《民法总则》始，也即2017年10月1日起至2020年12月31日为止，本书收集了这期间中国裁判文书网收录的海事海商裁判文书数据，并以此为基础加以分析。

（一）以《海商法》为法律依据的情况

1.《海商法》司法适用的基本情况

经检索，在《民法总则》生效后至《民法典》生效前，中国裁判文书网收录的海事海商纠纷案件判决书共有12,749篇，其中以《海商法》为法律依据的共有2527篇，占比19.80%。（见图14）

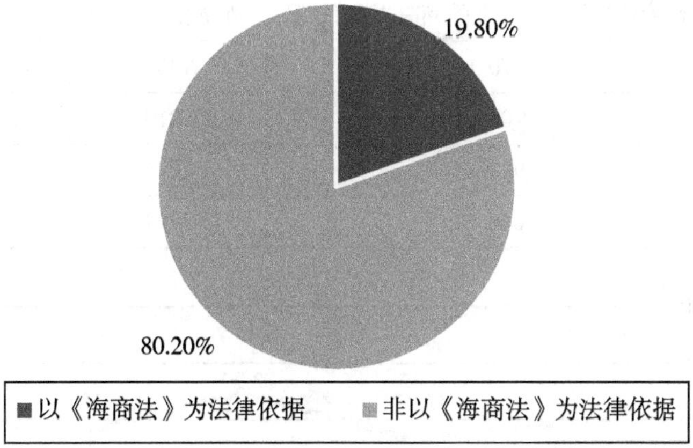

图14 《民法总则》生效后至《民法典》生效前海事海商纠纷案件适用《海商法》比例

2.不同审判程序下《海商法》的适用情况

在上述海事海商纠纷案件裁判文书中，一审的裁判文书有10,459篇，以《海商法》为法律依据的有2492篇，占比23.83%；二审的裁判文书有2227篇，以《海商法》为法律依据的有30篇，占比1.35%；审判监督的判决书有38篇，以《海商法》为法律依据的有5篇，占比13.16%。（见图15）

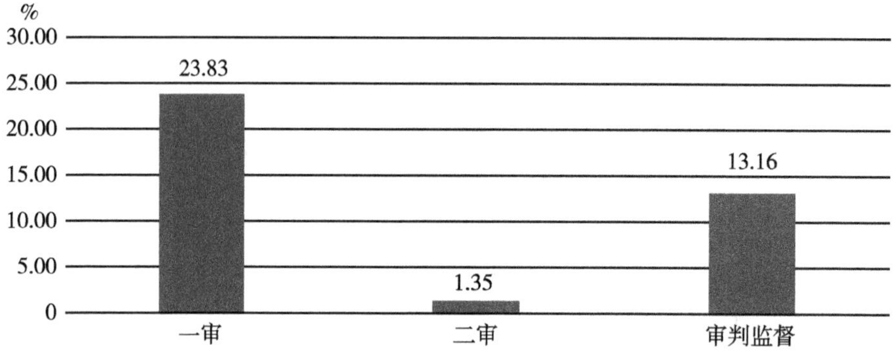

图 15 《民法总则》生效后至《民法典》生效前不同审判程序下《海商法》适用比例

3. 不同年份下以《海商法》为法律依据的判决书占比情况

从 2017 年《民法总则》生效后到 2021 年《民法典》生效前，以《海商法》为法律依据的判决书的占比情况如表 26、图 16 所示。

表 26 《民法总则》生效后至《民法典》生效前海事海商纠纷裁判文书以《海商法》为法律依据的占比变化情况

年份	以《海商法》为法律依据的判决书数目/篇	判决书总数/篇	占比/%
2017	270	1359	19. 87
2018	700	3810	18. 37
2019	912	4091	22. 29
2020	646	3498	18. 47

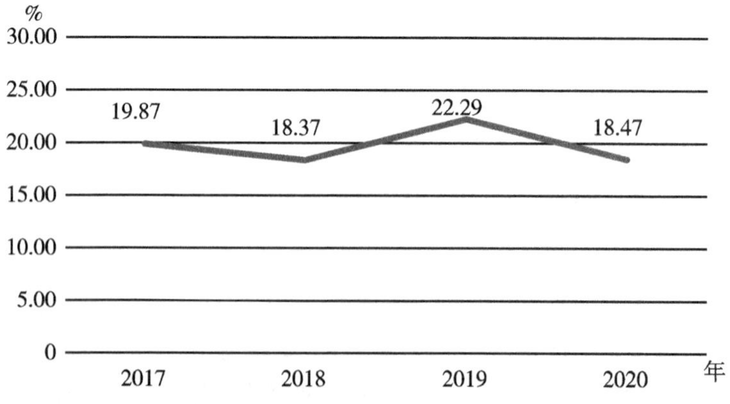

图 16 《民法总则》生效后至《民法典》生效前海事海商纠纷裁判文书以《海商法》为法律依据的占比变化情况

4. 小结

对前述《民法总则》生效后《民法典》生效前的海事海商纠纷案件裁判文书进行统计分析,可以发现以下现象:其一,前述海事海商纠纷裁判文书中,适用《海商法》的比例将近20%,也就是说有超过80%的海事海商纠纷案件裁判文书并未将《海商法》作为裁判依据。但这一数据较2008年至2017年的数据有所提高。其二,就不同审判程序下《海商法》的适用情况分析,一审适用《海商法》的占比为23.83%,略高于20%,约为二审占比的18倍,且显著高于审判监督的适用比例。就一审程序中《海商法》的适用情况分析,截至2017年12月31日海事海商纠纷案件判决书与前述海事海商纠纷案件判决书相比,后者占比明显高于前者,前者的占比仅为16.21%,①即《民法总则》生效后,在海事法院中适用《海商法》的比例呈上升趋势。而就二审程序而言,前者的比例为5.4%,②约为后者的4倍,可见在非海事法院中,《海商法》适用比例有所下降。其三,《民法总则》生效至《民法典》生效的近4年来,海事海商纠纷案件判决书中适用《海商法》的比例总体变化不大,基本稳定在20%左右。

(二)以海事海商司法解释为法律依据的情况

经检索,在如上海事海商纠纷案件判决书中,以海事海商司法解释为法律依据的判决书数目如表27所示。

表27 《民法总则》生效至《民法典》生效期间海事海商司法解释司法适用情况统计

司法解释判	决书数目/篇	占比/%[1]
《海上保险司法解释》	9	0.07
《最高人民法院关于海上保险合同的保险人行使代位请求赔偿权利的诉讼时效期间起算日的批复》	0	0
《最高人民法院关于保险船舶发生保险事故后造成第三者船舶沉没而引起的清理航道费用是否属于直接损失的复函》	0	0
《水路货物运输指导意见》	3	0.02
《海上货运代理司法解释》	185	1.45
《无正本提单交付货物司法解释》	109	0.85
《最高人民法院关于未取得无船承运业务经营资格的经营者与托运人订立的海上货物运输合同或签发的提单是否有效的请示的复函》	0	0

① 参见何丽新、梁嘉诚:《〈海商法〉实施25年司法适用研究报告》,载《中国海商法研究》2018年第2期。

② 参见何丽新、梁嘉诚:《〈海商法〉实施25年司法适用研究报告》,载《中国海商法研究》2018年第2期。

续表

司法解释	判决书数目/篇	占比/%
《最高人民法院关于如何确定沿海、内河货物运输赔偿请求权时效期间问题的批复》	0	0
《最高人民法院关于提单持有人向收货人实际取得货物后能否再向承运人主张提单项下货物物权的复函》	0	0
《最高人民法院关于承运人就海上货物运输向托运人、收货人或提单持有人要求赔偿的请求权时效期间的批复》	0	0
《船舶碰撞司法解释》	50	0.39
《船舶碰撞和触碰司法解释》	57	0.45
《扣押与拍卖船舶司法解释》	0	0
《最高人民法院关于船东所有的船舶能否因期租人对第三方负有责任而被扣押等问题的复函》	0	0
《船舶油污损害赔偿司法解释》	7	0.05
《海事赔偿责任限制司法解释》	8	0.06
《最高人民法院关于在申请海事赔偿责任限制基金案件中如何认定利害关系人申请债权登记期限的请示的复函》	0	0
《最高人民法院关于非航行国际航线的我国船舶在我国海域造成油污损害的民事赔偿责任适用法律问题的请示的答复》	0	0
总计	428	3.36[2]

〔1〕2017年《民法总则》生效至2021年《民法典》生效期间，适用该司法解释的判决书数占海事海商纠纷判决书总数的比例。

〔2〕由于每一项司法解释的适用情况占比都保留了两位小数，计算海事海商司法解释适用情况的总数时若以各单项占比相加，得到的结果会有误差，因此该项占比的总计是适用各项司法解释的判决书数目之和428（篇）与海事海商纠纷判决书总数12,758（篇）相比得出的数据。

如上所述，最高人民法院在海上保险、货运、代理、无单放货、船舶碰撞、扣押、油污、责任限制等多个方面制定了海事海商司法解释，但其适用情况却并不理想，以海事海商司法解释为法律依据的判决书仅占所有海事海商纠纷案件判决书的3.36%，较2008年至2017年的数据略有增加，但其中仍有大部分海事海商司法解释未得到适用。其中《海上货运代理司法解释》和《无正本提单交付货物司法解释》的适用比例相对较高，前者为1.45%，后者为0.85%。

（三）以一般性民商事法律和司法解释为法律依据的情况

经检索，在海事海商纠纷案件中，以一般性民商事法律、司法解释为法律依据的判决书数目，如表28所示。

表 28 海事海商纠纷案件判决书中一般性民商事法律和司法解释的适用情况

一般性民商事法律和司法解释	判决书数目/篇	占比/%
《民法总则》	746	5.85
《民法通则》	44	0.34
《物权法》	892	6.99
《担保法》	618	4.84
《合同法》	7613	59.67
《侵权责任法》	922	7.23
《公司法》	7	0.05
《票据法》	1	0.01
《保险法》	19	0.15
《婚姻法》	54	0.42
《继承法》	70	0.55
《涉外民事关系法律适用法》	235	1.84
《民法总则诉讼时效司法解释》	4	0.03
《民法通则司法解释》	0	0
《物权法司法解释一》	0	0
《担保法司法解释》	0	0
《合同法司法解释二》	38	0.30
《买卖合同司法解释》	0	0
《人身损害赔偿司法解释》	373	2.92
《精神损害赔偿司法解释》	51	0.40
《夫妻债务司法解释》	44	0.34
《建设工程施工合同司法解释》	89	0.70
《民间借贷司法解释》	133	1.04
《涉外民事关系法律适用法司法解释一》	7	0.05

与上述《海商法》及其司法解释的适用情况相比，一般性民商事法律和司法解释在海事海商纠纷案件中的适用比例明显更高，法官尤其倾向于适用《合同法》，其适用比例将近60%，约为《海商法》适用比例的3倍，在其他民商事法律中，《侵权责任法》和《物权法》的适用比例也较高，都约为7%。在该段《民法总则》生效后的

案件统计区间内,《民法总则》的适用占比为5.85%,比例并不突出。可以看到,即便是在近几年来,《海商法》的适用比例有所上升的情况下,相比于适用海商法,法院总体上还是明显倾向于适用一般性民商事法律,如《合同法》。

二、《民法典》生效之后

(一)以《海商法》为法律依据的情况

经检索,2021年1月1日至7月31日,在中国裁判文书网收录的海事海商纠纷案件判决书共有524篇,其中以《海商法》为法律依据的共有71篇,占比13.55%,具体如图17所示。

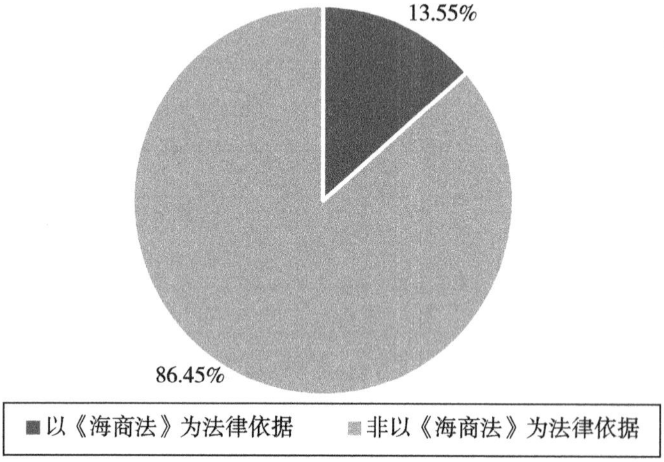

图17 《民法典》生效后海事海商纠纷案件中《海商法》的适用比例

将前述524份海事海商纠纷案件判决书按审判程序划分,一审的判决书有332篇,以《海商法》为法律依据的有71篇,占比21.39%;二审的判决书有191篇,以《海商法》为法律依据的有0篇;审判监督的判决书有1篇,以《海商法》为法律依据的有0篇。可见,在《民法典》生效后,以《海商法》为法律依据的判决书占比有一定幅度的下降,与《民法总则》生效至《民法典》生效期间的总体比例相比较,下降了约6%,其中就一审程序而言,《海商法》的适用比例略微有所下降,降低了约2%。

(二)以海事海商司法解释为法律依据的情况

经检索,《民法典》生效后,上述海事海商纠纷案件判决书中,以海事海商司法解释为法律依据的判决书数目如表29所示。

表 29 《民法典》生效后海商海事司法解释司法适用情况统计

司法解释	判决书数目/篇	占比/%
《海上保险司法解释》	0	0
《最高人民法院关于海上保险合同的保险人行使代位请求赔偿权利的诉讼时效期间起算日的批复》	0	0
《最高人民法院关于保险船舶发生保险事故后造成第三者船舶沉没而引起的清理航道费用是否属于直接损失的复函》	0	0
《水路货物运输指导意见》	0	0
《海上货运代理司法解释》	11	2. 10
《无正本提单交付货物司法解释》	3	0. 57
《最高人民法院关于未取得无船承运业务经营资格的经营者与托运人订立的海上货物运输合同或签发的提单是否有效的请示的复函》	0	0
《最高人民法院关于如何确定沿海、内河货物运输赔偿请求权时效期间问题的批复》	0	0
《最高人民法院关于提单持有人向收货人实际取得货物后能否再向承运人主张提单项下货物物权的复函》	0	0
《最高人民法院关于承运人就海上货物运输向托运人、收货人或提单持有人要求赔偿的请求权时效期间的批复》	0	0
《船舶碰撞司法解释》	0	0
《船舶碰撞和触碰司法解释》	1	0. 19
《扣押与拍卖船舶司法解释》	0	0
《最高人民法院关于船东所有的船舶能否因期租人对第三方负有责任而被扣押等问题的复函》	0	0
《船舶油污损害赔偿司法解释》	0	0
《海事赔偿责任限制司法解释》	0	0
《最高人民法院关于在申请海事赔偿责任限制基金案件中如何认定利害关系人申请债权登记期限的请示的复函》	0	0
《最高人民法院关于非航行国际航线的我国船舶在我国海域造成油污损害的民事赔偿责任适用法律问题的请示的答复》	0	0
总计	15	2. 86[1]

〔1〕由于每一项司法解释的适用情况占比都保留了两位小数,计算海事海商司法解释适用情况的总数时若以各单项占比相加,得到的结果会有误差,因此该项占比的总计是适用各项司法解释的判决书数目之和15(篇)与《民法典》生效后海事海商纠纷判决书总数524(篇)相比得出的数据。

从表 29 可见,在《民法典》生效后,总体来说,海事海商司法解释的适用比例也有所下降。

(三)以一般性民商事法律和司法解释为法律依据的情况

经检索,《民法典》生效后,上述海事海商纠纷案件判决书中,以一般性民商事法律、司法解释为法律依据的判决书数目如表 30 所示。

表 30 《民法典》生效后的一般性民商事法律和司法解释司法适用情况统计

一般性民商事法律和司法解释	判决书数目/篇	占比/%
《民法典》	0	0
《民法总则》	9	1.72
《物权法》	12	2.29
《担保法》	9	1.72
《合同法》	181	34.54
《侵权责任法》	15	2.86
《公司法》	0	0
《票据法》	0	0
《保险法》	0	0
《婚姻法》	9	1.72
《继承法》	0	0
《涉外民事关系法律适用法》	2	0.38
《民法典担保司法解释》	0	0
《民法典物权司法解释一》	0	0
《民法典继承司法解释一》	0	0
《民法典婚姻家庭司法解释一》	0	0
《民法典时间效力司法解释》	0	0
《民法总则诉讼时效司法解释》	0	0
《物权法司法解释一》	0	0
《担保法司法解释》	1	0.19
《合同法司法解释二》	0	0
《买卖合同司法解释》	1	0.19

续表

一般性民商事法律和司法解释	判决书数目/篇	占比/%
《人身损害赔偿司法解释》	11	2.10
《精神损害赔偿司法解释》	2	0.38
《夫妻债务司法解释》	0	0
《建设工程施工合同司法解释》	2	0.38
《民间借贷司法解释》	7	1.34
《涉外民事关系法律适用法司法解释一》	0	0

《民法典》生效以来,《民法典》及其相关司法解释并未在海事海商纠纷案件判决书中得到适用,[①]且其他一般性民商事法律和司法解释的适用比例也较以往的适用比例有所降低,适用比例最高的仍为《合同法》。

第三节　海商法与一般性民商事法律司法适用情况的原因分析

如上文所述,在海事海商纠纷案件中,适用一般性民商事法律的裁判文书数量是适用《海商法》及其海事海商司法解释的裁判文书数量的近 2 倍,海商法在一定程度上存在"虚置化"的现象。究其原因,本书认为有以下几点:

一、海事海商纠纷案件中存在非海事海商法律关系

海事海商纠纷案件中存在诸多非海事海商法律关系,这些法律关系并不由《海商法》调整,因此就无法适用《海商法》。例如,中国裁判文书网的数据显示,以《合同法》第 107 条(《民法典》第 577 条)[②]为法律依据的海事海商纠纷案件裁判文书共有 3733 篇,占比达 12.32%。该条规定的是合同违约方的违约责任,之所以有如此高的适用占比,是因为海商法并不存在一套专门、完整且完全独立于民法之外的合同制度,海商法对于违约责任并没有特殊规定,故《合同法》总则中关于违约责任

① 《民法典》生效以来的海事海商纠纷判决书数量有限,得到的统计分析数据可能不够全面。

② 《合同法》第 107 条规定:"当事人一方不履行合同义务或者履行合同义务不符合约定的,应当承担继续履行、采取补救措施或者赔偿损失等违约责任。"

等制度规定同样适用于海上货物运输合同、海上旅客运输合同等海商合同。就此而言,一般性的违约责任适用于海事海商纠纷案件中的非海事海商法律关系。同时,在有些情况下,虽定性为“海事海商纠纷案由”,但《海商法》并没有作出特殊性的规定,也不适用《海商法》。如“海事海商纠纷案由”下的“船坞、码头建造合同纠纷”“船舶检验合同纠纷”等就没有适用《海商法》的空间,而应适用《合同法》总则或买卖合同、承揽合同、建设工程合同等分则项下的规定。但值注意的是,海事海商纠纷案件中的非海事海商法律关系,不适用《海商法》而适用一般性民商事法律的,属于法律体系内部属性差异与规范分工的问题,是部门法固有之性质所致,并不必然是《海商法》的漏洞或不足。

二、《海商法》的立法缺漏

现行《海商法》存在诸多立法缺漏,包括立法缺陷和立法漏洞。有些缺漏在立法之初即存在,是由于当时的立法条件不成熟而留白,或是由于《海商法》起草过程中受研究视野之局限,对于某些问题论证还不够充分,考虑还不够周全,规定还不够完善,或者是由于当时国内缺乏广泛的司法实践作基础,国际上也没有可借鉴之条约,故对个别复杂问题只作了简单规定。[①] 当然,一些缺漏是随着社会经济发展和科技进步产生的新问题,即立法所固有之滞后性,致使立法漏洞的产生或者原来之规定出现缺陷。相比于《海商法》之稳定性,一般性民商事立法在《海商法》实施近 30 年来可谓如雨后春笋般蓬勃发展,[②]其中与《海商法》存在密切关系的就有《对外贸易法》(1994 年)、《担保法》(1995 年)、《保险法》(1995 年制定,2009 年修订)、《拍卖法》(1997 年)、《合同法》(1999 年)、《物权法》(2007 年)、《侵权责任法》(2010 年)、《民法总则》(2017 年)和《民法典》(2020 年)等。因《海商法》的立法缺漏问题,在司法适用中只能追溯到其一般法,在民商法体系下适用民商事一般法。

(一)托运人的货物控制权

托运人对货物的控制权可谓《海商法》一个典型的立法缺漏。现行《海商法》没有规定托运人的货物控制权,但《合同法》第 308 条(《民法典》第 829 条)则规定,承运人交付货物之前,托运人可以要求承运人中止运输、返还货物、变更到达地或者将货物交给其他收货人。一般认为,海商法项下的托运人货物控制权概念源

---

① 参见司玉琢:《我国海事立法的里程碑——纪念我国〈海商法〉实施十周年》,载《中国远洋航务公告》2003 年第 7 期。

② 参见梁慧星:《修改〈中华人民共和国海商法〉的诉求与时机》,载《中国海商法年刊》2010 年第 2 期。

于《海运单统一规则》第6条之规定。《海运单统一规则》制定的时间虽早于《海商法》,但货物控制权制度仍未纳入其中。无讼案例的数据显示,以《合同法》第308条为法律依据的海事海商纠纷案件裁判文书共有34篇。如“浙江隆达不锈钢有限公司海上、通海水域货物运输合同纠纷案”①中,最高人民法院在认定托运人是否享有在海上运输途中请求承运人将货物改港或者退运的权利时,认为:“因《海商法》未就航程中托运人请求变更运输合同的权利予以规定,故本案适用《合同法》的有关规定。”这是司法实践中关于托运人货物控制权适用《合同法》规定较为典型的论述。本书认为,承认托运人对货物的控制权,不仅是司法实践的需要,也是国际立法之趋势,如《鹿特丹规则》第十章也规定了“控制方的权利”:中止运输或者返还货物产生合同解除的效力,变更卸货港或者收货人属于合同的变更。② 因此,为保障托运人的正当权益和国际贸易的顺利开展,在《海商法》修订过程中应补足这一立法缺漏,赋予托运人货物控制权。《修改送审稿》第104条作出规定,在承运人责任期间内,托运人可以书面要求承运人变更卸货港或者将货物交给其他收货人,但应当赔偿承运人因此受到的损失。

(二)承运人通知收货人的义务与收货人的提货义务

现行《海商法》没有规定承运人有通知收货人提取货物的义务,但《合同法》第309条(《民法典》第830条)规定,货物运输到达后,承运人知道收货人的,应当及时通知收货人。无讼案例的数据显示,以《合同法》第309条为承运人承担通知收货人义务的法律依据的海事海商纠纷案件裁判文书有1篇,即“泉州中侨(集团)股份有限公司与长锦商船株式会社、第三人厦门中贸国际货物运输公司海上货物运输合同纠纷案”③。本案中,法院认为:“由于《海商法》并未规定承运人应通知货物到达,因此,《合同法》的这一规定不仅适用于国内货物运输合同,也适用于国际海上货物运输合同。”这一论述反映了司法实务界对该问题的认识,故《海商法》修订应当增加承运人通知收货人的义务。同时,现行《海商法》也没有明确规定收货人的提货义务,但第86条规定了在卸货港无人提取货物或收货人迟延、拒绝提取货物时的处置以及相应费用和风险由收货人承担。《合同法》第309条则明确规定了收货人承担及时提货的义务。无讼案例的数据显示,以《合同法》第309条作为收货人提货义务的法律依据的海事海商纠纷案件裁判文书共有7篇。如在“厦门

---

① 详见最高人民法院民事判决书,(2017)最高法民再412号。

② 参见司玉琢:《海商法专论》(第3版),中国人民大学出版社2015年版,第83页。

③ 泉州中侨(集团)股份有限公司诉长锦商船株式会社运输合同纠纷案,厦门海事法院(2003)厦海法商初字第203号民事判决书。

驿锦鸿物流有限公司诉吴某义海上、通海水域货物运输合同纠纷案”[①]中，法院认为，及时提货是收货人的应尽义务。另对这7篇裁判文书的研究显示，关于承运人在卸货港交货不着的案件，争议焦点均集中在因此产生的诸如集装箱超期使用费、码头堆存费、货物处理费、保管费等费用由谁承担的问题上，《海商法》第86条虽存在较为明确的规定，但在司法适用中，仍有裁判文书同时适用《合同法》第309条和《海商法》第86条，如“长荣海运（英国）有限公司[EVERGREENMARINE（UK）LIMITED]诉东阳市德进塑胶有限公司海上、通海水域货物运输合同纠纷案”[②]和“以星综合航运有限公司诉哈尔滨高伟微型精密机电有限公司、深圳市亿畅进出口有限公司等海上、通海水域货物运输合同纠纷案”[③]。有的法院仅适用《合同法》第309条而不适用《海商法》第86条，如“海航货运代理有限公司诉中山市华美特电器制造有限公司海上货物运输合同纠纷案”、[④]“上海邦达隆飞物流有限公司诉江苏高维化学品有限公司海上货物运输合同纠纷案”[⑤]。

从文义解释分析，《海商法》第86条的规定更体现海上运输的特性，《合同法》第309条只规定了收货人“逾期提货”一种情形，以及相关费用由收货人承担；而《海商法》第86条规定了“卸货港无人提取货物”“收货人拒绝提取货物”“收货人迟延提取货物”3种情形，且明确规定除了费用由收货人承担之外，还规定了风险分担和船长的处置权。故就此而言，难谓《合同法》第309条比《海商法》第86条的规定更全面。但《合同法》第309条作为一般法的规定，将“收货人的费用承担”建构在收货人的及时收货义务之上，揭示了承运人交货不着后处置的法理基础，这也为《海商法》相关规定的修订完善提供依据。《修改送审稿》第92条也明确收货人应当及时提取货物，并增加规定收货人负有确认收到货物的义务。

（三）船舶污染损害赔偿责任

当今世界正逐渐从“陆地时代”演进到“海洋时代”，随着人类对海洋利用程度的加深，人与自然之间的紧张关系也从陆地蔓延至海洋。2002年“塔斯曼海”油轮

---

① 厦门驿锦鸿物流有限公司诉吴某义海上、通海水域货物运输合同纠纷案，厦门海事法院（2017）闽72民初898号民事判决书。

② 长荣海运（英国）有限公司诉东阳市德进塑胶有限公司海上、通海水域货物运输合同纠纷案，上海海事法院（2015）沪海法商初字第1882号民事判决书。

③ 以星综合航运有限公司诉哈尔滨高伟微型精密机电有限公司、深圳市亿畅进出口有限公司等海上、通海水域货物运输合同纠纷案，上海海事法院（2013）沪海法商初字第788号民事判决书。

④ 海航货运代理有限公司诉中山市华美特电器制造有限公司海上货物运输合同纠纷案，广州海事法院（2013）广海法初字第448号民事判决书。

⑤ 上海邦达隆飞物流有限公司诉江苏高维化学品有限公司海上货物运输合同纠纷案，上海海事法院（2013）沪海法商初字第532号民事判决书。

污染、2010 年墨西哥湾钻井平台爆炸、2011 年渤海湾石油泄漏等海洋污染事件的相继发生,使得船舶、钻井平台污染防治已成为人类必须关注的一项重大议题。海洋环境形势的变化也反映在国内外的立法上。如《1969 年国际油污损害民事责任公约》《1971 年设立国际油污损害赔偿基金公约》《1996 年国际海上运输有毒有害物质损害责任和赔偿公约》《2001 年国际燃油污染损害民事责任公约》都是国际上针对传统侵权法与海商法在船舶污染损害赔偿案件处理上之缺陷所推进的国际立法变革。但在《海商法》制定之时,我国对海洋利用的实践还比较少,为船舶污染损害赔偿作特别立法的条件还不成熟,故对于船舶污染损害赔偿没有作出规定。随着海洋强国战略的实施,我国对海洋利用的广度和深度日益拓展。中国进口原油 90% 以上通过海上运输完成,高风险的海洋运输和海洋开发给海洋环境带来极大的安全隐患。[①] 中国裁判文书网的数据显示,以海上、通海水域污染损害责任纠纷为案由的裁判文书共有 261 篇,仅有"栾某海、刘某炜等诉康菲石油中国有限公司海上、通海水域污染损害责任纠纷案"[②]适用《海商法》和《船舶油污损害赔偿司法解释》,且并非将其用于解决实体问题;而适用《侵权责任法》的裁判文书则有 216 篇,占比达 82.76%。既然《海商法》没有存在相关的规定,追溯适用《侵权责任法》也无可厚非。《侵权责任法》第 65 条至第 68 条(《民法典》第 1229 条至第 1235 条)所规定的环境污染侵权责任规则适用于船舶污染,为船舶污染损害赔偿提供了基本的法律依据。

但船舶污染损害赔偿机制有其明显的特殊性,由于污染发生在海洋或通海水域,相比于一般环境污染,其扩散范围大、污染持续性强、污染后果严重,这就造成传统侵权法的完全赔偿原则与船舶污染损害赔偿制度在一定程度上存在冲突。职是之故,即使目前扩大赔偿范围和提高赔偿限额是船舶污染损害赔偿制度的发展趋势,[③]但油污损害赔偿责任限制仍不失为其关键。在船舶污染侵权法领域,完全赔偿原则受到了挑战,各国际公约和国内立法都规定了责任人所承担的最高赔偿限额。[④] 况且,《侵权责任法》对环境污染侵权责任的规定只有 4 个条文,规范设置明显简陋。因此,利用《侵权责任法》对船舶污染进行规制在制度供给上明显不足,

---

① 参见赵微、王慧:《船舶溢油污染海洋的法律问责制研究》,载《比较法研究》2012 年第 6 期。

② 栾某海、刘某炜等诉康菲石油中国有限公司海上、通海水域污染损害责任纠纷案,最高人民法院(2017)最高法民申 14 号民事裁定书。

③ 参见白洋、刘变叶:《论国际船源污染防治法的历史演进和立法趋势》,载《中国海洋大学学报(社会科学版)》2010 年第 5 期。

④ 参见张湘兰:《船舶污染损害赔偿责任的理论、实践及我国船舶污染法律制度的建构》,载《武汉理工大学学报(社会科学版)》2008 年第 1 期。

有赖于修订《海商法》对船舶污染进行特别规制。

三、海事审判中不同法院对海商法体系归属的认识不同

除了海商法自身存在立法缺漏以外,海商法体系归属不明确也是法官在海事海商纠纷案件中更倾向于适用一般性民商事法律的重要原因。甚至可以说,法官在处理海事海商纠纷的过程中,发现海商法对某些法律问题存在法律漏洞或缺陷,通常会适用一般性民商事法律去填补或完善,可见,法官对海商法体系归属的认识在司法适用中发挥着重要作用。

在我国现行法院组织结构之中,海事法院是审理海事海商纠纷案件的专门法院,其层级属于中级人民法院。通常绝大部分海事海商纠纷案件由海事法院(中级人民法院)一审,高级人民法院二审。曾有学者指出存在这样一种普遍现象,海事法院的法官通常受海商法的影响更深,而高级人民法院的法官则更习惯用民法的一般理论来处理案件。① 此种观点确实得到本章调研数据的支持。中国裁判文书网的数据显示,就适用《海商法》的比例,海事法院是非海事法院的 3.06 倍。

从司法适用的实际运行来看,海事审判的法官长期重视海商法,将其作为民商法的特别法,对于海商法本身诸多的特殊性却多有忽视。如实务中争议比较大的迟延交付问题,《海商法》第 50 条第 1 款与《合同法》第 290 条(《民法典》第 811 条)有所不同,没有规定承运人未在合理期间内将货物运抵卸货港交付为迟延交付。故有观点认为上述情况属于《海商法》没有规定的,应追溯适用《合同法》。如"扬州市裕华货物联运代理有限公司诉武汉宝坤龙船务有限公司海上、通海水域货物运输合同纠纷案"②中,法院就认为:"尽管双方在合同中并未约定具体的运输期限,但不意味着被告可不受运输期限的约束。我国《合同法》第 290 条和《国内水路货物运输规则》第 34 条都规定了承运人负有在合理期间内将货物安全运抵目的地的义务。"上述观点就属于忽视海商法特殊性而导致的误读。鉴于海上贸易的高风险性和不可预见性,海商法一般不承认对迟延交付的索赔,如《海牙规则》就只规定了承运人对货物"灭失或损害"负赔偿责任。尽管《汉堡规则》为了保护货方利益,规定了"未能在按具体情况对一个勤勉的承运人所能合理要求的时间内,在海上货物运输合同规定的卸货港交付,是迟延交付",但鉴于在海上货物运输中准时交付的困难性,又规定了对迟延交付适用更低的责任限额。在《海商法》制定的过

① 参见郭瑜:《海商法的精神:中国的实践和理论》,北京大学出版社 2005 年版,第 94 页。

② 扬州市裕华货物联运代理有限公司诉武汉宝坤龙船务有限公司海上、通海水域货物运输合同纠纷案,海口海事法院(2014)琼海法重字第 1 号民事判决书。

程中,对于是否采纳迟延交付规定曾经发生过争论,但最后妥协的结果是选择部分采纳,没有将无明确约定交付时间的迟延交付情形纳入《海商法》。因此,《海商法》与《汉堡规则》的不同规定实乃立法者有意为之,目的就是要立足于我国航运业的现状给予承运人一定程度的特殊保护。

另一个比较典型的误读是船舶留置权问题。根据《海商法》第 25 条第 2 款规定,只有造船人和修船人才享有船舶留置权。那么其他人能否根据《物权法》或《担保法》的规定对船舶行使留置权?学界对此不无争论。有学者认为,船舶留置权可以分为"海商法上的船舶留置权"与"民法上的船舶留置权",所谓"民法上的船舶留置权"就是根据《担保法》设定的船舶留置权。① 司法实践中也有支持上述观点的判例,如在"上海成功水域工程有限公司诉泰州市润泰运输有限公司海上、通海水域打捞合同纠纷案"②中,原告依与被告订立的沉船打捞合同将涉案船舶整体打捞出水,但被告未依约履行船舶交接及支付打捞费的义务,于是原告将涉案船舶予以留置。法院认为,涉案船舶打捞出水后,被告未按约定与原告进行船舶交接,故船舶仍处于原告合法占有状态,且涉案合同并未约定排除留置权,根据《物权法》第 230 条第 1 款规定,原告有权就涉案船舶行使留置权,可以与债务人协议以留置财产折价,也可以就拍卖、变卖留置财产所得的价款优先受偿。但从现行《海商法》的立法背景来看,其对船舶留置权的规定明显受到了《1993 年船舶优先权和抵押权国际公约》的影响,即采取狭窄的定义来限制船舶留置权的适用范围,目的就是要避免对船舶抵押权的受偿造成过大影响。故《海商法》限定船舶留置权特指造船人、修船人留置船舶的权利,这也就排除了其他人以其他理由留置船舶的可能性。

第四节 以"用尽海商法"规则优化海事审判

海商法与民商法存在血脉相通的内在联系,不可能脱离民商法法系。世界的普遍性是永恒的,共性与个性的协调是现代社会的基本价值观。海商法作为民商法之特别法,在法律适用上遵循特别法优先原则。同时,价值理念作为法的内在精神,是立法者精神意志的体现,作为特别法之海商法也应当遵循民商法之一般立法

---

① 参见于海涌:《船舶抵押权法律效力问题研究》,载梁慧星主编:《民商法论丛》第 9 卷,法律出版社 1998 年版,第 539 ~ 597 页。

② 上海成功水域工程有限公司诉泰州市润泰运输有限公司海上、通海水域打捞合同纠纷案,武汉海事法院(2016)鄂 72 民初 741 号民事判决书。

理念,才能实现法律体系的和谐统一。海商法与民商法的交融,使海商法脱离孤立的状态,在保持与民商法体系的同一性和相关性的前提下,关注海商法独特的制度,这是海商法健康发展的方向。因此,在民商法体系下强调和坚持海商法的特殊性,这是我国修订《海商法》应坚持的基本原则。

海商法作为民商法的特别法,根据法律适用的一般原理,如果特别法作出规定,适用特别法,如果没有规定,可以参考适用一般法。在司法实践中,往往会对"海商法是否有规定"产生分歧。本书认为,确定海商法是否作出规定,只能根据海商法自身的解释规则来判断,不能一发现海商法之不合理就套用民法的一般规定。海商法作为特别法,其条文本身或为民法条文的细化、明确、补充,或为特别规定,只有在特别法适用中遇到无法律规定的情形时,才需要回到民法或民法其他特别法中去寻找。[①] 因此,民法的原则、制度和海商法的原则、制度无论如何都不可能完全一一对应,毋宁说海商法的各项制度在民商法体系中遵守民法的一般原则,更重要的是,海商法有自身特有的原则、制度,而这些原则、制度大大不同于民法。[②] 而原则冲突之解决一定是情境化的,原则因情境之不同产生重要性或者分量上的不同,需要通盘考虑,选择最具分量的原则作为人们的行动基础。[③] 在民法原则与海商法原则相互矛盾的情形下,海商法原则仍可能谋求民法原则对其"让步",直至都可以得到"最佳的"实现。因此,海商法作为民法特别法的法律意蕴就在于其以海上生活的特殊性为基础之独特性,并通过所衍生具有规范意义的海商法诸原则在司法适用中得以实现,这就是在处理民法与海商法之间的适用关系时应遵循"用尽海商法"规则。

一、"用尽海商法"之内涵

海商法的民商法特别法的体系定位要求"用尽海商法"在实现对海商法独特性之彰显的同时,又不至于使海商法独立于民商法体系之外。换言之,"用尽海商法"作为一项恰当处理民商法与海商法在适用法上之关系的法律适用规则,其目的应是确保海事审判中对海商法的适用不失海商法作为民商法特别法之法意,以谋求海事案件得到合理妥当之裁决,从而维护海上商业实践的有效运作。如上所述,海商法原则体现了海上生活之特殊性以及人们在当中的价值观念体系,这既是保持海商法独特性的原因所在,也是在海商法作为民商法特别法的前提下,实现海商法独特

---

① 参见关正义:《民法视野中的海商法制度》,法律出版社 2015 年版,第 20 页。

② 参见赵万一:《商法基本问题研究》,法律出版社 2002 年版,第 64 页。

③ 参见陈景辉:《实践理由与法律推理》,北京大学出版社 2012 年版,第 62~63 页。

性之媒介。所谓原则,它既是直接的行为规则,又是其他规则产生的依据。[①] 一方面,当法官在适用制定法或成文法意义上的海商法特殊规则之时,实际上也是一个适用海商法原则的过程,后者为前者提供了“实质理由”(substantive reasons)。[②] 此时,海商法作为民商法特别法的法意通过海商法原则及其所支持的海商法规则无疑可以得到充分反映。另一方面,当法官已穷尽制定法或成文法意义上的海商法特殊规则,仍无法为海事海商纠纷案件提供合理妥当的解决方案之时,海商法原则直接为法官提供了裁判的方向,法官应根据“依海商法原则确立的海商法规则”作出裁决,这也为将海事习惯引入海事海商纠纷审判中提供渠道。如此一来,海商法的独特性便同样可以通过海商法原则得到彰显。同时,民商法原则也可能通过权衡优先于海商法原则在海事海商纠纷中得以适用,法官在此应根据“依民商法原则确立的民商法规则”作出裁决。民商法与海商法原则之间的平等性和可权衡性确保了民商法与海商法之间的沟通,以免两者隔绝为两个不同的体系,维护了海商法作为民商法特别法的地位,此即“用尽海商法”的应有之义。

“用尽海商法”作为一项法律适用规则,它必然要围绕“法律适用”展开具体构建。所谓“法律适用”,就是法官运用法律处理案件、解决纠纷的过程,故法律适用规则包括两个重要方面:一是“法律之范围”,此处法律是广义的,泛指一切可作为裁判依据的规范;二是“应当如何运用法律”,这里涉及法律论证方法,包括法律的具体适用和解释等问题。围绕着该问题,重点应关注海事习惯的法源地位和海商法漏洞的填补规则,以明确“用尽海商法”之规则。

二、海事习惯的法源地位与适用

法源可以从法创制与法适用两个层面展开。[③] 若就法的适用机制而言,法源即“一切得为裁判之大前提的规范的总称”[④]。由此可见,对司法和法官裁判的立场而言,法源就是法官在司法活动中寻找裁判依据(grounds of decision)之场所。但

---

① 参见徐国栋:《民法基本原则解释:诚信原则的历史、实务、法理研究》(再造版),北京大学出版社2013年版,第10页。

② 实质理由是一种通过其内容来支持某个法律论断的理由,它的支持力完全取决于内容。与之相对的是权威理由(authoritative reasons),是指由其他条件而非其内容来支持某个法律论断的理由,这些条件中最重要的是“来源”(source)。权威的力量并非来自它们的恰当性,而是来自它们的地位,法哲学家将权威的这种特征称为“独立于内容”(content-independence)。参见雷磊:《指导性案例法源地位再反思》,载《中国法学》2015年第1期。

③ 参见汪洋:《私法多元法源的观念、历史与中国实践——〈民法总则〉第10条的理论构造及司法适用》,载《中外法学》2018年第1期。

④ 黄茂荣:《法学方法与现代民法》,中国政法大学出版社2001年版,第371页。

并非所有裁判依据都能够成为法源，只有那些基于制度性权威同时具有规范拘束力的裁判依据才是法源。[①] 法官在法源范围内寻找裁判依据，获取对案件的法律判决，前提是其知道法源之范围。故法源条款之旨趣，是将法源性裁判依据进行通盘整理，并将整理得出之框架在立法上予以确认，指引法官的找法过程。[②] 在现代法治社会，制定法无疑是最重要且最主要的法源，它是法律发展到高级阶段之形式，具有稳定性和体系性等优点。[③] 这里的制定法应作广义上之理解，在中国的语境下，包括法律、行政法规、地方性法规、自治条例和单行条例，甚至可能包括司法解释。

但是，当《海商法》制定法或成文法缺位时，法官还是否存在其他可作裁判依据的法源，即补充性法源？补充性法源的必要性早已毋庸置疑。一方面，法官有不得拒绝裁判之义务。民商事领域与刑事、行政领域不同，当民商事被告损害他人时，法官既不得以法无明文规定为由，作出有利于被告之判决，亦不得以法无明文授权为由，否认当事人所实施私法行为之正当性。[④] 另一方面，制定法具有明显的局限性，诚如郑玉波先生所言："社会之进化不已，事物之变幻何穷，虽法条多如牛毛，亦势必难面面顾到，倘遇法律无规定之事项，应予如何处理，若不明定其补充方法，必致苦于肆应。"[⑤]学者纷纷提出，法源不仅是正确认识和适用既有法律，更指向续造既有法律或发现新的法律，[⑥]应以"法律多元主义"取代"立法中心主义"[⑦]，充分尊重法律之外的法源。[⑧] 这种法源多元论归根结底是对国家中心主义和理性主义的怀疑。也有学者认为，法源实际上是一个认识论问题，有时立法者之认识能力有所不逮，需要其他团体或个人的认识能力加以补充，以共同完成对民事关系的调整任务。[⑨]

这种多元法源观，深刻影响了海商法的法源构造，使得海商法法源也呈现扩张的趋势。海商事主体与陆商事主体一样具有一般民事主体所没有的独特自治品

---

① 有关"制度性权威"与"规范拘束力"之内涵，详见雷磊：《指导性案例法源地位再反思》，载《中国法学》2015 年第 1 期。

② 参见于飞：《民法总则法源条款的缺失与补充》，载《法学研究》2018 年第 1 期。

③ 参见高航：《成文法的局限性及其弥补》，载《中国社会科学院研究生院学报》2006 年第 1 期。

④ 参见朱庆育：《民法总论》，北京大学出版社 2013 年版，第 39 页。

⑤ 郑玉波：《民法总则》，中国政法大学出版社 2003 年版，第 82 页。

⑥ 参见彭中礼：《法律渊源论》，方志出版社 2014 年版，第 69 页。

⑦ 夏小雄：《从"立法中心主义"到"法律多元主义"——论中国商事法的法源建构逻辑》，载《北方法学》2014 年第 6 期。

⑧ 参见谢鸿飞：《中国民法典的生活世界、价值体系与立法表达》，载《清华法学》2014 年第 6 期。

⑨ 参见徐国栋：《论我国民法典的认识论基础》，载《法学研究》1992 年第 6 期。

性,其为营业而存在,要求具有稳定性、长期性与专业性,并且注重权利的外观,以保护信赖利益。① 海商事主体因航海活动的跨地域性而具有更强的国际性,一定程度上确实存在超越国内法而谋求国际海事海商法律统一之需求。这些特性激发了海商事主体参与国际海上商业实践规则之形成机制的积极性,这些实践规则中最为重要的莫过于国际海事习惯。据学者研究,国际海事习惯的主要表现形式包括国际标准合同和标准合同条款、国际组织制定的相关文件,以及"具有国际声望"的国家立法与判例。② 标准合同或合同条款在航次租船合同领域较为普遍,目前存在统一杂货租船合同、巴尔的摩谷物泊位租船合同、油轮航次租船合同等形式。③ 国际组织制定的相关文件以国际海事委员会制定的《约克－安特卫普规则》为典型。此规则虽属民间性质,不具备强制拘束力,主要基于当事人的选择适用,但该规则由于结构、内容的合理性和科学性,以及通过不断修改适应航运实践的需要,业已成为国际上普遍遵循的共同海损理算规则。④ 国家立法如《1906 年英国海上保险法》,对中国、加拿大等多数国家海上保险立法均有影响。判例更是如此,新杰森条款、喜马拉雅条款、殷琪玛利条款、米兰条款、马基斯协议、玛瑞瓦禁令等,均系由判例所确立或以涉事船舶名字命名的法律规则,同样是国际海事习惯的重要组成部分。⑤ 上述国际海事习惯是海上商业实践的产物,相当一部分已经被各国纳入成文的海商法之中。诚然,近现代主权国家立法在一定程度上消解了海上商人的独立性,但并未从根本上改变海商法的自生自发特性,海商法仍然是植根于海上商人的商业实践之上,国家只不过是对它们加以承认或认可罢了。然而,国家立法的发展相对于海商事创新仍然是滞后的,故需要扩大法源的范围,将这部分新增的海上商人自主创造的规则纳入司法裁判中来。此外,商事审判较民事审判更具有"可商谈性",商人在大多数情况下更加追求一种"柔性"的审理模式。⑥ 诸多涉海商事纠纷都是通过仲裁、调解的方式解决,如此便更加强化了商人参与诉讼程序的主体性,海事习惯所发挥的作用越来越突出。

---

① 参见许中缘:《论商事习惯与我国民法典——以商事主体私人实施机制为视角》,载《交大法学》2017 年第 3 期。

② 参见陈亚芹:《论海事国际惯例在中国法中的地位——以中国的立法与司法实践为视角》,复旦大学 2008 年博士学位论文,第 16～20 页。

③ 参见傅廷中:《海商法论》,法律出版社 2007 年版,第 235 页。

④ 参见孙思琪:《〈民法总则〉对航运法律的影响》,载《水运管理》2017 年第 9 期。

⑤ 有学者甚至认为,海事判例是海事习惯之外独立的海商法法源。详见马得懿:《海商法的渊源意识——解读〈劳氏法律报告〉》,载《比较法研究》2007 年第 5 期。

⑥ 参见蒋大兴:《审判何须对抗——商事审判"柔性"的一面》,载《中国法学》2007 年第 4 期。

由是观之,《民法总则》第10条首次将“习惯”确定为法律之外的补充性法源,[①]《民法典》第10条再次确认习惯作为民法法源,此实有相当之进步意义,这是《民法典》开放性的重要表现,在保证法的安定性价值的同时,保持法的演进性,使民法典真正成为与时俱进的“活法”。[②]《民法典》的上述规定对海商法之法源也有影响。根据《海商法》第268条第2款规定,在涉外关系的法律适用中,国际惯例就可以作为法源次位于国际条约被适用。而《民法典》第10条将习惯明确为一般性的补充法源之后,则进一步使得海事习惯成为海商法之法源,并且海事习惯不再限于国际海事习惯,其适用也不再限于具有涉外因素的情形。[③]

按理说,习惯既已为正式法律渊源,[④]法官将其作为裁判依据应无疑问,海事习惯之于海商法亦是如此。但习惯并非当然具有法源地位。习惯是指某种特定行为反复发生并且继续维持的实然状态,具有事实性;而法源系法官作出应然法律判断之依据,必然具有规范性。一般认为,事实与规范之间不能相互推导,否则就违背了“休谟命题”。[⑤] 是故,有学者认为,具有法源性的习惯要成为习惯法,除事实上惯行之要素外,尚须具备“法的确信”。[⑥] 也有学者认为,还需要满足“观念上以其为具有法律拘束力之规范”这一条件。[⑦]

然而,究竟什么是“法的确信”,什么是“观念上以其为具有法律拘束力之规范”,答案并不明确。更为根本的是,如果习惯本身只是一种事实性要素,它是通过什么样的机制产生规范性?为此,我们必须从习惯的性质和内在构成入手。陈景辉教授曾对“习惯”有鞭辟入里的分析。他将习惯区分为不涉及他人的“私人习惯”和涉及他人的“非私人习惯”,“非私人习惯”又区分为两种子类型——“习俗”和“成规”,前者是只具备“依赖于实践”的习惯,而后者是同时兼具“依赖于实践”

---

① 《民法总则》第10条规定:“处理民事纠纷,应当依照法律;法律没有规定的,可以适用习惯,但是不得违背公序良俗。”该条源自《民法通则》第6条的规定:“民事活动必须遵守法律,法律没有规定的,应当遵守国家政策。”本条在适用范围上以“处理民事纠纷”代替了“民事活动”,更加突出了法源条款的裁判规范性质。本条删除了“国家政策”,代之以“习惯”,并强调习惯不得违背公序良俗。详见陈甦主编:《民法总则评注》,法律出版社2017年版,第70页。

② 参见石佳友:《民法典的法律渊源体系——以〈民法总则〉第10条为例》,载《中国人民大学学报》2017年第4期。

③ 值得注意的是,国际海事习惯只是海事习惯的一种,即具有国际性的海事习惯。除此之外,尚有国内海事习惯,如有学者就认为,已废止的《货规》和《港规》可视为国内海事习惯。详见胡正良、孙思琪:《论〈民法总则〉对〈海商法〉修改之影响》,载《中国海商法研究》2018年第1期。

④ 参见张鸣起:《〈中华人民共和国民法总则〉的制定》,载《中国法学》2017年第2期。

⑤ 参见徐显明主编:《法理学原理》,中国政法大学出版社2009年版,第43~46页。

⑥ 参见王泽鉴:《民法总则》,北京大学出版社2009年版,第63页。

⑦ 参见朱庆育:《民法总论》,北京大学出版社2013年版,第40页。

和“应当观念”的习惯。① 显然,只有“成规”才有成为习惯法的可能。故而习惯得以成为习惯法,关键还是在于“应当观念”的存在,它是一种规范性态度,表明人们的行为不再是任意的(optional),而是在某种意义上具有义务性(obligatory)。② 这种规范性态度正好对应了“法的确信”。但这种具备规范性的习惯,其中所蕴含的“依赖于实践”与规范性这两个部分是互为条件的,换言之,“我‘应当’做某事 A”的规范性态度是源于“大家都做某事 A”的事实。③ 可见,习惯之形成固然是人的客观行为,但并非如哈耶克(Hayek)所言“既不是设计的结果,也不是发明的结果”④,恰好相反,它是黑格尔(Hegel)所指的“第二自然”,即精神塑造和精制的产物。⑤ 只有人们主观层面上的反思,才使得他们将某种特定的行为及其所显示的与他人之间的关系结构接受为习惯。所谓主观层面上的反思,实际上就是一种价值判断,是人在涉他事项中经过道德上之权衡取舍作出的价值选择。人并不是机器,人的行为是有目的意向性的,习惯与其说是单纯的“重复”“练习”,毋宁说是主体通过形成一种行为秩序(或行为样式)而形成的一种心灵秩序(或心灵内容),这种行为秩序是心灵秩序之呈现。⑥ 因此,习惯只不过是对其事实性来源的一种比喻用法,习惯背后的理性或道德,而非习惯本身,才是说明习惯具有规范性的核心。⑦ 就此而言,即便如“成规”那般,其规范性所赋予的也并非真的义务,起码很难等同于一种有效的道德义务,除非加上解决“合作难题”或者其他习惯之外的道德内容。⑧

既然习惯之适用也需要进行道德权衡,那么就不能仅因为它具有规范性就认定其具有法律效力,法官必须通过道德权衡认定习惯背后的道德理由在众多道德理由之中胜出,才能适用该习惯。否则,将会导致 3 个不良后果:其一,某些陈规陋习、行业潜规则被纳入法源范围,不利于移风易俗,也有悖于法治精神。⑨ 例如,运

① 参见陈景辉:《“习惯法”是法律吗?》,载《法学》2018 年第 1 期。

② See H. L. A. Hart, *The Concept of Law* (2), Oxford University Press, 1994, p. 6.

③ 参见朱庆育:《民法总论》,北京大学出版社 2013 年版,第 6 页。

④ [英]弗里德利希·冯·哈耶克:《自由秩序原理》,邓正来译,生活·读书·新知三联书店 1997 年版,第 17 页。

⑤ 参见[德]黑格尔:《精神哲学——哲学全书》(第 3 部分),杨祖陶译,人民出版社 2006 年版,第 188 ~ 189页。

⑥ 参见高兆明:《论习惯》,载《哲学研究》2011 年第 5 期。

⑦ See Ross Harrison, *The Moral Role of Conventions*, in Amanda Perreau-Saussine & James Bernard Murphy, The Nature of Customary Law, Cambridge University Press, p. 35 – 52(2007).

⑧ 参见陈景辉:《“习惯法”是法律吗?》,载《法学》2018 年第 1 期。

⑨ 参见杜涛主编:《民法总则的诞生:民法总则重要草稿及立法过程背景介绍》,北京大学出版社 2017 年版,第 9 ~ 10 页。

输业中的“高铁晚点不赔”[①]、保险业中的“高保低赔”[②]等所谓“行业惯例”。其二，因价值多元而造成习惯的“地方化”，习惯之间可能因冲突而无法适用，从而破坏法制统一。例如，通过司法有意无意地将“本地的惯例”国际化的“本地偏见”(homeward bias)现象在国际贸易领域相当普遍。[③] 其三，习惯的适用欠缺反思，法律丧失进步的空间。若仅仅因为习惯“沿袭已久”“大多数人均遵循”即不加分辨地适用，不对习惯进行价值上的评判，法律只会因循守旧、故步自封，没有进步的可能性。

为解决上述问题，法源条款通常会增加“不得违背公序良俗”作为兜底，如《民法典》第10条明确规定习惯适用的道德衡量性，公序良俗本身就是联结社会公共利益、社会一般道德与民法之纽带，系民法与体系外沟通之渠道。[④] 有学者甚至认为公序良俗就是道德的法律化，是借助道德克服成文法局限之工具。[⑤] 总而言之，由于公序良俗范围之广、射程之远，以公序良俗检验习惯及其背后的道德理由实际上就是一种道德衡量。即使是当事人之间的交易习惯，纵然以明示或默示之方式表明，也仍须在私法自治、信赖保护与公序良俗之间加以权衡。另外，习惯还需要经受实在法体系的筛选，即“观念上以其为具有法律拘束力之规范”的含义，这是实在法体系之最高性所决定的。[⑥] 我们要么通过立法机关或司法机关将特定的习惯纳入制定法或判例法，要么通过概括性授权允许法官适用习惯，后者就是《民法典》第10条的做法。无论如何，习惯均需要经过一定国家机制的道德衡量作出价值判断之后才能获得规范性，以在一定程度上整合多元价值之间的分歧。[⑦] 区别仅在于，前者是在法创制层面上讨论习惯，习惯因立法事实之存在而成为权威性立法，从而具有一般性；后者是在法适用层面上讨论习惯，习惯仅在个案中适用，仅对该个案具有效力。

但是，法适用层面才是探讨的重点。司法适用中的道德衡量是通过法律原则实现的，因为法律原则本身就是一种实质性的道德理由，[⑧]并且法律原则的适用也

---

① 张灿灿：《高铁晚点不赔？不合理行业惯例如何打破》，载《检察日报》2016年8月17日。

② 董彪、王国军：《“高保低赔”行业惯例正当性研究》，载《保险研究》2016年第1期。

③ 参见宋阳：《论国际商事惯例的性质及司法适用》，载《法学杂志》2015年第9期。

④ 参见蔡唱：《公序良俗在我国的司法适用研究》，载《中国法学》2016年第6期。

⑤ 参见于飞：《公序良俗原则与诚实信用原则的区分》，载《中国社会科学》2015年第11期。

⑥ See Joseph Raz, *Practical Reason and Norms*, Oxford University Press, p. 151 – 152 (1999).

⑦ 参见陈景辉：《实践理由与法律推理》，北京大学出版社2012年版，第25～34页。

⑧ 参见陈景辉：《规则、道德衡量与法律推理》，载《中国法学》2008年第5期。

是通过“衡量”之方式展开。[①] 更重要的是,法律原则是法律空间与外部世界之间的“窗户”,同时发挥着联系与隔离这两种相反相成的作用。[②] 这与法源条款的功能极为相似。一方面,法律原则密切沟通法体系的内在与外部,对法体系外的社会伦理价值时刻保持开放态度;另一方面,法律原则也以严谨的程序和机制,确保法律体系仅是有限度地接纳妥当的法外价值。实际上,法律原则之法源功能一直处于被忽视的状态,学者宁愿将法律原则后置于习惯适用,[③]此种舍近求远的做法实值商榷。也有学者已经意识到,可将“依基本原则确立的规则”作为兜底性法源,[④]但其对于习惯之性质仍然没有一个正确的认识。

本书认为,所谓“制定法缺位”是指法律规则已然“穷尽”,法官仍无裁判依据而据以作出法律判决。此处所谓“穷尽法律规则”要作宽泛意义上之理解,即包括已穷尽对法律规则之解释与类推适用以填补漏洞等法律适用方法。法律规则之解释,包含依据法律原则进行的解释,但不包含依据法律原则进行的漏洞补充。[⑤] 这是“禁止向一般条款逃逸”的应有之义,目的是维护法律之权威、防止法官恣意,以及法律原则之滥用。[⑥] 确定制定法缺位之后,即应以法律原则推导确立之法律规则为补充性法源。由于法律原则基本上囊括了所有的道德理由,故足以保证法体系之开放性。然而,法律原则不同于法律规则,它对个案的处理缺乏针对性和可操作性,[⑦]因此不能直接适用,而要借助个案依价值判断、利益衡量进行具体化后才能适用。[⑧] 诚如拉伦茨(Larenz)所言:“虽然法律原则通常具有主导性法律思想的特质,其不能直接适用以裁判个案,毋宁只能借其于法律或者司法裁判的具体化才能获得裁判基准……”[⑨]在此过程中,习惯仅作为“辅助性理由”(auxiliary reasons)。所谓辅助性理由,与“操作性理由”(operative reasons)相对,实际上就是针对特定

---

① 参见林来梵、张卓明:《论法律原则的司法适用——从规范性法学方法论角度的一个分析》,载《中国法学》2006 年第 2 期。

② 参见刘风景:《法律原则的结构与功能——基于窗户隐喻的阐释》,载《江汉论坛》2015 年第 4 期。

③ 如王利明教授认为,关于习惯法与法律原则在法律适用中的顺序问题,应当优先适用习惯法。参见王利明:《论习惯作为民法渊源》,载《法学杂志》2016 年第 11 期。

④ 参见于飞:《民法总则法源条款的缺失与补充》,载《法学研究》2018 年第 1 期;李敏:《论法理与学说的民法法源地位》,载《法学》2018 年第 6 期。

⑤ 参见彭诚信:《从法律原则到个案规范——阿列克西原则理论的民法应用》,载《法学研究》2014 年第 4 期。

⑥ 参见梁慧星:《民法解释学》(第 3 版),法律出版社 2009 年版,第 313 ~ 315 页。

⑦ 参见胡玉鸿:《法律原则适用的时机、中介及方式》,载《苏州大学学报(哲学社会科学版)》2004 年第 6 期。

⑧ 参见庞凌:《法律原则适用的方法及其限制》,载《苏州大学学报(哲学社会科学版)》2004 年第 6 期。

⑨ [德]卡尔·拉伦茨:《法学方法论》,陈爱娥译,商务印书馆 2003 年版,第 353 页。

抽象行为理由实现具体化任务的那些理由。辅助性理由附属于操作性理由,不能单独地发挥对于行动的影响,更不能起到抵销或推翻操作性理由之作用。[①] 申言之,习惯不能单独适用,必须附属于其背后之法律原则方得适用,习惯只是说明法律原则根据具体个案具体化后所呈现的规则样态,从而指导当事人在此情景下的具体行为。是故,《民法典》第 10 条才说"可以"适用习惯,"可以"就意味着某种"授权",[②]其具有两层含义,一是"授权"法官在制定法缺位(穷尽法律规则)时,进行法律原则之权衡;二是在法律原则权衡之后,"授权"法官将习惯作为法律原则具体化之法律规则形态。若无习惯可资适用,则由法官根据其他解释方法将法律原则具体化为法律规则用于判决。

此外,在法律原则具体化的过程中,习惯应有优先地位,原因在于习惯本身之制度优势。首先,法律原则裁判的实质就是价值判断,一旦涉及价值判断,就有主观、恣意和片面的可能,[③]而习惯通常具有比较稳定的规则形态,确定性也比较高,正好有效消弭法官裁判之任意性。其次,习惯通常具有一定之共识基础,故与法官新创规则相比,推行起来的成本更低,更易于为当事人所接受。值得注意的是,习惯之存在及其内容,仍然要以当事人证明为主,法院查明为辅的模式。并且就习惯之适用,法官应该有适当的自由裁量权。正如有学者认为,大量国际商事惯例并不具有普遍性,反而具有地方性、行业性,它们之间往往存在诸多差异甚至相互抵触,因此法院不宜主动适用国际商事惯例,应将其作为一种允许当事人主张和证明的事实问题来予以认定。[④] 可见,习惯的表现形式多种多样,其适用方法、程序等问题之解决仍需要更多细节性的制度构建。[⑤] 然而,习惯一旦被证实,法官应有参酌之义务,这是习惯的优先地位所决定的。综上所述,海商法也应当以"依海商法原则确立的海商法规则"为兜底性法源,并且海事习惯优先充当海商法原则具体化所确立的海商法规则形态。

---

① 参见陈景辉:《实践理由与法律推理》,北京大学出版社 2012 年版,第 75 ~ 76 页。

② 参见谢晖:《"可以适用习惯"的法教义学解释》,载《现代法学》2018 年第 2 期。

③ 参见陈林林:《基于法律原则的裁判》,载《法学研究》2006 年第 3 期。

④ 参见宋阳:《论国际商事惯例的性质及司法适用》,载《法学杂志》2015 年第 9 期。

⑤ 对此,司玉琢教授认为,当事人可以通过提供国际组织、行业自律性组织作出的关于海事国际惯例的资料,法律服务机构、海事法律专家出具的意见书,以及相关权威海事法律著述等适当形式证明海事国际惯例的存在。一方当事人举证的海事国际惯例应经对方当事人质证:如果对方当事人对其无异议,则人民法院可径直适用;如果对方当事人提出有合理依据的异议,则由法院负责查明。法院对海事国际惯例的查明可以通过法院掌握的权威信息资料,要求双方专家证人出庭对质,咨询第三方权威专家,征询国际及我国海事组织或机构等方式进行。详见司玉琢:《海商法专论》(第 4 版),中国人民大学出版社 2018 年版,第 469 页。

三、海商法漏洞的填补规则

海商法漏洞的填补规则为民法与海商法在适用法上的关系最为直接之体现。可以说,民法与海商法的适用关系问题说到底就是海商法的漏洞如何填补的问题。民法与海商法是一般法与特别法的关系,根据特别法优先的法律适用规则,若海商法对相关问题作出了特别规定,法官应适用该特别规定。但在海商法没有作出特别规定时应如何处理,经典的表述是:"商事法律在性质上属于民事特别法,在商事法律没有就相关问题作出特别规定时相关纠纷适用民事基本法的一般规则。"[①]但如此一种大而化之的处理方式,似乎并没有真正解决实务上的问题,并且公式化的套语遮蔽了一些思维和认识上的问题。[②] 如前所述,海商法作为民法特别法的法律意蕴在于其以海上生活特殊性为基础的独特性,并通过所衍生的具有规范意义的海商法诸原则在司法适用中实现这种独特性。我们应当重视的并非民法与海商法在形式上、文本上的分合,这些充其量只是立法或法典编纂模式的选择,更值得我们关注的是民法与海商法在实质意义上的差别,包括海上世界与陆上世界的差异,海商法原则与民法原则的区分和不可通约性。民法所规定的,主要是普通一般社会生活的原则性规定,而海商法和陆商法则主要为特殊社会生活的技术性规定。[③]民法作为一般私法,以其抽象化之特质统摄各特别私法,但是,民法的覆盖能力又是相当有限的。尤其就商法而言,商事活动之复杂多变,使之难以抽象且抽象的必要性甚微。[④] 商法就如冰川那般,其下部虽不断融入民法原理,然其上部仍在不断创造出新的原理。[⑤] 故而,商法在法律适用与解释层面更强调基于商法思维而对商法规范进行理解与分析,并不像民法强调统一适用的逻辑性。[⑥] 就此而言,民法只不过是典型法,其适用具有备位性,[⑦]在实在法的其他部门内部缺少专门的解决方案时才补充它们,[⑧]唯有如此,方才不失其他特别法本身之法意。

---

① 王利明:《民商合一体例下我国民法典总则的制定》,载《法商研究》2015 年第 4 期。

② 参见张谷:《商法,这只寄居蟹——兼论商法的独立性及其特点》,载高鸿钧主编:《清华法治论衡:法治与法学何处去(下)》(第 6 辑),清华大学出版社 2005 年版,第 23 页。

③ 参见李宜琛:《民法总则》,中国方正出版社 2004 年版,第 5 页。

④ 参见刘斌:《论我国民法总则对商事规范的抽象限度——以民法总则的立法技术衡量为视角》,载《当代法学》2016 年第 3 期。

⑤ 参见[日]我妻荣:《我妻荣民法讲义:新订民法总则》(第 1 辑),于敏译,中国法制出版社 2008 年版,第 5 页。

⑥ 参见郑彧:《民法逻辑、商法思维与法律适用》,载《法学评论》2018 年第 4 期。

⑦ 参见施鸿鹏:《民法与商法二元格局的演变与形成》,载《法学研究》2017 年第 2 期。

⑧ 参见 Véase Santos Cifuentes, *Elementos de Derecho civil*, Astrea, Buenos Aires, p. 3(1999)。转引自徐国栋:《民法哲学》(增订本,第 2 版),中国法制出版社 2015 年版,第 30 页。

虽然适用民法补充海商法在大多数情况下确实并无不妥,但果真出现需要海商法作出特别规定而立法上又暂付阙如时,若不将此种现象视为海商法上之漏洞,而直接援引民法的规定,定会陷入法理不明的困境。[①] 忽视海商法漏洞填补与民法补充适用之间的差别,终将对海事海商审判实践产生消极影响。是故,作为民法特别法的海商法规则没有规定时,是否适用民法规则予以补充,尚须斟酌具体案件所依托之情境,当事人是身处海上世界之中,抑或陆上世界之中。人在不同世界对于其与他人之间的关系有不同看法,所秉持的价值观念也有所不同。在海商法规则没有规定时,民法与海商法在规则适用上并非简单的非此即彼的关系,法官需要衡量民法与海商法之原则,寻找两者在法律上和事实上均可被最大程度实现的方案,从而作出妥当的裁决,彰显海商法作为民法特别法的法律意蕴。

具体而言,作为民法特别法的海商法就某一问题没有作出规定,是否需要民法就这一问题提供补充方案,法官首先应当判断该"没有规定"是否构成海商法的漏洞。法谚云,"法律难免缺点"(Non est regula quin fallet),[②]法律漏洞在司法实践中与其说是例外,还不如说是通例。[③] 所谓法律漏洞,系指依现行法律规定之基本思想及内在目的,对于某项问题,可期待设有规定而未设规定。[④] 漏洞一经确认,即应予以补充,而所谓漏洞补充,一言以蔽之,就是"法官造法",[⑤]盖因法官不能以法律没有规定为由拒绝裁判,其唯一选择是创设一个规则裁判该案。[⑥] 若海商法"没有规定"尚不构成法律漏洞,则仅属于法律解释的问题。法律解释与漏洞补充之间的界限,通说以"可能的文义"作为划分标准,[⑦]法律解释一般仅需要使其构成要件与法律效果具体化,而法律补充则需要法外找法,是在法条的可能文义之外,依待审案件之事理,从体系的一般原则推导出具体规则,或者从体系外引入规范。[⑧] 因此,法律漏洞的识别是漏洞补充之前提。曾有学者认为,海商法"没有规定"应以"事项"而非"要素"为单位加以判断。[⑨] 这种说法有一定合理性,但仍未触及问题的本质,它依旧不能解释我们该如何应对民法与海商法就同一"事项"作出包含不

---

① 参见钱玉林:《民法与商法适用关系的方法论诠释——以〈公司法〉司法解释(三)第24、25条为例》,载《法学》2017年第2期。

② 参见郑玉波:《法谚》(一),法律出版社2007年版,第18页。

③ 参见[德]伯恩·魏德士:《法理学》,丁小春、吴越译,法律出版社2003年版,第353页。

④ 参见王泽鉴:《民法学说与判例研究》(第2册),中国政法大学出版社1998年版,第22页。

⑤ 参见杨仁寿:《法学方法论》,中国政法大学出版社1999年版,第142页。

⑥ 参见梁慧星:《裁判的方法》,法律出版社2003年版,第153页。

⑦ 参见黄茂荣:《法学方法与现代民法》,中国政法大学出版社2001年版,第294页。

⑧ 参见张俊浩主编:《民法学原理》(修订版),中国政法大学出版社1997年版,第52页。

⑨ 参见刘子平:《论以民法补充海商法的单位》,载《中国海商法研究》2013年第4期。

同“要素”的规定的问题。该学者也承认,关键还是在于海商法对相关“要素”所持的态度。[①]

换言之,海商法漏洞的认定,只能诉诸对海商法乃至法整体批判性的价值评价。[②] 一方面,须判定该问题是否落入“法外空间”的范围,如人的内心、宗教、科研等法律无法企及之处即“法外空间”;[③]另一方面,须就海商法的文义作仔细分析,判定海商法是否对其应规管之生活事实未作规定,或虽有规定,但规定不完全、不妥当,甚至出现矛盾。另外,还需要注意不应承认“一般性否定规范”,否则就不会有漏洞的存在,并且法官可能就此通过驳回原告的诉求,达到拒绝裁判(Rechtsverweigerung)之效果。[④] 本书认为,法官应合理界定海商法可能的调整范围,即对海事海商法律关系进行判别。海商法的核心价值在于航海风险的分担与平衡,只要涉及航海活动高风险者,海商法均应作出不同程度之调整。若案件中所呈现之生活事实属于海事海商法律关系之范畴,法官即应根据海上生活之本质和海商法之旨趣,判断海商法上的规定能否满足妥当调整该生活事实之需要。诚然,此一过程主要涉及的是文本分析,需要对海商法进行语言学、逻辑学上的推敲,但有时仍不可避免需要衡量海商法上的原则。

法律漏洞的分类标准甚多,以法律对系争案型是否设有规范以及规范是否适宜为标准,可以区分为明显漏洞(offene Lücke)和隐藏漏洞(verdeckte Lücke),前者是指法律对依规范的意旨应予规范的案型,未加规范;后者是指法律对应予规范之案型虽已加规范,但却未对该案型之特别情形在规范上加以考虑,应有一个特别规定,对一般规定的欠缺加以补充。[⑤] 若依明显漏洞和隐藏漏洞之框架分析民法与海商法的规范设置,可能存在以下3种情况:其一为民法与海商法对某一问题均未作规定,此时民法与海商法均存在明显漏洞;其二为民法对某一问题作出规定,但未就海事海商之独特性详加考虑,此时对于海商法而言是明显漏洞,对于民法而言是隐藏漏洞;其三为海商法对某一问题作出规定,但该规定涵盖范围过宽,以致包含了某些本应由民法处理的部分,而民法本身又未予规定,此时对于民法而言是明显漏洞,对于海商法而言是隐藏漏洞。第3种情况只是理论上存在,目前并没有实

---

① 参见刘子平:《论以民法补充海商法的单位》,载《中国海商法研究》2013年第4期。

② 参见梁慧星:《民法解释学》(第3版),法律出版社2009年版,第265页。

③ 参见谢鸿飞:《论创设法律关系的意图:法律介入社会生活的限度》,载《环球法律评论》2012年第3期;王雷:《情谊行为、法外空间与民法对现实生活的介入》,载《法律科学(西北政法大学学报)》2014年第6期。

④ 所谓一般性否定规范,是指如果法律没有规定,就表明了法律的消极态度。详见纪海龙:《法律漏洞类型化及其补充——以物权相邻关系为例》,载《法律科学(西北政法大学学报)》2014年第4期。

⑤ 参见黄茂荣:《法学方法与现代民法》,中国政法大学出版社2001年版,第341~342页。

例,故下文主要就前两种情况进行探讨。

(一)民法与海商法均存在明显漏洞

对于海商法漏洞究竟以何种方法填补,仍须结合漏洞之性质和具体情境详加斟酌。就第一种情况而言,由于民法与海商法均未有规范设置,就无所谓以民法补充海商法。例如,移动式海上钻井平台对民法与海商法来说都是新鲜事物,两法都没有针对移动式海上钻井平台作出规定。因此,关于移动式海上钻井平台的油污损害赔偿责任就存在法律漏洞。若移动式海上钻井平台发生油污事故,造成附近海域环境污染,其损害赔偿责任应遵循民法上的全部赔偿责任,还是海商法上的责任限制原则?此时,法官需要对海商法原则与民法原则进行通盘考虑,进而作出合理、妥当之认定。从此层意义上讲,在权衡的初始阶段,海商法原则与民法原则是平等的,相互之间并不存在位阶关系,不能说民法原则恒优先于海商法原则,这是因为立法者或法官尚不清楚对于移动式海上钻井平台应采纳何种规制和调整方式。故有学者从海上航行能力、所面临海上风险之视角,将移动式海上钻井平台类比为海商法意义上的船舶;①也有学者从建造目的、监管之视角,认为移动式海上钻井平台属于海上构筑物,系民法上的集合物;②还有学者认为,应按照"作业时"和"海上移动时"的不同环节,分别依据船舶和海洋工程属性适用不同法律。③ 实际上,移动式海上钻井平台"船"与"非船"之争背后深层次的原因,仍然在于不同的法律属性界定将直接导致油污损害发生后的法律适用存在差异。④ 如果将移动式海上钻井平台认定为船舶,那么就应该将其纳入海商法的管辖范围,适用海商法项下船舶的权利义务,使之享有海事损害赔偿责任限制的权利。就此而言,移动式海上钻井平台的法律属性还是其次的,更为根本的是钻井平台在海洋领域范围所存在的油污风险,不管是移动式海上钻井平台还是船舶发生油污泄漏,其对附近海域的生态环境所造成的现实损害并无本质区别,因而两者所面临的海上风险是一致的。海事赔偿责任限制的出现本身就是为了实现海事海商活动中的公平,赋予移动式钻井平台享有责任限制之权利,符合责任限制制度之目的。⑤ 因此,移动式海

① 参见何丽新、王功伟:《移动式钻井平台油污损害赔偿责任限制问题研究——由墨西哥湾溢油事故钻井平台适用责任限制引发的思考》,载《太平洋学报》2011 年第 7 期。

② 参见白龙:《移动式海上钻井平台法律属性探析》,载《政治与法律》2015 年第 6 期。

③ 参见李天生:《海上钻井平台油污的法律适用范围与责任分析》,载《江西社会科学》2012 年第 12 期。

④ 参见刘长霞:《基于油污损害赔偿的海上钻井平台法律属性探析》,载《中国海洋大学学报(社会科学版)》2016 年第 3 期。

⑤ 参见何丽新、王功伟:《移动式钻井平台油污损害赔偿责任限制问题研究——由墨西哥湾溢油事故钻井平台适用责任限制引发的思考》,载《太平洋学报》2011 年第 7 期。

上钻井平台的油污损害赔偿责任不宜适用民法上的全部赔偿原则,而应适用海商法的赔偿责任限制原则。

(二)海商法存在明显漏洞而民法存在隐藏漏洞

海商法存在明显漏洞而民法存在隐藏漏洞,归根结底,是因为民法没有从海上生活之事理出发,作出符合海事海商领域特质的特别规定,造成海商法体系的不合逻辑性,使之所追求的特殊价值落空。此时,就民法体系而言,法官只能运用目的性限缩的方式对漏洞进行填补,进而海商法的明显漏洞也自然得到补充。目的性限缩,系对原为法律文义所涵盖的类型积极地剔除其中不合规范意旨的部分,使之不在该法律规范适用范围之列,[①]以符合"不同之案型,应为不同之处理"的要求。[②]对于"规范意旨",本就应衡量民法与海商法之原则,才能判断民法上的规定是否果真"文义涵盖过宽"。但通常情况下,在海事海商领域的原则权衡中,海商法的原则会优于民法的原则,故如学者所言,海商法的漏洞仍具有特别法之性质。[③] 例如,海上货物运输迟延交付问题,《合同法》第290条(《民法典》第811条)规定,承运人未在合理期间内将货物运抵卸货港交付为迟延交付。[④] 而《海商法》第50条第1款则没有作出"合理期间内"的规定。故有观点认为,《合同法》作为一般法,其对各类合同的总则性规定可以弥补作为特别法存在的《海商法》中货物运输合同法律制度的不足,[⑤]是故,"未在合理期间内交货"就成为《海商法》的明显漏洞和《合同法》的隐藏漏洞。但是,《合同法》未区分海上货物运输与非海上货物运输,而鉴于海上货物运输的高风险性,要求承运人准时交货是相当困难的。《海商法》立足于我国航运业之现状,作出利于承运人特殊保护的规定。"用尽海商法"规则就应重视海商法的特殊性规定。

综上所述,对于不同类型的海商法漏洞固然应通过不同的填补方法予以补正,但总体而言,均应优先在海商法的内在体系之内寻找解决方案,根据海上生活之本质,依海商法诸原则所确立的规则作出裁判。因此,海商法的漏洞补充与上文的海商法法源问题也密切相关,法官基于海商法原则推导规则的过程中有优先参酌海事习惯之义务。正如张谷教授所言,"轻易放过有针对性的商事习惯,反而将普遍

---

① 参见杨仁寿:《法学方法论》,中国政法大学出版社1999年版,第152页。

② 参见黄茂荣:《法学方法与现代民法》,中国政法大学出版社2001年版,第397页。

③ 参见钱玉林:《商法漏洞的特别法属性及其填补规则》,载《中国社会科学》2018年第12期。

④ 《民法典》第811条也做出类似的规定:"承运人应当在约定期限或者合理期限内将旅客、货物安全运输到约定地点。"

⑤ 参见许俊强:《〈合同法〉对海上货物运输合同的规范》,载《海商法研究》2001年第2辑。

性的民法规范'僭越'地适用于商事纠纷,这样的做法并不妥当"①。只有在穷尽了海商法规则,衡量民法与海商法原则,最终决定适用"依民法原则确立的民法规则"对案件进行裁判,此时法官才算真正如前文所述"用尽"了海商法。

① 张谷:《从民商关系角度谈〈民法总则〉的理解与适用》,载《中国应用法学》2017 年第 4 期。

第七章 《海商法》的立法语言之完善

法律语言包括立法语言、司法语言、执法语言、法律理论语言以及普法语言等。[①] 法律语言具有层级性，其中的立法语言是法律语言的核心，是使用于法律、法规和规章中的语言，[②]其凸显了法律语言的专业性。《海商法》即以立法语言为载体，呈现海商海事法律"类法典化"的形式。由于海商法的技术专业性和国际统一性，《海商法》的立法表达更是以立法语言为生命，其立法语言的规范表达，不仅对《海商法》立法质量存在重大影响，而且决定着《海商法》法律适用的实施效果，更是《海商法》修订中不可忽视的重要问题。可谓，立法语言的精确性程度，标志着立法技术的发展水平和法律制度的完善程度。[③]

精确和严谨是立法语言的灵魂，立法语言在符合通用语言的一般标准的同时，要求立法表述的语句模式和语言逻辑合乎规范，言简意赅，表意严谨明确，不能存在二种或多种含义，这是立法语言规范性的前提和基础。因此，立法语言本身即具有法律文本所共有的明确、简洁、通俗、严谨的语言风格和特点。[④] 若立法语言存在歧义和模糊，将难以发挥法律的指导、预测和适用功能，[⑤]造成司法随意性，严重影响司法公正。《海商法》立法语言问题与海商海事行为本身所具有的特性和复杂性有关。海商海事法律关系的复杂性，不仅要求立法语言规范、简练、精准，而且应确保立法语言的表述特别是法律术语的统一性。同时，《海商法》作为我国现行法律

---

① 参见刘承宇、汤洪波：《合法化语码视域下的法律语言"大众化"》，载《语言文字应用》2020 年第 1 期。

② 参见孙懿华：《法律语言学》，湖南人民出版社 2006 年版，第 56 页。

③ 参见何家弘：《论法律语言的统一和规范——以证据法学为语料》，载《中国人民大学学报》2009 年第 1 期。

④ 参见侯淑雯：《立法制度与技术原理》，中国工商出版社 2003 年版，第 243 页。

⑤ 当然，理解上的精确是立法的主要目标，但这并不意味着极度清晰，精确也可能要求有适度的模糊性或灵活性。详见[美]约翰·吉本斯：《法律语言学导论》，程朝阳、毛凤凡、秦明译，法律出版社 2007 年版，第 45 页。

法规中法律移植比重最大的法律,某种程度上是法律移植的代表作,因而立法条款大量存在翻译性语句,句型结构复杂且长句多,常使用多层定语,专业术语和专业概念多,立法文本的语义密度(话语意义的浓缩程度)高,且部分条款直接采用国际公约、国际惯例、国际标准合同的英文翻译语言,或者直接移植英美国家海商海事立法,加之中英文之间的语言差异,英美法系与中国之间的法律文化的不同,或对相关的国际规则条款内涵解释或理解上的分歧,使得《海商法》立法条款出现文字表述不准确,甚至存在表述错误,在实施中产生歧义或解释不一的问题,[①]这些不仅不能很好地满足立法语言技术的要求,而且造成移植杂糅、理解分歧、与内生法律资源的冲突等问题,从而导致同案不同判和司法适用障碍,甚至造成在海商法体系中的本身混乱问题。

因此,为提升海商法的专业性、严谨性和权威性,追求其可遵循性,在《海商法》修订中,应将立法语言的完善作为系统工程,此不仅仅涉及立法语言表达问题,而且涉及立法目的、立法指导思想和有关海事主体的权利义务关系,乃至法律责任等相关问题;应正视《海商法》的法律移植率高,专业性、技术性较强,法律关系的复杂性等特殊性,清楚地认识到立法语言并非独立的语言体系内部表达问题,法律翻译语言的准确性受到不同法律文化的影响,更多的是不同法律体系的制约。立法语言具有民族性,是在一定的社会文化传统中产生和发展起来的,在借鉴国际立法和外国法律制度并翻译相关法律语言时,《海商法》立法语言需要在本土语言规范的基础上进行消化、自生和创造,以符合我国立法语言的传统和规范表达。在《海商法》修订中应完善立法语言,充分重视英美法系与大陆法系的交融,使得法律条文的立法表达更加完整,防止产生法律的显性漏洞或隐性漏洞,从而使法律条文更具有可操作性。可以说,完善立法语言的规范和统一,是提升《海商法》修订水平的重要标志。同时,立法语言的表述还应与现行的法律法规协调统一。例如,《海商法》第 4 条第 2 款关于沿海运输权的规定,“非经国务院交通主管部门批准,外国籍船舶不得经营中华人民共和国港口之间的海上运输和拖航”。为与行政许可法衔接,应将这里的“批准”改为“许可”;为与“交通部”名称变更为“交通运输部”相统一,应将这里的“交通主管部门”改为“交通运输主管部门”,这样才能达到立法语言的规范化。《海商法》第 5 条第 2 款规定:“船舶非法悬挂中华人民共和国国旗航行的,由有关机关予以制止,处以罚款。”这里的“罚款”是一

① 参见司玉琢、胡正良主编:《〈中华人民共和国海商法〉修改建议稿条文、参考立法例、说明》,大连海事大学出版社 2003 年版,代序。

种行政处罚措施,而根据《行政处罚法》第5条的规定,设定和实施行政处罚必须以事实为依据,与违法行为的事实、性质、情节以及社会危害程度相当。因此,《修改送审稿》就此将"由有关机关予以制止,处以罚款"改为"依法追究法律责任"。当然,此种立法语言的修改仅属于技术性修改,根据实际情况命名即可,本书对此并不过多论述。

第一节 《海商法》立法条款的运行困境

一、《海商法》立法条款的类型化

现行《海商法》共有立法条款278条,从立法语言的表达层面分析,对在法律解释和司法适用中引发歧义的立法条款进行梳理,可以概括出以下类型:

(一)定义性条款

海商海事法律关系具有复杂性,为清晰界定法律词语,《海商法》存在大量的定义性条款,对"船舶所有权""船舶抵押权""船舶优先权""船舶留置权""船员""海上货物运输合同""承运人""实际承运人""托运人""收货人""货物""旅客""行李""自带行李""提单""航次租船合同""定期租船合同""光船租赁合同""多式联运合同""海上旅客运输合同""海上拖航合同""船舶碰撞""共同海损""海上保险合同"等48个概念进行定义,以明确具体法律情境下的认定与适用。这种立法语言的"定义性"条款之多,在我国20世纪90年代颁布和实施的法律法规中,是极其少见的,此也成为《海商法》立法语言的突出特点,现举几例予以说明。

1."船舶"

海商法调整对象围绕着船舶,但就"船舶"同一概念,《海商法》在不同章节存在不同的规定,在《海商法》第一章、第八章、第九章中的规定均有所不同。如第一章第3条"船舶"是指"海船和其他海上移动式装置,但是用于军事的、政府公务的船舶和20总吨以下的小型船艇除外",同时还规定"前款所称船舶,包括船舶属具";第八章第165条第2款界定的船舶"前款所称船舶,包括与本法第三条所指船舶碰撞的任何其他非用于军事的或者政府公务的船艇";第九章第172条又在第1项规定,"船舶,是指本法第三条所称的船舶和与其发生救助关系的任何其他非用于军事的或者政府公务的船艇"。由此,"船舶"的界定在不同章节存在不同的解读:第一章所规定的“船舶”包括海船和海上移动式装置,在用途上限于商业目的的船舶,不包括政府公务和军事目的船舶,且不适用于20总吨以下的船舶。第八章“船舶碰撞”章节所规定的“船舶”,则是指碰撞的一方是海船或海上移动式装置,碰撞事故中未涉及用于军事目的或者政府公务的船舶,但没有明确排除小于20总吨的船舶。第九章“海难救助”章节所规定的“船舶”,既包括作为救助标的的遇险船舶,也包括救助方从事救助作业的救助船舶。因此,在海难救助法律关系中,一方是海船,另一方是否是海船,则在所不问,但均排除军事目的和政府公务目的的船舶,而对20总吨以下的船舶实施海难救助,则在此适用范围。①

可见,基于《海商法》各章存在各自特殊的立法需要,“船舶”的界定范围在各章存在不同的规定,但总则第3条“本法所称船舶”理应对各章的“船舶”起统领作用,各章的“船舶”不能突破总则的“船舶”范围,而目前《海商法》的“船舶碰撞”和“海难救助”章节下“船舶”均突破了总则界定“船舶”的总吨位的限制。究其原因,《海商法》立法时各章节部分参照的国际公约各不相同,从《修改送审稿》的相关章节规定分析,其为保持与《1910年统一船舶碰撞某些法律规定的国际公约》和《1989年国际救助公约》相协调,“船舶碰撞”和“海难救助”章节有关“船舶”的界定范围均没有作出实质性的修改。同时,总则第3条“船舶”的定义是否扩展到内河船舶,目前争议较大,因此,其中的“海船”的规定仍予以保留,并没有作出改变。

2.“船舶所有人”

关于“船舶所有人”,《海商法》第二章第8条规定,“国家所有的船舶由国家授予具有法人资格的全民所有制企业经营管理的,本法有关船舶所有人的规定适用于该法人”;第十一章第204条第2款又规定:“前款所称的船舶所有人,包括船舶承租人和船舶经营人。”因此,第二章项下的“船舶所有人”是指经营管理国家所有的船舶并具有法人资格的全民所有制企业,即全民所有制企业经营和管理船舶的,视为船舶所有人。第十一章“海事赔偿责任限制”中的“船舶所有人”包括船舶承租人,一般认为包括光船承租人和期租承租人,但航次承租人是否被包括在内,存在较大争议。对于何谓船舶经营人,该条款没有作出规定,是登记型船舶经营人还是受船舶所有人委托而实际使用或控制船舶的人,也存在不同的认识。有学者认为:“船舶经营人可以是船舶所有人,也可以是船舶的光船租赁人,还可以是具有其

① 但有学者认为,20总吨以下的船舶不具备抗击海上风险的能力,不会成为海难救助关系的主体和客体。详见傅廷中:《海商法》(第2版),法律出版社2017年版,第270页。

他称谓的人,但不论把他当成什么样的人,他一定是实际占有或控制船舶并获得收益的人,而且对外也是承担船舶所有人责任的人。”①但也有学者认为:“船舶经营人是泛指不拥有船舶所有权,但经船舶所有人授权全权负责船舶的经营管理的人。”②《海事赔偿责任限制司法解释》第12条明确规定,海事赔偿责任限制下“船舶经营人”必须同时具备以下三要素:“接受船舶所有人委托”,“实际使用和控制船舶”以及“承担船舶责任”,并反向划定了船舶经营人的外延,从而将无船承运人排除于海事赔偿责任限制的权利主体之外。上述可见,《海商法》界定的“船舶所有人”的涵盖范围不清。

在《海商法》的修订中,《海商法》第8条关于国有企业船舶所有权的规定,因不符合《公司法》的相关规定,《修改送审稿》就此予以删除,不再予以规定。但对于“海事赔偿责任限制”章节的“船舶所有人”,基于在该制度形成之初,海事赔偿责任限制的权利主体仅限于“船舶所有人”,但随着经营方式的发展,船舶承租人、船舶经营人和船舶管理人参与到船舶的经营活动中,转承或替代了船舶所有人的责任,因此赋予与船舶所有人同等的限制海事赔偿责任的权利,《修改送审稿》第235条仍然对“船舶所有人”进行扩张解释,规定“船舶所有人,包括船舶承租人、船舶经营人和船舶管理人”。此规定在《海商法》第204条的基础上增加“船舶管理人”:一方面,为与《1976年责任限制公约》第1条“船舶管理人有权主张责任限制”的规定相协调;另一方面,船舶管理人与船舶经营人在海事实践中存在不同的界定,船舶经营人强调的是在船舶运营的商务性活动中经营船舶的人,包括经营自有船舶的船舶所有人、经营光船租赁船舶的光船承租人以及接受船舶所有人或光船承租人的委托经营船舶的人。而船舶管理人,强调的是在船舶经营的技术性活动中,接受船舶所有人或者光船承租人的委托,为船舶配备船员、负责船舶的安全、装备、修理、检验和提供其他技术保障的人。

3.“实际承运人”

《海商法》第42条第2项规定实际承运人的定义,实际承运人是接受承运人委托,从事货物运输或者部分运输的人,包括接受转委托从事此项运输的其他人。该条款是移植自《汉堡规则》第10条,③但是,移植供体仅为一个“名词”,而受体却成为“定义性条款”,这造成我国对实际承运人的身份认定产生争议,具体如下。

---

① 李海:《船舶物权之研究》,法律出版社2002年版,第81页。

② 郭瑜:《海商法的精神:中国的实践和理论》,北京大学出版社2005年版,第152页。

③ 《汉堡规则》第10条的英文表述是“any person to whom the performance of the carriage of the goods, or of part of the carriage, has been entrusted by the caaier”。

第一,接受承运人的"委托",此"委托"是否必须存在委托合同?是否必须符合《民法典》合同编第二十三章的"委托合同"性质?与合同法意义上的"委托"是否同一概念?若承运人与实际承运人之间签订海上货物运输合同(非"委托合同"),如作为船舶所有人的出租人与承租人订立航次租船合同(非"委托合同"),因航次租船合同属于海上货物运输合同,并非符合"委托合同"中的"委托",此处的出租人是实际承运人吗?且"转委托"属于此定义下的"委托"吗?那些接受承运人的委托后又转手交与他人运输的人,是否属于实际承运人的范畴?是否接受承运人的委托并使用运输工具而亲自完成货物运送的人,才能被认定为实际承运人?

第二,"货物运输或者部分运输"的"运输"是指什么?"运输"的范围包括哪些?《海商法》下的货物运输分为集装箱货物运输和非集装箱货物运输。《海商法》第48条界定的货物运输环节包括装载、搬移、积载、运输、保管、照料和卸载,而货物装卸等港口作业是否属于"实际承运人"定义条款的"运输"?运输是否必须完成货物在海上的位移?运输是行为还是过程?该条款所表述的"部分运输"是指履行运输过程中的部分环节,还是指履行了海上运输的部分区段?① 此直接引发"港口经营人"是否构成实际承运人的争议。在2010年"烟台环球码头与烟台冰轮股份有限公司上诉案"中,②山东省高级人民法院支持港口经营人的性质为实际承运人,其目的在于使《海商法》中的海事责任限制条款适用于港口经营人。而在2001年"中国沈阳矿山机械(集团)进出口公司诉韩国现代商船有限公司、中国大连保税区万通物流总公司海上货物运输合同货损赔偿纠纷案"③中,大连海事法院否定港口经营人是实际承运人,认定港口经营人是承运人的受雇人,并以此判决承运人承担替代责任。两者判决的不一,实质在于"港口经营人"的"货物装卸"是否被认定为"实际承运人"定义条款中的"运输",由于在司法适用中理解不一,导致港口经营人的法律定位不明、权利义务不清。

第三,实际承运人需要"实际"进行货物运输吗?实际承运人只能是一个还是可以有多个?若是接受了承运人委托的人没有"实际"从事运输,是否也构成实际承运人?《汉堡规则》第10条的表述"any person",是指接受承运人的委托而履行

---

① 参见傅廷中:《我国海商法中的实际承运人制度及其适用》,载《当代法学》2014年第5期。

② 详见烟台环球码头有限公司与烟台冰轮股份有限公司货损纠纷上诉案,山东省高级人民法院(2010)鲁民四终字第87号民事判决书。

③ 中国沈阳矿山机械(集团)进出口公司诉韩国现代商船有限公司、中国大连保税区万通物流总公司海上货物运输合同货损赔偿纠纷案,大连海事法院(2001)大海法商初字第246号民事判决书。

货物运输或者部分运输的任何人,并不是指同一批货物的实际承运人只有一人。因此,有学者认为承运人与实际承运人订立协议或请求以实际承运人的身份完成货物运输的行为,均产生实际承运人,常见包括4种情况:其一,根据海上联运提单或转船提单安排的货物转运;其二,因意外情况而发生转船;其三,在航次租船合同下,承租人以其承租的船舶完成货物运输;其四,在期租合同下,承租人接受货主托运的货物并装船,却请求出租人的船长签发出租人的提单,此时的出租人被视为接受了委托。①

我国《海商法》引入实际承运人制度,是突破合同相对性原则的重要体现。但是,随着海上运输方式日趋复杂化和精细化,各种类型的海上运输方式交织在一起,在承运人承揽货物后"委托"他人"运输"或"转委托"他人"运输"的情形较为常见。"实际承运人"的定义条款在立法语言中的表述问题,不仅仅导致实际承运人的适用范围不清晰,而且导致实际承运人的权责不清。尤其是实际承运人是否适用航次租船合同?特别是在航次租船合同下委托或转委托的情况?在理论和实务中均存在争议。结合《海商法》第41条所定义"海上货物运输合同",既包括提单所证明的海上货物运输合同,也包括航次租船合同和多式联运合同,若实际承运人仅仅适用于提单所证明的海上货物运输合同,而不适用于航次租船合同,那么,就会产生《海商法》对海上货物运输合同的总概念与分概念的关系界定不清的问题,进而导致海商法其他制度的适用冲突问题,如《海商法》第257条下时效制度特别是提单项下的海事请求权所规定的1年诉讼时效和航次租船合同的海事请求权2年诉讼时效适用的冲突问题。从《修改送审稿》来看,其仍然保留"实际承运人"的定义,同时明确"港口经营人是在港区内从事货物运输环节的货物作业的人",这并没有彻底解决海上货物运输合同链条中的主体界定范围问题,港口经营人是否属于实际承运人的范围仍然存疑。

(二)术语性条款

由于《海商法》在立法上大量移植了国际公约、国际惯例及国际标准合同的规定,所以在立法文本中包含大量来源于国际公约或国际惯例或国际标准合同的术语性条款。例如,在航次租船合同和定期租船合同中,《金康合同》条款是波罗的海国际航运公会制定的,纽约土产合同条款是美国交易所制定的。由于立法语言、法律文化的不同,在借鉴租船标准合同时,出现较多的国际上通行的术语性条款,如"受载期限""装卸期限""滞期费""速遣费"等;在海事赔偿责任限额中,"计算单

① 参见傅廷中:《海商法》(第2版),法律出版社2017年版,第84页。

位”也是以国际上普遍采用的国际货币基金组织的SDR来表达；在海难救助中，借鉴《1989年国际救助公约》确定的“无效果，无报酬”原则(no cure no pay)，规定“救助报酬”和“特别补偿”，这些都成为《海商法》移植国际公约、国际惯例和国际标准合同中的立法痕迹，也导致《海商法》区别于其他国内立法而具有特殊的立法语言。

以《海商法》第182条规定的特别补偿条款为例。特别补偿(special compensation)是《1989年国际救助公约》第14条确立的新概念，是指为鼓励对构成环境污染损害危险的船舶或船上货物进行的救助而支出具有补偿性质的费用。《海商法》基本移植了该条款的规定，但是，该条款在法律移植时以直接翻译的立法表达方式，导致第182条成为现行《海商法》较为晦涩的条款，海商法理论界也无法清晰地解读出“特别补偿”的支付所发生的情形是什么。同时由于《海商法》对“特别补偿”没有进行明确的定义，按照《1989年国际救助公约》的规定，救助人在救助具有环境污染损害危险的船舶时不能得到救助报酬，或者所得救助报酬低于为救助所产生的救助费用，或者虽然能够得到救助报酬，但仅凭此项救助报酬不能公平地反映出救助人的实际贡献时，支付特别补偿。但是，《海商法》第182条规定“特别补偿”不仅采用翻译性语言，而且与救助费用、救助报酬、救助款项交织混同在一起，使得特别补偿的计算和支付，难以清晰地予以立法表达，只有通过专业人士“解剖”该条款，才能明确特别补偿的发生和支付情形：(1)救助成功且保护环境——支付救助报酬(救助费用的130%～200%)；(2)救助成功但未保护环境——支付救助报酬；(3)救助未成功但保护环境——支付救助费用的130%～200%；(4)救助未成功且未保护环境——支付救助费用。[①]

(三)技术性规范条款

海商海事法律制度是在长期的航海和贸易实践中形成的规则，航海活动具有较强的航运技术性，针对这些技术性特点，《海商法》的立法文本呈现出技术性规范条款，在提单运输、海事赔偿责任限制、船舶适航义务、船舶碰撞、海难救助、共同海损等诸多方面，针对海商海事案件的专有技术规范作出相应的规定，表现出较强的专业技术性。

例如，为处理船舶间的航行和避让关系，明确船舶碰撞过失的确定标准，《1972年国际海上避碰规则》规定了船舶在航行、停泊和作业时应遵守的规则；确立了船舶在海上应保持的正规瞭望、使用的安全航速以及应采取的避碰规则，《1981年国

① 参见傅廷中：《海商法》(第2版)，法律出版社2017年版，第281页。

际海上人命安全公约》《1978年海员培训、发证和值班标准国际公约》等也作出了类似航行规则的规定,这些航行规则明显体现出航海的专业技术性。《海商法》虽然没有具体条款明确规定船舶避碰规则,但第八章"船舶碰撞"第170条规定,"船舶因操纵不当或者不遵守航行规章,虽然实际上没有同其他船舶发生碰撞,但是使其他船舶以及船上的人员、货物或者其他财产遭受损失的,适用本章的规定"。对于这里规定的"无接触的船舶间相互作用的'间接碰撞'"在立法条款中的表述,在《海商法》制定过程中出现不同的表达字样,1963年立法稿第94条表述为"虽然没有碰撞";1982年立法稿第145条表述为"虽然实际上没有发生碰撞";1984年立法稿第126条表述为"虽然实际上没有同其他船舶发生碰撞";1985年立法稿第101条表述为"虽然实际上没有发生碰撞";1989年立法稿第162条表述为"虽然实际上没有同其他船舶发生碰撞";1991年立法稿表述为"虽然实际上没有发生接触";1992年6月7日立法稿表述为"虽然实际上没有发生接触"①;但在1992年11月7日通过的《海商法》中,第170条又恢复表述为"虽然实际上没有同其他船舶发生碰撞"。这导致了一个难题:此处的"碰撞"与"接触"实质区别是什么?如何解释"间接碰撞"?由于该条款的专业技术性,该条款在法律适用中出现了不少的问题。1995年《船舶碰撞和触碰司法解释》第16条才对"船舶碰撞"的定义做了厘清以统一司法适用:"船舶碰撞"是指在海上或者与海相通的可航水域,两艘或者两艘以上的船舶之间发生接触或者没有直接接触,造成财产损害的事故。根据该司法解释,"船舶碰撞"可以被理解为,一船违反航行规章而造成两船或多船之间的相互作用,因此产生的损害,而不论船舶之间是否实际接触,均纳入"间接碰撞"而适用船舶碰撞法。

以立法的视角观之,船舶在国际海上货物运输过程中,需要统一且明确的安全管理和判定过失的标准,且随着航海技术的发展和海上生产活动的复杂化,海上碰撞事故的形态更加多样,建立在"直接接触"基础上的传统船舶碰撞规则遭遇挑战,如何准确地通过立法语言表述"船舶碰撞",避免上述"间接碰撞"的立法表达成为争议的话题。对此,有学者认为将"没有接触的事故"称作"碰撞事故",这显然有违中国语言文字下的"碰撞"内涵,在相关的立法条款中,以海上侵权行为取代船舶碰撞的概念,似乎更加贴切。② 然而,船舶碰撞是专业性立法语言,而海上侵权行为的范围宽泛,且着重于海上侵权责任的四要素,并不能准确表达"船舶碰撞"的内

---

① 司玉琢、张永坚、蒋跃川编著:《中国海商法注释》,北京大学出版社2019年版,第268页。

② 参见傅廷中:《海商法》(第2版),法律出版社2017年版,第84页。

涵,因此,“事故性接触”和“船舶冲突”等立法语言均无法解决船舶间接碰撞的问题,1987 年国际海事委员会起草了《统一船舶碰撞某些法律规定的国际公约草案》,该草案第 1 条规定了“船舶碰撞”的新定义:(1)船舶碰撞系船舶间,即使没有实际接触,发生的造成灭失或损害的任何事故;(2)船舶碰撞系一船或几船的过失造成两船或多船间的相互作用所引起的灭失或损害,而不论船舶间是否发生接触。[①] 可见,该条的表述是较为适当的,强调“即使没有实际接触的”、“船舶间的任何事故”或“船舶间的相互作用”都是船舶碰撞。

(四)翻译性条款

《海商法》作为一部大量移植国际立法、国际惯例和国际标准合同的法律,在法律移植过程中大量存在翻译性条款。以“留置权”为例,《海商法》规定了 4 类留置权,分别是第 25 条的造、修船人的船舶留置权,第 87、88 条承运人的货物留置权,第 141 条的出租人对货物、财产和转租收入留置权,第 161 条的承拖人的被拖物留置权。这 4 类留置权条款都法律移植英美法系的“Lien”制度,[②]但经过我国《海商法》的加工整合,在翻译中承袭民法留置权的术语,在立法条款共同表述为“留置权”,4 类留置权共同构成了《海商法》留置权体系。但仅是基于共同的立法方式,4 类留置权因受到域外法和本土民法的双重影响,其具体来源各不相同(见图 18),忽视了不同移植对象中的“Lien”在立法目的和保护价值上的分化,直接用“Lien”的理论来解释《海商法》留置权必然失之准确,导致法律解释和法律适用问题。通过本书对中国裁判文书网上适用《海商法》留置权条款(第 25 条、第 87 条、第 88 条、第 141 条、第 161 条)的 378 个案例进行的研究,《海商法》留置权条款法律适用最大特色是与民法留置权条款的交织,大量的案件在适用《海商法》留置权条款的同时,结合了《担保法》《合同法》《物权法》的立法条款,甚至有的法院直接适用民法留置权条款进行裁判。以《海商法》第 25 条船舶留置权为例,同时适用民法留置权条款进行裁判的案件比例高达 45.45%(见表 31)。

---

① 参见司玉琢、吴兆麟:《船舶碰撞法》(第 2 版),大连海事大学出版社 1995 年版,第 9~10 页。

② 参见傅郁林:《法律术语的翻译与法律概念的解释——以海上货物留置权的翻译和解释为例》,载《北大法律评论》1999 年第 1 期。

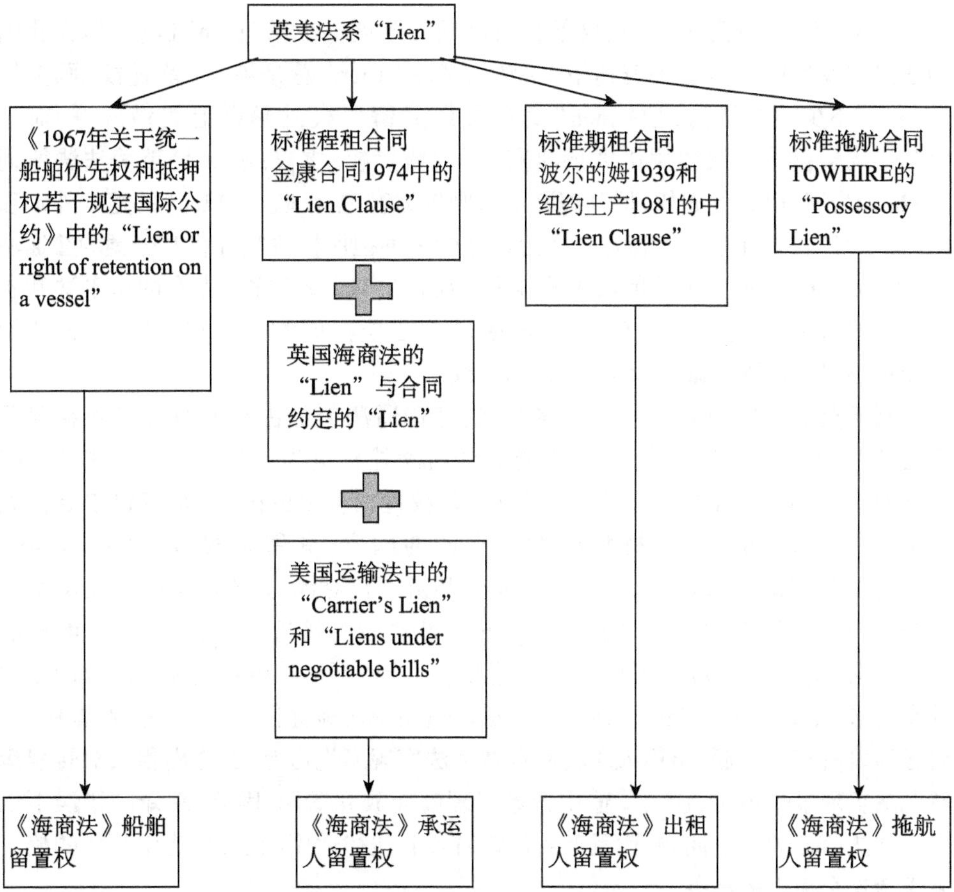

图 18 《海商法》留置权条款的来源

表 31 涉及船舶留置权的民事裁判文书的裁判依据统计

项目	高级法院	海事法院	合计
涉及船舶留置权的裁判文书数量/篇	22	80	102
单独适用民法留置权条款裁定船舶留置权相关权利的文书数量/篇	5	1	6
单独适用民法留置权条款的文书所占比例/%	22. 73	1. 25	5. 88
涉及船舶留置权的裁判文书中适用民法留置权条款的文书数量/篇	10	27	37
适用民法留置权条款的文书所占比例/%	45. 45	33. 75	36. 27

资料来源：中国裁判文书网，统计时间截至 2020 年 12 月 20 日。

可见,我国《海商法》留置权条款虽已溯源至英美法系"Lien"制度,但在我国的法律体系和目前的立法表达下,司法实务中"Lien"总是被与"留置权"画上等号。[①] 但不少学者认为,把"Lien"简单翻译成留置权是翻译上的错误。[②] 对于"Lien"词条,《英汉法律用语大词典》翻译为留置权、质权;[③]《元照英美法法律词典》翻译为留置权、优先权,但其解释词条则较为客观,反映了"Lien"的宽广外延和内涵,是"债权人在债务人特定财产上设定的一种担保权益",并将其分类为普通法的"Possessory Lien"(可因债权人放弃占有而丧失)以及不需要占有的衡平法和制定法上的"Lien"、海商法上的"Maritime Lien"3 类。同时,与"Lien"关系密切的"Retention"一词则被翻译为保留权、扣留权。[④]

基于英美法中"Lien"的复杂体系,唯有普通法上的占有型"Lien"和我国民法留置权的性质基本一致,"Lien"的概念内涵外延更为广泛,与"留置权"功能并不对等。而民法上的留置权,对于支持债权性权利说的国家,其留置权更接近英美法的"Retention";支持物权性权利说的国家,其留置权接近"Possessory Lien",因此,《海商法》立法语言把"Lien"和留置权对译,是不准确的。我国留置权和"Lien"的亚类型之一"Possessory lien"性质较为接近,都是以占有为前提的担保权利,而出租人对转租运费的留置权,是严格翻译移植自国际标准合同波尔的姆的"Lien on sub-freight",该条款在法律适用中被虚置化,就是因为"留置权"术语必须以占有为内涵,出租人对转租运费无法实现事先占有,加之出租人对转租运费无法实现事先占有,让法律适用者难以理解而放弃适用,因此,翻译的错误不仅导致立法语言的表达问题,而且产生法律解释和法律适用问题,只能用翻译的校正来盘活这个无效的法条。

在翻译性条款中,又如《海商法》第 197 条就共同海损的规定。导致共同海损发生的原因多样,除了自然灾害和意外事故外,还存在当事人的过失特别是承运人过失,既包括承运人可以免责的过失,还包括承运人不可免责的过失。对于承运人不可免责的过失与共同海损的成立和分摊之间的关系,理论界存在不同的观点:有的认为承运人不可免责的过失如承运人在开航前和开航时未能谨慎

---

① 参见蒋新苗等:《留置权制度比较研究》,知识产权出版社 2007 年版,第 31 页。

② 参见孙新强:《大陆法对英美法上 LIEN 制度的误解及 LIEN 的本意探源》,载《比较法研究》2009 年第 1 期;傅郁林:《法律术语的翻译与法律概念的解释——以海上货物留置权的翻译和解释为例》,载《北大法律评论》1999 年第 1 期。

③ 参见宋雷主编:《英汉法律用语大辞典》,法律出版社 2005 年版,第 663 页。

④ "Retention"词条指"在合同关系中,指一方当事人在对方当事人履行合同义务或因未履行合同义务而进行赔偿前,有权保留债务"。详见薛波主编:《元照英美法词典》,法律出版社 2003 年版,第 847 页。

处理导致船舶适航的,船货所面临的共同危险是承运人不可免责的过失导致,不能成立共同海损;有的认为,共同海损的结果和发生原因应区分,承运人不可免责的过失,不影响共同海损的成立,各受益方也可参加共同海损的分摊。我国《海商法》第 197 条引入 1974 年《约克 - 安特卫普规则》之规则 D 的规定,以翻译性的语言予以表述,但是在该条款中的"可能"的立法表达上产生了翻译语言上的问题,在司法适用中往往只注意到其中所表述的"不影响请求共同海损分摊的权利",却忽略了该规定中所使用的"可能是由于航程中某一方的过失所致"这一表述,此容易产生解释上的误解观点,认为即使已经明确共同海损是由于某一方不可免责的过失,仍然可以请求其他各方分摊。[①] 为该条款更加清晰,《修改送审稿》第 228 条对文字进行结构上的调整,明确规定"引起牺牲或费用的事故,即使是由于航程中某一方应负责的原因所造成的,也不影响要求分摊共同海损的权利,但是这不妨碍就此项原因可能提出的任何索赔或者抗辩"。以此立法表达避免原立法条款中的"可能"导致的误解,明确共同海损的理算和分摊是两个不同的阶段。依据"先理算、后分摊;先分摊、后追偿"的规则,若共同海损系船方不可免责的过失引起的,虽不影响共同海损的成立,货方却将在共同海损分摊中因船方过失而蒙受不利,因此不妨碍非过失方与过失方之间所提出的任何索赔或抗辩。

(五)标点符号条款

标点符号作为法律文本构成的基本要素,服务于法律文本的表义。正确的标点符号使用,一方面,有助于立法语言的准确表达和传递,实现立法者和解释者对同一文本的理解共识,避免法律解释的冲突;另一方面,也有利于法律的理解与实施,提高立法价值的实现效率。相反,不恰当的标点符号使用,不但将阻碍法的实施与执行,使得司法适用徒增成本,而且将使法律解释脱离立法者对法律文本表义的基本预期,使得法的实施效果完全偏离立法者的立法意图。因此,为保证标点符号更好地服务于立法价值,其使用应当与立法文本相结合,与立法语言特点相适应。根据中国标准出版社出版的 2011 年版《标点符号用法》,标点符号分为用于点断的点号和用于标明的标号两大类。法律文本下的标点符号使用,服务于法律文本明确、简洁、通俗、严谨的特点,因此主要为逗号、句号、分号、顿号、引号、冒号、括号、书名号 8 种,而没有诸如感叹号、问号等具有强烈感情色彩的标点符号。[②]《海商法》下立法语言的技术性及法律移植中包含大量外来术语的特点,需要进行定义

① 参见傅廷中:《海商法》(第 2 版),法律出版社 2017 年版,第 304 ~ 305 页。

② 参见甄晓伟:《标点符号是法治大厦的一粒沙子》,载《温州职业技术学院学报》2007 年第 1 期。

性条款或术语解释,在这过程中,引号的使用必不可少,如《海商法》第42条对"承运人""实际承运人""托运人""收货人"货物"等定义条款;对于特定法律条款适用条件的多样化或内容构成的复杂性等特点,借助分号的使用,既能够简化语言结构,避免其过分复杂而增加理解难度,同时也有助于区分法律概念,为专业术语或规范的解释划定边界。

但立法语言若发生标点符号的表达问题,同样引发法律解释的混乱和司法适用问题。以《海商法》第42条第3项的规定为例,该条款对"托运人"进行了定义,并以";"进行了区分,对契约托运人和交货人进行了共存性的并列规定。但根据《汉堡规则》的定义,"托运人"是指海上货物运输中的契约托运人或交货人,该规则对二者进行了"or"选择性地并列,与我国《海商法》中的";"的使用形成对比。而借以";"如何解释《海商法》第42条第3项对"托运人"作出的定义成为争讼焦点。①《海商法》两种托运人的规定,导致两种托运人与承运人之间的权利义务关系难以理清,从立法技术上看,推定的法律关系中牵涉的主体太多,如果不分层次,则导致法律关系更加错综复杂,所付出的立法成本值得思考。②《修改送审稿》第50条为明确"托运人"的含义,保留原条文中的第一种"托运人"定义,将原立法表达中的";"后的第二种托运人,新增规定为"实际托运人",其内涵和外延与现行《海商法》第42条的第二种托运人一致,如此明晰两种托运人的含义。

二、《海商法》立法条款的解释困境

《海商法》立法语言的表述问题,导致在法律解释中难免存在歧义,进而影响司法的适用性,现举下列条款予以论述。

(一)《海商法》第11条"船舶抵押权"条款

船舶抵押权既是担保物权中的"特别物权",也是船舶物权制度的核心。《海商法》第11条对船舶抵押权作出定义,③但结合抵押权的基本内涵可以发现,该定

---

① 如中海集装箱运输股份有限公司诉广西东方发祥进出口有限公司运费纠纷上诉案,广西壮族自治区高级人民法院(2006)桂民四终字第10号民事判决书;浙江省纺织品进出口集团公司诉立荣海运股份有限公司海上货物运输合同无单放货纠纷上诉案,上海市高级人民法院(2003)沪高民四(海)终字第39号民事判决书;中海集装箱运输股份有限公司诉广西东方发祥进出口有限公司运费纠纷案,北海海事法院(2005)海商重字第01号民事判决书;厦门志捷国际货运代理有限公司诉厦门市金嘉景进出口有限公司货运代理合同纠纷再审案,福建省高级人民法院(2014)闽民申字第1261号民事裁定书。

② 参见余晓汉:《关于解决〈海商法〉中托运人问题的新思考——立法与司法处理建议及学术论证方法》,载《中国律师2005年海商法研讨会论文集》,第312~325页。

③ 《海商法》第11条规定:"船舶抵押权,是指抵押权人对于抵押人提供的作为债务担保的船舶,在抵押人不履行债务时,可以依法拍卖,从卖得的价款中优先受偿的权利。"

义存在诸多歧义:

第一,《海商法》第 11 条所规定的“抵押人不履行债务”,其前提是抵押人是债务人,才存在履行债务的义务,而抵押人并不必然就是债务人,也可能是在债权人与债务人之外另行作出担保的第三人。该规定无形间排除第三人作为抵押人的情形。同时,第 11 条的“不履行债务”,没有“逾期”的前提。若债务尚未超过履行期限,债权人的债权并未由于债务人不及时清偿债务而受损,其没有必要通过行使船舶抵押权来保障其债权的实现。因此,该条款应充分考虑抵押人和债务人分离的情形,表述为“在债务人不履行债务时”,以达到逻辑自洽。

第二,《海商法》第 11 条规定“抵押人提供的作为债务担保的船舶”,其中的“提供”究竟是转移占有还是不转移占有?此涉及船舶属性问题。在《民法典》颁布前,学者对船舶参照动产还是不动产进行规制,存在争议。《担保法》第 41 条、第 42 条对船舶参照不动产进行规制,就此可以理解为船舶抵押权应采登记生效主义,与一般的不动产抵押权的设立路径相同。而《物权法》却对船舶物权变动采登记对抗主义,形成与一般的不动产、动产均不同的物权变动方式。《海商法》第 13 条就船舶抵押权的规定,明确采取登记对抗主义。在上述规定冲突之下,如何准确界定船舶属性,似乎难以得出结论。《民法典》确认了船舶作为特殊动产的性质,第 225 条明确规定船舶的物权变动采用登记对抗主义。因此,船舶抵押权与一般的动产抵押权,均不以登记作为权利生效要件,而是赋予登记后的船舶抵押权的对抗效力,从而督促当事人积极办理登记。但对抵押权未登记时不得对抗第三人的范围,《海商法》与《民法典》的规定并不一致。《民法典》第 225 条承袭并发展了《物权法》之规定,动产抵押权设立后若未进行登记,“未经登记,不得对抗善意第三人”。而依《海商法》第 13 条之规定,“第三人”的具体范畴,没有明确规定。对此学界存在“善意第三人说”“第三人说”“关联物权人说”等不同观点,导致司法实践的诸多的争议。因此,只有将“第三人”限定在“善意第三人”范围内,才能使船舶抵押权与《民法典》规定的特殊动产物权变动保持一致,况且,连恶意第三人都无法对抗,显然不利于交易。当然,“善意第三人”除满足善意标准外,还应当是与船舶抵押权有诉争关系的物权或类似物权性质的权利人。

第三,抵押人对抵押物处分权及抵押权追及效力的区别。《海商法》第 17 条规定,在抵押期间,船舶抵押人欲转让抵押船舶则必须获得抵押权人许可,此规定遵循了《民法典》颁布前的担保法律体系。至于船舶抵押权之追及力,《海商法》并无具体规定,《物权法》第 191 条则要求转让抵押物所得的价款必须提存或用于提前清偿主债务,此变相地否定了抵押权之追及力。《民法典》并未沿袭《物权法》及《担保法》关于限制抵押物处分权之规定,而是在明确抵押权追及力的基础上,解除了抵押人不得独立转让抵押物的限制。[①]《民法典》颁布后，是否应当承认船舶抵押权具备与动产抵押权相当的追及效力，抵押船舶转让规则在民法典时代是否继续维持其特殊性？还是与《民法典》一般规则相衔接？此成为《海商法》修订中急需解决的问题。

第四，权利实现路径的争议。就船舶抵押权与一般动产抵押权的权利实现机制而言，《海商法》与《民法典》的相关规定存在显著区别：(1)权利实现的条件不同。《海商法》仅确认了一种情形，即"抵押人不履行债务"。《民法典》第394条规定的实现条件除上述情形外，还存在当事人自由协商抵押权实现的其他条件。那么，《民法典》第394条能否补充适用于船舶抵押权，抑或船舶抵押权实现条件强制排除了当事人约定的效力？(2)权利实现的方式不同。《民法典》下抵押权的实现方式除拍卖之外，还包括折价、变卖，拍卖的方式既可以是法院拍卖，也可以是商业拍卖。但依据《海商法》的规定，船舶抵押权人欲实现其权利，只能通过法院拍卖的形式，即船舶抵押权实现只能通过司法拍卖，而不能由当事人自行委托商业机构拍卖船舶。[②] 在《海商法》修订中，考虑到船舶上涉及船舶优先权、船舶留置权等多个利益方的权益平衡，《修改送审稿》第14条仍然规定为"可以依法拍卖"，那么，进一步需要思考，《民法典》就一般动产抵押权实现方式的规定是指导性规定还是具有强制性的规定？《海商法》就船舶抵押权的实现方式的规定是否违反《民法典》规定？

第五，物上代位效力的争议。根据我国物权法理论，担保物损毁、灭失后担保物权将基于物上代位性而存续于担保物的代位物上，保险公司赔付的保险金、因第三人行为损毁担保财产后取得的赔偿金、国家征收后给付于担保人的补偿金，均可成为担保物权的代位物。[③]《海商法》第20条下船舶抵押权的代位物仅及于保险赔偿金，至于损害赔偿金和征收补偿金等则未曾述及，这与《民法典》第390条关于担保物权物上代位效力的规定明显不同。为保障船舶抵押权人权益，《海商法》第15条对抵押合同当事人提出了抵押船舶必须投保的强制要求，这是虑及船舶高价值性、流动性以及风险性所作出的特别规定。[④] 有观点认为，船舶抵押权的物上代位物应作扩大解释，将保险赔偿金解释为囊括损害赔偿金、征用补偿金在内，但此

---

① 参见最高人民法院民法典贯彻实施工作领导小组主编：《中华人民共和国民法典合同编理解与适用》，人民法院出版社2020年版，第1091页。

② 参见傅廷中：《海商法》(第2版)，法律出版社2017年版，第33页。

③ 参见程啸：《担保物权人物上代位权实现程序的建构》，载《比较法研究》2015年第2期。

④ 参见崔兴岩：《船舶抵押权人利益保险问题研究》，对外经济贸易大学2014年博士学位论文，第4页。

种解释一方面与物权法定原则存在一定的矛盾,有僭越基本原则之嫌,另一方面将保险金解释为囊括损害赔偿金,亦难以令人信服。船舶抵押权之代位物应否限于保险赔偿金,亦属《海商法》修订时必须明确解答的谜题。《修改送审稿》删除《海商法》第20条的规定,没有就船舶抵押权的物上代位范围作出具体规定,但新增第10条关于船舶担保物的物上代位的规定,扩大了代位物范围,增加了损害赔偿金、征收补偿金等。可以这样理解,除船舶优先权对物上代位进行限制外,船舶抵押权的物上代位范围应包括船舶灭失后的保险赔偿金、损害赔偿金或征收补偿金等。

从解释论分析,船舶抵押权既是《海商法》调整船舶法律关系的必要工具,又是对《民法典》动产抵押制度下的特别权利,不能因为船舶抵押权的丰富性,就忽视其体系性,也不能因为追求体系性就盲目追求"统一"。[①] 当前,船舶抵押权的立法滞后,无法有效回应司法实践中出现的种种新型问题,亟须修订以满足海事主体的融资需要和商业诉求。但若修法时片面强调船舶抵押权与一般抵押权的趋同,追求船舶抵押权"岸化",既会导致法律规范的重复和立法资源的浪费,还可能使作为特别法的海上担保立法不再"特别",从事实上肢解具备一定独立性的海上担保法律体系。船舶抵押权系因其特殊的发展源流与价值诉求,需要通过特别法专门规制其效力,而不是因为其受到特别法规制而被迫"特殊化",这就对如何维持船舶抵押权的独立性与协调性提出了更高的立法要求。但《海商法》颁布至今,船舶抵押权制度未曾有过修正。相反,作为一般规则的动产抵押制度,已历经《担保法》《物权法》《民法典》等数次立法完善,并辅以大量的司法解释,因此有必要针对日趋复杂的船舶抵押实践和不断扩大的融资需求而予以调整,使船舶抵押制度适应海事活动的最新发展变化。

(二)《海商法》第15条"船舶抵押的保险"条款

《海商法》第15条规定,"除合同另有约定外,抵押人应当对被抵押船舶进行保险;未保险的,抵押权人有权对该船舶进行保险,保险费由抵押人负担"。这里采用";",根据全国人大常委会法制工作委员会2009年发布施行的《立法技术规范(试行)(一)》第12.4条,"在多重复句中,各并列分句内已使用逗号的,并列分句之间用分号"。可见,该条款"抵押人应当对被抵押船舶进行保险;"中的分号应属对两个并列句分句之用法,也就是说,分号前后内容应属同一事项范围。在分号前半部分所述情况下,即由抵押人对抵押船舶进行保险时,一般认为抵押人是投保人。但在该条款分号的后半部分内容,抵押人未对被抵押船舶进行保险时,抵押权

① 参见马得懿:《作为补充型特别民法之海商法的丰富性与体系性》,载《社会科学战线》2016年第8期。

人有权进行投保,并由抵押人承担投保费用。这导致在司法适用中,对该条款中“;”的理解产生三种争议观点。

第一种观点认为:“除合同另有约定外”意味着抵押船舶的保险是任意性规定,只有当船舶抵押合同中对此没有约定,或者没有作出与本条规定不同的约定时,抵押人方须承担本条款规定的义务。[①] 因此,该条款“;”并不产生分隔的内含意义,“除合同另有约定外”一直约束到该条款表述的最后内容,即在合同另有约定的情形下,抵押人可以不对抵押船舶进行保险。

第二种观点认为,在《海商法》未对海上保险的投保人与被保险人进行区分的情况下,依据《保险法》第 14 条之规定,[②]当船舶抵押权人为投保人时,由于保险费仍由抵押人负担,故抵押人仍为投保人,抵押权人为被保险人。也就是说,无论谁投保被抵押船舶,抵押人都为投保人,抵押权人都为被保险人。[③] 就此,该条款“;”在法律解释中没有实质性意义,无论“合同是否另有约定”,抵押人都是投保人,抵押权人都是被保险人,抵押船舶的保险实质上显示是强制性投保。

第三种观点认为,根据该条款的字面含义,在通常情形下,抵押人是投保人,承担缴纳保险费,但基于该条款“;”内含的分隔意义,在“合同另有约定”的情形下,此时的投保人即抵押权人,抵押权人有权以自己的名字对船舶进行投保。而“保险费由抵押人负担”的规定,操作上往往是抵押权人先行支付保险费,后再向抵押人追偿。故认为第二种观点“由于保费仍由抵押人负担,故抵押人仍为投保人”的说法不能成立。并且,当抵押权人办理船舶保险时,其为船舶投保的目的是基于抵押权人利益,所以其成为投保人无可非议。

承上所述,《海商法》第 15 条“除合同另有约定外”和“;”的立法语言表达,不仅导致“抵押船舶是否强制保险”之争,而且产生抵押人还是抵押权人作为投保人之争,此不仅表现在投保人“名义”上的争论,而且牵涉投保人如何履行投保人义务的问题。需要注意的是,由于《海商法》未区分投保人与被保险人,其项下“被保险人”的概念被视为包含投保人与被保险人。[④] 但根据《保险法》规定,投保人是保险合同当事人,被保险人仅是关系人,投保时的告知义务应由投保人承担,而非被保险人。那么,在第三种观点项下,由抵押权人履行投保人义务,而抵押船舶不转移占有,并非处于抵押权人的控制之下,告知义务的履行在很大程度上仍要依赖于抵

---

① 参见司玉琢、张永坚、蒋跃川编著:《中国海商法注释》,北京大学出版社 2019 年版,第 23 页。

② 《保险法》第 14 条规定:“保险合同成立后,投保人按照约定交付保险费,保险人按照约定的时间开始承担保险责任。”

③ 参见李轶川:《浅析船舶抵押权人之利益保障》,载《中国海商法年刊》1997 年刊,第 232 ~ 238 页。

④ 参见王淑敏:《船舶抵押权人保险保障之我见》,载《中国海商法年刊》1998 年刊,第 280 ~ 295 页。

押人,这便会导致抵押权人往往难以履行投保义务。因此,依据该条款的规定,抵押权人即使有权对抵押船舶进行投保,但仍需以抵押人名义投保。

而且,即使在由抵押权人进行船舶投保的情况下,不仅仅关乎投保人名义之争,还涉及抵押权人是为自己利益还是为抵押人利益投保的问题,就此问题同样又存在不同的理解:一种观点认为,根据我国《保险法》第12条的规定,投保人对保险标的具有法律上承认的利益。在抵押权人为投保人时,船舶的抵押起到了对抵押权人债权的担保功能。若被抵押的船舶安全,抵押权人可以顺利实现自己的债权;若被抵押船舶遭遇损坏或者灭失,抵押权人的债权就会减损或者落空。所以抵押权人与被抵押船舶的这种担保物权联系符合法律规定,抵押权人对被抵押船舶存在保险利益。但在实践中,目前我国保险公司原则上都不接受抵押权人以自己名义单独投保船舶保险。该观点虽是基于抵押权人的利益保护,但实务中难以施行,其难免有脱离实际之嫌。另一种观点则认为,抵押人对抵押船舶享有保险利益。《海商法》第20条确立了船舶抵押权物上代位制度,但船舶抵押权物上代位的范围仅限于船舶灭失的保险赔偿金。且根据《海商法》第15条的规定,只有在抵押人未对船舶进行投保的情况下,抵押权人才有权投保,而且保险费仍由抵押人负担。因此,船舶抵押权人对船舶没有保险利益,不能为自己投保船舶保险,抵押人是被保险人,享有保险金请求权。[①] 此种观点下,抵押人既是投保人又是被保险人。可见,《海商法》第15条就抵押船舶的保险的规定,因";"的立法标点符号,引发司法适用中的系列性解释问题。

(三)《海商法》第42条"托运人"定义条款

《海商法》共278条,用"或者"立法表述有345次,部分的"或者"表述来源英文相应的法律条款中的"or",部分的"或者"并无"选择"之义,这些立法表达给司法实践造成了诸多困惑,要使每一个"或者"的连接功能发挥得正确、充分,从法律思想、法理逻辑到语言形式进行全面研究很有必要。

上述所言,《海商法》第42条第3项的立法用语项下,两种托运人的定义因";"标点符号而引发法律解释问题。第42条第3项规定,"托运人是指:1、本人或者委托他人以本人名义或者委托他人为本人与承运人订立海上货物运输合同的人;2、本人或者委托他人以本人名义或者委托他人为本人将货物交给与海上货物运输合同有关的承运人的人"。该法条在托运人定义中使用了分号。就语言文字而言,分号在文中起的修辞作用主要是彰显逻辑层次,这由其并列连接作

① 参见马炎秋、刘晓雯:《抵押船舶保险法律关系分析》,载《大连海事大学学报(社会科学版)》2012年第4期。

用所决定。[①] 但在法律条文中,分号不仅仅起到并列连接的作用,而且具有了法律上的效力。

《海商法》第42条第3项借鉴的是《汉堡规则》第1条第3款的规定,但不同的是,《汉堡规则》在对不同托运人进行定义时,使用的是“or”字,[②]而我国则更改为“;”。从“or”这个连接词的解释看,根据《柯林斯英汉双解大词典》,其意为“或者、还是、或、否则”,结合整句分析应为“或者”,而“;”在这里应表示并列关系,前后地位等同。如翻译转换为中文,将“;”转换为“或者”,更为合适:第一,“或者”仅表示并列,不像分号可以产生多种解读;第二,“或者”前后没有地位先后之分,地位平等,择二其一;第三,“或者”最能将原文“or”意思表达明确。而《海商法》第42条使用“;”,将原本完整的条文拆分成两个分句,虽分号也可表并列关系,但不免产生歧义。所以,如果仅从字面理解,《汉堡规则》相关规定表明在履约过程中的某特定时间内只存在一种托运人,[③]而我国《海商法》下可以同时存在两类托运人,通常称缔约托运人、发货人。[④] 在两类托运人同时存在时,若是在使用如CIF、成本加运费(CFR)的国际贸易术语时,由于都是卖方租船订舱并将货物交付给承运人,故此种情况下,卖方既为缔约托运人也为交货人,两类托运人视为同一人,区分与否没有实质的影响。而在FOB术语项下,由卖方在装运港将货物装上船,买方承担运费和签订运输合同。此时,就会出现卖方是交货人,买方是缔约托运人,即买卖双方均是托运人的情况。若将《海商法》第42条第3项的“;”理解为并列关系,那么,在航运实务中,提单签发给哪一种托运人都会造成识别困难,容易出现“一票货物两份提单”现象,两种托运人均有权获取承运人签发的提单。若“;”理解为选择关系,只有满足其中之一的主体,才可以成为《海商法》下的托运人。[⑤] 可见,正是对“;”的不同理解,导致在司法判决中对托运人的不同解读。尤其是FOB贸易下出现了两种托运人:因与承运人订立运输合同而成为托运人;因将货物交给承运人而成为托运人;那么,哪一种托运人负有向承运人支付运费的义务?哪一种托运人才有权获得承运人签发的提单呢?该条款“;”的立法表达不仅导致托运人的识别

---

① 参见袁影:《论标点符号的修辞作用——实证分析分号、破折号的逻辑与情感功能》,载《四川外语学院学报》2003年第2期。

② 《汉堡规则》第1条第3款规定:“Shipper” means any person by whom or in whose name or on whose behalf a contract of carriage of goods by sea has been concluded with a carrier, or any person by whom or in whose name or on whose behalf the goods are actually delivered to the carrier in relation to the contract of carriage by sea。

③ 参见司玉琢:《论发货人的权利、义务和责任》,载《中国海商法年刊》2001年刊,第236页。

④ 参见司玉琢、李志文主编:《中国海商法基本理论专题研究》,北京大学出版社2009年版,第272页。

⑤ 参见姚洪秀、林晖:《论我国〈海商法〉下“托运人”的认定》,载《中国海商法年刊》1996年刊,第35页;楚风华:《FOB价格条件下托运人的认定》,载《甘肃政法学院学报》2006年第4期。

困境,而且对托运人权利义务也产生不同的判决。

第一,提单记载说,该说以提单是否记载来识别托运人,认为只有托运人才能对提单进行有效背书与转让,《海商法》第 42 条第 3 项对托运人的定义并不使得 FOB 卖方作为交货人的"托运人"地位法定化。该观点认为提单证明的运输合同与以托运单为载体的运输合同会因提单的流转而分离,两种托运人可能会分别存在于该两种合同中,而只有当实际交付货物给承运人的人被记载于提单托运人栏处时,才能被识别为交货托运人。"和田"轮案就是此种学说在司法实践中的典型例证。① 在"和田"轮案中,天津海事法院认为,原告作为交货托运人,其同意将缔约托运人记载于提单托运人栏处,而未将自己作为托运人记载于提单上,因此丧失了在提单上背书的权利,即使提单发生流转,也是无效背书,应自担风险和责任。"提单记载说"在一定程度上混淆了托运人和提单持有人的关系,对 FOB 下卖方权益保护极其不利。②

第二,两种托运人并存说,该观点从《海商法》第 42 条第 3 项的文义解释出发,认为契约托运人基于合同关系而产生,交货托运人基于法律的直接规定"交货"而产生,是法定托运人,只要是实际将货物交付给承运人的人,就可以依法被识别为交货托运人。③ 在"韩进海运有限公司诉烟台土畜进出口集团有限公司等危险品货物运输纠纷案"中,④两审法院均认为作为合同托运人的土畜产公司和作为交货托运人的中化公司应当对承运人的损失承担赔偿责任。在 2005 年"浙江纺织公司诉台湾立荣公司海上货物运输合同无单放货案"中,⑤上海海事法院认为,《海商法》以";"将契约托运人与交货托运人并列,故两者都能成为海商法所指的托运人,浙江纺织公司持有的是因贸易遇挫而被银行退回的提单,等同于以货主或者提单签发后第一持有人的身份持有涉案提单,《海商法》没有强制规定交货人作为托运人时必须在提单上载明,不以其名称是否出现在提单上为法定条件,卖方具备托运人地位。上海市高级人民法院维持该判决。《最高人民法院公报》刊登了此案。就此,基于《海商法》第 42 条第 3 项的规定,契约托运人和交货托运人均属于我国《海商法》中所确定的托运人,但在司法实务中难以明确两种托运人所应承担的责

---

① 参见张桂英:《"和田"轮提单纠纷案》,载《中国海商法年刊》1993 年刊,第 398 ~ 400 页。

② 参见最高人民法院中国应用法学研究所编:《人民法院案例选》(第 1 辑),人民法院出版社 2001 年版,第 277 ~ 282 页。

③ 参见翁子明:《实际承运人和实际托运人的法定性》,载《中国海事审判年刊》1999 年第 9 期。

④ 参见杜建军:《韩进海运有限公司诉烟台土畜产进出口集团有限公司等危险货运输纠纷案》,载《航海》2001 年第 3 期。

⑤ 详见浙江纺织公司诉台湾立荣公司海上货物运输合同无单放货纠纷案,载《最高人民法院公报》2005 年第 12 期。

任性质及责任比例。

第三,托运人单一说,该观点认为,FOB 合同下,卖方是单一托运人,承运人必须向卖方签发提单,即便是具名托运人为买方的指示提单或者记名人为买方的提单,承运人同样应当向卖方签发提单,只有在买方已经支付价款或者买卖合同双方当事人特别约定所有权转移不以支付价款为前提等情况下,承运人才能向买方签发提单。

该观点将 FOB 下卖方推定为托运人而无论提单是否记载。FOB 下的卖方,虽依据《海商法》第 42 条的规定以"托运人"相称,但运输合同由 FOB 买方与承运人订立,因合同的相对性理论导致该合同不能完全约束作为第三方的发货人即 FOB 卖方,在出现实际交付货物的一方并不是卖方自己而是其委托的其他人的情况下,作为运输合同一方的承运人依据运输合同只能判断谁是另一方,却无法知悉实际交货人,一旦出现纠纷,对实际交货人的权利义务则难以判定。因此,在司法实践中,针对 FOB 实际发货人的诉权问题出现了大量同案不同判的情形,最典型的是 1993 年"北京市温阳贸易出口关公司(以下简称温阳公司)诉上海远洋运输公司无单放货案"中,[①]原告温阳公司是国际贸易合同的卖方,合同采用 FOB 价格术语以信用证支付,买方为金平公司,金平公司联系承运人上海远洋运输公司与之订立海上货物运输合同,并预付了运费。金平公司向银行申请开立信用证,并要求提单注明托运人为金平公司。此时温阳公司将货物交付给承运人上海远洋运输公司的代理人天津外代公司。天津外代公司向卖方温阳公司出具了由上海远洋运输公司签发的指示提单,提单上载明托运人为买方金平公司,收货人凭托运人指示。货物到达目的港后,由承运人在目的港的代理人无单放货给提单上载明的托运人即买方金平公司。于是,卖方温阳公司凭全套正本提单起诉承运人上海远洋运输公司无单放货。本案的争议焦点在于,卖方温阳公司是否享有诉权?一审法院天津海事法院认为原告温阳公司虽持有全套正本提单,但提单上载明的托运人是买方金平公司,且该提单为指示提单,未经金平公司背书转让,原告温阳公司不是海上货物运输合同的当事人,与被告上海远洋运输公司之间没有权利义务关系,所以判决温阳公司没有诉权。[②] 温阳公司不服,向天津市高级人民法院提起上诉。二审法院维持原判。[③] 但最高人民法院审理认为,温阳公司系通过正当途径取得全套提单,在

① 参见王伟:《无正本提单交付货物的法律与实践:国际海上货物运输法若干问题的比较研究》,法律出版社 2010 年版,第 141 ~ 143 页。

② 详见天津海事法院民事裁定书,(1993)津海法商初裁字第 41 号。

③ 详见天津市高级人民法院民事裁定书,(1994)高经终字第 3 号。

银行未结汇前,仍持有提单,应肯定温阳公司享有诉权,指定天津海事法院再审此案。[①] 天津海事法院再审后仍然认为,温阳公司不是提单载明的托运人,不具有在提单上背书的资格和权利,上海远洋运输公司将货物交付给提单上载明的托运人,并无不当。温阳公司仍不服,继续上诉至天津市高级人民法院,天津市高级人民法院维持原判,认定温阳公司无诉权。该案前后经历 7 年的审理,以温阳公司败诉告终。

可见,《海商法》第 42 条第 3 项的"托运人"定义条款,一个简单的分号,引发了司法实践的契约托运人和交货托运人识别问题,甚至出现交货托运人的诉权争议。为此,2009 年《无正本提单交付货物司法解释》第 12 条明确规定:向承运人实际交付货物并持有指示提单的托运人,虽然在正本提单上没有载明其托运人身份,因承运人无正本提单交付货物,要求承运人依据海上货物运输合同承担无正本提单交付货物民事责任的,人民法院应予支持。该司法解释明确肯定了 FOB 下卖方的诉权。《修改送审稿》也明确引入"实际托运人"的概念,第 50 条第 4 款规定"实际托运人,是指除托运人外,本人或者委托他人以本人名义或者委托他人为本人将货物交给承运人或者实际承运人的人"。就此,因";"引发的两种托运人之争盖棺定论,但这种法律移植的盲目性,立法语言表达的随意性,导致两种托运人与承运人之间的权利义务关系难以理清,推定的法律关系中牵涉的主体太多,而各种法律关系更加错综复杂,所付出的立法成本值得思考。[②]

(四)《海商法》第 209 条"海事赔偿责任限制丧失条件"条款

《海商法》第 209 条规定:"经证明,引起赔偿请求的损失是由于责任人的故意或者明知可能造成损失而轻率地作为或者不作为造成的,责任人无权依照本章规定限制赔偿责任。"这是参照《1976 年责任限制公约》第 4 条的规定制定的,但在法律移植中因立法语言的表达问题,产生诸多问题。

1. 责任主体

《海商法》第 209 条虽然是参照《1976 年责任限制公约》第 4 条制定的,但前者仅仅明确了责任限制权将由于"责任人"不当行为而丧失,而后者明确规定因"责任人本人"的行为才会丧失。公约所采用的是"his personal act or omission",而《海商法》第 209 条仅仅采用"责任人"而未使用"责任人本人"的表述。因此,仅就文义解释而言,《海商法》第 209 条所指的责任人显然为广义的责任人,即包括责任人的代理人。根据传统民法理论,代理人在被代理人授权范围内的行为所产生的法

---

① 详见最高人民法院民事裁定书,(1997)交提字第 5 号。

② 参见余晓汉:《关于解决〈海商法〉中托运人问题的新思考——立法与司法处理建议及学术论证方法》,载《中国律师 2005 年海商法研讨会论文集》,第 312 ~ 325 页。

律后果将由被代理人承担。如果责任人的代理人(包括船长、船员)在责任人授权的范围内存在不当行为,责任人亦有可能因此丧失限制赔偿责任的权利,从这个意义上来说,《海商法》第 209 条摒弃了公约的"狭义责任人"的观点而改采"广义责任人说"。

但在司法实践中,法院却采取了不同的观点。在"舟山通途工程有限公司诉丹东吉祥船务有限公司、丹东海运有限公司船舶触碰损害赔偿纠纷案"[①]中,由于责任人雇用的船长盲目抛锚而导致船舶走锚,最终造成碰撞事故,宁波海事法院认为,《海商法》第 209 条所指仅限于责任人本身的行为,而非船长及船上其他人员的行为,上述人员是否存在"明知可能造成损失而轻率地作为或不作为"并不影响雇主(船东)的责任限制权利。在"中国华电工程有限公司、康提约克航运有限公司与康提克斯托航运公司船舶触碰损害责任纠纷案"中,[②]法院亦认为《海商法》第 209 条中规定的"责任人"仅仅指海事事故的责任人本人,而不包括船长及船上其他人员,上述人员是否存在"明知可能造成损失而轻率地作为或者不作为",不影响船舶承租人享受责任限制权利。对此,最高人民法院也持同样的观点,并于 2010 年颁布了《海事赔偿责任限制司法解释》,其中第 18 条明确:"海商法第二百零九条规定的'责任人'是指海事事故的责任人本人。"此后,虽然在"FCGLORIA"轮水污染事故一案中,[③]该轮船员明知排放管路处于未关闭状态但并未采取任何措施,进而导致污染事故的发生,武汉海事法院认为根据《海商法》第 209 条的规定,"FCGLORIA"轮的船东 KDB 公司因为船员放任污染发生的行为无权主张海事赔偿责任限制。但该案的上诉法院则持不同观点,[④]认为应严格按照《海事赔偿责任限制司法解释》第 18 条的规定,明确只有因为"责任人本人"的故意或轻率行为才会导致责任限制权利的丧失,船舶所有人雇用的船长、船员的故意或轻率的行为不能等同于船舶所有人的故意或者轻率行为。

综上论述,《海商法》在认定责任人是否丧失赔偿责任限制权利时所采用的是广义的责任人概念,这是对民法代理制度的遵循。根据传统民法理论,被代理人

---

① 舟山通途工程有限公司诉丹东吉祥船务有限公司、丹东海运有限公司船舶触碰损害赔偿纠纷案,宁波海事法院(2001)甬海事初字第 109 号民事判决书。

② 详见中国华电工程(集团)有限公司诉康提约克航运有限公司、康提克斯托航运公司船舶触碰损害赔偿纠纷上诉案,天津市高级人民法院(2009)津高民四终字第 369 号民事判决书。

③ 详见镇江市自来水公司诉韩国开发银行投资有限公司水污染损害赔偿纠纷案,武汉海事法院(2012)武海法事字第 00019 号民事判决书。

④ 详见镇江市自来水公司诉韩国开发银行投资有限公司水污染损害赔偿纠纷上诉案,湖北省高级人民法院(2015)鄂民四终字第 00060 号民事判决书。

(船舶所有人)应该对代理人(船长或其他雇员)[①]在执行职务期间的行为后果负责,在这种情况下,船舶所有人转承了船长或雇员的责任。[②] 海商法作为民法的特别法,海事赔偿责任限制在代理行为及其效果方面与民法基本理论存在截然不同规定,其正当性能否得到证成?诚然,海事赔偿责任限制被认为是一项公共政策,[③]可以根据国家利益的需要进行调整。将海事赔偿责任限制过错主体限定为责任人本人,其实质是对海事赔偿责任限制权利的扩张,这使得海事赔偿责任限制的权利变得越来越难以丧失,此举扩大了船舶所有人限制赔偿责任的权利,有利于鼓励航运业的投资和发展。在我国航运业刚刚起步时,海事赔偿责任限制的规定向船方倾斜确实具有必要性,但目前我国商品贸易总量已稳居世界第一,[④]不能仅仅单方面制定向船方倾斜的保护措施,还要平衡船方和贸易方之间的利益。加之海陆相对风险逐渐弱化,这种扩张是否仍然具有必要性,值得商榷。海商法作为民商法体系下的特别法,应保证其与我国民商事法律规范的协调,特别是《海商法》规定与《民法典》规定的协调。否则,不仅会造成海商法与民法规范的冲突,对过错主体的认定亦产生不同的依据,给司法实践带来混乱,而且还导致海商法体系缺乏理论基础的依托,成为一系列缺失法理的政策的堆积。

与此同时,关于责任人本人的认定在司法实践中缺乏可操作性。在船舶所有人为自然人的情况下,对于本人的认定并无争议。但是在现代海上运输中,船舶所有人一般以法人的形式存在,如何认定法人本人的行为并无明确的标准,在具体的司法实践中应以法定代表人的行为为法人本人的行为,还是应该考虑公司的董事会及其成员或公司的其他高级管理人员的行为?此外,是否应该考虑上述人员的行为是否在职权范围内?对于上述问题,我国立法并未给出答案,这给司法实践中认定法人本人的行为带来困难。如此,赋予经济上强者如船舶所有人、经理人、经营人等享受责任限制的权利,而经济上弱者如船舶所有人、经理人、经营人等的雇用人员却无法得到责任限制的保护,显然有失公平。[⑤] 因此,海商法应同时赋予责

---

① 海上货物运输中,船长通常被认为是承运人的代理人,譬如,船长签发的提单通常对承运人同样具有约束力。作为承运人的船舶所有人与船长的关系通常亦为代理人与被代理人的关系。

② 参见曹艳春:《雇主替代责任研究》,法律出版社 2008 年版,第 72 页。

③ See Thomas J. Schoenbaum, *Admiralty and Maritime Law* (Practitioner Treatise Series, 4th ed.), Thomson West, p. 136 (2009); Aleka Mandaraka-sheppard, *Modern Maritime Law: Managing Risks and Liabilities*, Informa Law form Routledge, p. 739(2013).

④ 根据 WTO 的数据,2019 年我国商品贸易出口额为 2.499 万亿美元,出口额为 2.077 万亿美元,总量居世界第一位。See World Trade Organization, *World Trade Statistical Review* 2020, p. 82, https://www.wto.org/english/res_e/statis_e/wts2020_e/wts20_toc_e.htm, accessed Sept. 17, 2020.

⑤ 参见张新平:《海商法》(增订本,第 5 版),台北,五南图书出版公司 2016 年版,第 50 页。

任主体的代理人在面临索赔时主张赔偿责任限制的权利。《1976 年责任限制公约》第 1 条第 4 项亦明确当责任主体“对其行为、疏忽或过失负有责任的任何人”进行索赔时,亦可主张海事赔偿责任限制。《海商法》第 205 条也做出了类似的规定。由此可见,责任人与其代理人已经构成了利益共同体,在面临索赔时都可以主张责任限制,而当出现不当行为时,自然也应该同时丧失海事赔偿责任限制的权利。

2. 举证责任的分配

在《1976 年责任限制公约》之前,国际公约虽然并未对丧失赔偿责任的举证责任进行明确规定,但通说认为责任限制的权利人在具体案件中对其不存在丧失赔偿责任的情形负举证责任,即适用“谁主张,谁举证”的原则。[①]《1976 年责任限制公约》则改变了上述规定,公约第 4 条明确“如经证明……该责任人无权限制其责任”。从条文规定看,责任人存在过错的事实必须经过证明,责任人才无权限制赔偿责任,即索赔方需要证明责任人存在“故意或者明知可能造成损失而轻率地作为或者不作为”的情形,才能向责任人主张全额赔偿。《海商法》第 209 条亦采用了上述立法表达。从丧失赔偿责任限制举证责任的演变看,随着举证责任从“谁主张,谁举证”变为“举证责任倒置”,其目的正是确保船方不轻易丧失海事赔偿责任限制的权利,以确保船方所面临的海上风险能够被控制在有限的范围内。海事赔偿责任限制的丧失条件变得越来越严格,这本质上是海事赔偿责任限制权利的扩张,这种扩张使得海事赔偿责任限制的权利变得越来越难以失去。

证明责任是一种不利的后果,证明不能往往将导致证明责任人的败诉,从这个意义上说,举证责任的分担是否公平,将直接影响诉讼的成败。[②] 因此,对于举证责任倒置规则应该严格遵循其适用的条件而不能滥用。在海事赔偿责任限制条件中采用“举证责任倒置”的做法,似乎是海事赔偿责任限制扩张过程中的必然趋势,但是,一方面,举证责任倒置的目的在于保护诉讼中的弱者,而现代海上运输中,船舶所有人往往以大型企业的形式存在,拥有专业的航海知识,同时掌握大量行业信息,显然不再是所谓的“弱者”。同时随着现代以来海上风险差异性的弱化,船舶所有人所面临的海上风险逐渐缩小,而船队规模的不断扩张亦使得船方力量已逐渐壮大,单船船东也逐渐被大型航运企业所取代。在这种背景下,仍然将船舶所有人作为“弱者”进行保护的做法显然已不具备正当性。另一方面,举证责任倒置忽略了索赔方对证据获取的能力。在海上运输中,船舶和货物往往由船舶所有人及其

① 参见夏元军:《海事赔偿责任限制权利的扩张与平衡》,载《上海大学学报(社会科学版)》2017 年第 4 期。

② 参见叶自强:《举证责任及其分配标准》,法律出版社 2005 年版,第 155 页。

代理人控制，对于船舶所有人及其代理人过错程度的证据通常并不由索赔方掌握，在这种情况下，如果仍然将举证责任分配给索赔方，显然不公。这也造成了在海事诉讼中，即使责任人存在严重过错，索赔方也难以提出有效的证据加以证明。

3. 过错标准

有关过错的标准，《海商法》第 209 条参照了《1976 年责任限制公约》的规定，采用了“故意或者明知可能造成损失而轻率地作为或者不作为”（committed with the intent to cause such loss, or recklessly and with knowledge that such loss would probably result）的表述，此种表述源于承运人责任限制中有关责任人丧失责任限制条件的规定。1924 年《海牙规则》规定了承运人的单位责任限制。该公约第 4 条第 5 款明确规定“承运人对于货物的灭失或损坏，或与货物有关的灭失或损坏，在任何情况下，每件或每单位不超过 100 英镑”，由此赋予承运人单位责任限制的权利。但公约中“在任何情况下”（in any event）的表述，使得承运人就算在故意造成货物损失的情况下也享受责任限制的权利，因对索赔方严重不公而遭到了抵制。对此，1968 年的《海牙 - 维斯比规则》第 2 条在《海牙规则》规定的基础上增加了“如能证明货损是因承运人故意或明知可能造成损失而轻率地作为或不作为造成的，则无论是承运人或船舶，均无权享受责任限制的权利”的表述，由此明确了责任人丧失赔偿责任限制的条件。在船舶所有人为承运人的情况下，既可以主张承运人责任限制（一次限制），也可以主张海事赔偿责任限制（二次限制），因此，为了与承运人责任限制的规定相一致，《1976 年责任限制公约》对于海事赔偿责任限制的丧失条件的规定亦参照了《海牙 - 维斯比规则》中有关丧失承运人责任限制的表述。而在此之前，《1957 年责任限制公约》所采用的是船舶所有人“实际过失或私谋”（actual fault or privity of the owner）的标准。

《海商法》第 209 条中“故意或明知可能造成损失而轻率地作为或者不作为”虽然能够防止海事赔偿责任限制权利主体对权利的滥用，但该规定过于笼统。《海事赔偿责任限制司法解释》虽然对海事赔偿责任限制权利的行使进行了细化，但是对于“明知可能造成损失而轻率地作为或者不作为”的标准，并未作进一步的解释。有学者认为此处所指的“明知可能造成损失而轻率地作为或者不作为”相当于民法理论中的重大过失；①有学者则认为上述规定类似于间接故意。② 目前在司法实践中亦未对此用语进行解释，使该规定的适用范围具有很大的不确定性，司法实践中常以船舶未经登记、检验，船员无适任证书、船舶超出限定航区营运、船舶没有办理

① 参见傅廷中：《海商法》（第 2 版），法律出版社 2017 年版，第 357 页。

② 参见司玉琢：《海商法专论》（第 4 版），中国人民大学出版社 2018 年版，第 379 页。

进出港签证手续、船舶擅自驶离事故现场以及同一艘船舶多次实施违法航行行为等情形，认定船舶所有人或船舶经营人存在重大主观过错。譬如，在“蒋某六与林某追船舶碰撞损害责任纠纷案”①中，法院以船舶所有人对船舶配员不足、船员不适任、无证驾驶等为由，认定其存在“明知可能造成损失而轻率地作为或者不作为”的情形而无权主张海事赔偿责任限制。在“舟山格伦赛夫石油化工有限公司诉中海航集团国际航运有限公司海上、通海水域货物运输合同纠纷案”②中，光船承租人未按照程序对船舱进行清洗、除味而导致承运货物变质，法院以此认定上述行为足以构成“明知可能造成损失而轻率地作为或者不作为”。在“毛某波诉陈某、嵊泗县江山海运有限公司船舶碰撞损害责任纠纷案”③中，船舶所有人在船舶碰撞事故后未指示船长留守现场开展搜救，导致重大人员伤亡和财产损失，据此，法院认定船舶所有人的行为属于“明知可能造成损失而轻率地作为或者不作为”而丧失主张海事赔偿责任限制的权利。综观可见，对于丧失海事赔偿责任限制过错标准的认定，海事审判中并没有统一的标准，同时由于《海商法》第209条有关过错标准的规定承袭英美法的过错体系，与传统规定存在差异性，法官亦无法参照我国民法理论中有关过错的标准对当事人的过错程度进行认定，因此有赖于法官从主客观方面进行考察并进行自由裁量，这给海事赔偿责任限制权利的行使带来不确定性。

那么，在我国的民法体系下，上述过错标准又应该如何认定？如果单纯考虑“轻率地作为或者不作为”，可理解为我国民法中的“重大过失”，但是如果考虑“明知”的因素，就应该排除“过失”的认定。因为公约所采用的是“probably”而非“possible”，这表明结果的发生具有极高的可能性，而过失指行为人对自己行为的后果应当预见或能够预见而未预见，或者已经预见到了行为的后果而轻信能够避免但最终未能避免，这显然不属于明知结果的发生具有极高的可能性。此外，在我国民法体系下，“故意”的认定不仅仅包含条文中明确规定的“故意”，还包括“明知”，因为“明知”已经表明了当事人已经预见到了其行为可能产生损害后果。譬如，《民法典》第1207条规定明知产品存在缺陷仍然生产、销售而造成他人死亡或健康严重损害的，被侵权人有权主张惩罚性赔偿。此处即通过惩罚性赔偿对故意销售存在缺陷的产品的行为进行惩戒。基于此，本书认为，“明知可能造成损害而轻率地作为或者不作为”相对应我国法下的“故意”，更进一步说，由于行为人对损

① 蒋某六诉林某追船舶碰撞损害责任纠纷案，宁波海事法院(2019)浙72民初1036号民事判决书。

② 舟山格伦赛夫石油化工有限公司诉中海航集团国际航运有限公司海上、通海水域货物运输合同纠纷案，浙江省高级人民法院(2020)浙民终578号民事判决书。

③ 毛某波诉陈某、嵊泗县江山海运有限公司船舶碰撞损害责任纠纷案，上海海事法院(2014)沪海法海初字第85号民事判决书。

害结果采取的是放任或懈怠的态度,且“明知可能”说明行为人已经预见到损害结果可能发生而非必然发生,因此与“间接故意”的标准更为类似。因此,为实现《海商法》的本土化,对《海商法》第 209 条的“故意或者明知可能造成损失而轻率地作为或者不作为”应对应我国的过错标准,改为“故意”,此处所指故意,为广义的故意,包括直接故意和间接故意。

三、法律术语的特殊性表达问题

(一)与民法体系不一致的“时效”术语

《海商法》第十三章规定的“时效”,共有 11 个条款。海事时效制度是民事时效制度的重要组成部分,是海事请求权人通过诉讼程序请求法院保护其权益的有效期间。《海商法》有关时效的规定,是参照《民法通则》第七章“诉讼时效”的规定(《民法典》总则编第九章延续“诉讼时效”的表述),因此,《海商法》第十三章所规定的“时效”,指的是“诉讼时效”,而不是一般的“时效”。但《海商法》在相关的法律条款如 257 条“海上货物运输的时效期间”、第 258 条“海上旅客运输的时效期间”、第 259 条“船舶租用合同的时效期间”、第 260 条“海上拖航合同的时效期间”、第 261 条“船舶碰撞的时效期间”、第 262 条“海难救助的时效期间”、第 263 条“共同海损分摊的时效期间”等,均表达为“时效”。海商法是民法的特别法,《海商法》的“时效”应修改表述为“诉讼时效期间”,以实现与一般民事法律相协调,实现在民商法体系中法律术语的统一化。

但是,有学者指出,《海商法》第十三章所表达的“请求权”的“时效”并不是专指诉讼时效。因为海事请求权特别是在租船合同、海上保险合同等情形下,多数是通过海事仲裁予以解决。我国《仲裁法》第 74 条规定“法律对仲裁时效有规定的,适用该规定。法律对仲裁时效没有规定的,适用诉讼时效的规定”。《民法典》第 198 条也规定仲裁时效的准用问题,因此,“时效”并非仅指诉讼时效,还包括仲裁时效。所以,《海商法》第十三章没有必要为了与《民法典》总则编第九章的表述相一致而将“时效”改为“诉讼时效”。[①] 但是,本书认为,仲裁时效同样是权利人向仲裁机构请求保护其权利的法定期限,否则将导致权利人丧失提请仲裁以保护其权益的权利。综观我国现行法律的相关规定,未见涉及商事仲裁时效的特别规定。《民法典》对“诉讼时效”作出较为完整的规定,虽然留有规定“仲裁时效”的空间,但相关条款均没有规定仲裁时效,仍然适用“诉讼时效的规定”。因此,《海商法》完全没有必要另辟蹊径,“时效”应以“诉讼时效”予以立法表达。事实上,《修改送

---

① 参见胡正良等:《〈海商法〉修改基本理论与主要制度研究》,法律出版社 2021 年版,第 738 页。

审稿》第十四章也作出这样的修改，修改章名为“诉讼时效”。

（二）表达不规范的“一切费用”

《海商法》第190条第2款规定：“拍卖所得价款，在扣除保管和拍卖过程中的一切费用后，依照本法规定支付救助款项；剩余的金额，退还被救助方；无法退还、自拍卖之日起满一年又无人认领的，上缴国库；不足的金额，救助方有权向被救助方追偿。”这里的“一切费用”“上缴国库”显然是绝对化的、不够严谨的表述，不是规范性的法律术语，且不符合民商法的用语习惯，应修改为“全部费用”“提存”等法律术语表述，且“无法退还”与“自拍卖之日起满一年又无人认领的”是两种情况，不能适用“、”进行表述，而是用“或者”将两者情况并列加以表述。《修改送审稿》第221条为使立法语言严谨和规范，作出了上述的修订。

（三）上下文不一致的“救助方”与“救助人”

《海商法》在海难救助章节的立法表达出现上下文的表述不统一问题，《海商法》第188条第1款表达的是“被救助方在救助作业结束后，应当根据救助方的要求，对救助款项提供满意的担保”，这里使用“救助方”与“被救助方”的表达方式。但第3款则表述为“在未根据救助人的要求对获救的船舶或者其他财产提供满意的担保以前，未经救助方同意……”这里出现了“救助方”与“救助人”的上下文表述不一致；第182条第1款的“救助方”与第2款的“救助人”也出现上下文的表述不一致，应统一修改为“救助方”。对此，《修改送审稿》已作出这样的修改。

（四）上下文内涵不一的“救助款项”与“救助报酬”

《海商法》第九章“海难救助”章节出现“救助款项”“救助报酬”“救助费用”“特别补偿”等法律术语的表达，但是同一个法律术语在不同的条款中存在不同的内涵，如“救助款项”，有的指救助报酬，有的指救助费用，有的指特别补偿。

《海商法》海难救助章节是根据《1989年国际救助公约》规定的，第172条第3款规定了“救助款项”的定义，根据该定义，救助款项是指被救助方应当向救助方支付的任何救助报酬、酬金或者补偿。因此，在该定义中，救助款项是广义的，与救助报酬并非同一概念。但《海商法》并没有明确界定救助报酬的内涵，仅在第180条规定救助报酬不得超过船舶和其他财产的获救价值。对于“酬金”如何界定，《海商法》第185条出现此表述“在救助作业中救助人命的救助方，对获救人员不得请求酬金……”这里的酬金是“救助报酬”吗？从《海商法》第174条救助人命是船长的强制性义务的规定分析，并非指救助报酬。但第180条却将“救助方在救助人命方面的技能和努力”作为确定救助报酬的考虑因素，且在第185条再次表述，在救助作业中救助人命的救助方，对获救人员不得请求酬金，但有权从同一救助事故中财产救助和环境救助的救助款项中获得合理的份额。同时，第172条的“补偿”是指第182条的"特别补偿"还是另指他意的"补偿"？因上述在海难救助章节的术语表述不统一，导致第172条定义的"救助款项"出现歧义，内涵和外延无法准确界定。

有学者指出，《海商法》第172条表述的"救助款项"并非广义上包括救助报酬、酬金或者补偿3部分，而应理解为"救助报酬"。[①] 如第176条的"救助款项"仅限于物的救助，不涉及海上人命救助的"酬金"，应单纯理解为救助报酬或特别补偿；第179条的"救助款项"也应理解为"救助报酬"，该条款仍然强调的是救助报酬的获取以救助成功为前提，救助没有成功并没有取得效果的，救助人即使可以获得特别补偿，也仍然无权获得救助报酬，因此，此处的"救助款项"还是属于"救助报酬"的内涵；《海商法》第185条、第187条和第191条的"救助款项"均限于救助报酬，而不包括"酬金、补偿"。但是，第186条关于"救助行为无权获得救助款项"的规定，此处的"救助款项"应包括"救助报酬、酬金和补偿"；第188条第1款"对救助款项提供满意的担保"的规定，这里的"救助款项"应包括救助报酬、酬金和特别补偿，但是第2款规定"尽力使货物的所有人对其应当承担的救助款项提供满意的担保"，既然担保的主体是货物的所有人，因此就不涉及人命救助的"酬金"和环境救助的"特别补偿"，可以分析出第1款和第2款的规定呈现不同的内涵。第190条针对"强制拍卖获救船舶和其他财产的法律规定"中的"救助款项"是建立第188条的"对救助款项提供担保"的基础上，因此这里应就"救助款项"做广义的理解，包括救助报酬和特别补偿。

但《海商法》第22条船舶优先权所担保的债权第4项"救助款项"，则应作狭义的理解，因为船舶优先权担保的债权不包括"特别补偿"。船舶优先权担保的债权源于船舶保全，救助人救助标的是船舶，有效果有救助报酬，而"特别补偿"不是为了保护船舶而是鼓励保护环境，所以，"特别补偿"不包括在其中，否则，将船舶出售的价款优先受偿，则侵犯了其他船舶债权人的利益，当然，"特别补偿"的救助人并不从船舶优先权分摊，但可以从船舶保赔协会获得赔偿救济。

从上述可见，虽然《海商法》第172条对"救助款项"作出定义，但该定义下的"救助款项"在不同的条款中呈现不同的内涵，因此，在《海商法》修订中，应对"救助款项""救助报酬""救助费用""特别补偿"等法律术语作出明确的界定。"救助报酬"是指救助方对海上遇险财产的救助取得了有益的效果（包括直接效果、间接效果和无形效果）之后，按照双方的约定并结合法律中规定的确定救助报酬应考虑

---

① 参见郭萍、于泓：《论救助款项的含义——兼论对我国〈海商法〉部分条文的理解》，载《当代法学》2002年第12期。

的因素,向获救财产的所有人请求的酬金。[①] 救助报酬是奖励性质的酬金,但按照《海商法》第183条的规定,救助报酬的数额不超过获救财产的价值。"酬金"是基于鼓励海上人命救助而对人命救助者的一种奖赏,可从救助报酬中合理分成,但按照《海商法》第174条的规定,在不严重危及本船和船上人员安全的情况下,尽力救助海上人命是义务性救助。"救助费用"是救助方在救助作业中直接支付的合理费用以及实际使用救助设备、投入救助人员的合理费用,一般包括先付费用和按照在救助作业中实际并合理使用设备和人员的公平费率而产生的费用,救助费用不考虑利润因素。"特别补偿"是为救助具有环境污染损害危险的船舶而规定的一种具有补偿性质的费用,突破传统的"无效果无报酬"原则,是在特殊情形下对救助报酬的补充,[②]一般由船舶所有人保赔协会负责承担,英国劳合社救助合同中存在"船东保赔协会特别补偿条款"。

第二节　《海商法》修订中立法语言的规范化

一、《海商法》立法语言的"与时俱进"

现行《海商法》的起草工作,经历了20世纪50年代初我国航运行业的落后阶段、20世纪60年代我国远洋运输的崛起阶段和20世纪90年代我国发展成为世界航运大国的阶段。为实现我国航运业与国际接轨,《海商法》以我国海运和经贸实践为基础,吸收了当时国际上通行的国际公约和航运惯例,适当考虑国际海运立法的发展趋势,对海上运输关系和船舶关系作出了较为全面具体的规定。[③] 实践证明,《海商法》在较长的一段时间里都保持着超前性与先进性,有力保障了我国航运事业的高速发展和与国际市场的接轨,这既得益于立法者对国际立法趋势的准确预测,也得益于立法语言在合理性、概括性、明确性上的整体良好把握。但同时,《海商法》在立法语言的明确性上仍存在瑕疵,具体体现在借鉴国际海运立法的过程中,针对我国法律概念与外来术语共存的情形,外来术语及规范与我国法律体系未能较好融合,这也为法律解释的冲突埋下伏笔。

随着时间的推移,《海商法》立法表达的规范性开始因行业环境变迁而被削弱。

---

① 参见傅廷中:《海商法》(第2版),法律出版社2017年版,第277页。

② 参见胡正良等:《〈海商法〉修改基本理论与主要制度研究》,法律出版社2021年版,第455页。

③ 参见司玉琢:《我国海事立法的里程碑——纪念我国〈海商法〉实施十周年》,载《中国远洋航务公告》2003年第7期。

特别是随着国际海事立法的再度活跃,国内的立法也相继出台,《海商法》的实施环境不断发生变化,其立法条款的表达与作用环境的不协调受到影响。

在国际立法方面,《2002 年雅典公约》《2001 年国际燃油污染损害民事责任公约》《2004 年约克 - 安特卫普规则》等国际公约或规则相继订立,出现部分新规则以及部分旧规则的修改,这些都不同程度地使得《海商法》的先进性被削弱。特别是海上活动的多元化和航运科技的高速发展,《海商法》的立法表达有些部分沦为过时落后的规定。例如,《海商法》第 107 条就海上旅客运输合同的定义,以"一港至另一港"的限定,并采用"运送旅客"的表达方式。随着邮轮旅客运输的大量出现,这种形态下的旅客运输不以运输为唯一目的,兼容海上旅游的特点,因此,有必要删除"一港至另一港"的限定,以使"海上旅客运输"涵盖"同港往还"的邮轮旅客运输活动;有必要将"运送"修改为"载运",满足邮轮旅客运输活动的特点。同时,参照《2002 年雅典公约》,对于自带行李的载运期间,自带行李已经由承运人或其受雇人、代理人接收尚未交还旅客的,则载运期间包括了在港站内、码头上或者在港口其他设施内或设施上的时间。而《海商法》第 111 条第 2 款明确规定,旅客的自带行李,运送期间适用海上旅客的运送期间,不包括在港站内、码头上或者在港口其他设施内的时间。很显然,《海商法》的相关规定明显滞后于《2002 年雅典公约》,有必要予以修改。

在国内立法方面,《民法典》等法律的出台,这些作为一般法的原则性规定,导致作为特殊法的《海商法》在部分制度下存在法律术语、制度内容等层面的不协调。如《民法典》规定的民事主体包括法人、自然人、非法人组织,但《海商法》对主体的表达则不够规范和周全,第 10 条规定:"船舶由两个以上的法人或者个人共有的,应当向船舶登记机关登记;未经登记的,不得对抗第三人。"这里的"个人"是指自然人还是包括非法人组织无法确定,因此,《修改送审稿》第 13 条对船舶共有的规定增加非法人组织,且将"个人"改为"自然人",以与《民法典》的主体相协调。

在《海商法》实施环境层面,《海商法》制定之时实施条件尚不成熟的某些立法内容,因情势的变化而变得成熟且成为必要,部分在制定时缺乏司法实践基础和借鉴国际条约时仅进行简单规定的内容,也因司法实践和国际立法的发展而产生了修改的需求。[①] 因此,《海商法》立法语言的表达规范性日显重要,立法语言的明确性、概括性和合理性是《海商法》修订中应遵循的立法语言规范性的标准。

---

① 参见司玉琢、胡正良:《我国〈海商法〉修改的必要性》,载《中国海商法年刊》2002 年刊,第 8 ~ 16 页。

二、《海商法》立法语言规范化的识别标准

立法语言的规范表达是最重要的特点。“规范”是指立法语言文字一般要符合常规，在必要的情况下可以超出常规来使用语言文字表达法的内容，但要严格控制。[①] 所谓“符合常规”，是指按照语言文字的通常理解之义去使用，而在法律语境下，则还需符合法律人对于该语言文字的理解共识，使法律文本具有相应的可读性和可操作性。因此，具体而言，立法语言规范性是指立法语言的使用不仅应符合该语言文字的通常之义，还应当符合其在法律情境下的理解共识的特性。

针对现行《海商法》的立法语言是否具有规范性进行评价，首先应当明确立法语言规范性的评价维度，在此基础上结合《海商法》的立法语言规范性进行评估。立法语言规范性要求立法语言的使用符合其通常之义和法律情境下的共识。具体而言，即立法语言在表义上应当具有明确性、概括性、合理性。

第一，立法语言表义应当具有明确性，即立法文本的表达内容应当明确具体，即使在法律文本模糊性的基础上仍然能够保有其较强的可读性和可操作性。法律的实施是法律的生命所在，模糊抽象的法律文本将提高法律理解的难度，增加解释分歧产生的可能，对法律的实施带来困难。明确的立法语言表义将提高法律适用的效率，扩大法律适用的社会基础，符合法治精神对立法语言的要求。

第二，立法语言表义应当具有概括性，即立法文本应当能够广泛适用，这是立法语言预见性的客观需要。立法的滞后性需要通过立法语言的调整减缓立法与现实脱节的速度，以实现立法的预见性和模糊性，使其获得更为广泛的适用基础。扩大适用范围而提高立法文本的适应性，这对立法语言的概括性提出了要求。在正确表义的基础上，立法语言应当能够在可预期的未来能够适应现有和即将出现的法律关系，不因社会变迁而出现法律漏洞和解释冲突。

第三，立法语言表义应当具有合理性，即立法文本的表达内容应当符合理性人对于该文本的通常理解和该文本在法律情景下的理解共识。立法语言并不能直接调整其对应的调整对象，解释过程是预测立法语言最终效果所必须的考量因素。因此立法语言的表义过程必须与解释活动相一致，以确保立法价值得以通过法律文本完整传递直至予以实施。

三、《海商法》修订中立法语言规范化的完善建议

本书认为，基于立法语言的规范化，针对《海商法》的修订，可以通过以下途径

---

① 参见周旺生主编:《立法学》(第2版),法律出版社2000年版,第633页。

予以提升。

(一)建立在文义解释基础上的立法语言

文义解释方法最贴近立法文本的字面表义,对于立法语言的规范化具有参考作用。可能产生何种的文义解释,对于立法而言是需要重点关注的。因此,不应将文义解释方法排除在立法效果预测的考量范畴之外。同时,应在总则中增加如船货利益平衡原则等原则性条款,以确保法律解释方向的相对收束。《海商法》虽然对于海上运输关系和船舶关系进行了相对完整和体系化的规定,但并未对《海商法》的立法立场或原则作出明示。这导致发生法律解释分歧而需要借助文义解释等方法时,理论界和实务界只能根据法律解释的一般性原则和民商法法律原则进行调整。《海商法》修订中增加原则性条款,有助于约束法律解释的方向,追求解释结果与立法文本表义的一致性,避免法律解释的恣意。

(二)规范法律文本中的标点符号使用

立法语言规范不仅包括语言词句规范,而且包括语法、标点符号的规范。《海商法》在修订中探寻本土化,借鉴国际条约、国际惯例和国际标准合同时,采用语言文字表述形式,借助文本而非标点符号,使用精准规范的立法语言进行表达。由于借鉴国际最新立法时,语言习惯、法律体系的差异决定了标点符号在翻译过程中存在表义异化的可能,因此法律文本应当优于标点符号,避免使用可能有歧义的标点符号,成就准确法律解释的重要手段。

(三)重视法律移植中的翻译性语言的规范表述

海上运输的国际性要求航程所及地区的海商法应当具有国际统一性,以此减少法律冲突带来的不确定性,提高海上运输的效率。海商法因国际统一的需求而更多地具有移植性或外来性,这与内发性更强的其他法律制度之间形成鲜明的对比,在借鉴国际做法时,立法语言应当注意其他法系概念与我国原有法律概念的融合,不应一味追求立法的先进性而忽视外来法律概念及规则与我国法律体系的兼容性,以避免法律术语概念的混淆。例如,现行《海商法》第 207 条对限制性债权的规定,在移植《1976 年责任限制公约》第 2 条第 1 款中"Operation"时,将其翻译为"营运",结果导致"非营运"船舶依照该条款的规定无法享受海事赔偿责任限制。结合《1976 年责任限制公约》第 2 条第 1 款"Operation"的语境,非营运船舶也有可能因为侵权引起第三人的索赔,在符合条件的情况下,可以主张海事赔偿责任限制。因此,将"Operation"翻译为"作业"更准确。

(四)与时俱进地规范立法语言

立法语言在《海商法》修订中具有基础性的地位,关乎修法的科学性问题。例如,《海商法》第 8 条对经营管理国有船舶的全民所有制企业的"船舶所有人"的法律地位作出规定,根据该规定,《海商法》中有关船舶所有人的规定,同样适用于经营管理国家所有的船舶并具有法人资格的全民所有制企业。如果严格遵循该规定,船舶所有权属于国家的船舶,在所有权和经营权分离的情况下,经营国有船舶的企业只有经营权和管理权,该条款赋予此种企业以船舶所有人的法律地位,享有法律所规定的船舶所有人的权利和承担相应的义务。但是,《公司法》第 3 条和第 14 条明确规定,公司是企业法人,法人有独立的法人财产,法人以其全部财产独立承担民事责任。因此,经营国有船舶的企业构成法人的,直接成为包括船舶在内的企业财产的所有人。既然《公司法》已作出规定,《海商法》没有必要作出重复性的规定。

经营国有船舶的企业不构成法人的,依据《民法典》的规定确定其法律地位。《民法典》将法人分为营利法人和非营利法人,营利法人包括有限责任公司、股份有限公司和其他企业法人等;非营利法人包括事业单位、社会团体、基金会、社会服务机构等。《民法典》设置特别法人,特别法人即在营利法人和非营利法人之外的具有民事权利能力和民事行为能力,依法独立享有民事权利和承担民事义务的组织,如机关法人。同时,《民法典》非法人组织,是指不具有法人资格,但是能够依法以自己的名义从事民事活动的组织,包括个人独资企业、合伙企业、不具有法人资格的专业服务机构等。因此,《海商法》第 8 条所规定的授权国有船舶经营权和管理权而适用船舶所有人规定的,均属于《民法典》下法人和非法人组织的相关规定,《海商法》第 8 条的相关规定已不符合现有的理论发展,且均涵盖在《民法典》相关规定范围内,没有必要予以重复,应予以删除。

结　语

《海商法》的修订在自身完善上涉及修改程度、原则提炼、修改方法、适用范围、立法语言等问题，在外部协调中需要兼顾理论动态、法律定位、司法衔接、政策导向等方面。《海商法》的修订，首先需要解决的基本问题是本次修改达到何种修改程度。在比较理论界对《海商法》"大修"、"中修"、"小修"和"不修"争论内涵和利弊之后，本书得出的基本观点是《海商法》的修订宜采取大修的方式，以保持《海商法》的先进性，促进航运业和贸易业的稳健发展，提升我国在国际海事立法领域的话语权。大修应是本次《海商法》修订的基调，这既是《海商法》颁布 30 年来的现实需要，又是海商法理论研究所展现的研究重点。通过对海商法相关学术论文研究问题的归纳与提炼，本书提出，在《海商法》修订中，应当重点关注海商法基础理论研究不足、过于依赖国际化研究视角而导致海商法的本土化研究欠缺、以问题为中心的研究方法局限了海商法基础理论的发展以及海商法理论研究成果边缘化等问题。《海商法》修订视角下海商法理论研究的方向，需要立足于民商法体系、回应国家发展战略需求，更贴近本土海事司法实践。

海商法在法律体系中的定位极大地影响着《海商法》的修订。由于海商法具有海法特色、涉外因素以及商法特征，理论界存在不同的观点。本书认为，海商法在我国民商合一的背景下，属于民法的特别法。海商法并不是国际法的分支，而是具有涉外因素的国内法。同样地，亦不宜过度强调海商法的自体性，使海商法游离于民商法体系之外。航运风险是海商法特殊性与自体性的诞生之源，科技的发展大大降低了航运风险，使得海商法自体性的内涵正在狭义化，现代海商法的特殊性在急剧削弱。海商法的自体性，还存在重英美轻本土、重实务轻理论、重特殊轻普遍和重行业轻平等之诸多弊端。对海商法自体性的否认并不影响海商法的特殊性。海商法的特殊性并不一定指向海商法的自体性，且海商法的特殊性也不影响其回归民商法体系。从法律渊源看，中古时期以后海商法的演变趋向是，其不仅逐渐向国家实定法体系回归，也逐渐与民法在体系上合为一体，上述二者均导向海商法独立性之消亡，并且此状态一直延续至今。从法律理念看，海商法与民商法在私法自治、强制性规范、实质公平和利益平衡等方面趋同。私法自治是民商法和海商法共同的核心理念,法律强制手段是衡平利益的共同方法,海商法和民商法都将追求实质公平作为最高的价值目标。从法律实例看,在解释《海商法》相关条款时,不能脱离民商法的基本原则,民商法的基本原理在海商法的法律解释中有重要的导向作用。从法律规范看,《民法典》的编纂体例、基本原则和具体条款对《海商法》的修订产生重要影响,《海商法》修订也反哺完善《民法典》对航运领域相关规定的不足之处。

《海商法》的适用范围不应再局限于远洋运输。随着国际国内航运经济、国家航运政策、国内相关立法和航运实践的变化,远洋运输、沿海运输和内河运输的"三轨制"已经不能满足经济发展的需要,《海商法》的修订有必要扩大适用范围,将内河运输和沿海运输都纳入《海商法》的调整范围中。在《海商法》修订中,"三轨制"的统一化是对责任原则、适航义务和运输单证等水上运输规则的统一与协调,将远洋运输中特色的船舶优先权制度、海事赔偿责任限制制度、共同海损制度和海上救助规则赋予内河和沿海运输,减少"三轨制"带来的法律规范衔接不顺、法律适用成本过高和公平性不足等问题。

船货利益平衡原则的适用贯穿海商法始终,体现着海商法的本质精神、根本价值和指导思想,是对以利益和成本的平衡为特征的实质公平的追求。司法案例中对船货利益平衡原则的适用及其局限,展现出我国海事司法将船货利益平衡原则作为弥补成文法缺陷的重要方法。《日本海商法》2018 年修订时,特别关注了船方利益和货方利益在时代发展中的格局变化,为我国《海商法》的修订提供了借鉴。船货利益平衡是海商法的基本原则,也是《海商法》修订的指导方针。《海商法》的修订对中国从贸易大国走向贸易强国、从海运大国走向海运强国,带动造船、港口、陆运等相关产业的繁荣起到保驾护航作用,应结合时代背景和船货利益新格局进行,制定能够促进我国航运市场和国际贸易双重发展的船货利益平衡新方案、新规则。

海商法在变迁的历史进程中体现出强劲的国际统一化趋势。现行《海商法》大量引进海商法领域普遍接受的国际公约、国际惯例以及其他被认为能代表"国际通行做法"或"国际标准"的规则,但在长期的海事司法实践中已在诸多方面表现出一些内在缺陷与漏洞。《海商法》的修订需要协调国际性与本土化。海商法的国际统一性源于其强烈的涉外属性和对国际公约和国际惯例的借鉴与移植,这在当代仍有价值和意义。然而,海商法最终是在国内适用的国内法,需要扎根本土且融合我国航运实践,进行本土化改造。由于过度的法律移植带来的弊端,同样需要结合我国法律体系进行优化。海上运输法与海上保险法适航标准不统一等问题。只有充分关注本土理论和司法实践中产生的现实法律问题,《海商法》才能焕发出强大的生命力。

从法律实用主义的角度分析,《海商法》价值最直接的体现在于司法运行状况。但是,现行《海商法》在司法适用中面临虚置化问题,本书选取的样本案件在海事审判中司法适用《海商法》及其司法解释的比例不足15%,偏重用一般民商法规则解决海商海事纠纷案件,这一现象在《民法典》实施后并没有显著变化。就此,本书提出以“用尽海商法”规则来应对《海商法》在海事审判中的虚置化问题。

《海商法》修订是一个工程量巨大的系统工程,需要综合考量国内和国外、理论和实践等各方因素,重视海商法修订的民族性、体系性和本土性等理论问题,深入关注理论学术研究动态,为《海商法》的完善提供学术视角。同时,将《海商法》修订置于中国特色社会主义法律体系之中,解决《海商法》与《民法典》的衔接与协调问题,既要保证海商法的特殊性,又要注重法律规范之间的和谐性;把握法律规范内部的质量提升,规范《海商法》的立法语言表述,提高法律条文的规范性与明确性;把握实践问题与需求,将实践问题作为《海商法》修订的现实导向,但又要谨防“问题中心主义”导致《海商法》的修订流于形式,忽视基础理论的深入研究;把握国际立法发展趋势与域外法律借鉴,将国际航运实践作为《海商法》修订的重要参考,保证《海商法》的国际化视野不因本土化改造而全然丧失,促进海商法国际性与本土性的协调;充分关注司法实践动态,正视海商法虚置化问题,以“用尽海商法”规则来激发海商法的司法运用积极性;回归民商法体系以公平正义原则回应海商法中的规则漏洞,将船货利益平衡原则等运用到《海商法》具体条文的修改中。

《海商法》的修订,不仅是自身完善的需求,更是重新梳理海商法与民商法关系的良机,应定位在民商法体系下,借鉴最新民商事立法成果,在民商法体系内形成概念协调、逻辑自洽、制度和谐的有机法律整体。在保持与民商法体系的统一性和相关性的前提下,尊重海商法的特殊性而非独立性,明晰海事主体的权利义务,合理建构海事责任基础,完善海上风险分摊机制,维护海运秩序,保护海洋生态环境。《海商法》修订所面临的问题是随着时代的变化而变化的,无论是《民法典》的颁布,还是我国海洋发展大政方针的施行,都深刻影响着《海商法》的修改原则和修改方向。海商法在法律体系中的定位,表面上是一个学科分类问题,实质上是海商法的国际化与本土化的冲突问题。在海商法的发展中,国际性是与生俱来的,但本土性又是根本立场。海商法是中国特色社会主义法律体系的一部分,是一部国内法,在调整带有涉外因素的法律关系时又成为涉外法。在我国海洋强国战略之下,《海商法》承担着海事治理体系现代化的重任;在“一带一路”倡议之下,《海商法》又应成为“一带一路”沿线国家间,尤其是“海上丝绸之路”沿线国家间的纠纷解决的法律范本。因此,《海商法》修订必须立足海商法的本土化改造,兼顾海商法的国际统一性,探索海商法的基础理论,推进我国海商法理论体系现代化,助推海洋强国战略发展,提升中国在海事海商领域的国际影响力。

但是,《海商法》的修订任重道远,可谓长路漫漫。本书作为国家社科基金项目"《海商法》修订中重大问题研究"的结题报告,着眼于研究《海商法》修订中涉及的立法定位、立法目的、调整对象、适用范围等基础理论问题,从原则到规则、从理论到实践、从国内到域外,重点研究了海商法的体系定位、国内水路运输与远洋运输的统一化、船货利益均衡原则、海商法的国际性与本土化的协调、海商法的司法适用虚置化和"用尽海商法"规则、立法语言精准性和规范化等《海商法》修订中亟须解决的问题。《海商法》的修订是一个庞大的系统的工作,本书的论证针对其中所涉的基础理论问题和重大争议问题,难免挂一漏万。在现行《海商法》基础上修订出"立足中国,面向世界,领先于前沿"并服务于现代海洋经济发展又能为"海上丝绸之路"沿线国家提供体现"中国智慧"兼具科学性和先进性的《海商法》,是本书研究目的所在。海商法理论界和实务界诸位专家学者对《海商法》修订中的高见,为本书添砖加瓦。

在结语的最后部分亦是最重要的致谢,感谢国家社科基金项目的资助,感谢厦门大学法学院的学术平台,感谢法律出版社精益求精的编辑工作,感谢课题研究团队的刻苦认真的研究论证。本书由何丽新、陈昊泽、梁嘉诚、王沛锐、陈静颖、郑舒涵等研究团队合作完成,何丽新和陈昊泽承担课题的主要研究任务。